2023

云南省社会科学界联合会 编

YEARBOOK OF
YUNNAN SOCIAL
SCIENCES

云南社会科学

年鉴

中国社会科学出版社

图书在版编目（CIP）数据

云南社会科学年鉴. 2023 / 云南省社会科学界联合会编. -- 北京 : 中国社会科学出版社, 2025.7.
ISBN 978-7-5227-5018-7

Ⅰ. C127.4-54

中国国家版本馆 CIP 数据核字第 2025EQ2976 号

出 版 人	季为民
责任编辑	彭莎莉
责任校对	韩海超
责任印制	张雪娇

出　　版	中国社会科学出版社
社　　址	北京鼓楼西大街甲 158 号
邮　　编	100720
网　　址	http://www.csspw.cn
发 行 部	010-84083685
门 市 部	010-84029450
经　　销	新华书店及其他书店

印刷装订	三河市东方印刷有限公司
版　　次	2025 年 7 月第 1 版
印　　次	2025 年 7 月第 1 次印刷

开　　本	880×1230　1/16
印　　张	22.5
插　　页	8
字　　数	641 千字
定　　价	198.00 元

凡购买中国社会科学出版社图书，如有质量问题请与本社营销中心联系调换
电话：010-84083683
版权所有　侵权必究

2022年2月17日,云南省第十五届社会科学学术年会在昆明举行

2022年4月8日,云岭大讲堂·楚雄讲坛讲座现场

2022年4月24—28日,"云南省社科专家保山行"调研咨询活动在保山举行

2022年5月6日,云南省社会科学界联合会第五届委员会第六次全体(扩大)会议在昆明召开

2022年5月6日，在云南省社会科学界联合会第五届委员会第六次全体（扩大）会议上，为2022年命名的云南省社会科学普及示范基地授牌

2022年5月6日，在云南省社会科学界联合会第五届委员会第六次全体（扩大）会议上，为云岭大讲堂举办点授牌

2022年5月16日,云南省2022年社会科学普及宣传周活动启动仪式在玉溪市澄江市抚仙湖畔举行,社科普及志愿者进行宣誓

2022年6月21—24日,云南省社科联组织省级社科学术社团深入元阳县开展乡村振兴行动主题活动

2022年7月2—3日，由全国23个省（自治区、直辖市）社科联共同主办，云南省社科联、云南网承办的首届全国各省市区社科普及基地讲解员大赛复赛、决赛在昆明圆满收官

2022年7月20—22日，云南省社科联2022年度社科学术社团工作会议暨负责人培训班在大理州巍山县举行

2022年7月23—28日，2022年"云南社科专家曲靖行"调研咨询活动在曲靖举行

2022年7月28日，2022年全省社科普及工作推进会召开

2022年7月29—30日,"迈向人与自然和谐共生现代化的理论与实践"学术研讨会在澄江召开

2022年8月25日,云南社科界喜迎党的二十大暨省社科联成立60周年座谈会召开

2022年8月30日，由中共云南省委宣传部、云南省社会科学界联合会主办的2022年"云南社科专家巍山行"调研咨询活动专家见面会在巍山彝族回族自治县举行

2022年9月27日，由中共云南省委宣传部和云南省社科联共同主办的云南省第十六届社会科学学术年会主场活动在昆明举行，上图为向创新团队授牌

2022年9月27日,云南省第十六届社会科学学术年会主场活动在昆明举行

2022年9月29日,云南省第十六届社会科学学术年会(临沧专场)暨第一届云南省澜沧江流域合作保护专题研讨会在临沧市举行

2022年11月13—19日，云南省社科联在浙江大学举办浙江大学—云南省社科联系统学习贯彻党的二十大精神研修班

2022年11月16—17日，云南省社科联在威信县扎西干部学院举办2022年度省级社科学术社团党组织负责人培训班暨党建工作会议

2022年11月22日,由云南省社科联主办,云南人民出版社、春晓书店承办的《生活中的民法典》读者见面会在昆明举行

2022年12月9日,云南省社科联召开《云南生物多样性与文化多元性》新书发布会暨主动融入和服务共建地球生命共同体"中国方案"学术研讨会

2022年，石林石得利地质博物馆开展"地球与人类"系列科普活动

2022年，玉溪市元江县社科普及志愿服务队开展非遗进校园系列活动

目 录

大事记

.... 1

学科综述

马克思列宁主义·科学社会主义	11
党史·党建	20
哲学	30
经济学	37
统计学	47
人口学	53
政治学	64
法学	72
国际问题研究	80
社会学	97
民族学	105
宗教学	119
历史学	126
文学	138
考古学	149
语言学	159
新闻与传播学	170
图书馆学、情报学、档案学与文献学	182
教育学	185
管理学	194
体育学	202
艺术学	210

科研课题

一、云南省国家社会科学基金立项项目 221
二、云南省哲学社会科学规划立项项目 231
三、云南省哲学社会科学规划科普项目 248
四、云南省哲学社会科学规划社会智库项目 252
五、立项省院省校教育合作项目 256

研究机构与研究基地

一、云南省哲学社会科学研究机构 259
二、在滇国家部委人文社会科学重点研究基地 266
三、新命名的云南省社会科学普及示范基地 267

学术团体

一、云南省社科联及州市社科联工作综述 271
二、云南省哲学社会科学创新团队工作综述 279
三、社科学术社团工作综述 281
四、新成立的基层社会科学界联合会 283

学术活动

一、各学科学术活动 287
二、社科类社会组织学术活动 297
三、云南省第十六届社会科学学术年会 313
四、社科专家基层行 315

社科普及

一、云岭大讲堂 319
二、云南省社会科学普及宣传周 322
三、社会科学普及特色活动 329
四、云南省新时代文明实践社科普及志愿服务行动立项项目 339

附　录

一、云南省中国特色社会主义理论体系研究中心"三报一刊"发文 353
二、《新华文摘》《中国社会科学文摘》《高等学校文科学术文摘》全文转载云南作者文章 354

云南社会科学年鉴 2023

大事记

1月

18日，中共云南省委宣传部、省社科工作办在昆明召开2022年度国家社会科学基金项目申报动员培训会。会议对2021年云南省国家社会科学基金项目立项情况进行了系统分析，就2022年国家社会科学基金年度项目申报需要注意的问题进行了说明，对近期出台的《国家社会科学基金项目资金管理办法》《云南省哲学社会科学项目资金管理办法》的贯彻落实提出要求。

2月

17日，云南省第十五届社会科学学术年会在昆明举行。此届学术年会以"以史为鉴，开创未来"为主题。来自省内外的专家学者从党的十九届六中全会精神解读、党的百年奋斗重大成就和历史经验解读、碳达峰碳中和背景下云南产业高质量发展、边疆民族地区实现共同富裕的路径研究等方面作主旨发言。

24日，中央宣传部公布了2021年全国文化科技卫生"三下乡"活动示范项目、优秀团队、服务标兵名单。云南省社科联云岭大讲堂大型公益讲座荣获示范项目，社科专家基层行团队荣获优秀团队荣誉。

3月

2日，由云南省乡村振兴研究院主办的"学习2022年中央一号文件 全面推进乡村振兴"座谈会在昆明召开。

4月

7日，由中共云南省委宣传部、省社科联举办，省社科院承办的云南省第十五届社会科学学术年会"全面小康与共同富裕"专场在云南省社会科学院举行。此次会议围绕"全面小康与共同富裕"主题，研讨云南省全面推进乡村振兴和加快实现农业农村现代化的理论启示和实践意义。

24—27日，由中共云南省委宣传部、省社科联主办，保山市委、市人民政府承办的2022年"云南社科专家保山行"调研咨询活动在保山举办。

5月

9日，由中共云南省委党校（云南行政学院）、临沧市委联合举办的"牢记总书记嘱托 走好新时代赶考之路"研讨会在中共云南省委党校（云南行政学院）举行。研讨会旨在深入贯彻落实习近平总书记考察云南重要讲话精神和给沧源佤族自治县边境村老支书们回信精神，推动云南高质量跨越式发展，以优异成绩迎接党的二十大胜利召开。

16日，由中共云南省委宣传部、省文明办、省生态环境厅、省社科联共同主办的云南省2022年社会科学普及宣传周活动在抚仙湖畔启动。活动以"全面推进生态文明建设 努力建设人与自然和谐共生的现代化"为主题，采取省、州（市）、县（市、区）三级联动、同步启动的方式，通过生态文明建设成果展示、百名专家讲生态、首届全国各省市区社科普及基地讲解员大赛等活动的开展，在全省形成关心、支持和参与社会科学普及工作的良好氛围。

16日，由云南省社科联主办、昆明理工大学社科联组织开展的云南省社科普及宣传周学术作品展暨昆明理工大学2022届建筑类学科硕士研究生优秀毕业作品展在昆明理工大学乡村振兴研究院展厅举行开展仪式。

18日，中共中央政治局常委、国务院总理李克强考察云南大学，听取了毕业生就业和双创情况汇报，叮嘱进一步加强就业工作。总理来到校园招聘现场，了解签约情况，祝毕业生们找到称心岗位。李克强总理还考察了云南大学寒武纪古生物研究成果。

20日，深入学习贯彻党的十九届六中全会精神暨学术期刊建设研讨会在昆明举办。来自省内外的专家、期刊负责人通过线上线下相结合的形式，就加快构建中国特色哲学社会科学、建构中国自主的知识体系进行研讨交流。

23—27日，由中共云南省委宣传部、省社科联主办的2022年"云南社科专家云县行"调研咨询活动，在临沧市云县全面深入开展。

6月

10日，"云南这十年"系列新闻发布会在昆明举行中共云南省委宣传部专场，介绍10年来云南文化建设情况。

15日，云南民族大学2022"澜湄周"系列活动开幕式暨第三届澜湄职业教育联盟圆桌会议举行。70余家国内外政府部门、高等院校、企业的代表及行业协会负责人参加会议。

25日，由云南省社科联主办，云南省社会心理学会、云南师范大学教育学部承办的2022年云南省社科学术团队"助力乡村振兴行动"系列活动之"社会心理建设与乡村教育"学术会议暨云南省社会心理学会第三届会员代表大会在云南师范大学呈贡主校区国际学术交流中心召开，会议采用线上和线下相结合的方式进行。

25日，由云南省社科联主办，云南省高原特色农业发展促进会、富民县人才领导小组办公室承办的云南农业农村现代化智库论坛在富民县举行。与会专家从理论和实践上对农业、农民、农村现代化进行了深入探讨，为进一步推进云南省农业农村农民现代化提供了理论支撑和实践支持。

26—27日，由中共云南省委宣传部、红河哈尼族彝族自治州委主办的云南省"砥砺奋进新征程 喜迎党的二十大——党的创新理论我来讲"理论宣讲大赛决赛在蒙自市举行。

28日，由昆明理工大学牵头成立的云南省高校课程思政教育联盟入选新华思政全国首批6个联盟专区代表名单，正式上线新华思政平台。

30日，云南省南亚东南亚区域国际传播中心区域国际传播研究所授牌仪式在云南省社会科学院举行。

7月

1日，由中共云南省委教育工委、云南省教育厅主办，云南师范大学承办，云南师范大学马克思主义学院、云南师范大学实验中学和云南师范大学西南联大博物馆联合执行的云南省第二届大中小学思想政治理论课一体化建设教学展示活动在云南师范大学实验中学举行。

2—3日，由全国23个省（自治区、直辖市）社科联共同主办，云南省社科联、云南网承办的首届全国各省市区社科普及基地讲解员大赛复赛、决赛在昆明圆满收官。全国101位选手进入复赛，共决出一等奖10名，二等奖15名，三等奖20名，优秀奖56名。同时，根据网络展播投票评出最佳人气奖（视频制作团队奖）10名。

4—8日，由中共云南省委宣传部、省社科联主办，中共楚雄州委宣传部、楚雄州社科联、中共牟定县委、牟定县人民政府承办的"云南社科专家牟定行"调研咨询活动圆满举行。

14日，第四届中国公共传播学术论坛在云南师范大学举行。此次论坛主题为"公共传播：全球愿景与共识再造"，由浙江大学传媒与国际文化学院、浙大城市学院传媒与人文学院、浙大宁波理工学院传媒与法学院、云南师范大学传媒学院联合主办，云南师范大学传媒学院承办。

20—22日，由云南省社科联主办，巍山县社科联、云南南诏研究中心承办的云南省社科联2022年度社科学术社团工作会议暨负责人培训班在大理州巍山县举行。

24—28日，由中共云南省委宣传部、省社科联和曲靖市委、曲靖市人民政府主办，曲靖市委宣传部、市社科联承办的2022年"云南社科专家曲靖行"调研决策咨询活动在曲靖市圆满举行。

25—28日，由云南省社科联主办的2022年全省社科普及工作推进会暨科普骨干培训班在昆明举办。此次培训的主题是深入学习贯彻习近平新时代中国特色社会主义思想，推动"十四五"时期社科普及工作高质量发展。

29日，由中共云南省委宣传部、省社科联主办，云南省中国特色社会主义理论体系研究中心、《学术探索》杂志社、云南省生态环境科学研究院、云南大学经济学院、西南林业大学地理与生态旅游学院承办的"迈向人与自然和谐共生现代化的理论与实践"学术研讨会在澄江市召开。与会专家围绕"增值自然助推可持续发展目标的落实进程""人与自然和谐共生的哲学思考""建设人与自然和谐共生的现代化国家""生态产品价值实现的理论与实践""自然界的和谐共生：生态边疆与边疆生态安全初论"等主题，共同探索建设人与自然和谐共生现代化的理论共识与现实路径。

29日，云南省社科联系统期刊联盟成立仪式暨编辑培训班在澄江市举行。

8月

10日，由云南省社科院主办，省社科院农村发展研究所、"云南三村"研究中心承办的"云南三村"再调查座谈会在昆明举行。

25日，云南社科界喜迎党的二十大暨省社科联成立60周年座谈会在昆明举行。座谈会以"深入学习习近平总书记关于哲学社会科学重要论述"为主题，旨在传承哲学社会科学工作者的优良传统和宝贵经验，发挥哲学社会科学认识世界、传承文明、创新理论、资政育人、服务社会的功能作用，再接再厉，主动作为，努力开创云南省哲学社会科学繁荣发展的新局面。

26日，由西南林业大学、中国社会科学院生态文明研究智库（云南中心）、云南省社区林业与农村发展学会承办的"2022气候变化经济学学术研讨会：碳中和与生态文明"在西南林业大学召开。会议以线上线下相结合的方式举办。

8月30日至9月2日，由中共云南省委宣传部、省社科联联合主办的2022年"云南社科专家巍山行"调研咨询活动圆满举行。

9月

1日，西南联合研究生院首届开学典礼在昆明举行。西南联合研究生院围绕构建地球生命共同体、铸牢中华民族共同体意识、"一带一路"等主题，结合云南产业布局，在生态学、生物学、民族学、教育学、材料科学与工程等学科高质量完成了300名硕士研究生、100名博士研究生招生工作并如期开学。西南联合研究生院遴选了北京大学、清华大学、南开大学、云南大学、昆明理工大学、云南师范大学6所高校的20名院士、184名杰青和长江学者等高水平专家，采用"部属共建高校+云南高校"结对组成"双导师制"对学生进行更有针对性的培养。

2日，省级社科学术社团党组织大学习工作推进会在昆明召开。哲学思政、教育、理论经济、对策应用、历史文化、语言文学等6个大组的牵头单位党组织汇报工作开展情况，云南省社科联就下一步开展大学习有关事项进行工作安排。

6日，中共云南省委宣传部、省人力资源社会保障厅、省社科联决定组织开展2022年云南省社会科学奖评选表彰活动。这是云南省社会科学奖在得到全国评比达标表彰工作协调小组批复后的第一次评选。

20—23日，由中共云南省委宣传部、省社科联共同主办的2022年"云南社科专家勐腊行"调研咨询活动在西双版纳州勐腊县举行。

23日，由云南省人民政府发展研究中心主办，昆明理工大学承办，云南省工业和信息化厅、科技厅、农业农村厅协办的第四届云南高质量发展论坛在昆明举行。

27日，由中共云南省委宣传部、省社科联主办，云南省中国特色社会主义理论体系研究中心协办的云南省第十六届社会科学学术年会在昆明举行。此次年会以"贯彻新发展理念，引领实现'双碳'目标"为主题，就绿色能源发展、绿色食品发展、大健康产业发展、绿色低碳产业发展、绿色低碳与乡村振兴、生态文明教育与经济社会绿色转型、生物多样性与生态产品价值实现、森林碳汇等方面取得的典型做法和成功经验进行了深入的研究、总结和交流。

28日，由中共云南省委宣传部、省社科联主办，云南农业大学新农村发展研究院承办的云南省第十六届社会科学学术年会专场"云南农业绿色发展论坛"在昆明举行。此次论坛围绕云南农业如何在生态上减碳增汇、在经济上增加收入、在环境上零污染排放、在科技上现代先进等问题进行了深入的探讨，对促进云南农业由粗放型向资源保护与节约利用型发展、如期实现"双碳"目标具有现实价值。

28日，由云南师范大学主办的首届"澜湄中文教育合作论坛"在昆明召开。论坛以"开放、合作、包容，推进澜湄中文教育共同体建设"为主题。与会专家就积极适应新时代国际中文教育事业发展、加强澜湄国家高校和教育机构的中文教育合作、共享各国中文教育发展经验、进一步提高澜湄国家中文教育教学质量和研究水平进行了交流研讨。

29日，由中共云南省委宣传部、省社科联主办，临沧市委宣传部、临沧市社科联承办的云南省第十六届社会科学学术年会专场暨第一届云南省澜沧江流域合作保护研讨会在临沧市举行。与会专家从澜沧江流域生态问题及其治理、协同打造人与自然和谐共生的澜沧江国际示范区、澜沧江流域文化与旅游融合发展对策研究、流行音乐语境下澜沧江流域民族音乐的发展研究、澜沧江云南段全流域协同治理的实践与思考等方面进行学术交流。

10月

16日，中国共产党第二十次全国代表大会在北京隆重开幕。云南省党政机关组织党员干部集中收听收看党的二十大开幕会直播盛况，认真聆听学习习近平总书记所作的报告。

27日，中国乡村社会大调查启动仪式在云南大学举行。该项目围绕乡村"产业振兴、人才振兴、文化振兴、生态振兴、组织振兴"，全面反映云南脱贫攻坚的历史性成就和云南乡村振兴的具体实践，为边疆民族地区高质量发展提供智力支持。

28日，由中共云南省委组织部主办的"红军长征过云南"党性教育现场教学精品路线建设研讨班在大理举办。研讨班以现场教学、召开工作推进会等方式进行。

29日，"马克思主义与全面建设社会主义现代化国家新征程——学习宣传党的二十大精神学术研讨会"在线上成功举办。

11月

1日，云南省社科院举办中国式现代化研究院揭牌仪式暨理论研讨会。

3日，云南省社科联召开社科专家学习宣传研究阐释党的二十大精神座谈会。此次座谈会旨在推动云南省社科理论界深入学习、深刻领会、准确把握党的二十大精神，发挥社科理论界理论优势和学术优势，聚焦事关党和国家事业全局和长远发展的重大理论和现实问题，开展系统化研究和学理化阐释。

13日，由昆明理工大学承办的"第六届云南国际人才交流会南亚东南亚青年科学家和企业家云南行"活动在昆明海埂会堂举行。此次活动是第六届云南国际人才交流会高校招才引智重要活动之一，会聚了海内外150余名优秀青年科学家和企业家线下参会。

13—19日，由云南省社科联组织在浙江大学举办云南省社科联系统学习贯彻党的二十大精神研修班。此次培训旨在深入学习贯彻党的二十大精神，扎实有效推动哲学社会科学工作服务经济社会发展大局，进一步提高云南省社科联系统干部队伍的理论素养和业务水平，为哲学社会科学工作提供坚强有力的人才队伍保障。

16—17日，由云南省社科联主办，昭通市社科联、扎西干部学院承办的2022年度省级社科学术社团党组织负责人培训班暨党建工作会议在昭通市威信县扎西干部学院举办。培训紧紧围绕学习宣传贯彻党的二十大精神这个主题开展专题教学。

25日，由中共云南省委组织部、省委党校（云南行政学院）和云南省党建研究会联合主办的首届云岭党建论坛在昆明举行。此次论坛主题为"学习贯彻党的二十大精神，共谋云南党建高质量发展"，是中共云南省委学习宣传贯彻党的二十大精神的重要举措。

26日，第十届原生态民族文化高峰论坛在大理举行。此次论坛以"共生、互惠、和谐"为主题，以铸牢中华民族共同体意识为主线，统筹推进经济社会协调发展、人与自然和谐共生。来自国内 40 所大学、研究机构的近百名专家学者通过"线上+线下"相结合的方式参加论坛。

26 日,"深入学习党的二十大精神 创新 21 世纪中国马克思主义哲学话语"学术研讨会暨中国马克思主义哲学史学会 2022 年年会在线上召开。专家学者围绕党的二十大精神的哲学解读,21 世纪中国马克思主义哲学的问题与特征,马克思主义哲学的中国化、时代化、大众化,马克思主义哲学史研究的前沿问题,马克思主义哲学基础理论研究的重大问题,全球化时代马克思主义哲学的命运等议题展开深入的讨论,旨在推动中国马克思主义哲学史研究在新时代的蓬勃发展。

12 月

19 日,由中国音乐家协会、中共云南省委宣传部指导,玉溪市委、市人大常委会、市人民政府、市政协主办的《中华人民共和国国歌法》施行 5 周年暨"聂耳和国歌"理论研讨会在玉溪市举行。

26—28 日,由昆明理工大学、苏发努冯大学主办的首届中老国际交通运输发展论坛在中国昆明与老挝琅勃拉邦线上线下同步召开。此届论坛以"共贺中老铁路周年庆 共话中老友谊幸福路"为主题,是在云南省主办"中老铁路运营一周年主题日活动"后举办的首个学术性论坛。

27 日,由昆明理工大学、云南三七研究院、昆药集团股份有限公司、昆明华润圣火药业有限公司联合主办的第二届三七天麻产业发展国际论坛在昆明召开。

云南社会科学年鉴 2023

学科综述

马克思列宁主义·科学社会主义

2022年，云南省哲学社会科学界马克思列宁主义·科学社会主义学科以多渠道、多平台、多形式、多层次开展学术研究和学术交流活动，形成较为丰富的研究成果和连续性的研究样态。学科研究范围主要集中在马克思主义经典著作研究、马克思主义中国化研究、科学社会主义研究、中国特色社会主义理论研究、国外马克思主义研究、思想政治工作研究等方面。

一、马克思主义经典著作研究

学者围绕《国民经济学批判大纲》《劳动在从猿到人的转变中的作用》《1844年经济学哲学手稿》《共产党宣言》《家庭、私有制和国家的起源》《哲学笔记》等马克思主义经典著作中的唯物史观、生态文明理论、实践观等研究视角进行分析，形成了较为丰富的研究成果和较为独特的研究视角。

蒋红在《论恩格斯对唯物史观创立的重要贡献——基于〈国民经济学批判大纲〉的文本研究》（《马克思主义研究》2022年第3期）一文中指出，《国民经济学批判大纲》是恩格斯早期独立撰写的一部政治经济学著作，其中蕴含着唯物史观创立的关键要素。正是恩格斯在《国民经济学批判大纲》中对资本主义社会经济事实的深入研究，促使处于思想转变中的马克思进入政治经济学研究领域，为唯物史观的创立开辟了理论视野和前进道路。《国民经济学批判大纲》创造性地运用生产力理论，对资本主义经济过程中供给与需求的矛盾运动进行辩证分析，为唯物史观的创立提供了研究方法和思想路径上的重要启迪，由此也让马克思看到了恩格斯与自己从政治立场到学术旨趣的根本一致性，使两个人合作创立新世界观从可能成为现实。文章强调，进一步开展《国民经济学批判大纲》的文本研究，有利于深入认识恩格斯对唯物史观创立的重要贡献，并经由这种认识的深化，更为有力地扎驳"马克思恩格斯对立论"的错误，加强对马克思主义整体性的理解与把握，在新时代继续推进马克思主义中国化。

徐小涵、袁群在《恩格斯的生态文明理论在新时代的传承与发展——以〈劳动在从猿到人的转变中的作用〉为文本分析》（《中共云南省委党校学报》2022年第6期）一文中指出，恩格斯的《劳动在从猿到人的转变中的作用》第一次从唯物史观的角度正确解决了人类起源这个重大理论问题，同时也是一部带有马克思主义生态观的经典文献。恩格斯在批判达尔文主义的过程中提出了劳动创造人的思想，从而引出了人与自然的辩证关系；在人与自然的矛盾中对资本主义生产方式带来的生态破坏进行了前瞻性批判。文章强调，《劳动在从猿到人的转变中的作用》的核心思想是新时代生态文明思想的重要理论来源之一，也是马克思主义生态观的重要组成部分。它在新时代得到了传承和发展，在新时代生态文明建设中的新诠释是马克思主义中国化、时代化的重要成果。

郭佳佳、郭远在《浅谈〈1844年经济学哲学手稿〉的实践观》（《经济研究导刊》2022年第12期）一文中强调，马克思在《1844年经济学哲学手稿》（以下简称《手稿》）中提出并论证了实践的概念，实践观是马克思主义哲学的核心观点，《手稿》作为实践理论的成果，可以帮助读者更深刻地理解实践。文章以《手稿》为写作背景，对马克思实践观进行研究和分析，并尝试将实践观与高校思政教育结合，以期对马克思思想有更深刻的理解。

李鑫蕊、赵金元在《从〈共产党宣言〉看中国共产党的初心和使命》（《华北理工大学学报

（社会科学版）》2022年第5期）一文中指出，1848年发表的马克思、恩格斯合著的《共产党宣言》是标志着马克思主义诞生的代表作，是科学揭示人类社会发展规律的经典。《共产党宣言》秉持人民立场、坚守为人民大众谋利益的价值目标，追求为人类谋解放的崇高社会理想，是无产阶级政党的行动纲领，也是中国共产党提出、坚守并践行初心使命的理论依据和根本指南。

郑丽敏、栾美娇在《〈共产党宣言〉中反贫困思想及其实践价值》（《哈尔滨学院学报》2022年第1期）一文中指出，《共产党宣言》涉及无产阶级运动的方方面面，其反贫困思想为我国脱贫攻坚提供了有力的理论武器。《共产党宣言》强调，工人的贫困问题是在资本主义社会的大背景下出现的，即资产阶级的剥削导致了工人的物质与精神的双重贫困以及空间范围内的贫富差异。通过对资本主义社会贫困问题产生的根源及其反贫困路径选择的研究，有助于树立"以人为本"的价值理念，为我国脱贫攻坚战取得全面胜利、乡村振兴战略不断完善提供理论支撑和价值指引。

王晓盛在《论恩格斯对历史中家庭两性交往伦理的阐释——基于〈家庭、私有制和国家的起源〉》（《西部学刊》2022年第20期）一文中指出，在《家庭、私有制和国家的起源》中，恩格斯指出自人类进入史前文化时期的最后阶段开始组建家庭，便有了血缘家庭中的两性交往的伦理。在普纳路亚家庭中，男女交往的伦理是以母系为核心氏族，同一辈分之间、不同辈分之间不再是互为夫妻的交往，且禁止同一氏族的男性和女性缔结婚姻。在对偶制家庭中，男女交往的伦理是在持续以母系为家庭核心进行交往的基础上，开始按照一男一女缔结婚姻的规范；到了对偶制家庭后期，生产力的发展使男性逐步占据交往的核心，父权制逐步确立，人们交往更集中在个体家庭之中。在专偶制家庭中，男女交往的伦理总的来说就是一夫一妻制，尽管在资本主义社会中一夫一妻制总是随着人们对资本和利益的追逐而不断变化着形式，但它不可否认是被法律所认可的，成为这个时期家庭进行交往的最主要遵循的原则和规范。

王生云在《列宁〈哲学笔记〉及其当代意义》（《创造》2022年第5期）一文中指出，《哲学笔记》是研究列宁哲学的重要著作，蕴含着列宁丰富的创新思想，其中最主要的是哲学唯物辩证法，最大的创新是明确指出辩证法的实质和核心，指出辩证法、逻辑学和认识论三者相一致。只有在以实践辩证法为基础的"三者相一致"的哲学理论高度才能自觉变革以朴素实在论为基础的直观反映论的思维方式、以机械决定论为基础的线性因果论思维方法和以抽象实体论为基础的本质还原论的思维方法，从而正确掌握唯物辩证法。

二、马克思主义中国化研究

学者主要围绕毛泽东唯物史观、毛泽东的生态文明思想、习近平总书记关于旅游工作的重要论述、邓小平关于对青年开展党史教育的重要论述、邓小平关于管党治党的重要论述等进行系统研究。研究成果展现出较高的理论水平。

杨正权在《马克思主义中国化时代化的最新成果——学习〈习近平谈治国理政〉第四卷》（《社会主义论坛》2022年第9期）一文中指出，《习近平谈治国理政》第四卷，对中国之问、世界之问、人民之问、时代之问作出深邃思考和科学回答，提出了一系列原创性的新理念新思想新战略，以马克思主义政治家、思想家和战略家的理论创新和创造勇气，进一步丰富和发展了习近平新时代中国特色社会主义思想。文章从科学回答了中国之问、科学回答了世界之问、科学回答了人民之问、科学回答了时代之问四个方面进行了系统全面的阐述。

张瑞才、李达在《论习近平生态文明思想的理论体系》（《当代世界社会主义问题》2022年第1期）一文中指出，习近平生态文明思想是由科学概念体系、完整理论框架、鲜明理论特征和创新话语体系构成的理论体系。准确把握习近平生态文明思想的理论体系，在概念构成的理论之网上，要把握核心概念、基本概念、重要概念的内涵外延；在理论框架上，要把握鲜明主题、历史使命、奋斗目标、现实动力、行动方式、制度保障和全球治理等内容；在理论特征上，要把握继承与创新、理论与实践、现实与时代、人民与价值、系统与原则、本土与世界"六个统一"；在话语体系上，要把握理论与实践相统一，批判性与建构性话语相贯通，学术话语、政治话语和群众话语相融合，标识性概念和重大理论命题相对接。

张巨成、张利晓在《习近平关于旅游工作重要论述的理论谱系与实践价值》(《学术探索》2022年第1期)一文中指出，习近平总书记关于旅游工作重要论述是习近平新时代中国特色社会主义思想的重要有机组成部分，为新时代我国旅游工作提供了理论指引，推动了旅游工作的创新、有序、规范、高质量发展。党的十八大以来，习近平总书记特别强调要跨越国度，让入境旅游、国内旅游和出境旅游三大市场协调发展，让中华文明与世界各国文明交往交流交融。新时代的旅游事业，必须贯彻以人民为中心的发展思想，让广大人民受益，幸福感、获得感得到增强。

孙威、白利鹏在《"共同富裕"的认识演进与实现路径》(《海南大学学报(人文社会科学版)》2022年第6期)一文中指出，从毛泽东首倡"共同富裕"，到邓小平将"共同富裕"上升至"社会主义的本质要求"，再到习近平总书记指出"共同富裕是中国式现代化的重要特征"，中国共产党对"共同富裕"的认识历经了一个逐步完善的演进过程，并在实践中不断深入。在社会主义革命和建设时期，我们党倡导"共同富裕"，是为了克服工业与农业之间发展不协调的矛盾，使农民能够逐步、彻底地摆脱贫困；在改革开放和社会主义现代化建设新时期，我们党倡导"共同富裕"，是为了"解放和发展生产力"、"消灭剥削和贫穷"以及"消除两极分化"，并把它提升为社会主义的本质；在中国特色社会主义新时代，我们党倡导"共同富裕"，是为了彰显中国式现代化的重要特征，说明它是社会主义发展的历史必然，与中华民族伟大复兴目标具有一致性。在实现路径上，要按照比较优势发展经济，在初次分配时坚持效率和公平的统一；要继续完善社会保障体系，扩大物质基础，进一步发挥再分配功能；要促进慈善事业发展，充分发挥第三次分配的有益作用，进而扎实推动实现共同富裕的目标。

罗建华在《评辛亥革命：毛泽东唯物史观的独特呈现》(《湖南第一师范学院学报》2022年第2期)一文中指出，综观毛泽东浩如烟海的文本群我们会发现，毛泽东以多种不同的方式对辛亥革命进行了评论、阐述和界定。更重要的是，这些评辛亥革命的理论话语彰显了毛泽东对唯物史观的科学领悟和准确把握：毛泽东对马克思主义阶级斗争学说进行强调与运用，对马克思主义群众史观积极应用与拓展，以及对人类社会历史总体特征加以强调和阐明。因此，我们应当从马克思主义唯物史观的高度解读毛泽东对辛亥革命的深入思考、精彩论述与科学评价。

车辚、林娜娜在《从〈毛泽东年谱〉看毛泽东的生态文明思想》(《创造》2022年第5期)一文中指出，《毛泽东年谱》是完整记述毛泽东生平、业绩的编年体著作，比较全面而充分地记录了毛泽东的各种活动和决策过程，反映了毛泽东的思想理论和工作方法等。毛泽东的生态文明思想萌芽于其青少年时期，于中央苏区时期、抗日战争时期逐步成熟并开始付诸实践，新中国成立后主要体现在江河治理、水土保持、植树造林、防风固沙、农田水利建设、害虫防治、资源保护、生态安全等方面。

李维昌、阮朝宇在《邓小平关于对青年开展党史教育重要论述的核心要义与当代价值》(《昭通学院学报》2022年第1期)一文中指出，青年是进行党史教育的重要对象。邓小平首次提出要对青年进行党史教育，并作出一系列重要的论述。凝练邓小平关于青年党史教育重要论述的核心要义对当下开展青年党史教育具有重要启示，要用党百年奋斗历程中取得的伟大成就教育青年，增强青年的"四个自信"；用党百年奋斗历程中锻造的精神谱系教育青年，坚定青年的理想信念；用党百年奋斗历程中坚守的初心使命教育青年，强化青年的使命担当。

罗建华在《深刻把握邓小平关于管党治党重要论述的三重维度》(《邓小平研究》2022年第2期)一文中指出，邓小平在长期的理论思考和实践探索过程中，对党的管理、建设以及处理党内外关系等问题作出了许多重要论述，这些论述对新时代管党治党实践具有重要启示作用。管党治党的逻辑前提是始终坚持党的坚强领导，因为党的领导是新民主主义革命取得伟大胜利、建立新中国的政治前提，是我国实现现代化的政治保障，也是保持国家安定团结政治局面的核心力量。管党治党的着力点在于始终保持党的鲜明特征：共产党人的首要任务是改造自身与改造世界，党提升领导能力的基础是党内民主，党必须始终保持实事求是的作风，党员应该始终是人民群众中的先进分子，共产党人的终极奋斗目标是实现共产主义。邓小平的相关论述为正确处理党内外关系问题提供了重要遵循：不断强化自身建设是处理党内外关系问题的基础；相互监督与相互包容是处理党内外关系问题的核心；团结群众是处理党内关系问题的出发点与落脚点。

三、科学社会主义研究

学者围绕马克思恩格斯交往理论、马克思"现实的个人"概念、马克思恩格斯的"中间阶级"理论、马克思主义自然观等问题进行研究。相关研究主要聚焦社会热点问题进行，研究成果较为丰富，研究水平较高，具有较强的理论价值和现实针对性。

周朗生在《科学社会主义生命力的四重逻辑——纪念"中国特色社会主义"提出40周年》(《中共云南省委党校学报》2022年第5期)一文中指出，中国特色社会主义是科学社会主义的具体实现形式。科学社会主义生命力是指以马克思主义为指导的社会主义革命、建设和改革所展现的一种生命状态和发展力量。科学社会主义和国际共产主义运动已经历经了170多年的时空跨度，中国共产党领导的中国特色社会主义以昂扬的姿态阔步迈入新时代，顺利实现了第一个百年奋斗目标，创造了人类文明新形态。社会主义生命力问题再次引起关注，2021年是中国共产党的百年诞辰，2022年迎来了"中国特色社会主义"命题提出四十周年。站在新的历史起点上，从理论逻辑、历史逻辑、实践逻辑、制度逻辑的视角对其加以探讨具有重要的理论意义和实践价值。

杜帮云在《通过加强交往促进新时代民族团结——基于马克思恩格斯交往理论的视角》(《哈尔滨工业大学学报（社会科学版）》2022年第3期)一文中指出，交往形成社会关系，结成社会共同体，促成社会发展进步；交往实践既包括物质交往，也包括基于物质的精神交往。没有交往，就没有社会共同体及其团结；加强交往是凝聚共同体、增进团结的重要途径。马克思恩格斯交往理论是中国新时代加强民族交往促进民族团结的思想基石和行动指南。民族团结离不开民族交往，加强民族交往是实现民族团结、铸牢中华民族共同体意识的重要途径。文章进一步强调，民族交往中，各民族要自觉树立和践行交互主体意识，互相尊重，彼此包容；铸牢中华民族共同体意识、推动民族团结高质量发展，要从经济、政治、文化、社会各方面切实加强民族交往。

张小龙在《马克思"现实的个人"概念的历史嬗变及其理论贡献》(《长江论坛》2022年第6期)一文中指出，从"现实的个人"作为哲学主体概念的思想渊源来看，施特劳斯最早在宗教批判中提出"现实的人类"作为现实主体概念；鲍威尔将"现实的人类"抽象化，进而复活自我意识的人；马克思在《论犹太人问题》和《神圣家族》中，基于人本主义维度批判鲍威尔的自我意识及其建构的政治理论，同时借用费尔巴哈"现实的人"的主体概念重新阐释了唯物主义的"主体"，直到在《德意志意识形态》中马克思才真正明确提出了作为历史唯物主义现实前提的"现实的个人"的主体概念。仔细甄别马克思与青年黑格尔派之间的现实主体概念内涵差异，对于深化和发展当代马克思主义理论具有重要理论价值。

部凡在《马克思恩格斯的"中间阶级"理论及其当代价值》(《宁德师范学院学报（哲学社会科学版）》2022年第1期)一文中指出，中间阶级是马克思和恩格斯重点关注的研究对象。他们曾多次论述这一阶级，厘定了其概念，描绘了其特征，预测了其命运，为无产阶级正确认识资本主义社会的阶级关系、制定正确的阶级政策准备了条件。该文强调，在新的理论和实践背景下，学习、理解这一理论不仅可以帮助我们深化对马克思主义的理解，而且也为分析资本主义社会的阶级结构、社会主义社会的阶层状况提供了理论基准和方法论启迪，有助于以正确的态度对待马克思主义理论的当代适应力。

赵威、张世杰在《人与自然生命共同体：马克思主义自然观的守正创新》（《淮北师范大学学报（哲学社会科学版）》2022年第6期）一文中指出，人与自然生命共同体是对马克思主义自然观的守正创新。从理论基础上看，它是新时代马克思主义自然观中国化的最新理论成果；从发展的客观现实性看，它是基于当前突出的全球生态问题，提出人应该如何看待自身与自然的关系、如何实现永续发展等问题的科学概念，它要求践行"两山"发展理念，通过绿色发展实现环境保护与经济发展一体推进，建设人与自然和谐共生的现代化；从价值立场上看，它体现了个人全面发展、人民幸福、人类共同命运协调一体、和谐共生的价值追求。

刘思妍、张海夫在《马克思世界历史理论视域下"双循环"新发展格局建构探析》（《西南林业大学学报（社会科学）》2022年第4期）一文中指出，马克思世界历史理论深入分析了资本主义生产方式向全球扩张过程中形成的世界性经济交往基本趋势，蕴含着资本扩张的积极成效及其内在矛盾。我国着力推动的"双循环"新发展格局构建，既要立足本国生产方式，又要把握世界经济交往的内在规律，两种力量有机结合才能营造出良好的发展环境。要从马克思世界历史理论出发，把构建国内大循环的生产、分配、交换、消费各个环节与国际贸易、投资、生产有机对接起来，超越以往的国内国际经济交往范式，重塑国际经济循环机制，从而助推我国构建"双循环"高质量的新发展格局。

四、中国特色社会主义理论研究

学者围绕中国共产党的政治信仰、中国共产党长期执政的历史自信、中国共产党自我革命理论、中国共产党百年团结奋斗的内在逻辑等问题进行研究。相关讨论主要围绕现实问题进行全面阐释，产生了一些较高层次的成果。

李维昌、盛美真在《谱写新时代全面建设社会主义现代化国家新篇章的政治宣言和行动纲领》（《中共云南省委党校学报》2022年第6期）一文中指出，中国共产党第二十次全国代表大会，是在迎来中国共产党成立一百周年、完成脱贫攻坚任务并实现党的第一个百年奋斗目标、中国特色社会主义进入新时代并取得重大成就的前提和基础上召开的一次十分重要的大会。大会通过的报告系统回顾总结和深刻阐述了过去5年工作及新时代10年的伟大变革，深刻分析我国发展面临的新的历史特点和国内外形势，明确提出当前党的中心任务，深刻阐述中国式现代化重大命题，再厘定我国分"两步走"实现基本现代化和建成社会主义现代化强国的目标任务，再校准到2035年我国发展的总体目标和未来5年的主要目标任务，对改革发展稳定、内政外交国防、治党治国治军各主要领域的重大工作进一步作出决策部署。党的二十大，是对有关我国全面建设社会主义现代化国家的政治性、理论性、战略性、目标性、实践性等重大问题深刻系统回答和明确宣示的重大政治议程。

张瑞才、付子文在《政治信仰：中国共产党行稳致远的精神密码》（《云南师范大学学报（哲学社会科学版）》2022年第5期）一文中指出，中国共产党的政治信仰是内涵丰富、结构完整、特色鲜明的价值体系。建党以来，政治信仰作为政治建设的主线贯穿始终，成为中国共产党指引方向的精神向导、抵御风险的精神支柱、推动发展的精神动力和团结人民的精神纽带，是中国共产党行稳致远的精神密码。该文进一步指出，中国共产党在推进政治信仰建设的历程中，坚持科学化、实践化、中国化、时代化、人民化的逻辑理路，注重理论创新和理论武装同频共振、同心共向，在科学建构价值体系的过程中及时跟进学习教育，使得党的政治信仰始终牢牢占据意识形态领域的主阵地，牢牢掌握意识形态主导权，成为筑牢共产党员理想信念的精神高地。

王传发在《中国共产党长期执政的历史自信和奋斗昭示》（《创造》2022年第9期）一文中指出，党的十九届六中全会形成了党的第三个历史决议，对党的百年奋斗历程系统阐述、重大成就全面概括和历史经验深刻总结，揭示了我们党百年来为什么能够取得成功、在新的征程中我们怎样才能继续成功。该决议强调，全党要牢记中国共产党是什么、要干什么这个根本问题，明确提出了"建设什么样的长期执政的马克思主义政党、怎样建设长期执政的马克思主义政党"的重大时代课题，发展了马克思主义建党学说，是马克思主义政党长期执政的政治宣言，标志着百年大党的坚定自信、豪迈宣誓和在政治上的更加成熟。

阮金纯、余婷婷在《开辟马克思主义中国化时代化新境界的根本遵循》（《创造》2022年第11期）一文中指出，在党的二十大报告中，习近平总书记提出了开辟马克思主义中国化时代化新境界的重大命题，明确了开辟马克思主义中国化时代化新境界的庄严历史责任，这是当代中国共产党人高度的理论自觉、理论自信和责任担当，预示着马克思主义中国化时代化的理论形态和实践形态将不断丰富和发展。如何开辟马克思主义中国化时代化新境界，既是一个重大理论问题，也是一个重大实践课题。回答这个问题，涉及世界观和方法论，涉及目标方向、理论内涵、根本路径、基本原则、思想方法等不同层面、不同方面的问题。习近平总书记在党的二十大报告中关于这些问题的深刻论述，为新征程上开辟马克思主义中国化时代化新境界提供了根本遵循。

王威、高源在《新时代中国共产党自我革命理论研究综述》（《昆明理工大学学报（社会科学版）》2022年第4期）一文中指出，党的十八大以来，国内学界掀起了对中国共产党自我革命相关问题研究的热潮。学者围绕这一主题从理论来源、内涵、重要意义、实践路径、基本经验等方面进行了深入探讨，并在理论探究、实践路径和方法运用等方面取得了较为丰硕的研究成果。但囿于对这一问题的研究起步较晚，今后应继续加大对党的自我革命的研究力度，拓宽研究视野，丰富研究方法，加强基础性理论问题的研究深度，深化对党的自我革命和社会革命关系问题的探讨，注重比较研究和交叉学科研究，增强研究的系统性。

粟国康在《中国共产党百年团结奋斗的内在逻辑》（《中共郑州市委党校学报》2022年第5期）一文中指出，百年来中国共产党团结带领广大人民取得了举世瞩目的成就，解码其成功的历史奥秘，"团结"具有独特的地位与意义。中国共产党形成的团结精神、会聚的团结对象、创造的团结方法、制定的团结制度，为党的百年奋斗提供了精神动力、根本合力、有力武器和牢固保障。深入探究中国共产党百年团结奋斗的内在逻辑，对于全面建设社会主义现代化国家、全面推进中华民族伟大复兴具有重要的现实意义。

吴之清、邢榕瀚在《中国共产党百年历史经验的思想内涵和深层逻辑》（《中共石家庄市委党校学报》2022年第11期）一文中指出，党的十九届六中全会通过的《中共中央关于党的百年奋斗重大成就和历史经验的决议》，全面总结党百年奋斗的重大成就，科学概括出"十个坚持"的历史经验，成为过去中国共产党"为什么能够成功、未来怎样才能继续成功"的最重要结论。"十个坚持"的历史经验，是系统完整、相互贯通的有机整体，具有内在本质的逻辑关联。深刻理解"十个坚持"丰富而深刻的思想内涵，科学把握"十个坚持"严谨而科学的深层逻辑，对于深入学习贯彻党的十九届六中全会精神，在新时代新征程上赢得更加伟大的胜利和荣光，具有重要的认识论意义和方法论价值。

保虎在《中国共产党铸牢中华民族共同体意识的历程及经验启示》（《民族学刊》2022年第

12期）一文中指出，党的二十大高度重视民族团结、进步及繁荣问题，强调要把"铸牢中华民族共同体意识"作为中国特色解决民族问题的法宝、作为党和国家事业未来发展的目标任务。新时代高质量推进中国民族工作，亟须厘清中华民族共同体意识形成过程和培育路径。中华民族共同体意识在中国革命、建设和改革中经历了萌芽、发展和完善过程。文章进一步从党和国家的民族政策利益角度出发，阐述了建党百余年来国家民族政策发展脉络，梳理出新时代铸牢中华民族共同体意识的里程碑意义，即高举习近平新时代中国特色社会主义思想伟大旗帜，促进社会和谐、民族团结、国家安全及祖国统一，从而铸就中华民族伟大复兴时代和谐高峰。

五、国外马克思主义研究

学界围绕古巴社会主义发展、南亚共产主义运动、日本社会主义运动、斯里兰卡阵线社会主义党的复兴社会主义运动等问题进行了有益探讨。但学界对国外马克思主义的研究，呈现出现状分析、实证研究和趋势判断的研究成果多，而国外马克思主义理论性的研究尚付阙如的状况，研究的层次与质量也存在一定差异性。

徐小涵、袁群在《古巴共产党第八次代表大会以来古巴社会主义发展的新态势及其前景》（《西南科技大学学报（哲学社会科学版）》2022年第5期）一文中指出，古巴共产党第八次代表大会以来，在古巴共产党的坚强领导下，古巴社会主义发展呈现了诸多新态势：古巴共产党对内全面加强党的建设，持续推进社会主义经济模式"更新"，大力推进民生和社会治理工程；对外继续深化与中国的传统友好关系，致力于团结"拉美一体化"国家，不断拓展多边外交关系。在新形势下古美关系"破易立难"，通货膨胀和企业转型将成为古巴共产党面临的最大的经济挑战，遏制意识形态颠覆活动将成为古巴共产党的工作重点。

袁群、徐拓在《南亚共产主义运动的百年历程与新动态》（《当代世界与社会主义》2022年第5期）一文中指出，作为国际共产主义运动重要组成部分的南亚共产主义运动，自20世纪20年代兴起以来，经历了兴起与早期发展、分裂与多样性发展的百年历程。近年来，南亚共产主义运动对重大理论问题进行了新的探索，在政治斗争、执政实践、党建工作和对外交往方面也有了新的发展。南亚共产主义运动将继续在南亚政治舞台上发挥着举足轻重的作用，但其发展仍然面临一些困难。一方面，反共势力将继续遏制和打压南亚共产主义运动；另一方面，宗派主义也将继续困扰南亚共产主义运动的发展。

徐拓在《21世纪日本社会主义运动的新态势》（《社会主义研究》2022年第3期）一文中指出，在发达国家社会主义运动中，日本的社会主义运动具有一定代表性和典型性。随着21世纪以来国际和日本国内形势的变化，日本社会主义运动对重大理论与实践问题进行了新的探索，在对资本主义的批判、议会选举、党的建设和对外交往方面也有了新的发展。在新环境中，日本社会主义运动出现了地缘政治鲜明化、社会主义诉求弹性化、左翼格局联合化、运动形势多样化"四化并呈"的新特征。总体而言，日本社会主义运动已成为影响和制衡日本右翼势力不可或缺的因素，在日本政党政治中发挥着不可低估的重要作用，仍具有一定的发展空间，不过由于整体力量不够强大，未来发展形势也面临严峻的考验。

海贤、杨梦平在《老挝：2021年回顾与2022年展望》（《东南亚纵横》2022年第2期）一文中指出，2021年是老挝人民革命党换届选举年和第九个五年经济社会发展规划开局之年：在政治上，选举产生了老挝人民革命党第十一届中央委员会、老挝第九届国会及第九届政府；在经济上，虽受新冠疫情影响未达到政府制定目标，但仍有3%的小幅增长；在外交上，继续施行多边外交政策，以预防性外交为重要指导方针，对外交流成果丰硕。展望2022年，老挝人民革命党将召开十一届四中和五中全会，老挝国会将召开九届三次和四次会议，经济社会将稳定发展，外交活动将持续活跃。

海贤、孔志坚、杨梦平在《老挝社会主义法律体系建设历史与建设成果》（《东南亚纵横》2022年第3期）一文中指出，自1975年12月2日老挝人民民主共和国成立以来，老挝人民革命党开始探索具有老挝特色的社会主义民主法治建设道路。1991年颁布实施的第一部宪法标志着老挝人民革命党正式开始社会主义法治建设。截至2022年6月，老挝国会官方网站正式公布的法律有167部，老挝法律体系建设取得了显著成就。老挝特色社会主义法律体系的形成与发展是老挝社会主义民主法治建设史上的重要里程碑，有利于进一步保障老挝各族人民权利，促进老挝社会主义建设的制度化，保障社会主义市场经济健康发展。

杜敏、胡月在《斯里兰卡阵线社会主义党的复兴社会主义运动探析》（《当代世界社会主义问题》2022年第1期）一文中指出，2011年斯里兰卡阵线社会主义党从人民解放阵线分离出来，成为独立政党，这标志着斯里兰卡激进左翼社会主义运动的一次转型。斯里兰卡阵线社会主义党以非暴力革命的方式，试图恢复曾经轰轰烈烈的社会主义革命浪潮，扭转传统左翼政党与人民解放阵线在社会主义运动中的颓势，从而复兴社会主义。与其他议会政党不同，斯里兰卡阵线社会主义党主张通过"政党重建"，明确社会主义的斗争对象，聚焦斯里兰卡的现实问题并持续斗争，开创社会主义运动的新局面。

六、思想政治工作研究

学者围绕高校思想政治理论课守正创新、培育社会主义核心价值观、新时代劳动教育、中华民族共同体意识教育以及中国共产党新人培育等研究视角，对思想政治工作议题进行较为广泛系统的研究。研究成果较为丰富，论文发表层次也比较高。

王传发、毛国旭在《增进共同性：铸牢中华民族共同体意识的学理》（《贵州大学学报（社会科学版）》2022年第4期）一文中指出，"共同性"是中华民族共同体的核心和本质内涵，增进共同性是铸牢中华民族共同体意识的价值目标和内在要求。中华民族共同性是各民族在长期交融汇聚中所体现出来的历史文化和政治属性等方面的有机联系与聚合，"四个共同"从共同疆域、共同历史、共同文化和共同精神等四个方面真实呈现和高度凝练了中华民族共同性的历史渊源与基本特征。文章进一步指出，铸牢中华民族共同体意识是建立在对中华民族"共同性"认同基础上的铸牢过程，增进共同性是铸牢中华民族共同体意识的价值导向与方向指引。要在正确把握"四个关系"的基础上不断增进共同性，指引各族人民牢固树立共同体理念，进而提升中华民族的认同度、凝聚力和向心力，形成中华民族命运共同体。

谢莉勤在《高校"课程思政"与"思政课程"同向同行的研究》（《长春大学学报》2022年第10期）一文中指出，推进高校"课程思政"与"思政课程"同向同行建设作为全面贯彻落实党的教育方针，是将思想政治工作贯穿教育教学全过程，实现"三全育人"的重要举措，对高校思想政治理论课建设、思想政治工作发展，甚至高等教育的发展产生深远影响。高校"课程思政"与"思政课程"同向同行建设需要加强顶层设计、强化队伍建设、培育"课程思政"品牌，开展同向同行建设规律研究。

李权、陈泫伊在《中华民族共同体意识融入高校思想政治教育》（《中国电影报》2022年7月13日第11版）一文中指出，当今时代背景和国际局势下，中华民族的繁荣复兴必须以铸牢中华民族共同体意识为前提，以此动员全国各族人民同心协力共同建设社会主义现代化强国。为此，当务之急就是大力宣传中华民族共同体意识，让中华民族共同体意识深深植根于各族中华儿女内心。大学生作为青少年群体的中坚力量，是国家建设和民族发展的中坚力量，中华民族共同体意识教育本身就是高校思想政治教育中用以培养大学生家国意识和民族情怀的重要内容，因此需要借助当下电影教学法等新式教学策略将这一内容全面贯彻进高校思想政治理论课课程教学全过程。

何绍芬、钱波在《论彝族家训在培育社会主义核心价值观中的积极作用》(《红河学院学报》2022年第2期）一文中指出，彝族家训要义可概括为尊敬长辈、以孝为重，勤劳上进、习武精艺，诚实守信、重视礼仪，宗族为大、团结互助。彝族家训与社会主义核心价值观在国家、社会、个人三个层面的价值追求总体一致，在彝族地区培育社会主义核心价值观中具有道德基础、环境营造、方法借鉴等方面的积极作用。该文从内容、方法、机制三个方面探讨适宜的路径，以充分发挥彝族家训的积极作用，使社会主义核心价值观在彝族地区深入人心，增强彝族文化软实力。

秦桂芬、黄昕莹、任兆昌在《新农科视域下思政课混合式教学模式研究——以云南农业大学为例》(《高教学刊》2022年第33期）一文中指出，为促进农林院校发展，国家提出新农科的发展理念，思政课作为农林院校立德树人的重要载体必须适应时代发展的要求，为新农科的建设提供精神动力和思想支持。云南农业大学结合边疆院校与新农科的双重特点，在思政课教学模式上探索线上线下相结合的混合式教学方式，充分调动学生的思政学习积极性，使思政课在新农科教育中发挥思想引领作用。

李寻在《网络民族主义思潮中的青年理性构建》(《教育探索》2022年第5期）一文中指出，在信息网络时代，民族主义思潮以网络民族主义的形式涌现出来，表现出极强的依附性、复杂性和多变性。在网络民族主义思潮的冲击之下，青年在国家认同、政治参与上的理性面临考验，需要主动加强引导，通过爱国主义教育、冲突政治教育等形式帮助青年构建理性。

庞申伟、鲁大伟在《增强志气、骨气、底气：时代新人文化自信的价值意蕴》(《云南教育（视界时政版）》2022年第10期）一文中指出，文化自信，是更基础、更广泛、更深厚的自信，是人精神世界的重要支撑，培养担当民族复兴大任的时代新人，必须在涵养思想情感、砥砺精神品格和构筑理论信仰中坚定文化自信，通过坚定社会主义先进文化自信提志气、坚定革命文化自信强骨气、坚定中华优秀传统文化自信增底气。

刘洋、钟飞燕在《劳动教育融入课程思政的审思》(《学校党建与思想教育》2022年第8期）一文中指出，劳动教育融入课程思政是指将劳动教育与课程思政建设相融合，进而实现对学生劳动价值取向、劳动精神面貌和劳动技术能力的一体式培养。两者的融合遵循了"五育融合"与"三全育人"相统一、普遍劳动与普遍教育相结合、教育方式与育人目标相适宜的内在逻辑。可从设定三维育人目标、建立协同育人机制和落实具体育人路径的维度，建构多方协同育人的运行体系。

马丽娟在《新中国成立以来中国共产党新人培育理念的守正与创新》(《重庆文理学院学报（社会科学版）》2022年第3期）一文中指出，培育新人是中国共产党百年历程中的优良传统。基于史料梳理与分析发现，新中国成立以来中国共产党新人培育理念的守正与创新主要体现在三个层面：一是在思想政治层面，从"社会主义觉悟""红"到"有理想"，再到"担当民族复兴大任"的内涵守正与话语创新；二是在本领素质层面，从脑力与体力两大范畴到思想道德素质和科学文化素质两大范畴，再到实现民族复兴与促进世界和平发展两大范畴的要求守正与范畴创新；三是在育人逻辑层面，从以文化普及为基础、以思想教育为核心提高个体劳动力素质到以理想引导、以纪律保障动员个体积极参与社会主义现代化建设，再到以担当精神整合个体自我实现与民族复兴的价值守正与理念创新。

(执笔：庞申伟)

党史·党建

一、党史研究

2022年，云南党史部门和党史工作者扎实开展党史著作编撰、党史领域研究、党史人物宣传和学术交流工作，推动云南党史研究迈上新台阶。

（一）党史专题资料

2022年，云南党史部门和党史工作者在党史专题资料的编撰中始终坚持以马克思列宁主义、毛泽东思想、邓小平理论、"三个代表"重要思想、科学发展观和习近平新时代中国特色社会主义思想为指导，坚持辩证唯物主义和历史唯物主义的观点，坚持"以史鉴今、资政育人"的目标，遵循实事求是、以史为据的原则，深入贯彻习近平总书记关于党史和文献工作的系列重要论述。主要的代表性成果有以下几部。

中共云南省委党史研究室编写了《云南社会事业建设（1978—2012）》（云南人民出版社2022年版）一书，较为客观地记录了改革开放34年间云南社会事业的发展历程和历史成就，总结历史经验，启迪未来。该书遵循党史资料图书的编写体例，全书分总述、州市专题资料、部门专题资料、大事记四个部分，力求尽可能地使读者对这一历史阶段云南社会事业有一个较为全面、清晰、准确的认识，是研究1978—2012年云南历史的参考工具。

中共云南省委党史研究室编写了《云南经济体制改革（1978—2012）》（云南人民出版社2022年版）一书，按照党史专题资料编写体例，实事求是对云南经济体制改革进行了记述。全书分为综述、综合资料、专题研究、典型资料、大事记等部分，力求多层次展现云南经济体制改革的发展历程、成就和经验，为编写《中国共产党云南历史》（第三卷）提供基本史料。

中共云南省委党史研究室编写了《云南脱贫攻坚实录》（云南人民出版社2022年版）一书，按照实录的编写体例，分为综述、口述、纪实三部分，以云南各级部门、各行各业亲历者视角对云南脱贫攻坚历程做全方位记录，力求全面系统总结云南脱贫攻坚的光辉历程、伟大成就和先进典型。

中共云南省委党史研究室编写了《云南革命老区通览》（云南民族出版社2022年版）一书，着重记述了云南59个革命老区县（市、区）和36个革命老区乡（镇、街道）的人民发扬老区精神，在党的领导下，进行新民主主义革命、社会主义革命和建设，实行改革开放和夺取新时代中国特色社会主义伟大胜利，实现中华民族伟大复兴的中国梦而不懈奋斗的光辉历程。该书的编写坚持历史的真实性和事件的准确性，既体现革命历史发展的连续性，又注重不同时期的特殊性，既充分展示经济社会发展的亮点，又突出重点，是一部有质量、有特色、有价值的工具书。

中共大理州委党史研究室编写了《王复生王德三家书》（云南人民出版社2022年版）一书，收录了王复生、王德三的111封书信。这些书信全面展示了烈士学习成长的心路历程，生动体现了烈士家国情怀和使命担当，其中大部分为首次公开，具有较高的史料价值和研究价值。主义、信仰、忠孝不是抽象的概念，而是寄托于一些具体的人和事上，这些书信就是最好的诠释。

《永励后昆——张永和纪念文集》（上海交通大学出版社2022年版）一书由上海交通大学档案文博管理中心和中共泸西县委党史研究室合作编撰出版。该书分为生平略传、著述言论、文献资料摘选、纪念文选四编,并附载大事记和珍贵历史图片,首次全方位、立体式地展现了张永和的革命人生图景和革命奋斗精神,歌颂了中国共产党人追求真理、保持信念、为争取民族解放和人民幸福作出的伟大贡献。该书的出版,对于沪滇两地弘扬革命精神、传承红色基因、赓续红色基因、加强党史人物研究的校地合作、丰富与创新党史学习教育形式与内涵具有积极的推动意义。

(二) 党史研究成果

新时代背景下,云南党史工作者对党史学习的研究不断丰富,取得良好研究成果,研究成果分布于各个时期,其中研究中国特色社会主义新时代的成果居多。具有代表性的成果如下。

中共云南省委党史研究室杨林兴在《从百年党史中汲取智慧和力量》(《云南通讯》2022年第2期)一文中指出,我们要从党百年奋斗重大成就和奋斗精神中增加历史自信,从党的政治建设中增进团结统一,从"两个伟大革命"中增强斗争精神,坚定信心,勇毅前行,为实现第二个百年奋斗目标而不懈努力。

中共云南省委党史研究室杨伍荣《云南改革开放的历史特征及其路径选择》(人民网—云南频道,2022年6月7日)一文认为,改革开放史研究,特别是全面推进开创和发展中国特色社会主义时间段的深化研究,为构建中国特色哲学社会科学的学术、学科和话语体系挖掘了新史源、开辟了新领域、增添了新内容。他把云南的改革开放分为四个阶段,即第一个阶段(1978年12月至1989年5月)、第二个阶段(1989年6月至2002年10月)、第三个阶段(2002年11月至2012年10月)、第四个阶段(2012年11月至今),指出了云南需破解的历史命题、面临的改革开放考验。文章认为,云南重塑发展优势的路径选择一是战略优势转化成政策优势,二是先天优势转化成后发优势,三是历史优势转化成创新优势,四是区位优势转化成辐射优势,五是潜在优势转化成赶超优势,六是"级差优势"转化成竞争优势。

中共云南省委党史研究室端和巧在《以全面建成小康社会为起点,向实现第二个百年奋斗目标奋勇前进——云南全面建成小康社会的实践与现实意义》(云南机关党建网,2022年11月30日)一文中通过回顾云南党的十一届三中全会以来小康社会的建设和党的十八大以来全面建成小康社会的重要工作,指出云南历史性地解决了绝对贫困问题,与全国同步全面建成小康社会具有重大意义;全面建成小康社会为云南实现第二个百年奋斗目标创新和发展了马克思主义,奠定了经济基础,凝聚了力量,开辟了绿色发展之路。

中共云南省委党校(云南行政学院)鲁彩荣在《如何跳出治乱兴衰的历史周期率》(《云南日报》2022年6月18日)一文中从深刻认识为什么要自我革命、深刻回答建设什么样的党的问题出发,指出把全面从严治党向纵深推进要明确新时代自我革命的目标、系统推进党的建设总体布局、切实提高党的建设质量、把抓好党建作为最大的政绩,以切实增强推动自我革命的政治自觉和行动自觉。

云南大学张巨成在《论实现中华民族伟大复兴道路的独特性》(《曲靖师范学院学报》2022年第2期)一文中指出,习近平新时代中国特色社会主义思想,其核心要义是实事求是,以人民为中心。该文进一步指出,独特的实践,是中华民族伟大复兴的基石;独特的理论,是中华民族伟大复兴的指引;独特的制度,是中华民族伟大复兴的保证;独特的文化,是中华民族伟大复兴的底气。

云南师范大学王德强、保跃平在《论西南联大红色资源的当代转化》(《云南师范大学学报(哲学社会科学版)》2022年第6期)一文中认为,新时代的西南联大研究,应以爱国进步为主线,讲好西南联大故事,挖掘西南联大校史中的红色资源,丰富中国共产党党史研究素材,拓展西南联大研究的广度和深度,推动西南联大红色资源的当代转化。

中共云南省委党校（云南行政学院）白婧在《抗战时期云南妇女的卓越贡献》（《云南日报》2022年4月9日）一文中从抗日战争中云南妇女革命意识的觉醒、革命运动的贡献、革命斗争的影响三个方面肯定了中国妇女在伟大的抗日战争中，在战地服务、后方支援和救助老弱等工作中发挥的重要作用，指出经过抗日战争的洗礼，广大妇女感性柔软的天性和经历战争后的刚强坚毅果敢结合在一起，成为中华民族教育下一代的重要文化基因，培育了一批又一批优秀的中华儿女为实现中华民族伟大复兴同心同德、顽强拼搏。

昆明理工大学苗艳丽、田泽坤在《云南解放初期的第一批基层女干部——西南服务团部分女干部访谈》（《云南日报》2022年4月2日）一文中指出，云南解放初期的基层女干部们扎根基层，奉献青春，克服重重困难，经历诸多磨难，却始终信仰坚定，忠于党、听党话、跟党走，她们是云南基层政权建设的拓荒者，在云南解放和建设中作出了重要贡献，树立起基层女干部的丰碑。

云南陆军讲武堂博物馆杨竣、杨丹尧、马晨在《"模范奖状"印证红色历史——云南陆军讲武堂的沿革和变革》（《云南日报》2022年6月18日）一文中回顾了云南陆军讲武堂旧址的历史沿革与历史变革，讲述了叶剑英支持在广州招收青年学生和刘慎权投笔从戎的故事，描述了收集到的一份71年前云南陆军讲武堂颁发的"模范奖状"，通过这些见证了云南讲武堂凤凰涅槃浴火重生的人和事物，坚定人们把红色基因传承好、确保红色江山永不变色的信念。

（三）重要党史人物

在中国革命的各个历史时期，无数革命先烈为民族独立和人民解放事业作出重大贡献，付出巨大牺牲，献出了宝贵的生命。云南党史工作者和研究人员在云南重要党史人物纪念节点，撰写纪念文章，旨在缅怀先烈，弘扬革命传统，汲取精神力量。

中共云南省委党史研究室在《玉洱银苍俊万里　白山黑水任奔流——纪念周保中同志诞辰120周年》（《云南日报》2022年3月19日）一文中缅怀了周保中同志在争取民族独立、人民解放、实现国家富强、人民富裕中作出的积极贡献。文章指出，弘扬周保中精神风范和品格特质，对我们坚定对马克思主义、共产主义的信仰，对中国特色社会主义的信念，对实现中华民族伟大复兴的信心，挺起共产党人的精神脊梁，做到心中有信仰、前进有方向、脚下有力量，具有重要的历史意义和现实意义。

王东立在《跟随共产党走道理是完全正确的——纪念刘平楷烈士诞辰120周年》（"学习强国"学习平台，2022年10月24日）一文中，追思学习刘平楷忠贞不渝的共产主义信念，敢于斗争善于斗争的担当品格，舍小家为大家的无私奉献，不计个人得失服从组织安排的宽广胸怀，对党忠诚视死如归的献身精神。文章指出，在新时代的长征路上，要不断发扬党的优良传统和作风，弘扬伟大建党精神，传承红色基因，赓续红色血脉，凝聚奋斗力量，为全面建设社会主义现代化国家、全面推进中华民族伟大复兴而团结奋斗。

余红在《工运先锋刘林元》（云岭先锋网，2022年11月28日）一文中指出，刘林元为中国人民的解放事业和伟大的共产主义事业奉献了自己的一生。文章指出，刘林元作为云南工人运动的先驱和领袖、云南早期党组织的主要领导人和新中国成立后中共云南省委重要领导人之一，我们不能忘记他的历史功勋和巨大贡献。他的革命精神和品格风范，必将激励着一代代工人阶级的优秀分子，在实现中华民族伟大复兴中国梦的征途上，接续奋进，努力谱写好中国梦的云南篇章。

马萌在《我们万众一心——纪念人民音乐家聂耳诞辰110周年》（《云南日报》2022年3月26日）一文中指出，聂耳是为国而歌的爱国者，是敢于斗争的勇士，是为民呐喊的"人民音乐家"。他是第一个在歌曲中塑造了中国无产阶级光辉形象的作曲家，是我国当之无愧的革命音乐的开路先锋。我们在全面建设社会主义现代化国家的伟大征程中，重温聂耳的故事，传唱他的作品，感悟他的精神，对奋进新征程、建功新时代，有积极的现实意义和巨大的激励、鼓舞作用。

二、党的建设研究

（一）思想政治建设研究

思想政治建设是党的根本性建设。云南省坚持以党的政治建设为统领，深入推进新时代党的创新理论武装，推动广大党员干部坚定拥护"两个确立"、坚决做到"两个维护"。

中共云南省委书记王宁在《用党的二十大精神统一思想指引行动　团结奋斗谱写好中国梦的云南篇章》（《学习时报》2022年11月21日）一文中指出，要把学习宣传贯彻党的二十大精神作为当前和今后一个时期的首要政治任务，在全面学习、全面把握、全面落实上下功夫，引导云南省广大党员干部群众把思想和行动统一到党的二十大精神上来，为谱写好中国梦的云南篇章而团结奋斗。一是深刻领会新时代10年的伟大变革，坚定拥护"两个确立"、坚决做到"两个维护"。二是深刻领会马克思主义中国化时代化新境界的新要求，坚定不移用习近平新时代中国特色社会主义思想武装头脑、指导实践、推动工作。三是深刻领会以中国式现代化全面推进中华民族伟大复兴的使命任务，奋力闯出一条高质量跨越式发展的路子来。四是深刻领会以伟大自我革命引领伟大社会革命的重要要求，坚定不移推进全面从严治党。

庄志强在《推进党的创新理论"飞入寻常百姓家"》（《云南日报》2022年1月24日）一文中指出，《中共中央关于党的百年奋斗重大成就和历史经验的决议》深刻阐明了习近平新时代中国特色社会主义思想的理论内涵和重大意义，为中国共产党开启"实现第二个百年奋斗目标新征程，朝着实现中华民族伟大复兴的宏伟目标继续前进"提供了思想指导和根本遵循。一要推进宣讲队伍专业化。二要推进宣讲形式多样化。三要推进宣传语言生活化。四要推进传播手段时代化。

张戈在《落实号令部署必须增强"三个自觉"》（《云南日报》2022年2月4日）一文中指出，云南省各级党组织和广大党员干部要不断增强思想自觉、政治自觉和行动自觉，坚决做到"习近平总书记有号令、党中央有部署，云南见行动"。一是增强思想自觉，提振干事创业的"精气神"。二是增强政治自觉，力做政治坚定的"明白人"。三是增强行动自觉，争当履职尽责的"实干家"。

中共云南省委宣传部在《凝聚七彩云南奋进新征程的强大精神力量》（《云南通讯》2022年第9期）一文中指出，党的十九大以来，云南宣传思想战线深入学习贯彻习近平总书记关于宣传思想工作的重要论述和考察云南重要讲话精神，忠诚拥护"两个确立"、坚决做到"两个维护"，扎实履行举旗帜、聚民心、育新人、兴文化、展形象的使命任务，推动宣传思想工作守正创新强起来，凝聚起全省各族干部群众奋进新征程、奋斗新时代的强大力量。一是高举思想旗帜、深化理论武装，习近平新时代中国特色社会主义思想扎根云岭大地。二是服务中心大局、做大做亮正面宣传，主流思想舆论不断巩固扩大。三是强化价值引领、培育时代新人，精神文明风尚充分彰显。四是坚持惠民利民、推进文化强省建设，不断提升各族群众文化获得感幸福感。五是发挥区位优势、加强国际传播，让中国声音中国故事传得更远更广。

徐畅江在《深刻把握贯穿全书的马克思主义立场观点方法》（《云南日报》2022年10月5日）一文中指出，《习近平谈治国理政》第四卷对我们学深悟透马克思主义中国化时代化最新成果、进一步系统把握和实践习近平新时代中国特色社会主义思想具有重大意义。一要始终牢牢站稳"坚持人民至上"的根本立场。二要始终坚持"理论联系实际"的马克思主义观点。三要不断提高运用科学思想方法的能力。

殷铖君在《切实把组织工作的各项部署要求落到实处》（《云南日报》2022年11月9日）一

文中指出，学习贯彻党的二十大精神，学懂、学深是前提，全面学习首要政治任务，务必做到真学笃信；弄通、悟透是关键，全面把握首要政治任务，务必做到融会贯通；做实、践行是落点，全面落实首要政治任务，务必做到真抓实干。

杨季在《不断开辟马克思主义中国化时代化新境界》(《云南日报》2022年11月14日) 一文中指出，学习宣传贯彻党的二十大精神，要按照把握世界观和方法论的要求，持续深入学习贯彻习近平新时代中国特色社会主义思想，不断开辟马克思主义中国化时代化新境界。一要推动马克思主义创新发展。二要坚定马克思主义信仰。三要把握马克思主义科学方法。四要用发展着的马克思主义指导实践。

中共西双版纳州委组织部在《云南西双版纳州深入推进以学促干以行进位　下足真功夫　树好新标杆》(《中国组织人事报》2022年11月15日) 一文中指出，党的二十大胜利召开以来，西双版纳州把学习宣传贯彻党的二十大精神作为当前和今后一个时期的首要政治任务，紧扣作风革命、效能革命，通过抓学习、办实事、争上游、严奖惩等四项举措，不断凝聚起党员干部群众质效提升共识、干事创业激情和争先进位合力，有力促进边疆经济社会高质量发展。一是深刻学习领会党的二十大精神，推动干部在真学、真懂上走在前、作表率。二是围绕人民群众满意的标准出实招硬招，将党的二十大精神落实到保障和改善民生的具体行动中。三是坚持把力量凝聚到实现党的二十大确定的各项任务上来，推动各项工作勇争上游。四是用"发展退位、干部让位"的常态化奖惩机制倒逼干部勇于担当、比学赶超。

(二) 党建服务中心工作研究

围绕中心、服务大局是党建工作的着力点和落脚点。云南省各级党组织围绕服务融入国家发展战略和省委重大决策部署，精准发力、主动作为，把组织力量转化为攻坚力量，把干部资源转化为发展资源，把人才活力转化为创新活力。

中共云南省委书记王宁在《扎实推进高质量跨越式发展　奋力谱写好中国梦的云南篇章》(《学习时报》2022年9月23日) 一文中指出，党的十八大以来，以习近平同志为核心的党中央高度重视云南工作，深切关怀云南各族群众。2015年1月和2020年1月，习近平总书记两次考察云南，作出"一个跨越""三个定位""五个着力"和"四个突出特点""四个方面重点工作"等一系列重要指示，为云南发展擘画了美好蓝图、指明了前进方向、提供了根本遵循。我们牢记嘱托、感恩奋进，致力于建设我国民族团结进步示范区、生态文明建设排头兵、面向南亚东南亚辐射中心，扎实推进高质量跨越式发展，奋力谱写好中国梦的云南篇章。一是学习贯彻习近平新时代中国特色社会主义思想和习近平总书记考察云南重要讲话精神结出新硕果。二是高质量跨越式发展迈出新步伐。三是决战脱贫攻坚、决胜全面建成小康社会取得新胜利。四是民族团结进步示范区建设迈上新台阶。五是生态文明建设排头兵展现新面貌。六是面向南亚东南亚辐射中心建设开创新局面。七是保障和改善民生有了新突破。八是全面从严治党焕发新气象。

中共云南省委组织部在《云南省委组织部出台十条措施组织工作服务优化营商环境》(《中国组织人事报》2022年1月20日) 一文中指出，《云南省组织工作服务优化营商环境十条措施》从政企沟通、干部考察、强化考核等方面提出系列务实管用的硬举措，充分发挥组织优势，大力营造一流营商环境，推动云南经济高质量发展。一是将优化营商环境作为"一把手"工程，督促各级党政主要负责人和发展改革、工信、能源等部门，建立与企业直接沟通联系制度，落实领导干部挂钩联系民营企业制度。二是落实"一线工作法"，在招商引资、招才引智、政务服务、项目建设一线考察识别干部。三是聚焦优化营商环境，加强干部人才管理，建设人才服务"一站式"窗口，优化国际人才服务管理，为符合条件的高层次人才提供高效便利服务。

溥德书在《践行"五个带头" 奋力推动云南高质量跨越式发展》(《云岭先锋》2022 年第 9 期) 一文中指出，云南省广大党员干部要积极践行"五个带头"，奋力推动云南高质量跨越式发展。一是带头提高政治站位，为实现云南高质量跨越式发展提供政治保证。二是带头弘扬奋斗精神，为实现云南高质量跨越式发展提供精神力量。三是带头贯彻新发展理念，为实现云南高质量跨越式发展提供重要遵循。四是带头坚持以人民为中心，为实现云南高质量跨越式发展提供价值目标。五是带头树立良好形象，为实现云南高质量跨越式发展提供组织保障。

魏芸在《落实党建引领 推动乡村振兴——澄江市马房村乡村振兴之路实践经验及启示》(《社会主义论坛》2022 年第 11 期) 一文中指出，乡村振兴作为新时代"三农"工作的重要组成部分，是实现中华民族伟大复兴的一项重大任务，完成这一重大任务需"举全党全社会之力"，其中党建引领是乡村振兴的"定海神针"。一要激活动力之源，发挥党支部核心领导作用。二要夯实力量支撑，发挥党员先锋模范作用。三要聚焦中心工作，推进党建与乡村振兴有效融合。四要畅通"结合点"，壮大乡村集体经济。五要激发农民主体作用，加强人才队伍建设。

(三) 基层党建工作研究

基层党建工作是党的组织建设的重要环节。云南省聚焦深化"两个覆盖"、增强"两个功能"、发挥"两个作用"，不断增强党组织统筹力、组织力、服务力，推动全域提升、领域提效、品牌提质。

中共昆明市委组织部在《以系统思维建好园区网格》(《中国组织人事报》2022 年 1 月 11 日) 一文中指出，开展园区产业化网格党建工作要坚持系统思维，将网格建好、人员管好、服务提供好。一是探索实施产业化网格党建工作模式，通过组织联建、资源联用、活动联搞、信息联通等交流活动，形成一网全覆盖模式，实现全要素汇集、全过程覆盖、全方位保障。二是既要注重"网"也要注重"人"，选派善抓会抓党建工作的优秀党员担任网格长、专职网格员，聚焦以往对网格员管不细、管不住、管不好等问题，实行首问负责、限时办结等制度。三是探索实施产业化网格党建工作模式，加强和改进园区党建工作，让企业党组织和广大党员动起来，在各项活动中得到实惠、尝到甜头。

中共云南省委组织部在《云南以边疆党建长廊为抓手 巩固党在边疆民族地区执政的组织基础》(《中国组织人事报》2022 年 9 月 19 日) 一文中指出，云南立足边疆、民族省情，持续深化边疆党建长廊建设，推动基层党组织在夯实思想根基、推进乡村振兴、领导强边固防、促进基层治理、服务产业发展中充分发挥引领作用，探索出一条以组织强带动边民富、边疆兴、边防固、边关美的有效路径，不断夯实党在边疆民族地区执政的组织基础。一是持续深化理论武装，引领边疆各族群众听党话跟党走。二是抓党建促乡村振兴，引领边疆各族群众创造美好生活。三是抓党建促强边固防，引领边疆各族群众维护安全稳定。四是抓党建促基层治理，引领边疆各族群众共建和谐社会。五是抓党建促产业发展，引领边疆各族群众聚力产业振兴。

陈泽在《云南选精建强乡村振兴突击队 尽锐出战共绘发展蓝图》(《中国组织人事报》2022 年 11 月 14 日) 一文中指出，云南坚持驻村帮扶队伍不撤、力量不减，精选建强驻村工作队和第一书记，实现脱贫村、易地搬迁安置村（社区）、软弱涣散村、抵边村、乡村振兴重点村全覆盖，不断健全驻村帮扶政策体系，锻造引领乡村振兴的突击队。一是精准选派，尽锐出战。二是培训交流提升驻村干部能力。三是完善驻村工作队员管理体系。四是建立驻村干部任期全程纪实档案，常态化深入一线分析研判。

张光彦在《擦亮边疆党建长廊示范品牌》(《中国组织人事报》2022 年 12 月 28 日) 一文中指出，抓好边疆党建既是政治要求，也是发展所需、民心所向，要坚持大抓基层的鲜明导向，深入推进边疆党建长廊先行示范区建设，抓党建引领边疆社会治理、促进民族团结进步，推动实现"组织强、边民富、边关美、边疆稳、边防固"。一是思想铸魂引领兴边固防。二是"五抓五促"守护边疆安宁。三是作风效能革命推动发展突围。

（四）干部工作研究

干部是党和国家事业的中坚力量。云南省聚焦堪当重任要求，抓深抓实选育用管各环节，着力建设目标定位更高远、发展理念更开放、工作作风更务实、能力本领更过硬、纪律要求更严明的干部队伍。

翁斌在《锻造政治过硬的高素质干部队伍》（《党建研究》2022年第2期）一文中指出，进入新发展阶段，各级党委组织部门要深刻把握时代之变、切实履行时代之责，把旗帜鲜明讲政治贯穿干部选育管用全过程，努力锻造一支政治过硬、具备领导现代化建设能力的高素质干部队伍。一是突出政治标准，以伯乐相马之慧眼选准干部。二是突出政治能力，以千锤百炼之韧劲育强干部。三是突出政治监督，以从严从实之体系管好干部。四是突出政治激励，以干事创业之导向用活干部。

中共云南省委组织部在《云南推进基层公务员队伍建设　强化支持保障　促进安心安业》（《中国组织人事报》2022年2月23日）一文中指出，云南坚持政策上倾斜、力量上保障、资源上支持，着力增强队伍力量、改善队伍结构、提升能力素质，进一步推进基层公务员队伍建设。一是强化政策倾斜，树牢基层导向。出台艰苦边远地区公务员考试录用实施办法，明确可以合理确定开考比例，一定比例职位限招当地户籍人员，单独划定笔试最低合格分数线，不限专业、工作年限和经历等。二是强化力量保障，夯实执政基础。加大基层公务员招录力度，严格执行新录用乡镇公务员5年最低服务年限、选调生最低2年乡村基层服务期限的政策规定，把保证乡镇空编率低于10%作为一项硬性政策要求，定期跟踪督查。三是强化资源支持，促进安心安业。加大基层一线培训力度，建立公务员培训师资库，与基层共享师资资源，落实年休假等制度，大力实施帮助乡镇公务员解决食堂、厕所等问题的"七小工程"。

中共云南省委组织部在《云南以蹲点调研、重大专项调研、年度综合调研为抓手　一线考察"画像"干部选用有据》（《中国组织人事报》2022年5月13日）一文中指出，中共云南省委组织部以蹲点调研、重大专项调研、年度综合调研为抓手，大力开展一线考察干部工作，鲜明树立重一线、重实干、重实绩、重公认的用人导向。一是推动集中蹲点调研制度化，常态化选派调研组，集中一段时间到一个地方、一个单位与干部同学习、同工作，采取个别谈话、查阅资料、列席会议、实地印证、随机点名述职等方法，全方位了解掌握干部表现。二是加大重大专项调研力度，派出22个调研组深入边境一线、产业园区、重点工程考察识别干部，全面剖析了解干部的政治态度、宗旨意识、担当精神、工作成效以及应对突发事件和处理复杂矛盾的能力水平，推动重大专项工作落地落实。三是探索开展年度综合调研，集成各方面力量，对领导班子和领导干部实行全方位"大扫描"，科学反映年度工作实绩。

孙玉梅在《在乡村振兴中建强专业化村组干部队伍》（《社会主义论坛》2022年第6期）一文中指出，在实施乡村振兴战略中，建强专业化村组干部队伍，有利于增强基层党组织的组织力，提高基层干部队伍的执行力、治理能力，推进乡村振兴工作高质量发展。一要坚持党的领导，锤炼思想政治硬本领。二要建立长效机制，锤炼业务素质真本领。三要结合地方实际，锤炼作风效能实本领。四要推动创新服务，锤炼服务保障新本领。

中共红河州委组织部在《云南红河州推动选调生到优化营商环境一线"墩苗壮骨"共管增合力　跟踪看成绩》（《中国组织人事报》2022年7月14日）一文中指出，立足营商环境建设实际，红河州从年轻干部培养入手，针对不同专业背景、工作经历、特点特长的选调生，在首批百名选调生一线"墩苗壮骨"历练计划中选派36名到优化营商环境一线磨炼、到重点园区和国有企业历练，深入企业摸排发展实情，实地了解企业需求，推动解决企业实际问题。一是州委组织部负责做好具体指导、上下沟通协调等工作。二是县（市）党委组织部负责抓好服务管理，历练期满后作出组织鉴定，并向派出单位反馈，作为单位评先评优和提拔使用的重要依据。三是接收单位负责日常教育管理，做好帮带指导工作，了解掌握选调生日常履职表现、生活困难和思想动态。四是派出单位负责加强跟踪管理，定期对派出选调生的思想、工作情况进行分析研判，全面掌握选调生的培养情况，帮助解决问题，创造良好的锻炼环境。

中共昭通市委组织部在《锻造推动高质量发展的高素质干部队伍》（《党建研究》2022年第9期）一文中指出，昭通市不断深化干部工作"五大体系"建设，以务实创新、系统精准的举措，立体视角看干部、着眼提能育干部、一线赛场选干部、优化结构配干部、着眼长远储干部、激励约束管干部，着力锻造一支能担当时代重任、善于攻坚克难的高素质铁军队伍，为推动高质量发展提供坚强有力的组织保证。

中共云南省委组织部在《健全年轻干部培养选拔机制》（《中国组织人事报》2022年9月7日）一文中指出，拓宽选人识人视野，既看本土干部，也看省外干部，既关注公务员队伍，也着眼企事业单位人才，大力选拔、留任、引进与高质量发展相匹配、与新发展理念相适应、与群众期盼相契合的青年才俊。坚持知事识人、依事择人、人岗相适，对培养成熟的年轻干部要根据专业背景、经历阅历、潜质潜能等情况，及时把他们选配到其最熟悉、最擅长、最能发挥专长和作用的地方，放大优势效应，努力做到选贤任能、用当其时。一是健全发现储备机制，选出"好种子"。二是健全培养历练机制，扎实"墩苗子"。三是健全选拔使用机制，及时"压担子"。四是健全监督管理机制，严格"扣扣子"。

徐以民在《以组织监督把"关键少数"管住用好》（《云南通讯》2022年第10期）一文中指出，组织部门作为管党治党的重要职能部门，肩负着配班子、选干部的重要政治责任，必须深入学习领会习近平总书记关于干部监督的重要论述，不折不扣贯彻落实党中央对"一把手"和领导班子监督要求，重点从"四个监督"发力，坚定不移推进全面从严治党向纵深发展。一是牢牢牵住政治监督这个"牛鼻子"。二是牢牢把好选任监督这道关。三是牢牢抓住日常监督这个关键。四是牢牢盯住履职监督这个重点。

（五）人才工作研究

国家发展靠人才，民族振兴靠人才，人才工作关乎全局、关乎长远、关乎根本。云南省深入实施新时代人才强省战略，突出政治引领，全面强化人才政策供给、优化人才发展环境、增强人才工作效能，提高人才对高质量发展的牵引力和支撑力。

杨绍虎在《"以用促引"破解发展困境》（《云岭先锋》2022年第1期）一文中指出，一直以来，西部欠发达地区受区位偏远、基础薄弱、发展滞后等因素限制，人才吸引力、竞争力不足，人才引进、使用方面的短板，成为欠发达地区发展亟须突破的桎梏。保山市要实现更高质量的发展，要争创一流、跨越赶超，关键在于千方百计引进能为我所用的顶尖人才、聚天下英才而用之。一要以用促需，转变理念抓谋划。二要以用促引，分类结合求突破。三要以用促育，搭建平台强保障。

中共云南省委组织部在《云南：精准聚才服务产业发展》（《中国组织人事报》2022年3月31日）一文中指出，云南聚焦人才服务现代产业发展的问题短板，提出一系列突破性举措，引导人才服务和支撑现代化产业体系建设。一是定期发布产业急需紧缺人才目录，在招商引资方案中同步配套招才引智方案，对引进的重点产业链核心技术攻关团队，给予最高3000万元项目经费支持。二是建立重点产业链关键核心技术攻关揭榜挂帅制度，对人才（团队）承担项目的，按实际研发投入的40%给予最高1000万元经费支持。三是加大省级人才计划对产业园区集群发展的支持力度，每年单列不低于20%专项指标，引导产业人才向园区流动。四是支持企业设立创新岗、产业顾问、首席专家等岗位，吸引教学科研人员到重点产业企业兼职，允许按规定领取薪酬、津贴、现金奖励或股权激励。五是推动赋予科研人员职务科技成果所有权和长期使用权改革，对重大原创性技术在云南实现产业化的，从该项科技成果转让净收入或许可净收入中提取不低于70%，用于奖励作出重要贡献的成果完成人（团队）。

翁斌在《塑造人才发展区域比较优势》（《中国组织人事报》2022年6月22日）一文中指出，人才是高质量的核心要素，是区域竞争的关键变量。面对激烈的人才竞争，要找准区域比较优势，锻造人才集聚的长板，加快形成人才资源优势。一是坚持政治引领，加强党对人才工作的全面领导。二是坚持规划引领，彰显人才发展区域特色和优势。三是坚持创新引领，释放人才创新创业活力和效能。四是坚持服务引领，营造近悦远来的人才环境和生态。

中共云南省委组织部在《建设面向南亚东南亚人才新高地和区域性人才中心》（《党建研究》2022年第9期）一文中指出，立足新的历史起点，我们必须增强大局意识、系统观念，深入学习贯彻习近平总书记关于做好新时代人才工作的重要思想，全面落实中央和省委人才工作会议精神，努力把云南建设成为我国面向南亚东南亚人才新高地和区域性人才中心，为推动经济社会高质量跨越式发展提供坚实的人才支撑，积极为建设人才强国贡献力量。一是以新思想新战略新举措为遵循，把准人才工作正确方向，贯彻"八个坚持"把正航向、紧扣"三个定位"找准坐标、聚焦"四大短板"精准施策；二是以新阶段新理念新格局为引领，厚植人才创新创业沃土，平台纳才，搭好科技创新舞台、产业引才，聚力现代产业发展、事业兴才，融入乡村振兴战略、开放聚才，做好合作共赢文章；三是以活机制优服务提效能为重点，打造人才发展最优生态，构建科学高效的人才管理体制、构建务实管用的人才引育机制、构建公平合理的评价激励机制、构建充分体现知识和技术等创新要素价值的收益分配机制、构建敬才爱才重才的良好环境。

（六）自身建设工作研究

加强组织部门自身建设，是推动党的建设和组织工作高质量发展、高水平推进的长期性基础性工作。云南省以强化政治机关建设为统领，围绕开放、创新、务实、文明要求，抓学习、提能力、强作风、塑形象，着力打造模范组织部门、锻造过硬组工队伍。

中共云南省委组织部在《云南省委组织部：六项制度推进部机关转作风提效能》（《云岭先锋》2022年第6期）一文中指出，中共云南省委组织部近日出台建立健全部领导基层联系点、工作提质增效、基层评议部机关作风、调查研究、督查督办、定期通报六项制度，以自我革命精神持续推进部机关作风革命效能革命深化细化具体化，有力促进组织工作提标提质提效。一是领导带头下基层抓落实。二是激励干事树导向增亮点。三是开门纳谏转作风提效能。四是实效调研重质量转成果。五是强化督查出实招促落实。六是定期通报扬正气强鞭策。

中共云南省委组织部在《在推动作风革命效能革命中当先锋——党的十八大以来云南省委组织部机关自身建设综述》（《云岭先锋》2022年第7期）一文中指出，党的十八大以来，中共云南省委组织部坚持以习近平新时代中国特色社会主义思想为指导，对标"讲政治、重公道、业务精、作风好"模范部门标准，把作风革命、效能革命贯穿自身建设始终，聚力打造学习型、创新型、服务型、效率型模范机关，以高质量自身建设服务保障全省组织工作高质量发展。一是打造学习型机关，夯实组织工作厚度。二是打造创新型机关，提升组织工作亮度。三是打造服务型机关，增加组织工作温度。四是打造效率型机关，加快组织工作进度。

杨旭东在《强队伍　锻造推动全省发展的生力军》(《云岭先锋》2022年第10期)一文中指出，机关队伍建设是机关建设的关键。云南省第十一次党代会以来，云南省直各单位强化政治引领，立新风正气、破歪风邪气，抓实"清廉机关"建设；强化机关干部能力建设，扎实开展"对标先进、争创一流"主题实践活动，筑牢坚强战斗堡垒，锻造了一支推动云南高质量跨越式发展的生力军。一是抓学习，强化政治引领提升业务能力。二是定目标，对标先进争创一流。三是保廉洁，营造风清气正环境。

尹智在《以率先姿态彰显组工担当》(《云南日报》2022年11月7日)一文中指出，组织部门是管党治党的重要职能部门。一要率先学习，树立勤学善思的组工形象。二要率先贯彻，擦亮政治坚定的组工本色。三要率先落实，扛起知重负重的组工担当，在奋进新征程中彰显组工本色、扛起组工担当。

(七)全面从严治党工作研究

全面从严治党是党永葆生机活力、走好新的赶考之路的必由之路。云南省不断健全全面从严治党体系，从组织上把党建设好、建设强，以正确战略策略进一步开拓组织工作新局面。

中共云南省委书记王宁在《推动全面从严治党向纵深发展　营造风清气正的政治生态》(《党建研究》2022年第10期)一文中指出，全面贯彻新时代党的建设总要求，不断推动全面从严治党向纵深发展，全省政治生态持续好转，全面从严治党焕发新气象。一是坚持以党的政治建设为统领，忠诚拥护"两个确立"、坚决做到"两个维护"，从严加强理论武装、严肃党内政治生活、严明政治纪律规矩。二是落实新时代好干部标准，鲜明树立正确选人用人导向，严格政治把关、树立鲜明导向、匡正用人风气。三是大力推进作风革命效能革命，推动各级干部作风进一步严起来实起来，注重讲方法、讲效率、讲质量，倡导开短会、讲短话、发短文，坚持重基层、重调研、重实效。四是加强对权力运行的制约和监督，切实把权力关进制度的笼子，抓住"关键少数"、突出重点领域、完善监督机制。五是坚持一体推进"三不腐"方针方略，以彻底的自我革命精神深化反腐败斗争，持续强化不敢腐的震慑、扎紧扎牢不能腐的笼子、切实增强不想腐的自觉。

中共云南省委常委、省纪委书记、省监委主任冯志礼在《坚定不移正风肃纪反腐　巩固发展风清气正良好政治生态》(《人民论坛》2022年第19期)一文中指出，坚定不移正风肃纪反腐，不断巩固发展风清气正良好政治生态，努力为党的二十大胜利召开营造平稳健康的经济环境、国泰民安的社会环境、风清气正的政治环境，既是全面从严治党的重大政治任务，也是各级党组织和党员干部的共同政治责任。一要落实忠诚拥护"两个确立"、坚决做到"两个维护"的政治要求。二要提高一体推进"三不腐"能力和水平。三要以系统思维推动清廉建设走深走实。

田志康在《十一届云南省委第一轮巡视：以"首善"标准彰显"利剑"震慑作用》(《云岭先锋》2022年第7期)一文中指出，中共云南省委巡视机构紧扣云南全面从严治党"还在半路上"的阶段性特征和"减存遏增"艰巨任务，深刻领会把握巡视在"不敢腐、不能腐、不想腐"一体推进中的功能、职责、定位，充分发挥巡视监督标本兼治战略作用，把"开好头、起好步、立标杆、作示范"的"首善"标准贯穿巡视工作始终，强化系统思维，坚持守正创新，首轮巡视实现了从"单手拳"向"组合拳"拓展，不断提升巡视"四两拨千斤"的政治影响力。一是首次通报干扰对抗巡视工作典型案例，督促有关党组织积极配合做好巡视工作。二是首次召开巡视中期点评会，同频共振推动巡视工作高质量发展。三是首次即时查处巡视移交省管干部案件，有力彰显了巡视利剑震慑作用。

(执笔：吕海飞　杨睿)

哲学

2022年，云南省各大高校和科研机构哲学专业的学者在哲学领域推出了一批学术成果。从专业分布来看，马克思主义哲学、中国哲学、伦理学仍然是2022年云南哲学学者关注和探索的重点领域，研究成果较多，而西方哲学、美学、科技哲学、逻辑学等专业的学术成果则较少。这也反映出，云南哲学学科内部各专业之间发展严重不平衡，相对稳定的学术团队仍未形成。与此同时，绝大多数研究领域分散，研究特色不够鲜明，高质量学术成果较少，这依然是云南哲学学科发展难以突破的瓶颈。值得关注的是，自2022年以来，云南各大高校和科研机构通过聘请引进了马克思主义哲学领域的一些专家和青年学者，在一定程度上推动了云南哲学学科的发展。

一、马克思主义哲学

（一）马克思主义哲学经典著作研究

注重经典文本研究一直是云南马克思主义哲学学者学术研究的优良传统。蒋红《论恩格斯对唯物史观创立的重要贡献——基于〈国民经济学批判大纲〉的文本研究》（《马克思主义研究》2022年第3期）一文以习近平总书记大历史观为引领，立足恩格斯早期独立撰写的一部政治经济学著作《国民经济学批判大纲》本身的研读，着重从四个方面探讨恩格斯对唯物史观创立的贡献，以期推进新时代马克思主义的整体性研究。一是推动马克思实现"政治经济学转向"，为唯物史观的创立开辟理论视野、提供解剖对象；二是对国民经济学基本范畴的考察内含"生产力尺度"，为唯物史观的创立奠定基石；三是对资本主义私有制的批判上升至生产关系层面，为唯物史观的创立构建核心范畴；四是对"供给与需求"矛盾运动的辩证分析，为唯物史观的创立提供科学方法。邵然《〈资本论〉不必从商品开始叙事的缘由和意义》（《云南社会科学》2022年第2期）一文从以商品为"必然开端"的三个主要依据及其方法论原则、在文献基础和方法论原则上再思《资本论》的开端、开端问题再反思的理论与现实意义三个方面论证指出，目前当学者从"抽象上升到具体""历史与逻辑相统一""透过现象抓住事物本质"等方法论原则出发，证明《资本论》的开端必须是商品且只能是商品的时候，他们的论证很容易陷入一种纯学院化概念哲学话语体系中去，进而丧失掉唯物史观的开放精神和实践精神。从文本学研究的意义上看，由于资本主义社会乃是处于变化过程中的"有机体"而非"结晶体"，作为政治经济学批判的《资本论》就仍是一部尚未完成的伟大著作，对其叙事结构的解读仍将不断经历变迁和重塑。从方法论原则上看，由于还存在着从"生产一般"、"资本原始积累"和"资本本身"等范畴出发进行资本批判的诸选项，《资本论》也并不一定是（要）从商品开始叙事。只要在批判资本主义制度、反抗资本压迫的立场上思索开端问题，从资本逻辑中的"某一必然环节"开始，《资本论》都能被塑造成"一个艺术整体"。更为切实的是，续写当代的政治经济学批判，就是要从资本主义的最新发展出发，分析新问题、新情况，而绝不意味着照本宣科，再从商品重新开始探讨。

（二）马克思主义哲学基础理论研究

云南学者对马克思主义哲学基础理论研究主要体现在人类学哲学、实践哲学、政治哲学等方面。人类学哲学是云南马克思主义哲学学者近几年一直延续的研究内容。值得一提的是，云南大学马克思主义学院在2022年聘请中国人民大学哲学院罗骞教授为院长，为云南马克思主义哲学学科的发展补充了新的力量。邵然、苗启明《马克思对人类学哲学的理论开辟》（中国社会科学出版社2022年版）一书是2022年马克思人类学哲学的一部重要著作。该书首先讨论了马克思对新哲学的主要理论构建，如人类学哲学，人类学价值立场，人类学哲学的唯物论、世界观、方法论等马克思哲学新理论，进而深入探讨了马克思对生存人类学和人类学马克思主义的开辟，最后探讨了马克思开辟这些理论的方法论以及它的时代性、人类性。该书指出，世界历史的发展为人类走向人类学时代开辟了现实的道路。在这条道路上，人的人类学能力、人类学德性、人类学关系和人类学精神都得到了相应的发展，而资本逻辑必然要被历史扬弃，霸权主义和强权政治也必然被历史淘汰。因而我们这个时代最需要的哲学之一，乃是最关心人类生存发展命运的人类学哲学。这些讨论为进一步深入研究奠定了重要理论基础。罗骞《作为哲学性质和路向的实践哲学概念——兼论历史唯物主义在西方哲学实践转向中的地位》（《哲学研究》2022年第6期）一文从西方传统认识论哲学路向及实践哲学概念在其中面临的困境、历史唯物主义开启的哲学实践转向及实践哲学的基本规定、作为当今时代精神表征的实践哲学及其一般特征三个方面对实践哲学进行了论述。文章指出，哲学性质意义上的实践哲学概念是在与西方传统认识论哲学路向相对照的意义上得以确立的。它标志着后形而上学时代即后黑格尔哲学时代的到来。从认识论路向转向实践哲学路向，是当代哲学的基本趋势。历史唯物主义是当代实践哲学路向的开启者和典型代表，它具有多重不同于认识论哲学路向的基本规定。从认识论哲学路向到实践哲学路向的转变并不只是人类思想内部的自我变革，而且是时代变迁和时代精神的哲学表征。从与当今时代精神内在关联的角度看，实践哲学体现了当今时代的世俗性、包容性、创造性、可能性、主体性等五个方面的基本特征。曾俊、吴龙仙《马克思政治哲学实现的三个转向》（《云南行政学院学报》2022年第1期）一文从以下维度论述了马克思主义哲学的三个转向：首先，实现了政治哲学所探讨的研究主题从"解释世界"到"改变世界"的"问题转向"；其次，实现了政治哲学所运用的研究思路从"形式主义"到"现实主义"的"逻辑转向"；最后，实现了政治哲学所追求的研究目标从"消极自由"到"积极自由"的"价值转向"。该文指出，理解马克思政治哲学所实现的理论转向，不仅有助于理解马克思政治哲学思想之本及内涵，同时也为马克思政治哲学的当代发展开辟了新的理论空间。

（三）马克思主义哲学相关问题研究

2022年，年轻学者对马克思主义哲学相关问题进行了深入的研究，客观上推动了云南马克思主义哲学学科的向前发展。李帅《马克思主义哲学视域下的超人类主义研究》（《哲学动态》2022年第3期）一文从超人类主义的政治化趋向、技术作为进步和革命的条件——从必然王国到自由王国、超人类主义开放的人性观——人的本质就是要改变自己的本质、超人类主义的社会性裂隙四个方面论述了超人类主义的发展与内容，并指出超人类主义是一种向"后人类"社会过渡的状态，这一转变主要通过技术手段实现，即把对进化过程的控制从自然选择转变为有意识的改造进程。在西方社会，超人类主义者广泛存在于各个政治派别之中，他们往往兼具自然科学背景，并愈益表现出参与社会政治实践的愿望。当前，超人类主义已经显现出与马克思主义重新结合的趋势。马克思主义者应当积极探寻两者之间的理论联系，以期运用马克思主义哲学的立场、观点和方法引导超人类主义更加稳健地发展。朱圆《马克思反贫困理论的逻辑建构》（《云南社会科学》2022年第2期）一文从哲学基础、逻辑核心、价值尺度三个维度对马克思反贫困理论进行了考察。该文指出，贫困是人类不断探索寻求解决的难题，在自然认知与自我认知推进的过程中，人们致力于从不同角度就何为贫困、何为贫困根源以及如何消除贫困等问题进行种种探寻。但由于受时代、阶级立场等制约，其终究未能获得彻底的解答。马克思以人类世界的解放为旨归，以科学的态度和批判的精神，以哲学基础、逻辑核心、价值尺度三大维度为基底，建构起科学的反贫困理论，实现了人类历史上反贫困理论的革命性变革。卢双喜《新时代马克思主义哲学大众化导向下唯物史观应用话语体系创新初探》（《云南大学学报（社会科学版）》2022年第2期）一文指出，唯物史观目前主要用于定性地解释某些宏观政治问题，而其解释人类日常生活的功能并没有得到很好的开发与利用，解释力缺失已经成为新时代该理论大众化进程中面临的最大"瓶颈"。无论从哪个方面去审视，生产方式在整个唯物史观体系中都具有不容置疑的核心地位，故应以生产方式为核心构建新的解释应用话语体系。这样做既体现对马克思主义原典的忠实捍卫，又能对传统理论解释体系中存在的疏漏加以完善，同时可较好地弥补理论解释力不足的缺憾。近十年教学实践的开展和验证，使青年学生不但亲身体会到创新体系所具有的强大解释力，而且有利于培育和塑造其社会主义核心价值观，尤其对当前大力促进和深化马克思主义大众化具有重要的启发和推动意义。

二、中国哲学

（一）儒家哲学

儒家哲学研究主要集中于经典文本研究、基础理论研究、相关问题研究等几个方面。

关于儒家经典文本研究，谢青松《发现"吾心之良知"——对王阳明〈大学问〉的一种解读》（《人文杂志》2022年第10期）一文通过对王阳明晚年口授的《大学问》进行文本解读，从"大人之学"——发现"吾心之良知"的前提、"明德亲民至善"——发现"吾心之良知"的过程、"格致诚正"——发现"吾心之良知"的方法三个方面阐释了王阳明关于什么是"大人之学"、如何发现"吾心之良知"的真实见解。

关于儒家基础理论研究，洪晓丽《早期儒家"心"之意义构建的观念史线索》（《天津社会科学》2022年第2期）一文梳理了早期儒家"心"之意义的观念演变，即从自然情性的心到道德意向的心，再到经验/实践的心，并指出先秦时期的"心"观念伴随着早期中国思想对"人"的理解的不断深入而发展演变，并在与其他思想观念的交互中，形成了以"心"为主轴的一系列概念，它们继而又共同构成了认识"人"的思想基础。从早期儒学的发展看，"心"通过与"性""情""命""气"等概念的交互发展，逐渐形成以孟荀为代表的两种意义系统，即"心"与"性"统一以成为人之本质、"心"与"性"分立以辨明人之本质。这两种进路其实都是"心"观念在战国中后期演化的表现和结果，深刻影响了之后儒学心—性论题的发展和现代儒学的反思、重构。

关于儒家相关问题研究，杨勇《"境界"与"学史"——论唐君毅佛学研究的基本路径》（《人文杂志》2022年第11期）一文指出，佛学研究是唐君毅整体哲学的重要组成部分。唐君毅从"境界"和"学史"出发，描述了心灵主体由"执"而"觉"再臻于"善"的超越历程，这一历程本身又推动着佛学理论主旨沿着心性论的轨迹，从客观论向主观论进行逻辑演进。二者的交互建构，使得中国人性论赋予佛学发展目的、方向的规范之时，佛学思想亦为心性论提供了完善心灵主体理论的丰富资源。尽管与整理史料还原佛学史的方法相异，甚至因较强的主体性理解而产生佛学内涵的"偏离"，但是唐君毅力图吸收改造佛学思想，创建道德理想的人文图景之尝试，对当代学术重估中国传统思想内涵，具有重要的理论意义。杨晓薇《〈中庸〉"柔远人"与先秦儒家夷夏观》（《齐鲁学刊》2022年第3期）一文认为："柔远人"作为《中庸》治天下国家"九经"之一，所彰显的是推己及人、兼容并包的实践智慧。它最深层次的机理在于对儒家人性论的参透、对仁爱思想的践履，从而为儒家"夷夏之辨"的进一步展开提供了方法论的依据。总体上，先秦儒家基本秉持"礼别夷夏"而非以血统、地缘为区隔的夷夏观。"柔远人"集中体现了儒家民族思想的内核，奠定了中华民族"以和为贵"的文化基因与思想传统。杨晓薇、何明《"柔远人"：儒家处理民族事务的实践原则》（《湖北民族大学学报（哲学社会科学版）》2022年第5期）一文认为，作为中华文化的重要思想来源，儒家对于华夏之外"四夷"的思想理念和实践原则在我国传统民族思想观念的形成、处理民族事务的制度设计和实践模式方面无疑具有较大的影响。最早出现于《中庸》的"柔远人"，源于儒家"仁学"的"爱人""至诚"思想，通过"由近及远""推己及人"思维逻辑和"修齐治平"政治逻辑进路，成为处理民族事务的"中庸"原则。要求国家治理者以温和、包容、尊重的态度，以及柔性、变通、特例的措施招徕和安抚与华夏文化存在差异的群体，以达成自然和社会各归其位、各得其所、各尽其性而秩序井然，万事万物和谐共生、百姓黎民安居乐业的"位育"目标。该理念确立了我国古代处理民族事务的制度安排和实践策略的基本原则，对于促进各民族交往交流交融和中华民族共同体形成产生了深远影响和促进作用。李煌明《理一分殊：横渠三学的意象诠释》（《徐州工程学院学报（社会科学版）》2022年第1期）一文指出，世人于张载哲学，皆知其有"四句"，而鲜知其有"三学"。对张载哲学的诠释，当因其固然而顺其自然：缘其固有之架构，彰其特有之精神，显其整体之面目。通过"参伍"易理，张载提出了天与吾儒"以参为性"的哲学主张；建构了"太虚即气"的天道论和"尊礼贵德""乐天知命"的仁道论；回应了"性与天道"的时代之问；体现了儒家"有无混一"的中庸品格、"民胞物与"的大心境界和悲悯情怀；形成了横渠三学，即易学—气学—仁学的理论体系。易学其始，仁学其终，而气学立其间。以易观之，"三学"总体是一"意—象—言"，各各又一"意—象—言"，一如"统体一太极，物物一太极"，故曰"理一分殊"。

（二）其他问题

李广良《〈孙子兵法〉的"大义"》（《团结》2022年第4期）一文通过考察《孙子兵法》这一兵家经典，论述了现代人关于《孙子兵法》的三种"见识"：军事史家的见识、哲学史家的见识和现象学家的见识。文章着重介绍了第三种认识，指出整部《孙子兵法》其实就是围绕着"势"而展开的，"知势""造势""求势""成势""用势""依势""奇势""正势""兵势""战势"，而"用兵""治军""将兵"的"妙义"均在"势"之中。周文华《〈墨子·经上〉原经探》（《云南大学学报（社会科学版）》2022年第1期）一文通过对《墨子·经上》文本的研究，对道藏本《墨子》的《经上》和《经说上》做新的断句和分段，发现《经上》中藏有《原经》。《原经》正好100字，共20句，每5字一句，易于背诵。这种"《原经》说"还认为：最初版本的《经上》就是由对《原经》中所有的词逐个进行阐释而形成的。它较好地解释了《经上》的形成原因。这一发现为研究《墨经》提供了新的思路，甚至为理解《墨经》提供了新的线索、新的视角。此外，作者还给出了一份《原经》的现代汉语译文。

三、外国哲学

2022年，云南西方哲学研究高质量成果较少，且研究领域较为分散。

关于亚里士多德政治哲学，赵沛《"政治动物"与"似神之人"——亚里士多德政治哲学的起点与终点》（《政治思想史》2022年第4期）一文通过分析政治动物与非政治动物之分、人与其他政治动物之分、似神之人与政治动物之分、从政治动物到似神之人，指出亚里士多德关于"人自然是政治动物"的命题，首先是生物学含义，其次是政治学含义。从生物学看，政治动物与非政治动物的区分是类型上的；从政治学看，人与其他政治动物的区分是程度上的。但不论是类型还是程度，都是以人的动物性为基础进行的区分。把人与动物从本质上彻底区分开的，是人的神圣性。也就是说，"政治动物"只是亚里士多德政治哲学的起点，"似神之人"才是亚里士多德政治哲学的终点。而教育，尤其是哲学教育，则是从政治动物到似神之人的实现途径。

关于浪漫派哲学，王志宏《早期浪漫派的真面目与新启示——评拜泽尔〈浪漫的律令〉》（《古典学研究》2022年第2期）一文依照拜泽尔的意图与指示重构早期浪漫派的理论框架的轮廓，并指出研究哲学史上某位哲学家的思想的第三条道路，即先悬置自己当代的、特殊的视角，在真实的历史语境中释读哲学家的文本，揭示出它的独特内容和意义，亦即它的个性，再来考察它对现代处境的意义；或者说，采用任何资源回答我们自己时代的问题，必须以比较准确地理解它的真面目为前提。

关于其他问题，郭台辉《观念与概念的关系变动及其对概念构建的启示》（《天津社会科学》2022年第1期）一文指出，观念与概念之间关系密切，基于观念的概念构建是哲学社会科学知识增长的重要环节，二者在哲学领域的关系变动决定了哲学社会科学构建概念的局限性。古希腊哲学把理念视为事物的本原性存在，而概念作为事物的命名形式，是发现而不是构建的。近代西方哲学转向认识论层面，出现经验论与唯理论两种观念类型：培根—洛克开创经验论传统，强调经验世界中作为自我意识之结果的具体观念；笛卡尔—斯宾诺莎开创唯理论传统，主张抽象、直观的天赋观念。这两种观念类型都使概念对观念的自主表达与构建成为可能，并反映在方法论层面上。其中，抽象观念诉诸同样晦涩难懂的抽象概念，而具体观念及其与概念的关系更为复杂，从而使概念构建受制于主体的自我意识与时空的情境条件。结果，哲学社会科学的概念构建成为一种冒险行为，概念的影响力与生命力必须接受时间与空间的双重检验。

四、伦理学

（一）伦理学理论

云南伦理学领域近几年呈现出青黄不接的现象，老一辈伦理学学者逐渐退休，年轻的学者尚未脱颖而出，这也直接导致了2022年云南伦理学领域学术成果锐减。杜帮云《中华民族大团结的伦理基础及其夯实方略》（《道德与文明》2022年第6期）一文指出，中华民族大家庭由56个民族汇聚而成，民族团结是实现中华民族伟大复兴的必要条件。中华民族大团结归根到底是各族人民的和睦相处与联合统一，因此需要从伦理上筑同心、强关系、聚共识。集体意识、亲和关系和价值共识是中华民族大团结伦理基础的三个重要维度。新时代既要铸牢中华民族共同体意识，维护国家统一，又要加强各民族交往交流交融，促进其相互间的亲近与和合，还要培育和践行社会主义核心价值观，凝聚全民族最广泛的价值共识。如此多维一体，持续同步发力，才能不断巩固和加强中华民族大团结的伦理基础。

（二）应用伦理学

陈雅雪、佘丽娜《人工智能在图书馆应用的伦理风险及对策研究》（《大学图书情报学刊》2022年第4期）一文通过对隐私权的泄露、算法推荐的缺陷、机器人道德责任的界定、对人类主体性地位的冲击等伦理学问题的分析，提出解决问题的思路是引入负责任创新的理念，从强调科学家和科学共同体的责任、图书馆管理者的责任和保证公众的充分知情三个维度，控制人工智能技术可能带来的风险，推动图书馆健康发展。杨丽周《傣泰民族谚语的生态伦理观及其当代价值》（《红河学院学报》2022年第1期）一文从傣泰民族谚语蕴含的生态伦理观、傣泰民族的生态伦理实践、傣泰民族生态伦理观的独特气质与民族风貌、傣泰民族生态伦理观的当代价值四个方面对傣泰民族谚语的生态伦理观进行了论述，同时指出，敬畏自然、尊重生命是傣泰民族谚语文化意蕴深远的传统生态伦理观。傣泰民族生态伦理观体现了朴素与深刻的统一，生活格调与教化色彩的统一，传统情感与现代意识的统一。傣泰民族构建了相对完整的生态伦理价值体系，以敬畏神圣的自然为思想内核，以人与自然相互依存为价值评判，以善待自然万物为行为标准，以人与自然和谐共生为目标定位。傣泰民族生态伦理价值体系在我国生态文明建设及全球生态可持续发展中具有重要现实意义。

(三) 中国传统道德

值得再次重点介绍的是，谢青松《中国传统幸福观的三个精神向度》(《云南师范大学学报(哲学社会科学版)》2021年第5期) 一文，被《新华文摘》2022年第3期全文转载。该文提出了中国传统幸福观的三个精神向度：幸福不在外面，它只能向内探索；幸福不在未来，它就在此时此刻；幸福不在获取，而在于开启智慧。向内探索、安住当下、开启智慧，这是中国古代智者开启幸福之门的钥匙，也是古圣先贤留给我们的宝贵精神财富。

赵娟、谢青松编《〈群书治要〉选读》(云南人民出版社2022年版) 一书，对《群书治要》的精华部分进行系统梳理和分类节选（题解、经典论述、历史典故、警言佳句），以便读者阅读，让读者走进传统文化，在体验经典魅力的同时，开启生活智慧，陶冶内在心灵，提升人文情怀。

五、美学

2022年，云南美学领域研究方向较为分散，大致列举如下。王杰、向丽《乡愁乌托邦与中国审美现代性——王杰教授访谈录》(《思想战线》2022年第6期) 一文通过对王杰教授的访谈指出，乡愁乌托邦这一概念的提出与形成，主要基于对中国审美现代性和中国经验的考察与把握，同时也结合了对中国悲剧美学精神的理解。作为一种文化精神与实践，它一方面从过去探寻那些在资本主义生产方式中被破坏了的但仍具有合理性的社会组织形式和机制；另一方面，它又能够在多重文化叠合的当代语境中酝酿属于未来的力量。乡愁乌托邦与红色乌托邦是中国审美现代性的两个关键内核，它们在中国社会现代化进程中几乎同时产生，二者互相叠合构成了一个双螺旋结构，蕴藉着巨大的、充满着内在张力的情感空间。乡愁乌托邦规定了审美现代性的"中国性"，红色乌托邦规定着中国审美现代性的社会主义目标，只有将这两者结合起来，中国审美现代性之路才能够基于中国独特的社会历史背景与当代语境通向未来。向丽《审美的人与审美教育的当代性》(《文艺争鸣》2022年第3期) 一文通过阐释审美的人、审美的人与感性革命、新异化的诞生与审美教育的当代性来说明审美和艺术绝非现实生活的点缀或附属品，它正是以其对现实生活关系的聚集和重塑人的情感结构而成为未来生活的某种预演。在马克思看来，不同于政治经济学、宗教、实践精神三种掌握世界的方式，艺术对世界的掌握是以想象、幻想和情感性的方式对世界进行把握，从而暗示出属于未来的可能性力量。而这正是美学革命与审美教育的意义所在，它旨在通过审美和艺术的方式洞悉社会的种种异化现象，恢复和激活人的全部感性存在，并力图通过改造人的审美意识最终达到改造世界。王婧璇《丝路与博物：唐前小说殊方异物的文学书写与美学特质》(《云南社会科学》2022年第4期) 一文从丝绸之路与殊方异物书写的产生、殊方异物书写与博物小说的形成与发展、殊方异物书写的文学与美学特质三方面进行了论述，并指出，回顾小说的发展历程，殊方异物是中国古代小说发生与发展过程中的重要题材。殊方异物题材的产生与两汉时期丝绸之路的开通有密切关系，此类内容的出现，反映了小说这一文体在发展之初即已凸显的开放包容态势。殊方异物是博物小说的源泉与重要组成部分，殊方异物类小说的出现与丰富，使博物小说逐渐独立为一类。殊方异物类小说在故事情节与叙事方面的充实，也使博物小说从《山海经》所代表的早期博物传统中跳脱出来，为唐以后博物小说的成熟提供了更加广阔的前途。在域外色彩与博物传统的加持之下，唐前小说殊方异物书写具备独特的审美特质与叙事程式，光怪陆离而又珍异非常的殊方异物物象是中国小说早期发展过程中最具文学性的物象群体，并在有限的情节中展现出较丰富的文学性与美学性。袁鼎生、夏文仙《中国生态美学的四种形态》(《广西民族大学学报(哲学社会科学版)》2022年第4期) 一文认为中国生态美学存在四种形态。第一种是审美生态学,在美学的生态化中形成。曾永成的《文艺的绿色之思:文艺生态学引论》勾勒了文艺学哲学基础、主要范畴与命题的生态化路径,呈现了人与自然节律感应的生态审美关系,展开了文艺生态学与人本生态美学的构建。第二种是生态审美学,在生态的审美化中形成。徐恒醇的《生态美学》在生态系统的审美中阐述了生态美特别是生态和谐的美学规律。鲁枢元的《生态文艺学》揭示了自然法则、社会法则、艺术法则三位一体的生态审美规律。第三种是曾繁仁的生态存在论美学,在马克思唯物实践存在观的指导下,在中西生态审美理论的中和里,形成了生态存在化与生态审美化一致的理论与范式,成为影响很大的中国生态美学样式。第四种是美生学,初成了由天籁美生场生发的生态美学逻辑体系,力图形成美学新原理,生发审美文化的基础理论。

六、科技哲学

2022 年,云南科技哲学领域学术成果依然较少。王海东《元宇宙论:新牢笼抑或新世界?》(《国外社会科学前沿》2022 年第 3 期)一文指出,在科技和利益的耦合下,元宇宙诞生,标志着虚拟世界从想象变为现实,开启了全新的空间。元宇宙历经 1.0 版,现今进入 2.0 时代,间杂于实在界,一切皆在剧变,未来的 3.0 版,元宇宙独立于实在界,成为真正的平行世界,形成新的文明体。元宇宙具有自身的特征和价值,作用日益凸显,然其意义远超于商业价值之上,已是存在论事件,它不仅改变主体,增加数字人、智能人和游戏人,而且还改变人类的生存空间和条件。然而,这一事件并非完美无缺。从短期看,虚拟空间极可能变为囚笼,玩家沦为圈养物,但从长远看,元宇宙则能开辟新世界,形成新文明体,因此对之进行存在论反思,既必要又迫切。刘书含《科技哲学视角下的人工智能时代探析》(《现代商贸工业》2022 年第 2 期)一文从什么是科学哲学、人工智能科学与哲学关联、科技哲学下的未来展望三个维度对科技哲学视角下的人工智能时代进行了探析。该文指出,随着人类在实践运动中的发展以及科技的进步,人类和周围的自然界的关系发生了时代性的变化。将科技哲学置于社会大系统中,人工智能哲学是 AI 技术与哲学结合的产物,在自然辩证法的引导下,AI 技术自身会越来越明确自由、全面的发展方向,同时社会价值定位也会有所提高,进而使人类能更进一步利用 AI 技术推动人类社会发展。

七、逻辑学

2022 年,云南逻辑学领域学术成果则更少。李帅《惠威尔的归纳"综合":理论与实践的双重变奏》(《世界哲学》2022 年第 3 期)一文从何为归纳"综合"、潮汐学研究推进"综合"概念的发展、"综合"概念的当代展开、"综合"概念内蕴的认识论功能、以旧启新——科学实践哲学的早期实践等五个内容展开研究,该文指出,在惠威尔的整个哲学生涯中,他表现出对归纳法的恒久兴趣,并认为归纳法是获取科学知识的主要认知工具。但惠威尔对归纳法的理解与培根、密尔等人不同,他立志改革归纳逻辑。在惠威尔看来,科学在很大程度上是在"恰当的概念"下对事实所做的"综合",他把"综合"视为归纳法的基石。在以往的惠威尔科学哲学思想研究中,往往忽视或低估了"综合"的作用。惠威尔关于归纳"综合"的研究堪称科学实践哲学的早期典范,奏响了理论与实践的双重变奏曲。我们从科学实践哲学的角度出发,考察了"综合"活动所蕴含的创造性、"可视化"和启发式功能。研究惠威尔作为科学家的实践活动与其在科学方法论、认识论方面的互动或许是未来惠威尔研究的一个热门话题。

(执笔:张升)

经济学

2022年，云南经济学界围绕着实际热点问题从不同层次和角度开展深入研究，具有重要的学术价值和现实意义。云南学者在经济领域的研究涉及范围广阔，研究成果丰富，无论是在理论研究还是在地方经济研究抑或是在热点绿色经济研究领域都有丰富的成果出现。2022年，云南学者在全国顶尖学术期刊上发表论文的数量呈上升趋势。

一、经济理论研究

经济理论研究奠定了经济学的基础，是经济学研究的主要领域。2022年，云南学者在经济思想史与经济史、经济增长理论及影响因素和财政金融理论方面均发表了多篇高质量论文。

（一）经济思想史与经济史研究

朱圆在《马克思反贫困理论的逻辑建构》（《云南社会科学》2022年第2期）一文中认为，马克思的反贫困理论以历史唯物主义为基本维度。资产阶级以"自由、平等、博爱"为宣言，但资本主义社会下的贫困可谓人类贫困史之最。马克思用简明扼要的论述揭示了资本主义正义的虚伪和本质，并深刻回答了贫困的本质、根源和消除方法等问题。

陈克清在《毛泽东经济思想及其当代价值》（《云南大学学报（社会科学版）》2022年第6期）一文中认为，毛泽东经济思想注重解放和发展生产力，强调人民至上，坚持自力更生，主张独立自主进行经济建设，直到今天都具有很强的现实指导意义。张林、周艳丽、张景静在《国家间贫富分化的形成与中国的实践突破——演化发展经济学的视角》（《经济纵横》2022年第6期）一文中认为，演化发展经济学用历史、演化的方法取代西方主流经济学的数学模型，从经济活动质量、创新能力、贸易地位、技术创新的扩散方式等方面解释了国家间贫富分化形成的原因。唐国锋在《唐宋商人与商业信息传播》（《思想战线》2022年第5期）一文中认为，商业信息的传播在推动唐宋时期商品经济发展中起到了重要作用。商业信息蕴含商机，商人对商业信息最敏感。商人也是商业信息传播的重要源头和媒介，因他们的活动而构建起较健全的商业信息传播网络，唐宋社会商品经济得以不断健康发展。

（二）经济增长理论研究

杨先明、邵素军在《增长韧性、社会能力与长期增长绩效——基于经济学说史的考察》（《经济学动态》2022年第1期）一文中从学说史的视角考察了主流经济学对增长萎缩分析的缺失及其原因，分析了萎缩与长期增长绩效的经验史实，讨论了增长萎缩的内涵和导致增长萎缩的原因，并从社会能力的角度探讨了增长韧性的内涵。钟文、郑明贵、钟昌标在《土地出让、资源错配与经济高质量发展》（《经济与管理》2022年第1期）一文中认为：土地出让显著抑制了经济高质量发展，招拍挂出让的抑制效应高于协议出让，且存在明显的异质性特征；地方政府低价出让工业用地、高价出让商服用地的两种供地策略造成土地价格扭曲，进一步加剧土地出让对经济高质量发展的抑制作用。屠年松、张月明在《中国参与国际循环的历程、特征与再定位》（《西南大学学报（社会科学版）》2022年第4期）一文中认为，正确认识新发展阶段国际循环对我们深入理解新发展格局具有重要意义。在实现高水平自立自强的同时，中国要加快以"一带一路"为代表的区域一体化建设，构建新型国际分工体系。陈昆亭、侯博文在《需求有限性与经济增长机制的关联效应研究》（《世界经济文汇》2022年第1期）一文中对需求有限性进行实证检验，从中、美、日三个国家居民家庭耐用品拥有量数据（需求侧）发现，需求随时间不断扩散将逐渐达到饱和的程式化事实。钟文、钟昌标、郑明贵在《土地政策匹配能否促进经济高质量发展：理论机制与经验证据》（《农村经济》2022年第2期）一文中认为，土地政策匹配对经济高质量发展具有积极作用，而且土地政策匹配可以通过三条作用路径影响经济高质量发展。杨孟禹在《空间经济学视角下统一大市场建设的逻辑、影响与政策取向》（《云南社会科学》2022年第5期）一文中认为，从发达地区和欠发达地区构成的简单空间体系看，持续完善更有效引导产业向西转移的政策体系，不但有利于让发达地区产业转移"出得去"，还能让其"去对地方"。蒙昱竹、李波在《基础性要素与结构转型对经济增长的影响》（《统计与决策》2022年第2期）一文中认为，基础性要素始终是经济增长的重要动力，中国的经济增长主要经历了两次重要的结构转型，分别以"农业—制造业"与"农业制造业—高新技术服务业"转型为主要内容，且结构转型主要在东西部地区推动经济增长，对中部地区经济增长的推动作用不明显。毛奕欢、林雁、谭洪涛在《经济增长目标、官员压力与企业绿色创新》（《中南财经政法大学学报》2022年第3期）一文中认为，较高的地区经济增长目标会抑制当地企业的绿色创新。当官员面临的晋升压力较大时，经济增长目标对企业绿色创新的抑制作用更强。杨立生、龚家在《创新创业、数字普惠金融与经济增长——基于国家双创示范基地设立的准自然实验》（《华东经济管理》2022年第8期）一文中认为，总体上，双创区域示范基地设立显著提升了所在城市的数字普惠金融水平与经济增长水平，双创区域示范基地设立对所在城市数字普惠金融的促进效应具有滞后性，为所在城市带来的经济增长效应呈现出先增后减的"倒U"型趋势。

（三）财政学与金融学研究

夏飞龙、朱丽萍在《财政分权、政商关系和结构性产能过剩——基于2001—2011年中国工业面板数据和GMM的分析》（《商业研究》2022年第1期）一文中认为，财政分权对中国工业部门结构性产能过剩产生正向影响，并通过政商关系的渠道促使中国企业选择低端技术生产，进而导致中国工业部门结构性产能过剩。杨明洪、刘昕禹、吴晓婷在《财政支农支出对农村绿色发展的时空效应研究》（《财政科学》2022年第2期）一文中认为，财政支农支出对农村绿色发展具有显著的短期促进效应，且财政支农支出不仅对本地区的农村绿色发展具有促进效应，同时对邻近地区也有正向溢出效应。缪小林、张蓉在《从分配迈向治理——均衡性转移支付与基本公共服务均等化感知》（《管理世界》2022年第2期）一文中认为，均衡性转移支付提升居民对基本公共服务均等化的感知水平，引导地方政府公共服务支出行为是关键，激发公众参与、强化社会监督和完善绩效激励是重点。傅娟在《德国财政学、英美财政学与中国财政学》（《财贸经济》2022年第2期）一文中认为，财政学产生于德国而非英国。在马克思主义唯物史观的指导下，该文还原了经济学取代财政学的历史过程。龙腾、罗美娟在《财政空间与财政政策的周期选择——基于跨国面板数据的实证研究》（《经济体制改革》2022年第4期）一文中认为：财政空间越小，财政政策的顺周期性就越强，且两者的负向关系会随着时间的推移而增加；而扩张财政空间能使国家在经济衰退期有能力实施逆周期财政政策，在发展中国家中这种影响作用尤为明显。文传浩、林彩云在《环保税能否给长江经济带带来双重红利效应？——兼论流域环保税税制改革》（《南通大学学报（社会科学版）》2022年第5期）一文中认为，环保税强度的提高确实能够给长江经济带带来环境保护效应，但却没有出现预期中的经济增长效应。另，长期以来长江经济带高强度规制地区环保税的"创新补偿"效应超过"遵循成本"效应，产生了"双重红利"效应。杨丽娜、梁双陆、刘英恒太在《中国地方政府非税收入的分布动态、地区差异与收敛性研究》(《财政科学》2022 年第 10 期) 一文中认为，全国整体和东北、东、中、西部地区政府非税收入趋于下降，绝对差异与相对差异大幅缩小，区域间、区域内非均衡现象有所缓解。张国胜、聂其辉在《国企分红的投资效应研究——基于投资效率与投资风险的双重视角》(《南京审计大学学报》2022 年第 1 期) 一文中认为，国企分红比例与非效率投资和投资风险之间呈"U"型关系。李鑫、朱冬青在《我国股票市场和债券市场收益率的相关性和联动性研究——基于时变 Copula 和 VAR 模型》(《经济体制改革》2022 年第 4 期) 一文中认为，股票市场和债券市场收益率之间存在厚尾性和非对称性，更容易受到利空消息的影响和冲击。陈瑶雯、冯文博在《新形势下数据集成驱动金融业数字化转型的现状与挑战》(《广西大学学报（哲学社会科学版）》2022 年第 4 期) 一文中认为，数据是金融数字化转型的核心，只有对数据进行深度挖掘和集成，金融行业才能在数字化浪潮中占据主动地位。覃小兵、罗美娟、黄迅、何姣在《我国系统性金融风险预警研究——基于时变 CRITIC 赋权法和 ADASYN-SVM 方法》(《金融监管研究》2022 年第 9 期) 一文中认为，时变 CRITIC 赋权法能够充分反映各金融子系统之间的动态风险机制，既可避免在低压力期高估压力状态，又可实现在高压力期对压力状态的充分反映。熊德平、黄倩在《数字普惠金融、农户创业与多维相对贫困》(《东岳论丛》2022 年第 9 期) 一文中认为，数字普惠金融发展整体上有助于缓解农户多维相对贫困，其覆盖广度对农户多维相对贫困的缓解效应最大，覆盖深度次之，但数字化程度的影响不显著。

二、区域经济和产业经济研究

2022 年，云南学界区域经济研究主要围绕区域经济发展展开，涉及区域协调可持续、经济增长、空间规划等多个领域；产业经济研究涉及的领域较广，研究的重点是产业融合、数字转型和技术创新等相关内容。

（一）区域经济研究

罗美娟、龙腾在《空间接近是否会影响城市产业结构升级趋同——基于空间杜宾模型的实证分析》(《贵州师范大学（社会科学版）》2022 年第 1 期) 一文中认为，空间接近对产业结构升级的溢出效应十分明显，城市之间空间距离的成本缩小能够有效地促进本地城市产业结构升级，同时空间溢出效应会提升邻近等地区产业结构升级的趋同性。王克岭、普源镭、唐丽艳在《脱贫攻坚与乡村振兴耦合衔接的时空格局及其驱动因子——基于西南五省份的分析》(《世界农业》2022 年第 2 期) 一文中认为，西南五省份脱贫攻坚与乡村振兴耦合衔接的时空分异显著，耦合协调度整体上呈现上升态势，从 2011 年的初级协调过渡至 2019 年的高级协调。滕祥河、林彩云、文传浩在《成昆渝地区一体化绿色发展战略构想：基于国家区域重大战略比较视角》(《贵州财经大学学报》2022 年第 4 期) 一文中认为，要真正担负起区域重大战略的角色，可依托成渝地区双城经济圈，以跨区域一体化为突破口，以绿色发展为核心主题，规划建设成昆渝地区一体化绿色发展战略。陈林雄、钟昌标、钟义在《人力资本匹配对区域经济效率的影响研究——基于新结构经济学视角》(《当代经济管理》2022 年第 4 期) 一文中认为，我国人力资本匹配总体呈上升趋势，但增长较为缓慢，其中东部地区整体匹配度最高，中部地区次之，西部地区最低。杨先明、袁欣悦在《西电东送的区域经济增长效应》(《财经科学》2022 年第 5 期) 一文中认为，西电东送工程促进了电力输送两端地区的经济增长；同时，西电东送对输入地的促进作用明显大于输出地，且对不同通道涉及地区的经济增长具有明显差异。张超、钟昌标在《R&D 补贴对区域经济协调影响效应检验》(《统计与决策》2022 年第 7 期) 一文中认为，R&D 补贴对我国区域经济协调发展具有显著的正向影响。在进行经济收敛模型、工具变量法、变动样本地区等一系列稳健性检验之后，结论依然成立。龚瑞风、薛俭、刘汝丽在《中国区域物流效率测度及其时空特征分析》(《统计与决策》2022年第10期)一文中认为，整体而言，中国区域物流效率呈波动上升态势，但各地区的物流效率存在较大差异，东部与中部地区物流效率较高，东北和西部地区物流效率较低，总体上呈现"东高西低"的格局。

(二) 产业经济研究

刘英恒太、杨丽娜、刘凤在《我国数字经济发展的结构分解、经济联系与产业融合》(《统计与决策》2022年第6期)一文中认为：我国数字经济产出增长的地区差异正在缩小，中西部地区数字经济产出增速较高并在绝对值上向东部地区收敛；国内市场需求扩张对数字经济产出增长的促进作用显著，国外市场需求扩张的作用在东部地区显著，在中西部地区并不显著。张国胜、杜鹏飞在《数字化转型对我国企业技术创新的影响：增量还是提质？》(《经济管理》2022年第6期)一文中认为，数字化转型只促进了企业技术创新"增量"，没有促进企业技术创新"提质"。杨先明、侯威、王一帆在《数字化投入与中国行业内就业结构变化："升级"抑或"极化"》(《山西财经大学学报》2022年第1期)一文中认为，数字化投入对我国行业内就业结构的影响，总体上呈现中高技能占比上升和低技能占比下降的"有序递进升级"模式，不存在就业"极化"特征。宋芸芸、吴昊旻在《产业政策与企业薪酬安排》(《财经研究》2022年第11期)一文中认为，产业政策显著提升了扶持企业的薪酬水平，同时降低了内部薪酬差距，普通员工薪酬水平上升而高管薪酬水平无显著变化是上述影响的直观原因。屠年松、李柯、柴正猛在《数字经济如何影响制造业全球价值链地位：机制分析与空间溢出》(《科技进步与对策》2022年第22期)一文中认为，数字经济能显著提升省域制造业全球价值链地位且具有动态非线性递增效应。孙丽香、张建民、许宁在《"多样化"产业协同集聚赋能企业绿色全要素生产率提升的效应评估及作用机制研究》(《经济问题探索》2022年第10期)一文中认为，生产性服务业与制造业协同集聚促进了企业GTFP的提升。一系列稳健性分析和内生性分析支持该研究结论。二者协同集聚主要通过降低企业交易成本和提升企业创新活动赋能企业GTFP提升。李娅、官令今在《规模、效率还是创新：产业政策工具对战略性新兴产业作用效果的研究》(《经济评论》2022年第4期)一文中认为，当前政府补贴仍然是促进战略性新兴产业发展的重要政策工具，宽松的市场准入是下一步战略性新兴产业发展的政策需求，且税收优惠和信贷机制对战略性新兴产业的作用主要反映为规模效应而非对效率和创新的提升。

三、泛亚经济研究

泛亚经济研究是云南学者关注的重点。2022年，相关研究的区域主要集中在东南亚和南亚地区，探讨的内容主要涉及区域发展、国际合作等方面。

梁双陆、熊彬、陈瑛在《中资企业社会资本与本土化发展——以老挝为例》(《广西社会科学》2022年第2期)一文中认为：中资企业在老挝的社会网络越丰裕，其人力资源本土化水平越高，其中政府网络、企业网络及媒体网络的作用尤为显著，而融资网络、非正规支付无显著作用；这一结论对不同行业的企业均成立，无明显的异质性。张海亮、李垚、王海军在《跨国资本流动、战略性矿产资源与全球治理能力提升》(《上海财经大学学报(哲学社会科学版)》2022年第5期)一文中认为，跨国资本"围猎"动机十分明显。跨国资本不仅积极并购本国稀缺的资源，而且有流向中美两国争夺激烈的战略性矿产资源的倾向，尤其是对制约高科技产业发展的金属资源的争夺动机更为显著。熊理然、杜雯慧、张一方、刘保强在《东南亚地缘经济空间的多重分割及其对RCEP的影响研究——基于区域经济合作推拉模型的分析》(《经济问题探索》2022年第1期)一文中基于中国在东南亚地缘经济利益的最佳均衡目标，提出了中国参与区域经济合作的行动安排。该研究对于我们全面认知东南亚地缘经济空间，积极主动参与区域经济合作具有重要的理论意义和现实价值。

四、"一带一路"经济学理论研究

2022年，云南学者关于"一带一路"建设的研究主要集中在RCEP的建设上。黄宁、李娜丽沙在《中国与RCEP成员国经济增长非对称冲击研究》（《亚太经济》2022年第2期）一文中指出，在RCEP区域内，无论从整体上还是部门上看，中国的经济网络结构均处于首位度的位置，反映了中国在RCEP中不可替代的突出地位。周稳、彭煊、刘盼盼在《中国对RCEP成员国汽车产品出口影响因素研究》（《当代经济管理》2022年第2期）一文中认为：中国汽车产品出口贸易环境正在变得严峻；贸易非效率项中的货运基础设施建设、外商对中国汽车制造业的投资、中国对外直接投资等人为因素对出口有着显著的影响；出口效率和潜力在不同国家存在显著差异；出口潜力随时间的变化有逐年增长的趋势。徐阳、龚刚、马丽在《以贸易转型推动人民币国际化——兼论新发展阶段下中国新的对外开放》（《学术探索》2022年第6期）一文中认为，中国经济已经进入了新的发展阶段。在新的发展阶段下，中国过去的这种出口导向将不可持续，而且也不值得持续。为此，中国有必要形成一种与新发展阶段相适应的新的对外开放，以贸易转型，即转向以人民币主动扩大进口来推动人民币国际化。梁双陆在《新时代中国区域协调发展的五位联动利益补偿模式探索》（《云南社会科学》2022年第3期）一文中指出，中国的区域发展失衡问题已经由区域经济利益失衡演变到区域政治、文化、社会、生态利益失衡。应针对不同区域类型的区域关系和失衡原因，构建经济利益补偿主导、政治利益补偿主导、文化利益补偿主导、社会利益补偿主导和生态利益补偿主导，其他利益补偿为补充的五位联动区域利益补偿模式，更需要推进相应的体制改革与制度创新和建立政策体系为保障。马子红、常嘉佳在《西部陆海新通道建设下我国西南沿边地区开放路径选择》（《经济与社会发展》2022年第4期）一文中认为，随着"一带一路"倡议的持续深入推进，西南沿边地区高质量共建西部陆海新通道，正逐步从对外开放的末梢变成面向南亚、东南亚国家开放的前沿窗口，对外开放的层次和平台将更加丰富。韩博、郑宇轩在《提升沿边开发开放在国内国际双循环中的嵌入度、贡献度和价值链地位》（《学术探索》2022年第1期）一文中认为，推动沿边地区进一步向国际社会开放，不仅是新时期加速形成东西双向开放格局、构建国内国际双循环新发展格局的历史使命，更是沿边地区从"边缘地带"变为"开放前沿"的战略机遇。李富昌、包燕娜、胡晓辉在《RCEP助推跨境电商产业链与供应链融合机制研究》（《商业经济研究》2022年第17期）一文中首先分析了该区域的产业链与供应链发展的现状、总结了跨境供应链企业与环节信用体系难建立等问题，并提出在RCEP条款下建立融合机制的对策建议。霍强在《新发展格局下沿边地区开发开放的动力识别及优化》（《技术经济与管理研究》2022年第4期）一文中指出：沿边地区开发开放动力和模式呈现出动态性、非线性演化特征，要素端表现为资源依赖，技术进步作用发挥欠佳；制度端市场化水平仍有待提升，需要辅以政策倾斜提升内生动力；需求端国内循环起到主导作用，对外开放同样起到正向促进作用。

五、绿色经济理论研究

2022年，云南学者绿色经济领域的相关成果内容较多。主要研究内容集中于绿色金融、低碳转型等方面。

（一）绿色金融

韩先锋、宋文飞、李勃昕、降子辉在《数字金融赋能绿色创新的异质非线性调节效应》（《中国人口·资源与环境》2022年第10期）一文中指出，数字金融显著驱动了中国绿色创新，且东中部地区的赋能效应远高于西部地区，表明数字金融的"普惠效应"是显著存在的。赵宝芳、陈晓丹在《政府创新补贴、风险投资与企业创新——基于信号传递的视角》（《管理评论》2022 年第 12 期）一文中指出，政府创新补贴能帮助初创企业向外释放积极信号，促进企业创新。同时，风险投资与政府创新补贴具有协同效应。谢波、贾佳豪在《能耗约束目标对企业绿色技术创新的影响机制——政治关联的调节效应》（《科技进步与对策》2022 年第 16 期）一文中认为，能耗约束能够有效推动企业绿色技术创新，并且在国有企业中尤为显著。但国有企业更侧重于绿色发明专利研发，对绿色实用新型专利研发的关注较少，民营企业则二者兼顾。毛奕欢、林雁、谭洪涛在《中央环保督察与企业生产决策——来自企业实质性改进的证据》（《产业经济研究》2022 年第 3 期）一文中指出，中央环保督察促使重污染企业在督察当期减少产量，减产的主要原因是企业在督察期间进行"实质性改进"，即中央环保督察促使重污染企业淘汰落后生产设备而导致减产。卢建霖、蒋天颖在《绿色金融、数字化与制造业升级》（《哈尔滨商业大学学报（社会科学版）》2022 年第 4 期）一文中指出，绿色金融与数字化对制造业升级具有显著促进作用，其中数字化对制造业升级促进作用主要是通过数字基础、数字技术与数字经济水平的提高来实现。

（二）低碳转型

杨先明、刘朝阳、党国英在《"双碳"背景下可再生能源可竞争售电市场构建研究——基于云南电力市场化的实证检验》（《消费经济》2022 年第 4 期）一文中基于可竞争市场理论，提出可再生能源可竞争售电市场电价规制模式，并利用云南省电力市场化的典型样本进行实证检验。研究发现可竞争售电市场的构建是实现"双碳"目标及可再生能源电力持续发展的关键。朱锦余、李玥莹在《国家审计对碳排放有治理作用吗》（《当代财经》2022 年第 9 期）一文中指出，国家审计可以减少本地的碳排放量，并且对周边地区的碳排放量也有显著的抑制作用，在胡焕庸线两侧和不同财政状况的地区对碳减排的治理效果也存在差异。戚晓峰、白淑敏、陈方、普永明在《效率视角下省域交通碳排放配额分配研究》（《干旱区资源与环境》2022 年第 4 期）一文中指出，限定总量的交通碳排放省域配额分配是实现交通碳达峰、碳中和目标的现实途径之一。兰天、韩玉晶《中国对外贸易隐含碳排放及省际转移研究——基于环境投入产出模型的分析框架》（《中南大学学报（社会科学版）》2022 年第 4 期）一文在分析不同省份对外贸易碳排放流动关联性的基础上，进一步揭示其省际碳转移方向存在差异的原因。该文认为，在国内国际双循环新发展格局下，研究对外贸易隐含碳排放及省际碳转移问题对实现"双碳"目标至关重要。谢永浩、刘争在《中国省域种植业碳汇量、碳排放量的时空分异及公平性研究》（《世界农业》2022 年第 2 期）一文中指出，中国种植业碳排放高峰已经过去，并且种植业未来碳排放量有明显下降趋势。不管是到达碳排放高峰的时间点、碳排放总量，还是未来碳排放量下降趋势，都出现明显的"马太效应"，即东部地区优于中部地区，中部地区优于西部地区。

六、旅游文化经济研究

云南财经大学旅游文化产业研究院首席教授明庆忠指出，构建现代化旅游文化产业体系是探索云南经济社会发展道路的科学抉择，也是旅游文化产业自身高质量跨越式发展的现实需要。2022 年，云南学者旅游文化经济研究主要围绕现代化旅游文化产业体系建设、产业耦合、旅游经济效率等方面进行讨论。韦俊峰、陆保一、史鹏飞在《现代旅游文化产业体系的内涵、特征与使命任务》（《学术探索》2022 年第 4 期）一文中通过解读现代旅游文化产业体系的科学内涵和主要特征，从夯实旅游文化产业新基础、培育旅游文化新业态、激发旅游文化产业新动能、形成旅游文化产业新优势、打造旅游文化产业新秩序 5 个维度构建现代旅游文化产业体系。邹建琴、明庆忠、刘安乐在《现代旅游文化产业体系的构建逻辑与路径研究》（《学术探索》2022 年第 4 期）一文中认为，以内容为王打造高品质旅游文化产品，以创新为翼创新旅游文化产业链，以市场为核心完善现代旅游文化市场体系是现代旅游文化产业体系构建的重要路径选择。范朋、晏雄在《文化旅游产业统计分类逻辑与统计范围边界》（《统计与决策》2022年第17期）一文中通过探究文化旅游产业统计分类的内在逻辑，从需求和分工两大逻辑主线对文化旅游产业进行了分类，提出了文化旅游产业分类调整优化的建议，致力于完善中国文化旅游产业分类标准、制定文化旅游产业政策和定量测算文化旅游产业规模。

除了宏观上对现代旅游文化产业的分析外，不少研究也围绕着旅游效率与区域经济之间的耦合关系进行讨论。郑伯铭、明庆忠、刘安乐、张宣在《西部省区旅游经济效率与区域经济水平的重心耦合及互动响应研究》（《世界地理研究》2022年第2期）一文中综合运用非径向超效率DEA模型、综合线性加权法等方法来分析西部省区旅游经济效率与区域经济水平的重心耦合与互动响应。认为西部地区应进一步打破行政壁垒，增强省域经济联系，深化旅游业与其他产业融合以充分发挥增长极带动作用。宋露、毛连宸在《云南文化产业—旅游产业—区域经济耦合协调关系研究》（《产业创新研究》2022年第7期）一文中通过研究云南的文化—旅游—区域经济三者之间的关系，提出重视对云南省文化旅游的规划管理、强化人才强旅观念和加强市场管控三个政策建议以缓解耦合协调度失调状况。

七、文化产业发展研究

2022年，云南文化产业相关研究相较于去年更加深入，更赋"滇味"。研究主要围绕文化产业高质量发展、文化产业助力乡村振兴、特色文化产业发展、文化遗产的保护与利用四个方面进行讨论。

（一）文化产业高质量发展研究

云南省人民政府发布的《云南省"十四五"文化和旅游发展规划》从不同层面多次提到"高质量发展"。作为规划重点，文旅融合、数字赋能文化产业、公共文化服务得到云南学术界的关注，成为2022年研究的重点。

1. 文旅融合，推进文化和旅游高质量发展

杨承玥、郑伯铭、明庆忠、刘安乐在《"一带一路"沿线省区文化和旅游产业协调关系及其空间相关性》（《六盘水师范学院学报》2022年第4期）一文中运用耦合协调度模型与空间探索性分析方法，对"一带一路"沿线18个省份在2013年、2016年、2019年三个时间节点上的文旅产业融合发展的协调关系及空间相关性开展定量测评，并就"东强西弱"的结果提出支持西部文旅建设、联动区域产业发展等措施建议。刘盼盼、邹望展、贺明杰在《普洱大健康与文旅产业融合发展研究》（《北方经贸》2022年第8期）一文中立足普洱市大健康和文旅产业实际发展状况，探讨大健康和文旅产业融合发展中的问题并为打造普洱"健康生活目的地"提供体系建设、产品供给链完善等对策建议。杨雪在《文旅融合背景下剑川县民族文化旅游品牌建设研究》（《旅游纵览》2022年第20期）一文中以云南省剑川县为例并在文旅融合背景下，分析县域民族文化旅游资源禀赋和旅游品牌建设现状，就存在问题提出相应建设策略。该课题获2022年云南省教育厅科学项目基金支持。

2. 数字赋能文化产业

《云南省"十四五"文化和旅游发展规划》中提到要积极推进以信息技术为核心引擎的高新技术应用，实施"文旅数字化工程"，提升文化数字化、旅游智慧化功能，增强高新技术应用能力和公共服务新动能，为文化和旅游高质量发展增效赋能。黄河山、夏蜀在《数字文旅平台的价值共创模式探究》（《北京经济管理职业学院学报》2022年第4期）一文中基于服务主导逻辑理论视

角，从完善协调机制、保障机制、激励机制三大机制来构建数字文旅平台价值共创的模式框架并确保其实现价值共创，从而推动文旅产业提质升级，实现高质量发展。胡洪斌、江宇在《从"复制人文"到"数字人文"：知识链接的重构与系统思维的解构》（《贵州社会科学》2022年第11期）一文中指出，数字人文必然替代复制人文，但知识结构在数字化和计算化下被逐渐重构为扁平化，并塑造了碎片化的"身内思维"。因此，在这一背景下，他们认为保持"身内思维"的独立思考和推论十分重要。

3. 公共文化服务高质量发展

云南省第十三届人民代表大会常务委员会第三十二次会议通过《云南省公共文化服务保障条例》，为保障公民基本文化权益，加强公共文化服务体系建设，从而推动文化强省建设提供制度保障。耿达在《公共文化服务高质量发展的历史演进与逻辑理路》（《图书馆》2022年第11期）一文中认为，新时代中国公共文化服务高质量发展需遵循公共性的价值逻辑、文化性的内容逻辑与服务性的行动逻辑，才能有效破解其发展中面临的"公共性消解"、"文化空心化"和"服务内卷化"困境。耿达、田欣在《公共文化服务立法的实践场景：国家与地方互动视角》（《图书馆论坛》2022年第5期）一文中基于国家和地方双向互动的视角，分析指出公共文化服务立法实践具有地方—国家—地方的历时性和共时性特点，并从国家、地方等层面提出措施以应对公共文化服务进入高质量发展阶段中面临的新情况。耿达申报的国家社会科学基金项目"数字化条件下乡村公共文化空间变迁与治理转型研究"于2022年9月30日立项。

（二）文化产业助力乡村振兴研究

2022年3月21日，文化和旅游部等六部门联合印发《关于推动文化产业赋能乡村振兴的意见》，以文化产业赋能乡村经济社会发展。乡村振兴与文化旅游、文化经济也成为2022年云南学者重点关注研究的领域。秦会朵、范建华在《文化产业助力乡村全面振兴的内在逻辑与实践路径》（《理论月刊》2022年第6期）一文中着重从文化产业推动科技创新、催生乡村新产业新业态，实现全产业链联动发展，促进城乡一体化，发挥主体功能作用，构建科学合理、良性发展的人才链等几个向度助力乡村全面振兴提出了新的思考。林虎、周露在《乡村振兴战略下云南乡村旅游发展路径优化研究》（《农村经济与科技》2022年第15期）一文中认为，云南在应对乡村旅游发展中存在的问题时，应该要创新旅游产品多元化、加强乡村文化旅游人才建设、完善旅游设施建设、加大旅游宣传力度以期优化云南乡村旅游发展路径。

艺术乡建是以艺术的方式直面乡村发展态势和回应乡村社会问题的产物，也是积极响应党和国家关于乡村发展政策的社会参与式的乡建形式。肖洋、马云华在《艺术乡建促进乡村振兴的路径和对策》（《民族艺术研究》2022年第4期）一文中认为，艺术乡建需要融入整体的乡村振兴当中，根据当地的实际情况，瞄准现代化的大方向，不断发挥创新创造精神，才能更好地为乡村振兴助力。

2022年，云南学者主要集中于文化产业赋能乡村振兴的路径研究上，致力于为现实建设提供云南智慧和云南方案。除此之外，刘琪在《艺术参与乡村建设的审视与思考——以乡村文化振兴为视角》（《社会科学家》2022年第9期）一文中认为，艺术参与乡村建设的前提条件一定是扎根文化遗留的乡村沃土之上，既不偏离乡土社会内部结构，也不能脱嵌于现代商品经济的现场之外，应该以多样化方式深入乡村的在地生活结构，构建乡村生产"百业—百工—百艺"的融合共生关系。另外，还有乡村治理机制方面的研究。柯尊清申报的云南省教育厅科学研究基金项目"文化赋能农村社会治理机制研究"于2022年2月28日成功立项。另，柯尊清申报的云南省哲学社会科学规划项目"都市驱动型乡村文化振兴的机制、模式与路径研究"于2022年9月24日立项。

(三) 特色文化产业发展研究

基于丰富的文化遗产和突出的民族特色，云南省已经初步探索出了一条具有边疆民族地区特色的文化产业发展之路。《云南省"十四五"文化和旅游发展规划》指出，要积极推进区域文化产业带的建设，结合建设千里边疆文化长廊，积极推动西南民族特色文化产业带建设，重点建设一批主题鲜明、特色突出的区域文化产业带，形成文化产业发展新高地和新亮点。

胡洪斌、江宇在《区域民族特色文化产业带的发展进程与演进逻辑——从"藏羌彝文化产业走廊"到"西南特色民族文化产业带"》（《理论月刊》2022年第6期）一文中通过分析从"藏羌彝文化产业走廊"到"西南特色民族文化产业带"的演进过程，指出多民族区域协调发展需要同时发挥强、弱社会关系的力量，实现文化资源的资本转换，进而使得经济行为在具有区域性特色化的同时兼备协调性。杨立新、熊远祥在《"一带一路"建设背景下云南民族文化"走出去"的机遇、困境与出路》（《昆明理工大学学报（社会科学版）》2022年第6期）一文中指出，在"一带一路"的建设背景下，云南民族文化"走出去"仍然面临跨文化沟通困境与意识形态斗争、青少年亚文化对消费市场的制约等方面的困境，建议通过开展多层次、形式多样的文化交流以推进云南民族文化产业的创新发展。李智环、曾小燕在《从单一型到多元化：傈僳族经济文化类型之嬗变——兼论"一带一路"背景下云南省边境少数民族经济发展》（《青海民族大学学报（社会科学版）》2022年第1期）一文中指出，在当下"一带一路"新时空背景下，依托历史迁徙路线打造文化走廊品牌、促进山地特色立体农业发展、扶持民族企业家及其企业，以及推动具有民族特色的口岸贸易，是今后傈僳族社会经济文化取得实质性发展的科学路径。

(四) 文化遗产的保护与利用研究

《云南省"十四五"文化和旅游发展规划》指出，要坚持把凝结着中华民族传统文化的文物保护管理好，充分发挥文化遗产资源在传承优秀传统文化、铸牢中华民族共同体意识方面的重要作用，使文化遗产保护成果更多惠及人民群众。位于祖国西南边陲的云南，自然资源丰富、文化底蕴深厚，多元民族文化的相互交融，共同造就了灿烂的文化与自然景观。值得庆贺的是，景迈山古茶林文化景观被国务院批准为中国2022年正式申报世界文化遗产项目。范建华、邓子璇在《景迈山古茶林文化景观的价值意蕴与申遗意义》（《农业考古》2022年第5期）一文中指出，景迈山古茶林文化景观申报世界遗产对于确立中国作为世界茶叶原产地地位、弘扬中华茶文化、充分发挥茶科技水平以及做大做强中国茶产业、实现边疆民族地区乡村振兴目标，有着极其重要的理论意义和现实价值。赵敏、楠楠、张俊在《历史城镇型活态遗产地空间消费中的利益网络变迁——以丽江古城为例》（《现代城市研究》2022年第1期）一文中采用社会网络分析法，以丽江古城为个案，研究历史城镇型活态遗产地空间消费中的利益网络变迁，并发现3种空间消费活动促成两个阶段的不同网络关系，两种利益网络反过来推动两个阶段空间消费活动的循环往复运动，从而带动整个空间消费过程。

欧阳磊在《云南非物质文化遗产的数字化保护研究》（《大观（论坛）》2022年第10期）一文中从非物质文化遗产的现代价值出发，分析云南非物质文化遗产数字化保护现状，提出云南非物质文化遗产数字化保护相关方案。苏俊杰、方达在《疫情防控下非物质文化遗产的可持续发展——基于全国网络问卷调查的分析》（《中南民族大学学报（人文社会科学版）》2022年第5期）一文中基于2020年面向全国非遗实践者开展的网络问卷调研数据，揭示了各级各类非遗代表性传承人、政府管理机构和社会各方力量以及新媒体技术对于助力非遗传播与传承创新的积极作用，并对如何更好助力非遗在疫情下保持可持续发展提出了宏观对策建议。王克岭、谭心、龚昇在《金沙江流域非物质文化遗产旅游廊道构建》（《西南民族大学学报（人文社会科学版）》2022

年第 9 期）一文中基于空间视角对区域内的非遗时空分布和影响因素进行研究，并在此研究基础上提出构建非遗旅游廊道的战略构想。该文重点聚焦空间整合，在空间整合的基础上建议通过构建旅游廊道来实现非遗资源从空间整合到战略及经济整合的过渡，最终形成自然、经济、历史文化三者并举的综合保护举措以助力乡村振兴与文化产业带建设两大战略的协同推进。

云南大学出版社出版了由周娅、郭山主编的《贝叶文化与区域文化遗产传承保护：中国—东南亚、南亚的认知与实践》。该书收录了来自中国、斯里兰卡、泰国、老挝、英国、德国等国的 20 余位专家学者关于贝叶文化的多维内涵和遗产价值、区域社会中的贝叶文化传承、贝叶经保护技术等方面的理论探讨和认知实践。

高质量学术刊物是人文社科研究成果转化与发表，提升地方人文科学研究的重要平台。《中国文化产业评论》是目前国内文化产业、文化经济学术研究重要的刊物，在云南大学与上海交通大学共同主办的三年多来，为云南省文化产业、非物质文化遗产、文旅融合、文化与科技、文化产业与区域社会发展提供了重要的学术支撑，2022 年，《中国文化产业评论》发表了十余篇高质量学术文章，为云南文化经济的成果推出作出了贡献。

（执笔：李炎　马子红　范欣蓓　张彬）

统计学

2022年，云南省统计学科在承担国家重大研究任务方面取得了较大进展，云南财经大学石磊教授主持申报的国家社会科学基金重大项目"共同富裕背景下群体行为的统计调查及微观测度研究"获批立项，云南大学唐年胜教授主持申报的科技部国家重点研发计划项目"大数据重采样、分布式推断与在线学习的统计理论与算法"获批立项。2022年，云南省统计学科的科研创新主要集中于数理统计、统计学与其他领域的学科交叉及应用、数据科学和经济统计与计量分析等方向。现将主要成果和学术观点按方向加以简述。

一、数理统计

2022年，云南省统计学科在数理统计方向上的创新成果主要集中于经验似然、高维和超高维数据处理、变量选择、降维、统计诊断、模型选择和增长曲线模型等领域。

在经验似然领域，赵普映等（2022）给出了有限总体参数的点估计和线性或非线性假设检验的样本经验似然结果，这些参数在一般不等概抽样设计下由具有平滑或不可微估计函数的恰好识别或过度识别的估计方程系统来定义。他们在论文中提出了用于变量选择的惩罚样本经验似然，在基于设计的框架下建立了其神谕性质（oracle）。论文给出了上述方法的具体实现方式，并通过模拟研究展示了有限样本条件下所提出的方法在分位数回归和变量选择中的表现。此外，这些方法被应用于来自国际烟草控制政策评估项目的调查数据集，验证了所提出的变量选择方法在线性和分位数回归模型下的有效性。有关详情可参看论文：Zhao, P.Y., Haziza, D., & Wu, C. * (2022). Sample empirical likelihood and the design-based oracle variable selection theory. *Statistica Sinica*, 32(2)（标注 * 者为通讯作者，下同）。该论文第一作者为云南大学赵普映。

此外，在经验似然领域，Cui, L. E.等（2022）研究了数据缺失情形下针对非光滑估计方程的广义经验似然方法。论文在所考虑的情形下，构造了一个基于函数级数的估计方法，用于估计倾向性得分（PS）函数，并基于该PS函数的估计构建了增广逆概率加权估计方程组。文中基于该估计方程组，提出了参数的广义经验似然估计，该估计具有半参数有效性。同时，文中给出了上述估计和广义经验似然比统计量的渐近性质。此外，文中构建了一个基于拟残差的随机过程，用于评估所假定的非光滑估计方程组的合理性，并给出了其在原假设和备择假设下的渐近性质。所提出的拟合优度检验统计量的p值通过重抽样方法获取。有关详情可参看论文：Cui, L. E., Zhao, P. Y., & Tang, N. S. * (2022). Generalized empirical likelihood for nonsmooth estimating equations with missing data. *Journal of Multivariate Analysis*, 190。该论文三位作者均来自云南大学。

在高维数据处理和变量选择领域，Tang, W.等（2022）研究了高维数据分析中，特别是自变量之间存在复杂关系时，重要特征的识别问题。在实际模型不明确的情况下，作者首先引入基于分位数相关性的多重检验流程，用于高维情形下重要预测变量的选择。基于分位数相关性的统计量能够在更大范围内捕捉到相依性。此外，在处理超高维数据时，作者还提出了一种基于分位数相关性的独立筛选方法。论文在较为温和的条件下为所提出的方法建立了理论性质。有关详情可参看论文：Tang, W., Xie, J. H., Lin, Y., & Tang, N. S. * (2022). Quantile correlation-based variable selection. *Journal of Business & Economic Statistics*, 40(3)。该论文作者中，唐年胜（通讯作者）

和谢锦瀚来自云南大学。

此外，在超高维数据处理领域，黄希芬等（2022）提出了一种新的高维反标准符号检验方法，适用于两个样本的位置问题。该方法可以在高维和超高维数据情形下集中准确评估两个样本的位置差异。该方法首先将数据转换为一组二元随机向量，然后使用反标准化手段来估计位置差异。文中使用 Monte Carlo 模拟来评估该方法的性能，并将其与几种已有方法进行比较。实验结果表明，文中提出的方法在高维情况下具有较好的控制误差和功率性能，可以作为高维数据分析中两个样本位置差异的有效工具。详情请参看论文：Huang, X., Liu, B., Zhou, Q., & Feng, L. (2022). A high-dimensional inverse norm sign test for two-sample location problems. *Canadian Journal of Statistics*（在线发表）。该文第一作者为云南师范大学黄希芬。

在降维和统计诊断领域，陈飞等（2022）为充分降维领域的局部影响分析构建了一个普适的框架。充分降维的推断目标是一个向量空间而非向量，且没有数据似然，因此，上述框架建立在自行构建的空间位移函数的基础上。导出局部影响评估统计量的过程中，解决的关键问题是相对特征值和特征向量在扰动下的展开式的求取。文中给出了所提出的方法的直观解释，并将方法应用于切片逆回归，证明了其不变性。此外，文中提出了一个数据修剪策略，该策略基于文中所给出的样本点影响评估。有关详情可参看论文：Chen, F., Shi, L., Zhu, L., & Zhu, L. X. * (2022). A method of local influence analysis in sufficient dimension reduction. *Statistica Sinica*, 32(2)。该论文作者中，陈飞、石磊和朱琳来自云南财经大学。

在模型选择领域，赵尚威等（2022）在 Stein 恒等式（Stein's identity）的框架下，给出了一种适用于有限样本场合的全新的修正 Akaike 信息准则（corrected Akaike information criterion），所提出的新准则适用于非常一般的协方差结构。在一定的正则性条件下，论文建立了所提出准则的渐近有效性。应用带有自回归误差的空间回归模型进行模拟，结果表明，在备选模型与真实的数据生成过程之间的差异较小时，他们所提出方法的表现是令人满意的。当这种差异变大时，论文所提出的方法与其他已有方法相比也非常有竞争力。所提出的方法也被用于一组实际数据（社区犯罪数据）的分析中，所得到的结果更进一步支持了该方法在实际数据分析中的应用。有关详情可参看论文：赵尚威、喻达磊*、张新雨《一般协方差矩阵下的修正 Akaike 信息准则》，《中国科学：数学》2022 年第 5 期。该论文作者中，通讯作者喻达磊来自云南财经大学。

在参数模型的推断领域，增长曲线模型是一类重要的模型，在纵向数据分析中发挥着重要作用，但其应用受到组别设计矩阵已知这一关键假设的限制。潘雅婷等（2022）提出了一个在增长曲线模型框架下的高斯混合模型，该模型能处理组别矩阵未知带来的问题。这使得模型设定具有更大的灵活性，并将响应变量矩阵从单一的多元正态分布限制中解放出来。新模型除无结构的协方差矩阵之外还考虑了两种精简协方差结构。ECM 算法被用来研究新模型的极大似然估计，估计结果可同时对增长曲线数据进行聚类。数据驱动方法被用来寻找各种模型参数，从而建立最适合该复杂增长曲线数据的模型。模拟研究被用来评价所提方法的性能，并用该方法对基因表达水平的实际数据进行了聚类分析，结果表明所提方法在模型拟合和增长曲线数据聚类方面均有较好的效果。详情可参看论文：Pan, Y., Fei, Y., Ni, M., Nummi, T., & Pan, J. * (2022). Growth curve mixture models with unknown covariance structures. *Journal of Multivariate Analysis*, 188。该文作者中，潘雅婷和费宇来自云南财经大学。

二、统计学与其他领域的学科交叉及应用

2022 年，云南省统计学科与生态学、行为经济学、工学、管理学和计算机科学等多个领域开展合作，产出了一批富有特色的交叉研究成果。

在合作演化与博弈领域,路亦康等(2022)研究了在空间扩展系统上循环竞争物种的演化动态,考虑了一个特定区域,被称为"野生动物保护区",这是保护物种生物多样性的一种制度方式。通过蒙特卡洛模拟,发现保护区对于物种共存来说尤为重要。在该机制下,维持物种共存的最大移动率区域增加。借助傅里叶变换分析,发现导致该结果出现的原因是竞争率的增加而非设立保护区。该研究可能为生态学和生物学领域提供有价值的证据,为理解生物多样性和野生动物保护区的建立提供理论依据。详情可参看论文:Lu, Y., Shen, C., Wu, M., Du, C., Shi, L. *, & Park, J. * (2022). Enhancing coexistence of mobile species in the cyclic competition system by wildlife refuge. *Chaos: An Interdisciplinary Journal of Nonlinear Science*, 32(8)。该论文的上述6位作者中,除Park, J.之外的5位作者均来自云南财经大学。

耿旖旎等(2022)研究了强化学习的方法之一的Q-learning算法如何影响晶格中的合作演化。文中考虑了混合策略更新,其中ρ比例的代理采用人工智能算法,而剩余的1-ρ比例的个体则采用传统的费米更新规则。数值模拟的结果表明,与纯粹基于费米函数的更新规则相比,混合策略更新规则能促进合作。此外,当人工智能的比例适中时,整个群体中的合作者会表现出条件行为和情绪化的条件行为。但是,当整个群体都完全基于费米函数的更新规则或完全基于Q-learning更新规则,那么整个群体中的合作者就会表现出驼峰型的条件行为。该研究结果为理解合作的演化从人工智能的角度提供了新的视角。详情可参看论文:Geng, Y., Liu, Y., Lu, Y., Shen, C., & Shi, L. * (2022). Reinforcement learning explains various conditional cooperation. *Applied Mathematics and Computation*, 427。该论文的作者中,路亦康、申晨和石磊来自云南财经大学。

理解人口分离和聚集是社会科学中的一个关键问题。然而,人口隔离现象背后的机制尚未可知,特别是在利益冲突的背景下更是如此。何治学等(2022)在进化博弈理论的背景下,通过将囚徒困境博弈扩展到流动人口中来研究隔离现象。在论文给出的扩展模型中,个体的类型通过其策略来区分,这些策略可能会根据其相应的收益进行自适应性转变。此外,个体的迁移决策是由Q-learning算法确定的。他们发现了以下两种情况。一方面,这种简单的扩展导致了三种不同类型的自发性隔离的形成:(a)环境选择性隔离;(b)排斥性隔离;(c)子群隔离。另一方面,自适应迁移增强了网络互惠性,并在人口稠密的情况下促使合作的优势地位的形成。这些隔离类型的形成和网络互惠性的增强与个体的同伴偏好和利益偏好有关。该研究成果揭示了自适应迁移在自组织过程中的重要性,并有助于理解不断演化的人口中隔离的形成过程。详情可参看论文:He, Z., Geng, Y., Du, C., Shi, L. *, & Wang, Z. (2022). Q-learning-based migration leading to spontaneous emergence of segregation. *New Journal of Physics*, 24(12)。该论文的作者中,何治学、杜春澎和石磊来自云南财经大学。

在风险管理与控制领域,Mahto, A. K.等(2022)研究了Lomax分布下广义渐进混合删失情况下的部分观察到的竞争风险模型。文中考虑了多个竞争风险事件发生时观察的部分数据,并针对Lomax分布构建了相应的分析模型。在广义渐进混合删失的框架下,他们推导了参数估计和假设检验的统计方法。文中还提出了选择最佳模型的准则,并探讨了模型选择的相关问题。通过模拟实验和应用于真实数据的研究,文中评估了所提出方法的性能和准确性。实验结果表明,文中提出的方法在Lomax分布下部分观察到的竞争风险模型中具有较好的拟合性和预测能力,为相关领域的问题提供了有力的分析工具。详情可参看论文:Mahto, A. K., Lodhi, C., Tripathi, Y. M., & Wang, L. (2022). On partially observed competing risk model under generalized progressive hybrid censoring for Lomax distribution. *Quality Technology & Quantitative Management*, 19(5)。该文通讯作者为云南师范大学王亮。

在可靠性研究方面，王亮等（2022）研究了具有应力相关参数的广义倒指数分布的多组件系统的恒应力模型分析。文中考虑了多个组件在恒定应力下的可靠性和寿命分析问题。文中首先介绍了广义倒指数分布，该分布具有应力相关的参数，然后，推导了多组件系统在恒定应力下的可靠性函数和失效率，并探讨了系统的寿命特性。通过数值实验和参数敏感性分析，评估了模型的性能，并比较了该模型与其他常用分布模型的优劣。文中的实验结果表明，基于广义倒指数分布的恒应力模型在多组件系统的可靠性分析中具有较好的拟合性和预测能力。该研究提供了一种可行的方法来解决多组件系统的可靠性问题，并为相关领域的工程和应用提供了实用的工具。详情可参看论文：Wang, L.*, Wu, S. J., Zhang, C., Dey, S., & Tripathi, Y. M. (2022). Analysis for constant-stress model on multicomponent system from generalized inverted exponential distribution with stress dependent parameters. *Mathematics and Computers in Simulation*, 193。该文第一作者和通讯作者均为云南师范大学王亮。

在关于流体的研究中，直接成像法因具有非接触式、可视化等优点被认为是测量气液两相流气泡形状参数的一种非常方便和重要的方法。流型的精准分割和测量对流动特性的研究有着重要的影响。针对低质量图像的气泡识别（流型分割和提取），句媛媛等（2022）基于 U-net 算法、分位数回归法（QR）和经验模态分解（EMD），提出了一种新颖的混合图像分析模型（U-net-QR-EMD）。为了验证所提出模型的可行性，该文从直接接触的气液混合系统中分别获取气泡群的合成图像和实验图像，主要研究结果如下。(1) 所提出方法不仅有效地识别出不规则形状的气泡，而且对不同条件下的其他气泡也有识别潜力。在训练过程中，该模型的迭代次数为 90 次，预测精度达到 90%以上。具体来说，它能准确可靠地识别直接接触气液混合系统中单个的大、小气泡，而经典的 Otsu 和 K-means 方法不能识别出来。(2) 通过建立分位数回归模型发现气泡数量随着气液混合时间的增加而减少，气含率随着气液混合时间的增加而增加。同时，90%的气泡分布在 5%—95%分位数回归曲线之间。气泡数和气含率的时间序列都趋于非平稳非线性，但经验模态分解得到的本征模态函数分量和残差具有较高的稳定性和较强的周期性。(3) 通过测量气泡面积、周长、变形系数、等效直径、纵横比和离心率等 6 个参数，表明研究结果和混合状态质量演化过程相互吻合。文中所提出的模型不仅能成功识别气液两相流低质量图像中小尺度气泡的微观细节，而且能提高处理其他两相流低质量图像的能力。详情可参看论文：Ju, Y., Wu, L., Li, M., Xiao, Q.*, & Wang, H.* (2022). A novel hybrid model for flow image segmentation and bubble pattern extraction. *Measurement*, 192。该文作者中，句媛媛、吴刘仓、肖清泰（通讯作者）和王华（通讯作者）来自昆明理工大学。

在智能群体行为研究方面，多智能体强化学习的动力学建模一直是个重要的研究课题。之前的研究重点关注 2 个智能体的简单环境和完全混合的无限大智能群体。初晨等（2022）考虑正则图上大规模 Q-学习智能体相互交互的复杂场景。他们通过捕捉个体与其邻居之间的局部交互特征，推导出一个可以准确刻画群体 Q 值动态变化的福克—普朗克方程。通过与不同类型规则图上的仿真结果进行比较，验证了动力学模型的准确性，揭示了大规模智能群体行为与统计物理的内在联系。详情可参看论文：Chu, C., Li, Y., Liu, J., Hu, S., Li, X., & Wang, Z.* (2022). A formal model for multiagent q-learning dynamics on regular graphs. In Proceedings of the Thirty-First International Joint Conference on Artificial Intelligence, IJCAI。该论文第一作者初晨来自云南财经大学。

在神经网络方面，费宇等（2022）研究了具有多个延迟的分数阶四神经元循环神经网络的分歧问题。首先，通过分析相关的特征方程，研究了系统的稳定性和霍普分歧。结果表明，延迟分数阶神经网络的动力学不仅严重依赖于通信延迟，而且显著影响具有不同延迟的应用。其次，他们从数值意义上演示了阶数对霍普分歧的影响。最后，通过两个数值例子验证了理论结果的有效性。详情可参看论文：Fei, Y., Li, R., Meng, X., & Li, Z. * (2022). Bifurcations of a fractional-order four-neuron recurrent neural network with multiple delays. *Computational Intelligence and Neuroscience*，2022。该文作者费宇、李荣丽、孟晓芳、李周红来自云南财经大学。

三、数据科学

数据科学，包括数据挖掘和机器学习等领域，是近年来的热点领域。2022年，云南省在该领域的理论创新包括但不限于下述成果。

双线性概率主成分分析（Bilinear Probabilistic Principal Component Analysis，BPPCA）作为一种基于模型的矩阵型数据降维技术，曾引起一定程度的关注。然而，BPPCA基于高斯假设，因此容易受到潜在的异常矩阵观测的影响。赵建华等（2022）基于矩阵变元t分布，提出了一种新的BPPCA的稳健拓展模型，称为基于矩阵变元t分布的BPPCA（简称"tBPPCA"）。与多元t分布类似，矩阵变元t分布提供了一个额外的稳健性调节参数，可以降低异常值的权重。通过引入一个服从伽马分布的潜在权重变量，可以对该分布进行分层表示。利用这种表示，他们开发了两种高效的期望最大化（Expectation Maximization，EM）型算法用于参数估计。他们在多个模拟和真实数据集上进行了一系列实验，以深入理解tBPPCA，并将其与几个密切相关的方法进行比较，其中包括与其对应的向量型方法。结果表明，在存在异常值的情况下，tBPPCA通常更稳健、更准确。此外，tBPPCA潜在权重的期望可以有效地用于异常观测的检测。由于其更强的稳健性，它比对应的向量型方法更可靠。有关详情可参看论文：Zhao, J. * , Ma, X., Shi, L., & Wang, Z. (2022). Robust bilinear probabilistic PCA using a matrix variate t distribution. *IEEE Transactions on Neural Networks and Learning Systems*（在线发表）。该文作者中，赵建华、马璇和石磊来自云南财经大学。

四、经济统计与计量分析

统计学在经济领域一向有着广泛而重要的应用，经济统计和计量经济学是经济学与统计学的交叉学科。大量经济学方面的创新都使用统计方法和技术，此处主要列举2022年云南学者在统计学技术应用上较有特色的几项成果。

城镇化能否突破"胡焕庸线"，这一问题引发学术争论，观点不一，且尚未得到实证检验。城镇化能否促进"胡焕庸线"两侧区域协调发展是问题的本质。赵果庆、张欣玲（2022）基于2005—2021年"胡焕庸线"两种划区的省级面板数据开展了实证工作。其研究表明，城镇化稳健地推动人均GDP增长及"胡焕庸线"北部片区的较高增长，实现"胡焕庸线"两侧区域的人均GDP收敛，促进两侧区域协调发展。进一步计量结果显示，城镇化提高了人均GDP收敛速度的5.04%—47.33%，占人均GDP总收敛速度的44.32%—67.09%，城镇化对人均GDP增长的边际贡献在0.0278和1.2911之间。这意味着，我国要有力推进"三纵两横"的城镇化空间布局，尤其要加快推进"胡焕庸线"北部片区的城镇化，将更有效地促进"胡焕庸线"北部片区发展；还要增加财政收入、万人发明专利数和万人教师数，提升自我发展能力；采取切实可行措施，鼓励人口向"胡焕庸线"北部片区城市集聚转移。详情可参看论文：赵果庆、张欣玲《城镇化能否突破"胡焕庸线"？——基于2005—2020年中国省区市面板数据的实证检验》，《中国软科学》2022年第12期。该论文两位作者均来自云南财经大学。

杨立生、杨杰（2022）基于TVP-VAR动态溢出模型考察了国际大宗商品市场与中国金融市场间波动溢出的动态联动效应与风险传递机制；并在此基础上，研究了如何运用DCC-GARCH t-copula模型对冲与防范来自国际大宗商品市场的风险传染效应。该研究发现如下。（1）国际贵金属、工业金属市场处于信息先导地位,是风险溢出的首要来源;在极端风险事件冲击下,风险净溢出效应的分布区间具有波动性,方向非对称性及随机性,风险传染效应显著提升。(2)波动溢出网络结构变迁存在显著的"事件驱动特征"与"区域性特征",在金融危机、中美贸易摩擦与新冠疫情的冲击下,波动溢出网络结构会发生突变,且新冠疫情对波动溢出网络结构的冲击效应更大;国际大宗商品市场内部始终存在稳定且广泛的风险共振关系,而当国际大宗商品市场受到冲击时,中国金融市场间较易出现广泛的风险联动,且同一区域内以风险共振为主导。(3)在对冲来自国际贵金属、工业金属市场的风险溢出效应时,需要积极的投资组合管理和进行动态调整,而不是采用静态策略;配对资产的套期保值效果表明,国际贵金属对冲效果最好的是与国际工业金属形成组合,而国际工业金属与国际软性商品形成投资组合,则可以获得最大的风险对冲效果。详情可参看论文:杨立生、杨杰《国际大宗商品价格波动对中国金融市场的风险溢出效应——波动溢出网络视角》,《金融监管研究》2022年第8期。该文作者中,杨立生来自云南民族大学,杨杰来自云南师范大学。

蒋姣、赵昕东(2022)基于CFPS的4期家庭追踪调查数据,使用预期贫困脆弱性VEP法测度家庭贫困脆弱性,并进行静态和动态分解。研究发现:贫困脆弱性家庭占比在2012年、2014年、2016年和2018年依次为21.52%、19.94%、17.18%和5.09%,有的长期处于贫困状态,有的并非贫困家庭,但存在很高的贫困脆弱性。高波动(HV)型的贫困脆弱性发生率高于低均值(LM)型,消费波动导致较高的贫困脆弱性;而LM型家庭的贫困脆弱性均值高于HV型家庭的贫困脆弱性均值,LM型家庭多处于长期贫困的状态。由动态分解发现,贫困脆弱性的降低主要是因为脱脆效应逐年大幅降低,返脆发生率也在逐渐降低但变化程度较小。长期脆弱发生率也在不断降低,但长期处于贫困脆弱性的家庭仍占不小的比例。详情可参看论文:蒋姣、赵昕东《家庭贫困脆弱性的测度与分解》,《统计与决策》2022年第16期。该论文第一作者为云南财经大学蒋姣。

(执笔:陈飞)

人口学

2022年，云南省人口学研究密切关注人口学理论前沿、人口学相关热点、学术发展动态、民族人口与社会发展等相关领域的重大现实问题，积极为我国的人口学发展工作提供建设性意见，为政府政策的制定和决策工作提供借鉴，全省人口学学科领域的研究成果累累。

一、2022年人口学相关学术论文

（一）人口学理论研究

1. 低生育率背景下的生育研究

姚晓兵、曹和平、王晓永在《青年群体晚婚对男女两性生育行为影响的比较研究》（《南方人口》2022年第3期）一文中，利用CGSS 2010—2018年的调查数据，从生育观念转变和教育正向同质婚配探讨了初婚年龄对青年群体生育行为的影响及作用机制。实证结果如下。第一，青年群体初婚年龄推迟会降低生育孩子的数量，但青年男性推迟结婚对生育行为的负向影响大于女性。第二，从生育观念和教育正向同质婚配视角进行机制分析发现，青年群体晚婚引起的生育观念弱化和教育正向同质婚配概率提高是导致生育行为下降的重要原因。第三，通过异质性分析发现：城市户籍晚婚对生育行为的负向影响大于农村户籍并且对城市青年男性的负向影响最大，农村青年女性的负向影响最小；青年群体初婚年龄增加对生育一孩、二孩和三孩的概率都显著为负且负向影响强度依次增强，且负向作用男性大于女性；"80后""90后"男性晚婚对生育行为的抑制作用大于女性，但"60后""70后"不显著。基于研究发现，该文从个体生育观念、扩大社会网络、政策方面为达到生育政策的目标提供建议。

王丛雷、罗淳在《收入分配调节、社会保障完善与生育率回升——低生育率阶段的欧盟经验与启示》（《西部论坛》2022年第2期）一文中指出，欧盟地区较早进入低生育率阶段并出现了一定的生育率回升，基于此，文章以收入和社会保障为切入点，通过分析欧盟的经验为我国提供借鉴。文章以2000—2020年欧盟27个国家为样本，进行分析发现：从总体上看，样本国家的基尼系数与总和生育率显著负相关，而社会保障支出与总和生育率显著正相关；随着总和生育率的提高，基尼系数降低对总和生育率提升的促进作用从不显著转变为显著并持续增强，而社会保障支出增加对总和生育率提升的促进作用在不同的生育率水平下均显著；基尼系数和社会保障支出对总和生育率的影响具有相互强化的交互效应，即基尼系数降低会强化社会保障支出增加对总和生育率提升的促进作用，社会保障支出增加也会强化基尼系数降低对总和生育率提升的促进作用。借鉴欧盟经验，对我国有以下启示：第一，应持续发展经济，不断提升居民实际可支配收入；第二，要加大收入分配调节力度，有效解决相对贫困问题；第三，要进一步完善社会保障制度，增加社会保障支出，并强化生育支持。

王丛雷、姚晓兵、王一帆在《生育支持政策对生育率影响的国际比较及启示——兼析城镇化进程中隐性家庭代际责任对生育率的影响》（《南方人口》2022年第6期）一文中，基于1970—2020年欧盟27国及新加坡、日本、韩国的经验数据，实证分析了生育支持政策对生育率的影响。结果显示：由于隐性家庭代际责任的差异，儒家文化传统地区与欧盟国家的生育支持政策效果差异显著。欧盟国家的生育政策显著促进了地区生育率的提升，且当生育率回升至1.5附近，生育政策的效果更加稳定；而儒家文化传统国家的生育支持政策与生育率变动之间的关系不显著。其背后反映的是不同地区家庭隐性代际责任的差异，以欧盟国家为代表的西方家庭隐性代际责任较弱，这使得生育支持政策可以更好地对接家庭生育需求，进而推动地区生育率回升；而儒家文化传统国家的强家庭代际责任使得这一地区的隐性家庭生育成本更高，导致该地区的生育支持政策效果不显著。同时，由于隐性家庭代际责任的长期性与连续性，城镇化进程中，隐性家庭代际责任对生育率转变产生了长期且显著的影响。不同地区生育支持政策效果的差异，凸显出儒家文化传统地区在提升低生育率方面面临的特殊困境，这一地区的生育支持政策需要社会支持体系的辅助，更加全面的社会保障措施，有助于系统性降低长期家庭生育成本，促进低生育率回升。

谷家荣在《费孝通生育制度思想溯源》(《湖北民族大学学报（哲学社会科学版）》2022年第3期)一文中，追溯了费孝通生育制度的思想源头。该文指出，费孝通在其著《生育制度》中所述有关生育制度的思想对中国传统婚姻、家庭和社会观念均产生了重要影响，学者习惯将他的这一学术思想追溯到《花蓝瑶社会组织》。但是，当年陪同费孝通到大瑶山调查时，王同惠其实尚不具备扎实的社会学理论知识和研究技能，她的很多田野记录都有《甘肃土人的婚姻》一书的影印。因此，追溯到法国神父许让那里去探寻费孝通先生的生育制度思想，或许可以找到更多的学术"元点"。

晏月平、张舒贤在《不同生育政策背景下育龄妇女的生育行为影响因素研究——基于CGSS 2017年数据的实证分析》(《人口与社会》2022年第1期)一文中，利用中国综合社会调查（CGSS）2017年数据，使用Ordered Logit回归方法研究不同生育政策背景下育龄妇女的生育行为，同时将生育意愿作为中介变量，进一步探究生育政策对育龄妇女生育行为的影响。研究表明，生育政策会影响育龄妇女的生育行为，一类、二类生育政策较严格地区的育龄妇女倾向生育1个孩子，三类、四类生育政策较宽松地区的育龄妇女倾向生育2个孩子，生育政策对生育行为产生显著影响。另外，文章验证了生育意愿的中介效应。该文指出，育龄妇女的生育行为受家庭、社会和政策等多种因素影响，据此应创造"生育友好"的家庭、社会环境并完善生育福利政策，提升妇女的生育意愿。

张超、周国红在《青年生育观念的不变与嬗变——基于"生育意愿"的观测视角》(《理论观察》2022年第2期)一文中，利用来自浙江省宁波市743份有效问卷的调查数据，通过对样本容量在生育意愿的不同维度进行描述性统计分析，结果发现：我国理想子女数量存在代际差异，少生优生观念深入人心，重男轻女已成过时观念，家庭规模促进青年生育意愿。这些结论体现出青年随时代变迁在生育观念上的嬗变。基于研究结论，论文分别从个体心理应对、社会政策完善等不同层面提出相对应的对策建议。

2. 流动人口、移民问题研究

李昀东、凌巍、龚霓在《健康资源供给对流动老人留居意愿的影响——基于个体和社区的多层线性模型分析》(《兰州学刊》2022年第7期)一文中，基于2018年全国流动人口卫生计生动态监测数据，运用多层线性模型分析了社区和个体两个层面的健康资源对于流动老人居留意愿的影响，并探讨社区因素对个体因素的"跨层"效应。研究发现：社区健康资源供给和个体健康资源利用不同的流动老人，居留意愿和居留时间表现出差异性；个体健康资源利用和社区健康资源供给越多的流动老人，居留意愿越强烈，意愿居留时间越久；社区因素不仅直接影响老年流动人口的居留意愿，还通过跨层效应，间接地调整流动老人个体层面的健康资源利用。基于以上研究结论，该文指出，应积极构建健康化社区，提高流动老人健康资源的利用率，进一步推动流动老人的社会融入。

李昀东、解韬、凌巍在《年龄—时期—队列视角下流动人口长期居留意愿变迁》（《南方人口》2022年第4期）一文中，基于CMDS（2012、2014、2015、2016、2017、2018）数据，通过交叉分类的分层结构年龄—时期—队列模型（HAPC-CCREM）分解流动人口长期居留意愿的年龄、时期和出生队列效应，探讨社会经济变迁对长期居留意愿的影响。总体而言，我国流动人口长期居留意愿呈现下降趋势，纳入所有控制变量后，在年龄效应上呈现"U"型结构，时期效应没有表现出明显差异，在队列效应上，初代流动人口、新生代流动人口、超新生代流动人口到老年流动人口，由于不同的社会变迁和流动环境，呈现出长期居留意愿上不同的效应系数。

凌巍、刘建娥在《多维资本水平对农村迁移人口城市定居选择的影响——基于2017年全国流动人口动态监测数据的实证研究》（《社会科学家》2022年第4期）一文中，利用2017年全国流动人口动态监测数据，实证分析农村迁移人口城市定居选择的多维资本效应及其作用差异。分析结果显示：城市对农村迁移人口的拉力主要包括更好的职业发展前景和收入、更好的教育资源等因素，推力包括打工收入低、城市房价高以及生意不好做、工作不好找等因素；农村对农村劳动力的拉力包括家庭团聚与照顾的需求、返乡创业机会多以及农村生活成本低等因素，推力包括收入低、经济困难以及土地流转和劳动力过剩等因素。该文进一步使用结构方程模型检验多维资本水平对农村迁移人口城市定居选择的影响。结果表明，个体人力资本、个体社会资本以及家庭经济资本对农村迁移人口的城市定居选择产生了显著的正向影响，农村迁移人口的各维度资本存量水平越高，越倾向于做出城市定居的行为决策，且个体社会资本对其城市定居选择的促进效应最强，家庭经济资本其次，个体人力资本的影响最小。各级部门应制定多层次、差异化的公共政策，加快推进农村迁移人口市民化。

宋丽军等在《云南省2013—2019年6个县区男性流动人群性传播疾病感染状况及趋势分析》（《中国艾滋病性病》2022年第1期）一文中，通过抽样调查的方法，对2013—2019年云南省6个县区男性流动人群性传播疾病感染状况及趋势进行分析。该文指出，云南省男性流动人群存在多种无保护的高危性行为。流入地男性流动人群性传播疾病感染率高于流出地。对此，流入地应增加宣传干预频次，提高覆盖面。

李琢在《改善新生代农民流动人口城市融入的机制研究》（《农业经济》2022年第12期）一文中指出，农民流动人口在社会经济发展中扮演着越来越重要的角色，但农民流动人口融入城市存在很多机制障碍，如社会保障制度的制约、教育制度非全覆盖、住房制度无体现以及社会资本限制等。对于社会而言，需要逐步完善社会保障制度、改善教育制度，从而改善新生代农村流动人口融入城市的制度因素；而对于农民个人而言，需要主动利用和提升个人人力资本、调整自我不良心态。该文建议，从这两方面入手扩大新生代农村人口在城市的社会资本，改善流动农民的生存状况。

游天龙、周敏在《并行嵌入：国际移民创业理论的新模型》（《世界民族》2022年第3期）一文中提出了"并行嵌入"的新模型，强调移居国和祖籍国两地的微观社会关系网络、中观市场结构和宏观制度大环境的并行嵌入对国际移民创业的影响，并把分析的重点放在移居国与祖籍国之间的各层结构因素的互动关系上。该文用典型的个案研究阐述该模型的解释力和实用性，并对该理论模型的学术贡献、实证意义和该领域的未来方向做出相关的讨论和思考。

刘建娥、凌巍在《后迁移时代乡—城移民就业层级分化与新兴阶层的再塑》（《学习与实践》2022年第6期）一文中，基于全国流动人口动态监测95363样本数据，采用模糊综合评价法识别并检验乡—城移民就业层级结构性分化的社会表征。研究发现，较高阶层、中间阶层、较低阶层三大层级的资本效应水平存在明显差异，整体上表现为右偏态不均衡分布状况，较高阶层和中间阶层率先实现从乡土精英到潜在中产的"社会攀升"。针对分析结果，该文提出了乡—城移民职业层级分化的政策意涵。

滕祥河、杨先明、文传浩在《自致努力、政府扶持与水电工程移民生计资本累积》(《华中农业大学学报（社会科学版）》2022年第2期）一文中，利用实证分析的方法，分析移民生计资本的变化以及自致努力与政府扶持对移民生计资本的影响效应。结果表明：三峡水电工程移民搬迁显著减少了移民生计资本，且对外迁安置移民生计资本的负向影响比就地安置移民更大；自致努力与政府扶持均能显著增加移民生计资本，但政府扶持对移民生计资本的回报率显著低于就近安置地原居民；随着生计资本分位点的提高，自致努力和政府扶持对移民生计资本的提升效应呈现递增趋势，这会扩大移民之间的生计资本差距。研究结果对于如何增强移民的生计资本具有重要的启示。

3. 人口变动研究

王明东、肖建乐在《近代昆明城市人口变动及影响探析（1840~1949）》(《云南师范大学学报（哲学社会科学版）》2022年第6期）一文中指出，鸦片战争前夕，昆明城市人口数量呈增长态势，但咸同年间的战乱和自然灾害导致昆明城市人口数量锐减。受开埠通商、滇越铁路修通及抗战爆发等因素影响，昆明城市人口持续增长，移民是城市人口增长的主因，人口结构具有籍贯多样性、年龄"菱形结构"、教育"金字塔形"、性别比例失衡、职业多元性以及区域分布动态性等特征。人口数量变动形成城市社会经济发展动力与压力，健全完善城市治理体系，提升治理能力，才能更好地推动城市社会经济的发展。

（二）人口应用研究

1. 贫困问题研究

杨人懿等在《西南喀斯特石漠化深度贫困县的贫困影响因素分析》(《世界地理研究》2022年第6期）一文中指出，中国西南喀斯特石漠化地区人口—资源—环境—经济矛盾十分突出，严重制约了地区的可持续发展。基于该地区的深度贫困县——广西德保县的2014—2019年各乡镇社会、经济、人口等维度的面板数据，以空间贫困为理论导向，运用空间动态面板模型和GWR模型探索了石漠化地区县域贫困影响因素及溢出效应。空间动态自回归模型结果表明：各乡镇当年的贫困发生率表现出较大的惯性；农村居民恩格尔系数的下降、农村医疗卫生水平的提高、就业水平的提升、少数民族占比的下降、人口密度的降低均可明显地促进地区减贫。空间动态杜宾模型估计结果不仅支持了空间动态自回归模型结果，而且表明农村居民恩格尔系数、农村医疗卫生水平、人口密度分别表现出显著的有益、不利和有益的外溢效应，长期影响更深远。GWR模型结果表明其影响效果具有明显的空间差异性。

普世传等在《云南省脱贫地区居民健康素养具备情况及其影响因素分析》(《中国公共卫生》2022年第11期）一文中指出，为了解云南省脱贫地区居民健康素养具备情况及其影响因素，为乡村振兴战略中健康促进政策的制定提供参考依据，于2020年8—10月采取多阶段分层随机整群抽样方法在云南省脱贫地区抽取88个贫困县34510名15—69岁常住居民进行健康素养问卷调查。结果显示：云南省脱贫地区调查的34510名居民中，具备健康素养居民5129人，居民健康素养具备率为14.86%；多因素非条件Logistic回归分析结果显示，年龄25—54岁和文化程度小学及以上的云南省脱贫地区居民健康素养具备率较高，少数民族和居住在农村的云南省脱贫地区居民健康素养具备率较低。与同期全国居民健康素养具备率、云南省城乡居民健康素养具备率相比，云南省脱贫地区居民健康素养具备率较低，年龄、民族、文化程度和居住地是该地区居民健康素养的主要影响因素。

2. 老龄化研究

晏月平、李雅琳在《健康老龄化到积极老龄化面临的挑战及策略研究》(《东岳论丛》2022年第7期)一文中指出，健康作为"积极老龄化"的重要支柱之一，是中国应对人口高速老龄化的重要策略，也是中国实现从"健康老龄化"到"积极老龄化"的现实选择。为最大限度地延长老年人的健康寿命、提高生活质量，应以生命历程视角考察与健康相关的"保障"和"参与"因素，基于我国老年人口健康素养水平较低、患慢性病比例高、社会参与能力不足与精神健康问题容易被忽视，以及家庭照护支持政策相对匮乏、医养结合型养老服务体系尚未形成、医疗保障统筹能力与预防性医疗服务水平不高等现实条件，"十四五"时期是我国应对人口老龄化的重要战略机遇期。为此，应全方位提供健康教育，以高健康素养水平促进"主动健康"；协调区域卫生资源配置，增进健康公平；充分调动多方主体力量，健全医疗康复服务体系；全面推进健康促进，营造老年友好型社会环境。

锁箭、范一迪、李先军在《少子老龄化背景下劳动力供给政策优化的国际经验及启示》(《改革》2022年第11期)一文中指出，随着我国少子化和老龄化程度的加深，我国劳动力供给压力日益加大，人口红利趋于消失，经济增长面临新的挑战。该文借鉴了美国、日本、瑞典等发达国家的相关经验，为我国应对老龄化问题提供了相应的参考。

3. 老年人与养老研究

晏月平、李雅琳在《社会资本视域下失能老人照护情况及生活满意度研究——基于"中国健康与养老追踪调查"的实证分析》(《残疾人研究》2022年第1期)一文中，通过实证研究发现，配偶和子女的照护会增加失能老人的内疚感，降低对生活的满意度，但对于重度失能老人，家人的照护能减缓失能对生活满意度的负向影响；社会参与只对提升轻度失能老人的生活满意度发挥促进作用；社区居家养老服务及社会保险对失能老人生活满意度的提升作用与可获得性和保障水平正向相关。对此，该文指出，应重视不同失能程度老人的差异性需求，尽快出台家庭支持型社会政策，发挥社区居家养老服务的托底作用，加强集体社会资本对失能老人照护的干预。

李静、覃云云在《城乡融合视域下大城市养老的纾困之道——以N市J区为例》(《东岳论丛》2022年第9期)一文中，通过对N市J区养老服务新探索的解构发现，城乡融合养老新模式有助于大城市老人健康老化、积极老化、节约老化及农民就近就业、精准就业、高质量就业，但乡村设施落后、资源匮乏、文化差异等问题俨然成为该模式进一步推广面临的挑战。因此应从本地化、智慧化、精准化、异质化、适老化、互助化、人性化、社区化、协同化等多维提升可趋利避害，充分发掘、链接、获取、利用、发展城乡资源，推进城乡融合养老。

王媛、杨明光、马晓斐在《"养教结合"老年教育模式的可为、难为与应为》(《成人教育》2022年第5期)一文中指出，"养教结合"是新时期推动我国老年教育与养老服务业高质量发展的重要途径，更是促进社会和谐，保障民生的题中应有之义。该文指出，要实现"养教结合"模式的长足发展，需明晰老年教育与养老服务结合的适切逻辑，克服我国"养教结合"中存在的问题。基于此，该文为实现"养教结合"提供了相应的方案。

张雪等在《老年人口日常生活自理能力城乡差异分析——基于CHARLS（2018）数据的实证分析》(《人口与发展》2022年第4期)一文中，基于中国健康与养老追踪调查（CHARLS）2018年数据，运用有序多分类Logistic回归和夏普利值分解模型分析老年人口日常生活自理能力的城乡差异及成因。研究结果表明，城乡老年人口在不同失能水平上存在差异，农村失能老年人口多处于中轻度失能水平，城镇失能老年人口中轻度水平较低但重度失能水平高。不同年龄段老年人口在不同失能水平上存在城乡差异，农村老年人失能年龄晚但发展水平快。已婚、有规律的锻炼和社交活动、良好的自评健康水平有利于降低老年人失能风险，高龄、独居和高血压、恶性肿瘤、肺部疾病、心脏病、中风等相关疾病是重要危险因素。该文指出，应重点关注独居女性、低收入以及医疗保险类型为城镇职工医疗保险和患有精神疾病的特殊农村人群的健康权益，构建城镇重度失能健康养老服务体系，为城镇老年人口日常体检增加恶性肿瘤和风湿病筛查项目。

4. 幸福感研究

罗强强、乔玥在《社会支持对中老年残疾人幸福感的影响——基于2018年CHARLS数据的分析》(《宁夏社会科学》2022年第6期) 一文中，基于2018年CHARLS的调查数据，运用Ordered Logistic模型考察了社会支持与中老年残疾人幸福感之间的关系，对比分析了城乡残疾人幸福感影响因素的差异，可以看出，非正式支持对中老年残疾者的幸福感有明显的正向影响，而正式社会支持对中老年残疾人幸福感的影响不显著。同时，性别、年龄和受教育程度对于幸福感都有显著影响，多样的社会交往活动也能提高中老年残疾人幸福感。此外，在乡村，男性中老年残疾人生活满意度要高于女性，乡村中老年残疾人受教育程度、婚姻、与家人见面频率都对其幸福感有显著影响。相反，在城镇居住的中老年残疾人除了受教育程度和社会交往活动对其幸福感有一定影响，其他变量对其幸福感的影响作用不明显。

于洋航、缪小林在《政府行政效率如何影响居民幸福感——基于中国制度环境的实证分析》(《上海行政学院学报》2022年第6期) 一文中指出，行政效率的提升是政府职能转变成效的重要体现，对提升人民群众幸福感具有重大现实意义。在中国特色制度环境背景下政府行政效率如何影响居民幸福感依然有待进一步探讨。为此，该文运用中国综合社会调查的相关数据，通过构建结构方程模型、多元回归分析等实证研究方法，对政府行政效率、政府满意度、制度环境和居民幸福感进行描述统计和实证检验。结果显示，政府行政效率与居民幸福感显著正相关，政府满意度在政府行政效率对居民幸福感影响过程中发挥中介作用，监督制度和问责制度可以显著调节政府行政效率对政府满意度的影响。相关研究结论有助于深入理解中国制度环境背景下政府行政效率对居民幸福感的影响机理，并为政府机构提升居民福祉提供政策建议。

5. 数字经济与劳动力资源配置关系研究

周祎庆、杨丹、王琳在《数字经济对我国劳动力资源配置的影响——基于机理与实证分析》(《经济问题探索》2022年第4期) 一文中，通过实证分析的方法，对数字经济影响我国劳动力资源配置的效应与传导机制进行了探讨。研究发现：一是数字经济能够显著提升劳动力资源配置效率，但影响效应存在明显的区域异质性特征，东部地区更为显著；二是作用机制方面，数字产业化与产业数字化的良性互动，所形成的就业灵活化与就业平台化是数字经济影响劳动力资源配置的作用机制。上述发现推动了对劳动力资源配置效率提升动因以及数字经济发展赋能劳动力资源配置效应、机制与区域差异的理解。

6. 城镇化与新型城镇化研究

谭立力在《西南边境新型城镇化的指数型评价体系构建研究——以云南边境县（市）为例》(《广州大学学报（社会科学版）》2022年第2期) 一文中，构建一个包括经济发展、民生发展、社会发展、城乡统筹发展、开放与安全发展五个维度30个指标的指数型评价体系，以此对云南省25个边境县（市）的新型城镇化发展综合指数及分维度得分进行计算。计算结果发现：边境新型城镇化发展既不充分也不均衡；其主要决定因素一方面是自然交通条件和对外开放基础，另一方面是毗邻国经济产业结构与我国的协同程度，同时政策性资源分配也有重要影响，发展较好区域中对缅甸开放区域表现突出，对越南开放区域表现相对下降；经济发展仍然是促进边境新型城镇化发展的核心动力，同时社会发展、安全发展等维度的因素也起到越来越重要的作用。针对边境地区存在的问题，该文也提出了相应的建议。

谭鑫等在《欠发达地区新型城镇化与乡村振兴战略协同水平的测度及影响因素——基于政府效率和互联网发展视角》(《经济问题探索》2022年第11期) 一文中指出，欠发达地区推进新型城镇化与乡村振兴协同共进，面临特殊的后发挑战，是影响中国区域协调发展和实现共同富裕的不确定因素，然而这方面尚未得到学术界的关注。该文按照量化分析的范式，采用2005—2018年省级数据，构建中国欠发达地区的新型城镇化、乡村振兴两者的耦合协调等三个水平指数，并利用计量模型研究欠发达地区实现新型城镇化和乡村振兴协同共进的影响因素，提出深化两者协同共进的对策建议，以期为推进中国欠发达地区新型城镇化与乡村振兴，从而实现深度和可持续的协调共进提供新思路。

陆保一等在《新型城镇化与旅游业效率协调关系及互动效应》(《统计与决策》2022年第13期) 一文中，从城镇化与旅游业二者间"质"的协调互动视角出发，运用综合评价模型、耦合协调模型及LISA时空跃迁方法，对2001—2018年中国省域新型城镇化与旅游业效率的协同发展动态及时空跃迁过程进行分析，并结合VAR模型验证二者之间的互动效应。结果表明：中国新型城镇化与旅游业效率综合水平呈现持续上升态势；二者协同发展水平存在较强的空间关联性特征，总体呈现东南高、西北低的空间分异态势，其局部空间结构的稳定性不断降低，路径依赖和空间锁定效应由强转弱；二者存在长期稳定的均衡关系，新型城镇化是旅游业效率的单向格兰杰原因，新型城镇化发展稳定性总体以自身内部结构变化影响为主，旅游业效率内部结构变化在前期对其自身提升稳定性发挥了重要作用，新型城镇化在二者相互影响程度中占据主导地位。

7. 儿童、青少年人口研究

万青青等在《2016—2017年云南省5岁以下儿童营养不良状况及影响因素》(《卫生研究》2022年第1期) 一文中，对2016—2017年云南省5岁以下儿童营养不良状况进行分析并且总结了其影响因素。该文指出，要改善儿童的营养状况，应从家庭、卫生和社会环境等方面着手。

张紫嫣等在《云南省2015—2019年儿童青少年意外伤害死亡原因分析》(《中国学校卫生》2022年第9期) 一文中，探讨了2015—2019年云南省儿童青少年意外伤害死亡的流行病学特点，为制定预防儿童意外死亡的干预措施提供了参考依据。该文对2015—2019年云南省儿童青少年意外伤害死亡病例性别分布、年龄组分布、死因顺位等特征作回顾性分析，采用Poisson回归模型估计死亡率的变化趋势，χ^2检验比较不同性别和不同年龄段间死亡率的差异。结果显示云南省5~19岁儿童青少年意外伤害粗死亡率从2015年的19.15/10万下降至2019年的18.35/10万（$Z=-3.36$，$P<0.01$）。道路交通事故、溺水、意外跌落、其他意外伤害、意外中毒、火灾死亡率男生均高于女生（χ^2值分别为867.01、11.69、147.60、190.34、7.23、702.97，P值均<0.05）。意外伤害前3位死因为道路交通事故、溺水、意外跌落。除了意外跌落外，道路交通事故、溺水、其他意外伤害、意外中毒、火灾、全意外伤害死因15~19岁组死亡率高于5~9岁组和10~14岁组（χ^2值分别为764.47、75.91、31.75、9.24、114.96、327.04，P值均<0.05）。前3位交通类型事故为骑（乘）摩托车人员的损伤、轻型货车或篷车事故损伤和驾（乘）小汽车人员的损伤，分别占27.83%、10.57%和7.90%。该文指出，需根据不同地区、年龄阶段、性别的儿童青少年特点采取针对性措施，减低儿童意外伤害发生率和死亡率。

韩芳等在《云南省三州（市）6~11岁城市流动儿童的忽视现状研究》(《中国儿童保健杂志》2022年第12期) 一文中以昆明、大理和临沧为调查点，采用《中国城市儿童青少年忽视评价常模量表》，对1193名学生进行相关调查，以了解云南省三地区城市流动儿童的忽视现况及主要原因。分析得出：云南省三地区6~11岁城市流动儿童总忽视率为40.7%，其中城市流动儿童忽视率为40.80%，非城市流动儿童忽视率为40.4%；城市流动儿童男童各层面忽视率大于女童，不同民族中除医疗层面外，汉族忽视率都高于少数民族；与云南省农村儿童、中国农村留守儿童、全国儿童相应指标比较，云南省城市流动儿童忽视度较低。基于此，该文认为，应从多个层面制定干预措施，有效减少其发生。

8. 人口与经济问题研究

刘争、黄浩、邓秀月在《人口规模、产业结构与能源效率——基于空间面板计量模型的实证》(《宏观经济研究》2022年第8期) 一文中，构建了空间计量经济模型，采用2007—2016年中国29个省份的面板数据，从人口规模、产业结构视角对中国能源效率的作用机理进行研究。研究结果表明，中国各省份的能源效率存在显著空间依赖性（空间自相关性）。人口规模和产业结构确实能够影响能源效率，但在不同时期和不同区域影响程度存在差异。2007—2011年人口规模对能源效率影响不显著，2012—2016年人口规模的扩大促进了能源效率的提高。中部地区随着人口规模的扩大，能源效率显著下降，东部地区人口规模的扩大通过空间溢出效应提升了邻近省份的能源效率。后一时期（2012—2016年）产业结构的进一步优化对能源效率的提升作用更为明显。东、中、西部地区产业结构的升级都促进了能源效率的提高，对西部地区的促进作用最大，东部次之，中部最小。政府行为、城镇化水平、对外开放程度对能源效率的影响在不同时期、不同区域存在差异。

徐岗程、张舒贤、李雅琳在《云南省边境县（市）产业人口与经济变动分析》(《产业创新研究》2022年第11期) 一文中，利用2000年来的三次人口普查和云南省统计年鉴构建拟合方程对云南省25个边境县（市）的产业人口与经济变动特征进行分析。结果表明：2000—2020年边境县（市）经济发展与三次产业从业人口数量变动总体上存在显著的相关性，与三次产业的相关性分别呈"正—负—负""正—正—负""正—正—正"变化趋势；部分边境县（市）发展陷入困境，产业转型升级势在必行。

9. 人口与环境研究

彭秋至、朱丹在《中国县域地面坡谱分级及其与人口分布的关系》(《资源科学》2022年第9期) 一文中，针对平均坡度指标难以稳健描述地面坡谱特征的问题，提出一种基于频率累加分位归并的坡谱分级方法。该文运用数字高程模型数据将全国县域分为5个坡级，借助2000年和2020年人口普查数据分析了坡级与人口分布的关系。分析结果发现：所提出的分级方法具有地学含义；全国县域人口数量总体保持随坡级升高而波动式缩小的特征，且二者间呈现明显的线性负相关关系；人口密度的极端值对其自身的坡级分布有较大影响，当剔除人口密度小于20人/km^{2}和大于2000人/km^{2}的区域后，两个分析年份全国县域人口密度均稳健保持着随坡级升高而线性减小（$R^2 > 0.985$）。该文提供了一种新的可行分级方法，并深化了对中国县域人口分布与坡度关系的认识。

杨明洪、刘昕禹、吴晓婷在《中国人口结构对生态效率的影响研究》(《当代经济管理》2022年第2期) 一文中，利用实证分析的方法，探究人口结构对生态效率的影响。研究结果表明：从时间上看，除少数省份生态效率稳中有升，其他省份生态效率在2009—2018年变动不大；从空间上看，生态效率呈现出东部最高、中部次之、西部最低的阶梯局势；人口密度越大的地区，生态效率越高，不过这一影响的机理在于人口集聚与经济集聚往往同时发生；农村恩格尔系数负向影响生态效率，即农村恩格尔系数越高，地区生态效率越低。该研究结论对我国处理人口与环境关系具有一定的政策启示。

10. 农民收入研究

康嫄洁、杨雨渐在《林业生态扶贫对农民收入水平的影响》(《林业经济问题》2022 年第 6 期) 一文中，通过实证研究，分析林业生态扶贫对农民收入的影响。研究发现：林业生态扶贫促进了农民收入水平的提高；当林业生态扶贫变化 1% 时，将带动农民收入提高 1.92%，且存在长期效应；林业产业结构在林业生态扶贫对农民收入影响中具有显著调节效应。因此，为了林业生态扶贫能够更好地提高农民收入水平，必须处理好发展与保护的关系、优化林业产业结构、优化生态补偿机制、协调"政府主导"和"市场活力"的关系。

周旺妮、张榆琴、李学坤在《农村产业融合对农民收入的空间效应分析》(《统计与决策》2022 年第 19 期) 一文中，利用实证分析的方法，分析了农村产业融合对农民收入的空间效应。分析发现：我国农村产业融合与农民收入呈空间正相关性和空间异质性；东部地区的农村产业融合对农民的增收效果最好，中部地区、西部地区依次递减；提高农村人力资本、农业机械化水平和财政支农水平能够促进农民增收，而农业受灾害的上升、农业信贷的不合理分配以及对外开放程度的提高会阻碍农民增收。因此，不同地区应制定适合本地区的产业发展模式，应完善农村信贷体系、加大农业自然灾害防治力度、加强对高素质人才的培养力度共同促进农村、农民的发展。

11. 健康与死亡问题研究

晏月平、李雅琳在《独居老人的多维健康脆弱性研究——基于"中国老年健康影响因素跟踪调查"的实证分析》(《云南民族大学学报（哲学社会科学版）》2022 年第 4 期) 一文中，基于 CLHLS 2020 年发布的微观调查数据，采用实证分析独居老人的多维健康脆弱性问题。结果显示：老年人的居住安排与多维健康脆弱性显著相关，处于独居状态的老人在多维健康脆弱性方面显著低于非独居状态的老人；性别和城乡的组内差异不显著；独居老人在多维健康评价中遭遇最严重的问题是情绪抑郁；独居并不是影响老年人多维健康脆弱性的首要因素；提高老年人生活水平，保障医疗服务的可及性、子女时常看望父母、每年进行常规体检、保持锻炼习惯，对老年人多维健康产生显著正向影响。对此，该文认为，应重视老年人的精神健康，尽快出台家庭支持政策，打造适老化社会环境。

朱琳、曾春华在《基于乡村振兴视角的现代化农民健康服务体系构建》(《长白学刊》2022 年第 6 期) 一文中指出，乡村振兴是党和国家对全面建成小康社会和全面建设社会主义现代化强国的重大战略部署，构建现代化农民健康服务体系，是满足农民群众日益增长的优质健康服务需求的重要支撑。该研究着重分析我国农民健康服务体系现行发展所面临的桎梏，探讨构建现代化农民健康服务体系与乡村振兴"产业兴旺、生态宜居、乡风文明、治理有效、生活富裕"总要求的耦合机制，分析构建现代化乡村农民健康服务体系的挑战，并以此为基础提出现代化农民健康服务体系的优化策略，拟从发展农村居民健康服务业、以"大健康"为农村健康生态格局、加强农村居民的健康教育、推动农村健康治理现代化、健康服务体系资源配置五个方面提出有利于补齐农民健康服务产业短板、构建乡村大健康生态格局、强化农民群众健康素养教育、提升农村健康治理能力现代化水平的具体建议，对实现城乡共同富裕奋斗目标、实现社会主义现代化强国和"健康中国"目标、构建与乡村振兴战略同频共振的现代化农民健康服务体系具有现实意义。

李昫东、凌巍、龚霓在《年龄—时期—队列视角下的中国居民死亡风险与死亡模式变迁》(《中国卫生事业管理》2022 年第 7 期) 一文中，基于中国死因监测数据集（2005—2019），采用 APC 模型探索中国居民分死因死亡风险的年龄—时期—队列效应。结果表明：各类疾病死亡风险具有显著差异，慢性非传染性疾病成为中国居民主要的死亡原因，各类疾病死亡风险随居民年龄增大逐步上升，60 岁后死亡风险加速上升；传染病、母婴疾病和营养缺乏性疾病死亡风险呈现出急速下降后的再次抬头趋势；1940—1969年出生人口伤害死亡风险呈现明显的上升趋势。因此，该文建议，卫生部门应出台相应的措施促进居民的健康。

12. 跨境婚姻人群研究

徐翠萍等在《2017—2019年芒市跨境婚姻人群接受HIV相关卫生服务调查》（《中国艾滋病性病》2022年第2期）一文中指出，为了解云南省德宏州芒市跨境婚姻人群一般特征和接受HIV相关服务情况，为预防HIV在该人群中传播提供基础，通过横断面调查，2017—2019年，对云南省德宏州芒市所有跨境婚姻人群开展问卷调查。调查发现：中国籍人群的艾滋病知识知晓率（73.99%）、接受关怀救助比例（3.88%）、参加合作医疗比例（98.23%）均相对较高，且两个国籍人群在这三方面的差异有统计学意义；多因素分析结果显示，相对于男性、农民、居住在山区和婚龄≤3年者，跨境婚姻人群中的女性、非农民、居住在非山区及婚龄>3年者接受HIV检测服务的比例较高；同时，相对于年龄<30岁和受教育年数≤6年者，跨境婚姻人群中年龄≥40岁、受教育年数7—10年者接受HIV检测服务的比例较低。因此，应重点加强对跨境婚姻人群中农民、居住在山区及新近结婚者的宣传教育和检测干预，进一步减少艾滋病在该人群的传播。

周建军在《刑事政治视域的跨境婚姻人口贩运问题研究》（《云南民族大学学报（哲学社会科学版）》2022年第4期）一文中，从刑事政治视域入手，对跨境婚姻人口贩运问题进行理论层面的研究，并针对跨境婚姻的治理提出相应的建议。

（三）少数民族人口研究

1. 少数民族流动人口研究

许庆红、王英琦在《中国少数民族流动人口的空间格局及其影响因素——基于2010年人口普查分地级市数据的分析》（《人口与发展》2022年第4期）一文中，基于2010年第六次人口普查的长表数据和2010年《中国城市统计年鉴》中的各地级市社会经济数据，运用局部空间自相关分析、全局空间自相关分析和空间计量模型等方法，对我国少数民族流动人口的空间格局及影响其流入的因素进行分析。研究发现：少数民族流动人口跨省流动依据距离选择最近的经济发达的城市群，首选为以广东省为核心的珠三角地区，长三角地区次之，再后为京津冀地区；少数民族流动人口空间分布表现出明显的空间集聚特征，主要集聚在广东省和广西壮族自治区；在人口、经济和社会三大因素中，经济因素是影响少数民族流动的最重要因素，主要表现在流入地城市的职工平均收入、人均GDP和财政支出对少数民族人口流入有显著的正向影响，另，社会因素中的城市行政级别和交通设施对少数民族人口流入同样有显著的正向影响。

2. 民族地区人口发展研究

吴嘉莘、熊吉安、杨红娟在《民族地区农户异质性对生计资本结构的影响研究——以云南沧源县为例》（《云南社会科学》2022年第3期）一文中，通过实证研究得出如下结论：民族地区农户的生计资本评估体系中，社会资本所占权重最大，显著影响农户生计水平；民族地区农户的各项资本逐年递增，且农户在家庭结构、地理区位等方面的异质性对生计资本结构的影响存在差异；民族地区农户的生计资本结构因农户致贫因素的不同而表现出一定的异质性。因此，该文指出，为促进民族地区农户生计资本稳步提升，需要整合各类社会资本、文化资本以及建立区域联动机制，紧密围绕"三孩生育政策"，实现由计生到生计的有效转化。

李作森等在《边疆民族地区农村人才振兴的探索与实践——基于云南澜沧拉祜族自治县农民培训案例》（《云南农业大学学报（社会科学）》2022年第4期）一文中讨论了高质量完成云南省边疆民族地区澜沧县脱贫攻坚、乡村振兴目标任务，高等院校、科研院所在当地举办农业关键技术实训班，开展农村人才振兴模式的探索与实践。该文指出，该模式立足当地资源开发，传播先进科学技术，提高农业生产技能，培训新型农民，培养致富带头人，培育脱贫产业，增加农户收入，实现持续脱贫，助推乡村振兴，将边疆民族地区的绿水青山变为金山银山。

二、2022年人口学相关著作

黄丽君著的《乡村振兴战略下云南沿边地区农村人口发展问题研究》（云南人民出版社2022年版）一书，立足于乡村振兴战略背景下云南沿边地区农村人口发展问题，通过对云南沿边农村地区进行实地考察调研，并以调研点的基层干部和居民为主要访谈对象，开展田野调查。在此基础上，该书结合国内外相关文献，对具有特殊性的云南沿边地区农村人口发展特征、成因进行深入分析，并据此提出合理有效的对策措施。

晏月平、王楠著的《澜湄合作国家人口转变与经济发展研究》（社会科学文献出版社2022年版）一书，基于人口经济学研究视角，对澜湄合作国家的人口变动、地缘人口与各国经济发展进行分析。该书利用熵值法构建人口与经济发展评价指标体系，运用人口与经济发展耦合协调度和人口效率等指标，综合分析澜湄合作国家的人口与经济协调发展程度与结构性特征，并针对区域人口经济发展中的现实问题，提出了促进澜湄合作国家人口与经济发展的可行性发展路径。

晏月平著的《人口转变对跨越"中等收入陷阱"的效应研究》（中国社会科学出版社2022年版）一书，基于进入21世纪以来，中国人口迎来了低生育率、低增长率以及快速老龄化为特征的人口转变期，与此同时，经济也从高增速的"二元增长模式"转变为"中低增速"的现代型经济发展模式，中国经济进入新常态的基本国情，指出了当代中国面临进入人口转变后期与跨越"中等收入陷阱"双重挑战的事实。该书立足于新常态背景，分析中国人口转变对跨越"中等收入陷阱"的机制、人口转变对跨越"中等收入陷阱"的各项效应，研究如何规避"中等收入陷阱"，为新常态下的中国人口转变在政策调整与经济创新等方面提供发展思路。

陈辞著的《共享发展理念下西部民族地区精准扶贫与精准脱贫的模式选择及政策研究》（云南人民出版社2022年版）一书，以精准扶贫与精准脱贫为研究对象，并将这一研究对象放在共享发展理念之下来审视。基于我国西部民族地区贫困面大、贫困程度深、致贫原因复杂、脱贫任务艰巨的情况，该书将这一研究对象置于我国西部民族地区农村这一特殊的研究范围之内来考量。相对于已有的研究，该论著选择了一个特定的研究理念，将西部民族地区农村"精准扶贫、精准脱贫"置于"共享发展"的理念指导之下，厘清二者的内在理论逻辑，使"精准扶贫、精准脱贫"在清晰的目标导向下，分析特定空间范围的精准扶贫问题，厘清了现实中农村脱贫的战略重点及主战场。

昆明医科大学组织编写的《云南健康扶贫研究：做法、成就与经验》（科学出版社2022年版）一书，基于2020年云南省与全国同步取得了脱贫攻坚的全面胜利，健康扶贫在脱贫攻坚的冲刺阶段发挥了关键作用，特别是在全国贫困人口最多的多民族边疆省份，云南健康扶贫减贫成效显著，并累积了丰富经验的基本事实，概述了中国脱贫攻坚与健康扶贫的主要做法和成效。该书以评估研究和抽样调查的方法采集云南全省和8个抽样县2015—2020年健康扶贫相关数据资料，从医疗保障制度与贫困人口医疗保障、贫困县卫生服务体系建设与贫困人口医疗卫生服务、贫困人口健康素养提升与贫困地区健康环境建设、贫困地区特殊人群健康扶贫与健康改善等方面介绍了云南健康扶贫的做法、成效、经验与启示，并提出实施乡村振兴战略的建议。

（执笔：晏月平　吕昭河）

政治学

一、政治学理论研究

（一）著作

孙保全著的《政治学学位论文的研究与写作》（中国社会科学出版社2022年版）一书是帮助政治学专业学生开展学位论文研究与写作的专门教材。该书从政治学学位论文的基本特性入手，详细介绍了政治学学位论文的问题意识、研究素材、分析框架、写作规范以及答辩等相关的后续工作。此书对政治学学位论文的研究与撰写进行了细致的讲解，特别是其中采用了大量的案例，不仅对政治学专业的学生有直接的指导意义，对其他专业学生的论文撰写也具有一定的参考价值。

（二）论文

周平在《民族与政治的纠缠及政治学的认知》（《政治学研究》2022年第3期）一文中指出，民族是人类聚族本性的表现及其具体形式，政治是人类建立和维持社会秩序的基本机制，二者经由社会这个环节而相互纠缠，各自都不能脱离对方而孤立存在，并具有由对方的嵌入而形成的内涵。在此基础上形成的民族政治学，则构建了关于民族政治现象的完整的知识体系，体现了政治学对民族政治现象认知的自觉。目前，为了对近年来一系列前所未见的民族政治现象的出现及其对现代国家体制和国际格局形成的挑战具有解释力，民族政治学又开启基于民族与政治关系的底层逻辑而认知民族政治现象，从而提升自身的知识品质并实现迭代发展的努力。

周平在《中国何以成为一个民族国家》（《学术界》2022年第8期）一文中指出，关于当代中国是何种类型国家的问题的讨论，几乎是新中国成立后就一直存在的老生常谈。近年来，在中国是一个民族国家的认知逐渐确立的同时，中国是文明国家而非民族国家的谈论又日渐突出，将中国是不是民族国家的问题再次凸显。其实，民族国家就是人类国家形态演进中取代王朝国家的一种国家类型，中国自王朝国家终结后构建的现代国家，就属于民族国家范畴，是真正意义上的民族国家。确认中国的民族国家类型和性质，其所蕴含的一系列重要的意义也会随之凸显。通过对文明国家概念进行深入的挖掘，也能将其所蕴含的复杂内涵揭示出来，并消除其对民族国家叙事的干扰。

周平在《中华民族复兴与民族意识塑造》（《内蒙古社会科学》2022年第4期）一文中指出，铸牢中华民族意识或中华民族共同体意识具有关键性、枢纽性意义，为通过对中华民族共同体意识施加影响来促进国家发展目标的实现提供了可能性和必要性。而要达成促进中华民族共同体意识塑造的目标，首先要明确中华民族当前的发展阶段、具体形态、基本属性和内部结构；其次要明确中华民族共同体意识演变的内在规律、机制和关键环节。只有在这样的基础上全面统筹、综合施策，才能实现铸牢中华民族共同体意识的目标。

周平在《中国国民身份问题的再审视》（《云南师范大学学报（哲学社会科学版）》2022年第1期）一文中指出，国民是由在"国"与"民"关系中形成的权利义务关系所塑造的社会政治身份。中国近代形成现代国家议题后，国民概念被引入国内。辛亥革命开启现代国家构建以后，国民通过人口国民化而被塑造，逐渐成为取代臣民身份的新社会政治身份。新中国成立后，国民身份以一种隐蔽的方式存在了相当时间后又逐渐凸显。以长时段历史观察的眼光对国民身份问题进行梳理，挖掘其蕴含的历史文化资源为国家的治理和发展服务，是今天学术研究的重要责任。

郭台辉在《"中国式现代化"作为政治学概念建构的前置条件》（《中国社会科学评价》2022年第4期）一文中指出，概念建构是所有科学研究的一项重要任务，旨在给事物的本质属性命名，使所用之名与所指之实之间保持一一对应关系。因此，概念建构是认识世界的前提、科学解释的支撑与逻辑推理的基础，并与理论建构齐头并进，共同作用于话语体系与知识体系的建构。然而，相较自然科学概念的精确，社会科学所建构的概念往往存在争议性。其原因在于，前置条件并不参与概念建构过程，但无不决定性地影响到概念建构、传播与变迁的全过程，其差异与变动导致概念建构在本质上容易引发争议。

冯育林、郭台辉在《共同富裕战略与中国现代国家的再建构》（《云南师范大学学报（哲学社会科学版）》2022年第2期）一文中指出，共同富裕战略已成为党和国家重大的政治举措，并通过精准扶贫等系列政策来落实，可以实现人民国家、民族国家、政党国家三种国家形态的同构共生。其一，人民国家体现为共同富裕战略把人口带回市场、社会与国家，保证国家权力的人民性；其二，民族国家体现为共同富裕战略凸显中央权力，推动社会整合，重塑民族形象；其三，政党国家体现为共同富裕战略对中国共产党权力角色的强化、普遍同意的夯实、组织状态的形塑。三种国家形态的同构共生，可以揭示中国现代国家建构的国家—人民—民族—政党"四位一体"机制。

袁明旭在《党内政治文化建设百年历程的基本经验与启示》（《贵州社会科学》2022年第8期）一文中指出，政治文化作为党的政治生活的灵魂，在党百年成长发展壮大历程中发挥着深远的基础性作用。为什么中国共产党能够带领中国人民创造让世界惊叹的"中国奇迹"，党内政治文化为我们研究这个问题提供了新的视角。中国共产党自建立至今，一直重视党内政治文化建设，注重党的灵魂的净化、纯化和深化。百年来党内政治文化建设经历了艰辛探索、曲折前进、完善发展和全面加强的演进历程，不仅积累了宝贵经验，更收获了深刻启示。

周俊华、李铭在《国家政治符号在边境的传播与边民国家认同的建构》（《云南社会科学》2022年第3期）一文中指出，通过国家政治符号系统围绕"理想政治模式"在边境地区展开的合法性叙事，将以制度认同、政策认同、身份认同等方式构建边民的国家认同。边境H县国家政治符号传播的整体情况较好，也还存在一些问题，应从以下方面加以提升：拓展国家政治符号在边境传播的场域，创新传播的媒介与载体，充分利用边境地区爱国主义教育基地坚定边民的政治信仰，持续贯彻落实兴边富民政策，增强边民的政策认同，增强基层治理效能，为铸牢中华民族共同体意识奠定现实基础。

程中兴在《世界普遍交往语境下边地中华民族共同体建设：周边安全、区域发展与国家认同》（《思想战线》2022年第6期）一文中指出，互联互通意味着边地已从"末梢"变为"前沿"，境外、境内与跨境融为一体，边地安全、发展与认同格局也随之重构。其间，"境外"敌对势力渗透边地的反分裂斗争（周边安全）、因"境内"边民流失而致的边地空心化（区域发展）以及"跨境"民族认同游移带来的中华民族共同性认知弱化问题（国家认同），是新时代边地推进中华民族共同体建设的三大现实议题。解决这些问题是一个系统工程，在理念上需要坚持三个"共同"——周边安全以共同安全为基础、区域发展以共同富裕为指针、国家认同以增进共同性认知为方向。

孙保全在《中华民族共同体国民属性的形成与发展》（《探索》2022年第3期）一文中指出，近代中国的"国民"概念起初具有指称全体中国人的集体内涵，此后转化为描述权利义务关系的个体身份概念。抗日战争爆发后，日益觉醒的国民逐渐以"中华民族"为符号和载体聚合为一个整体。中华人民共和国成立后，国家在不同时期相继对国民进行"人民化"及"公民化"的根本改造，并在此基础上重塑和强化了中华民族共同体的国民属性。发展至今，"国民共同体"与"多元一体"共同构成中华民族共同体的完整属性，也由此形成铸牢中华民族共同体意识的双重逻辑。

朱碧波在《论中华民族共同体建设的结构体系》（《探索》2022年第3期）一文中指出，中华民族共同体建设是一个由逻辑起点、目标导向、体系格局、道德原则与实践路径等核心要素组成的结构体系。中华民族多元一体是中华民族共同体建设的逻辑起点，这种多元一体的结构性特征是中华民族共同体建设难以绕开的现实前提；中华民族共同体建设的目标导向是各民族共富共享；中华民族共同体建设的体系格局是各民族共建共治，依托全过程人民民主推进中华民族共同体的协同共建；中华民族共同体建设的道德原则是和合共生，在增进各民族共同性的同时，尊重和包容差异性；中华民族共同体建设的实践路径是一个知行合一的过程，即本体层面的中华民族共同体建设要注重推进各民族交往交流交融，心理层面要注重铸牢中华民族共同体意识。

钟贵峰在《多民族发展中国家的族际政治整合困境与路径选择》（《世界民族》2022年第3期）一文中指出，民族与民主的二元视角与二维治理逻辑，也系统体现为现代民族国家建构中族际政治整合的实践困境，如不断增强的各类族属认同对国家认同的弱化、日趋紧张的族际关系使国族虚化或涣散、集体的族属权对于个人公民权利的挤压、诸种理论思潮对族际政治整合的价值取向的侵蚀等。多民族发展中国家要突破族际政治整合的实践困境，需要选择符合国情的民主化道路，增强国族机制的系统持续构建，推动良性族际互动机制的建设，确立正确的族际政治整合价值取向，以寻求合适的族际政治整合道路。

白利友在《政治学的田野：概念、场域及价值》（《华中师范大学学报（人文社会科学版）》2022年第4期）一文中指出，田野生发于历史的延续，潜藏在关系的叠加和互动之中，有价值的田野多在问题集中或矛盾突出的地方。田野之于政治学的价值，在于基于调查的问题意识、田野气息的研究关怀、田野标识的概念建构、扎根田野的理论创新和可供借鉴的培养模式，这些价值是支撑田野政治学繁荣发展的动力。田野政治学的构建并非偶然，研究分析田野政治学的构建，对其他新兴分支学科的构建和中国政治学的发展具有借鉴意义和参考价值。

刘春呈在《铸牢中华民族共同体意识视域下的公共空间再造》（《新疆大学学报（哲学·人文社会科学版）》2022年第5期）一文中指出，在铸牢中华民族共同体意识的过程中，公共空间充任着承载定位功能、链接情感指向、诠释认知内涵的工具性媒介，并发挥场域功能承载集体记忆、生产身份归属、展演共同体价值，在以刻写集体记忆、再造个体认同、强化共同体价值为理路的公共空间营造中，对"想象的共同体"进行了必要的情境化呈现。在聚焦共性的前提下，通过再造公共空间这样的"物质—精神"共构基点，为切实铸牢中华民族共同体意识提供了有效路径。

二、中外政治思想研究

（一）著作

杨正权主编，黄小军、杜娟执行主编的《中国国家治理思想史论》（云南人民出版社2022年版）一书以经济建设、政治建设、文化建设、社会建设、生态文明建设"五位一体"，以全面建设社会主义现代化国家、全面深化改革、全面依法治国、全面从严治党"四个全面"为经纬，以时间为轴线，全面梳理和总结历代国家治理的历史精髓，分为"领导权威""政治治理""经济治理""社会治理"等十个篇章，阐述了中国国家治理思想的历史渊源与发展脉络，凝练中华民族千百年来积累的优秀国家制度和国家治理思想，为推进国家治理体系和治理能力现代化建设提供了理论依据和实践指导。

（二）论文

郭台辉在《分析方法的视角缘起、限制与超越之路》（《社会科学》2022年第11期）一文中指出，分析方法源于古希腊的亚里士多德，中世纪后期库萨的尼古拉开创新宇宙观，阿尔贝蒂提出"透视法"，为分析方法引入作为操作规范的视角论。笛卡尔进一步把分析与怀疑、综合、检验结合为一个闭合的研究逻辑，克服单一视角的局限。较之社会科学的其他学科，政治学更难进入现场并固守特定视角，应以发现事实与解释问题为导向，采用"方法论多元主义"，把所有分析视角视为自带天生缺陷的研究策略，转换观察位置，以增加对政治复杂现象的客观认知。

魏德伟、郭台辉在《神圣与世俗——霍布斯与洛克社会契约论的双重基础》（《政治思想史》2022年第3期）一文中指出，学界对霍布斯与洛克政治思想的解读，主要呈现为世俗主义和神学主义两种进路。前者认为，霍布斯和洛克从世俗化、理性化进路建构政治秩序，因而社会契约论是全然世俗性的"人义论"政治理论。后者则倾向于从神学的角度去理解霍布斯与洛克，认为社会契约论是一种"神义论"政治理论。霍布斯与洛克的政治理论兼具神圣与世俗双重基础，这主要体现在霍布斯对"基督教的犹太化"处理与对上帝"创世"技艺的模仿，以及洛克借用"造物模型"与"超验自然法"的政治论证方面。

张会龙、董俊苗在《危机与整合：哈贝马斯民族国家批判理论评析》（《云南大学学报（社会科学版）》2022年第4期）一文中指出，民族国家的危机具体表现为政治与经济子系统的不协调导致的系统整合的危机、多元文化对原有民族整合基础的冲击造成的社会整合的危机以及系统整合对社会整合的压制导致的二者的失衡。因此，危机的化解必须从这三方面着手，即以超越国家的政治机制弥补民族国家在系统层面的功能性不足，以宪法爱国主义为核心重塑社会整合，做到实现政治整合与系统整合的平衡。

孙保全在《国家发展中"边民"概念的形成与演变》（《广西民族研究》2022年第1期）一文中指出，在王朝国家时代，边民是介于内地"编户民"和边疆"蛮夷"之间的人口形态。近代中国开启了民族国家构建进程，边民概念随之发生了"国民化"的转变，出现了取代"少数民族"成为边疆居民之泛称的趋势。在中华人民共和国成立之初，边民概念曾一度淡出，"民族"成为边疆居民主要的身份标识。近年来，社会舆论中出现了"边民热"现象，因此，有必要对边民概念进行辨析与整合，形成基本的概念共识，从而为相关研究和政策实践提供有效的概念供给。

三、中国政府与政治研究

（一）著作

张会龙、廖惟春、周兴妍主编的《创新基层治理的兰坪实践：理论探索与经验总结》（云南大学出版社2022年版）一书由"铸牢中华民族共同体意识的地方资源挖掘""基层社会治理的'四化'探索与'三治'实践""多民族互嵌型社区的共建共治共享"三个专题构成。其中，第一个专题主要聚焦铸牢中华民族共同体意识，探讨各民族交流交往交融的兰坪实践；第二个专题以基层社会治理的探索与创新为重点，围绕基层治理的"四化"探索以及"三治"融合实践展开；第三个专题则着重细化到对多民族互嵌型社区的共建共治共享的研究。

（二）论文

方盛举、朱海威在《边民的国民化与边疆的现代化》（《学术探索》2022年第5期）一文中指出，我国边疆长期处于国家疆域的边缘地带，社会相对封闭，与国家腹地的交往交流交融程度不足，加上受周边国家文化的影响，导致边疆民众的国民化进程存在相对迟滞的现象，人的因素影响了边疆现代化的进程。边民的国民身份是最重要的身份符号认同，推进边民国民化对于加快边疆现代化有重要的应然和实然需求。推进边民的国民化，主要通过边疆国民教育的高质量发展、边疆国民文化的繁荣兴盛、扩大边民有序政治参与等方式来实现。

袁明旭在《新时代村干部群体特征及其对乡村治理的影响》（《人民论坛》2022年第5期）一文中指出，在从基本解决温饱到人民生活总体达到小康水平再到全面建成小康社会进程中，村干部群体发生了许多变化，其角色特征对乡村治理产生深远影响。村干部群体呈现出年龄结构的合理化、任职动机的多样性、有序流动加快、素质明显提升、角色认同感增强、行动自觉性不断增强等特征。新时代村干部群体特征变化对乡村治理现代化提出了更高要求，对乡村振兴战略实施产生了积极效应。

罗强强、岩温罕在《从"碎片化"到"系统化"：边疆非传统安全治理转向》（《青海民族研究》2022年第2期）一文中指出，目前边疆治理面临来自政治、经济、社会、文化和生态等非传统安全的系统挑战。因此，要推进边疆非传统安全治理的"碎片整合"，实现边疆非传统安全系统化治理，要求从边疆治理现代化的全局视野与整体视角上，以系统观念把握边疆非传统安全治理的全局，将源头治理作为化解边疆非传统安全系统性挑战的根本手段，以聚焦重点破解边疆非传统安全治理系统瓶颈，进而建构多元共治的系统化治理，实现边疆治理的系统优化。

黄小军在《边疆民族地区基层治理体系和治理能力现代化建设的目标、境遇、问题与旨向》（《云南社会科学》2022年第4期）一文中指出，边疆民族地区具有地缘特殊性、事务复杂性、问题敏感性、安全脆弱性等主要特征。进入新时代以后，边疆民族地区基层治理体系和治理能力现代化建设的战略价值更为凸显、形势挑战更为严峻、治理任务更为艰巨。为推进边疆民族地区基层治理现代化，一要明确价值目标，二要立足现实境遇，三要聚焦突出问题，四要在治理体系、治理能力、治理效能上提质，更好发挥边疆民族地区基层治理的复合功能。

贺琳凯在《贫困治理与乡村振兴的协同推进：时序、场域、制度与要素》（《思想战线》2022年第2期）一文中指出，贫困治理和乡村振兴任务交叠，中国化的"协同治理"理论在"三农"问题治理中具有了新的运用场域，贫困治理和乡村振兴形成了协同推进的逻辑关系和治理目标。在此，文章尝试将贫困治理和乡村振兴置于"协同"的语境，从时序相交、场域叠加、制度同构、要素同质等四个视角，分析贫困治理与乡村振兴协同推进的逻辑理路，既直面乡村贫困治理转型中更精细化和个性化的问题，又解决乡村振兴中乡村发展、乡村建设和乡村治理的多元性问题。

夏文贵在《边县合治：中国边境县治理的复合逻辑》（《湖北民族大学学报（哲学社会科学版）》2022年第1期）一文中指出，从"核心—边缘"与"中央—地方"的交叉性视角来看，边境县兼具边境和政区的二重属性。边境县治理呈现出一体两面的形态：一是"以县治边"，即以县域为单位来承担国家边境治理任务；二是"因边治县"，也就是依托边境要素来开展县域治理。而在理论和现实的层面上，治边和治县在治理主体、治理客体、治理空间和治理方式等方面，又不可避免地交织或叠加在一起，由此形成了一个"边县合治"的复合型逻辑。

吕朝辉在《边疆治理视野下的民族事务治理能力及其现代化》（《西藏民族大学学报（哲学社会科学版）》2022年第4期）一文中指出，新时代的边疆民族事务治理能力现代化必须以习近平总书记关于加强和改进民族工作的"十二个必须"重要思想为根本指导。现代化的边疆民族事务治理能力结构包含领导能力、规制能力、民族政策实施能力、民族关系协调能力、多民族交往交流交融平台搭建能力等核心能力。从边疆治理的整体性视角审视边疆民族事务治理能力现代化的实现，须从改善政治认同、完善制度体系、创造社会条件、铸牢中华民族共同体意识、拓展方法策略等多维进路入手。

何阳、高小平在《迈向技术型自治：数字乡村中村民自治空间转向的社会建构》（《内蒙古社会科学》2022年第6期）一文中指出，从社会建构视域看，村民自治场域可以从物理空间拓展到数字空间主要缘于在数字空间中实现了问题建构、身份建构和秩序建构的有机统一，以商议村庄公共事务的形式进入数字空间尊重了问题与空间的相容性，以户籍为准入条件、以现实职位角色为基础构建网络虚拟社区坚持了村民自治的社会属性，以数字体系、乡规民约等制度章程规范主体行为保障了数字空间的秩序性。

何阳、高小平在《村民委员会选举中的选民结构：特征、形成与回归》（《求实》2022年第4期）一文中指出，以村民委员会选举为实践形式的选举民主在全过程人民民主中发挥着重要作用，而选民结构决定着村民委员会的选举结果和选举绩效。要引导村民委员会选举中的选民结构理性回归，以村民委员会选举中的过滤机制为突破口，拆解动力、信息、成本和村民选举委员会干预这四层过滤网，增强村民参与村民委员会选举的内生动力，规范村民委员会选举信息公开发布机制，降低参与村民委员会选举的各种成本，并强化对村民选举委员会行为的监督。

四、中外政治制度研究

周平在《中国多民族国家体制的几个悖论》（《江汉论坛》2022年第6期）一文中指出，中国多民族国家属性的界定，一旦超越依经验而进行描述的层面，尤其是将多民族国家确定为一种国家类型之后，一系列深层次的认知问题便凸显了出来。其间，那些相互否定而各自又能证成的判断，便构成了多民族国家体制中的悖论。当代中国既是民族国家又是多民族国家、人口的基本身份既是国民又是各个民族的成员、少数民族的权益诉求应该得到满足但又无法都得到满足等，是其中最为突出的几个悖论。对这些悖论进行合理化解，才能促进多民族国家论述的周延和自洽，从而深化对多民族国家的认识。

吕庆春在《制度变革的重大历史转折关头中国共产党的革命政策和策略》（《学习与探索》2022年第5期）一文中指出：在新民主主义革命取得胜利的制度更替期，党确立了清晰的土地改革和接管城市的路线和政策；党注重革命政策和策略的运用，将斗争艺术视为革命策略的体现；党对各社会阶级阶层进行了具体分析和明晰划分，并注重革命工作中的经验教训总结，及时纠正其中的错误和偏差。党形成了具有中国特色的民族资产阶级理论和政策，同时，党运用正确的革命政策和策略保证了新生的人民政权的巩固、经济的恢复和发展，在重大历史关头成功地实现了社会制度变革。

何阳在《政党下乡、角色建构与乡村振兴——基于驻村第一书记制度的考察》（《暨南学报（哲学社会科学版）》2022年第12期）一文中指出，乡村振兴中驻村第一书记制度是对脱贫攻坚中驻村第一书记制度的延续、变革与发展，旨在继续弥补农村社会领导力不足问题，通过外部嵌入、党建引领和资源整合等方式维护村民利益，从而更好地促进乡村振兴。但也存在一系列障碍。需要在适应情境转换基础上，明确驻村第一书记角色定位，调适驻村第一书记权责清单，保障驻村第一书记角色转换，细化驻村第一书记激励机制，健全驻村第一书记退出通道。

罗强强、王燕子在《制度优势向治理效能转化中的情感培育——以新疆"访惠聚"驻村工作队实践为例》（《北方民族大学学报》2022年第6期）一文中指出，驻村干部以国家代理人的身份下沉至农村社区，他们深入基层了解群众的实际需求，站在群众角度考量民生疾苦，与基层群众产生共情，并且依托各类文化载体满足群众的情感需求。在这种情感治理的过程中，不仅促进了正向情感的再生，还构筑起民众对国家的认同感和归属感。在立足基层具体情境的基础上，带有温情的治理方式既起到了联结国家与社会的作用，又充分提升了基层治理效能。

五、国家行政学研究

（一）著作

袁明旭著的《行动领导力：基于知行合一的视角》（科学出版社2022年版）一书指出，领导力是实现国家治理体系和治理能力现代化的核心动力。领导力是知行合一的综合性影响力，是在娴熟掌握和利用领导规律基础之上的科学领导而产生的广泛的影响力量。无知的领导是一种盲动，知而不行的领导是一种空谈。在力求厘清领导学理论的基础上，该书强调领导者应做到知行合一。该书以分析影响领导力的要素为逻辑起点，以提高领导力为落脚点，展示出学科体系的开放性和理论内容的实践指向性。

（二）论文

方盛举、史祥弗在《县级政府绿色行政的概念内涵、构成要素与运行逻辑——一种基于"体系—过程—政策"的研究进路》（《理论探讨》2022年第6期）一文中指出，绿色治理共同体、绿色决策、绿色政策和绿色绩效考核等要素的分维内嵌与合维融贯，是凝聚县域绿色治理合力、助推绿色行政良性运行的关键变量。县级政府以绿色决策将绿色话语转换为绿色政策，以绿色政策执行向公共能量场输出绿色治理效能，以绿色绩效考核检验绿色行政质量并将结果向绿色行政体系反馈。县级政府绿色行政过程彰显了嵌套式运行逻辑，是促进人与自然和谐共生、实现人民美好生活的逻辑理路。

方盛举、王中亮在《中国社会治理社会化的演进逻辑》（《社会政策研究》2022年第2期）一文中指出，当下，微观层面的要素变化成为审视社会治理社会化的最好"窗口"。作为一种特殊的社会化类型，社会治理社会化是以社会管理向社会治理的嬗变为逻辑起点，以治理要素及其相互关系从"政府本位"向"社会本位"的线性进化为逻辑主线、以实现社会善治为逻辑归宿的整体演进过程。这一演进逻辑充分展现出社会治理社会化不是独立提出的新概念，它属于社会治理的整体范畴，是社会治理形成、发展和完善的基础推动力。

罗强强、杨茹在《寓情于理：基层情感治理的运行逻辑与实践路径》（《江淮论坛》2022年第5期）一文中指出，随着我国社会主要矛盾的转变，情感治理在基层治理中的作用逐渐凸显，如何促进群众内生情感与外生情感的有机融合是提升基层治理效能的重要议题。群众内生情感与外生情感有机融合需要一定的前提条件，只有基层工作者将"为人民服务"的个人情感经过情感移入、情感共鸣等方式输出给基层群众，使群众在情感体验中产生正向情感，才有可能使其内生情感与外生情感有机融合，进而形成良好的人际情感、群体情感和家国情感，助力基层治理提质增效。

邓崧、杨迪、李鹏丽在《政府数据开放成效影响因素研究》（《情报杂志》2022年第9期）一文中通过选择上线政府数据开放平台的16个省区作为研究样本，对样本省区政府数据开放过程成效的影响因素展开研究。主要得出以下结论：第一，将政策压力、企业压力、公众压力、组织保障、信息基础保障和财政保障作为影响因素，构建了数据开放成效"外驱—支撑"影响因素模型；第二，从驱动模式来看，现阶段存在组织驱动型、"正三角"驱动型、"正梯形"驱动型、公众驱动型和"窄矩形"驱动型5种政府数据开放的驱动模式；第三，"正梯形"驱动模式同时具备强大的驱动力与支撑力，为政府数据开放最佳模式。

邓崧、刘昀煜在《推进数字政府双轨制策略：基于"数字贫困户"的视角》（《广州大学学报（社会科学版）》2022年第2期）一文中以CHARLS、CLASS及CNNIC统计报告为分析基础，探究"数字贫困户"内外部属性与数字政府服务使用情况相关关系，数据显示：目前我国数字政府建设已达到机会平等而未实现结果公平，已达到接入平等而未实现使用平等，且推进数字政府建设仍面临数字鸿沟、路径单一等藩篱。文章指出，推进数字政府双轨制需要从以下三方面着手：分割细化政府数字化服务使用人群；建构数字政府双轨制"一体两翼"理论模型；政府应向数字贫民提供可供选择的基本公共数字服务。

陈德顺、李开在《空间再造视野下乡村治理的理论逻辑与实践路径——基于对M村的调查分析》（《思想战线》2022年第6期）一文中从物质空间、社会空间、文化空间和生计空间四个维度出发，以个案研究为基础，直面当前乡村治理中面临的困境和问题，通过考察一个典型村落——M村通过人居环境整治、社会关系调节、文化产业振兴和生计模式重塑等方面的治道变革，进而实现华丽蜕变的经验，检视了空间再造理论的适应性，为乡村振兴背景下农村社区发展与治理提供一种可资借鉴的实践路径。

六、公共政策研究

陈鲁雁、吴童在《柔性政策动员：乡村治理中农户参与的实现机制——以独龙江乡草果产业为例》（《云南民族大学学报（哲学社会科学版）》2022年第3期）一文中指出，如何对政策目标对象进行有效动员，是当前基层治理现代化建设过程中必须面对的议题。结合个案分析与"柔性治理"理论，文章认为，柔性政策动员的目标是实现农户的自主参与，基础是多元主体构成的行动网络，核心是动员策略的非强制性。独龙江乡的实践表明，在较弱执行压力与较强运作阻力的情境下，动员主体的强干预特性受到约束。动员主体通过多元话语共意与互动关系软化实现柔性政策动员，进而在现实层面为实现乡村有效治理提供一种可能。

夏文贵、霍文玲在《中国的边民政策：从碎片化转向体系化》（《广西民族研究》2022年第2期）一文中指出，当代中国的边民政策是在国家发展中逐渐形成的。但由于已有边民政策并不是从国家边境治理的宏观设计来构建的，通常是以具体问题为指向，并分解到不同政策领域的形式来展开的，由此造成其在政策目标、政策内容、政策对象、政策执行等方面的碎片化特征。今天这种碎片化的边民政策已不能有效适应边境治理的新形势和新要求。相应地推进边民政策的体系化转向，构建形成以边民居边发展和守边固边为统领的体系化边民政策就成为必然选择。

何瓦特、唐家斌在《农村环境政策"空转"及其矫正——基于模糊—冲突的分析框架》（《云南大学学报（社会科学版）》2022年第1期）一文中指出，农村生态环境政策执行主体受到政策目标与责任分工模糊的影响，执行动力有强有弱，在执行过程中，地方政府在职能设置、政策工具的冲突影响下，部门之间的协调成效有大有小。执行力与利益协调的结果影响执行客体的配合情况，产生农村环境政策执行不同的作用反馈机制。相对良好的反馈机制是强执行力与协调顺畅的执行过程相结合的结果，也是政策得以有效落实的检验标准，而执行力不足与执行过程协调困难则导致了农村环境政策执行在一定程度上呈现"空转"的状态。

七、比较政治学研究

何阳、高小平在《国家治理中的第三次分配：美国镜鉴与中国道路》（《河海大学学报（哲学社会科学版）》2022年第6期）一文中指出，美国第三次分配建构起了弱政府—大社会实践模式，隐藏在工具理性外衣下的阶级理性是美国第三次分配的失败教训，在阶级理性思维影响下，社会"私"的方面被放大。中国第三次分配是先富带动后富、助推共同富裕的实现方式，它深嵌到中国式现代化进程中。中国第三次分配不能照搬美国模式，需要在充分吸收工具理性和摒弃阶级理性的经验教训基础上，增强第三次分配主体规范性，加大第三次分配激励力度，完善第三次分配监管体系，持续并高度关注贫困人群。

（执笔：袁明旭　王超品）

法学

2022年，云南法学研究集中体现在基础法学、分类法学、新兴领域法学等方面的重要前沿问题。从专业分布来看，刑法学、诉讼法与司法制度、边疆治理法治化是2022年云南法学学者关注的重点领域，这些方面的研究成果不仅具有量的多元，还具备质的探索与突破，有着不断开拓进取的鲜明特点。本文综述不同的学术观点，以展现2022年云南法学研究的状况。

一、基础法学

2022年，云南基础法学研究主要包括法理与中国法制史、宪法与行政法学两个方面。

（一）法理与中国法制史研究

胡兴东《中道：传统司法制度中正向原则与补救原则的形成及实践》（《河南财经政法大学学报》2022年第6期）一文认为，中国古代司法制度经过两千多年的实践演变，形成了内容丰富的知识体系，其中很多司法原则体现出高度的实践理性智慧，让中国古代司法制度在价值取向上获得一种内在的"自洽"，形成了具有中国文化语境特质的司法文明。其中，"中"或"中道"司法原则成为中国古代特别是宋朝以后最具影响的基础性司法原则。在"中道"司法原则影响下，司法在发展中形成了一些相互制约的互补性司法原则，其中具有补救功能的司法原则对具有正向功能的司法原则产生了一种平衡作用，保证了国家司法在"中道"价值下有效运行。"中道"作为中国古代司法制度中的基本价值原则，在传统司法制度中对克制和消除某些正向司法原则导致的"非正义"司法产品具有积极的补救作用，并在司法活动中促使补救司法原则的形成。正向和补救司法原则是中国传统司法知识体系的重要组成部分，让中国古代司法在整体上实现了一种价值中道取向。在这种司法制度中，最具代表性的司法原则有"五服制"与"舍服取义"、"情理"与"非理"两组。它们在司法运行中构成了相互补救关系，制约着任何一方走向极端。中国古代正向司法原则的内在价值主要是基于"有别"的"礼"，补救司法原则的内在价值主要是基于"得其宜"的"义"。而"礼"和"义"构成了中国古代司法制度价值体系上的两块基石。

何永军《法律实证研究的目的、要素与类型》（《地方立法研究》2022年第5期）一文指出，实证研究的异军突起是近年来国内法学研究中较为引人注目的事件，在肯定其成绩的同时，也必须正视其内外的纷争和质疑，理性地对待其存在的问题。鉴于目标明确、要素完备、方法得当、行文规范的典范性法律实证研究案例目前仍不多见，因此，还有加强基础理论研究的必要，而这需要从厘清其核心范畴开始。实证研究的目的，包括提供对策验证理论和创造理论。一项完备的法律实证研究，应当包含问题、方法、数据和理论等诸要素。法律实证研究包含定量和定性两种基本类型，每种类型下面又包含若干具体的研究方法，它们在本体论、认识论和方法论上均存在差别，并且各具优缺点。因此，试图对法律实证研究的特点进行简约式的归纳和概括的做法并不明智。面对纷繁复杂的法律世界，理性的选择是让各种实证研究方法互相补充，充分发挥各自的优势。

徐清、韩成龙《"习近平法治思想概论"教学实践的探索与思考》（《中国大学教学》2022年第7期）一文指出，"习近平法治思想概论"教学，是在习近平法治思想指导下对原有法学课程体系优化后的课程安排。教学变革越深入推进越需要理论指导、学理研究和经验总结。为此，法学界围绕"对习近平法治思想深入开展学理化阐释、学术化表达、体系化构建"这一主要目标，产出了一批高质量的研究成果，呈现出以下两种具有代表性的研究路径。"理论阐释"是一种奠基性的研究路径，如有学者对习近平法治思想提出的时代背景、重大意义、核心要义和实践要求进行了系统的学理梳理和阐述；在此基础上对习近平法治思想研究中的关键问题和分歧问题进行探讨。习近平法治思想与法治人才教育培养的"理论—实践"路径同样成果丰富：如有学者不仅从宏观的价值论层面，深刻论述了习近平法治思想对法治人才培养之思想引领的铸魂定向之功，同时亦有针对微观的教学实践问题，对如何基于教材，讲好"习近平法治思想概论"，在教学目标、内容、方法等重点问题上提出了具体的指导意见。如何讲好这门课，是法学教育工作者面临的紧迫课题。文章从学生需求视角出发，对习近平法治思想在本科教学中的实践过程进行参与观察和实证研究。教学实践发现，参与课程的法学新生呈现出"初学者"、"探知者"和"追问者"的三重特性。在"1+2+3+X"的教学主线下，通过"自主探究理论命题"、"同行者助教传帮带"和"注重内心认同"的教学方式，回应了学生"德法兼修"的需求。教学的全过程应当以学生为中心，关注学生需求，才能弥合教学供给与需求之间的差距。以此为探索如何以习近平法治思想创新法治人才培养机制提供理论路径和实践参考。

（二）宪法与行政法学研究

杨临宏《编纂中国特色行政法典的基本理念与路径选择》（《学术探索》2022年第6期）一文指出，受《中华人民共和国民法典》出台给国家法治建设带来的巨大正能量的鼓舞及其编纂经验的启示，国内学术界倡导制定行政法典的声音日渐增强，响应的学者日渐增多，主张制定行政法典的声音已经成为行政法学界的主流。在此背景下，是否意味着制定行政法典就是水到渠成之事；制定行政法典还有多少等待学者翻越的"山丘"；在翻越"山丘"时应当采用什么样的策略、如何设计技术路线；越过"山丘"后应当如何确定合理的立法边界、选择什么样的立法模式……都是必须事先充分考量并作出谋划的问题。文章着重提出编纂行政法典可能面临的难题，并尽力提出可能的解决方案。作者认为通过编纂行政法典促进依法行政，建设法治政府，已经为越来越多的学者所认同。但应当如何编纂、编纂成什么样等问题还处于探讨阶段，需要革新传统行政法观念，形成理论共识。尽快编纂体现新时代良法善治精神的中国特色行政法典需要改变行政法没有统一法典的传统观念，在主要问题上达成基本共识，选择"行政法总法典+分法典"模式，制定好战略方针，规划好编纂路线，明确时间表，积极有效稳步推进。

茶春雷《〈民族区域自治法〉"序言"的规范实施》（《云南社会科学》2022年第2期）一文认为，《民族区域自治法》是中国少数几部规定了"序言"的法律之一。作为法律文本的重要组成部分，《民族区域自治法》的"序言"规定了关乎国家重要事项未来目标和规划的内容，涉及国家和民族自治地方自治机关的许多重要职责，赋予义务主体逐步完善实施民族区域自治制度的规范性因素。因而，"序言"有必要加以积极实施。然而，《民族区域自治法》是主要规定"目标规范"的"行政执法导向的法律"的组成部分，其"序言"的实施无法通过司法路径来获得实现，而是需要遵循"行政执法导向的法律"的实施路径，通过下位阶立法机关和行政执法部门去层层细化和落实上位阶法律的规定的方式加以实施。

戴洪锐《数字化视野下公共信用治理优化探析》（《云南民族大学学报（哲学社会科学版）》2022年第5期）一文认为，公共信用建设是经济、社会数字化背景下政府在市场监管和社会治理上的创新，在数字技术赋能下展现出建构制度信任、提升执法效能、推动法律规制模式前移的治理价值。但实践中也出现"数字技术+信用法治"良性互动关系未建立、公共信用基础设施薄弱掣肘制度效能发挥、治理中权益保护不足等问题。公共信用治理的优化，须深度融合技术支撑与法治保障：从原则上，一要重构数字技术与信用法治的关系，二要平衡信用权力与信用权益；在路径上，须围绕公共信用治理的目标位阶分步展开，一方面要不断提升政府的公共信用治理能力以改善执法效果，另一方面应嵌入"信用大数据归集—算法及信用评价—信用权益救济"全过程回应信用权益保护需求。

二、分类法学

2022年，云南分类法学研究主要涉及刑法学、民商法学、经济法学、国际法学及诉讼法学五个方面。

（一）刑法学研究

高巍《国家符号的刑法保护》（《中国法学》2022年第1期）一文认为，国家符号是一种特定的符号类型，可表现为文字、图案、人物形象等形式。国家符号附着于物质载体而存在，兼具社会事实属性和规范属性。社会事实属性表现为客观性、外在性、普遍性；规范属性可从重要性、积极性、法定性三个方面进行判断。国家符号的社会事实结构形成于前国家的人与人的合作关系，并参与了国家的形成和运行条件的形塑，因此，侵害国家符号犯罪的保护法益为国家运行条件。国家运行条件是一种集体法益，对其刑法保护的范围受到两个方面的限制：一为基本权利的限制；二为最后手段性的限制。在国家符号犯罪的具体解释上，首先，应当恪守刑法条文的文义边界，准确界定条文文义；其次，在文义边界之内，可对侵害国家符号的不同犯罪类型进行目的性限缩。目的性限缩可从公共性、主观要素、行为方式三个方面展开。

王昭武《不法原因给付对于认定财产犯罪的意义》（《法学》2022年第12期）一文分析了不法原因给付制度的法律效果及其适用例外，认为不法原因给付是指基于违反强制性法规或公序良俗的原因而为的给付。各国民法大多规定，因不法原因而给付财物的，不得请求返还，给付物之所有权亦归属于受领人。按照有关法秩序统一性的"违法判断相对性"的判断理念，对于不受民事法律保护的不法原因给付物，刑法一般不能认定成立财产犯罪；按照有关财产罪之保护法益的"法律·经济的财产说"，不法原因给付物亦不属于财产犯罪中的财产。因此，只要不符合不法原因给付制度的但书规定即"不法原因仅存在于受益人一方"，侵占或者骗取不法原因给付物的行为，原则上不能成立侵占罪或者诈骗罪。骗取不法原因给付物的情形相对复杂，尽管"逃避非法债务的情形"因非法债务不能被评价为财产犯罪中的财产而不成立诈骗罪，但在"谎称进行不法交易而骗取财物的情形"与"让对方承担无效债务的情形"下，由于是受领人创造了不法原因，可以通过适用但书规定，肯定成立诈骗罪。

吴沛泽《网络犯罪参与行为性质的界定——最小从属性说的提倡与运用》（《云南社会科学》2022年第3期）一文指出，随着网络信息技术的发展，刑事立法对网络犯罪进行了特别的规制。随之而来的便是学界对于网络犯罪参与行为性质的界定。共犯正犯化抑或实质共犯论的观点并不可取，该观点不仅动摇了共犯参与理论的根基，而且有扩张处罚范围之嫌，不利于实现刑法保障人权的基本原则。对于网络共犯的异变，坚持传统共犯身份认定模式，将网络犯罪参与行为认定为狭义的共犯既能正确解读刑法总则与分则中的相关规定，又能对刑法理论与司法实践做出有效回应。坚持共犯从属性是解决网络犯罪参与行为的基本前提。鉴于网络犯罪主体间的特殊性，将最小从属性说作为基本法理更为妥当，即只要正犯实施了符合构成要件的行为，网络帮助行为即可成立，而并不以正犯具备违法性为必需。量刑环节中，应判断网络犯罪各参与人当属主犯或是从犯。通过以最小从属性说为理论基础的身份认定与以共犯双层区分制度为立论前提的合理量刑是解决网络犯罪相关难题的理性之举。

（二）民商法学研究

张剑源《离婚是否真的需要冷静——对〈民法典〉第 1077 条的法理讨论》（《法学家》2022 年第 3 期）一文认为，"冷静期"并非婚姻家庭法首创的制度，更不是《中华人民共和国民法典》（以下简称《民法典》）首创的制度。文章围绕《民法典》第 1077 条有关"离婚冷静期"的规定所引起的相关争议进行梳理和讨论，进一步分析和明确争议焦点，并在此基础上对"离婚冷静期"之规定进行法理层面的分析和讨论。与学界以往仅将《民法典》第 1077 条有关"离婚冷静期"的规定看作对个人自由之限制的观点不同，规范层面的分析表明，"离婚冷静期"制度是一种既不同于对离婚径直加以干预，也不同于对个人意愿完全放任的特殊制度，具有整体性和公共性的特质。这一制度除了具有维护婚姻家庭稳定的目标，同时也在整体意义上蕴含遵循婚姻自由原则、保护个体权利的目标预设。"离婚冷静期"制度在引导当事人进行多样态选择、回应社会需求方面有一定的意义，能因应离婚问题之本质和规范目标。相较来说，由于缺乏与其他机制的有效衔接，个体权利保护目标往往被忽视。从立法和法律实施的整体入手，促进相关机制的有效衔接和配合，对于在"离婚冷静期"内更好地保护个体权利具有重要意义。重述法律由事物本质决定的原则，以及秉持整体性视角，有助于准确把握法律设计的本意和法律实施的效果，同时也有助于更好地理解法律与社会互动的真切面向。

王昭武《法秩序统一性视角下的不法原因给付》（《华东政法大学学报》2022 年第 2 期）一文探讨了不法原因给付能否阻却财产犯罪的成立。作者认为，不法原因给付是指基于违反强制性法规或公序良俗的原因而为的给付。各国民法大多规定，因不法原因而给付财物的，不得请求返还。受领人侵占或者骗取该给付物的，是否成立财产犯罪，取决于如何理解法秩序统一性。法秩序统一性原理是处理不同法域之间的矛盾的基本规则。对于不同法域之间的违法性判断，应采取缓和的违法一元论，以违法统一性为基础进行违法的相对性判断。就不法原因给付而言，由于给付物的所有权已经转移至受领人，不再是"他人之物"，侵占该给付物的行为就不具有民事违法性，因而按照缓和的违法一元论，只要不符合"但书"规定即"不法原因仅存在于受益人一方"，就不成立侵占罪等财产犯罪。

牟奕霖《民法典中的公权力规范及与私权利的关系》（《西南民族大学学报（人文社会科学版）》2022 年第 2 期）一文认为，公权在本质上属于私权的另一种表达。当代法律结构中公法与私法的交汇与融合，以及公权介入私权领域对私权顺利行使所具有的促进作用等，成为私法中公权规范引入的基本依据和制度基础。在现行民法典中公权规范主要体现在宪法目标条款的引入、国家及专门机关对平等民事主体民事权益的保护和合法限制等方面。由于民法典自身私法属性的制约以及公权介入的目的在于增进私权的实现，民法典中公权的介入存在必要的限度。从更为积极的角度理顺民法典中私权与公权的内在关系，消除两者的内在冲突和矛盾，需要在民法典与其他法律规范互动的层面上实现公权与私权的有效衔接。

（三）经济法学研究

刘红春《人类命运共同体视野下中资企业南亚直接投资保护》（《南亚研究》2022 年第 3 期）一文认为，境外直接投资保护是人类命运共同体构建的重要路径之一，根据人类命运共同体构建的需要以及国际形势变化科学制定境外直接投资保护制度至关重要。近年来中资企业南亚地区的一些海外投资项目失利反映出投资保护实践成效不够理想，其中一个重要症结在于当前境外直接投资保护制度的内生结构性短板的本源性。从宪法中确立的人类命运共同体理念可知，中资企业南亚直接投资活动的内核是"投资自由"这一基本权利。文章建议在中资企业与国家之间构建起一种以"基本权利—国家义务"为核心的宪法结构模式并从中解构中资企业南亚直接投资的国家保护义务，通过法治化定位来处理国家与中资企业之间的关系，为境外直接投资的制度设计提供有效的合宪性指引与评价，积极建构"立法+行政+司法"协同合作的以制度性保障为基础，贯穿事前—预防、事中—排除、事后—救济全过程的投资保护体系，回应中资企业南亚投资保护的诉求，夯实境外直接投资法治保护的基石，妥善化解旧全球化的掣肘，寻求后疫情时代及国际投资格局与秩序巨变中的中资企业海外投资推动人类命运共同体构建的法治路径。

赵忠龙《股东出资义务加速到期的法律续造问题》（《中国政法大学学报》2022年第4期）一文通过实证研究"股东出资义务加速到期"的裁判样本，发现无论是"否定说"还是"肯定说"都存在不同程度的法律续造规则和方法的缺失，并可以初步类型化为：混淆"法教义学"与"法政策学"、价值判断缺失和以"民事裁判"替代"商事裁判"。股东期限利益与保护公司债权人的价值判断，不仅需要考虑公司股东与外部债权人的利益衡量，还需要考量整体主义的法秩序理念。法律续造的可能路径应当基于公司法本身的体系展开，同时顾及法律交往的需要连接"规范"与"事实"，体系化地厘清社团责任与个体责任，制衡违反诚信义务的行为，协调公司法与其他法律的适用。法律续造理论的发展有助于更好设计、评估和验证法律文本的修订。

杨静、文家春《"目标—结构—行动"框架下创新共同体知识产权集群管理机制建构》（《科技管理研究》2022年第4期）一文针对我国创新共同体知识产权治理存在"悬浮"与"空心化"的问题，探讨创新共同体知识产权治理中异质性主体知识产权治理结构的布局以及各方利益的合理分配，为应对合作创新中知识产权控制与开放的双重挑战、提升聚合主体知识产权治理效能提供解决方案。基于整体治理理论构建"目标—结构—行动"分析框架，对创新共同体知识产权集群管理进行功能目标设定、权力结构配置和行动方式规划，以明晰知识产权集群管理的嵌入方式。分析认为，创新共同体知识产权集群管理可采用"一体两翼"的管理结构架构布局，着眼于"合作—分享"（促进知识流动）与"信任—控制"（强化组织韧性）机制构建和具体目标确定，共同体不同组成部分基于各自的职能分工采取不同的行动方案，共同服务于总体目标实现。

（四）国际法学研究

黄贵《RCEP数据本土化的禁止性规范及其例外条款》（《国际经济法学刊》2022年第3期）一文指出，通过区域性经贸协定禁止数据本土化，是解决当前WTO法律框架体系相关规范及判例缺位的重要途径。建立在CPTPP框架基础之上的RCEP的第12章第14条第2款和第15条第2款原则上禁止缔约国实行数据本土化，但也设置了排除禁止性规范适用的例外情形。数据本土化禁止性规范的例外条款是指"合法公共政策目的"条款、"平行"条款和"基本安全利益"条款。然而，当前并没有任何一个国际协定准确界定前述例外条款的含义和厘定其适用范围。WTO的相关判例主张，对它们含义的界定不能"一刀切"，而应该将其放置于缔约国的国情和制度层面进行事实性的评价和判断。"反歧视"规范和"反变相限制"规范构成的合法公共政策目的的"反规避性条款"，是防止"合法公共政策目的"条款被滥用的重要工具，对两者的评价应该回归到对相应具体措施目的的实质性分析，厘清其与"合法公共政策目的"是否存在实质性关联、是否相悖。

王宏军《老挝外资准入法律制度体系研究》（《学术探索》2022年第6期）一文指出，老挝外资准入法律制度体系主要由企业制度、行业制度以及审批制度构成。企业制度层面，《企业法》规定了三种投资方式和三种企业类型；行业制度层面，《投资促进法》将投资行业分为一般类和特许类，其中非受管控的一般类行业适用自动渠道，即不需要事先审批而直接进行工商登记；审批制度层面，主要指特许类和受管控的一般类行业，需要先经过投资促进监督委员会的审批再进行工商登记。老挝外资准入立法透明度不高、立法空白较多，但相关国际法弥补了其国内立法的不足，革新开放的政治决心弥补了法治的不足。中国企业向老挝投资，需要充分了解当地法律，做到合规投资、合规经营，在投资过程中还需要注意引入规则和标准以及承担社会责任。

（五）诉讼法学研究

程龙《公民扭送的体系定位与规范展开》（《法学杂志》2022年第6期）一文认为，公民扭送作为刑事诉讼法上的"隐秘角落"，存在体系定位、实体法正当性论证和具体适用等方面的问题。从宏观的体系定位上看，现有强制措施说与非强制措施说均有缺陷，公民扭送应定位于国家追诉权力辅助和补充的公民紧急抓捕权，在刑事诉讼中具有制度独立性。从中观的实体法正当性论证上看，扭送所造成的侵害可以在刑法上被正当化。公民扭送与正当防卫存在交叉重叠关系，但二者仍有明显区别，应细致甄别以求得正确的处理。从微观的具体适用上看，公民扭送有四项基本条件：对象条件、主观条件、时间与目的地条件和限度条件。其中，公民扭送的限度条件应比正当防卫更为严格，可以区别不同扭送对象进行扭送限度的分类判断。还需审慎判断实务中的使用武器扭送、驾车追赶和入室扭送的限度问题。程龙还在《论大数据证据质证的形式化及其实质化路径》（《政治与法律》2022年第5期）一文中探讨了大数据证据质证的形式化问题。他认为，如何确保大数据证据的质证活动不流于形式和空谈，成为司法实务中亟须解决的关键问题。实践中，大数据证据直接运用偏少但采纳率高，基本上是对其衍生品具体结论的质证，预测性警务生成的大数据证据被用于定罪证明，质证与说理方式传统且单一。同时，大数据证据的直接运用存在"数据倾倒"的危险，而其间接运用则存在"黑箱效应"的困境。"间接质证"问题突出，司法审查中存在"数据独裁"与"证据偏在"倾向。这些质证形式化问题的形成，在刑事诉讼质证模式的传统分析维度上，主要与诉讼质证形式化、交叉询问缺失以及庭前阅卷制度缺陷相关；在"大数据时代"刑事诉讼嬗变的现代分析维度上，主要与大数据时代司法裁判思维的变迁、大数据相关性论证取代因果性论证、对被追诉人数据权利保障不足、控辩平等严重失衡以及大数据的预测性警务运用与刑事法基本原则的抵触相关。未来须从被追诉人权利保障、裁判规则、质证思路等三个方面进行完善，以确保大数据证据质证的实质化。

牟奕霖《我国案例规则的地方性及其溢出效应》（《思想战线》2022年第5期）一文指出，从司法实践来看，我国指导性案例的推行并未产生预期效果。从中反映出作为统一性法律规范一部分的案例规则，存在产生依据不充分、本身结构性缺陷及与司法固有规律不适应等诸多问题。从实践性法律规则推行的可接受性和实际有效性的角度分析，将我国法院案例规则确定为一种地方性案例规则，符合对规则本源性、实践生成规律、案例规则适当定位，以及法律实施所具有的促进功能等基本问题的认识。然而，案例规则的地方性亦是案例规则发展的一个典型阶段特性，而不是案例规则的最终样态。地方性案例规则经由实践检验而提炼出的法律原则和规范，可发展为示范性和指导性案例规则，并被抽象司法解释所吸收，从而体现其作为法律体系功能构建重要一环所具有的溢出效应。

张剑源《司法实践中后果考量的证立与规范》（《四川大学学报（哲学社会科学版）》2022年第4期）一文系统梳理了我国法学界有关司法实践中关于"后果"的研究，指出我国已就法官是否关注后果、法官关注什么样的后果等问题产出了非常多的成果。然而，后果考量在司法实践中的地位等关键性问题，还存在较大争议。比如，持否定观点的学者认为，后果主义裁判在大多数时候虽然采用了"依法裁判"的外在形式，但却掩饰不住对案件起根本决定性作用的法外因素，这不仅动摇了司法裁判的合法性，也危及形式法治。作者认为，由于与英美和欧陆国家的司法传统与司法实践均存在较大差异，所以在中国讨论后果与后果考量问题时，必须以中国的司法实践为基础。一方面，后果考量基于规范，受规范约束，因此，切不可离开规范而言后果；另一方面，后果考量与传统法律方法互为补充，一起在司法实践的不同面向发挥作用，共同形构出整全的司法过程，是人民法院多样性职能的具体体现。"规范"和"职能"视角的分析展现了后果考量生发和运作的具体情境及其制度属性，也证明了单纯从形式角度认识后果考量的不足。当然，正因为后果考量与"规范"和"职能"密切相关，因此，法官必须在规范和职能范围内进行后果考量，后果考量的作用方式必须得到严格框定，以促使其更好地发挥应有作用。

于涛、刘新星《小额诉讼程序改革的法理审视与制度完善》（《云南民族大学学报（哲学社会科学版）》2022年第4期）一文指出，我国现阶段小额诉讼程序的实践运作，还无法真正实现案件分流、缓解司法资源紧张、使普通民众获得高效率低成本定纷止争渠道的期许，究其原因是其在经历了"从无到有"的制度创设后，正在迎来相关救济机制和配套规制的设计讨论。从理性主义、个人主义的角度出发探讨上诉权限制的正当性，再从宪法学解释的角度出发归纳分析，为小额诉讼程序的完善奠定法理基础，通过对当前小额诉讼程序实践改革情况的分析，提出构建专项救济流程和异步审理模式的衔接适用，引入大数据、人工智能等新兴技术手段，推动小额诉讼程序改革的进一步发展，将成为完善小额诉讼程序适用的有力探索。

简琨益、杨乐《认罪认罚从宽制度中量刑建议的风险及其控制》（《学术探索》2022年第12期）一文指出，认罪认罚从宽制度的量刑建议是检察机关诉讼监督权的重要组成部分，具有刚性监督内涵。法官对于量刑建议仅限于自愿性、真实性与合法性的审查，原则上不能基于直觉对已经达成的量刑建议进行随意调整。实践中控辩审三方基于自我立场考量可能使形成量刑意见的量刑协商走向风险。为避免这种风险，需要对商谈型量刑的方式进行提倡，控辩双方均应受到信用原则约束，对简化审判程序提供保障。

伊舟《民事缺席判决异议救济制度研究——兼论美国缺席判决撤销制度》（《社会科学家》2022年第5期）一文认为，我国《民事诉讼法》并未针对缺席判决设置特殊的救济途径，若当事人不服判决，只能通过上诉或再审的方式维护自己的合法权益，同时司法实践中存在救济不周全、程序烦琐、效率低下的问题。现有理论研究缺乏对异议救济必要性与可行性的分析论证。《美国联邦民事规则》第55条和第60条为缺席判决撤销制度提供了原则性指导，并通过判例创设了"影响因素平衡测试法"，就法院自由裁量权行使作出了有益的指导及必要的约束，保障了救济手段的合理性、及时性以及必要性。在解析美国缺席判决撤销规则的基础之上，我国缺席判决异议救济制度应当对异议救济理由进行要素分析，并进一步明确异议救济的申请理由和审理程序。

三、新兴领域法学

（一）法伦理学研究

杨茜茜、唐淑臣、印波《法律伦理研究：路向何方——首届法律伦理论坛会议综述》（许身健主编《法律职业伦理论丛（第五卷）》中国政法大学出版社2022年版）一文指出，法律伦理学研究的是人类法律活动中的道德现象，回答的是法律活动中的善与应当问题。当我们在概念、规范、应用、角色伦理层面讨论法伦理学问题时，任何一个重大的、基本的法律问题，任何一个重大的、基本的社会问题，都缺少不了伦理学的观照，都缺少不了法学和伦理学的共同观照。2021年5月29日，中国伦理学会法律伦理专业委员会成立大会暨首届法律伦理论坛在北京举行，北京师范大学副校长涂清云、北京师范大学刑事法律研究院院长张远煌、中央民族大学法学院院长韩轶、中国人民大学伦理学与道德建设研究中心主任曹刚等来自全国各大高校、司法机关、律师事务所和企业界的百余名代表出席了会议。在首届法律伦理论坛上，学界和实务界就企业合规文化与商业伦理建设、法律伦理的理论与实践、法律职业伦理前沿问题、律师职业伦理、法律职业伦理教育与教学五大主题展开讨论。

(二) 环境法学研究

王曦、刘志和《中央生态环保督察下基层环境执法的现状与优化——以T企业为例》(《环境保护》2022年第18期) 一文指出，中共十八大以来，我国制定并实施了60多项生态文明方面的改革方案，全面实施"史上最严"环保法，生态文明制度体系"四梁八柱"基本建立。习近平总书记强调："只有实行最严格的制度、最严密的法治，才能为生态文明建设提供可靠保障。"近年来的实践表明，生态环保督察制度建得及时、执行有力，督察中敢于动真格，不怕得罪人，咬住问题不放松，成为推动落实生态环境保护责任的硬招、实招，得到人民群众的广泛认可。作者从T企业存在的环保问题出发，探讨了中央生态环保督察下基层环境执法的现状，认为2015年以来，中央环保督察制度在环境治理中发挥着愈发显著的督政功能。文章以云南省一企业为例，企业所在市生态环境行政机关面对中央生态环保督察自上而下的层层压力，在环境执法中既存在亮眼之举，又存在不当之处。地方政府执法规制过度、行政行为合理性欠缺、缺乏执行激励机制的问题有待完善。规范地方政府行政规制尤为重要，其中，地方立法质量的提升和依法决策是规范环境执法的关键，重视行政复议是倒逼依法行政的长远之举。

(执笔：杨茜茜)

国际问题研究

一、"一带一路"倡议及经济走廊建设研究

在"一带一路"倡议研究领域，2022年云南学者持续关注国家"一带一路"倡议，在以往研究的基础上，聚焦党的二十大精神，运用数据分析、模型建构等研究方法从经济体制改革、金融投资、工业经济、国际政治、交通运输经济等新的视角对"一带一路"建设的相关问题进行了思考和探讨。

在出版著作方面，罗圣荣编著的《"一带一路"与中国—东盟互联互通》（云南大学出版社2022年版）一书指出，当前形势下加强中国—东盟互联互通的政治、经济与安全意义重大。该书从东盟、中国、中国—东盟三个层面解读了中国—东盟互联互通的相关规划；着重分析中国—东盟在物理连接、机制对接、人文交流三个领域的发展现状；从政策、设施、贸易、资金、民心的层面深入分析中国—东盟互联互通面临的主要问题；并针对中国—东盟互联互通面临的挑战，提出有针对性的对策。

许庆红等著的《中国与湄公河五国民心相通研究》（中国社会科学出版社2022年版）一书指出，如何在澜湄合作良好的民众基础之上，更好地增强六国民众的"澜湄认同感"，是打造澜湄流域经济发展带、建设澜湄国家命运共同体的重要课题。该书根据2018—2019年海外中国企业与员工调查（OCESS）结果，从中资企业东道国员工视角，对中国与湄公河五国的民心相通状况进行系统分析。依据ABC态度理论模型构建民心相通指标体系，包括湄公河五国中资企业东道国员工对中国及中国人的认知、情感及行为倾向三个维度。从上述三个维度出发，依次考察缅甸、老挝、柬埔寨、泰国、越南不同类型的中资企业员工对中国新闻、中国产品及品牌的认知程度、对自身与中国人社会距离和中国影响力的评价，以及在与中国人交友和中国文化产品消费方面的行为倾向。对推进中国与湄公河各国民心相通的重点领域和合作方向提出政策建议。

在论文发表方面，郭树华、王玺、郭天一在《"一带一路"对沿边地区空间演化的政策效应研究》（《华东经济管理》2022年第9期）一文中基于"中心—外围"模型，构建综合评价指标体系，利用耦合协调度指数测量"一带一路"倡议实施前后（2009—2019年）我国9个沿边省份空间格局演变情况。研究发现：除西藏外，"一带一路"倡议对8个省份的政策效应是显而易见的，对东北三省影响最为强烈，广西、内蒙古和新疆受到的政策效应相对较小，甘肃、云南的政策效应还有待于进一步观察；沿边地区空间演化总体情况符合钟状曲线的演变规律；各地区两个维度的开放水平、面临的国际经济环境及各自的制度环境是造成政策效应异质性的主要原因。据此，该文提出相关政策建议。

何丹、李承桦在《东道国金融开放度对中国对外直接投资的影响——基于"一带一路"沿线国家的经验证据》（《商场现代化》2022年第14期）一文中，运用2008—2020年中国对46个"一带一路"共建国家的直接投资数据，基于固定效应模型从投资动机的视角实证研究了东道国金融开放度对中国对外直接投资（OFDI）的影响。研究发现，共建国家的金融开放度对中国OFDI有显著的正向效应。当基于具体的动机开展投资活动时，东道国金融开放度与中国OFDI呈现出不同的相关性：基于寻求市场、自然资源和基建援助动机的OFDI，东道国金融开放度与其显著负相关；基于效率寻求动机的 OFDI，东道国金融开放度与其显著正相关。

杜林丰、李贝贝在《"一带一路"倡议能否推动我国经济高质量发展？——基于双重差分法的实证研究》（《华北金融》2022 年第 5 期）一文中运用 CRITIC 权重法测度各省份 2008 年至 2019 年经济高质量发展指数，并进一步采用双重差分法（DID）对"一带一路"倡议的政策效果进行评估。文章认为，一方面，应当通过政策指引构建更高层次、更高水平的对外开放格局，扩大"一带一路"经济圈，发挥"一带一路"倡议对国内经济高质量发展的促进作用；另一方面，也应当注重国内经济运行的各个环节，提高全社会创新能力与开放水平、注重社会生态环境保护、协调解决各类潜在问题、提高社会共享水平。

熊彬、林诗鸿在《数字贸易网络结构及影响因素——基于"一带一路"沿线国家（地区）双边贸易数据的研究》（《科技和产业》2022 年第 2 期）一文中通过社会网络分析法，分析各国之间的数字贸易联系强度，构建面板数据对影响数字贸易流量的相关因素采用固定效应模型进行分析。结果表明：目前各国的数字贸易联系较为密切，核心国家仍然以欧盟国家（地区）为主，中国和其他国家的数字贸易联系仍不强；通信网络基础设施、国家对跨境数据的管控和国家经济发展水平等因素对数字贸易均有显著影响。

梁双陆、刘英恒太在《"一带一路"与云南边缘增长中心的形成》（《边界与海洋研究》2022 年第 2 期）一文中指出，滇中城市群具有政策叠加的良好条件，有望成为"一带一路"建设中的边缘增长中心。但同时，滇中面临严重的资源型工业锁定效应，向战略性新兴产业转型升级缓慢，尚未形成区域报酬递增的源泉。滇中城市群需要在新发展格局构建中内引国内大市场，外联南亚东南亚和环印度洋地区，激活产业新动能、以开放新动能、辐射新动能，以真正成为中国的边缘增长中心，成为引领云南乃至中国西部经济高质量发展的引擎。

陈云东、樊帅在《"一带一路"基础设施投资制度供给问题与优化路径》（《印度洋经济体研究》2022 年第 1 期）一文中指出，在"一带一路"倡议引领下，"一带一路"基础设施投资的制度供给将沿着具有渐进性、包容性与互利性的内生性规则方向整合与优化路径。该路径的内容包括国际基础设施投资规则制定权在形式上的相对集中行使、基于多边主义的国际立法合作以及规则整合层次的提升。该路径的目的是缔结"一带一路"基础设施投资协定、解决"一带一路"基础设施投资制度供给存在的问题、在国际投资规则改革中融入中国声音、推进国际投资制度的发展、促进中国与共建国家在基础设施投资领域的共建共享与互利共赢。

高莹在《"一带一路"建设中的边境地区文化安全维护策略探究》（《文化创新比较研究》2022 年第 18 期）一文中认为，"一带一路"的互联互通项目将推动共建国家发展战略的对接与耦合，发掘区域内市场的潜力，促进投资和消费，创造需求和就业，增进共建国家人民的人文交流与文明互鉴。但是，在发展的过程中，边境地区的文化安全问题也逐渐凸显，如干部层面对文化安全认识不足，文化基础设施薄弱，境外势力渗透等。从长期来看，要维护好边境地区的文化安全，需要在提高边境地区干部对文化安全的认识、鼓励群众积极参加文化建设、加强边境地区文化传播能力建设、推动跨境文化交流与传承好优秀传统文化等方面做好准备。

李瑾、周君君、郭静姝在《"一带一路"建设推动面向东南亚国家人才培养的新格局及机遇研究》（《昆明冶金高等专科学校学报》2022 年第 3 期）一文中认为，在共建"一带一路"倡议的推动下，云南与周边国家在投资贸易、口岸通关、文化旅游、科教文卫等领域的务实合作日益深入，并对其人才培养格局产生了重要影响。文章以分析中国在东盟国家的投资情况为切入点，探索"一带一路"建设促进东南亚国家人才培养的新格局和新机遇，并对"地尽其利、人尽其才、互联互通"赋予的新内涵展开研究。

鲁天学、李国忠、刘又溪的《"一带一路"倡议下我国体育学研究领域可视化研究》（《大理大学学报》2022年第6期），杨皓凌、杨灿灿的《"一带一路"背景下澜湄流域体育交流与文化融通研究》（《体育视野》2022年第13期）和朱廷宇、李雨衡、鲁亮亮的《内省与开源："一带一路"下民族传统体育高质量发展实践探索研究》（《2022中国体育史年会暨第二届"一带一路"体育文化学术论坛摘要集》，2022年）等文章对体育领域进行关注，借助知识图谱绘制软件CiteSpace 5.7.R1对"一带一路"倡议下体育学研究领域的论文发文量、研究机构、研究作者及关键词进行可视化分析，旨在把握研究的基本态势。结果显示：论文发文量呈逐年增长趋势；论文的高产机构由北京体育大学、首都体育学院等机构构成，发文机构主要集中在体育类综合性高校，分析澜湄流域体育交流与文化融通的现状及问题、寻找澜湄流域体育交流与文化融通存在问题的原因、探索澜湄流域体育交流与文化融合的主要路径和应该遵循的一般规律，以期为"一带一路"澜湄流域国家命运共同体的构建提供体育学的方案。民族传统体育高质量发展亦是我国民族文化迈上新高度的时代诉求。当前，高质量发展已成为我国政治、经济、文化迈向新时代的主题和方向。

方天建、陈晓东在《"一带一路"建设视野下的缅甸佤邦华文教育发展困境》（《昆明冶金高等专科学校学报》2022年第3期）一文中指出，20世纪90年代佤邦联合党主政后，进一步通过官方的形式助推了华文教育的持续性发展，最终使其成为缅北地区发展华文教育的主要阵地之一。然则，目前华文教育在缅甸佤邦的发展过程中，面临办学资源、师资缺乏和中高等教育稀缺三大瓶颈问题，在长久性发展和进一步助推中缅"一带一路"建设方面，明显后发力不足，无法满足"一带一路"建设中的高层次本土华文教育人才培养需求。基于此，文章采用文献法，全面梳理了缅甸佤邦华文教育发展的特征及其困境问题，并分析其潜在的影响性，以便于国内外对缅甸佤邦华文教育的发展问题有较为全面的理性认识。

黄雪茹、张宁在《"一带一路"视野下缅籍来华务工人员职业教育培训研究——基于云南省瑞丽市的实地调查》（《云南开放大学学报》2022年第2期）一文中认为，云南省缅籍务工人员的聚集是"一带一路"倡议下跨国劳动力自然流动的重要形式。然而如何通过职业教育培训助力缅籍务工人员的文化适应却缺乏相关研究。因此，文章立足于进入云南省瑞丽市的缅籍务工人员群体探讨职业教育培训和跨文化适应问题，分析缅籍务工人员的文化适应现状和职业教育培训中存在的问题，提出能够促进其实现文化适应的职业教育培训政策改进措施。文章认为，针对缅籍务工人员职业教育培训政策改进应该落实在如下方面：培训与就业的结合，完善教育培训内部机制；开展多层次有针对性的职业培训；尊重多元和差异，注重人文关怀与心理疏导；加强政府、社会和企业的三方协作。

刘艳在《"一带一路"倡议下中国绿色食品产业供应链发展路径研究》（《云南社会科学》2022年第4期）一文中认为，加快中国绿色食品产业供应链高效率发展，事关国内国际双循环构建，事关共建国家的民生福祉，事关"一带一路"命运共同体构建。"一带一路"倡议下中国绿色食品产业供应链在面临许多新机遇的同时也存在一些困难，如新冠疫情对供应链造成的巨大影响难以在短时间内消除、绿色食品质量有待提高、供应链的基础支撑不够、信息不对称导致交易成本过高、"链主"企业发展滞后、与发达国家的食品安全标准体系存在差距等。文章建议：从供应链模式重构入手，突出食品安全标准体系建设、促进政策沟通、维护贸易畅通、加强海关合作等保障重点；夯实供应链发展基础，包括推进流通市场和农业开放合作试验区建设、鼓励有效投资、构建智慧供应链服务平台等；完善发展合作机制，构建合作平台，积极利用多边合作机制，提升对外开放合作水平。

在经济走廊建设研究领域，云南学者聚焦中南半岛经济走廊、孟中印缅经济走廊、中缅经济走廊、中老经济走廊，以全方位网络构建为视角，对疫情影响下的经济走廊建设提出思考和建议。同时，云南学界从不同学科角度切入澜湄合作研究，以创新合作共识、优化合作领域为抓手，为中国国际合作的多元化提供参考路径。

在中南半岛经济走廊研究方面，王露露在《要素禀赋对中国—中南半岛经济走廊生产网络的影响》（《长春金融高等专科学校学报》2022 年第 5 期）一文中通过计算零部件贸易的进出口量来衡量中国—中南半岛经济走廊的生产网络，同时测度 2001—2019 年中国—中南半岛经济走廊国家的劳动禀赋、资本禀赋、技术禀赋以及自然资源禀赋，构建扩展引力模型进行实证研究，分析中国—中南半岛经济走廊国家要素禀赋对该经济走廊生产网络的影响。研究结果表明：劳动禀赋的提高对中国—中南半岛经济走廊生产网络的发展起到抑制作用；资本禀赋对该经济走廊的发展起到推动作用；技术禀赋和自然资源禀赋对该经济走廊生产网络的影响并不显著。

唐堂在《中老铁路助力中南半岛经济走廊互联互通》（《社会主义论坛》2022 年第 7 期）和《破解中国—中南半岛经济走廊互联互通困境的建议》（《创造》2022 年第 7 期）等文中指出，当今世界正经历百年未有之大变局，国际环境复杂多变，区域一体化深度演化，中国虽与其他中南半岛经济走廊国家保持紧密的经贸联系，但相对滞后的互联互通基础设施却在很大程度上阻碍了该走廊战略通道作用的发挥。2021 年 12 月 3 日，中国和老挝两国互利合作和共建"一带一路"的旗舰项目——中老铁路正式投入运营。中老铁路是中国"一带一路"倡议与老挝从"陆锁国"变为"陆联国"战略的对接，标志着中国与"一带一路"共建国家的"硬联通"迈出重要一步，并将夯实澜湄合作。文章提出了破解中国—中南半岛经济走廊互联互通困境的对策。一是深化战略沟通对接，打造中国—中南半岛经济走廊国家命运共同体。二是讲好中国故事，承担社会责任以改善舆论环境。三是推进区域内基础设施建设，加强物流通道合作。四是提高通关效率，提升贸易便利化水平。

在孟中印缅经济走廊研究方面，陆亚琴、顾伟在《孟中印缅经济走廊的经济空间依赖和时空推进机制研究》（《云南财经大学学报》2022 年第 10 期）一文中运用 2011—2017 年孟中印缅经济走廊地区四国 62 个城市单元的经济数据，首先计算孟中印缅经济走廊地区经济要素的空间自相关系数，验证经济地理空间效应的存在性，揭示该地区的空间集聚分布规律，然后引入一体化增长方程，构造动态空间杜宾模型研究其经济时空动力机制，探究推动区域经济地理变迁的主要动力，验证区域内人口密度与经济密度的相关性，进一步探索提高走廊区域经济集聚程度、有效推进孟中印缅经济走廊一体化整合的途径，为有效重塑孟中印缅经济走廊区域经济地理提出针对性建议。

王蕴、郝碧榕在《疫情影响下推进孟中印缅经济走廊建设的建议》（《中国物价》2022 年第 10 期）一文中认为，近年来，受各方面因素影响，经济走廊建设进展总体不及预期。新冠疫情的暴发，对孟加拉国、印度和缅甸三国经济发展造成较大冲击。既有因素叠加疫情冲击给经济走廊建设带来新的挑战，但也提供了打破僵局的机会与空间。文章指出，下一步，按照共建"一带一路"高质量发展的要求，我国应积极凝聚合作共识，深化疫情防控合作，扩大双边经贸合作，稳步提升设施互联互通水平，增强经济恢复增长韧性，而近期以提升中孟双边合作为重点发挥好示范效应。

在中缅经济走廊研究方面，彭泽军在《云南参与中缅经济走廊建设的现状、困难及建议》（《商业经济》2022 年第 12 期）一文中指出，云南毗邻缅甸，是中缅经济走廊建设的排头兵与火车头，肩负着特殊责任与使命，发挥着示范和引领作用。面对参与建设中缅经济走廊的困境，云南亟须树立大局意识，全力支持与支撑国家战略的实施，充分发挥火车头与排头兵作用，主动作为，主动服务和融入国家战略，全力支撑中缅命运共同体建设，全方位参与中缅经济走廊建设，全面提升对缅开放水平。

王晓芸、梅春燕在《中缅经济走廊建设背景下中缅边境地区劳动力跨境流入及成因》(《商展经济》2022年第9期)一文中指出，随着国家"一带一路"倡议的深入实施，在中缅经济走廊建设背景下，越来越多的缅籍劳动力进入中缅边境地区务工，就业规模快速增加，就业结构主要集中于低端制造业和生活类服务业。文章认为，影响缅籍劳动力在中缅边境地区就业状况的因素主要有中缅劳动力市场的差异、两国经济发展的巨大反差、经济全球化、制度等宏观因素和缅籍劳动力的人力资本因素、劳动力价格因素、社会关系网络因素等微观因素。作者强调，对中缅边境地区劳动力跨境流入状况及其成因进行分析，是提升缅籍劳动力服务中缅边境地区经济发展水平的关键。

在中老经济走廊研究方面，徐宏远在《以中老铁路为大动脉　加快中老经济走廊建设》(《社会主义论坛》2022年第9期)一文中指出，中老铁路开通运营9个月以来，昆明海关已累计监管验放进出口货物总量达120.2万吨，货运总值达100.8亿元，国际物流大通道作用逐步显现。云南省昆明市为达到"到2024年，全市外贸进出口总额大幅增长，货物贸易进出口总额达2100亿元，服务贸易进出口总额达20.95亿美元，年均分别增长15%和12%"的目标，亟须完善中老铁路沿线物流体系，推进海关监管场所建设，实现智慧化、一单式运营管理，加快中老经济走廊建设。

陶文娟在《"中老经济走廊"建设背景下云南省老挝语翻译人才培养研究》(《红河学院学报》2022年第1期)一文中探讨了云南省翻译人才水平参差不齐、专业化程度不高的问题。作者在对云南省内开设老挝语本科专业高校的人才培养模式进行梳理后指出，课程设置不合理、学生知识系统不完善、教师队伍力量薄弱、学生翻译实践不足是人才培养中亟待解决的几个问题。基于应对"中老经济走廊"建设的需要，文章建议从优化课程设置、建立长效师资队伍建设机制、全面构建学生知识体系和重视翻译实践的角度创新培养模式，旨在对完善云南省老挝语翻译人才培养有所助益。

在湄公河流域国家研究方面，任欣霖、孔建勋在《中资企业在湄公河流域国家的发展合作》(《东南亚研究》2022年第4期)一文中将中资企业发展合作的测量指标设置为"企业履行"和"员工认知"，利用海外中资企业与东道国员工综合调查(OCEES)中湄公河流域五国中资企业的相关数据，从"企业履行"和东道国"员工认知"两个维度出发，探索中资企业在湄公河流域国家发展合作中的成效和影响因素。研究发现，湄公河流域五国中资企业在促进当地经济发展合作的同时，也积极推动了当地社会发展合作。进一步的结构方程模型分析结果显示，企业规模和企业高管的学历层次是影响湄公河流域五国中资企业发展合作的企业履行程度的主要因素，而东道国员工的岗位职级和入职年限则是影响其对所在企业发展合作状况认知的主要因素。因此，两位学者认为，在澜湄合作机制的背景下，中国增进澜湄合作需要突破以往从国家行为体出发的一元化发展合作思维模式，从中资企业主体视角出发，将承担项目转变为主动参与，充分考虑"企业履行"和"员工认知"两方面的影响因素，联动国家和国际组织，避免单一化的发展合作方式，为中国国际发展合作的多维度和多元化提供参考路径。

任华、卢光盛在《美国对中国湄公河政策的"话语攻势"：批评话语分析的视角》(《东南亚研究》2022年第1期)一文中认为，2019年以来，美国在湄公河问题上不断加大舆论投入，逐渐形成结构完善、功能齐全的对中国湄公河政策话语体系，其目的不仅在于以合适的身份介入湄公河问题，更在于塑造和恶化针对中国的舆论环境。美国对中国湄公河政策的话语在话语主体结构上，呈现出以美国为中心的水平话语结构和垂直话语结构相结合的特点；在内容结构上，则表现出强烈的互文性，将科学话语转换为政治话语，政治化和安全化湄公河问题，并"妖魔化"中国。其话语功能是在道德上美化美国行为的同时贬低中国，聚合美方力量，通过夸大中国对湄公河的负面影响、隐喻中国对湄公河责任缺失的方式，离间中国与湄公河国家之间的合作。因此，需从丰富话语主体结构和内容结构、改变在湄公河问题上的话语模式和鸵鸟心态等方面，扭转中国在湄公河问题上话语缺失的不利状况。

二、东南亚问题研究

（一）国际关系研究

2022 年，云南学者从东南亚国家对外关系、安全、在全球变革中的角色以及如何应对美国"印太战略"、缅甸危机等视角对东南亚国际关系领域问题展开了深入探讨。

李致斐、赵祺、罗圣荣、王世学等学者就不同时期东南亚国家的对外关系进行了研究。李致斐在《印度与东盟伙伴关系：成就、特点与限度》（《印度洋经济体研究》2022 年第 6 期）一文中指出，印度与东盟的合作经历了从经济到安全、从双边到多边、从非正式对话机制到正式约束性机制的复合演进与升级，但未来印度与东盟战略伙伴关系发展依然面临多重挑战。印度认为在"印太"概念下，其国际地位和战略重要性显著提升，因而以冒险性战略谋求"高收益"。东盟则担心大国竞争加剧，将削弱自身在区域合作机制中的"中心地位"，影响成员凝聚力，使其面临被抛弃、被离心甚至碎片化的风险。赵祺、罗圣荣在《共同利益、身份认同与中国—东盟战略互信的逻辑》（《印度洋经济体研究》2022 年第 1 期）一文中分析指出，冷战结束后，中国—东盟关系实现跨越式发展，双方已成为最大规模的贸易伙伴、最富内涵的合作伙伴、最具活力的战略伙伴。然而，中国—东盟战略互信仍有起伏波动。其演进主要受到共同利益和身份认同两个因素影响。文章指出，中国应通过制度化自我约束形成共同利益与身份认同的正向合力，实现利益—身份的良性互动，提升中国—东盟战略互信水平。

罗圣荣、王世学在《东盟：澳大利亚的"后院"？》（《世界知识》2022 年第 6 期）一文中分析指出，由于东南亚与澳大利亚地理位置接近，且马来西亚、新加坡和文莱与澳大利亚同为英联邦国家，因而成为澳大利亚对外战略中的优先方向之一。在当前中美博弈的背景下，澳大利亚积极协助美国，欲将东盟塑造成其"民主人权后院"。然而，鉴于中国快速崛起、东盟日益强调自己在地区事务的中心地位以及澳大利亚自身在亚太地区实力的相对衰落，东盟不大可能成为澳大利亚的"后院"，更可能朝着澳大利亚"对抗中国"的"缓冲区"方向发展。沈圆圆、邹春萌在《冷战时期泰国对华制衡的动因与启示——基于模糊集定性比较分析法》（《东南亚研究》2022 年第 5 期）一文中指出，冷战时期泰国对华政策的演变是威胁认知驱动下泰国对华制衡由强转弱的过程。中泰两国的综合实力差距与对华贸易依存度低是冷战时期泰国对华制衡的必要条件。在泰美紧密的安全合作与泰国国内威权政体的驱动下，泰国对华制衡形成以美泰联盟为主的强制衡；在中美冲突程度降低的情况下，泰国对华制衡则形成以区域合作为主的弱制衡。

针对东南亚的安全问题，杨斌在《东南亚地区反恐怖形势分析》（《云南警官学院学报》2022 年第 3 期）一文中指出，东南亚地区民族问题错综复杂、宗教极端问题突出、地区间冲突不断、移民制度宽松。受"伊斯兰国"全球扩散影响，东南亚地区恐怖主义活动呈现出组织结构分散化、恐怖袭击家庭化、招募对象年轻化、招募方式网络化等特点。"伊斯兰国"渗透招募成员并设立分支机构，恐怖分子大量前往中东地区参加"圣战"，并将恐怖袭击与组织经验带回本地区，对我国周边安全造成较大影响。罗圣荣、张特、张新的《东南亚安全格局演变与中国国家安全战略的选择》（《东南亚研究》2022 年第 2 期）一文指出，二战结束后，东南亚安全格局从美苏两极冷战模式演变为后冷战时期的单极模式以及目前的中美"准两极"模式。与此同时,作为小国集团的东盟日益成长为影响东南亚安全格局走向的不可忽视的力量;地缘经济博弈也成为塑造东南亚安全格局的突出的新力量。面对美国在东南亚发起的全方位竞争与遏制,中国应基于东南亚安全格局演变特点和当前的战略态势,增强将综合实力转化为引领周边安全的能力,完善大国区域安全协调机制,继续奉行开放包容的区域主义,坚定支持东盟在区域架构中的中心地位。

李晨阳、杨璨的《总体国家安全观视域下中国—东盟非传统安全合作探析》(《国际关系研究》2022年第4期)一文指出,面对世界百年未有之大变局,中国—东盟非传统安全合作成为践行总体国家安全观的新典范,中国—东盟非传统安全合作应加强机制整合,提升公共产品供给水平,支持东盟中心地位,进而切实推动中国—东盟安全合作提质升级,有效保障中国—东盟命运共同体构建走深走实。卞文玺的《非传统边境安全视角下的中国—东盟执法合作浅析》(《云南警官学院学报》2022年第5期)一文指出,应对陆地和海上非传统安全是中国和东盟国家的共同利益,中国—东盟非传统安全问题执法合作的意义重大。深化中国和东盟非传统安全问题执法合作的途径包括:推动建立"非传统安全共同体";以中老缅泰澜沧江—湄公河联合巡逻执法行动为榜样,建立中国—东盟海上(水上)联合执法合作新模式;强化东盟中心地位,深化对东南亚警察及执法官员的培训和交流。

刘津瑞、卢光盛的《五核国声明后的东南亚无核区展望》(《世界知识》2022年第5期)一文指出,五国声明有利于东南亚无核区的发展,但由于美国等西方国家在东南亚的核扩散行为,无核区仍面临不确定性。对东盟来说,加强与中国在核问题上的合作是在无核区发展上取得突破的重要途径。卢光盛在《"边缘"何以走向"中心":以东盟为例》(《探索与争鸣》2022年第8期)一文中对东盟在全球变革中的角色进行了讨论,认为东盟借助自身不断增长的政治经济实力和特有的地缘政治经济优势,通过对于国际规范和国际机制重塑的建设性参与,成为区域和跨区域治理的中心,并深刻地影响了全球治理的变革进程。

有些学者对中国与东盟应对美国"印太战略"的政策进行了比较。罗圣荣、张新的《中国与东盟应对美国"印太战略"的政策比较及启示》(《和平与发展》2022年第2期)一文指出,美国"印太战略"对中国和东盟的角色定位不同,但中国与东盟对该战略的政策应对既有趋同性,也有差异性。双方对该战略回应的趋同性表现在护持东盟中心地位、维护地区和平稳定、促进双方经贸合作、维护东盟地区规范等方面,而差异性体现在公开表态、平衡取向、南海争端、压力应对等层面。文章认为,中国需要携手东盟聚焦"21世纪海上丝绸之路"建设,尤其是加速"中国—东盟命运共同体"构建,同时支持东盟中心地位,以RCEP为契机扩大双方经贸合作空间,并持续关注东盟参与该战略的动向。刘稚、安东程的《美国"印太战略"对中国—东盟关系的影响与应对》(《和平与发展》2022年第4期)一文指出,"印太战略"是美国整合"印太"地区、平衡中国影响力的地缘制衡框架。东盟作为连接印度洋和太平洋的中心地带,在美国"印太战略"中占据重要地位。拜登政府在地区和国家层面对东盟进行精准拉拢,并呈现政治、安全、经济领域联动之势,形成分化中国—东盟关系的压力,但受制于东盟的利益诉求和政策选择,也为中国—东盟关系发展提供了契机。李阳行等在《美国对东南亚青年的动员型公共外交——以美国对泰国、缅甸、菲律宾青年公共外交为例》(《公共外交季刊》2022年第4期)一文中指出,在"印太战略"背景下,美国重新提升对东南亚战略关注度。以热点议题为契机,动员目标国家青年群体参与特定活动的动员型公共外交,是美国拓展地区影响力的重要杠杆。文章以美国对泰国、缅甸和菲律宾青年公共外交为例,认为美国对东南亚青年的动员型公共外交对我国开拓外交空间构成挑战,我国亟待在知己知彼的前提下调整优化公共外交体系,化解周边环境潜在的系统性风险。

关于缅甸政治危机，杨祥章、李忠艳的《东盟不干涉原则在应对缅甸事务过程中的调适》（《东南亚研究》2022 年第 6 期）一文指出，东盟自成立以来一贯倡导不干涉原则，并将其从反对外部势力对本地区事务的干涉拓展到不干涉成员国内部事务。但东盟的不干涉原则在应对成员国事务的实践中并非一成不变。在内外部因素的共同影响下，东盟在缅甸对不干涉原则进行了尝试性调适。马银福在《"东盟方式"在缅甸政治危机中的突破及其限度》（《印度洋经济体研究》2022 年第 5 期）一文中指出，在解决缅甸政治危机过程中，东盟进行了积极的外交斡旋。此举突破了"东盟方式"中不干涉成员国内政和协商一致的原则。此举预示着东盟会因成员国内部事务的外溢而采取有限介入措施，并反映了随着地区和国际局势的不断发展，"东盟方式"也在逐渐地调适与改变。

（二）经济问题研究

2022 年，云南学者从人民币影响力、中国与东盟数字经济合作、旅游合作、跨境物流、投融资与贸易、旅游、对外经济援助、农业科技合作、人才培养、疫情后复苏等方面对东南亚经济问题进行了研究。

刘方、丁文丽在《东南亚地区人民币国际化程度测算及演化特征》（《广西社会科学》2022 年第 7 期）一文中认为，中国在东南亚地区推进人民币国际化，需完善本国大型商业银行在东南亚各国城市的布局，大力发行以人民币计价的债券，协同推进国内多层次金融市场基础设施建设与开放以及资本项目可兑换进程，提高人民币在区域国家层面的外汇储备规模。

关于中国与东盟数字经济合作，赵祺的《中国—东盟数字经济合作的机遇与挑战》（《学术探索》2022 年第 7 期）一文指出，中国与东盟数字经济合作迎来重大发展机遇，同时，也面临东盟国家数字基础设施发展水平存在差异、缺乏数字人才、数据跨境流动规则体系尚未建立以及域外大国的竞争和干扰等问题和挑战。中国与东盟应以 RCEP 和高质量共建"一带一路"倡议为契机，携手构建优质可信的数字基础设施，共同打造可持续发展的数字人才培养计划，协商制定互利共赢的数据跨境流动规则以及联合营造开放包容的数字经济合作环境，深化中国—东盟数字经济合作，加快构建中国—东盟命运共同体。

王怀豫、肖尧、李奕辰、冯璐在《"一带一路"建设背景下中国与东盟国家农业科技合作的选择机制》（《科技管理研究》2022 年第 16 期）一文中探讨了中国与东南亚国家深化农业科技合作，从农业领域培育特色优势经济增长点的情况，认为中国与老挝、缅甸和柬埔寨开展农业科技合作的重点在于提高基础设施水平和农业生产力，尤其是基于自然资源的农业技术创新；与泰国和越南加强稻米产业科技合作，尤其是提升优质稻米产业的数字化供应链水平；与印度尼西亚和菲律宾加强农业数字化和技术创新合作；与马来西亚侧重技术密集型农业领域合作；与文莱则以加强科技交流为主。文章建议从建设区别化合作平台和推进信息网络建设等方面进一步加强中国与东盟国家开展的农业科技合作。

关于疫情后复苏重建方面，李涛、林汉东的《中国—东盟旅游业的合作与发展——以公共卫生应急管理常态化为视角》（《社会科学家》2022 年第 4 期）一文指出，由于国际关注的突发公共卫生事件的发生，东盟旅游业受到了全球和地区政治、经济变化的广泛影响，但也为中国—东盟旅游业合作提供了新的动力与机遇。在全球公共卫生应急管理常态化背景下，新的旅游安全及规范框架的制定和健康、文化以及数字化新型旅游产业合作，将是推动中国和东盟双边旅游合作优化升级的重要路径选择。屈婕、毕世鸿的《面向后疫情时代的东盟"绿色复苏"：举措、困境与中国角色》（《印度洋经济体研究》2022 年第 5 期）一文指出，新冠疫情的暴发及破坏性影响促使东盟反思其既有的发展模式，"绿色复苏"成为东盟为其成员国打造一个具有韧性、可持续性未来的重要目标。东盟还面临发展优先于可持续发展、疫情经济刺激方案未附带绿色条款、绿色资金缺口巨大等困境。文章认为,中国可以通过共建绿色"一带一路"助力东盟"绿色复苏",加强绿色投融资合作,弥补东盟"绿色复苏"资金缺口;加强应对气候变化合作,助力"绿色复苏"长远目标。

王巨龙、刘玲、陈智豪对云南与东盟跨境物流及相关问题进行了研究。他们在《基于中老铁路的云南—东盟跨境物流体系构建》(《物流技术》2022年第10期)一文中指出,云南—东盟跨境物流体系借助中老铁路开通的契机,通过合理布局跨境物流节点和通道构建云南—东盟跨境物流网络,以设计多式联运和国内外经济区联盟运作来完善云南—东盟跨境物流运作模式,最后从培育跨境物流体系多层次主体、构建智慧跨境物流信息平台和政策推动的角度构建云南—东盟跨境物流支持体系。龚媛的《分析中国与东盟区域经济建设——以泛亚铁路东南亚段为例》(《商业经济》2022年第8期)一文指出,中国与东盟之间落后的交通和铁路设施日益阻碍中国与东南亚国家的深入合作,制约中国—东盟自由贸易区的进一步发展,而泛亚铁路东南亚段的建设将大力促进亚太区域经济一体化,推动后疫情时代经济的恢复和增长。

有学者关注了东南亚的人才政策和人力资源管理。毕世鸿、李根的《越南共产党的人才观及人才政策》(《南亚东南亚研究》2022年第3期)一文指出,越共制定了人才战略规划,同时还积极探索青年人才和少数民族人才的培养方式,极大地推动了越南经济社会发展。文章认为,越共的人才政策仍面临缺乏系统规划、培养体制落后、保障机制不足等问题,建议越南继续加大在人才工作上的投入,在创造性地运用和发展马克思列宁主义和胡志明思想的基础上不断推动创新与革新。姚懿轩、刘文凤、陈亮的《中、柬中小企业人力资源管理比较研究》(《中国管理信息化》2022年第1期)一文指出,中小企业在整个柬埔寨的发展中有着举足轻重的地位,在确保社会就业和带动地区经济增长的过程当中发挥着决定性的作用。文章针对柬埔寨中小企业人力资源管理存在的问题提出了相关政策建议,如加强人力资源管理体系建设、改变人力资源管理观念、加强员工的培训,建立科学的薪酬及绩效考核机制等,以改善柬埔寨中小企业人力资源管理模式。

有学者就中国与东盟国家的投融资及贸易活动展开了讨论。杨璐源的《云南企业赴东盟国家投资的环境风险及法律对策研究》(《中国集体经济体》2022年第10期)一文指出,国内企业到东盟国家的发展势头强劲,然而,由于对东盟国家政策、人文、营商环境、劳工雇佣等方面缺乏了解,投资失败或效益受损的问题时有发生。文章认为,在海外投资中,我国企业应对政策变动、劳工雇佣、企业经营管理等风险的能力仍需增强,唯有构建统一的海外投资法律制度,才能有效防范、化解海外投资重大风险。田甜铭梓、王琪、吴晋宇、陈鑫的《中小企业对缅投资物流金融融资模式研究》(《生产力研究》2022年第1期)一文指出,在推动"一带一路"建设迈向高质量发展过程中,中小企业是对缅投资的主力军,然而受政治、经济等因素影响,传统融资模式已不足以解决对缅投资的中小企业"融资难、融资贵"的问题。文章认为,通过物流金融,可让本不愿提供贷款的金融机构转而为中小企业入缅投资提供资金支持,而中小企业也能够获得比传统融资更优惠的贷款,引入物流金融理论上对中小企业入缅投资意义重大。

贸易方面,下越的《加快构建云南面向东南亚易货贸易平台的建议》(《价值工程》2022年第22期)一文指出,为了解决云南企业在疫情之下所面临的出口难题、开辟新的贸易途径,云南省需要大力支持企业开展与东南亚国家的线上跨境易货贸易,利用现代化的信息交流平台,互贸自身优势产品,在规避外汇储备压力和汇损风险的情况下,帮助企业在外贸方面进一步开拓市场,扩大出口。在中老铁路正式通车运营以及"一带一路"倡议和RCEP实施的大背景下,依托边合区建设,加快云南省面向东南亚易货贸易平台的构建。柴嘉月的《中美对东盟出口贸易格局演变研究》(《合作经济与科技》2022 年第 22 期) 一文指出，从出口贸易偏向程度看，中国对缅甸、老挝、越南、菲律宾的偏向更加明显，而美国对新加坡、菲律宾、马来西亚、泰国有更加明显的倾向。文章认为，中国要提高在东盟地区的投资质量，不仅要保持当下与东盟各国出口贸易持续向好发展的趋势，也要深度发掘中国在东盟地区投资的优势产业、优势项目、优势产品，避开美国锋芒，实现自身长远发展。

有学者研究了影响东盟经济增长的因素。熊彬、李瑞雪、周博雅的《环境规制、产业结构升级与经济增长——基于东盟国家的实证检验》(《科技和产业》2022 年第 3 期) 一文指出，东盟各国的环保关注度、环境政策措施显著抑制了经济增长关系，环境政策级别与经济增长显著促进了经济增长。外商直接投资和旅游发展程度与经济增长呈正相关关系，而劳动力人口数量的增加阻碍了经济的增长。文章建议，东盟各国政府应从环境政策本身出发，充分结合本国的国情，制定与其实际情况相适应的环境政策，以及发展清洁产业，从而达到促进经济增长的目的。

还有学者关注了东南亚旅游发展问题。李能斌的《老挝旅游业应对新冠疫情举措与发展前景》(《南亚东南亚研究》2022 年第 6 期) 一文指出，2020 年新冠疫情暴发前，旅游业是推动老挝经济社会发展和创造外汇的重要行业之一，仅次于矿产和电力出口。疫情对老挝旅游业造成重创，老挝政府通过制定应对政策和采取相关措施为旅游企业纾困解忧，改善旅游基础设施，为疫情后的旅游业重启创造条件。后疫情时代的老挝旅游业发展机遇与挑战并存，旅游业将继续推动老挝经济社会的发展。徐立疆的《云南面向南亚东南亚旅游合作发展对策研究》(《经济师》2022 年第 3 期) 一文指出了云南对南亚东南亚旅游合作发展中存在的主要短板、定位和思路，提出了云南面向南亚东南亚旅游合作发展要加强旅游人才合作培养、加强旅游安全体系合作建设、全力支持旅游龙头企业开辟周边区域旅游市场、开展旅游投资方面的合作、设立旅游合作发展基金和加强双方旅游基础设施合作建设等对策建议。

(三) 民族、文化等领域相关研究

东南亚各国的民族、文化等各不相同，但同时又有相似性。2022 年，云南学者对东南亚国家的跨境民族、文化交流、卫生健康合作等领域的研究继续推陈出新，形成了不少较有创新性的观点看法。

周建新、杨猛的《缅甸藏人及其在维系中国西藏地方与东南亚联通中的作用》(《广西民族研究》2022 年第 2 期) 一文关注了中国与东南亚的跨境民族问题。文章认为，西藏与东南亚历史悠久的交往传统成为双方交流的民间力量。早已形成的"藏缅通道"不会因为一次特殊的疫情而中断，与在学术研究中的失语地位不同，缅甸藏人还会重新流动起来，继续扮演维系西藏与东南亚联通的桥梁和纽带角色，并释放出更加强大的能量。

中国与东南亚国家之间的文化交流也是云南学者关注的焦点。郭瑞佳、段佳的《"走出去"与"在地化"：中国网络文学在泰国的传播历程与接受图景》(《出版发行研究》2022 年第 9 期) 一文指出，中国网络文学已成为中国向海外传播中华文化以及建构国家形象的文化产品。泰国在中国网文"出海"传播中占据着特殊的一席，随着中国网文传播数量的增加以及规模的扩大，泰国的中国网文市场得到了逐步培育并深化，中国网文也对泰国本土网络文学市场的兴起和发展起到了一定的示范及推动作用。金炜威、杨艾伦的《"一带一路"背景下中泰文化战略交流与融通》(《科技传播》2022 年第 23 期) 一文指出，当下中泰文化交流局面还存在着传播手段滞后、调查缺失等问题，同时受到西方国家文化帝国主义的影响，给中泰两国文化交流带来巨大挑战。文章认为，我们应该利用好现有的资源，通过加强中泰交流顶层设计、丰富中泰民间对话形式、创新中泰传播媒介渠道等方式推动中泰文化交流迈上新台阶。赵天宇的《中国云南地区与东盟国家舞蹈交流实践与研究》（《艺术评鉴》2022年第9期）一文认为，云南地处我国西南角隅，具有极为浓郁的舞蹈艺术风格与跨境民族文化。云南与东盟国家进行舞蹈交流实践活动，对于我国与东盟国家的各方交流来说都具有十分重要的积极意义。

李雪松、陈秀珍、郭弯弯、许秋云的《人格特质理论视角下东南亚国家对中国旅游形象感知差异研究》（《中国生态旅游》2022年第3期）一文指出，东南亚国家对中国旅游目的地性格维度感知存在国别差异，其中，越南人和缅甸人的感知总体呈正面，老挝人感知相对负面。文章建议中国加强与东南亚国家的文化交流，区别不同国家人们的感知特点，进一步强化正面性格感知，调整和优化针对负面性格感知的宣传策略。李步军、潘玉华的《老挝中文教育现状、困境及发展策略》（《云南师范大学学报（对外汉语教学与研究版）》2022年第3期）一文，对老挝的中文教育进行了研究，认为中文教育存在诸多发展困境：缺少统一的教学大纲和行业间的沟通交流，教学课型、教材单一、师资、办学经费短缺，等等。文章建议，应加强老挝政府语言政策导向作用，多方合作培养本地实用型中文人才，成立中文教育行业协会，整合中文教育资源，培养本土中文师资，开发本土化教材，提升中文教育在双边合作中的服务作用。

张蕾的《弥合"雄心"与"低能"——规范本土化与东盟地区卫生合作制度化的协同演进》（《当代亚太》2022年第1期）一文关注了中国与东盟的卫生健康合作的相关问题。文章认为，规范本土化与合作制度化在多重实践进程中的互动演进推动了地区卫生合作，而深入理解东盟地区卫生合作中规范、理念、身份以及制度的互动及其演进机理，不仅可为全球卫生治理改革提供思路，也有助于维护中国周边卫生安全，促进中国—东盟共建人类卫生健康共同体。

三、南亚问题研究

2022年，云南学者聚焦南亚地区国家情势变化跟踪和南亚国家国别问题研究。其中中印关系合作趋势是重点关注领域。相关研究以战略政策选择、国家政治、身份认同、军事改革、自然灾害、产业和教育发展为抓手，以中印两国都主张推动世界的多极化格局、寻求维护世界平等的新秩序为共同点，对促进中印关系良好发展作出深入思考。

程敏在《在面向南亚跨境数字经济国际合作上积极作为》（《社会主义论坛》2022年第10期）一文中指出，云南处于中国经济圈、东南亚经济圈和南亚经济圈的接合部，是连接印度洋经济圈与长江经济带的重要纽带，也是实现两洋合作行动的重要依托以及面向印度洋南北合作的重要通道。云南省应该充分发挥面向南亚东南亚辐射中心和环印度洋地区开放前沿的独特优势，建设通往南亚地区的数字基础设施，构建数字丝路的战略核心枢纽。

杨怡爽在《亚洲首富阿达尼财富暴涨，印度已成"多孔国家"？》（《世界知识》2022年第21期）一文中认为，许多年后，当人们回顾印度总理莫迪执政时期的印度时，阿达尼集团创始人兼董事长高塔姆·阿达尼那堪称史无前例的财富暴涨速度一定是这个时代的重要注脚之一。2022年9月16日，据彭博亿万富豪指数，阿达尼以超过1460亿美元的财富超越亚马逊创始人贝索斯，成为全球第二大富豪，而在半个多月前，他刚刚成为全球第三大富豪，并在半年多以前超过印度信实集团总裁穆克什·安巴尼成为亚洲首富。

毛葭薇在《水坝争端与印度独立后的现代化之路——以讷尔默达河萨尔达·萨罗瓦坝项目争端为例》（《西部学刊》2022年第20期）一文中指出，大型水坝建设是印度独立后经济现代化的重要战略，但水坝建设往往伴随着争端。历时40年的讷尔默达河萨尔达·萨罗瓦坝项目争端是印度在后殖民时代追求现代化之路的一个剖面。20世纪60年代初至70年代末，争端第一阶段表现为各邦争夺水资源和经济利益的邦际争端，体现出印度联邦制在实践中的不确定性及精英阶层自上而下主导的、开发自然资源来促进经济增长实现发展的现代化模式。20世纪80年代至世纪末，争端转向以非政府组织和水坝移民为主体、以水坝移民权益和环境问题为焦点的自下而上的争端，反映出印度社会对政治民主和经济可持续发展的新诉求。

杨怡爽在《印度选出首位部落民出身女总统》（《世界知识》2022年第16期）一文中指出，7月25日，德罗帕蒂·莫尔穆就任印度第15任总统。她是执政的印度人民党（简称"印人党"）及其所在的全国民主联盟（NDA）支持下的总统选举胜选人，同时是印度第一位来自部落民群体的总统与印度历史上第二位女总统。印人党在此次总统选举中不遗余力地进行了大规模动员，并在莫尔穆胜选后欢欣鼓舞，将之称作"历史性胜利"。

余媛媛在《南亚民族的生产实践与反思：一项基于斯里兰卡维达人的人类学研究》（《广西民族大学学报（哲学社会科学版）》2022年第2期）一文中指出，维达人作为斯里兰卡人口较少的世居民族，是人类学与民族学族群研究的重要对象。早期维达人被视为象征性"中心"，以狩猎采集为主要生产方式，而随着当地社会关系的改变，以及受多重场域作用，维达人在一定程度上面临生产实践的困境，由象征性"中心"逐渐过渡至"边缘"。在全球化语境下，维达人依靠国家场域中的多元力量，逐步回归多元一体中心。在"回归"时期，维达人也面临自我认同、民族认同和经济发展等转型。以维达人"中心—边缘—回归"的生产实践研究为镜，反思解决南亚人口较少世居民族的生存与发展困境需以教育和经济发展为两个抓手共同推进，才能更好地实现文化多元共生。

刘鹏在《印度海外移民能否带动印度外交崛起》（《世界知识》2022年第20期）一文中指出，2022年7月8日，就在时任英国首相约翰逊发表辞职声明的第二日，印度裔出身的英国前财政大臣里希·苏纳克宣布竞选下任首相，英国执政党保守党党首竞选也随即拉开序幕，通过几轮投票，候选人名单被缩短到仅剩外交大臣伊丽莎白·特拉斯和苏纳克两人。一时间，"印度裔是否将创造历史成为英国首相"的话题走在了国际舆论的风口浪尖上。

刘磊在《美国对1974年印度核试验的反应与核供应国集团的创建》（《世界历史》2022年第5期）一文中指出，20世纪70年代初，在美苏冷战的大背景下，尼克松政府更多聚焦美苏缓和以及对美、苏、中三边关系的调整，并未把核不扩散置于对外政策的优先地位，没能对拒绝加入《核不扩散条约》的印度的核动态保持足够重视，对日益活跃的印度核活动作出了草率的判断，并缺乏有效的应对预案。1974年5月印度进行核试爆以后，尼克松与福特两任政府出于防止印度进一步倾向苏联并维持南亚地缘战略平衡的考虑，选择对印度采取"低调"反应，未给予其较为严厉的制裁。与此同时，美国与世界主要核工业国协作在全球范围内建立多边核不扩散机制，于1975年11月共同创建了核供应国集团，从供应源头加强核管制。这样一方面能把印度这类敏感国家置于更完善的国际核不扩散机制约束下，以维护国际核不扩散目标；另一方面也避免迫使印度更依赖苏联，从而维持1971年印巴战争后南亚地区新的均势稳定局面。

冯立冰、连昌惠在《南亚小国的战略对冲与中国的南亚地区政策选择》（《外交评论（外交学院学报）》2022年第4期）一文中以尼泊尔、斯里兰卡、孟加拉国在中印之间的战略对冲为案例，分析三国面对中印竞争的心态以及进行战略对冲过程中的差异性选择。该文认为，威胁认知和经济预期是影响小国战略对冲的主要自变量，而地区结构、大国竞争的性质和强度、小国相对能力的差异决定了小国的威胁认知和经济预期。在双向对冲的语境下，小国战略对冲的策略组合主要有四种，分别为双向合作、双向制衡、偏向型合作与偏向型制衡。由于南亚小国对中印两国的威胁认知和经济预期不同，陆锁国尼泊尔倾向于"偏向型合作或制衡"，海岛国家斯里兰卡经历了从"偏向型制衡"到"双向合作"的转变，未来有进行"双向制衡"的趋势，陆海复合型的孟加拉国在中印之间奉行较为稳定的"双向合作"策略。为此，中国应在实践中进一步明晰南亚政策选择，在协调中印巴关系的同时，强化与南亚小国的多领域合作，并超越美印排他性"小圈子""小集团"的冲突与竞争逻辑，通过消极安全配置谋求积极经济利益，推动与南亚国家的制度化合作进程。

陈利君在《岛国发展困局与中斯经济合作》（《南亚东南亚研究》2022年第3期）一文中指出，岛国与内陆国、沿海国的地理、资源、市场容量等条件不同，其发展道路也不尽相同。世界上岛国众多，但大多数都面临一定的"发展困局"。斯里兰卡是印度洋岛国，长期奉行独立自主的外交政策，同世界建立了广泛联系。中国与斯里兰卡虽然地理位置较远，但友好交往源远流长。近年来，中斯在"一带一路"框架下开展全方位合作，合作成果丰硕，双边关系迈上新台阶。目前斯里兰卡受俄乌冲突、疫情、国际大宗商品价格猛涨等外溢因素的影响，正面临严重的外汇危机、能源危机、粮食危机、药品危机和经济危机，经济发展、人民生活、社会稳定受到前所未有的挑战。中国积极发展中斯关系，努力推进经济合作，并在力所能及的范围之内为斯提供各种帮助，这为斯里兰卡经济社会发展和民生改善提供了强有力的支持，获得了斯各界的广泛认可。斯里兰卡要恢复往日的"亚洲之虎"荣光，既需要政局与社会稳定、深化改革、振兴产业，增强内生发展动力，又需要扩大开放、优化环境、保持"外交平衡"，以充分利用国内外资源促进发展。中斯可借建交65周年和《米胶协定》签署70周年之机，承前启后，进一步深化务实合作，高质量共建"一带一路"，共同开启友好合作新篇章。

刘磊在《印度核政策的转变及中国因素的影响》（《华东师范大学学报（哲学社会科学版）》2022年第3期）一文中指出，印度独立以后，尼赫鲁政府较早地启动了民用核能项目，并确立了和平利用核能、不发展核武器的基本政策。但是1962年中印边界冲突后，印度国内开始出现一些将核能用于国防的初步讨论。1964年5月尼赫鲁去世，10月中国成功进行首次核试验，引发印度国内各界关于核政策的大辩论，要求发展核武器的意见日益抬头。面对国内政治压力和国际社会无法阻止中国发展核武器的现实，夏斯特里政府默默转向"有条件无核"政策，在技术上积极为将来有一天能够制造核武器做准备，为1974年印度"和平核爆炸"奠定了技术与政策基础。

陈利君、张婷在《印日贸易合作潜力及其对中国的影响》（《云南社会科学》2022年第3期）一文中指出，印度和日本都是中国的邻国，且三国都是亚洲乃至世界重要的经济体，彼此产业链、供应链、价值链相互连接、融合，共同利益广泛，进一步加强合作，对三国以及亚洲、世界经济的稳定增长具有十分重要的意义。但目前印日两国与中国在相关领域都存在分歧或矛盾。如果印日合作加深，势必会影响中国的对外政策。特别是在"印太战略"背景下，印日两国签署了经济、政治、军事等领域的多个合作协议，对中印、中日等对外合作产生了较大影响。贸易是国家间合作的基础和利益纽带，关注印日贸易合作现状、发展潜力和趋势，有助于了解印日关系的发展动向。从目前贸易合作状况看，尽管印日贸易有互补性，贸易关系发展相对稳定，但贸易额并不大，还存在竞争性以及贸易摩擦等问题，在短期内要大幅度增加贸易额十分困难。但如果印日正确看待中国，并与中国共同构建新的合作机制或者签署自由贸易协定，不仅可快速扩大共同市场，促进贸易往来，而且可以进一步深化三国及本区域的贸易合作，促进互利共赢、共同发展。

李来孺在《印度对华外资政策调整及中国的应对策略》（《印度洋经济体研究》2022年第2期）一文中指出，莫迪自执政后便积极建立一个更加开放的市场并创造良好的投资环境以吸引外国投资。新冠疫情发生以来，印度经济遭遇重创，为缓解经济增长压力，印度也借机出台了一系列为外资"松绑"的政策。但是，随着各国对外资风险警惕性的提升，印度吸引外商直接投资的政策也面临很大挑战。为此，印度政府也相应地对外资政策做出了积极调整。但受中印关系影响，印度对来自中国的投资设定了更具有针对性与选择性的限制条件。近年来，由于印度经济发展呈现出更加明显的民族主义与保护主义倾向，且印度政府推出了"自力更生"计划，加之中印关系在低谷徘徊，中国对印度的投资面临更大风险与挑战。

卢光盛、聂姣在《从"共同周边"到"竞争周边"——俄欧在共同周边的互动教训对中印的启示》(《南亚研究》2022年第1期)一文中指出，一段时间以来，中印在周边地区的互动出现从"共同周边"向"竞争周边"发展的趋势。文章认为，对于当下处在十字路口的中印关系而言，从国际案例的历史镜鉴中汲取智慧，启发当下的中印关系，不失为一条可行的出路。以2014年乌克兰危机爆发为标志，俄欧在共同周边的互动呈现出"竞争"甚至是"冲突"的消极态势。究其根源，大国权力的对称性、行为体认知的差异程度、大国周边战略的兼容性是影响俄欧在共同周边互动的三个重要变量。中印在共同周边的互动同样如此。中印应吸取俄欧的教训，未来可通过增强经贸互惠应对不对称、依托现有机制和战略对接来增强中印周边战略的兼容性、从中印传统文化中吸取精髓和相通之处来引导共同周边的规范建设等，共建一个稳定和谐、不被"利用"、走向"竞合"的周边。

刘磊在《莫迪政府邻国优先外交政策下的印孟关系》(《印度洋经济体研究》2022年第2期)一文中指出，2014年莫迪政府执政以来，为推动印度经济发展，推进南亚区域经济一体化，维护国家与地区安全，巩固其南亚区域主导地位，应对外部挑战，提出邻国优先的外交政策。该政策优先重视与邻国的关系，解决固有矛盾，加强互联互通、经贸与安全合作。孟加拉国与印度特殊的地缘、历史与文化联系，使其成为印度邻国优先外交政策中的优先发展对象。莫迪政府在各领域为优先发展与孟加拉国的特殊邻国关系付出了极大努力，取得了实质成效，使得印孟关系成为印度邻国优先外交政策成功的案例。

韩敬云在《多元身份政治视角下的印度国家认同建构》(《中央社会主义学院学报》2022年第5期)一文中认为，身份政治对民族国家的影响日益显著，它与国家认同建构既对立冲突又相辅共生。宗教、语言、民族和种姓等维度的身份(认同)多元性是印度国家认同建构的客观现实。印度国家认同建构实践，在国大党主导下以"多样性中的统一"为取向，而在印度人民党政府主导下则日益朝着"多元化一"的方向推进。身份政治影响深远、同化主义取向加深、宗教色彩浓厚和"政党烙印"深刻是印度国家认同建构的突出特点。尽管印度国家认同建构总体上是成功的，但印度的国家认同并不牢固——统一的国族观仍未形成、凝聚国民共识的核心价值依旧缺失、身份政治的挑战仍然严峻、国家认同建构日益极端化。

章立明在《加尔各答华人华侨的多元宗教信仰与身份认同》(《南亚东南亚研究》2022年第4期)一文中认为，虽然印度加尔各答华人华侨人数不多，其影响力和成就也可能无法与其他地区的华人华侨相比，然而200余年，华人华侨在印度的生存智慧与生活经历不可忽视。宗教信仰方面，加尔各答的华人华侨除了保留自己的民间信仰外，还在不同时期信仰了佛教、基督教和印度教，宗教认同理论中有关身份的单一和叠合观点有助于我们认识华人华侨复杂的身份认同现象。一方面，中国民间信仰的跨国传播建构出印度华人的单一身份；另一方面，佛教、基督教、印度教等宗教跨族传播建构出印度华人的叠合身份。加尔各答华人单一身份的形成与其随时准备返回祖籍地有关，而他们的叠合身份则更有利于他们在印度生活下去。

袁群、黑然在《印度军事改革：动因、现状及困境》(《学术探索》2022年第7期)一文中指出，军事改革是印度进行军事现代化建设的主要途径，也是国家军事力量赖以发展的重要基础。为更好地应对复杂多变的国家安全挑战，在内外因素的驱动下，莫迪政府正以空前的力度狠抓军事改革，竭力打破国防建设的桎梏。然而，在新冠疫情肆虐全球的大背景下，受国防军费长期不足、军事外交伙伴选择受限、国防参谋长一职再度空缺及军内争斗不断加剧等现实问题的影响，印度军改深入推进可谓举步维艰，而莫迪政府今后采取的措施也将切实关乎其军改进程的未来发展。

李永祥在《印度的自然灾害与防灾减灾研究》（《原生态民族文化学刊》2022年第4期）一文中指出，印度是全球75个灾害最为频发多发的国家之一，该国近60%的大陆容易受到地震的影响，超过8%的地区容易发生洪灾，近76%的海岸线容易受到飓风袭击，68%的面积容易发生干旱。灾害对印度的社会、经济、文化、生态、农业等产生了深刻的影响。然而，印度也针对其灾害特点做了卓有成效的防灾减灾工作。中印有相同或者相似的灾害类型和地理环境，山水相连，作为世界人口处于第一和第二的两个大国、金砖国家和孟中印缅经济走廊的重要国家，印度灾害和防灾减灾方式研究对中国的防灾减灾具有启发作用，对孟中印缅经济走廊地区减灾合作也有重要的现实意义。

李强、杨光远在《类型学视域下印度阿萨姆语的多语混合特征》（《云南师范大学学报（对外汉语教学与研究版）》2022年第3期）一文中从接触语言学和语言类型学理论视角，采用实证比较研究的方法，对印度阿萨姆语和相近语族的语言特征进行系统的比较研究，旨在揭示环喜马拉雅山脉交角地带跨境民族语言的同源关系，充分展示"一带一路"辐射区域跨境民族语言的历史接触、同源异质流变及其民族关系的历史演进格局，重现民族语言文化代际传承的文化史实。

杨先明、崔可琪在《印度产业开放的特征及其增长效应研究》（《印度洋经济体研究》2022年第3期）一文中指出，印度产业结构模式、开放进程以及增长状况一直是研究印度必须关注的重点。该文首先分析了印度产业开放的主要特征及形成原因，其次利用TVP－VAR模型实证印度1987—2017年三次产业开放对经济增长产生的时变影响，并实证分析了制约印度产业开放的增长效应持续性相关因素。结果表明，印度产业开放选择形成了增长的异质性，即第三产业开放的增长效应大于第一产业开放和第二产业开放的增长效应。第三产业开放产生了正向增长效应，第二产业开放的增长效应在30年的时间里始终为负，第一产业开放对经济增长的影响很小。同时，实证结果显示，近年来印度第三产业开放的正向增长效应正在弱化，第二产业开放的负增长效应依旧保持，第一产业开放的增长效应得到优化但影响依旧很小，依靠第三产业开放拉动经济增长的趋势在衰减，而劳动力流动壁垒、政府财政投入力度是可能的制约因素。

刘丹丹的《南亚中文教育发展现状、问题与策略》（《云南师范大学学报（对外汉语教学与研究版）》2022年第2期）一文认为，南亚地区中文教育基础薄弱，相关语言政策欠缺，相关研究有限，且多集中在单一国别微观层面，区域整体研究较少。该地区各级各类中文教学机构发展程度差异较大：基础教育阶段的中文教育具有较强的灵活性和随意性；高校中文教育是中文在南亚地区传播的主要途径；孔子学院是南亚地区发展中文教育的重要支撑力量。针对该地区中文教育在顶层设计、师资、教材、现代教育技术等方面存在的问题，文章提出要培养本土教师、开发适配教材、打造多渠道教学平台、建立协作联动机制、构建全新中文教育格局等具有可行性的解决方案与策略建议。

四、西亚问题研究

2022年，云南学者的西亚问题研究重点关注伊朗，对阿富汗和以色列也有涉及，主要集中于对象国的安全、文化、教育、农业等领域。

李云鹏在《全球视野下的阿富汗毒品问题应对策略研究》（《云南警官学院学报》2022年第5期）一文中认为，阿富汗并不是一个传统意义上的罂粟种植国家，在很长一段时间内阿富汗国内的毒品问题是能够得到有效控制的。苏联对阿富汗的入侵，使得阿富汗逐渐转变成为全球毒品生产和贩运大国。当前，阿富汗毒品问题不仅严重阻碍阿富汗实现和平与稳定，而且也给地区安全带来了重大挑战，并在一定程度上对中国"一带一路"倡议产生消极影响。为此，文章提出了应对策略：明确阿富汗禁毒主体责任，加强禁毒国际合作，建立情报信息中心，积极开展替代发展，加大涉毒资产追缴，等等。

齐鸣、王昕骅在《伊朗德黑兰大学汉语专业线上初级汉语听力课教学研究》（《学园》2022年第29期）一文中指出，2020年3月，伊朗德黑兰大学汉语专业开始进行线上教学，但根据实际教学情况和对学生的调查发现，在线上初级汉语听力课中，教师存在教学方法不适用、课堂互动和管理较难等问题，学生普遍遇到网络不好、听力材料难度较大、缺少交流等问题。针对遇到的问题，结合相关教学理论，文章从教师能力、教学形式、教学内容和环节、线上教学"生态环境"等方面提出相关教学策略和方法。

巴阿明在《中文伊朗图书研究》（《国际汉学》2022年增刊）一文中指出，书籍是了解世界非常有效的工具。该文通过搜集、分类中国的伊朗学相关图书，总结了20世纪30年代至今中国关于伊朗各类书籍的概况、各类书籍的强项以及短板。到目前为止，关于伊朗文学、历史、外交的中国图书最多。20世纪80年代前后是中国伊朗学的转折点，而在2013年，随着"一带一路"倡议的提出，中国关于伊朗的图书变得更加丰富。

刘茜在《绿色"一带一路"背景下中国与以色列的生态农业合作发展研究》（《产业创新研究》2022年第3期）一文中指出，自2017年《关于推进绿色"一带一路"建设的指导意见》发布以来，我国努力将生态环保融入"一带一路"建设的各方面。但中国自古以来就是农业大国，传统粗放型农业生产会对生态环境产生一定影响，因此，利用高科技推动农业转型升级，促进生态农业发展势在必行。而以色列作为"一带一路"共建国家以及"一带一路"倡议的支持者和欢迎者，高新技术产业举世瞩目，在农业领域具有先进的技术。在此背景下，中国与以色列在发展生态农业领域积极主动合作具有重要性、必要性和可行性，这有利于为两国在其他领域的合作打下坚实基础，推动"一带一路"发展。

五、其他国际问题研究

2022年，非洲国家的政治、历史、环境和发展体系是云南学者侧重关注的领域，其研究内容服务于促进中非深入交流与合作，致力于对构建中非命运共同体提出对策建议。云南学者对于太平洋其他国家的研究，则是关注农产品的种植开发以及产业合作领域。

贺鉴、惠喜乐在《法国宪法对非洲法语国家的影响》（《法国研究》2022年第3期）一文中指出，殖民时期，法国宪法对法属非洲的影响表现为将本国议会、政党、法院等政治机构和政治体制移植到法属非洲殖民地，为其宪法发展拟定了基本框架。产生影响的主要原因是法国"直接统治"下的法律移植和法属非洲地区缺乏本国宪法实践经验。独立运动后，在非洲法语国家宪法关于公共权力配置、公民权利等条款中，仍可发现其对法国宪法的应用与保留。其原因是参与宪法制定的政治精英认同法国宪法，以及法国宪法在非殖民化过程中的传播。非洲法语国家宪法变迁的趋势是在健全多党民主制的同时，继续探索适合本国国情的民主宪法之路，朝着复合宪法模式发展。

张春在《全球发展倡议与中非发展命运共同体的构建》（《当代世界》2022年第8期）一文中指出，在世界新动荡变革期，非洲存在发展困境。从内部动力看，在经历了1994—2014年长达20年的持续快速增长之后，非洲可持续发展遭遇重大挫折。一方面，非洲经济持续增长的中长期态势不容乐观。另一方面，非洲发展的宏观环境急剧恶化，资金缺口持续拉大。21世纪初"非洲崛起"的乐观气氛推动非洲多数国家采取积极的财政政策和国家发展战略，但结果不容乐观。全球发展倡议是在联合国2030年可持续发展议程落实滞后且受新冠疫情冲击的背景下提出的，对面临严峻发展困难的非洲地区尤为重要。伴随人类命运共同体的构建，全球发展命运共同体的构建也要从基本模块抓起。以良好的中非发展合作为基础，全球发展倡议将明显加速推动中非发展命运共同体的构建。文章建议，着眼中国第二个百年奋斗目标、非洲第一个百年目标（非盟《2063 年议程》）及联合国 2030 年可持续发展议程对接的高远视角，考量非洲的长期发展愿景并作出灵活调整。

张春在《化边缘为中心：非洲的跨境安全研究》（《国际政治研究》2022 年第 3 期）一文中指出，基于其独特历史，非洲复杂的安全挑战大多具有跨境性质，使跨境安全研究的重要性甚至超过国家安全研究。非洲跨境安全研究源于地区和国家的治理能力不足、跨境地区的领土化—再领土化进程、复杂的发展—安全关联、各国安全复杂互动形成的消极安全复合体等多重因素互动。非洲的跨境安全研究很大程度上是分裂的，尽管其研究议题可从人、物及人物结合三个层次加以识别，但其理论视角和治理实践等在地区和国家两个层次上截然不同：地区层次上更重视系统性理论、方法和机制建设；国家层次则呈前现代—现代—后现代关切相互交织的局面。随着全球化与相互依赖的发展，跨境安全正成为非洲超越国家安全、推动地区一体化的首要关切；缘于应对复杂挑战而来的丰富经验，非洲学术界有可能突破西方主导，推动非洲特色的跨境安全研究。

张春、周琼在《非洲地区发展的体系性转型》（《现代国际关系》2022 年第 2 期）一文中指出，新冠疫情的长时间持续改变国际关系的发展方向。非洲地区国际体系显示出高度的不确定性，但可以确定的是非洲正因疫情而进入发展转型期。在国家层次，经济重建、政治本土化与安全复合化发展正在推动非洲国家进入充满不确定性的调整期；在地区层次，由于治理能力和对外伙伴关系面临严峻挑战，非洲地区治理机制进入新的改革期，中等国家所提供的驱动力面临可持续性挑战；在全球层次，美欧挑动的大国战略竞争正向非洲蔓延，非洲与外部世界的关系进入重塑期。非洲体系性转型面临危机集中释放的严峻形势，如能妥善应对则将迎来重大发展机遇。

张永宏、王达在《撒哈拉以南非洲应对环境与气候变化的本土选择》（《西亚非洲》2022 年第 1 期）一文中指出，在撒哈拉以南非洲，基于传统宗教文化所形成的人与自然和谐共处的观念和底层社会机制，如"万物有灵论"、禁忌、圣林制度、图腾系统、传统权力系统等，在环境管理、减缓和适应气候变化方面发挥着基础性作用。在应对气候变化的关键领域，如农业、气象、技术创新等，都离不开本土知识。许多非洲国家重视利用本土知识增强气候变化适应能力。以家庭、村社、部落等为纽带的传统社区是社会运行的基本功能单元，重塑传统社区职能、发展基于社区的适应，在应对气候变化的社会动员和组织方面有不可替代的作用。因此，提高生物质能利用效率，逐步摆脱对柴、炭的依赖，因地制宜建设现代能源体系，应是撒哈拉以南非洲国家应对气候变化的普遍选择。

贺熙勇等在《云南澳洲坚果产业高质量发展的建议》（《中国南方果树》2022 年第 4 期）一文中，通过对云南澳洲坚果主产区的种植、加工、销售、品牌建设及产业扶贫等方面的调查，结合国内外澳洲坚果产业数据，分析云南澳洲坚果产业发展现状，查找产业发展中存在的问题及原因，提出云南澳洲坚果高质量发展的建议。

（执笔：蒋昂妤　秦磊）

社会学

当代中国社会学发展迅速。习近平总书记2016年5月在哲学社会科学工作座谈会上的讲话为社会学加快构建中国特色、中国风格、中国气派的研究提供了根本指引,社会学获得了快速繁荣发展的机会。扎根中国大地,以问题为导向,成为新时代社会学研究的根本原则。加之当代社会学以不同层次标准界定的分支学科日益增多,我们认为按照分支学科——整理的办法,难免无法周全地概括2022年云南社会学研究和发展的全貌,同时也难以突出地呈现其扎根云南大地以及由此而形成的特点。由此,本着"大事不遗漏,小事有重点"的原则,以下我们不妨按照社会学理论与研究方法、边疆地区乡村振兴、西南民族地区老龄化、移民与边疆社会治理、民族地区社会文化、西南社会人类学、社会性别等重点议题,来梳理、呈现2022年云南社会学领域的科学研究。

一、社会学理论与研究方法

2022年云南社会学研究中对社会学理论的相关探讨主要体现为以下两个主要方向。

第一,延续以费孝通、田汝康、胡庆钧等人为代表的"社会学的中国学派"的学术脉络,对先贤的学术思想进行挖掘和讨论。宋红娟在《"桑梓情谊"的现代转化:费孝通社会理论的情感维度》(《社会》2022年第6期)一文中探讨了费孝通社会理论对情感的重视,指出"桑梓情谊"表征并构造了本地的根源与社会的流动以及地方与国家的人际关联,是理解费孝通社会理论之情感维度的关键。

第二,基于中国视角对一些西方社会学经典理论予以反思。张会龙、董俊苗在《危机与整合:哈贝马斯民族国家批判理论评析》(《云南大学学报(社会科学版)》2022年第4期)一文中阐释了哈贝马斯民族国家危机的具体表现,并分析了商谈政治、宪法爱国主义等对民族国家建设、全球秩序稳定的借鉴意义。

较之于社会学理论,2022年云南社会学界对社会学研究方法的讨论,尤其侧重于当前我国自身社会问题和学术实践的讨论。

第一,在社会学研究方法中同样注重对"社会学的中国学派"的学术延续。基于对"以村见国"的村庄民族志梳理,章立明在《20世纪中国社会研究的人类学转向与方法反思——海外中国研究的视角》(《学术界》2022年第5期)一文中对其与中国研究范式之间的关系进行了反思。她指出,以村庄作为国家与社会的连接点,强调人类学与历史学和区域地理学的结合,也可以在强调村庄研究的微观洞察时增强历史纵深与整体性把握,从而纾解单纯村庄民族志的方法困境。朱晓阳在《日常语言视角与政治人类学传统和民族志写作》(《北京大学学报(哲学社会科学版)》2022年第6期)一文中分析了20世纪30年代的"社会学中国化"主张中的日常语言视角。他所指的日常语言视角实在论是在认可语言之间有翻译的"彻底解释"前提下,将不同语言的述说视为他者性的生活形式或"视角"。陶自祥在《南北乡土社会》(民族出版社2022年版)一书中以南北乡土社会为研究对象,以区域类型比较为研究方法,以社会结构、成家立户、家格延续、人情往来等为研究内容,探讨南北地域社会文化差异,所形塑的不同文化模式。他提出,从血缘发育程度来看,南方是宗族、北方是小亲族、南方乡土社会是血缘关系共同体、北方乡土社会是地缘性关系共同体。在此基础上,他认为,南方村民行动受制于宗族价值规范,可将这样的社会称为依附性社会,而北方村民要通过地缘关系的人情往来建构社会资本,可把这样的社会称为交往性社会。

第二,针对新时期我国社会转型和学术研究的新特征,从方法论层面探索合适的知识生产方式。谭同学在《新时代多元不对称式社会转型及其治理现代化》(《北方民族大学学报》2022年第5期)一文中认为,新时代包括民族地区在内的中国社会,正在发生一场多元不对称的深刻转型。社会分层、人口流动、权威规则、安全隐患多元不对称转变,亟待社会治理从扁平粗放、传统礼治、地域区隔、条块分割转向立体精准、德法兼治、互嵌融合、专业协同。在此基础上,民族学知识生产须深入贯彻习近平新时代中国特色社会主义思想,除了对策性的宏观思考外,更需要扎实的微观层面经验分析和中观层面规律考察,而其学科视野也需要进一步开放化,研究方法转向"民族志+"。而在族群认同的知识生产中,他在《族体认同的知识生产及其主权意识》(《开放时代》2022年第3期)一文中认为,族群分析范式、公民分析范式固然有长处可鉴,但无视其问题指向和方法论差别而套用,以此审视中国经验,则显然不如从主权及其日常实践分析入手的"多元一体"格局理论,有利于回避分离主义的知识陷阱。同时,他所著的《人类学方法论的中国视角》(社会科学文献出版社2022年版)一书,结合国内外已有研究成果,探讨了"文史哲"传统作为人类学方法论的可能性,交互主体性阐释、实践与民族志研究方法。此外,他还在"经验主体与理论自觉"中分析了中国乡村研究、家文化、参与式理论,并从"理解中国类型与层次"的角度对人类学的个案研究进行了系统论述。

第三,知识社会学也成为反思当前理论研究和研究方法的一个重要工具。何明在《"学科性学术"与"问题性学术"的张力及其消解——学术研究的建制化、去建制化与再建制化》(《开放时代》2022年第1期)一文中从知识社会学的角度分析了学术研究的建制化、去建制化与再建制化。杨猛在《"和平跨居"理论的认识论基础与实践路径分析——知识社会学的视角》(《湖北民族大学学报(哲学社会科学版)》2022年第3期)一文中从知识社会学的角度出发,检视"和平跨居"概念的生产过程、"和平跨居"理论的实践方式,发掘该理论的认识论基础以及不足和实践性路径。胡洪斌、江宇则在《从"复制人文"到"数字人文":知识链接的重构与系统思维的解构》(《贵州社会科学》2022年第11期)一文中指出,技术在对人文知识链接重构的同时,会产生对人的系统思维进行解构的可能,呈现出对"身内思维"替代的倾向。

二、边疆地区乡村振兴

乡村振兴战略是党的十九大提出的七大战略之一,但边疆地区乡村振兴有其自身的特点和需要克服的困难。2022年云南社会学围绕边疆地区乡村振兴,展开了一系列的研究。具体而言,这些研究主要集中在以下几个方面。

第一,西南山地小农与乡村振兴。谭同学在《二元农业格局、生态金融化与山地民族地区乡村振兴——从有机农业的类型与社会层级说起》(《西北民族研究》2022年第4期)一文中指出,有机农业原是西南山地传统小农劳动密集型生产经营常态,但在农业革命后的二元农业格局中,现代有机农业所需资本、技术投入比常规农业更多,成为资本—技术密集型农业的高端类型,只有后者才有明显的利润。由于生产企业、产品认证和消费均集中于大城市,其与生态条件良好的生产地和雇佣小农,在空间和社会经济上均呈层级分化状态。因此,如何推动小农迈入现代有机农业门槛是乡村尤其是山地民族地区乡村振兴的关键。

第二,边疆农村人口流动与就业。陶自祥在《"留守丈夫":乡村振兴的主体类型与功能研究——基于滇中X乡的考察》(《农村经济》2022年第11期)一文中通过对滇中X乡的"留守丈夫"的考察，发现随着第三产业的发展，女性在服务市场比男性具有更大优势，逐渐取代男性承担起外出务工的角色，男性则留守务农。留守丈夫群体分为返乡创业型、代际合作型、乡土眷恋型三种类型。在乡村振兴中，他们是不可忽视的主体。同时，他在《乡村振兴中的农村非正规就业群体：基础与价值——以滇中 G 乡为例》（《南京农业大学学报（社会科学版）》2022 年第 5 期）一文中指出，受制于家庭功能需求和劳动力市场分化双重因素，农村非正规就业群体基本丧失进城正规就业的机会，多嵌入本地灵活的非正规就业体系。农村非正规就业群体作为当前农村人数较多、较为活跃的群体，在乡村振兴中发挥着经济性、家庭性、治理性和社会性多重功能，具体表现在助力农业规模化经营、增加家庭双重收入、成为国家与乡村中间人和形塑乡村振兴新秩序等方面，成为乡村振兴的"第三主体"。田雪青、张晨明在《他乡异客："市民下乡"背景下乡村空间重构》（《湖北民族大学学报（哲学社会科学版）》2022 年第 5 期）一文中注意到市民下乡对边疆乡村空间带来的影响。尽管市民空间实践行动为村庄发展带来了新的活力，但处于共居生活空间的市民与村民仍因生活方式的多重差异而产生区隔。因此，作为乡村振兴主体的村民需发挥能动性，积极重塑乡村凝聚力，解构被塑造的"媒介化乡村"想象，重拾自身话语权的同时重构乡村主体性。

第三，边疆农村基础设施建设。朱凌飞、吉娜在《道路、集市与乡村现代性：乡村振兴视域下滇西北聚落皆菊的个案研究》（《广西民族大学学报（哲学社会科学版）》2022 年第 3 期）一文中探讨了路和集市在边疆民族地区乡村振兴及其现代性的建构中发挥着的重要作用。道路带来的流通使乡村社会呈现出"离心"或"向心"的倾向，不断调整着人们与其生存空间及外部世界的关系。而集市的集散功能使其成为一个交互空间，对周边村社发挥着连接和辐射的作用，形成了一种吸附和积聚的效应。马翀炜、孙东波在《项目的刚性嵌入及其后果——以哈尼族大沟村治污项目为中心的人类学讨论》（《贵州社会科学》2022 年第 1 期）一文中指出，从 H 县大沟哈尼族村寨的治污项目实施产生的非企及结果中发现，旨在提供公共服务、改善民生的乡村治理项目的实施只有在得到村民充分理解、与村民充分协商、使村民整体参与的条件下才能避免异化为一种单纯追求经济利益的刚性嵌入行为。

第四，边疆乡村社会治理。李德顺、李开在《空间再造视野下乡村治理的理论逻辑与实践路径——基于对 M 村的调查分析》（《思想战线》2022 年第 6 期）一文中运用当代社会学空间理论，从空间再造的角度解析乡村治理中诸因素的整合，以及乡村社会关系调整的理论逻辑。陈鲁雁、吴童在《柔性政策动员：乡村治理中农户参与的实现机制——以独龙江乡草果产业为例》（《云南民族大学学报（哲学社会科学版）》2022 年第 3 期）一文中探讨了当前边疆基层治理现代化建设中的政策动员问题，并提出柔性政策动员：基层政权、地方精英与普通农户形成了目标一致、行动各异的动员分工，共同构成责任有限、功能互补的行动网络。何阳、王俊在《农村人民调解解纷效能变化机理及增效策略——基于"三治"环境的分析框架》（《湖南农业大学学报（社会科学版）》2022 年第 1 期）一文中研究发现，新时代国家增强边疆农村人民调解解纷效能需要高度重视调解环境要素，树立自治、法治、德治环境有机平衡的立法理念，坚持农村人民调解村民自治属性，提升农村人民调解员法律素养，引导农村人民调解德治环境回归。严云鹤、高万红在《对口支援中的社会工作参与》（《贵州民族研究》2022 年第 4 期）一文中分析了对口支援中的社会工作参与，并提出相比于其他支援形式，社会工作模式立足社会场域，在理念、内容、方法上具有创新性，社会工作对口援疆实践表明，社会工作参与模式也适用于其他对口支援工作，具有广阔的运用空间。

第五，边疆社会发展中的土地问题。谢晓洁、崔江红在《土地资本化对村改居社区社会阶层的重塑》(《北京社会科学》2022年第3期)一文中基于村改居社区"云南玉村"的个案调查，发现土地资本化增加了村改居社区资本的有效供给，最大限度地发挥并创造出更大的财富，使土地不再是一种生存保障或集体福利，转而成为村改居社区成员财富分化及阶层重塑的载体。文章建议，在快速城镇化过程中，应从土地资本化的角度进行适当干预。刘波在《深嵌于社会关系与文化网络中的农地流转——滇西南上村调查研究》(《北方民族大学学报》2022年第1期)一文中对农地流转展开了研究，发现在"三权分置"条件下，边疆农地流转依然有限。其原因并非产权不清、流转制度不健全，而在于它并非纯粹的经济要素，农户依照社会惯习为家庭留后路。地方社会关系和文化网络并不妨碍土地流转，相反，有助于降低土地流转交易成本，化解社会矛盾，维持农地经营权动态稳定。因此，合理利用社会文化资源，方能让土地流转顺利且平稳，落实小农户与现代农业衔接这一国家目标。

第六，边疆乡村文化助力乡村振兴。秦会朵、范建华在《文化产业助力乡村全面振兴的内在逻辑与实践路径》(《理论月刊》2022年第6期)一文中指出，应挖掘优秀乡土文化，活化农耕文化，传承非物质文化遗产，培育新乡贤文化，实现乡村治理结构的科学性、合理性与可持续性，形成乡村自治、法治、德治三位一体的基层治理体系等具体的目标与措施。闻云峰在《艺术乡建：少数民族地区乡村文化振兴的实践路径——以云南省洱源县松鹤村为研究个案》(《贵州民族研究》2022年第4期)一文中通过对云南省松鹤村的个案研究指出，村民"自者立场"上的主体性发挥、民族艺术资源的传承与保护、乡贤文化的培育、专业传习所的创办是乡村振兴战略下艺术介入美丽乡村文化建设的实践路径。杨志玲、赵阳在《社会资本参与乡村公共文化服务：因素、路径与发展策略》(《河南社会科学》2022年第12期)一文中分析了当前边疆乡村文化管理体制，指出推动社会资本增效乡村社会文化服务，需要顶层规划设计合理的投资回报机制，建立政府主导监管的绩效考核体系，持续打造精品类、原创性特色乡村文化IP，鼓励社会资本托管、经营使用原有文化设施。唐俊、徐祖祥在《空间表征与象征秩序：桂西南壮族乡村治理中传统文化的现代价值重塑》(《云南民族大学学报(哲学社会科学版)》2022年第2期)一文中指出，桂西南壮族地区传统文化与乡村治理的多维耦合空间，表征出"文化空间""空间表征""象征秩序"等维度的空间生产特性。在新时代"共建共治共享"社会治理制度、"自治法治德治"结合的基层治理体系中，应调动个体实践能动性、内在价值动能性、社会互动礼俗性。

三、西南民族地区老龄化

当前我国人口发展呈现少子化、老龄化、区域人口增减分化的趋势性特征。随着老龄化进程的加快，"银发浪潮"将会给我们的社会带来诸多问题和挑战。云南学者对此展开了分析和研究。

第一，西南民族地区养老问题。王彦斌、盛莉波、袁青欢在《以医促养服务体系构建——基于西南中部农村千名老人调查的探索》(社会科学文献出版社2022年版)一书中以西南中部农村千名老年人的"医养"需求为核心，依据其养老特征以及医养资源之间的供需矛盾，明确了"医养结合的实质是以医促养"的基本思路。

第二，西南民族地区老年文化服务问题。李艳华在《助力应对城市化挑战——转型社区老年文化服务行动研究》(光明日报出版社2022年版)一书中探讨了在少数民族转型社区如何以资产建设为本开展老年文化服务，通过发掘社区文化资源和运用文化要素助力老年人应对城市化挑战，从而增进老年人的文化福利，提高老年人的生活质量。

四、移民与边疆社会治理

云南地处祖国西南边陲，移民问题一直是边疆社会治理中的一个重要问题。2022年云南社会学界一方面持续关注云南区域内的边境社会治理问题,另一方面也通过对移民问题的研究,丰富了我们对相关问题的认识和理解。

第一,边民身份认同。陈民炎在《重写边民:基于西南边境地区的人类学研究经验》(《贵州民族研究》2022年第3期)一文中通过回溯边民在中国传统书写体系下的意象、民国时期"边政学时代"西南边疆社会调查中的边民形象,以及当下西南边境地区边民的日常生活经验等内容,试图呈现边民的多重意象,继而实现对西南边疆社会的新认知。某种程度上,国家治理模式以及外在话语表述机制、边界本身在不断地形塑着边民的形象。对于边民、边疆社会已经形成一种话语,一种表述权威,塑造着边疆及其边疆社会本身。她指出,边民概念具有人文建构性,这个概念范式只是国家治理边境地区所建构的一套话语体系的政治表征。最重要的是作为自我如何认识自己,生活在西南边疆社会的人们作为主体的自我与客体的他者——地方社会、他者世界不断地进行远近经验交织、互文而确认自我的建构过程。朱凌飞、陈滢至在《边界地方感与边民身份建构:以中缅边境猴桥口岸黑泥塘村为例》(《云南师范大学学报(哲学社会科学版)》2022年第2期)一文中以中缅边境猴桥口岸黑泥塘村为例,探讨了边界地方感与边民身份建构问题,发现黑泥塘村在观念的沿袭、族群的融合、社会关系的调整以及空间层面的内外关联中所产生的边缘性,因国家边界基础设施的建设和使用而形塑了特殊的边界地方感,而当地人也在多种形式的边界实践中建构起明确而稳定的身份意识和国家认同。因此,边地意识和国家认同并非必然对立,在特定条件下是可以相互建构的。

第二,边境人口流动。罗红霞、朱星雨在《西南边境流动人口居留意愿的变化趋势研究——基于CMDS 2012—2018数据的分析》(《南方人口》2022年第6期)一文中基于CMDS 2012—2018和年鉴数据,采用Arcgis可视化和Stata回归分析发现:在空间分布上,边境县域流动人口居留意愿总体走低,与内地呈"剪刀差"趋势,局地分为"虚空化型"、"稳定型"、"波动型"和"聚集型";经济聚集高于人口聚集的县域居留意愿更高。在人群分型上,边境县域多吸引受教育程度低的人口。在流动范围上,迁入以省内跨市流动为主,迁出以向东部跨省为主。因此,"经济人""社会人"属性共同作用于该群体的居留意愿,"逆虚空化"政策调适需推动流动人口的经济融合与社会融合。

第三,跨边界生计。随着许多国家间边界的开放,作为政治、经济、文化、社会要素相互叠加和交错的边界空间正在被激活。沈海梅、陈晓艺在《跨边界生计研究的国际人类学新议题》(《云南师范大学学报(哲学社会科学版)》2022年第2期)一文中通过对国际人类学界有关跨边界生计研究进行梳理,围绕跨边界生计的相关议题和理论观点,提炼出跨边界生计的概念,概括跨境商贸、跨境种植、跨境务工等跨边界生计主要类型。她们认为,跨边界生计因适应跨越界线、利用边界、整合各种资源而形成,具有不对称性、流动性以及脆弱性等特征,是一种不同于人类以往传统生计的新生计类型,需要用更复杂和动态的方式来看待跨边界生计。

第四,边疆空间治理。王越平、高鹏宇在《"异域"商街的例外治理:河口县越南街的空间建构与演化研究》(《贵州民族研究》2022年第3期)一文中以河口县越南街道为例,探讨了边界地区的例外状态以及例外空间的建构,指出现代民族国家边境地区边界的开放与开发形成了跨境经济合作区、沿边开放试验区、自由贸易区等具有例外意蕴的空间,对于这些空间的放权并不是国家主权的消落,也不全是新自由主义下市场全面渗入的后果,相反是在全球化下主权实践方式由单一走向多样、主权内涵由本质化向实质化转变的结果。方伟杰在《道路建设与边疆的"中心化":对中老边境云南磨憨的路人类学研究》(《北方民族大学学报》2022年第5期)一文中探讨了磨憨道路发展史,对传统道路、国道、高速公路和国际铁路分别与磨憨社会空间的地方性、依附性、流动性及全球化紧密关系进行了分析，指出区位视角下的"中心"和"边缘"是社会文化历时性建构的结果，但随着社会发展而发生转换，现代化的道路建设对于地处传统区位条件下的边疆产生"中心化"的影响。道路建设增强了边疆民族地区向国家中心地区依附、靠拢和融合的向心力，强化了边疆连接境内与关外的"通道"身份，推动边疆成为国家对外开放的前沿。

第五，跨国贸易及其社会治理影响。许庆红等出版的著作《中国与湄公河五国民心相通研究》（中国社会科学出版社 2022 年版），根据 2018—2019 年海外中国企业与员工调查（OCESS）结果，对缅甸、老挝、柬埔寨、泰国、越南中资企业东道国员工对中国及中国人的认知、情感及行为倾向三个维度进行了系统分析，对中国与湄公河各国民心相通的重点领域和合作方向提出政策建议。同时，许庆红等著的《企聚丝路：海外中国企业高质量发展调查.马来西亚》（中国社会科学出版社 2022 年版）一书基于马来西亚不同地区和行业的数十家中资企业及千名马来西亚员工的问卷调查，全面呈现了当前中资企业赴马来西亚的投资现状和营商环境。

第六，国内移民研究。移民搬迁问题一直是云南学者关注的重点领域。陆海发在《秩序冲突与统合：易地扶贫搬迁自发随迁移民治理研究——基于对云南省 S 区的调查》（《湖北民族大学学报（哲学社会科学版）》2022 年第 1 期）一文中基于对云南省 S 区的实地调查发现，随迁移民秩序与现行制度秩序产生了严重冲突，不仅使自发随迁移民在政治权利、公共服务分享、社会心理等方面陷入边缘性处境，也在一定程度上造成对生态环境、土地资源保护、社会管理等制度秩序的挑战，从治理的实际需要来看，应明确问题的性质和政府责任，以针对性政策设计、务实的治理主体间合作促进自发随迁移民秩序统合于制度秩序，保障地方社会的长治久安。张梦尧则在《三江源地区生态移民生计转型与心理适应——以青海智格日村为个案》（《北方民族大学学报》2022 年第 5 期）一文中从人类学的跨文化适应模式研究出发，分析了智格日村移民的生计转型和心理适应状况。

第七，国际移民研究。陈雪在《从"优势移民"到跨国"摆渡人"：欧美外侨在昆明的日常实践与身份转变》（《思想战线》2022 年第 6 期）一文中关注了欧美外侨在昆明的日常实践和身份转变问题。人口总数不多的欧美外侨在昆明依然享有一定的弹性优势，但优势的空间不断被压缩。面对优势危机，以企业家为代表的一部分欧美外侨主动完成身份转换和行动实践，将自我塑造为跨国"摆渡人"。通过走出相对封闭的"侨民气泡"，深度融入本土社会，将本土知识与原有的西方知识整合起来，积累了在地发展的新资本。李涛在《当代伊朗向马来西亚移民的由来与特点》（《世界民族》2022 年第 1 期）一文中关注了近几十年来马来西亚境内的伊朗移民。通过研究分析伊朗移民大致经历的三个迁移阶段，他发现，目前伊朗移民主要是以政治避难者、宗教难民、留学生和经济移民为主，该移民群体的形成是伊马两国多重内外因素而致。马来西亚的海外伊朗人具有移民结构与分布复杂且多元，职业范围较窄，经济能量不大，以祖籍地为连接纽带的社团网络薄弱，以及非法活动成为社会关注焦点等特点。游天龙、周敏在《并行嵌入：国际移民创业理论的新模型》（《世界民族》2022 年第 3 期）一文中通过系统梳理国际移民社会学以及移民创业实证研究的相关文献，指出现有的"少数族群经济理论"过于强调"族群性"而忽视了结构性因素对移民创业的影响；"竞争劣势理论"强调了结构性因素但却无法解释移民创业的向上流动性作用；"双层互动模型"虽然较好地融合了前两个理论但却没有突出市场和政府的影响；"混合嵌入模型"虽然充分考虑了移民创业者在移居国受到的个体、市场、政策三层影响，但却没有考虑他们也同时受到祖籍国的类似影响。在此基础上，结合当下全球化的大背景和跨国主义视角，他们提出了"并行嵌入"的新模型。

五、民族地区社会文化

在推进习近平总书记强调的"文化自信""自强"研究方面，如何发展文化旅游和保护民族文化遗产，成了2022年云南学界民族地区社会文化研究的重点。

第一，民族文化旅游发展。刘宏芳、明庆忠、韩璐在《民族旅游小镇地方性生产的阶段性"蝶变"及特征研究——以云南省大理市双廊镇为例》（《地域研究与开发》2022年第5期）一文中以地方性生产为主线、以大理市双廊镇为研究对象，采用历时性研究法，以标志性事件为断裂点将其发展分为初始期、探索期、剧烈变化期及整改提升期4个阶段，解析不同阶段地方性生产特征、效应及其发生机理。其研究结果表明：民族旅游小镇地方性生产的主要力量是地方政府引导及新移民地方实践。在经济欠发达的民族旅游小镇，民族文化与时尚文化的创造性转化以及政府对旅游开发的理性管控起着重要作用。黄龙光、杨晖在《文化空间视野下特色旅游小镇的民俗文化公共实践》（《民俗研究》2022年第5期）一文中探讨了旅游小镇的民俗文化公共实践。特色旅游小镇是一个生活与旅游、传统与现代、自观与他观、内向与外向、祛魅与赋魅、传承与传播等特征混融交织的多元立体文化空间，其民俗文化的根基性与民俗旅游的情境性因内外需求叠加而时空交集。特色旅游小镇民俗文化公共实践是基于地方而超越地方的，具有典型的跨界、公共、实践等属性。

第二，民族文化遗产保护。邓玉函、蔡春静在《自然共生与技术塑造：古六大茶山农业文化遗产景观的形成》（《湖北民族大学学报（哲学社会科学版）》2022年第3期）一文中对西双版纳古六大茶山农业文化遗产的形成进行了研究。她们发现，茶山农业文化遗产景观依托得天独厚的自然环境，利用"技术"这一先决要素发展相应的地方性知识，结合当地各少数民族自然共生的文化理念共同维系构建，是当地茶农、茶商与其所处环境协同进化与适应的结果。

六、西南社会人类学

以云南为中心的西南社会，一直是深受社会学"魁阁学派"影响的人类学研究重镇。2022年西南社会的人类学研究，仍是兼容并蓄地呈现出与民族社会学交叉的特点。

第一，民族交往交流交融。族际通婚是衡量民族交往交流交融的重要指标之一，晏月平、李昀东、张舒贤、徐岗程在《民族交融视角下云南省流动人口族际通婚变迁（2011—2018）》（《贵州民族研究》2022年第3期）一文中通过对云南省与全国流动人口的族际通婚进程比较研究，分析发现：流动人口族际通婚率逐年上升；流动人口族际通婚中婚姻匹配逐渐趋向同质性婚姻；流动人口族际通婚圈进一步扩大。总体上民族交融程度逐渐加深，交融范围逐渐变宽，交往频率逐渐增多，交往方式愈加多元化。

第二，社会身份与文化认同。陈曦、陈双美在《"玩灯"：艺术感官体验与乡村社会治理》（《民族艺术研究》2022年第3期）一文中对呈贡花灯进行了研究，发现呈贡花灯戏的"灯味""好笑""让人落泪"等这类艺术感官体验指向特定空间的情感和社会关系，可成为一条社区共享的情感纽带，调动地缘亲缘等传统资源，激发乡村社会治理的内驱力；人们通过"玩灯"完成对自身社会身份的重构和认同，修复曾经断裂的人际交往网络，增强自身的获得感和幸福感，从而促进乡村社会治理的进行。

第三，社会仪式。嘉日姆几在《仪式过度及其理论——以一位彝族患者的仪式治疗史为例》（《开放时代》2022年第6期）一文中探讨了仪式医疗中过度治疗的观念与实践，指出彝族人用一种特殊的"吐槽"仪式来疏导话语"臃肿"，将其转换为具有心理意义的治疗话语，仪式过度的解除是一种在过度中重启心理建设的过渡性方案。仪式过度内在地含有生活史视角，它既是一种治疗方法也是一种认识方法。同时，他与杨大川还在《仪式中的"修复"——一项关于凉山彝族精神疾病观的人类学研究》（《社会学评论》2022年第4期）一文中通过凉山彝族精神疾病观的人类学研究，探讨了仪式中的"修复"问题，从识别、分类、仪轨和构成要素等方面对此精神疾病观的仪式性"存在"进行学理建构，并呈现相关知识状态及其价值，为精神症状的差异性理解提供了新的地方性知识。

第四，礼俗互动。以"礼"为核心的中华传统文化，无论是作为社会实在还是话语形式，始终与"俗"相辅相成，代表了传统中国社会与文化普遍性及其特殊性。礼俗互动的研究范式旨在探讨文化多元性、多层次性的社会机制，并在多样化的社会差异中找寻中国社会及其文化的同一性。杨晓薇在《论中华民族文化的共同性——以白族"礼俗互动"为视角》（《民族学刊》2022年第2期）一文中指出，白族作为"中华民族"的一分子，自古深受儒家思想影响，亦是儒释道融合的民间典型之一，有着中华民族文化的共性。文章指出，把白族礼俗互动的文化特质放在整个中华民族文化传统中来讨论，目的在于从中挖掘少数民族文化与中华民族文化的同一性，也意在追溯各民族交往交流交融的历史起点，从而在铸牢中华民族共同体意识的时代诉求中实现传统与现代的对话。董秀团、王丽清在《西南情境下的礼俗多维互动及其社会整合功能——以大理巍山彝族土主文化为中心的考察》（《思想战线》2022年第4期）一文中指出，中华民族共同体意识的形成过程是各民族文化互动整合的过程，"礼俗互动"拓展了审视文化互动整合关系的视野。西南情境下的"礼俗互动"具有特殊的边缘形态，呈现出外族与内族、上层与下层、中心与边缘、国家与地方、传统与现代等多维互动的结构模式。

七、社会性别

社会性别一直以来都是社会学所关注的重点，而其中又多以女性为研究讨论的对象。2022年云南社会学界也有一定的研究成果聚焦此类议题。陈雪、张畅在《并非"自由的火炬"——20世纪美国女性卷烟消费话语与女性主义浪潮的互文关系》（《开放时代》2022年第3期）一文中梳理分析了20世纪以来女性卷烟消费的话语变化与女性主义浪潮之间的关系。她们指出：美国烟草商借助第一波与第二波女性主义浪潮，通过营销策略将女性消费卷烟从社会禁忌转变为具有解放象征意义的"自由火炬"；20世纪80年代以后，伴随控烟运动的兴起与第三波女性主义浪潮主题的转变，面向女性的卷烟营销逐渐脱离女性主义语境。回顾卷烟这一有害健康的现代产品和女性主义浪潮之间构建的消费话语，有利于回应、反思有关消费话语与女性赋权的研究。消费话语确实可能成为女性主体表达和自我实践的方式之一，但女性主义者在被商业和市场"拉拢"的同时，更须认清商业从女性赋权的话语制造中牟利的本质，防止以"赋权女性"为名的消费话语可能带来的异化。孙信茹、钱浩在《生命历程与技术想象：独龙族女性手机使用的媒介人类学研究》（《新闻与写作》2022年第2期）一文中探讨了独龙族女性手机的使用情况。她们通过采用线上和线下相结合的调查方式，对云南省怒江州独龙族村落女性生命历程中的重要节点和社交媒体的使用进行观察和访谈，以呈现手机作为一种新技术参与到这些女性恋爱、婚姻、情感等历程中的作用。她们指出，独龙族女性在手机使用过程中将社会技术性想象与生命历程中的重要节点相结合，从而促成她们新的生活方式和想象资源。

（执笔：谭同学　黄瑞）

民族学

2022年，云南民族学界在民族学的各个分支学科及其相关领域开展了大量研究，取得了丰硕成果。学术论文数量较多，学术著作有数十部。这些成果既有关注民族学的理论与方法问题的，也有以民族学为视野，通过田野调查对现实问题进行研究的，还有对重点、热点问题进行专门研究的，特别是对中华民族共同体、民族交往交流交融、民族地区乡村振兴等内容做了深入探讨。同时，云南民族学界还关注世界民族学的动向，对相关议题进行了深入研究。

一、马克思主义民族理论与政策研究

2022年，云南民族学界在马克思主义民族理论与政策方面的研究成果，主要集中于民族理论、民族工作、民族问题、民族团结等方面。

（一）民族理论研究

周平在《改进民族工作须加强民族理论创新》（《贵州民族研究》2022年第6期）一文中指出，在以中国式现代化全面推进中华民族伟大复兴的重大战略部署实施过程中，改进民族工作显得十分迫切，因此有必要对民族理论进行创新，尤其须着力于以下几个方面：对当代中国民族关系的结构和性质进行准确论述；对民族平等、民族团结等基本原则进行新的阐释；对民族区域自治进行完整、准确的论述；对依据西方族际政治理论进行的论述进行必要的反思。何明、王仲黎在《中文语境中"民族"概念的形成与演化》（《广西民族大学学报（哲学社会科学版）》2022年第5期）一文中通过对中文语境中"民族"一词的梳理，指出中文"民族"一词语义的生成、演化史揭示了中文"民族"概念演化与社会变迁、民族实践之间的互动关系。作为"基本概念"的中文"民族"应在马克思主义民族理论指导下进行持续创新，使之成为中外族类概念对话、交流之津梁。周平在《中华民族复兴与民族理论创新》（《四川大学学报（哲学社会科学版）》2022年第5期）一文中认为，在中华民族伟大复兴被确定为国家发展目标的背景下，要根据中华民族复兴的期待，按照铸牢中华民族共同体意识的要求，进行新的理论阐释或赋予其新的内涵，进而推进民族理论的创新发展。

（二）民族工作研究

谭世圆在《连通心灵之旅：1950年云南少数民族国庆参观团考论》（《云南民族大学学报（哲学社会科学版）》2022年第1期）一文中指出，1950年云南少数民族参观团到北京参加国庆观礼，并到内地参观访问，使少数民族参观团成员对中国共产党、中华人民共和国和中国共产党的民族政策的印象由抽象转为具体，深刻地影响了他们对中国共产党、中华人民共和国的认同感，为此后在民族地区开展社会主义改造和社会主义建设奠定了坚实的基础，由此也开启了具有中国特色的民族团结进步事业不断发展并巩固的历程。高朋、朱嫦巧在《社会治理视角下新时代民族工作格局研究》（《北方民族大学学报》2022年第5期）一文中指出，新时代民族工作格局不仅体现了社会治理多主体的特性，更重要的是厘清了各治理主体之间的关系与合作机制，为民族事务治理提供了重要的保障，为社会治理的完善和发展提供了可资借鉴的范例。

（三）民族问题研究

李泉、字振华在《当代中国民族问题综合治理研究》（《学术探索》2022年第5期）一文中认为，民族问题与其他问题的交织促使当代中国民族问题的治理需要以综合性的思维和手段，分清不同性质、不同类型的民族问题，综合分析、分类指导、综合治理。字振华、李泉在《中国当前的民族问题与发展趋势》(《云南社会科学》2022 年第 3 期) 一文中指出：中国当前的民族问题主要包括民族自身发展问题、民族与国家的关系问题、民族间的关系问题、少数民族社会发展问题以及民族政策过程问题等方面；马克思主义民族理论中国化的发展过程中，中国的民族问题呈现出民族问题性质转向、民族问题实践逻辑转向和民族问题空间维度转向三个发展趋势；继续深化马克思主义民族理论中国化包括三个主要原则，即坚持马克思主义民族理论中国化方向、强化国家意识、推进马克思主义民族理论大众化。

(四) 民族团结研究

沈向兴等在《新时代民族团结精神：建构与解析》(《云南社会科学》2022 年第 1 期) 一文中指出，在实现中华民族伟大复兴的战略全局和世界百年未有之大变局背景下，深入探讨新时代民族团结精神对传承和弘扬中华民族精神具有较大的意义。新时代民族团结精神的基本内涵包括：团结一心，永跟党走；亲如一家，共同富裕；多元一体，复兴中华。它有深厚的历史、理论和实践逻辑，对铸牢中华民族共同体意识，推动新时代各民族共同团结奋斗、共同繁荣发展，进而实现中华民族伟大复兴具有重大的现实意义和深远的战略意义，建议在实现中华民族伟大复兴的征程中加快培育和弘扬新时代民族团结精神，以推进新时代民族工作高质量发展。

二、民族学理论与方法及学科建设研究

2022 年，云南民族学界在民族学理论方法及学科建设方面也做了一些探讨。但是总体而言，研究成果有限。

(一) 中国特色民族学研究

段红云在《加快推进新时代中国特色民族学研究转型》(《思想战线》2022 年第 2 期) 一文中认为，应深刻把握新时代中国民族工作的主题主线，深刻领会中国民族学研究转型的历史逻辑和现实需求，加快推动新时代中国特色民族学研究转型，促进吸收借鉴与守正创新相结合、理论研究与应用研究相结合、单一民族研究与中华民族研究相结合、汉文文史资料与少数民族文史资料研究相结合、国内民族研究与海外民族研究相结合，为实现中华民族伟大复兴中国梦作出新的更大贡献。

(二) 民族学理论与话语体系建设问题研究

何明在《"学科性学术"与"问题性学术"的张力及其消解——学术研究的建制化、去建制化与再建制化》(《开放时代》(2022 年第 1 期)) 一文中就"问题学术"与"学科学术"的历史变奏进行了梳理和辨析，提出了问题导向的学术研究再建制化问题。关凯、王铭铭在《"中间圈"、云南与文明互鉴的民族学》(《思想战线》2022 年第 2 期) 一文中就王铭铭教授基于中国东南及西南的田野经验提出的"中间圈"概念及云南民族研究、中国民族学学科发展相关问题展开了对话。

(三) 族群理论研究

马腾嶽在《反思工具论——以白族祖源议题为例》(《思想战线》2022 年第 2 期) 一文中以大理白族为例指出，族群认同研究中工具论者视祖源为行动者的理性选择工具，容易在文本材料的选择与推论上强调流动性，而忽视祖源是人类追溯自身存在的根基性认同，常为个人或群体所坚持。相对于历史文本分析而言，亲属称谓与亲属实践更具有稳定性，因此，民族学/人类学取径开展的相关研究，可以呈现不同的解释观点与事实。

三、中华民族共同体研究

2022 年，云南民族学界就中华民族共同体相关议题开展了多层面、多维度的深入研究，产出了一大批研究成果。

(一) 中华民族研究

周平在《中华民族的国家叙事》(《中华民族共同体研究》2022年第1期) 一文中指出，今天的中华民族是中国历史上频密互动的各个民族经现代构建而形成的，是一个典型的现代民族，即 nation-state 之 nation。中国历史上各民族的交往交流交融并朝着一体方向演进，构成了中华民族的历史形态。经过现代构建而形成的现代民族，则为中华民族的现代形态，二者前后相继、一脉相承。但两种形态皆与国家不可分割地联系在一起，并具有国家属性。因此，对于中华民族的认知如果忽略了它的国家属性，缺乏从国家角度的论述，就无法对其形成全面、完整的认知。谷家荣在《中华民族"石榴籽"模式论》(《中南民族大学学报(人文社会科学版)》2022年第6期) 一文中指出，在长期的历史发展进程中，中华各民族以黄河中下游为文明起点，围绕"华夏"中心深入交往交流交融，最终形成你中有我、我中有你，谁也离不开谁的"石榴籽"模式。中华民族的发生发展本身就是"石榴籽"模式的创构过程。作为一个命运共同体，各族人民在抵御外来侵略和寻求自身发展的救亡图存过程中极大地增强了中华民族意识。在建设有中国特色社会主义现代化的新时代，实现中华民族伟大复兴成为中华民族最伟大的梦想，面对复杂形势，各族人民必须牢固树立正确的价值观，努力铸牢中华民族共同体意识。

(二) 中华民族共同体建设研究

朱军、朱丽蓉在《中华民族共同体建设的多维政治整合机制探析——以"五个认同"为分析中心》(《西南民族大学学报(人文社会科学版)》2022年第4期) 一文中指出，"五个认同"作为中国民族理论与政策的特色话语与概念表述，蕴含多维政治整合机制，这是理解中华民族共同体建设的关键和钥匙。"五个认同"从领土、国民、政党、文化和制度五个方面，深度体现了多民族国家建设的内在逻辑和运行机制，是铸牢中华民族共同体意识的根本遵循和实践原则。郭台辉于《"多元一体"与"一体多元"——中华民族研究的两个命题》(《思想战线》2022年第3期) 一文中在总结中华民族"多元一体"研究进路的基础上，提出"一体多元"的新命题。新命题是基于中华民族的现实与未来追求，倒转"多元一体"命题的逻辑路径与关系次序，二者构成有效的互补性关联。新命题对民族研究领域中的元问题有新的回应，有利于推动中华民族研究的再出发，有着更强烈的时代感和明确的未来追求，不仅肯定"多元"的历史构成，还把百年追求的"一体"理想确认为既成事实，进而为"多元"的稳定夯实基础与保障条件。

(三) 中华民族共同体的历史考察

林超民在《中国历史整体性与中华民族共同体》(《云南师范大学学报(哲学社会科学版)》2022年第1期) 一文中通过考察1963年方国瑜教授发表的题为"论中国历史发展的整体性"的演讲，指出中国历史发展始终是一个整体，历史和现实是一个整体，中原和边疆是一个整体，汉族和少数民族是一个整体，中华民族是一个整体。王文光在《中华民族共同体研究三题》(《云南师范大学学报(哲学社会科学版)》2022年第1期) 一文中从民族史学的角度，分别就从中华民族到中华民族共同体的研究是历史必然、中华民族共同体形成发展的特征、中华民族共同体的属性进行分析探讨。刘正寅在《中华民族共同体形成发展的历史思考》(《云南师范大学学报(哲学社会科学版)》2022年第1期) 一文中通过长时段的历史梳理，指出中华民族共同体是中国悠久历史发展过程中诸多因素交互作用的结果。王文光、胡明在《隋唐时期民族共同体思想与中华民族共同体意识研究》(《思想战线》2022年第3期) 一文中对隋唐时期的民族共同体思想进行了研究，认为隋朝君臣在处理民族问题时提出了"混一戎夏"的民族共同体思想，唐太宗等皇帝在处理民族问题时形成了"天下一家""华夷一家"的民族共同体思想，这些民族共同体思想就是自在的中华民族共同体意识，对于中华民族共同体的形成发展意义重大。潘先林在《融通"自在"与"自觉"："中华民族历史整体发展论"新解——方国瑜〈论中国历史发展的整体性〉之二》(《思想战线》2022年第5期) 一文中就学者提出的"中华民族历史整体发展论"进行了深入阐释，指出其核心观点是：中国历史上始终保持着整体性的社会结构，即中华文明的整体发展；汉族的形成，是中国历史发展成为整体结构的重要因素；秦汉以来中国形成比较稳定的多民族国家，以汉族为主干，汉族与其他各族联系成为一个整体。文章认为"中华民族历史整体发展论"既有利于坚持正确的中华民族历史观，又能够融通"自在"与"自觉"，避免了将中华民族人为区分为"自在"和"自觉"两个发展阶段的割裂式认识。刘正寅在《中华民族共同体意识的历史考察》（《中华民族共同体研究》2022年第1期）一文中指出，中华民族共同体作为一个有着密切内在联系的统一整体，是在历史长河中逐渐形成的，并在中国各民族共同发展中不断发展与巩固。

（四）铸牢中华民族共同体意识研究

李志农、高云松在《云南迪庆各民族中华民族共同体意识生成研究》（《民族研究》2022年第6期）一文中对云南迪庆在1957年建州前的区域史进行考察，从历史、空间与社会三重向度分析了区域内各民族中华民族共同体意识形成和发展中蕴含的共同性与差异性之间的辩证关系。研究发现：在这一历史进程中，各民族的差异性并没有被消解，而是始终在保持其张力的同时被共同性所超越；这一历史辩证法表明"增进共同性、尊重和包容差异性"的民族工作原则对于铸牢中华民族共同体意识的重要意义。杨四代、杜娟在《20世纪早期新式中国通史编纂的背景特征与意义——兼论对中华民族共同体意识自觉之影响》（《云南社会科学》2022年第5期）一文中研究了20世纪早期新式中国通史编纂与中华民族共同体意识自觉之间的关系。廖林燕在《国家在场与认同转换——铸牢中华民族共同体意识下普洱澜沧拜年仪式现代转化分析》（《云南民族大学学报（哲学社会科学版）》2022年第2期）一文中调查研究了普洱澜沧县各民族共同给政府拜年与各民族互相拜年的公共节庆活动，揭示其体现的从"知寨不知国"到"一心向党、团结到底"的历史性转变，以及"国民身份建设"与"民族团结建设"双重进路在西南边疆的实践过程。何阳在《东西部协作铸牢中华民族共同体意识的效果测量及形成机理》（《西南民族大学学报（人文社会科学版）》2022年第12期）一文中以东西部协作为重要抓手，对铸牢中华民族共同体意识的效果测量及形成机理问题进行了研究，探讨从文化逻辑、政治逻辑、经济逻辑推动东西部协作的制度优势转化为铸牢中华民族共同体意识的治理效能。刘永刚、徐飞在《政治仪式铸牢中华民族共同体意识的四个维度》（《西南民族大学学报（人文社会科学版）》2022年第1期）一文中从政治仪式特有的时间性、空间性、公共性、共同性四个维度，分析政治仪式的政治社会化功能，挖掘其承载的共同性价值，拓展其民族共同体建设途径。杨福泉、杨琼珍在《跨族际艺术交融与铸牢中华民族共同体意识之关系——以纳西族为例》（《云南师范大学学报（哲学社会科学版）》2022年第1期）一文中以纳西族为例，审视该族几个重要的艺术门类所蕴含的跨族际交融性，为进一步审视多民族艺术交融在铸牢中华民族共同体意识历史进程中具有的重要意义和积累更多的实证个案提供参考。朱碧波、李恬恬在《中华民族共同体意识的学理解读与铸牢方略》（《中南民族大学学报（人文社会科学版）》2022年第6期）一文中指出，在当前"两个一百年"交汇的时间节点，中华民族共同体意识遭遇多重挑战。面对中华民族共同体意识遭遇的多重冲击，当前我国要充分拥抱融媒时代的多元媒介，不断强化中华知识传播的媒介革命，引导中华知识的深度学习，注重中华文化符号的传承与认同，强化中华文明哲思境界与伦理精髓的阐释。同时，还要建构中华民族共同体伦理奉行和中华个体福祉增进之间的正向激励，通过各民族政治信念的夯实和共享发展的实现，铸牢中华民族共同体意识。宋婧、罗刚在《东南亚回归移民铸牢中华民族共同体意识的内涵特质与实践路径》（《民族学刊》2022年第12期）一文中以新时代铸牢中华民族共同体意识为旨归，考察归侨社区内部多元异质的群体关系以及由此而产生的民族关系调适，探讨多民族归侨社区内部文化差异、多民族动态平衡以及由此产生的认同整合问题，探析回归华侨铸牢中华民族共同体意识的路径举措。方天建在《中华民族共同体意识铸牢中的边地逻辑——基于云南省富宁县边境地区汉彝同村共寨现象的考察》（《民族学刊》2022年第2期）一文中指出，云南省富宁县边境地区普遍客观存在的汉彝同村共寨现象，不仅在跨族群关系建构层面提供了混融共生这一内在共同体意识的形象学理载体，更为中华民族共同体意识在边地社会的客观存在提供了现实实践层面的厚重支撑。

四、民族史学研究

2022年，云南民族学界在民族史学研究方面，主要关注民族交往交流交融史、中华民族历史观、边疆治理与开发史、民族史学理论及区域民族史等领域。

（一）民族交往交流交融史研究

王文光、孙雨蒙在《中华民族交往交流交融的历史维度研究述论》（《贵州社会科学》2022年第11期）一文中从主体、方式出发，从整体上对中华民族交往交流交融史进行研究。王文光、马宜果在《北齐、陈两政权的民族交往交流交融》（《烟台大学学报（哲学社会科学版）》2022年第2期）一文中对魏晋南北朝时期的北齐、陈的民族交往交流交融情况进行研究，发现北齐和北方及东北地区的民族交往交流交融比较多，陈主要是和辖境内的山越、僚人进行交往。陈与海外民族的交往，则主要集中在东北亚和东南亚地区。李晓斌、赵敏在《王朝国家视野下的知识话语生产与多重身份的历史叙事——以诸葛亮的身份建构为例》（《云南民族大学学报（哲学社会科学版）》2022年第5期）一文中指出，从西南民族关系长时段的历史发展看，诸葛亮多重身份历史叙事的历史展现了王朝国家治理下"夷汉"民族交往、交流、交融不断深化的进程。徐俊六在《云南宗祠调查与研究》（中国社会科学出版社2022年版）一书中对滇中、滇南、滇西、滇东与滇东北等地的大量宗祠进行了调查研究，发掘其富含的区域历史、民族文化资源与遗产信息，揭示云南宗祠具有的多元文化特征及多民族文化交融的表征。

（二）中华民族历史观研究

王文光、胡明、马宜果在《中华民族历史观与"四个共同"研究论纲》（《云南民族大学学报（哲学社会科学版）》2022年第3期）一文中指出，"四个共同"论述中包含着深刻的中华民族历史观。以"四个共同"为前提追溯中华各民族的动态关系，可以避免对中华民族进行简单"一体"的讨论，从而强调中华民族超越差异性的主体性。王文光、马宜果在《元朝着意于"汉法治国"》（《历史评论》2022年第2期）一文中指出，在"大一统"思想的基础上，元朝君臣认为"华夷"是可以互变的。在这样的思想观念之下，元朝把《宋史》《辽史》《金史》同时列为正史，不去强调"华夷之辨"，这正是用大一统思想来指导正史的修撰。

（三）土司问题研究

刘灵坪在《明清云南土司地区赋役征收及少数民族编户问题探析》（《思想战线》2022年第5期）一文中对明清云南土司的编户赋役问题进行了研究，发现元明两朝均已对云南土官、土司征收赋役，并已完成对部分少数民族的编户。文章指出，民族地区编户赋役的实施，是明清王朝国家治理直接深入西南边疆地区的重要标志。沈乾芳在《明清时期史志家谱中关于云贵女土司群体叙事差异及原因探析》（《贵州民族研究》2022年第6期）一文中指出明清时期，活跃在今云贵地区政治舞台上的女土司群体，对地方社会产生过积极影响，其事迹在史志家谱等文献中均有不同记载。受书写者的立场、价值观和知识背景等因素影响，各类文献在叙事方式上存在明显差异。这要求我们在研究这一群体及相关事件时，需根据不同文献性质，加以辨别和考证，力求全面和完整，复原历史真实，充分挖掘她们维护国家统一和民族团结的优良作风，为当今社会发展中女性参与国家和地方建设提供借鉴。

（四）民族史研究理论与方法问题探讨

李艳峰在《习近平"四个共同"重要论述对新时代中国民族史研究范式转换的方法论价值》（《云南社会科学》2022年第2期）一文中指出，从中国民族史研究学术史的发展看，基于中国历史实践的习近平"四个共同"重要论述作为方法论，对于实现新时代中国民族史研究的范式转换，重新构建中国民族史研究的叙述重点和展开主线，从而深刻揭示贯穿中国各民族形成、发展脉络中共同体属性逐渐萌生并不断增强的历史客观性，深刻揭示长时段历史进程中中国各民族的演化流变过程与中华民族共同体形成发展之间的内在同一性，具有重大的理论指导价值。罗勇在《民族史的他者表述和自我表述：以巍山彝族史为例》（《湖北民族大学学报（哲学社会科学版）》2022年第6期）一文中以大理巍山彝族史为例，探讨民族史的他者表述与自我表述的内容及二者之间的关系，指出：他者表述是以地方志为主的历史文献以及非彝族学者撰写的民族史；自我表述是彝族自身关于本民族历史的表述，包括普通民众的口头传说、仪式以及知识分子撰写的民族史。普通民众对自我表述缺乏解释，但知识分子会用他者表述来解释普通民众的自我表述。总体上，巍山彝族史的自我表述受他者表述的影响，没有超越民族客观性的本质。覃延佳在《体用相济：全面抗战时期杨成志的边疆民族理论与学科建设规划》（《原生态民族文化学刊》2022年第1期）一文中指出，全面抗战时期，杨成志一方面在理论上展开探索，认为民族与边疆不可分离，强调以"大中华民族"为核心的民族研究对于现代中国国家建设的重要性；另一方面，针对西南边疆建设的重点，他围绕边疆学、人类学等相关学科制定了科学详细的学科建设规划，为边疆建设输送不同类型的人才。

（五）边疆治理与开发史研究

罗群、黄丰富在《"使重臣治其事"——元至清初云南边政体制嬗变与边疆治理研究》（《云南社会科学》2022年第1期）一文中指出，元灭大理国后将云南纳入版图，并实现了云南与内地在省级行政区划上的统一。"使重臣治其事"是元至清初中原王朝治理云南边疆的重要理念，各个阶段前后相继而又多有更张，共同推动了中原王朝治理云南边疆的不断深化，使云南边政最终实现内地化。张述友、王世丽在《爨僰军与元朝的西南边疆治理》（《湖北民族大学学报（哲学社会科学版）》2022年第1期）一文中指出，爨僰军作为元代西南乡兵，经历了大蒙古国时期的军事征讨、元初屯田守土、元中后期演变为普通民众的三个发展阶段。元朝对以爨僰军为代表的乡兵运用是成功的，乡兵是元朝稳定和发展西南、东北、东南陆疆与海疆的重要辅助力量。周智生、李铭在《清前期滇军入藏与川滇藏协同发展格局的形成》（《民族研究》2022年第4期）一文中指出，清前期滇军入藏既是清廷在大一统政治格局中加强边疆治理的重要举措，也是保证川滇统筹协同安藏的基本前提，由此拉开了川滇藏安防一体建设的序幕。滇军三次入藏支援平叛，不仅维护了边疆安定，而且对于加强滇藏交通建设、促进滇藏贸易发展、深化各民族交往交流交融起到了桥梁和纽带作用，对滇藏关系发展产生了深远的历史影响。杨亚东在《清前期中央王朝云南治理变革及其对边疆社会发展的影响》（《西南民族大学学报（人文社会科学版）》2022年第2期）一文中指出，清前期通过政治、土地、赋役、教育等一系列变革，云南政治、经济、社会、文化诸方面的"内地化"程度大大加深，清廷真正有效掌握了云南的行政权、经济权与文化权。与此同时，"云南人"也逐渐摆脱数千年"夷人""蛮夷""夷僰"的角色和称谓，融入中华民族"多元一体"的发展格局中。祁志浩在《民夷安帖：清代云南社仓及其边疆治理意义》（《思想战线》2022年第3期）一文中指出，随着建制化推行普及社仓，清代云南社仓在与边疆少数民族的日常合作中，达成信任关系，缔造认同意识，其实际已默化为边疆治理的有效工具。戴龙辉在（《从边俸到边缺：清代边疆官员选任中的制度演替》《云南社会科学》2022年第1期）一文中指出，清代，从边俸到边缺的发展过程，是边疆治理深化的重要表现。朱映占、张晗在《近代中国西南地区的垦荒构想与实践研究》（《西南民族大学学报（人文社会科学版）》2022年第6期）一文中指出，作为近代政府治理的重要举措之一，中国西南地区的垦荒构想与实践所产生的经验与教训为我们今天推动西南地区的土地利用与社会治理工作提供了参照和启示。罗群在《边疆开发与建设的"西南模式"——以民国云南植棉业为中心的讨论》（《思想战线》2022年第5期）一文中指出，民国时期云南植棉业的发展，揭示了在国家化整合的前提下，开发边疆与中华民族复兴密不可分，同时交织着中央与地方实力集团的博弈。

（六）区域民族史研究

朱映占、张晗著的《南方丝绸之路研究丛书·民族历史卷》（安徽人民出版社 2022 年版）一书以南方丝绸之路的兴起、发展演变为线索，追溯沿线中国西南地区民族的历史。罗勇在《宋代大理国郡望现象研究》（《中央民族大学学报（哲学社会科学版）》2022 年第 2 期）一文中指出，宋代大理国的郡望来源于历代中原进入云南的移民以及大理国时期与宋朝的文化交流，反映了历史上西南边疆地区的居民对中华文化的认同。李宇舟在《大理国时期乌蛮聚落的城镇化》（《云南师范大学学报（哲学社会科学版）》2022 年第 3 期）一文中指出，大理国把更加广泛的乌蛮系统民族纳入王国的区划统治体系当中，造成了众多乌蛮部落向基层行政单元的转化，出现乌蛮聚落城镇化的倾向，从而极大地促进了宋代中国西南边疆民族"初级统一体"的形成，加快了西南边疆乌蛮系统民族融入"中华民族共同体"的历史进程。

五、民族人类学研究

2022 年，云南民族学界从人类学的视野开展的研究，主要涉及旅游人类学、婚姻家庭与亲属制度、民族生态学、仪式、民族志影像、口岸人类学、历史人类学等方面。

（一）旅游人类学研究

赵红梅在《旅游者隐喻：西方旅游人类学的认识论困境及其反思》（《云南师范大学学报（哲学社会科学版）》2022 年第 1 期）一文中分别从人类学领域和旅游领域对西方旅游人类学所面临的困境进行分析和研究，认为对主流人类学而言，现代旅游现象可能是其反思经验与田野调查方法得以应用与深化的实验场之一。光映炯在《国外旅游表演研究动态：基于具身表演实践的多感官旅游体验》（《湖北民族大学学报（哲学社会科学版）》2022 年第 4 期）一文中指出，自 20 世纪 90 年代国外旅游表演研究转向以来，旅游表演已形成旅游研究的一种新理论域，旅游表演也是旅游体验的一种理解路径，旅游体验即一种有表演意义的具身实践体验，旅游表演的日常实践通过延长时间延伸了旅游体验并构建后旅游体验，但要注意规避其日常实践造成的旅游表演研究泛化问题。

（二）婚姻家庭与亲属制度研究

黄彩文、丁桂芳在《田野反思与跨时空对话——云南永胜彝族他留人婚姻制度再研究》（《原生态民族文化学刊》2022 年第 3 期）一文中基于长期深入的田野调查，通过对他留人婚姻制度的深度描绘和重新解读，发现他留社会隐藏于动荡与自由的婚姻制度之下的禁忌和规则，探寻出他留人社会制度与两性关系之间的内在逻辑，并对汪宁生半个世纪前的疑惑做出了回应。黄彩文、叶黑龙在《寻根：西盟佤族外来新娘认"娘家"研究》（《湖北民族大学学报（哲学社会科学版）》2022 年第 3 期）一文中指出，在嫁入地认"娘家"不仅是佤族社会亲属关系的再生产和延伸，也是外来新娘融入当地社会的一种策略，是亲属关系双方进行"实践的亲属关系"的共同选择。

（三）民族生态学研究

尹仑在《民族生态习惯法与生物多样性保护：理论、价值和途径》（《原生态民族文化学刊》2022 年第 5 期）一文中指出，民族生态习惯法不仅是对通常理解的动植物进行保护的习惯法，而且还是对遗传资源进行有效分类、管理和促进的习惯法。

（四）仪式研究

董继梅在《乡村社会转型中仪式的展演与社会记忆的建构——基于对大理莀村"接天子"仪式的调查》（《贵州民族研究》2022 年第 1 期）一文中指出，乡村社会的仪式展演讲述了村落的历史与社会，诠释与重构了村落的社会记忆。村民通过操演仪式、讲述神话等方式叙述过去，以形塑乡村社会秩序，维系乡村社会结构的持续性。大理莾村的"接天子"仪式作为一种独具特色的白族本主崇拜仪式现象，用社会记忆理论对这一具有较强历史感的仪式实践进行剖析，可以更好地理解大理白族传统文化得以保存的社会机制，以及记忆实践对群体认同的强化作用，由此可以进一步探讨民族传统文化在当代社会的适应性机制。

（五）民族志影像研究

朱晓阳在《诗性与民族志影像的田野工作：从〈故乡〉〈滇池东岸〉到〈老村〉》（《民族艺术》2022年第4期）一文中通过分析《故乡》《滇池东岸》《老村》等三部民族志电影，讨论"诗"与民族志影像的田野工作及其后期编织自然成为影像民族志研究的重要方面。

（六）口岸人类学研究

朱凌飞、陈滢至在《边界地方感与边民身份建构：以中缅边境猴桥口岸黑泥塘村为例》（《云南师范大学学报（哲学社会科学版）》2022年第2期）一文中指出，边界地方感与国家认同的深度融合，对于边疆的安全、稳定和发展具有积极的意义。曹贵雄、冯润在《中老边境口岸的特点及发展策略》（《贵州民族研究》2022年第3期）一文中指出，中国与老挝长期秉承着"好邻居、好朋友、好同志、好伙伴"的友好关系，边境口岸发展具有天然的优势和无限的潜力。中老边境口岸发展呈"一口岸多通道、一铁路促发展、一体制多跨境"的三大优势。实地调研发现"双边会晤合作机制不健全、基础设施薄弱、口岸等级偏低"等问题制约了口岸的发展。为此，文章提出了建立健全双边会晤合作机制、改善口岸基础设施、加快口岸改造升格等建议。

（七）历史人类学研究

杨文辉在《暴君·神祇·祖先——杨干贞形象嬗变的历史人类学讨论》（《原生态民族文化学刊》2022年第4期）一文中指出，大理国建立之前的大义宁国国王杨干贞的形象，呈现出暴君、神祇（本主）与英雄祖先的不同面相，并且不同的形象建构处于"各自表述"的状态，反映出精英的文字书写与民众精神世界诉求"并行不悖"的文化生态。杨江林在《晚清滇西边地的王骥崇拜与国家整合》（《中央民族大学学报（哲学社会科学版）》2022年第5期）一文中指出，明代的王骥以"威震滇西，保境安民"的形象融入滇西边地三崇信仰，并被奉为迤西、滇缅一带最大保护神。晚清以降，基于三崇信仰的王骥崇拜是滇西边地自下而上国家整合的重要内容，是边疆民族社会通过运用象征王朝国家大一统的文化元素来表述国家认同。同时，也与国家在面对边疆危机时自上而下地向西深入密不可分，并通过盐务来加强对滇西土司的管控，以维护边疆社会的稳定。

六、民族经济与民族地区社会治理研究

2022年，民族经济与民族地区社会治理方面的议题关注的研究人员多，研究成果丰富多样，内容涉及面广。

（一）民族地区脱贫经验总结及共同富裕研究

张翠霞著的《云南人口较少民族贫困治理：理论与实践》（社会科学文献出版社2022年版）一书对云南8个人口较少民族脱贫与发展的政策、实践、经验等进行了调查、分析和研究，探索其模式，提炼其路径、经验和启示，并对民族地区脱贫成效巩固及乡村振兴战略发展提出了具有针对性的对策建议。陆海发在《秩序冲突与统合：易地扶贫搬迁自发随迁移民治理研究——基于对云南省S区的调查》（《湖北民族大学学报（哲学社会科学版）》2022年第1期）一文中指出，基于对云南省S区的实地调查发现，自发随迁移民是易地扶贫搬迁的一种伴生性、自发性移民现象，是在迁出地"推力"和迁入地"拉力"共同作用下形成的，往往与现行制度秩序产生严重冲突，应设计合适的治理之策。罗强强在《在推进共同富裕中铸牢中华民族共同体意识——基于云

南省兰坪县易地搬迁的分析》(《中州学刊》2022年第7期)一文中指出,云南省兰坪县借助国家易地搬迁政策,积极帮助当地各少数民族改变生产观念和生计方式、密切各民族间的经济文化联系等,创新了深度贫困地区民族工作服务管理机制,有效解决了深度贫困地区多民族发展中面临的一系列难题,形成了各民族共建共治共享的社会治理模式,成为民族地区在推进共同富裕中铸牢中华民族共同体意识的实践样本。

(二) 民族地区乡村振兴研究

谭同学在《二元农业格局、生态金融化与山地民族地区乡村振兴——从有机农业的类型与社会层级说起》(《西北民族研究》2022年第4期)一文中对现代有机农业在民族地区乡村振兴中的作用进行了探讨,认为"只有公共资源投入和社会公益行动基于群众路线的民办公助,推动小农迈入现代有机农业门槛,或优化有机农业认证机制以使小农传统有机农业被大市场所承认、信任,方能有助于乡村尤其是山地民族地区乡村的振兴"。韩博、王丽华的《乡村振兴战略下沿边地区基本公共服务绩效评价与提升路径》(《云南师范大学学报(哲学社会科学版)》2022年第3期)一文基于多指标综合评价体系,对沿边9个省区2015—2020年基本公共服务水平进行量化评价,指出存在的不足,并提出应对之策。

(三) 特色产业与地方社会的关系研究

马翀炜、张明华著的《风口箐口:一个哈尼村寨的主客二重奏》(人民出版社2022年版)一书以红河州箐口为例,深入挖掘在物质生活水平得到巨大提升的背景下,当地村民精神世界发生的变革,既有对寻常之物的观照、日常生活的反映,也有对社会结构的分析,还有对文化变迁内在逻辑的探讨。罗丹在《水善利与人相和:哈尼梯田灌溉社会中的族群与秩序》(社会科学文献出版社2022年版)一书中对云南哈尼梯田水资源利用过程中的相关问题进行了分析,对该地区涉及的哈尼族、彝族、傣族等在水资源利用过程中涉及的灌溉制度、组织原则、技术结构和水知识体系等进行了研究。王霞著的《生存实践——西藏农区分工研究》(暨南大学出版社2022年版)一书以历史事件为节点,对西藏扎囊县和贡嘎县藏族社会的分工与社会文化变迁的关系进行调查研究,着重考察生计模式、生产类型和居民利用能源的方式,同时关注内外性别倾向、体能差异、经济贡献等因素,进而描绘当地文化—社会变迁的脉络,构筑劳动过程中人与人之间的关系及其变迁。李何春著的《技艺传承:澜沧江的盐业与地方社会研究》(暨南大学出版社2022年版)一书对澜沧江流域的盐业生产状况以及盐业兴衰导致的社会变迁等进行了全面剖析。王俊在《论云南少数民族特色村寨的可持续发展》(《贵州民族研究》2022年第5期)一文中指出,近年来,云南省以创建少数民族特色村寨为契机,有力地推动了云南民族地区经济繁荣、民族团结和社会稳定。但仍然存在诸多不足,有必要进行改进,从而促进少数民族村寨可持续发展。

(四) 民族地区教育发展研究

杨明洪在《民族地区教育发展模式与援助方式的双重转换——关于"组团式"教育援藏的调查与分析》(《湖北民族大学学报(哲学社会科学版)》2022年第2期)一文中指出,"组团式"教育人才援藏体现了民族地区教育发展模式与援助方式的双重转换,不仅使西藏教育现代化发展站在新的起点上,使受援地区的教育发展获得了新优势,也对其他民族地区教育发展有重要的启示作用。

(五) 民族地区社会结构与经济生活的关系研究

张振伟、张铭南著的《集体的延续:那目寨的社会团结与经济生活》(商务印书馆2022年版)一书通过对那目寨的回访调查,分析在傣族村寨宗教的社会团结功能减弱,婚姻家庭、仪式节庆与日常生活等诸多方面发生变迁的情况下,双向联系的家庭网络和社龄组织成为村社集体延续的主要纽带。杨明洪在《影响边疆经济运行的四维因素论析》(《云南社会科学》2022年第4期)一文中分别阐释经济性、制度性、政治性和历史性等因素对边疆经济的影响机理。

(六) 民族地区日常生活研究

董秀团编的《石龙之声：剑川县沙溪镇石龙村白族村民日志》（学苑出版社 2022 年版）一书以村民日志的形式，通过村民当地人的身份和眼光来观察和记录村中的文化事项，来展现大理石龙村村民的生活状态和生活文化。何海狮、欧阳洁著的《走出去：金秀瑶山手机媒介应用的民族志调查》（商务印书馆 2022 年版）一书就智能手机的使用对广西金秀瑶族日常生活的剧变及其社会空间的重构所产生的作用与影响进行了研究，发现智能手机的使用一方面深刻改变了瑶族内部的人际交往与社会互动的方式，另一方面也大大加强了瑶山内外的交流。

(七) 民族地区乡村与社会治理研究

王万平、于明慧在《边疆民族地区乡村治理共同体建设路径研究——基于西双版纳傣族自治州勐润村的案例》（《湖北民族大学学报（哲学社会科学版）》2022 年第 1 期）一文中指出，西双版纳勐润村的实践不仅为边疆民族乡村治理共同体建设提供了"国家在场""社会共谋""文化筑基"等经验，而且为"多元共治论"提供了典型的案例支撑。罗强强、孔祥瑜在《后真相时代民族地区网络舆情及治理路径研究》（《西北民族研究》2022 年第 2 期）一文中指出，在后真相时代，各级政府要以铸牢中华民族共同体意识为主线，创新网络舆情引导的理念，加强对舆情参与主体的分类引导，提升网络舆情的技术治理水平，讲好中国故事，传播好中国声音，让网络成为新时代构筑中华民族共有精神家园的黏合剂。

七、民族文化研究

2022 年，就民族文化研究领域而言，云南民族学界的研究主题涉及以下方面。

(一) 民族观念文化研究

和少英、魏茜在《傣卯人功德观探析》（《民族研究》2022 年第 1 期）一文中指出，傣卯人的功德观在意识模式方面主要表现为赕佛以力所能及之"物"，积极做"摆"奉献且以参与佛事为乐，受戒持戒、摒除俗念、仁慈守信、顺其自然，而在无意识模式方面则主要表现为首尾相接、循环往复的永恒完满之追求，同性相斥、异性相配的互补原则，正斜相抵、吉凶相消的化合之道。

(二) 民族语言文化研究

刘劲荣等著的《中国语言文化典藏·澜沧拉祜语》（商务印书馆 2022 年版）一书有助于人们深入了解、传承、保护拉祜族语言文化。

(三) 少数民族灾害文化研究

李永祥在《灾害文化与文化防灾的互动逻辑》（《云南师范大学学报（哲学社会科学版）》2022 年第 5 期）一文中对灾害文化与文化防灾进行了界定和分析，认为灾害文化是人类在长期的抗灾过程中形成的减灾思想和历史记忆，它承载着人类抗击灾害的历史和人类对灾害的解释；文化防灾是灾害文化在减灾实践中的具体应用，是科学防灾的基础和源头。

(四) 饮食文化研究

"民生之道，食为大。"西双版纳有丰茂的热带雨林，自古以来居住着傣族、哈尼族、基诺族等少数民族，同时拥有十分丰富的野生食用植物资源，因而形成了独特的民族饮食文化。闫丽春、罗艳、施济普主编的《云南西双版纳特色野生蔬菜》（商务印书馆 2022 年版）一书基于实地调查、标本鉴定和文献研究等，筛选出西双版纳地区特色野生蔬菜 108 种，采取图文并茂的形式对其形态特征、分布和生境、食用部位及方法、药用价值等进行介绍。

(五) 舞蹈文化研究

马翀炜、杨英在《生成好在的地方：左脚舞的城市化及其城乡影响》（《广西民族大学学报（哲学社会科学版）》2022 年第 1 期）一文中以左脚舞为例，对城市中少数民族广场舞的特点、功能等进行分析，认为钟摆式流动于城乡的农民工有可能成为在城乡两个空间创造具有新的社会文化意义的地方的行动者。城市与乡村中生成的新的城市地方与乡村地方的交叠性，既是城乡互哺的表征，也是多民族交往交流交融的现实成果。少数民族群体在城市和乡村发展中传承并创新其传统文化，就是在建构以安心为基本内涵的"好在的地方"。

（六）民族文化的传承与保护及非物质文化遗产研究

朱映占著的《世纪跨越：基诺族传统文化的传承与保护》（人民出版社 2022 年版）一书以 20 世纪 50 年代以来基诺族的文化变迁、传承与保护情况为依据，指出基诺族在党的领导下，不断探索传统文化与现代性良性结合的路径，为少数民族传承与发扬优秀传统文化提供了实践方法借鉴。段锻执行主编的《承载：云南省少数民族非物质文化遗产精品研究》（民族出版社 2022 年版）一书对云南传统制陶工艺、扎染工艺、手工制银工艺、白族雕刻、哈尼族多声部民歌、大理白族绕三灵、傈僳族刀杆节等进行了调查研究。陈刚、范婕在《社会变迁与文化适应：以西双版纳傣族织锦技艺传承与保护为例》（《原生态民族文化学刊》2022 年第 1 期）一文中以国家非物质文化遗产西双版纳傣族织锦技艺为例，追溯其发展历程，探讨其在经历巨变的傣族社会如何传承与保护，为研究社会变迁与文化适应提供新的思路。董云川、林苗羽在《非物质文化遗产传承教育者之角色冲突——以壮族坡芽歌书为例》（《学术探索》2022 年第 4 期）一文中以云南省富宁县"坡芽歌书"的传承教育为例，以兼具复合型身份的 N 老师为叙事个案，深入探讨了一个本土学校教师在传统与现代纠结中的心路历程，旨在为审视和反思非物质文化遗产传承教育的时代命题提供参照。桂榕、吴贵琴在《反身性视角下的非遗实践与认同——边疆布依族个案研究》（《学术探索》2022 年第 4 期）一文中通过对云南省河口县桥头乡政府非遗保护的建制化过程以及当地布依族的族群内外互动、网络媒介使用一层面的调查研究，说明非遗实践既是族群认同内部差异和认同结构复杂性的一种表现，也是边疆多民族交往交流交融和实现跨文化认同的一种途径，为从非遗实践角度理解边疆多民族交往交流交融提供了新的视角。

八、民俗研究

2022 年，在民俗研究方面，云南民族学界主要关注了以下几个方面。

（一）民俗理论研究

董秀团在《地方精英民俗志书写的可能性及反思——以云南大理石龙村李绚金村民日志为例》（《民俗研究》2022 年第 4 期）一文中指出，地方精英日志书写的实践过程及其成果，较好地实现了民俗主体参与并主导民俗志写作的需求，既回应了民俗学"朝向生活"的实践转向，又能在当下的"民俗乡建"中承载起传承村寨记忆、维系村寨传统的重要作用。地方精英的村民日志作为众多民俗志写作方式中的一种尝试，既为民俗志书写提供了更多的可能，也存在一定的局限和不足，值得反思。

（二）民族史诗研究

李世武的《论活态史诗传承人的多重社会职能——以彝族支系罗罗颇呗玛为例》（《广西民族大学学报（哲学社会科学版）》2022 年第 3 期）一文从彝族支系罗罗颇两位呗玛传承人的史诗演述仪式、口述史料、史诗受众、史诗文本、史诗演述行为的意涵等层面展开民族志研究，揭示了史诗传承人的多重社会功能，以及史诗保护的整体性原则。徐俊六著的《人神鬼和合：景颇族"目瑙斋瓦"研究》（社会科学文献出版社 2022 年版）一书对景颇族"目瑙斋瓦"文本的诞生、文本本身及其吟唱、传播和传承进行阐释，归纳出景颇族传统文化的核心范畴，即"人神鬼和合"。

（三）民族神话研究

张多在《重估中国神话"零散"之问——从典籍到数字媒介的神话谱系化实践》（《云南社会

科学》2022年第6期)一文中对中国神话学百年来的学术脉络进行梳理,深入探讨了中国神话的特点。张多著的《神话观的民俗实践:稻作哈尼人神话世界的民族志》(中国社会科学出版社2022年版)一书是关于哈尼族稻作神话的研究,其以田野调查材料为依据,对云南哀牢山腹地的哈尼人稻作神话中有关宇宙、人神、生死、谱牒的根基性观念,以及祭祀、节庆、礼仪、服饰等文化表现形式进行呈现,倡导"以观念实践为中心"的神话研究理论。周建新在《从多民族同源神话叙事看中华民族共同体意识的历史生成脉络》(《广西民族研究》2022年第4期)一文中指出,"多民族同源"母题类型的神话叙事,显然包含着"中华民族是一家"的最初的朴素思想意识,并且这一同源叙事结构,在漫长的历史进程中,逐渐从神话走进真实的历史和现实。

(四)民族节日研究

王万平著的《南方丝绸之路研究丛书·民族节庆卷》(安徽人民出版社2022年版)一书以南方丝绸之路为线索,对沿线民族节庆文化变迁和民风人情融合等情况进行了阐述。

(五)民俗医疗研究

聂选华在《民俗医疗与本土医药传承研究——以傈僳族的疾病认知及治疗实践为例》(《原生态民族文化学刊》2022年第4期)一文中指出,民俗医疗作为傈僳族聚居地区历久弥新的一种疾病认知方式和治疗实践模式,涵盖了中医医学特有的病因观和诊疗方法,并体现出傈僳族疾病认知的复杂性和治疗实践的特殊性。文章通过对傈僳族疾病认知观念、本土医药传承和疾病治疗实践的实证分析发现,傈僳族民间形成的具有民俗性质的诊疗方法,对傈僳族的求医行为方式产生了历时性和共时性的双重影响,并在不断的调适过程中建构起具有实用性质的地方性医药知识、疾病诊治技艺等医疗体系。

九、世界民族学研究

2022年,云南民族学界对世界民族学相关议题的研究,主要涉及亚洲、非洲、北美洲等地区。研究的内容主要包括生计方式、文化、民族主义、移民、跨国民族、族群政治等。

(一)南亚、东南亚民族学研究

黄彩文、方婧在《老挝北部山地阿卡人刀耕火种的生计与文化》(《民族研究》2022年第6期)一文中指出,老挝北部山地的阿卡人以刀耕火种为基本生计方式,在特定的时空秩序之间展演着他们的农耕礼仪与集体行动逻辑。基于对当地人生产生活实践的描述,从"人、事、时、空"的多维视角出发,阐释老挝北部山地阿卡人在人地互动中围绕刀耕火种衍生的轮歇耕作制度、农耕礼仪以及村落建制秩序,分析阿卡人在岁时与空间的轮转中坚持在流动的土地上供奉祖先、寄望祖灵荫庇后人的深层实践逻辑和社会文化内涵。刘鹏翔在《越南民族主义形成中的历史构建》(《世界民族》2022年第3期)一文中指出,在越南民族主义形成过程中,法国、日本和美国的殖民统治是激发其形成的外部力量,以儒教为代表的传统文化和文字的统一成为其形成的"内聚力"及推手,在此过程中越南民族精英则发挥了引领作用。龙晓燕、高景在《流动与聚合:泰国中部一个多族群社区的道路人类学研究》(《湖北民族大学学报(哲学社会科学版)》2022年第5期)一文中指出,在泰国中部,铁路促成了多族群社区的形成,与公路网发展成熟相伴的全球化则加快了社区人与物的流动而与更大、更复杂的社会经济关系相关联。卢光盛、陈伟琳在《民族主义视角下泰国王室对北部山地少数民族的整合研究》(《世界民族》2022年第5期)一文中指出,泰国现代民族国家的建构进程始终与王权政治影响下王室民族主义的兴衰紧密相关。泰国王室对泰北山地少数民族的整合大致分为五个主要阶段,由此反映出王室民族主义"重构—复兴—巩固—衰落"的发展脉络。建立以王权为国家政治核心的现代民族国家体系是泰国王室民族主义的重要特征,但也因此引发了相应的族群身份政治问题,对泰国现代民族国家的建构带来不利影响。王越平在《泰缅边境达拉昂人的迁移、族群裂变与跨国民族治理》(《世界民族》2022年第2期)一文中通过对泰缅边境诺雷村达拉昂人的跨国流动及其族别身份的获得过程的研究，试图提出族群裂变与人口治理是促成跨国民族形成的内生与外在动力，以及治理之道。钟小鑫在《从神话显现看缅甸对印度族裔群体的认知变迁——兼论缅甸族群政治的生成模式》（《世界民族》2022年第2期）一文中考察了一则在缅甸广为流传的神话传说——岛彪神话的版本流变，关注其在缅甸王朝时代、殖民时代和当代语境中的表述差异，试图以此来透视缅甸印度人社群的历史变迁。文章指出，印度人社群在历史变迁中经历了一个不断被化约的过程，他们从一个复杂的族群复合体逐渐被化约为充满负面意义的单向度人群，但是族群化约主义并非只发生在印度人社群之中，而是缅甸族群政治生成模式中的普遍性逻辑。郑佳佳在《节日文化：斯里兰卡构建国家共同体意识的艰难探索》（《世界民族》2022年第3期）一文中指出，通过对斯里兰卡诸多节日的考察可以发现，在国家化进程中，来自不同族群文化的节日只有以实现文化共享及国家整合为目的才能成为传承发展的重要基石。另，她在《海外民族志的知识生产与合作：以斯里兰卡为例》（《广西民族大学学报（哲学社会科学版）》2022年第2期）一文中以斯里兰卡的海外民族志为依据，指出新时代背景下研究者抵达海外田野作业点时，需要面对不断"出场"的杂多的认知，知识生产的合作趋向使学术团队共同"在场"，多元主客位间的复调对话"登场"丰富着海外民族志的知识生产实践。多元性的合作使多元世界以多样化的方式敞开，知识生产的区域化倾向要求研究者探索以区域为单位的复数位合作实践。

（二）非洲民族学研究

贺鉴、龚贤周在《从"中间人"到"建设者"：非洲印裔群体政治参与的历史透视》（《世界民族》2022年第5期）一文中指出，虽然早在公元前1世纪就有印裔移民抵达非洲，但印裔群体在非洲的政治参与却发轫于殖民主义时期。在19世纪中叶到20世纪中叶，非洲印裔群体首先以"中间人"的身份充当了英国殖民主义的政治附庸。从20世纪后半叶开始，非洲各国纷纷独立，泛非主义思潮崛起，在排外思想的影响下，印裔群体逐渐成为非洲政治社会的"边缘者"，被排斥在主流政治社会之外。21世纪以来，在一系列内外因的合力影响之下，印裔群体又以"建设者"的身份回归到非洲，在政治参与方面呈现出积极主动多元化的特点。目前，就非洲印裔群体政治参与发展态势而言，其在非洲的影响力必将会进一步加强。

（三）欧美民族学研究

潘亚玲在《美国种族关系的演变与种族等级制的建构》（《世界民族》2022年第1期）一文中指出，美国种族主义的回潮映射出美国种族等级制的历史建构，主要包括三个层次：一是"白人"种族的边界拓展与关闭；二是有色种族的"漂白"机制建构，实质是限制集体机会但开放个体机会；三是印第安人和非洲裔的劣等地位建构，根本上拒绝其集体"漂白"可能，尽管也留下了重大的个体"美国梦"空间。美国种族等级制的建构存在双重逻辑，一方面是作为集体的种族壁垒日益森严，另一方面是作为个体的"美国梦"机会开放。其带来的结果是，以个体实现"美国梦"的开放机会掩盖整体的种族等级制，从而确保"白人"种族的整体和个体优越地位。"色盲"时代与"后种族时代的种族主义"的并存，暗示着美国种族等级制的持续再生产。

综合来看，2022年云南民族学界开展的学术研究，主要呈现出以下一些趋势和特点。

第一，与以往相比，研究领域和学术视野有所拓展和扩大，学科交叉研究有所增多，一些研究涉及了多个分支学科或领域。

第二，重点问题得到了广泛关注和深入研究。特别是铸牢中华民族共同体意识、民族地区乡村振兴等相关议题，参与学者多，取得的研究成果也十分丰富，成果的质量总体而言也非常高。

第三，在"一带一路"倡议实施，以及云南面向南亚东南亚辐射中心建设带动下，加之国际学术交流日趋频繁，云南民族学界对于世界民族学相关议题的参与研究大大加强了，取得的研究成果也有所增加，涉及的国家和地区也越来越广泛。

第四，以单一民族为议题的研究成果减少，一些优长研究成果大幅减少，比如南诏大理国问题研究、土司问题研究等。

第五，受学术视野和理论范式转型等影响，民族生态、少数民族经济，以及婚姻家庭问题等民族学传统领域的研究成果不多。

第六，马克思主义民族理论与政策、民族工作、民族团结等具有重要现实意义的领域，研究力度不够，高质量研究成果不多，有待加强研究。

（执笔：朱映占）

宗教学

2022年，云南宗教学研究主要有以下特点。首先，密切关注本土宗教现象。云南宗教学研究立足云南省丰富的民族文化资源和宗教文化资源，充分体现云南宗教学研究的民族性、区域性、边疆性特征。其次，跨学科研究成果相对丰硕。云南宗教学研究引入了民族学、人类学、社会学、政治学等学科的研究范式，体现了跨学科的综合性发展。再次，政策导向型研究持续深入。云南宗教学研究立足云南省多元宗教和谐发展的历史情境与现实情境，提炼总结推进宗教中国化的具体经验。最后，研究的区域范围有所拓展。在研究范围上，云南学者的研究从南亚、东南亚地区扩展至非洲地区。2022年关于宗教理论研究方面的成果较为突出，云南本土学者的多篇论文发表在高级刊物上。本文从宗教学理论研究、少数民族宗教研究、传统宗教学研究（佛教、道教、基督教、伊斯兰教和民间宗教）、国外宗教学研究四个方面对2022年云南学界宗教学研究情况进行综述。

一、宗教学理论研究

2022年，云南宗教学理论研究著作和论文成果较突出，主要涉及宗教理论、宗教中国化、宗教治理等方面。其中，宗教治理研究领域成果较为突出。

（一）宗教理论研究

孙浩然在《铸牢中华民族共同体意识视域中的宗教文化功能及其引导》（《世界宗教研究》2022年第9期）一文中客观分析了宗教对我国的影响，讨论了宗教文化在铸牢中华民族共同体意识中的贡献与问题。宗教对铸牢中华民族共同体意识具有内在作用和外在表现的影响，内在作用主要体现于祖先同源神话论证了中华民族共同体，儒释道三教增强了中华民族凝聚力；外在表现为宗教在民族通婚、民族迁徙、民族经济交往等方面的作用。在铸牢中华民族共同体意识视域下，我国当前有两个关键的宗教问题亟须解决，即外来宗教快速传播且尚未完全中国化；宗教在个别民族社会中的影响力过大。作者指出，从铸牢中华民族共同体意识的高度出发，有利于推进我国宗教中国化，在宗教中国化的进程中还要注重引导宗教自我提纯、弘扬中华优秀传统文化、提升宗教工作的法治化水平。

（二）宗教中国化研究

云南省民宗委在《"深入推进我国宗教中国化系列之三" 云南省"四个引领"深化坚持我国宗教中国化方向的实践》（《中国宗教》2022年第5期）一文中指出，云南省通过理论实践引领、思想政治引领、文化浸润引领、人才培养引领，着力深化对坚持我国宗教中国化方向的实践，进一步巩固和发展了宗教和顺、民族和睦、社会和谐的良好局面。

尹未仙、杨蕊萌在《立足省情 做实做细 深入推进宗教中国化的云南实践行稳致远》（《中国宗教》2022年第9期）一文中阐述了云南省立足现实推动宗教中国化的云南实践行稳致远的路径。作者指出，云南聚焦"铸、融、建、提、法"五字发力，从政治、思想、文化、人才、法律等方面下功夫，打好宗教工作组合拳，做实做细工作。

朱佶丽在《浅析增进宗教界人士和信教群众"中华文化认同"的实践路径》（《中国宗教》2022年第6期）一文中分析了增强宗教界人士和信教群众"中华文化认同"的实践路径。作者认为，应通过编撰《读本》、办培训班、开设论坛三管齐下的方式不断增进宗教界人士和信教群众的

"中华文化认同",深入推进我国宗教中国化。

(三) 宗教治理研究

云南省政协民族和宗教委员会、云南省社会科学院宗教研究所编著的《新时代云南宗教》(宗教文化出版社2022年版)一书以马克思主义宗教观为引领,从云南宗教的实际情况出发,结合新时代中央对宗教工作提出的新要求,运用丰富的史料、生动的语言和纪实图片介绍了云南宗教情况,普及了云南五大宗教的政策、法规和知识,创新了宗教工作的思路和方法,提高了新时代云南宗教工作水平。该书对于不断推进新时代云南宗教工作,进一步巩固和发展云南宗教和顺、民族和睦、社会和谐的良好局面,铸牢中华民族共同体意识具有重要意义。

萧霁虹主编的《云南宗教研究(第五辑):乡村振兴与宗教治理》(宗教文化出版社2022年版)一书聚焦宗教治理与宗教服务乡村振兴战略主题研究云南宗教文化现象。该书收录云南学者研究云南与南亚东南亚国家宗教交流的实地调研成果,以及云南省宗教界与中国共产党百年同行、坚持我国宗教中国化方向云南宗教实践等专题研究成果,共收集论文28篇。该书积极服务于国家发展战略,对促进基础研究与应用研究间的互动,增强宗教工作"三支队伍"间的密切合作,起到积极推动作用。

云南省民族宗教事务委员会在《〈云南省宗教事务条例〉解读》(《中国宗教》2022年第3期)一文中阐述了《云南省宗教事务条例》(以下简称《条例》)的制定背景、起草过程、重点内容、主要特点和重要作用。《条例》颁布实施后,对全面推进云南法治建设、积极引导宗教与社会主义社会相适应、维护云南省宗教领域正常秩序、依法保障宗教界合法权益、维护健康和谐的宗教关系、提高宗教工作法治化水平具有十分重要的作用。

萧霁虹在《云南省积极引导宗教界开展践行"四条标准"思想教育活动》(《中国宗教》2022年第4期)一文中指出,云南省以践行"四条标准"思想教育活动为平台,提升宗教界代表人士的综合素质;以践行"四条标准"思想教育活动为抓手,推进宗教界自身建设;同时积极探索践行"四条标准"思想教育活动的培训模式和交流机制。

索昕煜在《浅议互联网时代的宗教舆情及其治理》(《中国宗教》2022年第1期)一文中基于媒介技术与传播行动的关系视角,在深入剖析宗教传播媒介变迁的过程中,切入互联网时代的媒介技术背景,以揭示其成因、类型、特征、规律、问题等,进而有针对性地提出治理对策。互联网媒介给宗教传播带来巨大影响,同时还形塑改变了宗教形态以及宗教信徒的信仰表达方式、传播方式、情感模式、行动模式。作者认为,应加强对互联网时代的宗教舆情规律的研究;将互联网思维与宗教工作思维有机结合;掌握互联网时代的宗教舆情治理的话语权和主动权;促进社会各界协同治理。

赵茂盛在《"五个抓好"推动云南大理宗教工作行稳致远》(《中国宗教》2022年第2期)一文中阐述了云南大理推动宗教工作行稳致远的路径。作者认为,云南大理以习近平新时代中国特色社会主义思想为指导,学习贯彻全国宗教工作会议精神,从制度机制、依法治理、教育培训、宣传引导、常态化培养五个方面推动宗教工作稳健发展。

二、少数民族宗教研究

云南位于中国西南边疆,多个少数民族在此聚居,形成了丰富的少数民族宗教文化资源。

张桥贵、李雪梅在《建构的神灵与地方的知识:剑川白族"己弄吾"信仰探析》(《世界宗教研究》2022年第3期)一文中将"己弄吾"置于剑川白族的社会情境中,分析"己弄吾"信仰建构逻辑及其与地方社会、地方性知识的关系。"己弄吾"民俗拥有超强的融合性,它不仅是古今融合、民族融合,也是多层次的文化和宗教信仰的融合。作者认为,"己弄吾"被众多个体信仰者理解、接受,并在剑川社会中作为一种地方性知识流传延续至今,其演化过程则呈现"建构化—客观化—结构化"这一辩证的、循环的三段式结构。

宋婧、陆云在《传说与记忆：白族本主文本叙述中的中华民族共同体意识》(《湖北民族大学学报（哲学社会科学版）》2022年第2期）一文中基于田野调查和文本叙事，对他民族本主崇拜和本主文化、本主崇拜中所蕴含的中华民族共同体意识及社会功能进行研究。本主崇拜折射了大理地区的民族互动，呈现出和谐的民族关系。各民族对本主信仰的认同加深了对中华民族的认同，铸牢了中华民族共同体意识。本主在中华民族共同体形成中发挥着一定功能，本主崇拜丰富中华文化、推动中华民族共同体建设、促进各民族交往交流交融、蕴含"和而不同"文化内涵。作者认为，挖掘本主文化中的先进部分可加强中华民族共同体意识，为铸牢中华民族共同体意识提供地方智慧。

刘建波在《口头传统与疫治仪式论析——以云南省禄丰市高峰彝族"三月三"为例》(《世界宗教文化》2022年第5期）一文中从口头传统叙事切入，深入探析高峰彝族"三月三"的地方性知识、集体记忆与国家认同。"三月三"口头传统与瘟疫叙事紧密相连，形成较为完整的故事链，其文化圈中的瘟神、药王、土主组成疫治共同体，强化了抗击瘟神、纪念药王的神圣叙事。"三月三"瘟疫叙事与彝族社会历史记忆，共同构建彝族社会瘟疫与疫治叙事文化圈和传承机制。作者认为，彝族"三月三"疫治和预防叙事，体现了医学智慧和信仰知识，将健康叙事融入国家知识话语的建构，有力激发了中华民族共同体的认同。

李建明、蔡利单在《"灵权"让渡："玉拉枯"仪式中的莫斯命题》(《原生态民族文化学刊》2002年第5期）一文中从"对人对物权"视角出发，通过白宏人婚姻中的叫魂仪式，探究白宏人社会权利中存在的灵魂权利让渡问题。"玉拉枯"是婚礼中给新娘叫魂的仪式，可以斩断新娘与原生家庭的灵魂羁绊，使其丧失对原生家庭财富的支配权。该仪式核心是让新娘的魂魄顺利跟随新娘前往新郎的家族，是社会身份与灵魂位格的交接与再定位过程，即"灵权"让渡过程。随后进行的"玉扎普"仪式旨在引导处于无权利主体状态的新娘灵魂顺利找到新的权利归属地——夫家。新娘灵魂权利的让渡仪式从神圣层面上重新强化了社会层面上规定的父系继承制社会中女性的权利转移问题。作者指出，在婚姻交换的神性层面上，灵权让渡是保障社会权利让渡的根本。

周建新、赵长雁在《傣族社会的"披拨"及其被驱逐的实践逻辑》(《广西民族大学学报（哲学社会科学版）》2022年第4期）一文中系统剖析了傣族社会驱逐"披拨"的现象。"披拨"产生于鬼、魂文化，是疾病表象与鬼、魂文化的互渗，面对生命的无常，驱逐"披拨"演变成治病防灾、缓解焦虑的一种手段。随着驱逐"披拨"被工具化，这种群体对个体实施暴力的方式被运用到社会控制、维护社会秩序的潜规则中，呈现驱"鬼"被泛化的态势。作者认为，驱逐"披拨"本质上是人们以利己为出发点，以群体"合谋"的方式对个体施加恶意，同时也附带着释放焦虑、凝聚群体、掩盖欲望、保障利益等功能主义色彩。

三、传统宗教学研究

云南传统宗教学研究主要涉及佛教、道教、基督教、伊斯兰教等。2022年，云南传统宗教学研究基于当地多元、多层次的宗教文化，灵活运用社会学、文化学和历史学视角，在宗教文献研究、宗教史研究、田野研究等方面均取得了新进展，尤其在佛教、道教、民间宗教领域研究成果较突出。

（一）佛教

1. 汉传佛教

杨勇在《"境界"与"学史"——论唐君毅佛学研究的基本路径》(《人文杂志》2022年第11期）一文中通过厘清"境界"和"学史"的内涵，展现唐君毅佛学研究的思想特色。唐君毅认为心灵主体是经历"执—常—善"三阶段，建构起悲智双运的心灵境界，暗含了超越个人有限、突破相对善恶、实现德性至善境界的过程。他指出佛学发展暗含着主观建构的价值判断，佛学由异于传统观念的独特体系，经中国化建立起"以中道为佛性"的佛性观，转而归于中国心性学。

中国佛学史呈现出客观向主观的心性内化、向佛性至善靠近的进程。唐君毅的佛学研究证实了心灵与历史皆导向至善德性。作者指出，我们不仅要看到唐君毅佛学研究的理论旨趣重视传统思想与现代世界接轨，也要注意到其保持着对中华传统文化付诸实践的强烈使命感。

石小英在《浅谈隋唐时期尼僧的养老与丧葬》（《宗教学研究》2022年第4期）一文中系统探讨了隋唐时期尼僧的养老和丧葬问题。隋唐时期，尼僧养老方式，除了依靠寺院和弟子外，还包括致仕养老、世俗家庭养老，而且在这些养老方式中，出现了奴婢随侍的现象。尼僧的丧葬方式有火葬、土葬、天葬，还出现了传统中国式夫妻合葬的葬式；丧葬承办者和参与者有寺院弟子、上层统治者、世俗家人；丧葬规格高低不等，丧葬地点有固定地点，同时亦有回葬祖先坟茔现象。作者认为，多元化尼僧养老和丧葬方式体现了佛教的不断中国化、世俗化。

邱兴洁在《笑庵观复对澄观判教观的维护——以〈华严经大疏玄文随疏演义钞会解记〉为中心》（《佛学研究》2022年第1期）一文中通过研究笑庵观复与神智从义的论争，明晰了天台与华严两宗在判教上的具体分歧。北宋天台宗僧人神智从义在《法华经三大部补注》中针对华严宗四祖澄观的某些判教观点进行了评破。笑庵观复在《华严经大疏玄文随疏演义钞会解记》中就《华严经》的"根本"地位、"顿顿"之说，以及有关《净名经》"不思议"的问题进行了华严宗立场的说明。在神智从义与笑庵观复的判教论争中，都具有强烈的护派意识，不自觉地将判教作为一种维护己宗贬斥他宗的工具。作者认为，宋代僧人们正是在这种兼具宗派情感和义理思辨的双重影响下，才能就相关义理进行有效的探讨，最终推动了教派间的相互了解，使得各宗思想得以交流。

2. 南传佛教

王云裳在《发挥南传佛教对外文化交流的积极作用 助力"一带一路"建设》（《中国宗教》2022年第3期）一文中对南传佛教对外文化交流的现状和积极作用进行研究。当前中国南传佛教界将"走出去"和"引进来"相结合，与国际佛教界保持良好的互动。充分发挥南传佛教对外文化交流的积极作用可以从以下五个方面入手：认识到南传佛教的独特地位、打造常态化的交流平台、围绕相关主题开展活动、充分利用现有节日以及培养合格的对外交流人才。作者认为，发挥南传佛教的积极作用有利于"一带一路"和人类命运共同体的构建。

吴之清、刘春芳在《试析傣族佛教的"苦中做摆"》（《宗教学研究》2022年第2期）一文中探析了傣族佛教信众不惜散尽家财来"做摆"的意义。该文重点探讨了苦谛的内涵及其在现实生活中的表现，并基于傣族社会对佛教的热情，借助巴利文注疏等来揭示"人生之苦"。作者认为，傣族信众在生活中通过不断地做摆，以此表达对人生苦难的体认以及获得解脱的决心；将"做摆"与对佛法的理解和喜闻乐见的形式巧妙结合，才能达成以正法为信仰指导、为离苦得乐助力之目的。

3. 藏传佛教

龙珠多杰、许嘉民在《微型万佛殿：藏文文献"本康营造法式"初探》（《西藏研究》2022年第5期）一文中以藏文文献中的本康造法为依据，结合田野调查系统阐释了本康建筑的仪轨和传统。本康建筑艺术集中地表达了佛教旨意和信众的宗教情感。作者认为，本康的建筑形制虽然简单，但其建造也是严格地按照藏传佛教仪轨进行，这些仪式的延续和传承，造就了藏式建筑传统和精神叙事，是藏传佛教建筑艺术风格分析的重要对象，也是研究蒙、藏地区宗教的珍贵资料。

4. 云南佛教史

杜鲜在《南诏头囊与西藏、敦煌等地吐蕃缠头渊源考——兼论缠头佛教造像》（《敦煌研究》2022年第2期）一文中从勘误《蛮书》所载"头囊"的释读及对应图像入手，识别出对《南诏图传》梵僧头饰释读和文图对应的错误。通过对《南诏图传》和西藏、敦煌等地的资料考据，南诏头囊的原型应是"赤莲冠"，这种红色塔状头饰源于吐蕃缠头，而南诏以布帛缠头为高头囊的习俗及将缠头用于佛教造像的做法也是受到吐蕃影响。作者指出，南诏头囊与吐蕃缠头之间的渊源可证实，有共同佛教文化背景的各民族在数世纪中保持往来与互动。

（二）道教

萧霁虹、张书采在《从云南走向周边：道教及其文献在越南、老挝、缅甸的传播探讨》（《世界宗教研究》2022年第9期）一文中研究了云南与东南亚道教文献的流布及云南与东南亚道教文化的交流、互鉴情况。作者认为，道教文献作为传承与丰富道教意涵的重要载体，从中国向东南亚各国传播和流变，在跨境民族和海外华侨华人的宗教实践中扮演重要的角色，更是如今道教"走出去"以及建构海外道教传承谱系的关键一步。

宋野草在《文化传播学视域下的云南民间道书》（《中国宗教》2022年第8期）一文中从文化传播学的视域出发，对历史上云南民间道书活态传播背后的文化认同进行分析。历史上的云南民间道书活态传播是一种"结构传播"，实质是一种整体性的"文化复制"；传播内容大多是道教仪式，强化了个体对群体的认同感和归属感。云南民间道书的活态传播与文化认同是双向的互动关系，传播加强了文化认同，认同又影响着传播。历史上的云南民间道书成为文化内核的一种传播媒介，是具有传播可能性和动力性的文化存在形态，有结构性传播、民众传播的特征。作者认为，历史上的云南民间道书活态传播过程是道教文化与少数民族文化的互动，进而实现"文化增殖"的过程，是创新性文化转化的过程。

周红在《古代道教丛林官学制度的历史演变及当代启示》（《中国宗教》2022年第6期）一文中对古代道教丛林官学制度的历史演变、具体内容、机制特点以及对当代的启示进行探究。道教丛林官学制度起源于唐代的"道举"，全元时期丘处机设立道教丛林官学，此后便成为全真丛林的定制。道教丛林官学制度分为春冬两季，设立了"讲学"和"韵学"，同时还借鉴世俗社会官学。古代道教丛林官学制度能够发挥道教界主体作用、整合道教教学资源、营造学修并重氛围。作者认为，古代道教丛林官学制度对当前丛林体制管理、道教人才培养、道教文化弘扬具有借鉴意义。

（三）基督教

崔阳、高志英在《取代抑或扬弃：宗教关系视角下的怒苏人基督教中国化实践研究》（《宗教学研究》2022年第1期）一文中从宗教关系视角出发，对怒苏人基督教中国化进行系统研究。基督教与怒苏原生宗教的关系经历了否定、排斥到扬弃的历程。原生宗教是基督教本土化的文化土壤，基督教的传入促使怒苏丧葬仪式在宗教观念、仪式组织和仪式展演方面发生历时性变迁。基督教教义对怒苏传统灵魂观造成冲击促使原生宗教文化扬弃与重构；牧师取代巫师群体成为丧葬仪式主要组织参与者；圣葬仪式成为怒苏葬礼的首选和核心内容。基督教葬仪与村民的日常生活相融合，同时怒族文化的基督教化也是基督教文化的怒族化和中国化。作者认为，基督教的本土化与中国化无疑将成为少数民族基督教未来发展的长期趋势。

云南省昆明市三一国际礼拜堂在《坚持独立自主自办原则 坚决抵御境外利用基督教渗透》（《中国宗教》2022年第12期）一文中指出了云南在境外势力渗透情境下坚持独立自主自办、抵御境外渗透的具体路径。首先要提高信教群众爱国爱教的思想觉悟、引领基督教界与党同心同德、提醒教职人员警惕境外组织，筑牢抵御渗透思想防线；其次要通过编译少数民族语和汉语对照的《圣经》、配合有关部门做好私设聚会点工作、协助党委政府治理非法宗教活动，走基督教中国化道路；最后要加强制度建设、提高自我管理能力、稳固自身信仰基础，夯实抵御渗透制度基础。

（四）伊斯兰教

代俊峰在《坚定做推进伊斯兰教中国化的实践者》（《中国穆斯林》2022年第1期）一文中对如何将全国宗教工作会议精神贯彻到日常工作中，做深入推进伊斯兰教中国化的实践者提出了四个方面的要求。首先，要不断加强学习，当好全国宗教工作会议精神的宣传员；其次，要紧抓时代特征，当好推进宗教工作法治化进程的引导员；再次，要对照"四条标准"，当好阿訇人才队伍建设的教练员；最后，要健全规章制度，当好提升自我管理能力的示范员。

代俊峰在《坚持伊斯兰教中国化 积极适应中国式现代化》（《中国穆斯林》2022 年第 6 期）一文中立足云南伊斯兰教的具体实践，分享了对做好新时代伊斯兰教工作的四点体会。首先，要做好宣传引导，强化思想政治引领，坚定走中国特色社会主义道路；其次，要坚持我国宗教中国化方向，做好示范倡导，探索伊斯兰教中国化实践路径；再次，要做好服务指导，建立伊斯兰教人才培养机制，培养"双通人才"和伊斯兰教界代表人士队伍；最后，要做好管理督导，健全伊斯兰教协会组织自身建设，引领全省伊斯兰教界不断进步。

（五）民间宗教

宋野草在《安龙奠土仪式的时空观研究》（《世界宗教》2022 年第 4 期）一文中结合"深描"理论和"文化动力学"理论，运用现象学分类方法对安龙奠土仪式中的符号元素进行提取、归类，并挖掘出其象征的时空意义。论文通过对仪式流程的浅描、对仪式文化内核的深描，将龙、土与时间、空间相对应，挖掘符号背后暗含的时空观。安龙奠土仪式的时空观借由符号象征意义上的系统建构呈现，在仪式传播中文化符号得以表达、传承，同时仪式行为的传播也不断加深参与者的文化认同。作者指出，对于时空观念的认知，个人意识已被传统文化内化并形成一种社会行为，这种仪式传播中形成的文化认同就是文化动力学的意义所在。

徐祖祥在《梅山教研究的新突破与中华民族宗教文化的多维度理解——〈中国西南少数民族梅山教研究〉评介》（《宗教学研究》2022 年第 4 期）一文中从研究内容、研究模式、理论建构、学术影响等维度对《中国西南少数民族梅山教研究》一书进行了系统全面的评介。作者认为，著者立足于中国宗教的实际情况和发展规律，运用多元范式和多学科理论对梅山教在西南少数民族中的传播和表现形态进行系统论述，揭示了中华民族多元一体格局在区域宗教文化中的反映，以及道教主导下的民族交往交流交融事实。

杨江林在《山神、鸡足皇帝与王骥：边疆社会整合视域下的三崇信仰》（《世界宗教文化》2022 年第 5 期）一文中对三崇信仰的文化建构及其反映的地方社会转型进行探讨，揭示了作为文化整体的三崇信仰体现出中国文化统一性。云龙县三崇山是三崇信仰的发源地，反映了原始农耕社会；鸡足皇帝隐喻了云龙与洱海的文化交流，呈现出向盐业社会的转变及盐业社会的流动性；王骥崇拜暗含国家在场的意蕴，代表了通过国家整合力量来维护、巩固边疆。三崇信仰的文化建构及其整体性叙事反映了以云龙为中心的滇西社会历史发展脉络，使本土符号、区域文化和国家象征交织，并通过民间信仰使之得以实践。作者认为，三崇信仰的文化建构和整体性叙事呈现出"互为整体"的文化样态，为中华文化的统一性提供地方性实践经验。

杨江林在《晚清滇西边地的王骥崇拜与国家整合》（《中央民族大学学报（哲学社会科学版）》2022 年第 5 期）一文中基于晚清中缅边境地区王骥形象，对滇西边地王骥崇拜的社会建构及其在国家整合中的重要意义进行探讨。王骥"三征麓川"开启了中缅边境地区"国家化"历史进程，晚清时期的边境危机促使边地文人为王骥塑造地方英雄、诸葛亮转世的形象，借以表达国家意识与文化认同。王骥的形象建构也是民间对"缅盐入侵"的直接回应，官方的认可为其注入"大一统"元素，体现了国家整合。作者提出，王骥叙事使边疆民族地区延续了中华民族一体性的历史叙事，为理解中国统一多民族国家提供了新的历史维度和文化视角。

洪江在《滇南洞经音乐传统术语研究》（《民族艺术研究》2022 年第 5 期）一文中运用微观视角，对以组织术语、仪式术语、音乐术语为主的滇南洞经音乐传统术语进行深入研究。滇南各地洞经会组织术语在不同时空下呈现出不同的特点，其发展历程隐含了滇南洞经音乐发展的历史脉络。滇南洞经仪式术语呈现出包容并蓄的文化内涵，主要可分为三种：执仪者及谈经人员称谓术语；洞经仪式的类型、时间术语；洞经仪式的主要程序及术语。滇南洞经音乐术语涉及洞经谈演经籍、谈演程序及谈演曲调，为更深层次了解洞经音乐提供历史信息。滇南洞经传统术语呈现出多样化特征，体现了洞经音乐不同时期的发展历程及特征，但其在当代的传承状况并不理想。作者肯定了滇南洞经音乐传统术语的珍贵性，并对其传承持乐观态度。

四、国外宗教学研究

云南是通往南亚、东南亚的重要枢纽，其独特的国际地缘优势，为研究周边国家的社会文化和宗教现象提供了条件。2022年云南宗教学研究不仅对周边国家宗教现象进行探究，还突破地域局限，关注与云南相去甚远的非洲本土独立教会。

刘稚、沙莎在《何故为敌：缅甸族际冲突中的宗教因素探析》（《世界宗教文化》2022年第3期）一文中通过分析宗教在族际冲突中的作用和影响机制，对冲突的深层动因进行系统探析。缅甸族际冲突的产生与其宗教背景相关联，有宗教背景的族际冲突往往烈度更大。缅甸的族际冲突可划分为佛教与伊斯兰教、佛教与基督教之间的冲突，宗教冲突越强族际冲突就越强。宗教因素只是区分族群身份认同及族群动员的工具，而缅甸族际冲突的根本动因是宗教群体的利益选择以及来自其他宗教族群的安全困境。作者提出，未来缅甸族际冲突的和平解决有赖于宗教与政治的平衡发展、政府执政水平的提升以及族际利益的合理分配。

王涛、黄世顺在《基督教非洲本土独立教会的渊源与流变》（《世界宗教文化》2022年第2期）一文中对非洲本土独立教会的历史渊源和三次嬗变进行研究。非洲本土独立教会最初由卫理公会分化而来，并依次出现了三种类型：埃塞俄比亚教会、圣灵教会、五旬节-神恩教会。埃塞俄比亚教会主张黑人掌握领导权，提高黑人权利意识的同时制约了基督教的进一步发展。圣灵教会深度融合了基督教与传统信仰，吸引到大批信徒，但等级化教会体系也导致了停滞。五旬节-神恩教会在前者的基础上引入现代化技术，利用新型媒体技术实现了新创。作者认为，三次嬗变使基督教更好适应了非洲现实社会，体现了基督教非洲化的宗教逻辑与历史逻辑。

2022年云南宗教学研究取得了一定成果，但仍存在亟须解决的问题。首先，宗教学的理论引介、理论对话和理论创新等方面略显不足。2022年宗教学理论研究成绩斐然，宗教中国化的实践路径和宗教治理工作的相关研究成果突出，契合我国当下时代要求，但是理论对话和理论创新不足，且高质量研究成果不多，具有一定地域局限性。其次，宗教学研究内容和议题分布不均衡。2022年宗教学研究主要集中在宗教学理论研究、传统宗教学研究中，针对民间宗教、基督教、伊斯兰教的研究成果不多。事实上，宗教文化研究对深刻认识多元文化社会具有重要意义，不同宗教类型的研究有助于我们深入理解多民族、多宗教共存的云南社会。最后，国外宗教学研究和探索不足。目前，云南的国外宗教研究虽然取得一定成绩，且研究范围有拓展，但研究成果较少。宗教学研究应该具备全球视野和跨文化交流的能力，以促进学科发展和理论更新，因此云南宗教学应当加强对国外宗教社会现象的关注。

云南宗教学需要在理论运用和研究范围方面进行调整，从整体上推动学科发展。首先，强化理论运用和创新。云南宗教学应当加强理论运用，深入分析云南多元和复杂的宗教现象，进一步加强与国内外学术前沿的对话和交流。其次，要充分关注研究内容和议题的均衡性。云南宗教学要进一步关注薄弱领域的研究工作，促进宗教学的均衡性发展。再次，注意多学科研究方法的运用与创新，如宗教学的定量研究、宗教文化的田野研究等，为云南宗教学研究注入新的活力。最后，拓展研究范围，开阔研究视野。云南宗教学研究不能只停留于本地宗教文化研究，现有研究中的议题有固化趋势，创新性不足，应该跳出传统的宗教学议题，在社会、文化背景中探讨宗教现象的规律和机制，同时研究范围可从周边国家和地区转向世界范围内的宗教文化现象。鉴于目前学科发展中存在的问题，云南宗教学需要打破传统思维，不断探索新视野、开拓新思路，加强理论运用和创新，进一步提升研究质量，推动云南宗教学进入发展新阶段。

（执笔：曾黎　程博　王琦）

历 史 学

2022年，云南省历史学研究繁荣发展。无论是在研究内容的广度，还是在学术探讨的深度，都有一定的进步。各分支领域均有新的进展，特别是在史学理论、中国古代史、云南地方史、民族史、边疆史的研究上取得了较为丰硕的成果，研究实力明显增强。同时，云南还举办了一些高层次的历史学学术交流活动，鉴于新冠疫情的影响，采取了更为灵活的方式进行，通过互联网开展线上线下的互动交流，有利于进一步提升云南史学在国内外史学界的影响力。

一、历史学理论研究

李杰《论新历史主义史学研究范式》(《云南大学学报（社会科学版）》2022年第2期) 一文根据莫兰关于史学研究范式的界定，从主导概念、关键概念、关键原则以及它们之间的逻辑关系着手，解读新历史主义史学研究范式，并作出相应评价。

成一农《后现代史学的认知方式与传统史学的"终结"》(《南京大学学报（哲学·人文科学·社会科学)》2022年第2期) 一文从科学哲学的角度，对后现代史学的认知方式与传统史学的"终结"进行介绍。

成一农、陈涛《"中国疆域沿革史"历史书写发展脉络研究》(《思想战线》2022年第1期) 一文梳理和探讨了从中国古代到民国时期再到中华人民共和国成立以来的"疆域沿革史"的历史书写的发展脉络，并说明最终谭其骧提出的方案占据了主导。

李艳峰《习近平"四个共同"重要论述对新时代中国民族史研究范式转换的方法论价值》(《云南社会科学》2022年第2期) 一文论述了中国民族史研究的范式变迁，分析了新时代中国民族史研究范式转换的临界条件，并对新时代中国民族史研究范式的结构进行了界定。

李东红、魏金济《"图像文本"研究范式的多学科讨论》(《思想战线》2022年第4期) 一文认为，图像叙事的学术研究，主要集中在史学话语体系下图像证史的争论、艺术考古领域对图像风格与特征的分析，以及以田野民族志为实践基础的图像阐释三个领域。从"叙事"的视域出发，将图像作为文化表达、文化传承和文化习得的"文本"进行解读，是理解图像背后社会历史情境与思想意识的关键。

成一农《早期中国研究中的阐释学转向及其可能》(《中国社会科学评价》2022年第3期) 一文论述确定史料的可信度或价值，分析不同史料之间的关系及价值差异。

寸云激、马健雄《坝子社会：一种历史人类学的视角》(《开放时代》2022年第4期) 一文以坝子为切入点，从农业生产、社群关系、宗教礼仪、地方市场、交通体系、卫所军户、州县与土司互动的角度，重新审视西南边疆作为区域社会的发展建构历程，以摆脱束缚学术研究突破的单一民族史的局限，同时从理论上探索一套走出长期居于主导地位的高地社会与低地社会之间的二元对立的理解模式。

孙骁、吴莹《镜鉴与融通：中国边疆学话语体系建构的文化路径探析》(《学术探索》2022年第2期) 一文从维护国家核心利益的立场出发，对建构中国边疆学话语体系的文化路径进行探索。

杨明洪《中国边疆学"三大体系"建设论析》(《人文杂志》2022年第12期) 一文从中国边疆学"三大体系"的连接性和贯通性出发，在"三大体系"间的关联和起承作用中重点揭示自中华人民共和国成立，特别是改革开放以来中国边疆学建设进展的困境，并在"新文科"建设背景下提出"三大体系"建设的路径选择。

祝湘辉、李晨阳《区域国别视野下的中国东南亚史研究》(《史学理论研究》2022 年第 2 期) 一文阐明传统考据时代与东南亚史研究的边界，论述传统路线延续与新理论、范式的引进，分析跨学科和多领域导向的东南亚史，探寻走向新区域国别研究之路。

毕世鸿《日本的东南亚研究：学科特征和地区构想》(《东南亚研究》2022 年第 3 期) 一文在梳理日本东南亚研究发展历程的基础上，分析其主要研究方法和学科特征，继而阐明其地区构想、贡献及所面临的挑战。

二、世界历史研究

(一) 东南亚、南亚史研究

叶少飞《越南黎朝郑主时代华人身份转变与认同》(《海交史研究》2022 年第 1 期) 一文对明清易代期间及之后越南北方郑主治下华人的政治和文化认同进行探讨。

彭卫民《朱子〈家礼〉思想在越南陈、黎、阮朝的传播与影响》(《国际汉学》2022 年第 3 期) 一文论述了朱子《家礼》在越南陈朝、后黎朝和阮朝播迁的历史和影响，并与朝鲜、日本等其他东亚国家相比，分析越南《家礼》的文本与思想呈现出的特征。

彭卫民《"同在圣贤炉冶中"——从越南北使两篇"辨夷"文再探清代东亚世界的华夷观》(《外国文学评论》2022 年第 4 期) 一文通过对越南北使李文馥的《夷辩》与阮思僩的《辨夷说》这两篇"辨夷"文的解读，揭示"周边"对中华文明的认同悖论。

周建新、杨猛《缅甸藏人及其在维系中国西藏地方与东南亚联通中的作用》(《广西民族研究》2022 年第 2 期) 一文以缅甸藏人为研究对象，综合运用文献资料和实地调查数据，梳理缅甸藏人的历史，分析缅甸藏人的生活方式，并讨论其在维系西藏与东南亚联通中的可能作用。

王越平《泰缅边境达拉昂人的迁移、族群裂变与跨国民族治理》(《世界民族》2022 年第 2 期) 一文以缅甸崩龙族迁居泰国并转换成为泰国达拉昂人的过程，来呈现和分析跨国民族的生成及其日常生活实践中的国家与民族的互构。

卢光盛、陈伟琳《民族主义视角下泰国王室对北部山地少数民族的整合研究》(《世界民族》2022 年第 5 期) 一文通过分析 1932 年以来泰国整合北部山地少数民族的政策演进，论证王室民族主义如何成为泰国现代民族国家建构的主导力量，并尝试分析泰国王室民族主义的兴衰对泰国王室与国家政府关系、泰国现代政治，以及泰国现代民族国家建构带来的影响。

陈松涛著的《孟加拉国妇女发展问题研究》(中国社会科学出版社 2022 年版) 一书厘清女性主义、妇女发展与妇女赋权等核心概念，梳理孟加拉国妇女发展概况和妇女运动，分析妇女发展的推力与阻力，探讨妇女遭遇的贫困、暴力与气候危机以及疫情下的妇女。

(二) 非洲史研究

王涛、黄世顺《基督教非洲本土独立教会的渊源与流变》(《世界宗教文化》2022 年第 2 期) 一文以非洲本土独立教会为研究对象，通过对不同时期内涵各异的独立教会的梳理与辨析，阐释其宗教逻辑与历史逻辑。

曹峰毓、后黎《论肯尼思·翁伍卡·迪凯在非洲史研究中的贡献》(《史学理论研究》2022 年第 2 期) 一文在对肯尼思·翁伍卡·迪凯生平进行简要介绍的基础上，着重分析他在非洲民族主义史学和伊巴丹学派发展上的贡献，并对其学术成就进行评价。

王涛、黄世顺《探索"夹缝空间"：红海史研究的演进》(《史学理论研究》2022 年第 6 期) 一文梳理红海史研究的学术历程，分析国外学界在红海史研究上的议题、视角与方法。

(三) 欧美史研究

何平《19 世纪末英国女性作家的反女权运动》(《学术探索》2022 年第 6 期) 一文认为，19 世纪末，英国中产阶级女性作家大量发表小说及新闻评论，以通俗易懂的方式来诠释敏感复杂的两性关系和妇女问题,为反对女性参政培养了潜在支持者。然而,深受维多利亚时代性别差异论、两分领域论的影响,她们始终对女性政治权益问题持保守态度。我们需要客观看待这些反女权运动女性身上的先锋性与保守性,如果给她们打上懦弱、保守的标签,既低估了女性选举权运动的困难性,也不利于全面衡量其曲折性和复杂性。

施雱《从二元对立到"同一健康":美国关于抗生素认知的演变》(《安徽史学》2022年第4期)一文梳理美国在一个多世纪里关于抗生素认知的演变,探讨其中有利于维护抗生素有效性的认知结论和相关实践,以期促进对抗生素与人类健康、公共卫生及生态环境关系的新认知的形成。

三、中国史研究

(一) 中国古代史研究

阳娟《唐玄宗"天宝灵符"事件的士林评议与宗教叙事》(《唐史论丛》2022年第2期)一文以"天宝灵符"事件为窗口,探究士大夫阶层观点发生了怎样的变化、其背后蕴含着怎样的时代内涵、同一事件在宗教文本和世俗文本中的记忆又有怎样的区别。

薛政超、岳潇岚《灵州初战中的宋陕西路军事财政管窥》(《云南社会科学》2022年第6期)一文对灵州初战的战争进程与财政要素的互动做一动态考察,揭示其军事财政的统筹机构、供给主体与相应战略考量,并比较其与本路所代表的北宋后续军事财政发展的各自阶段性特点。

张述友、王世丽《爨僰军与元朝的西南边疆治理》(《湖北民族大学学报(哲学社会科学版)》2022年第1期)一文通过整合支离破碎的史料,探究爨僰军在元代的活动轨迹及最终历史命运,整体把握爨僰军在元代西南边疆治理中的作用。

刘利平《明洪武至成化朝两京太仆寺官马数量蠡测》(《中国经济史研究》2022年第2期)一文对明初至成化年间两京太仆寺官马数量做一蠡测,并以此勾勒该时期马政发展之轨迹。

曹姗姗《近十年明代土司研究综述》(邢广程主编《中国边疆学(第十五辑)》,社会科学文献出版社2022年版)一文论述新阶段明代土司研究的趋势,分析近十年明代土司研究的特征,对明代土司研究进行了新思考。

阳正伟著的《隔空传音:清代晚明史书写中的东林话语研究》(中国社会科学出版社2022年版)一书考察晚明东林人士及其支持者对东林形象塑造和维护的诸多表现,探讨清修《明史》对东林的书写情形及缘由。

周妮《清代湖南"苗疆"改土归流时间与秩序考论——以雍正〈硃批奏折〉为中心》(《青海民族研究》2022年第1期)一文通过梳理湖南"苗疆"地域内所有土司改土归流相关奏折,重新认知湖南"苗疆"各土司改土归流前,清廷思考与准备的过程、改土归流进程及改土归流善后举措,一方面探讨不同文本所记载改土归流时间差异的原因,另一方面通过对整个过程的把握,从地理位置、土司与清廷关系等方面,探析清王朝湖南"苗疆"土司改土归流先后顺序选择的影响因素。

谭志刚《雍乾时期贵州苗疆施治述论》(《历史档案》2022年第1期)一文探讨了雍乾时期,清廷在贵州苗疆推行的恩威兼施、事权归一、因俗而治、分而治之等施治方略。

戴龙辉《清代烟瘴缺的制度发展与时空演进》(《历史地理研究》2022年第1期)一文回顾清代烟瘴缺的创制与发展,考察清中期烟瘴缺的空间分布,并分析边疆治理下的烟瘴缺特征与功用。

戴龙辉《从边俸到边缺:清代边疆官员选任中的制度演替》(《云南社会科学》2022年第1期)一文从边俸制度入手,探寻边缺制度的发展过程,解析两者的关系。

周妮《"军管集场":清代湘西汛塘与乡村集场的设置及运行》(《原生态民族文化学刊》2022年第5期)一文梳理文献所载清代湘西汛塘与集场,分析两者之间的时空关联与互动关系,从历史时期湘西集场的形成与变化及清代汛塘的建设与分布,探讨湘西基层社会从"羁縻"到"军管"的转型过程,以及与近代社区(市场)建立之衔接,揭示清代湘西及其邻近非汉族群聚居地区基层市场设置的历史地理背景。

成一农、陈涛《王朝是"帝国"吗？——以寰宇图和职贡图为中心》（《云南大学学报》（社会科学版）2022年第1期）一文以图像史料为主要材料，结合以往的研究，从空间政治结构和"疆域"的角度，讨论"帝国"这一概念在中国古代史研究中的适用性问题。

胡兴东《中道：传统司法制度中正向原则与补救原则的形成及实践》（《河南财经政法大学学报》2022年第6期）一文分析中国帝制时期司法的基本价值原则，论述自然血缘与人本价值冲突下的权宜、"常理"与"非理"司法原则的出现及运用。

（二）中国近现代史研究

周重林、太俊林著的《茶叶战争：茶运与国运》（湖南人民出版社2022年版）一书聚焦中英贸易战、中美关系、茶叶话语权、茶文化边疆等议题，全景展现世界政治经济格局的变化，将茶叶置于宏观的历史语境中，解读晚清的政治、经济与社会，深入洞察茶运与国运的纠葛。

吕昭义、柳树《中国领土主权的宣示——赵尔丰察隅境域"护照"考释》（《中国边疆史地研究》2022年第1期）一文考察在何种背景下，程凤翔进驻察隅的缘由，分析梭里村"护照"的发放是单一的孤立事件，还是一项制度性措施，探讨"护照"属性和发放"护照"的用意。

段金生、高一铭《西南区域政治转折的先声：1934年国民党对中央力量入川的考量与各方博弈》（《民国档案》2022年第3期）一文围绕1934年蒋介石对入川问题的思考及各方意图进行论述，通过对这一复杂过程的分析，呈现1934年、1935年西南区域政治场域中多方博弈的政治场景，深化对西南区域政治复杂性、国民党中央与西南地方关系多元性的认识。

林娜娜、车辚《中国共产党抗日根据地的地缘战略分析》（《学术探索》2022年第12期）一文基于地缘政治学相关概念如地缘战略区、次级地缘战略区、中心区、边缘区和中间地带等分析抗日战争时期中国共产党对地缘战略区和次级地缘战略区的选择和控制，以及各抗日根据地的地缘价值。

夏玉清《抗战时期新马华侨对中国共产党认知的转变——以〈总汇新报〉为主的分析》（《华人华侨历史研究》2022年第4期）一文通过梳理新马华文报纸《总汇新报》文献，从八路军的抗战行动及表现、毛泽东等中共领导人的形象以及延安边区的治理三个方面入手，考察了全面抗战初期（1939—1940年）新马华侨对中国共产党的认知转变，并以此为基础，分析这种转变的原因及其对新马华侨社会的影响。

夏玉清、王秀成《归途梦断：抗战时期在滇闽籍难侨返乡》（《福建论坛》2022年第6期）一文运用云南侨务档案，辅以其他文献，考察1943年闽籍侨商郭荣彤协助闽籍难侨返乡的历史史实和艰难过程，并以此为基础讨论返乡行动中止的原因和侨商在救济难侨中的贡献等问题。

冯翔《英国售武对民国时期西藏地方社会的影响》（《西藏研究》2022年第1期）一文认为，民国时期，英国向西藏地方出售武器，一方面试图阻止中国中央政府力量回归西藏，另一方面加强对西藏地方的控制。

朱映占、张晗《近代中国西南地区的垦荒构想与实践研究》（《西南民族大学学报（人文社会科学版）》2022年第6期）一文论述近代西南地区垦荒的构想与实践，分析其实施效果。

四、历史文献学研究

成一农《中国古代地图上的空间秩序——兼论地图的功能和目的》（《社会科学战线》2022年第10期）一文分析中国古代地图上地点的等级、中国古代"寰宇图"所反映的基于"空间秩序"构建的"世界秩序"，以期消除对地图的功能和绘制目的的误解，让其在未来能丰富和多元起来。

萧霁虹、任红华《明清云南道教医学文献探析》（汪桂平主编《中国本土宗教研究（总第五辑）》，社会科学文献出版社2022年版）一文对明清两代云南道教医学文献试作钩沉，并对流传至今的几种重要文献分别予以探讨。

沈乾芳《明清时期史志家谱中关于云贵女土司群体叙事差异及原因探析》(《贵州民族研究》2022年第6期)一文在对明清各类资料整理的基础上,从史志家谱叙事方式及原因等方面对云贵地区女土司展开探讨。

朱梦中《"南橘北枳":江南制造局兵学译著〈行军指要〉及其底本研究》(《历史教学问题》2022年第1期)一文以江南制造局的兵学译著《行军指要》为个案,考察其成书始末、译者译事,以及译著与底本的文本异同、在各自社会文化中的境遇和影响。

杜新燕《民间善书在铸牢中华民族共同体意识中的意义与价值——以清末民国时期云南大理地区善书为例》(《宗教学研究》2022年第4期)一文分析中华民族共同体意识对民间善书创作的历史影响,探讨民间善书与中华民族共同体意识的地方建构以及民间善书在铸牢中华民族共同体意识中的价值转换。

杨四代、杜娟《20世纪早期新式中国通史编纂的背景特征与意义——兼论对中华民族共同体意识自觉之影响》(《云南社会科学》2022年第5期)一文探讨新式通史编纂动议的提出及其背景,分析新式通史区别于传统通史的主要特征,以及新式通史编纂对于中华民族共同体意识自觉的意义呈现。

王晓艳、蒋梅《跨境民族铸牢中华民族共同体意识的文本叙事——基于滇缅边境龙安村景颇族家谱的解读》(《民族论坛》2022年第1期)一文以滇缅边境景颇族孔家、刀家和刘家的三部家谱为分析文本,解读其蕴含的中华民族共同体意识,并进一步思考跨境民族铸牢中华民族共同体意识的内生动力源泉和实践逻辑。

五、云南地方史研究

(一)先秦至两汉时期

李宇舟《两汉时期文化圈层视角下的云南城镇发展》(何明主编《西南边疆民族研究(第29辑)》,学苑出版社2022年版)一文对汉代云南的政区治所进行梳理,进一步考释出两汉云南的主要城镇,洞见两汉王朝对云南地区的经营方略和治策。同时,亦反映出中原文化与西南民族文化的互动规律,凸显两个异质民族文化圈的互动与涵化在云南城镇发展中的重要作用,两种异质民族文化圈在云南地区的博弈,奠定和影响了汉代及后世的云南城镇发展格局。

(二)南诏大理国时期

罗勇《宋代大理国郡望现象研究》(《中央民族大学学报(哲学社会科学版)》2022年第2期)一文以通海出土大理国时期墓碑中的郡望代替姓氏及大理国以郡望名为地名的现象,讨论宋代大理国的郡望,分析大理国郡望的来源,进而思考宋代大理国与内地的文化交流和文化认同。

李宇舟《大理国时期乌蛮聚落的城镇化》(《云南师范大学学报(哲学社会科学版)》2022年第3期)一文梳理大理国乌蛮区域的中心城镇,探讨"笼"这一大理国城镇化的乌蛮聚落的发展以及乌蛮聚落城镇化的历史意义。

(三)元明清时期

罗群、黄丰富《"使重臣治其事"——元至清初云南边政体制嬗变与边疆治理研究》(《云南社会科学》2022年第1期)一文认为,"使重臣治其事"是元至清初中原王朝治理云南边疆的重要理念,无论是元代藩王与行省宰执的"分权共治",还是明代勋臣与藩王、勋臣与内官、勋臣与巡抚的"共镇"与"共治",抑或是清时督抚体制下的"同城共治",实则是中央在边疆施政的具体举措。

孙俊、夏天顺《家国同构:明代丽江木氏土司的身份建构与国家认同》(《民族论坛》2022年第1期)一文在讨论明代木氏身份建构的基础上,阐明木氏身份建构的"外臣内王"存在级联而非二元性的关系。

黄超、安学斌《明代云南治边实践与铸牢中华民族共同体意识》(《广西民族研究》2022年第3期) 一文梳理总结明朝云南治边实践的历史进程，窥探其在当今铸牢中华民族共同体意识中的积极意义。

刘灵坪《明清云南土司地区赋役征收及少数民族编户问题探析》(《思想战线》2022年第5期) 一文回顾与探讨元代及明初云南民族地区的赋役征收与编户、明代云南土司地区编里及赋役的圈层性、清代云南土司地区的赋役征收。

董雁伟《水权制度演进与明清基层社会——以云南为中心》(《思想战线》2022年第5期) 一文以水利碑刻和水册为资料，探讨明清时期云南水权制度的发展、演进及其在基层治理中的意义。

彭建、童巍雄《军国急需：清初云南协饷问题研究》(《中国边疆史地研究》2022年第3期) 一文依托档案资料，将滇饷供应置于统一战争视域内，考察清初滇饷协济的具体情形与平定云南后清廷关于云南裁兵筹饷的措施及效果，并探讨协饷在清廷统一全国战争中发挥的整合与再分配财政资源的作用。

杨亚东《清前期中央王朝云南治理变革及其对边疆社会发展的影响》(《西南民族大学学报(人文社会科学版)》2022年第2期) 一文从"社会治理"角度就清军入滇后云南的政治格局、社会面相、族类风貌等进行梳理，进而探究清王朝治理下云南的政治、社会变革及其对边疆社会发展的影响。

彭建《粮食与边疆安全：清代云南粮食供需研究（1736—1856）》(《中国经济史研究》2022年第1期) 一文以云南省为例，从供给、需求、国家调控和市场发育四个维度出发，依托清代耕地、田赋、人口、收成分数、粮价数据、仓储数据等资料，在充分挖掘定性描述类史料的基础上，利用定量分析，将清代云南粮食供需和国家调控各环节的"程度"直观呈现，系统反映清代云南粮食供需与边疆安全相联系的全貌。

祁志浩《民夷安帖：清代云南社仓及其边疆治理意义》(《思想战线》2022年第3期) 一文阐释清代云南社仓推行普及的历史过程，揭示其作为国家力量的代表嵌入边疆深处所发挥的治理实效。

祁志浩《名与实："作为一种方法"的清代云南义仓》(《学术探索》2022年第7期) 一文阐释清代云南义仓——这一"非标准化"义仓的历史赓续过程与多重面向，以及其"作为一种方法"的实际意义。

(四) 近现代时期

吴晓亮《民国初年云南验契中的不动产管控问题》(《云南师范大学学报(哲学社会科学版)》2022年第3期) 一文回顾民国初年从全国验契条例颁布到云南施行细则出台的过程，论述验契在云南的推行情况，讨论民国初年云南不动产管控的未尽事宜。

代白鹏《国民政府时期云南的造林运动及其实践困境》(《农业考古》2022年第6期) 一文讨论国民政府时期云南的造林运动之缘起、造林实践及其制约因素。

娄贵品《抗战时期云南籍高官赞同"中华民族是一个"主张的原因及意义》(《贵州民族研究》2022年第5期) 一文回顾龙云、周钟岳对"中华民族是一个"的态度，分析龙云、周钟岳坚持中华认同的原因及意义。

张永帅《时局、环境与全面抗战时期云南的美烟推广》(《历史地理研究》2022年第4期) 一文对全面抗战时期云南美烟的引进与推广过程进行较为细致的复原，并重在分析市场供需以及自然环境对其引进和推广的影响。

赵小平著的《民国云南盐业与经济社会发展研究》(中国社会科学出版社2022年版) 一书在考察民国时期云南盐业的产地产量、生产技术、生产关系、盐质改进以及运销状况的基础上，分析云南的盐政、盐税、盐价、盐商等问题，探讨云南盐业与商品经济、市镇发展、地方财政，以及政治、军事、文化之间的互动关系。

罗群《边疆开发与建设的"西南模式"——以民国云南植棉业为中心的讨论》（《思想战线》2022年第5期）一文讨论了国家力量主导下的西南边疆开发与建设、地方势力牵引下的云南经济资源配置与植棉业发展、云南植棉业发展中的草棉与木棉、宾川棉作试验场与云南植棉业等问题，分析民国时期南京国民政府对西南边疆的开发建设与云南植棉业发展主要体现的特点。

张永帅《近代云南鸦片的外销市场》（《中国历史地理论丛》2022年第2期）一文论述近代云南鸦片的种植扩展与市场格局、外销市场及运销路径，探析外销市场与近代云南鸦片种植格局的形成。

王明东、肖建乐《近代昆明城市人口变动及影响探析（1840~1949）》（《云南师范大学学报（哲学社会科学版）》2022年第6期）一文对昆明城市人口变动轨迹、人口结构以及人口变动与城市治理的关系进行研究。

杨崇龙著的《云南近代教育简史（1840—1919）》（云南教育出版社2022年版）一书主要以1840年至1919年为时限，以戊戌变法、辛亥革命为节点，分为三个阶段，并结合出国出省留学情况、教育行政管理、有影响的教育人物等专题，简述云南近代教育史。

张轲风《"学术的生命与精神"：百年来云南大学中国史学科发展回眸》（《思想战线》2022年第5期）一文分四个阶段，回顾和总结云南大学中国史学科发展的百年历程。

谭世圆《连通心灵之旅：1950年云南少数民族国庆参观团考论》（《云南民族大学学报（哲学社会科学版）》2022年第1期）一文以1950年云南少数民族国庆参观团为考察中心，考察组建参观团的真实动因、组织方式、成员构成、参观内容等，通过这一个案呈现中华人民共和国初期中央与边疆少数民族的互动，窥视参观团在构建边疆少数民族"中华民族共同体意识"中发挥作用的方式和途径。

（五）长时段综合研究

陈保邦、张学芬、李涛著的《货币秘密：云南金融往事》（云南人民出版社2022年版）一书梳理了云南地方金融从春秋战国时期至20世纪50年代的历史发展脉络，洞悉历史进程背后的强大金融力量。

张海超《中古云南的香药与贸易：以诃梨勒为中心》（《自然科学史研究》2022年第2期）一文借助敦煌研究等已经逐渐搭建完成的知识脉络，结合考古和田野调查资料，对诃梨勒在古代云南的利用状况进行梳理。

耿金《16世纪至20世纪60年代滇池沿岸的低田与深水稻种植》（《历史地理研究》2022年第2期）一文以明代滇池岁修制度确立为起点（16世纪初），下限至20世纪60年代末，讨论明清以降（至20世纪60年代）滇池沿岸低田利用与稻作关系、民众适应过程。

赵小平《清至民国时期越南私盐侵滇与边岸治理研究》（《思想战线》2022年第5期）一文梳理清至民国时期云南边岸交私盛行的概况，分析交私充斥云南边岸的原因，论述对交私的缉查，反思缉私效果和缉私效果不佳的原因，并兼论边岸的治理。

六、方志学研究

温益群《地方志编辑出版中的方志批评》（《上海地方志》2022年第1期）一文辨析方志批评与方志评论的异同，对方志批评进行重新认识和界定；通过对方志批评诸现象和目前形势任务的回顾，指出方志批评正当其时；认为方志批评的主要对象不是抽象的理论概念和编纂原则，方志批评应该基于具体的文本；指出方志批评要"经世致用"，学界应该更多地关注新编地方志书；主张方志界和出版界要在方志批评方面互相交流学习，互相汲取有益养分。

方天建《从清代云南〈开化府志〉看邻国历史书写的地方表述》（《史学史研究》2022年第2

期)一文梳理和分析《开化府志·安南国纪略》的由来、书写范式和史料来源及其护边思想。

七、专题史研究

(一) 经济史研究

方铁《汉晋时期南方丝绸之路上的城镇与商业贸易》(《云南民族大学学报(哲学社会科学版)》2022年第4期)一文认为,南方丝绸之路开通于两汉时期,包括两条路线,汉晋时期道路沿线出现了一些城镇,中国内地与西南边疆及中南半岛等地,相互的商业贸易亦涌现了高潮。

黎志刚著的《宋代民间借贷与乡村社会研究》(中国社会科学出版社2022年版)一书以"高利贷"概念为切入点,从民间借贷关系的二重性出发,具体分析宋代民间借贷关系及其对乡村社会的影响。

张锦鹏、曾蕾《宋代"胡商识宝"故事式微原因探析》(《思想战线》2022年第1期)一文从经济史和知识史两个视角,对"胡商识宝"故事式微问题进行具体解答。

张永帅《外部市场、腹地区域与近代亚东关贸易的变动趋势(1895—1913)》(《中国经济史研究》2022年第4期)一文对亚东关贸易的变动趋势进行客观复原,在厘清其外部市场和腹地区域"所在"的基础上,进而分析外部市场和腹地区域及其联系对亚东关贸易变动趋势的形成所起的决定性作用。

苏绕绕、潘威《清末民国新疆农田水利建设成果可视化及分析(1909—1935)》(《中国经济史研究》2022年第3期)一文在地理信息系统(GIS)和Origin等软件环境中基于地方志书、档案文书、老旧地图及调查报告等多种材料,重建晚清民国时期新疆的地表各灌溉指标和引水规模,估算地表灌溉效率,并基于重建结果对晚清民国新疆水利近代化展开分析。

代自鹏《金华火腿与宣威火腿之比较研究(1900—1949)》(《浙江学刊》2022年第6期)一文以民国时期为主要讨论范围,从历史渊源、文化底蕴、生产、运输、销售及消费等方面切入,对金华火腿和宣威火腿进行比较研究。

郭红军、郭楚嘉编著的《近代以来中国茶业研究及图鉴》(云南大学出版社2022年版)一书在对近代以来我国茶业史料进行全面梳理和研究的基础上,从对外贸易、国内消费与市场、生产和制造、茶政与茶务、茶类商标、中国茶叶(业)公司及中华人民共和国成立之初茶业的恢复与发展等七个方面逐一阐述,内容涵盖我国茶叶产、制、销等各个环节,是一部浓缩的中国近现代茶业史。

李何春著的《技艺传承:澜沧江的盐业与地方社会研究》(暨南大学出版社2022年版)一书以澜沧江流域为轴线,选取该流域上的青海省囊谦县、云南省兰坪县和云龙县三个盐区为研究对象,掌握澜沧江流域盐业生产、流通、分配和消费等流程所包含的各个元素,运用历时性的分析方法研究盐如何推进区域族群互动,探索盐业生产与地方社会变迁的关系。

(二) 社会史研究

冯芸《宋代奢侈消费的平民化趋向与商人的阶层认同》(《中华文化论坛》2022年第2期)一文论述宋代以财富为特征的奢侈消费的兴盛,探讨以商人为引领的奢侈消费的平民化特征、宋代奢侈消费平民化趋向出现的原因及其影响,分析商人奢侈消费行为的阶层认同意识。

李园《"士绅化"与明代后期的江南役制变革——以华亭县等地的士绅应役当差为例》(《安徽史学》2022年第2期)一文选取松江府治华亭县为基本考察范围,以县域社会的"士绅化"为背景,试对明清江南地区的均役模式做局部探讨。

林文勋、田晓忠《再论中国古代"富民社会"的形成》(《思想战线》2022年第5期)一文对"富民"以及与"富民"相关的"豪民"等概念进行辨析,进而讨论"富民社会"在唐宋之际形成等相关问题。

(三) 文化史研究

阳正伟、王琪《滇西诸葛亮"茶祖"传说与普洱茶相关问题探析》(《农业考古》2022年第5期)一文认为，滇西的普洱市、西双版纳傣族自治州今天都把诸葛亮作为茶祖进行祭祀，但清朝道光《普洱府志》等史志都只记载了对茶王树的祭祀。祭祀的对象由茶王树转变为诸葛亮，应是较为晚近的事情，它们都是在滇西浓厚的诸葛亮崇拜氛围中形成的。雍正时期对滇西的改土归流，改变了普洱茶的身价，使之成为贡茶、官茶，也使云南茶成为朝廷加强对西藏治理的重要物资，茶马古道中滇藏道的作用开始凸显。

于爱华《清代西南治理与义学发展》(《历史档案》2022年第2期)一文从国家治理的视角，考察清代国家治理与西南义学发展的关系，揭示义学在西南边疆治理中的作用。

(四) 思想史研究

陈碧芬著的《明清民本思想研究》(中国社会科学出版社2022年版)一书认为，明清时期，传统民本思想发生嬗变，新民本思想应运而生。"新"表现在两个方面：一是传统民本思想被赋予新的时代特征，产生一些有重大突破的核心命题；二是民的核心内涵为富民阶层，他们充分表达自己的政治主张、价值取向和利益要求，对自身社会价值进行明确估量。新民本思想成为富民阶层在思想领域内释放力量和发挥作用的集中反映。

阳正伟《"党人之习气未尽"——黄宗羲思想的另一面》(《孔子研究》2022年第3期)一文梳理黄氏著述中关涉晚明政争人与事的言论，阐发其中党见的具体表现，并结合相关材料对此加以辨析，由此呈现晚明政争，尤其是东林有关人、事的部分实貌，同时也对黄氏的一些政治思想做正本清源的审视。

(五) 人物史研究

李晓斌、赵敏《王朝国家视野下的知识话语生产与多重身份的历史叙事——以诸葛亮的身份建构为例》(《云南民族大学学报(哲学社会科学版)》2022年第5期)一文从"机构的话语秩序"和"社会的话语秩序"两个角度，阐释统治阶层、汉族移民与少数民族在王朝国家民族关系调适、"大一统"与正统观念的演进等过程中对诸葛亮多重身份历史叙事与身份建构的影响，分析诸葛亮身份叙事的形成原因及特点。

秦树才、吴丹著的《股肱重臣：鄂尔泰》(云南人民出版社2022年版)一书梳理鄂尔泰的家世与生平，分析鄂尔泰任职西南的历史背景，回顾鄂尔泰对云南的开发与治理，评价鄂尔泰的功过是非。

时遂营主编的《聂耳图传》(云南人民出版社2022年版)一书以图串文，以聂耳求学、寻找救国道路、参加抗日救亡运动、创作《义勇军进行曲》等革命乐曲、加入中国共产党、东渡日本不幸罹难等故事为线索，深入考订、挖掘每一幅图片背后的故事，直观形象地反映天才音乐家聂耳短暂而辉煌的生命历程及其不平凡的音乐创作成就。

覃延佳《在"同种"与他邦之间：杨成志对越南民俗的考察及其方法论启示》(《民俗研究》2022年第1期)一文梳理杨成志考察越南的起因与经过、杨成志越南研究的主要内容，分析杨成志对越南考察与研究的价值与方法论意义。

覃延佳《体用相济：全面抗战时期杨成志的边疆民族理论与学科建设规划》(《原生态民族文化学刊》2022年第1期)一文回顾"中华民族是一个"之争与杨成志的民族理论探索、杨成志对西南边疆建设的构想与学科规划，分析杨成志边疆建设理念与学科规划的价值与启示。

娄贵品《"中华民族是一个"讨论背后的傅斯年与吴文藻》(《湖北民族大学学报(哲学社会科学版)》2022年第1期)一文回顾吴文藻组织云南省民族学研究会与"中华民族是一个"讨论的缘起及收场、云南省民族学研究会开展活动与傅斯年全面"攻吴"，论述学科背景、现实关怀与国家建构视角下的傅吴纠葛。

刘火雄《兴观群怨 诗史互证——郑天挺西南联大时期的诗词交游及其学术活动考察》（《文艺评论》2022年第5期）一文认为，执教西南联大前后，郑天挺与陈寅恪、罗庸、陈雪屏、魏建功、邵循正等学人时常吟咏遣怀、感时伤世，或者共猜诗谜、往来酬唱，复归了中国"兴观群怨"的诗学传统。同时，郑天挺于教学科研中注重"诗史互证"，倡行文学作品与史学研究参照结合。

张睦楚、田正平《彼岸再现与民族自志：访美学人张其昀及其〈旅美见闻录〉》（《浙江大学学报（人文社会科学版）》2022年第4期）一文认为，《旅美见闻录》一书深切地体现出作者在抗战时期对民族国家复兴的所思所感，再现了美国形象。同时，张其昀对其在美生活访学历程的相关探讨，形成了一套基于赴美学人自身价值观的对西方社会文化的认知，也建构了一个访美学人视野中美国访学生活的独特面貌。

孙俊等《1912—1949年中国地理学者的发展特征分析》（《地理学报》2022年第10期）一文梳理了1912—1949年中国地理学者姓名、生卒年、籍贯、领域、教育与工作经历等数据，从来源、增长、结构三个层面讨论当时中国地理学者发展进程。

（六）交通运输研究

杨海潮《茶马古道研究的历史价值和现实意义——兼论茶马古道与佐米亚的可能关联》（《青海民族大学学报（社会科学版）》2022年第3期》）一文研究茶马古道具有的或可能具有的历史价值和现实意义，尤其是它在思想或观念上的贡献。

（七）环境史研究

耿金著的《形塑地景与人文：9—20世纪浙江宁绍平原水利研究》（社会科学文献出版社2022年版）一书围绕如今的宁绍平原地理景观与文化特质是如何形成的这一主题展开论述。在景观形成方面，分别讨论了河网水乡、河口三角洲、河谷平原及滨海高地的景观形塑过程及内在驱动因素。在对宁绍平原文化与水利关系问题的探索上，回答宁绍平原水利纠纷处理中的文化力量（文献建构）及地方神话生成过程中的水利影响。

周琼主编的《高原城市湖泊流域的口述环境史——以滇池流域为例》（科学出版社2022年版）一书立足于滇池流域的地缘区位和资源优势，明确滇池的地位和作用，从口述史的角度积极探索探讨了滇池流域环境变迁研究的新视野、新方法、新路径，总结和推广滇池流域环境保护的成功经验，探寻实现高原城市湖泊流域生态文明发展的新路径。

周琼、耿金著的《中国环境史纲》（高等教育出版社2022年版）一书对环境史学科形成、发展过程进行详细梳理，并总结了影响环境变迁的自然与人文因素，以及中国环境史研究中的史料来源等基础问题，在此基础上以时间为线索，纲要性地梳理了中国历史上的人与环境互动过程，从环境史角度再看中国历史发展脉络。

周琼主编的《中国西南地区灾害响应与社会治理研究》（科学出版社2022年版）一书从灾害史的角度出发，探讨了中国西南地区灾害响应和社会治理之间的关系。

郭少妮《迷失与转机：西藏灾疫史研究述略》（《西藏民族大学学报（哲学社会科学版）》2022年第1期）一文梳理西藏灾疫研究的资料与成果，分析西藏灾疫史研究特点以及西藏灾疫研究迷失的原因与转机。

（八）民族史研究

王文光、马宜果《北齐、陈两政权的民族交往交流交融》（《烟台大学学报（哲学社会科学版）》2022年第2期）一文分别论述北齐、陈的民族交往交流交融，以及北齐、陈与海外民族的交往交流。

李大顺、李俊清《茶马互市与民族交往交流交融述论》（《北方民族大学学报》2022年第1期）一文对茶马互市与民族交往交流交融的关系进行梳理，在总结历史经验的基础上，分析茶马互市对当前加强民族交往交流交融的启示。

方天建《兵防与跨族群混融共生关系的建构——基于明清广南府普梅地区汉夷同村共寨的历史考察》(《中国边疆史地研究》2022年第3期)一文认为,普梅地区驻防兵的进驻,一方面强化了国家力量在边地的存在,起到了稳边固边的作用,另一方面亦重组了当地族群分布格局,促进了兵民间的交融与共生。

刘正寅《中国历史上华夏认同的演进与升华》(《历史研究》2022年第3期)一文回顾与论述了华夏民族的形成、汉唐大一统与华夏的凝聚发展、辽宋夏金元时期的民族交融与华夏认同,以及明清时期中华民族共同体的发展与华夏认同的升华。

林超民《中国历史整体性与中华民族共同体》(《云南师范大学学报(哲学社会科学版)》2022年第1期)一文梳理了中国历史发展整体性的提出及其要旨,阐述了天下一统是中华民族共同体意识的基石、华夷一体是中华民族共同体意识的核心、正统论是中华民族共同体意识的精髓、文化是中华民族共同体意识的血脉的问题。

潘先林《融通"自在"与"自觉":"中华民族历史整体发展论"新解——方国瑜〈论中国历史发展的整体性〉之二》(《思想战线》2022年第5期)一文回顾"中华民族历史整体发展论"是如何提出的、从"中国历史发展的整体性"又是如何推进到"中华民族历史整体发展论"的,分析中华民族历史整体发展论的理论贡献与现实意义。

崔阳、高志英《取代抑或扬弃:宗教关系视角下的怒苏人基督教中国化实践研究》(《宗教学研究》2022年第1期)一文旨在通过对基督教传入前后中缅北界怒族支系怒苏人的信仰观念、仪式主持者与丧葬仪式的历时性变迁的考察、比较,发现基督教在该区域的本土化。从基督教与民族原生宗教关系切入对怒苏人基督教中国化背景、动因、表现与功能、影响的系统研究,剖析基督教通过对民族原生宗教的扬弃而形塑其民族文化特性的过程。

朱映占著的《世纪跨越:基诺族传统文化的传承与保护》(人民出版社2022年版)一书从宏观上展现了基诺族的生活环境、历史、文化和社会组织,并从微观角度研究了基诺山巴卡小寨村民的日常生活、社会组织、节日庆典等在当代的变迁情况,从而呈现了基诺族社会发生的巨大变化。

罗丹著的《水善利与人相和:哈尼梯田灌溉社会中的族群与秩序》(社会科学文献出版社2022年版)一书聚焦梯田处于多民族交错地带的特征,由生计方式讨论不同人群的相处模式。

(九)边疆史研究

董向芸、蒋晓涵、王秋俊《历代边疆屯垦治策对边缘空间的突破与演进》(《民族学刊》2022年第3期)一文阐述边缘空间概念及其意涵发展,分析"佐米亚"山地文明观中的边缘空间、边疆屯垦对"佐米亚"边缘空间观的突破,以及屯垦对边缘空间的演进及边疆治策寓意。

周智生、李铭《清前期滇军入藏与川滇藏协同发展格局的形成》(《民族研究》2022年第4期)一文通过整理朱批奏折及进藏官员的记录等相关史料,立足于前人研究,对清前期滇军入藏组织过程、后勤保障、行军路线等情况进行了全面梳理,并重点讨论滇军入藏在清前期整体治藏格局中的战略地位、推动川滇协同发展的历史影响等问题,以期为学界进一步认识清代大一统政治格局中省际互援实现边疆统筹治理提供历史案例和研究导引。

王春桥、王冬兰《清代滇缅边疆练卡的形成、演变及影响》(《中国边疆史地研究》2022年第2期)一文探讨清代滇缅边疆练卡的形成、演变及其影响等问题,不仅厘析练卡形成和演变的历史过程,更重视探究练卡形成及演变背后的深层原因,进而阐述清朝边疆治理体系与边疆民族历史发展之关系,总结清朝在处理边疆区域性问题时的经验教训。

周琼、聂选华《国家大义:边疆治理视阈下清代云贵地区义仓建设研究》(《重庆大学学报(社会科学版)》2022年第3期)一文从边疆观与边疆治理的视角分析清代云贵地区的义仓体系的构建及其在西南边疆地区粮食安全保障和备荒救灾能力建设中的作用,以进一步探究清朝国家治理、边疆治理和基层社会治理制度和体系的丰富内涵。

章光洁《20世纪初边疆学校教育塑造国家认同的实践——基于一个多民族村寨的个案分析》（《原生态民族文化学刊》2022年第3期）一文结合历史文献梳理20世纪初期边疆民族村落学校教育的历史，分析学校教育塑造国家认同的实践过程。

罗群《边疆观的历史书写与建构——以云南为中心的讨论》（《中国边疆史地研究》2022年第4期）一文分别探讨了国家视域下、地方视域下的云南边疆书写与建构，分析"边疆人"的边疆认知与建构。

罗群《被"弱化"的西南边疆："同质化"区域重塑的西方经验与反思》（《中华文化论坛》2022年第2期）一文回顾与总结西方的中国西南边疆史研究，构建自主话语，思考新世纪中国边疆史研究路径。

潘先林《起高楼与烧砖瓦——〈流动的疆域：全球视野下的云南与中国〉史料引证问题举隅》（《云南师范大学学报（哲学社会科学版）》2022年第4期）一文对《流动的疆域：全球视野下的云南与中国》八旗版中文史料引证问题进行讨论，并提出解决的方案。

郭建斌、杨立权《"藏缅走廊"刍议》（《开放时代》2022年第1期）一文围绕"藏彝走廊"如何延伸到"藏缅走廊"这一问题展开，论述"藏缅走廊"的范围或边界、学术内涵以及地缘政治意义。

综上所述，云南历史学研究在2022年取得了不少的成果，但也应该看到存在的问题和不足。其主要有以下五个方面。

一是历史学理论的研究保持稳定增长，成果丰富。历史文献学的研究呈下滑趋势，与2021年相比成果数量有所减少。方志学的研究成果一直相对较少，是云南历史学者研究的薄弱环节，有待进一步加强。

二是东南亚史的研究成果较多，非洲史、美洲史的研究也有一定的收获，但对于南亚史、欧洲史的研究鲜少涉及，东亚史、西亚史、大洋洲史的研究则出现了空缺。

三是中国古代史和近现代史研究收获了大量成果，但相比西南边疆和民族研究，云南历史学者对于全国重大历史问题的研究和关注度仍然不够，相关研究的高层次论著较少。

四是云南地方史是云南历史学者研究的重要领域。对于云南地方史的研究成果主要集中于元明清和近现代时期，长时段综合研究也有一定收获，但对于先秦两汉和南诏大理国时期的研究相对较少，对于魏晋南北朝时期的研究则出现了空缺。

五是在专题史研究方面，民族史、边疆史的研究成果特别丰硕，对于经济史、文化史和人物史的研究有大量收获，对于社会史、交通运输史、环境史的研究也有一定收获。

因此，在此后云南历史学研究的发展道路上，还需要云南历史学者不断地努力，加强薄弱领域的研究，探寻研究的新视角、新思路，深化彼此间的交流与合作，发挥优势，把云南历史学的研究推向一个新高度。

（执笔：陈静　刘伟　王江燕　周智生）

文学

2022年的云南文学研究，多学科融合的新文科气象更加明显，历史学与文学研究相互交融，从民俗学、社会学、宗教学、文化学等角度切入文学研究，对文学文本的解读愈发深入细致。一方面探析外国文学以及全球化对文学的影响，另一方面细析云南文学创作的发展和特点。古代文学研究与现当代文学研究并进。2022年云南文学研究主要涉及文艺理论研究、中国古代文学、中国现当代文学、外国文学、少数民族民间文学等方面。

一、文艺理论研究

杨吉华在《全球化语境下中国文论建设再思考》（《湖南社会科学》2022年第1期）一文中指出，"文论的中国问题"是在中国文学场域中，面对文学本身进行实践性知识建构的理论阐释与话语体系建设，它是一个在实践中不断流动生成的文化概念与历史建构过程。兼具多重文化身份的中国古代"文人"，以面向人生的鲜明实践取向，始终将文学与社会政治、文化生活深度融会贯通，形成了中国古代文论的民族性与本土性，是"文论的中国问题"的鲜活历史实态。在有效延续中国传统文脉的基础上，在与世界其他文明的互动融合中，围绕中国生活方式的全球化景观所映射出的人生情状与新的"中国性"而展开的实践性建构活动，则从范式形成、理论建构、问题展开三个层面生成了新时代"文论的中国问题"，进而引导和促进文学实践的再发展。

谭君强在《叙事理论与实践结合的良好范例——谈米克·巴尔的叙述学姊妹作〈叙述学：叙事理论导论〉与〈叙述学实践〉》（《河南师范大学学报（哲学社会科学版）》2022年第5期）一文中指出，理论与实践相结合是叙述学理论的突出品格，也是它吸引越来越多研究者的重要原因。在这方面，米克·巴尔的叙述学姊妹卷著作《叙述学：叙事理论导论》与《叙述学实践》是引人注目的良好范例。两部著作各有侧重，相互配合，均以文本、故事、素材的三分法构建全书，融入以文字媒介和其他媒介符号呈现的大量文本例证。米克·巴尔摒弃了形式与内容分离的倾向，将丰富的例证置于文本、故事、素材的不同层次进行分析，同时又不忘整体上的阐释。在叙事理论的观照下，在理论与文本实践相结合的细读中，不同媒介的马赛克式的文本例证呈现出它们各自的特征及意义，理论描述也因文本实践之助而显得更为透彻、更易理解。

谭君强在《论抒情诗的历史空间呈现》（《思想战线》2022年第3期）一文中指出，在抒情诗中，由情感抒发产生的叙事交流主要不是以线性叙事的方式，而是以空间叙事的方式进行。抒情诗的空间叙事，表现为空间意象叙事，这种意象叙事以多种方式呈现出来。历史空间呈现是其中一种重要的方式。不同于历史叙事，抒情诗的历史空间呈现作为一种文学叙事，是感性的、形象的、从个人经验出发的、充满个性的叙事。它使诗歌从个人走向更为广阔的空间，将个人的情感与带有历史意味的时代的、社会的、大众的情感融合起来，并将个人的情感上升为一种更具普遍性与一般性、能为更多的人所理解的情感，从而唤起世世代代更多人的共鸣。

舒凌鸿在《〈非自然叙事：理论、历史与实践〉述评》（《玉溪师范学院学报》2022年第1期）一文中指出，《非自然叙事：理论、历史与实践》是布莱恩·理查森（Brian Richardson）非自然叙事学研究著作中的集大成者。主要体现为两个层面。第一层次为非自然叙事研究的系统化。厘清非自然理论概念，回溯非自然叙事历史，采用多理论视角进行具体文本的批评阐释，展现出对非自然叙事研究的深入思考。第二层次则表现为内容的全面性。分别从纵向（跨时代）、横向（跨文化）和综合（跨文类和跨思潮）的角度进行非自然文本的广泛呈现。文章认为，该书呈现了不同国家非自然叙事的历史，尤其关注非自然叙事出现的广泛性和自发性。文本阐释的对象既有古典古希腊戏剧，也不乏后现代最极端的实验性作品，既从影响广泛的西方文学作品入手，也对大量传统东方文学作品进行研究；做到了兼顾不同区域的全面性，囊括不同文类的丰富性，以及采用不同理论进行阐释的灵活性。

舒凌鸿在《建构叙事到抒情的跨文类叙事之桥：〈抒情诗叙事学分析——16—20世纪英诗研究〉述评》（傅修延主编《叙事研究（第4辑）》，上海外语教育出版社2022年版）一文中指出，德国学者彼得·霍恩和詹斯·基弗的《抒情诗叙事学分析——16—20世纪英诗研究》是将叙事学基础概念和理论运用于抒情诗研究的首部力作。该书以英语抒情诗为分析对象，结合了经典叙事学和认知叙事学的研究，对16—20世纪的英语诗歌进行序列性、媒介性和表达的理论探讨和文本分析，提出了独到的理论见解，为叙事学从小说到诗歌研究的跨文类叙事的研究奠定了理论基础，搭建了二者进行沟通的理论之桥。

向丽在《审美的人与审美教育的当代性》（《文艺争鸣》2022年第3期）一文中指出，美学是关于美的学问，但它首先是感性学，美学批评则是对于感性如何被禁锢和挪用的揭橥以及感性如何解放的建构。亦即，美学批评终归是对于人的感知方式的深刻革命。当西方传统美学中的"美"和"艺术"被设定的形而上边界不断地被打破，审美和艺术在社会演化过程中未被充分发掘的角色与功能将获得新的显现，这对于我们重新思考与实践美学批评的当代转向具有重要的开启意义。

王卫东在《中和之美与文艺的社会功能》（《云南社会主义学院学报》2022年第3期）一文中指出，习近平总书记在中国共产党第十九次全国代表大会、中国文联十大、中国作协九大等会议上多次就中华文化发表重要论述，这些重要观点源于中华优秀传统文化和中国美学精神，根植于文艺实践。在中国，艺术不是现实之外的另一世界，艺术从来不为其自身而存在，只是一种手段，一种修身养性、完善个体人格的手段，是人生的深化和扩展。在艺术活动中，人们感受生命，领悟生命，最终完善自己的人生。艺术与人生相互影响、相互渗透。中国人很少为艺术而艺术，通常是为人生而艺术，艺术体现了人生追求和人生的高度。

谢青松在《发现"吾心之良知"——对王阳明〈大学问〉的一种解读》（《人文杂志》2022年第10期）一文中指出，王阳明晚年口授的《大学问》，高度浓缩了他生平讲学义理，堪称"阳明之心印"。在此文当中，王阳明依次回答弟子关于《大学》文本的提问，集中体现了王阳明"心学"之思想精髓。所谓"大人"，就是发现了自己并非这个有形有相的血肉之躯（"形骸"），而是那个无形无相的纯净意识（"万物一体之仁"），进而认同于"万物一体之仁"的人，那是"我"的真实身份（"真己"）。"大人之学"旨在探索自己的真实本性，发现"吾心之良知"。具体来说，就是要通过格物、致知、诚意、正心，保持觉知、安住当下，进而超凡入圣，达到"至善"之境。

马君毅在《浙派古琴在明代的兴衰及其原因探赜》（《史林》2022年第1期）一文中指出，浙派是影响深远的重要琴派，在其发展历程中，明代是一个关键时期。明前期，浙派与江派旗鼓相当。至嘉靖年间，琴坛出现"尊浙贬江"倾向，这既是浙派琴学发展的结果，又与浙操徐门获得帝王青睐密切相关。明后期，复古思潮高涨，琴坛兴起关于琴曲歌辞存废的论争。受其影响，浙派开始分化为无辞派与有辞派，前者为虞山派继承并取代，后者仍被冠以"浙派"之名。这场论争最终以无辞派的胜利告终，琴曲有辞遂成俚俗的表征，浙派因多配辞，饱受非议，日益衰落。

傅宇斌在《地方风习与主流建构——晚清民初浙江词人的词学选择与词风嬗变》（《社会科学辑刊》2022年第1期）一文中指出，晚清民初词坛为常州词派所笼罩，浙江词人虽有其浙西词派宗风，但亦因时代风气之发展，词学内部之变化，而受到常州词派比较大的影响。在词学门径上，由以师法姜、张为主变成出入诸家之间；在词学风格上，由南返北，风格更为多元；在词学宗旨上，则由浙入常，浙江词人对于常派，或自觉地融入，或依违于浙、常二派之间而实以常派为主，或开径独行，但仍可清楚看出常州词派的印迹。这说明晚清民初词学发展的大势，正是因为这么一批浙江词人参与主流词学建设，常州词派的词学影响更趋广泛，常州词派的理论也更趋圆融，也加快了传统词学向现代词学的演化进程。

张宏生、傅宇斌在《从一人之"词心"至一代之"词心"——读彭玉平〈况周颐与晚清民国词学〉》（《中国图书评论》2022年第7期）一文中指出，彭玉平《况周颐与晚清民国词学》是词学研究的力作，此书以抉发况周颐的"词心"微旨为中心，深入阐释了晚清民国词学领域的重要话题，展现出彭氏从一人之"词心"至一代之"词心"的宏阔把握能力，极富高明之思与裁断之能。

傅宇斌、钱泽在《立意为先，能文为主——白居易诗教观视野下的律赋观》（《学术探索》2022年第9期）一文中指出，白居易"立意为先，能文为主"的律赋观重视诗之六义传统，同时不排斥文辞，这是上承汉儒"尚用"的赋学观，是其诗教观在律赋领域的延伸。其律赋观的本意依然是"意在文先"，本质上是为皇家统治服务的。与汉人论赋重"讽谏"的功用相比，白居易更重视赋作"颂美"的功能，"润色鸿业""发挥皇猷"成了律赋最主要的作用。白居易《赋赋》为律赋的生存、壮大奠定了理论基础，并极大地影响了清代的律赋创作。

二、中国古代文学

从民俗的角度切入研究中国古代小说，以及从小说文本分析入手，讨论中国古代民俗文化，将文献研究、民俗研究、宗教研究和文学研究相结合，是李道和、阳清和张玉莲的共同特点。扎实的文献功底、丰富的材料、无一字无依据是其特征，开阔的学术视野、细致深入的文本分析、独到的见解是其学术水平的显现。

李道和在《裴铏〈传奇·崔炜〉故事在中越间的传承》（郝平主编《中国典籍与文化论丛（第二十六辑）》，凤凰出版社2022年版）一文中指出，晚唐裴铏《传奇·崔炜》写崔炜神游南越王赵佗墓之事，越南古籍及广州民间传说也有大体相似甚至细节相同的故事。从三种文本的内容、文献时代及相关历史文化背景看，作为文人创作的《崔炜》是裴铏在高骈幕中时所作，首先在安南、广州传播，至迟在15世纪被改编为越南的《岭南摭怪列传·越井传》，在20世纪被讲述为广州的《崔炜神游越王墓》，三者共同构成崔炜故事在中越间的久远传承。

阳清在《纪念性传记与崇敬型认同——关于慧立撰著玄奘行传的才学书写》（《青海民族研究》2022年第4期）一文中指出，慧立撰著玄奘行传产生于玄奘师去世之后，文本通过种种才学书写展现传主形象，具体表现为：基于史传创作传统的前赋经验，行传对传主的勤学精进加以全面叙述，以合理解释玄奘才学修养的现实渊源；基于史传传统的进一步文学演绎，行传频频记载传主讲经论道，特别是叙述传主与佛教徒以及其他外道论争获胜，以充分展示人物的博学善辩；结合史学视角与文学手段，行传屡次记载传主在佛国享有非凡礼遇，借此构成人物博学善辩的必然结果，并且表现出文本建构意义。行传虽不免有繁杂堆砌和视域遮蔽之弊，然而通过积极彰显传主才学，集中表现作传者的崇敬型认同，最终成为颇具特色的纪念性传记。

阳清在《昙无竭与〈外国传〉两种考察》（赖永海主编《宏德学刊（第十五辑）》，商务印书馆2022年版）一文中指出，以反映汉地僧人巡礼求法为主要内容，南朝佛教行记除了释智猛《游行外国传》与释法盛《历国传》，另有昙无竭和释昙景同名著作《外国传》。由于现存《外国传》非常少见，加之历代学者征引不确，上述文献往往引起混淆和争议。事实上，依据信行《翻梵语》所见《外国传》名物，结合同书对《历国传》的征引，辅以其他相关文献进行考证，可见昙无竭与其他三位僧人各自西行，他们的自撰行记亦各有内容。从时间逻辑看，昙无竭之西行求法，大致处于释智猛与释法盛、释昙景的中间阶段。昙无竭与释法盛虽不是同时发迹中土，却有可能在佛国相遇并且同行。释昙景及其《外国传》，亦明显有别于昙无竭及其同名行记。

张玉莲在《"禜门"与唐代祈晴祭祀研究》（《宗教学研究》2022年第4期）一文中指出，作为一种"止雨祈晴"之祭,"禜门"源远流长。"禜"的内涵随着时代的发展而有所变化。"禜门"是唐人常用的一种祈晴方式,其祭祀对象为国门或州县城门,祭祀方式也有明确的礼仪规范。若"禜门"而"雨不止",则唐人会转而祭祀城隍、山川、玄冥、社稷诸神。至于止雨效果,各种文献的记述存在差异。

李永添、张玉莲在《晋唐沙门传研究的回顾、反思与前瞻》(《中国海洋大学学报(社会科学版)》2022年第6期)一文中指出,沙门传,是指以信仰佛教出家人为传主的传记,主要包括僧传、尼传以及中土佛教信徒所撰述的佛陀传记与菩萨传等,是佛教史学的重要组成部分。随着佛教在中国的传播以及中国浓厚史学传统的影响,两晋时期出现了最早的以佛教出家者为传主的沙门传记。与沙门传创作实践相伴出现的是沙门传批评。在中国古代沙门传批评中,批评者多是有目的地服务于自身创作实践需要,主要围绕其创作目的、资料来源、写作笔法、成文体例以及传主收录范围等几个问题展开讨论。近代以来,学者多围绕沙门传中有限的几部重要作品(如《法显传》《高僧传》《续高僧传》等)进行整体或有所侧重的研究,然而仍有数目众多的沙门传却是鲜有人论。可以说,目前学界关于沙门传的研究缺乏一种宏观审视其发展演变规律的视角,并且在相关研究中仍然存在诸多问题有待厘清。

曾莹在《〈鹧鸪〉一调与"舞〈鹧鸪〉""打散"——声诗格调与元杂剧的收场演出》(《戏曲研究(第一二三辑)》,文化艺术出版社2022年版)一文中指出,唐代声诗中有《山鹧鸪》一调,《鹧鸪辞》《鹧鸪》为其别名。任半塘先生考订该曲"原起于湘楚之民间,曾摹仿鸟鸣,故其乐宜用吹声",论及其"歌"时又有:此曲先歌于民间,有舞踏;后人文士抒情之艺,介于吟与唱之间;终乃谱为杂曲,由女妓精唱,或独唱,或对唱,其声凄怨动人,迥出常调。晚唐郑谷以《鹧鸪》诗得名,号郑鹧鸪。其时侯家唱《鹧鸪》尤工,谷诗表之。南宋时,犹传有歌唱此曲之消息。

曾莹在《诗意的过度与日常的变形——从张岱"茶淫"看晚明物质文化及审美主义》(《艺术评论》2022年第10期)一文中指出,"茶淫",是晚明文人张岱与茶之间关系的特殊概括,也从某个侧面反映了晚明社会物质文化的发达,以及当日广泛存在的"耽物"风潮。晚明人热衷体物、写物,致力于树立一种鉴赏的标尺、雅趣的范式,其实就是在积极地彰显和标榜自身之于日常的抽离与超拔。张岱对于"茶淫"的反复标举,则与晚明人通常强调的有别于常俗不同,所显露的恰是自身对于日常的耽留与醉心,所展现的也正是一种审美化的日常生涯。物质文化与审美主义于其间呈现出高度重合。可见,张岱"茶淫"的提出,便是在不立法则的灵动及映照怀抱的深邃中,如实呈现审美观照作用下诗意的过度和日常的变形。

以一个系列,从科举角度对明清小说进行较为详细、深入的读解,以求这一方面的研究有所突破,是王玉超的学术目标之一,也使其在众多云南省古代文学研究者中独树一帜。

王玉超在《明代儒经学术与科举制衡作用下的儒家类丛书编纂》(《四川大学学报(哲学社会科学版)》2022年第2期)一文中指出,明代儒家类丛书的编纂大体经历了明初汇纂注疏、正嘉自抒议论、隆万浅说评点、启祯儒经新说四个阶段。明代科举制度、科举的主试文体、举业文风等都影响着儒家类丛书的编纂,使其形成了重视群经总义、注重指导举业文章、遵从规定注本等特点。儒经思想学术与科举制度之间的制衡和取舍,决定了明代儒家类丛书编纂的复杂性——阐说儒理又要兼顾功利,秉承程朱也不回避阳明,兼有经学和文学的性质、学术与治道的功用。

王玉超在《明代丛书编纂者及其编刊类型选择释论》(《理论月刊》2022年第5期)一文中指出,明代丛书编纂群体庞大,具有鲜明的时代特征、地域特征和身份意识,这决定了明人丛书编刊的类型选择,为明代丛书的客观评价和文献使用提供了重要前提。有明一代,丛书编刊经历了以官刻经史丛书和续纂前朝丛书居多,到各类丛书编纂兴起,再出现通俗文学丛书备受关注的转变。就地理分布而言,江浙地区的丛书编刊呈现多元文化特征,闽、赣丛书编刊具有传道和实用性，北方丛书编刊则重在儒家学术传衍。丛书编纂者的科名职官、学术喜好和图籍典藏，都在一定程度上决定了丛书编刊类型和文献价值。

王玉超、刘明坤在《明代文言小说丛书编纂及其文学史意义》(《青海师范大学学报（哲学社会科学版）》2022年第5期)一文中指出，明代小说丛书从综合类丛书中分离出来，在小说传统学术意义下特别突出"说"部特性。作为类编类丛书，其编纂十分兴盛，文学特性愈发为明人关注。明代编纂者有明显的文类意识，往往对小说有一定的自我界定，视小说为有理、有情、有词、有文的文学作品，能够呈现明代小说观念的变化，一定程度上意味着小说文体的独立，小说丛书的细目分类颇能说明编纂者的小说类别意识。与此同时，丛书编纂者往往持有一种大文学的观念，不拘于子部小说家类，把兼及史、集特征的著作都纳入小说范畴，使明代小说丛书的编纂具有文学史意义。很多笔记小说经过几部丛书多次收录，成为小说著作中耳熟能详的经典之作。尤其较早的汉魏之作，从原来的杂史、杂传中脱离出来，正式进入文学范畴，成为后来小说创作的源泉和取法对象。明代小说丛书保存了大量古籍文献，成为之后小说辑佚和史料考证的重要来源。

三、中国现当代文学

中国文学与华文文学是两个相互联系、互有重叠又各有不同的概念。中国文学是自夏商周以降中国各个朝代直至现今中国疆域的文学作品，华文文学则是以汉语（华文）为载体的所有文学的总和。中国文学是华文文学的主体，但华文文学不限于中国文学。海外华文文学研究是华文文学研究的重要构成，南亚东南亚华文文学是海外华文文学不可或缺的一部分。20世纪90年代，云南大学是海外华文文学研究的重镇，举办了多次世界华文文学研讨会，编写出版了《缅甸文学史论》《东南亚华文文学论》《东南亚文化论》等书和研讨会的论文集，对东南亚华文文学的文学思潮、作家作品、文化内涵、艺术特色、华文文学与当地文学的相互影响等进行了深入的研究，海外华文文学研究一时之盛，成为云南大学中文学科的特色。近年来，海外华文文学研究再现活力，海外华文文学的艺术特色和成就，海外华文文学与中国本土文学的关系、与特定地区国家文学的关系，海外华文文学在特定国家社会和文学中的地位、作用和特点，海外华文文学体现的社会和文化等，犹如一座富矿等待着被挖掘、开发。

降红燕在《南洋华文女性文学的性别透视——评马峰的〈马来西亚、新加坡、印尼华文女作家小说比较研究〉》(《楚雄师范学院学报》2022年第4期)一文中指出，南洋华文文学是东南亚华文文学以及世界华文文学的一个重要组成部分，女作家的小说创作在其中具有重要的地位。作者从选题新颖性、研究结构的系统性、占有资料的翔实性和研究方法的多样性等四个方面，分析马峰关于马来西亚、新加坡、印尼华文女作家小说创作的论述，认为马峰的《马来西亚、新加坡、印尼华文女作家小说比较研究》是我国女性文学研究领域具有创新性的重要成果。

马峰在《印尼华人的文化认同与本土融入——基于华文文学视角》(《海南师范大学学报（社会科学版）》2022年第4期)一文中指出，印尼华文文学在东南亚地区具有文化标本意义。文章以小说为研究对象，结合文学的内部与外部研究，专注于分析文本所表现出的身份与文化的认同问题。作者认为，印尼文化政策的更迭极大地钳制着华人族群的文化认同姿态，这也成为华文文学不断拆解、建构的核心命题。文化认同侧重原乡文化与本土文化的互参，并探讨华文母语的文化表征。在现实层面，以文学视角审视印尼华人生态，并结合社会语境反思现实中的认同转型。印尼华人将中国视为文化原乡，族群标记成为绕不开的精神纠结，而华文教育的文化承载以及华侨领袖的文化示范也让原乡认同的情感陡增。在华文封锁期的文化劫难过后，华人族群的文化断层与传统失落反而促成更多的自我反思。当下的印尼华人趋向于积极的本土融入，其文化认同在包容与开放之中更为多元。

马峰在《泰国华文女作家梦莉的流散叙事》(《中华女子学院学报》2022年第5期)一文中指出，梦莉是泰国华文女作家的重要代表，她在中泰商贸往来与文化交流两个方面都扮演着极为重要的使者角色。她是中泰跨国流散的华侨华人典例，其散文作品因之具有多元的流散特色。在流散叙事方面，她的个体流散、离人流散、家族流散、归侨流散、文化流散等类型在东南亚华文文学乃至世界华文文学中也十分典型。

马峰在《古远清的港台及东南亚鲁迅研究》（《黄冈师范学院学报》2022年第4期）一文中指出，古远清的鲁迅研究视野宏阔：他起步于对鲁迅小说的语言、修辞、技巧等的写作学研究，而后逐渐转向境外及域外的鲁迅传播研究。他的境外鲁迅研究最具特色，突出表现在对台湾鲁迅学术史及香港鲁迅学术史的脉络梳理与深度评析，这与其台港文学史研究的系列专著密切关联。同时，他的鲁迅研究视域也涉及世界华文文学领域，尤其是以新加坡、马来西亚为代表的东南亚鲁迅研究。

马峰在《鲁迅在〈香港文学〉的传播型态及其东南亚辐射》（《鲁迅研究月刊》2022年第9期）一文中指出，鲁迅在《香港文学》呈现出多元的传播型态，既有显性的香港鲁迅学术史建构，也有隐性的"故事新编体"的香港嫁接与体式传承。通过鲁迅访港研究、域外鲁迅研究、鲁迅交游史料、鲁迅作品研究、阿Q典例研创、周氏家族论述等纵横交织的繁复脉络，可以梳理出香港期刊的鲁迅学术史型态。探析"故事新编体"的香港传承，可以管窥刘以鬯、陶然、也斯、西西等的叙事实验与在地讽喻。在东南亚地区，尤其是华侨华人及华文文化圈，鲁迅及其作品还具有文学引导作用与文化辐射功能。郑子瑜、林万菁、王润华等的研究与创作是东南亚鲁迅传播的引领者，其东南亚接受与香港输出的跨时空操作也让传播价值更大化。

马峰在《周洁茹的办刊理念与编辑风格分析》（《世界华文文学论坛》2022年第1期）一文中指出，《香港文学》作为香港最为长久的纯文学刊物，既有立足香港文学的本土意识，又有放眼世界华文文学的链接理念。检视《香港文学》的办刊历程，周洁茹继承了刘以鬯与陶然的办刊传统，同时也凸显新生代编辑的新派锐气。周洁茹的编辑风格新变，一方面贵在对作家作品专辑和评论研究专辑的每期坚持，另一方面则体现在对"90后"等新生代作者的大力推介。

孙淑芳在《基于观众接受的鲁迅小说的戏剧改编本体透视》（《海南师范大学学报（社会科学版）》2022年第2期）一文中指出，鲁迅小说的戏剧改编，如果与原著相比较，都会存有因改动而与原著之意不符之处，从而引发批评和争议。但是，不少改编因其所具有的戏剧艺术强烈的感染力和直接的审美效果而受到广大观众的好评。鲁迅小说的戏剧改编作品所引起的强烈反响说明了观众对名著改编的内在需求。就戏剧改编的本体而言，观众的喜爱、欢迎和认可是衡量改编成功的重要因素。艺术媒介的不同使小说与戏剧具有相异的艺术特性。要想客观公正地评价改编，还应该从被改编成的艺术样式的审美特点去衡量一部改编作品的价值和意义。鲁迅小说的戏剧改编之所以能为广大观众所接受，归根结底在于改编者将鲁迅小说舞台化过程中以观众接受为核心的制约因素所形成的改编机制。

马绍玺在《声音里的西南联大——文化抗战与西南联大学者演讲》（《文学评论》2022年第2期）一文中指出，面对学生和社会公众发表演讲，是西南联大学者文化抗战的具体形式。在民族国家生死存亡之际，他们把专业知识同抗战和国家命运相联结，在演讲中传播知识、开启民智、动员民众、鼓舞抗战，从源流上为危机中的中国寻找生存和复兴的文化根基和文化自信，用文化养育健康向上的民族精神，发挥文学在抗战中的作用。虽然没有冲锋陷阵在抗战的前沿阵地，但是他们的"胸中十万甲兵"同样对抗战与建国起着举足轻重的作用。他们奔走于讲坛的身影，给抗战时期的昆明带来了绚烂的文化景观和知识魅力，是西南联大精神的一种象征。

李直飞在《结满"乡愁"的"世外桃源"——西南联大作家的蒙自体验及蒙自形象建构》（《现代中国文化与文学》2022年第4期）一文中指出，西南联大蜚声中外，其办学条件、方式及所取得的成就引发了学者越来越多的关注，但在当前研究中，研究者更多将目光聚焦西南联大在昆明的办学，而对其在蒙自、叙永等地的办学关注较少。针对蒙自办学的研究，仅有《陈寅恪任教西南联大蒙自分校时期的工作生活与思想情绪》《试析西南联大蒙自分校对蒙自妇女解放的促进》《闻一多在蒙自的日子》《试论南湖诗社的组织与活动》等几篇粗线条的勾勒，其余的只是在行文中只言片语地提到蒙自，对联大时期的"蒙自形象"更是缺乏详细的关注。

段从学在《谈〈中国现代长篇小说编年史（1922—1949）〉之"长"》（《阿来研究》2022年第2期）一文中指出，从2000年开始整理相关作品篇目，到最终捧出这部包括860多幅珍贵照片，长达130余万字的《中国现代长篇小说编年史（1922—1949）》，陈思广专心致力中国现代长篇小说基础史料工作的二十年，也正是中国现代文学研究的所谓"史料学转向"蓬勃发展并在很大程度上得到了制度化和学科化的二十年。即便不考虑近年来陆续立项，被各方寄予厚望的大量基金项目，只看他在前言里列举的部分实绩清单，也不难感受到这股学术思潮蓬勃的活力。

段从学在《屈辱、受难与诗人艾青的自我意识及国家认同》（《江汉学术》2022年第3期）一文中指出，作为中国现代新诗史上最具影响力与代表性的诗人之一，艾青从他早年遭遇的屈辱经验出发，以受难型认同机制为基础，在个人身份建构和抗战时期的民族国家命运之间，建立了亲密的血肉关联。个人因为民族命运而获得了崇高价值，民族命运因为个人的融入而从宏大叙事变成了切身性的日常世界。这种独特的认同机制，贯穿了艾青从上海到延安的整个创作历程，也构成了其诗歌创作中诅咒与赞美杂糅、深广的忧郁与坚强的信念并存、死亡与新生交织等一系列复杂而独特的诗学景观之根源。厘清这种独特的认同机制，不仅有助于理解艾青丰富而复杂的诗歌创作，理解现代中国"被迫现代化"的特殊语境如何进入个体生命，最后又反射到了民族国家的历史命运上，也有利于理解中国现代新诗中潜含着的一种普遍性的人类经验及其相应的诗学形式。

李海英在《在自然与风景之间：中国新诗现代审美的生成及主要表现》（《首都师范大学学报（社会科学版）》2022年第2期）一文中指出，"自然"作为中国古典诗歌的一种重要美感特质，在20世纪初经由王国维对西方"nature"概念的译介及多位学人的阐释，以更丰富的内涵重新成为新诗的一种审美追求。与此同时，"风景"也成为新诗书写的流行风尚，现代诗人通过新譬喻、新形式、新的言说方式，创造出诸如状物写景、如画风景、生活图景、流动风景等模式的现代风景诗，开显出具有诸多意味的审美经验，并对风景的现代意义做出了持续的革新。从自然到风景的演进过程，隐含着现代诗人对自我身份、自然本身、社会理想以及文学秩序等内容的心理召唤，在自然与风景之间，流动着现代人关于时间、空间以及与世界的关联的理想想象。

李海英的《昌耀的爱欲人格与爱欲抒写之考辨》（《中国现代文学研究丛刊》2022年第3期）一文鉴于昌耀纠葛半生的情爱事件与创作之间的生产性互动关系，尝试揭示理想爱情诗、爱欲人格实际与具体求爱行为之间的诸多矛盾不协及其间难以弥合的距离，开显"诗"与"人"之间的分裂现象，乃将其作为可观照、可反思的对象来思考文学创作在主体重构中的作用，以对某类具有普遍性的精神现象进行分析。

李海英在《当代家庭挽歌的书写可能与悲悼伦理——以张曙光诗歌为考察中心》（《江汉学术》2022年第6期）一文中指出，当代家庭挽歌将传统挽歌的仪式从田园移到家庭领域，从而展现了被销匿、被消失的普通人之真正命运，在消解虚假抒情、反拨宏大叙事的行动中重塑了看待世界的态度，以达到对人性、历史、存在、时代本质的观照和体认。张曙光的诗作比较关注家、亲人、苦难与伦理之关系，常以具体的、日常的生活细节和情感事件来展示普通人的生存处境，将个人的困惑、绝望乃至巨大的精神冲突放在广阔的背景中，在哀悼与反哀悼的悖论中重塑生命的美学情感，将对个人化生命史的描写发展为对普遍性命题的质疑，标志着一种诗学意识与诗歌伦理的开启与转向。

王云杉在《中国新文学研究范式的转变与创新——以〈南京大学中国新文学研究中心学术文库〉为讨论对象》（《中国现代文学论丛》2022年第3期）一文中指出，《南京大学中国新文学研究中心学术文库》为中国新文学学术范式的建构提供了一定的经验启示。在价值导向上，著者坚持"启蒙主义"的立场,对"启蒙"的方法、对象、意义进行深入研究;在学术方法上,著者以历史学的意识来研究中国现当代作家作品、文学流派、文学生态等课题,实现对传统"文史互证"治学方式的现代转换;在学术资源上,著者把"世界华文文学"放置到考察范围之内,并突破了文学与戏剧影视艺术学之间的学科壁垒,发掘了一大批具有重要价值的学术资源,扩大了研究的空间。研究者通过对学术范式的转变进行考察和反思,试图促进中国现当代文学研究事业的发展。

李骞在《杨荣昌的文学批评世界没有"不能"》(《博览群书》2022年第5期)一文中指出,《话语之刃》是一部"及物"性较强且充满智性的文学评论集,其作者杨荣昌是云南具有影响力的"80"后评论家。该书分为四个板块,即"呈现批评的纹路""探寻诗歌的心灵""触摸小说的肌理""追逼散文的游踪"。读完之后给人感觉是,在杨荣昌文学批评的世界里,没有什么不能被表述。

李骞在《王蒙文学批评的多元化及其前瞻性》(《当代文坛》2022年第1期)一文中指出,王蒙的文学批评具有多元性、前瞻性的审美意识。他对文学思潮的见解有着高瞻远瞩的思路,对中国当代文学的繁荣发展有着理论上的引导意义。王蒙一直关注当代文学的发展现状,无论是对当下文学的及时性判断,还是对一个时段文学发展形态的总结,都体现了他睿智的思考。王蒙的文学理论、文学评论以其深厚的文学素养,分析文坛现象,评析新人新作,帮助崭露头角的作家走出创作困境,对中国当代文学的繁荣发展,无疑有着前瞻性的引导意义。

张志平、王雪力在《论双雪涛小说意象叙事彰显的人民情怀》(《云南大学学报(社会科学版)》2022年第3期)一文中指出,意象叙事的价值在于通过抒写"感性具体的对象"揭示"理性抽象的意义"。作家双雪涛的小说再现了故乡东北的人和事,笔调冷峻硬朗之余透露出回望故乡人民的温暖情谊,作家对人民真挚的情感温度影响和决定了作品的价值程度。人民性是文学的本质属性和永恒价值追求,对双雪涛小说蕴含的人民情怀的研究亦是对文学本质和价值的探讨。意象叙事是近年来学术研究的新生长点,也是双雪涛小说创作的独特表达方式。通过剖析双雪涛小说中的工人意象、空间意象、物体意象彰显的人民情怀,旨在探寻小说意象叙事的规律以推进意象叙事学研究的深入。同时,研究指向也是对人民性作为社会主义文艺根本价值取向的肯定和弘扬,论题当能凸显文艺评论和学术研究的当下引领价值。

杨绍军、张婷婷在《西南边地形象的想象建构——以罗常培、费孝通、曾昭抡的考察记为中心的讨论》(《学术探索》2022年第5期)一文中指出,抗战时期中国知识分子南渡,以罗常培、费孝通、曾昭抡等为代表的西南联大知识分子对西南边地进行实地考察,将此前被外来者"蛮夷化"或者认为"无名"的西南边地进行了真实再现,实现了由"想象的真实"到"事实的真实"的转变。在对西南边地进行书写的过程中,他们对西南边地形象进行了全面的诠释和展现,催生了具有思想性、艺术性和时代性的文学作品,为中国现代文学的发展作出了重要贡献。

于昊燕的《吉狄马加诗歌中的"群山"地理书写与文化认同》(《民族文学研究》2022年第6期)一文以文学地理学视角对吉狄马加诗歌进行解读,发现其诗歌中的"群山"地理景观书写形成了独特内涵,拓展了彝族高山文化意象群,把少数民族书写建立在个人体验的基础上,以族性感染人性,形成融汇彝族文化认同基础上的中华民族文化认同,以复合文化结构形式书写人类命运共同体诉求,获得自我文化意识的世界性定位。

马绍玺、张睿在《论纳张元散文中"彝山"的精神内涵》(《大理大学学报》2022年第11期)一文中指出,纳张元是从彝山走出来的现代作家。他的创作始终关注着故乡彝山的民族文化和民族生活。现代都市文明和古老民族传统之间的对立与冲突,始终是纳张元散文书写的主要对象。从乡村到城市的生存空间的转变,使纳张元重新思考彝山的传统文化和生活方式。现代文明是他反思、批判彝山传统文化的坐标,而彝山又始终是他灵魂深处的精神皈依地。纳张元的散文创作及其精神内涵,典型地体现了当代少数民族知识分子的情感特征和文化取向。

四、外国文学

黄增喜在《技术神话的断裂和遗存》(《博览群书》2022年第4期)一文中指出,米尔恰·伊利亚德素以宗教史研究著称于世。不过,在伊利亚德看来,任何宗教现象均奠基于一定的神话想象,而任何神话叙述必包含着宗教观念:哪里有宗教,哪里就有神话;反之亦然。因此,神话学研究是伊利亚德宗教史研究当中不可或缺的构成部分,他常常将世界各地的大量神话素材吸纳到对宗教史的追索中,反过来又将宗教史考察得来的结论运用于对神话故事的阐释和演绎,对当代西方神话研究产生了深远的影响。《熔炉与坩埚》虽篇幅较小,却旁征博引,内容丰富,洞见迭出,颇能体现伊利亚德思想的若干侧面及其一贯的跨学科研究特色。

孔朝晖在《契诃夫对19世纪末期俄国市民阶层的批判》(《俄罗斯文艺》2022年第4期)一文中指出,学界对契诃夫小说中的"小市民习气"与现代性体验的研究并未能很好地结合起来:前者往往被搁置于道德批判层面,后者则将关注点放在其对资本主义现代化各要素的文学表现上。实际上契诃夫穷一生之力创作刻画的"市民阶层"众生相和随之表现出来的"契诃夫情绪"与"媚俗",正是他最突出的现代性体验。通过契诃夫对现代性重要面相之一——市民阶层——的精准描摹,我们看到了俄国现代化发展除农民问题之外的另一个短板:平庸、懦弱的市民阶层无力演变为具有革命精神的市民社会。这也是俄国无产阶级取代短命的资产阶级取得革命最终胜利的重要原因之一。

张秋子在《"疯癫医生"与"迷信侦探":维多利亚奇情小说中的荒诞关怀》(《解放军外国语学院学报》2022年第4期)一文中指出,奇情小说是19世纪60年代英国出现的一种新文类,它在传统的家庭故事中加入了恐怖、侦探等叙事元素。以往对奇情小说的评价不高,认为这类通俗小说只靠夸张、恐怖的噱头吸引读者,没有艺术价值。实际上,奇情小说通过对"社会之罪"的独特呈现引发了读者对于社会具体问题的深度思考。维基·柯林斯与玛丽·伊丽莎白·布雷顿的作品构成了一种独特的互文关系,在创作来源、主题、叙事元素等多方面彼此吸收与转化,更重要的是,他们的代表作都塑造了同一类荒诞的"知识人"形象:疯癫医生与迷信侦探。通过这些怪异的科学家形象,奇情小说家们展现出对社会荒诞性的现实关怀。

王霞、李阳在《法律与道德的博弈——论维克多·雨果〈九三年〉中的"公共场所"》(《黑河学院学报》2022年第1期)一文中指出,维克多·雨果的《九三年》涉及大量环境描写,多处场所的设置使得故事更具空间感和层次感。无论是旺代叛乱的地点还是共和党对其镇压的场所,都形成了某种意义上的"公共场所"。在这些公共场所中,表面上进行着两大阵营各自为夺取胜利所做出的努力,实则隐含了革命法律与人性道德之间暗潮汹涌的矛盾冲突。

五、少数民族民间文学

董秀团、段淑洁在《云南少数民族孤儿故事的分类与结构模式识别》(《文化遗产》2022年第3期)一文中指出,民间故事类型学研究中的母题分类法,在单一故事类型划分中具有揭示同一性以便确认同类故事的积极作用,但在面对复合型故事本身的交叉叠合现象时,却很难有效解决其立型归类的困难。文章认为,要想解决这一难题,需要回归故事叙事的深层结构来探索行之有效的方法。作者借鉴邓迪斯的母题位概念及结构模式分析,立足云南少数民族孤儿故事的270多则文本,通过提取母题位、识别母题位序列即结构模式、观察母题位变体叙事呈现这一路径,将云南少数民族孤儿故事划分为孤儿娶妻型、孤儿得宝型、孤儿寻亲报恩型、孤儿智斗除害型。文章认为,基于结构模式识别的孤儿故事分类方式,或能为其他复合型故事的立型归类问题提供一定的参照和借鉴。

罗瑛的《生态民俗传承促进生物多样性保护——以兰坪县普米族田野调查为例》(《文化遗产》2022年第2期)一文从民俗学视角探讨生物多样性是文化多样性的基础,论述族群传统习俗与生态环境的双向互动。生物环境控制并影响着民俗文化的形成特性,作为传统知识的民俗与自然环境有相互依存的关系，民俗中包括人类对土地、水源、动植物及相关生物的认知、利用和管理，这些属于人与自然界生物多样性相处的世代累积经验。云南省兰坪县普米族的生态民俗，是促进当地生物多样性的文化体系，其传承中的生态要素有自然环境为民俗传承场、生产中的自然共生习俗、生活习俗中的和合观念、羊的生态文化意义。民俗传承中的生态维护功能，则体现为民俗观念中的生态保护意识、行为模式上的生态维系惯性。普米族民俗的调查研究，为地方生物多样性保护提供了一个文化人类学相关的视角。

黄静华在《文学、史料和遗产：关于拉祜族起源叙事的三种解释》（何朋主编《西南边疆民族研究（第29辑）》，学苑出版社2022年版）一文中指出，拉祜族起源叙事所经历的由外界主导的社会文化实践包括：书面文本的写定和出版、文学文本的历史属性解释、文化遗产的价值创造。三种建构所指向的社会文化运动虽不同程度地与民俗世界相关，却在更多他者意愿的凝聚中，不断指向拉祜族起源叙事新属性的制造。在追问本真性和寻求合理性的过程中，关于拉祜族起源叙事的诠释和理解日渐走向和营建一个非日常的、可被分析的和能被消费的文化世界。生活之外的阐释如何能回归生活之内的实践，这是值得实践各方予以思考和探讨的话题。

高健在《佤族神话中动物、人与植物的相互性存在》（《文化遗产》2022年第2期）一文中指出，在佤族神话中，动物与植物是频繁且重要的主题，秉承着一种非二元的、平面的、关系的、连续的本体论视角，可以看到神话中各物种的交煽互发，转辗因果，动植物不是被代表、被表述，而是作为"行动者"与人类构成了存在的相互性。由于内在性的相似，神话中人与动植物并非种类的差异，而只是程度问题。神话变形导致身体性差异被消解，神话中各物种的对话也实现了多元联系与交往，最终达到与宇宙共思。无论是从演述内容还是从演述机制来看，佤族的动植物神话也正如根茎一样以一种开放的、可连接的、多重的、随机生长的方式表述与生成。

张多等在《回返学科领域的基本问题——民俗学、民间文学学科建设青年谈》（《民间文化论坛》2022年第4期）一文中指出，构建中国特色哲学社会科学学科体系、学术体系、话语体系，是当下高等教育工作者需要思考的重要问题。从学科体系上讲，民俗学/民间文学学科是一个经由"中国人文化塑造及其生活表现的经验研究"关联起俗信、节庆、物质、文艺、遗产等分支的学科体系。从学术体系来说，民俗学/民间文学是以传统民俗文化研究序列中的"同人群体"为主体，经由学会、刊物、公共文化、高等教育等基本要素相联系而成的，具有学院、民间与官方三维结构和传承中华优秀传统文化之功能的学术活动整体。从话语体系来看，民俗学/民间文学秉承中国文化脉络和中国经验话语，在各国各地区民俗研究之间开展对话、交流与互鉴，并积极致力于在现代生活与传统文化之间搭建桥梁，促进当代民众获得美好生活、达成民心相通。

张多在《元宇宙：数字时代的宇宙观及其神话学批评》（《长江大学学报（社会科学版）》2022年第1期）一文中指出，在2021年学界、业界围绕"元宇宙"的大讨论中，一种未来的互联网形态及其虚拟生活世界呼之欲出。"元宇宙"概念天然地关联到神话学一贯关注的元叙事、宇宙观问题，指向讨论人类对"人之于宇宙"这一基本、终极问题的思考。在既有的创世神话表达库藏中，诸如造天造地、绝地天通、换人种、撑天柱神话都在讨论不同层面上的多元宇宙问题，和虚拟、沉浸、交互、智能的数字宇宙互为映照。"元宇宙"这一概念是否能够变现不是神话学关心的重点，而元宇宙所代表的数字时代的宇宙观，则关乎人类未来社会演化带来的心灵、价值和思想图景。

姚霁珊、季红丽、苏宏在《云南少数民族神话中的中华民族共同体意识解读》（《楚雄师范学院学报》2022年第4期）一文中指出，神话是反映民族心理、传承民族精神的文化基因，是民族历史记忆和集体情感表达的特殊叙事方式。多民族共处的云南少数民族构建了一个多元的神话叙事谱系，这个神话谱系是中华民族神话的重要组成部分，它以神话的形式记录和记忆了云南少数民族交往交流交融的历史事实和亲密无间的兄弟关系，印证了中华民族是一家的民族共同体意识。

可以说，云南少数民族神话是云南少数民族认同中华文化的文化源泉，也是铸牢中华民族共同体意识的重要精神资源。

张玫、杨甫旺、姚霁珊在《云南各民族"同源共祖"口头传统中的中华民族共同体意识研究》（《西昌学院学报（社会科学版）》2022年第3期）一文中指出，"同源共祖"神话母题在云南地区广泛流传，是云南各民族口头传统最主要的母题之一，承载了云南各民族对于中华民族共同体认同的集体记忆。这些口头传统存在着一定的内在联系性，并表现出了相互影响、相互借鉴吸收的特点，展现了云南各民族对于中华民族共同体的高度认同。

（执笔：王卫东）

考古学

2022年，云南省文博考古学术研究成果喜人，可圈可点。元谋小猿化石提供了目前已知最早长臂猿的证据，这一发现将长臂猿化石记录向前推至距今800万—700万年；晋宁河伯所遗址大量发现简牍，是继湖南"里耶秦简"之后的重大考古发现，也是西汉中央在云南行使治权的有力证据，为我国统一多民族国家形成与发展增添了重要的实证。《云南省博物馆百件精品文物》《云南各民族交往交流交融的见证》《文物里的云南历史》等高水平论著相继出版，代表性论文有《云贵高原出土汉代铜钟研究》《中国西南地区金沙江虎跳峡更新世末期至全新世早期岩画的高精度铀系测年》等。面对全国范围肆虐的新冠疫情，云南省各地各文博单位积极开展疫情防控，安全有序开展日常工作，"走出去，请进来"各种展览推陈出新，反响良好。纪念云南李家山古墓群考古发现50周年学术研讨会等学术活动如期举办，活跃了学术气氛，达到了预期的目的。

一、研究论著

李昆声主编的《南方丝绸之路研究丛书》（安徽人民出版社2022年版）一书以公元前4世纪出现，并一直不断延续使用，连接中国西南与东南亚、南亚乃至更远区域的"南方丝绸之路"为主线，首批四本书为《历史地理卷》《民族节庆卷》《文物考古卷》《民族历史卷》，作者是陆韧、王万平、刘西诺、何兆阳、朱映占、张晗，分别从"南方丝绸之路"沿线的历史地理、民族发展演变和人群宗教信仰，以及沿线的考古遗存、风景名胜和文化遗产等方面，来立体呈现这一条古往今来一直生生不息的国际大通道的丰富内涵；揭示在中国西南地区历史上发挥着民族文化走廊、商贸通道、民族团结纽带功能的区域性国际交通要道的多彩内容；进而为今天生活在"南方丝绸之路"沿线的人民参与"一带一路"建设提供深厚的历史文化动力。学者葛剑雄在《中华读书报》发表书评《重构南方丝绸之路的发轫之作》，对该丛书给予较高评价。

《文化怒江》丛书（4种）（云南人民出版社2022年版）以散文的笔法，历史的视野，从大文化的视角书写怒江，分别从地理地貌、历史、人物以及当地民风民俗和美食等方面展开。该丛书的出版，在增强怒江各族人民的文化自信、传承民族优秀传统文化、振奋民族精神、铸牢中华民族共同体意识等方面将产生重要的作用。

《文化德宏》丛书（6种）（云南人民出版社2022年版）从宏观角度全面统筹了德宏州的文化资源，以磅礴的气势和笔调抒写了隽永的德宏魅力。以文化大散文的笔调，对德宏大地秀美的自然风光和厚重的人文历史做出了深情抒写。这是一套内涵丰富、博大精深的现代版"德宏史记"，展示西南边陲明珠所蕴含的历史与厚重、传奇与浪漫、和谐与包容。

云南省博物馆编《云南省博物馆百件精品文物》（云南美术出版社2022年版）一书从云南省博物馆的众多珍藏文物中精选了101件文物，包括青铜器、陶瓷器、书画、钱币、碑帖、邮票及各类工艺品，展现了云南从古至今波澜壮阔的历史、璀璨厚重的文化。内容由"青铜之光""妙香之境""泥火之灵""丹青之妍""金玉之声""燎原之势""民族之魂"等七个部分组成，画龙点睛地呈现各时期多类型文物；并附录《云南省博物馆藏品概述》《云南省博物馆馆藏文物鉴赏——以南诏、大理国文物为例》《云南省博物馆文物展示情况与创新手段》三篇文章，简要概述了云南文物、云南文博事业发展的基本情况。

杨洁卿著、徐蔚译《文物里的云南历史》（云南人民出版社2022年版）一书遵循历史脉络，精心挑选了云南省博物馆中的涉及青铜器、陶瓷器、古壁画墓、碑刻等10个大类的25件文物，从导游的角度，以图文并茂、中英双语对照的形式，将经典的故事融于通俗而又专业的表达中，娓娓讲述一件件文物的前世今生，以点连线带面地勾勒出了每一个重要时期的云南历史概貌。

云南省博物馆编《听，历史在说话》（云南美术出版社2022年版）一书是音频栏目《听，历史在说话》的辑录。云南省博物馆原创的音频栏目《听，历史在说话》，推送于云南省博物馆微信公众号、微博和喜马拉雅平台及省内自媒体平台，成为云南宣传历史文化的品牌栏目。栏目自2018年1月启动至今已推送120多期，该书将发布的文稿、海报、音频集结出版成一本可看、可听的书。

戴江、番文彤编著的《云南各民族交往交流交融的见证：云南民族文物及工艺研究》（云南民族出版社2022年版）一书以云南民族博物馆藏精品文物为基础，从中华民族"多元一体"格局历史观出发，搜集整理关于民族科技、传统民居、特色服饰、工艺美术等精品文物及其工艺技术的研究文献、图片、运用实例等，从历史渊源、民族风俗、工艺介绍、文化寓意、功能作用及保护传承等方面，对民族文物进行文化认同研究解读，提炼云南各民族共享的中华文化符号和中华民族形象。

保山市文化和旅游局编《保山市文物古迹大全》（云南人民出版社2022年版）一书是保山市第一部反映全市文物古迹的工具书。该书在第三次全国文物普查结果的基础上，以保山市域范围为收录范畴，全面系统记述保山市境内重点文物保护单位的基本情况，附录为尚未核定公布为文物保护单位的不可移动文物名录。内容涵盖保山全市古遗址、古墓葬、古建筑、摩崖题刻碑刻、近现代重要史迹及代表性建筑和其他各类文物遗存。

焦敏等撰《云南省内博物馆时空分布及影响因素研究》（《博物馆理论》2022年第1期）一文通过运用ArcGIS 10.4软件，结合Kernel核密度、最邻近指数、标准差椭圆、重心迁移轨迹等研究方法，分析云南省2021年前建成的146个博物馆的空间演变特征，并在借鉴相关研究基础上构建云南省内博物馆评价指标体系，结合SPSS进行线性回归分析，探究影响其发展的因素。结果表明：第一，云南省内博物馆总体呈现"一轴双核，并沿中心轴线向南北扩张"的时空格局，呈凝聚型空间分布形态；第二，市级层面上，博物馆建设力度由滇中向滇东南、滇西、滇南蔓延，重点移动区依旧以滇中为主，迁移速度较缓，主要沿东北向西南方向扩展；第三，从等级、性质、类型上看，各地区县级层面博物馆差异显著，2011年后云南省内博物馆建设进入加速期，基本形成以国有博物馆为主体、以专题和民办博物馆为补充的发展态势；第四，影响因素上，社会人文因素对云南省内博物馆的影响最为显著，其次为政策制度。

吴云等撰《中国西南地区金沙江虎跳峡更新世末期至全新世早期岩画的高精度铀系测年》[《考古科学杂志》（*Journal of Archaeological Science*）2022年第138期]一文采用铀系测年法对位于丽江市境内的金沙江中段虎跳峡万人洞岩画进行了年代测定。通过测定覆盖于岩画上下的洞穴碳酸盐沉积物年代，发现万人洞岩画至少可精确地重建出三个绘制阶段：距今13000年至13580年、距今10540年至10830年和距今8370年至8700年，处晚更新世—全新世过渡阶段，明显早于该地区最早的农耕时代（距今约4600年）。结合采集的旧石器时代文物信息，显示出岩画大体上由该地区旧石器时代的狩猎、采集人群创作。基于近年来高精度铀系测年技术的发展，文章提供了更准确、更充分的实证数据。该研究首次明确金沙江流域岩画年代可追溯到更新世末期—全新世早期，金沙江岩画也是目前中国境内乃至东亚地区有绝对年代数据支撑年代最早的岩画。该文揭开了具有高精度测年的中国旧石器时代彩绘岩画发现与研究的序幕。

周明健等撰《云南昆明古生物化石资源及其意义分析》（《中文科技期刊数据库（全文版）自然科学》2022年第2期）一文以云南省昆明市的古生物化石资源作为阐述对象，对我国的古生物化石资源保护提出一些可行性建议，为相关研究提供理论参考。

杜韵红撰《何以可能：乡村博物馆文化遗产保护真实性研究——以云南章朗生态博物馆为例》

(《中国博物馆》2022年第1期）一文认为博物馆展品真实性与遗产原真性具有内在的统一性，当遗产呈现于原生性空间，文化遗产资源再生产具备了建构性真实的可能。在村民参与下，遗产、博物馆的价值意义被认同，这种博物馆观照下的可持续发展，应该被视为文化遗产真实性的体现。

张继效等撰《云南景洪娜咪囡遗址植硅体分析》（《中国科学技术大学学报》2022年第3期）一文以旧石器时代向新石器时代过渡时期的娜咪囡遗址为研究对象，利用植硅体重建了各考古地层的气候，并探讨可能的古人类活动。结果表明，娜咪囡遗址经历了一个升温、冷却再变暖的过程，这与云南其他地区的古气候研究是一致的。

王路遥、孙立撰《西南地区汉代墓葬出土钱树的考古探究》（《收藏与投资》2022年第3期）一文指出，钱树又称"摇钱树"，主要分布在我国西南部以四川盆地为中心的地区，是汉魏时期很受欢迎的特殊随葬品。因其类似树形，用钱币形饰物装饰，而得此名。长期以来，钱树的宗教性质一直是学者比较关注的话题。钱树具有丰富的宗教信仰内涵，在我国宗教信仰发展的关键时期，对民众的信仰和观念都产生了深刻的影响。对西王母的崇尚、早期道教的兴起和佛教的传入等，都以信仰和观念的变化在钱树上有所体现。

胡钢等撰《金沙江高能洪水光释光测年研究》[《第四纪地质年代学》（Quaternary Geochronology）2022年第70卷]一文对金沙江下游T2阶地之上的丙弄丙洪考古遗址开展了详细的光释光测年研究，对沉积物中不同粒径的石英和长石开展了单片法和单颗粒光释光测年研究。结果表明，金沙江河流的快速下切导致了研究区河流阶地从漫滩相转变为风成堆积，导致该地区不再适合水稻种植，因此推断丙弄丙洪遗址的废弃与地貌变迁直接相关。研究结果不仅对研究高能洪水沉积物光释光测年有重要意义，也对认识长江上游地区历史时期大洪水事件、地貌变迁与人类活动有着重要指示意义。

张烨、何佳娜撰《云南新石器时代墓葬研究》（《文物鉴定与鉴赏》2022年第7期）一文指出，墓葬制度是考古学文化研究中必不可少的一环，墓葬中重要随葬品的类型划分是考古学文化分期的重要判断依据。目前关于云南地区墓葬的研究多集中于滇文化，除有关云南新石器时代文化文章对该时期墓葬作简要说明外，无系统的研究，且遗址墓葬发现较少，年代多为新石器时代中晚期，部分墓葬发掘资料积压在发掘单位，未整理发表，云南地区新石器时代墓葬研究存在一定困难。该文立足于现有公开发表资料，对该时期墓葬进行了系统的研究论述。

李兴力撰《元明时期云南青花瓷纹饰与装饰工艺研究——以昆明市博物馆馆藏为例》（《中文科技期刊数据库（全文版）社会科学》2022年第4期）一文指出，云南青花瓷是我国民窑青花瓷中特殊的瓷器品种，其是以钴为色料，直接在胎上绘画后施青釉，经高温还原焰一次烧成的釉下彩瓷器，为青釉青花瓷。因独特的地质环境导致其瓷胎及色料的化学成分异于中原地区，青花发色呈黑、灰蓝色。其创烧年代有争议，从考古发掘材料结合器物的纹饰特点、工艺运用等相关因素，元明时期云南青花瓷已较成熟，承袭前朝构图、纹饰、装饰风格，体现出多元一体的文化风貌。从时间或空间来看，云南青花瓷在中国青花瓷器发展史上应有一席之地。

杨红君撰《探寻"元谋人"的"秘密"》（《地球》2022年第2期）一文记述了"元谋人"的发现、考古发掘和研究，提出了希望。尽管世界各地已发现更早的古人类遗骨和文物，人类历史也向前推到700万年，但诸多的演化链条仍是空白。"我们到底从哪里来"的疑问依然是古人类学家争论的焦点，相信元谋这个先祖们曾经繁衍生息的地方，会带给人类学家更多的惊喜。

盖志琨等撰《无颌鱼类到四足类的棘突区演化》[《生态和演化前沿》（Frontiers in Ecology and Evolution）2022年第5期]一文首次揭示人类的中耳，曾经是鱼类用来呼吸的鳃。通过对浙江长兴志留纪地层中的真盔甲鱼化石——曙鱼、云南曲靖早泥盆世地层中的在眼睛后第一鳃囊中完整保存鳃丝印痕的宽甲鱼的新材料，证明了盔甲鱼眼睛后的第一鳃囊是具有正常呼吸功能的鳃，而非退化的喷水孔，从而为脊椎动物喷水孔的起源提供了最为确切的解剖证据和化石证据。目前已有充分胚胎和化石证据证明，我们的中耳是从鱼类的喷水孔演化而来，而鱼类的喷水孔又是从何而来，则是困扰学术界长达百年的世纪难题。

徐光辉等撰《中三叠世早期海相地层发现海生爬行动物的肿肋龙类化石》（2022年5月《科学报告》第12卷）一文报道了距今约2.44亿年前一个海生爬行动物新属种——长尾红河龙。它被发现于泸西县中三叠世早期海相地层，全长47厘米，体形像水生蜥蜴，超长的尾巴尤其特别。长尾红河龙是我国肿肋龙科最早的确切证据，代表了世界上尾巴相对最长、脊椎骨总数最多的肿肋龙类。新发现的红河龙比贵州龙还要早400万年，与欧洲的肿肋龙类更为接近，代表了我国肿肋龙科最古老的化石证据。研究团队对云贵地区的三叠纪海相地层进行了十余年的持续研究，发现红河龙代表了乌蒙龙和黔西龙之间的过渡类型，为解决肿肋龙科内部的系统发育关系和生物地理演化提供了新的化石证据。

李雪华撰《沧源崖画的符号叙事研究》（《产业与科技论坛》2022年第9期）一文从符号叙事学角度，通过梳理学界对崖画的研究，阐释静态符号的崖画叙事方式及叙事意义，为民族图像研究提供新的视角。

赵东月等撰《通过稳定同位素分析云南大阴洞遗址先民的生业经济方式》（《人类学学报》2022年第2期）一文通过对广南县大阴洞遗址出土的17例人骨标本的C、N稳定同位素分析，探索新石器时代晚期至青铜时代，滇东南地区先民的食物结构和生业经济。结合相关考古发现，大阴洞遗址居民可能主要经营稻作农业，兼营狩猎；对动物资源的利用可能具有多样性，并通过采集、渔猎及家畜饲养补充食物来源。

李萍撰《从出土文物看东汉时期云南的经济生活》（《文山学院学报》2022年第3期）一文指出，随着东汉中央王朝对云南的开发和经营，云南拥有了一个相对稳定的发展环境。道路的通达，使云南各地区之间及云南与中原地区、境外国家的联系更为方便，更为密切。大批移民的到来不仅带来了先进的生产工具及生产技术，还带来了中原地区先进的文化思想，为云南的经济发展创造了条件。在历史文献资料的基础上，结合云南各地区发现出土的大量东汉时期的考古实物资料分析，东汉王朝对云南地区的开发与经营是成功的。

薛轶宁等撰《依据海门口遗址植物考古证据看云南新石器时代后的农业发展变化》［《亚洲考古研究》（Archaeological Research in Asia）2022年第30卷］一文报告了2008年海门口遗址考古发掘的植物考古研究结果。海门口遗址是云南发现最早种植小麦和大麦证据的遗址，为研究这两种作物在云南的传播，了解从公元前2000年以来的农业生产发展提供了重要的实物资料。海门口遗址是目前云南北部延续时间长、面积最大的重要聚落遗址，该项研究对滇北新石器到青铜时代混合农业经济模式的特征及变化进行了系统梳理，为进一步探讨西南地区在早期农业传播和文化交流中的重要作用提供了重要科学依据。

和奇撰《缅甸的青铜文化遗存及其与云南青铜文化的关系》（《南方文物》2022年第3期）一文梳理了缅甸钦敦江、穆河、萨蒙河流域及掸邦高原已发现的青铜文化遗存，并对云南与缅甸青铜文化的交流与互动展开讨论。研究表明，上述缅甸地区的青铜文化受到云南青铜文化的强烈影响。

谢春波撰《文旅融合背景下云南博物馆旅游的发展路径》（《新西部》2022年第7期）一文指出，博物馆的核心功能在于教育、收藏、展示、传播等，云南博物馆旅游整体处于良性发展态势，博物馆数量在稳步增长，博物馆提供的公共服务质量在逐步提高，博物馆与旅游融合的渠道在逐步畅通。同时，云南省也致力于打造城市博物馆公共文化空间，为市民提供更多的休闲文化场所，也为城市微旅游的发展做好了储备。

任萌等撰《云南大园子墓地出土有机材质镯饰的科技考古分析》（《农业考古》2022年第4期）一文通过红外光谱、气相色谱-质谱联用等有机残留物分析方法，对云南师宗县大园子墓地出土的有机材料镯饰进行了分析。在样品中均检测到大量桦树皮焦油的生物标记物，证明其为桦树皮焦油制作而成，这在我国的考古发现中尚属首例，提供了桦树皮焦油用于装饰品制作的直接证据。大园子墓地是一处战国秦汉时期与西南夷有关的文化遗存，桦树皮焦油镯饰体现了战国秦汉时期滇东地区有关族群对桦树资源的认识与利用。

李昆声、陈果撰《植根边疆、努力奉献——李昆声先生访谈录》（《南方文物》2022年第4期）一文从李昆声先生的考古生涯、求学经历谈起，讲述了李昆声自北京大学毕业后回到云南省博物馆的工作经历。该访谈就如何确立研究领域和方向、做古代铜鼓研究方面的成果收获、对云南新石器时代和青铜时代的区系类型研究的心得、从云南省博物馆到云南大学的原因、云南大学的考古学增长点、对云南大学考古学的期望等方面进行了交流。

杨勇撰《云贵高原出土汉代铜钟研究》（《考古》2022年第9期）一文指出，在云贵高原出土的"西南夷"系统青铜器中，铜钟与铜鼓都是非常重要的乐器种类。铜钟因不像铜鼓那样长期流行，汉以后在云贵高原乃至整个中国南方就消失了，故受到的关注较少。实际上这些铜钟无论是形制还是纹饰都很有特色，且经常多件成套发现，与内地编钟情形相似。该文认为，从考古学上就其做专门考察，既可推进云贵高原青铜文化的研究，对认识历史上西南夷的礼乐文化、社会生活及其在这些方面与内地的联系也很有价值。

孙浩然等撰《滇东曲靖地区早泥盆世真盔甲鱼科—新属种》（《古脊椎动物学报》2022年第3期）一文介绍了采自云南曲靖下泥盆统西屯组中的真盔甲鱼科—新属种——硕大西屯鱼（*Xitunaspis magnus* gen. et sp. nov.）。作为曲靖地区下泥盆统西屯组中确凿的真盔甲鱼类化石记录，西屯鱼的发现加深了对真盔甲鱼类形态学及真盔甲鱼目乃至盔甲鱼亚纲中感觉管系统演化的认知。

白永庆撰《云南临沧碗窑土陶的传承发展和创新问题新讨论》（《天工》2022年第16期）一文指出，临沧市博尚镇碗窑村世代相传的土陶制作技艺有近300年的历史，至今保存完整并仍在使用的龙窑共有九条。随着制陶传承人数的增加，碗窑村土陶数量和质量呈现新的面貌，以家庭作坊式生产的传统技艺面临很多亟待解决的问题。土陶技艺的创新性保护传承以及人才培养等方面，需要更多的科学方法和技艺指导。从土陶的创新和保护传承入手，如何用创新手段和保护措施更好地促进临沧土陶的发展，促进非物质文化遗产的发展，成为我们面临的问题。

罗宝川撰《清代云南方志舆图之于乡村社会治理有效性考论》（《农业考古》2022年第4期）一文通过考察云南方志舆图佛寺类地理要素指出：方志地图中蕴藏着当时人"不言自明"的信息资源与地方逻辑，是地方官员"以图知民""以图治民"的充分条件；影响州县官乡村治理有效性的因素，不仅取决于官员"览志书""绘舆图"的意愿与能力，还在于信息掌控主体的不对称、地方官员"责、权、利"的分离以及国家制度逻辑与乡村社会运作逻辑的内在冲突。

孟馨媛等撰《云南中泥盆统海口组盔甲鱼类的首次发现》（《古脊椎动物学报》2022年第3期）一文首次报道了武定县中泥盆世艾菲尔期（大约3.9亿年前）海口组中发现的多鳃鱼类东方鱼化石。这是云南省中泥盆世盔甲鱼类化石的首次报道，也是迄今为止我国第二个中泥盆世盔甲鱼类的化石记录，并将其生存时代从早泥盆世布拉格期（大约4.1亿年前）扩展到中泥盆世艾菲尔期，向后延续了大约2000万年，填补了多鳃鱼类在云南地区中泥盆世的地质空白，增加了对于盔甲鱼类在泥盆纪时辐射演化和扩散迁徙路线的认识，同时对探讨盔甲鱼类的鳃囊数目与早埃姆斯期海洋缺氧事件的协同演化有重要意义。

刘静如等撰《云南省文物资源时空分布特征及其发展路径研究》（《文山学院学报》2022年第5期）一文以国家文物局颁布的1—8批所属云南省重点文物保护单位为研究对象，用SPSS 25.0对相关数据进行处理，得出云南文物资源的综合指数及空间测度的重心，进而分析其时空分布及演变特征。结果表明：云南省文物资源时空分布不均衡，文物类型空间集中性较强，各时代文物类型丰富度差距较大；文物资源时空演变总体表现为"东西迂回、由北向南"的移动特征；协调文物与区域经济发展，拓展文物活化利用渠道，创新文物展陈模式是云南省文物资源开发与发展的重要路径。

王涛等撰《云南西双版纳傣族制陶的多视角观察》（《中原文物》2022 年第 5 期）一文通过民族考古的视角，实地考察了云南西双版纳曼掌村与曼飞龙村的陶工家庭，通过访问调研，参与实践、模拟实验等方式，了解当地慢轮制陶技术；分析其制陶的空间布局、陶器成型方法、装饰手法和原料采办及成分等。结合民族调查所获，从陶器操作链视角对比反思考古学所见制陶工艺。文章还从文化遗产保护的角度，观察两处村寨不同的遗产保护模式，总结了"学校式传承"与"旅游式体验"的特点，探讨其对文化记忆的传承与传播作用。

李玉兰等撰《云南东部江川生物群中的香肠状疑难化石——Tawuia 化石属性的新解释》（《地质论评》2022 年第 5 期）一文指出，云南东部伊迪卡拉（震旦）系顶部灯影组旧城段的江川生物群，是华南又一大类丰富且多样化的宏体化石群。该群发现大量香肠状碳质压膜的宏体化石，与成冰（南华）纪全球大冰期之前中、新元古代地层中广泛分布的 Tawuia 碳膜化石的大小、形态非常相似，似 Tawuia 的碳膜宏体化石可能是多源属性的早期多细胞生物。文章指出，部分规则变形似 Tawuia 化石，更可能是两侧对称动物亲缘的、生活于近海的底栖生物体发生主动扭曲后，被特异埋藏所呈现出的特殊保存形态，而随机浮游或表栖的多细胞藻类死亡沉积时不会形成类似形态的化石。

杨继媛等撰《澄江生物群具重要演化意义的原始单轴针海绵新属种——$Ovulispongia$ $multa$ gen. et sp.nov.》（《地质学报》2022 年第 11 期）一文描述了云南寒武纪早期澄江生物群中原始单轴针海绵化石—新属种——群体小卵海绵（$Ovulispongia$ $multa$ gen.et sp.nov.）。新材料显示在海底固着取食的生态环境中，新属种用高密度的个体分布来获得竞争优势。群体小卵海绵独特的过渡形态的骨架结构和高密度生态分布，为研究古生代原始单轴针海绵的骨架演化与生态空间扩张之间的关系提供了线索，也为研究寒武纪早期海绵动物的起源和多样化增添了新的材料。

戴静等撰《云南宜良上新世栎属植物研究及其古环境指示意义》（《生物多样性》2022 年第 11 期）一文对采自宜良县上新统茨营组中的栎属植物叶片化石进行角质层结构分析，结合叶形态特征，系统描述了 4 种栎属植物。通过对比化石和现生植物的叶形态和角质层特征分析认为，宜良植物群与同时期相近纬度的植物群相比，植被类型相似，但是落叶成分较少。宜良植物群中的线叶栎、楔基栎和阔叶栎同晚始新世的线叶栎以及早中新世的楔基栎和阔叶栎相比，形态并未发生大的变化，与现生植物也非常相似，进一步说明云南现代常绿阔叶林的主要成分来自古老植物的承袭，没有发生较大的改变。

尚庆华等撰《云南罗平中三叠世安尼期鳍龙类 Nothosaurus—新种》（《古脊椎动物学报》2022 年第 4 期）一文根据产自罗平中三叠统关岭组 II 段的一件海生爬行动物骨架，建立和描述了始鳍龙类幻龙科幻龙属的一个新种——罗平幻龙（$Nothosaurus$ $Luopingensis$ sp. nov.）。该骨架包括完整的与上下颌紧密咬合的头骨和不太完整的头后骨骼，头后部分包括全部的颈椎、大部分背椎，前两个尾椎以及大部分的肩带、腰带骨骼以及四肢骨骼。

冯昭撰《古滇王国　神秘消失之谜》（《中国品牌》2022 年第 11 期）一文指出，河泊所遗址出土的简牍与官印封泥相互印证，成为西汉在云南行使治权的有力证据。近日，国家文物局发布的"考古中国"重大项目，将两千多年前的一个神秘古国呈现在人们面前。两千多年前，诞生于滇池沿岸的滇国极其辉煌，司马迁将其载入史册不久却销声匿迹了。文章探讨了古滇王国是一个怎样的国度，并进而追溯了古滇王国与中原文明的渊源与联系。

黄金元等撰《罗平生物群化石在云南丘北地区的发现及其意义》（《云南地质》2022 年第 4 期）一文报道了丘北地区斗母村附近斗母坡采石场发现化石，以海百合类、双壳类、腕足类和腹足类为主，及少量海生爬行类、龙鱼类、辐鳍鱼类、牙形类和植物等化石；描述了化石产地的基本生物组合面貌、产出层位特征和保存状态。综合比较罗平和泸西地区化石赋存岩性特征和生物组合面貌，丘北发现的化石类型可纳入罗平生物群范畴。文章指出，该发现填补了该区域中三叠世无脊椎动物化石报道的空白，扩大了罗平生物群化石库的分布范围，为对比研究罗平生物群的古地理分布、生物组合、特异埋藏等方面提供了新的材料。

黄金元等撰《云南中三叠世罗平生物群首次发现硅质海绵骨针化石》（《地质通报》2022年第12期）一文指出，在罗平生物群中新发现的硅质海绵骨针化石，包括单轴骨针和四轴骨针两大类，其中四轴骨针包含后三叉骨针、前三叉骨针和棘状骨针3种类型。海绵骨针形态保存完整，并发育微细的轴管构造。扫描电镜能谱（EDS）分析表明，骨针的构成成分为Si元素和O元素。骨针的形态类型和组成元素表明，它们属于普通海绵纲。海绵骨针在罗平生物群化石库中的发现，显示海绵动物也曾是该生物群中的一员，丰富了此生物群门类的多样性。

霍宏伟撰《馆藏铜镜传世品研究中时空要素考察举隅》（《博物院》2022年第6期）一文以中国国家博物馆藏东汉、唐、宋、清等不同朝代的典型铜镜为例证，从时空要素出发，探讨铜镜传世品断代、制作与出土区域等问题，并总结出一些规律性的认识，以利于今后博物馆开展馆藏传世品的研究工作。

雷玉华、仁青卓玛撰《云南佛教造像的渊源——从佛教摩崖造像看中华民族多元一体之西南篇章》（《西南民族大学学报（人文社会科学版）》2022年第12期）一文指出，随着考古工作不断深入，越来越多的研究成果显示云南佛教造像最初就属于南朝四川造像系统，唐宋时期其造像形象、名称、内容题材、造像目的等系中原北方地区经四川传入。元明迄今，云南的"阿吒力教"是巴蜀地区宋代职业僧人"应赴僧"及所用科仪演变出的名称，内容不变。不同的是，在元代统一战争过程中，巴蜀地区唐宋以来积累的佛教及其造像艺术传统几乎消失，而云南没有受影响，除保留了原来蜀地传来的经典佛像外，又吸纳了藏传造像元素，造像内容及题材增加了密教元素，梵文经咒使用更广。

二、考古发现

（一）晋宁河泊所遗址发现大量西汉简牍

2022年，考古工作者在晋宁县上蒜第一小学北侧进行了考古发掘，发掘450平方米，发现地下保存十余处台地与河湖沉积，年代从先秦延续到秦汉时期。揭露出主体为两汉时期的文化堆积，发现建筑基址、灰坑、墓葬、河道、水井等重要遗迹，出土封泥、简牍、铜器、铁器、骨器、玉石器等遗物2000多件。封泥共发现500余枚，有官印封泥和私印封泥，包括"益州太守章"等长官封泥，也有"宋虞之印"等私印封泥。发现字迹明显的简牍残片200余片，已辨识出"滇池以亭行""建伶县""始元四年"等文字，是反映当时益州郡行政往来和司法制度的物证。还发现了大型建筑基址，宽达12米的道路、长达48厘米的瓦片、瓦当和铺地砖等，表明西汉设置的益州郡郡治就在发掘现场附近。大量简牍的发现，是继湖南发现"里耶秦简"之后的又一重大考古发现，也是西汉中央在云南行使治权的有力证据，为我国统一多民族国家形成与发展增添了重要的实证。

（二）4.1亿年前杨氏鱼化石最新研究揭秘肺鱼能"啃硬骨头"

2022年5月6日，中国科学院古脊椎动物与古人类研究所朱敏院士团队通过对约4.1亿年前"先驱杨氏鱼"（杨氏鱼）化石的深入研究，揭示出肺鱼"啃硬骨头"的食性起源之谜。肺鱼是一类可以用"肺"呼吸的肉鳍鱼，此特殊技能使得肺鱼可以摆脱水的束缚，在河水干涸之际潜入洞穴藏身和生存。还是一种能"啃硬骨头"的鱼，其腭部内翼骨和下颌的前关节骨长有起研磨作用的齿板，下颌短而粗壮，直接连接在脑颅上，颌骨的内收肌非常发达，使得肺鱼具有强大的咬合力，能够捕食带硬壳的无脊椎动物，这种特殊的摄食方式被称为"食壳性"（也称"甲食性"）。该重要研究成果论文，在国际学术期刊《自然—通讯》上发表。

(三) 云南禄丰发现 1.9 亿年"恐龙"化石

2022 年 6 月 17 日，昆明自然资源综合调查中心在距禄丰县城 30 公里的荒山上勘测时，发现一片恐龙腿骨化石，3 条恐龙由此重见天日，除头骨化石被风化外，其他骨头比较完整。一条恐龙约 7 米至 8 米长，一条约 5 米，一条约 4 米。

(四) 昭通熊猫 600 万年前就吃竹子

2022 年 7 月 1 日，《科学报告》发表了关于大熊猫伪拇指演化的最新研究成果。中国科学院古脊椎动物与古人类研究所等单位的研究人员发现，600 万年前的始熊猫发育有增大的伪拇指——桡侧籽骨。研究人员通过对云南昭通 700 万—600 万年前晚中新世的始熊猫化石进行研究，发现其伪拇指显示出中间形态，首次记录了熊猫向取食竹子演化的可能时间和步骤；同时，始熊猫的牙齿形态已达现代大熊猫的复杂程度，有利于其嚼碎坚硬的竹子。

(五) 云南元谋发现已知最早的长臂猿化石

2022 年 9 月 13 日，云南元谋新发现的元谋小猿化石提供了目前已知最早长臂猿的证据，这一发现将长臂猿化石记录向前推至距今 800 万—700 万年。该成果论文发表在国际人类学经典刊物《人类进化》(Journal of Human Evolution) 上。该项目由中国科学院昆明动物研究所、纽约大学人类起源研究中心、中国科学院古脊椎动物与古人类研究所、云南省文物考古研究所、中国科学院地质与地球物理研究所、云南大学、楚雄州博物馆和元谋人博物馆的学者共同完成。

(六) 楚雄州进行恐龙化石抢救性发掘保护

2022 年 12 月 28 日，由中国科学院古脊椎动物与古人类研究所对楚雄州相继发现的恐龙化石进行抢救性发掘保护。发掘恐龙化石点共 9 个，其中禄丰市恐龙山镇 1 个，武定县万德镇 2 个，双柏县大庄、大麦地和安龙堡 3 个乡镇 6 个。恐龙化石多数位于斜坡上，整体埋藏较浅，骨骼形状清晰可辨，因周边土层风化严重，加之雨水冲刷等自然现象，已造成部分化石暴露于地表，切实保护好国家重点保护古生物化石资源迫在眉睫。

三、考古调勘

(一) 澜沧江 244 界碑至临沧港四级航道建设项目完成文物影响评价工作

2021 年 12 月至 2022 年 2 月，云南省文物考古研究所联合临沧、普洱、西双版纳等州市的文物管理所对澜沧江 244 界碑至临沧港四级航道建设项目进行了文物考古调查勘探评价。依据《田野考古工作规程》，采用查阅资料、群众走访、实地踏勘等方法和手段开展工作，考古调查勘探总面积 344726.25 平方米。发现了腊撒采集点、龙潭采集点、勐罕石器采集点等 3 个文物采集点，复查了昔归遗址、邦东古茶园和曼么罕村宫廷遗址等 3 个文物点，并就工程建设影响区内的昔归遗址、腊撒采集点、龙潭采集点、勐罕石器采集点提出了文物保护意见。

(二) 乌东德水电站淹没区 (云南) 考古发掘资料整理工作启动

2022 年 2 月下旬，云南省文物考古研究所联合楚雄州博物馆、元谋县博物馆、武定县文物管理所等单位组成整理工作队，分别在昆明、元谋、武定对 2017 年至 2019 年发掘的元谋腊甸、江边、丙弄丙洪遗址和武定白马口、以鸡嘎、江西坟、新村、长田遗址资料进行整理和报告编写工作。

(三) 云龙至泸水高速公路工程文物影响评价工作顺利结束

2022 年 1 月至 3 月，云南省文物考古研究所主持完成了云龙至泸水高速公路工程的文物影响评价。依据《田野考古工作规程》，采用地面踏查、群众走访、重点区域钻探等方法和手段开展工作，复查文物点 8 处，其中位于工程影响范围内的文物点 3 处，分别为泸水市市级文物保护单位鲁腮河石拱桥，一般不可移动文物六库至保山古驿道和芦子湾哨卡遗址；位于工程影响范围周边区域的文物点 5 处。云南省文物考古研究所提出了相应的文物保护意见，经与建设单位和设计单位协商，对位于工程影响范围内的三处文物点实施了改线避让，以保障其不遭受项目工程建设的影响和破坏。

（四）维西阿三多水库工程文物影响评价工作顺利结束

2022年4月至5月，云南省文物考古研究所联合维西县文化遗产保护所完成了维西阿三多水库工程项目文物考古调查勘探评估工作。依据《田野考古工作规程》，核查了大坝心观音庙、高泉风雨桥、同乐傈僳族民居建筑群、戈登遗址、达摩祖师洞、铁桥城遗址等七处文物点。评价工作结束后，提出了文物保护意见。

（五）昆明水源保障提升工程黄石岩水库文物考古调查勘探评价顺利结束

2022年7月至8月，昆明市博物馆与云南省文物考古研究所联合，盘龙区文物管理所参与，完成了云南昆明水源保障提升工程黄石岩水库文物考古调查勘探评估工作。依据《田野考古工作规程》，采用地面踏查、群众走访、重点区域钻探等方法和手段开展工作，核查了中和桥和迤者桥两处文物点，提出了保护意见。

（六）新建重庆至昆明高速铁路工程（云贵段）寻甸考武遗址抢救性考古发掘开工

2022年11月，昆明市博物馆（昆明市文物保护与考古研究中心）联合云南省文物考古研究所正式开启昆明市寻甸县考武遗址的发掘工作。云南省文物考古研究所、昆明市博物馆、寻甸县文管所、嵩明县文管所、富民县文管所等相关单位十余名工作人员参与考古发掘工作。经文物考古调查勘探，该遗址呈东北至西南走向，存留面积约4万平方米，并在地表采集到磨制石斧等若干器物。

四、展览

（一）云南省非遗集市暨2022昆明窗花节

2021年12月24日至2022年1月22日，"非遗过大年 文化进万家"系列活动之云南省非遗集市暨2022昆明窗花节在昆明市区举办，活动由云南省非物质文化遗产保护中心与云南广播电视台都市频道、公共频道联合主办。汇聚了昆明、大理、丽江、迪庆、红河5州市的传统技艺和美术类的非遗代表性项目，如彝族刺绣、面塑、乌铜走银制作技艺、珐琅银器制作技艺，以及传统音乐舞蹈和戏剧类的剑川白曲、海菜腔、烟盒舞等20余项国家（省、市）级非遗项目。

（二）"澄怀韵秀——云南玉溪藏古代书画精品展"在迪庆开展

2022年3月10日至5月16日，"澄怀韵秀——云南玉溪藏古代书画精品展"在迪庆州博物馆展出，展出的49件（套）书画作品多出于清代，亦有近现代大家之作；除玉溪本地名家外，亦有云南各地及省外名家佳作，展览由玉溪市博物馆、通海县博物馆共同推出。

（三）"荆邑之光——宜兴历代紫砂精品展"在昆明展出

2022年5月12日至6月21日，"荆邑之光——宜兴历代紫砂精品展"在昆明市博物馆展出，重点展示了宜兴紫砂器型的二大基本类别，通过分类展示，既区分了不同类型紫砂器的制作工艺，更凸显其无与伦比的观赏价值。展览讲述了宜兴紫砂陶从明正德年间始创，到清康熙、雍正、乾隆时期繁盛，清末衰退和民国初年的"柳暗花明"的转折，直至改革开放后"百家争鸣"的发展历程。

（四）"滇池沧桑——藏在石头里的昆明"展出

2022年5月18日，"滇池沧桑——藏在石头里的昆明"在昆明市博物馆开展。昆明地区的古人类以呈贡龙潭山的发现为代表，包括人类头骨和牙齿化石、打制石器，以及相关的哺乳动物化石，为研究滇池区域古人类的演化和生产生活提供了重要资料，揭示了昆明的地理、气候、生物、地质、矿产等自然万象的特别之处和自然风貌与亿万年来生物的演变和进化。从原核生物到真核生物，从单细胞生物到多细胞生物，再到细胞功能分化、组织和器官的产生，生命史像有了生命一样，从萌芽期走到了生长期。

（五）"汉画石语 舞动汉风——山东（枣庄）汉画像石精品拓片展"在楚雄开展

2022年6月21日至7月24日，"汉画石语 舞动汉风——山东（枣庄）汉画像石精品拓片展"在楚雄州博物馆展出，共展出枣庄市博物馆藏精品汉画像石拓片27幅，内容包罗万象，涉及各个领域，既有反映当时的政治、经济、军事的内容，又有寓教于乐、家喻户晓的神话故事、生活景观等。通过对原始图像的研究与观赏，走进古人，了解古人，解读古人。

（六）"霓彩彝裳——中国彝族传统服饰精品展"在山西晋中开展

2022年6月23日，"霓彩彝裳——中国彝族传统服饰精品展"在山西省晋中市博物馆开展，以彝族服饰的历史发展脉络为主线，分为彝族服饰的起源与演变、彝族服饰六大类型、新时代彝族服饰和刺绣三个单元，共展出24块图文并茂的展板、73件（套）精美的展品。特色展品有清代彝族武士服、清末彝族羊皮披风、民国彝族贯头衣、清代至民国时期彝族银饰、20世纪80年代彝族六大方言区代表性服饰等，生动展示了彝族服饰的发展演变、时代特色、工艺技法和文化内涵。楚雄州博物馆与晋中市博物馆就博物馆工作、文旅融合发展进行了座谈交流。

（七）2022年中国国际旅游交易会云南省非遗展示展销展演活动

2022年7月22—24日，由文化和旅游部、中国民用航空局、云南省人民政府主办的"2022中国国际旅游交易会"在滇池国际会展中心隆重举办。71个参展国家及地区、261个独立展团齐聚昆明，共谋旅游发展大业。云南文化旅游招商签约文旅项目81个，协议金额1322.5亿元。共组织非遗展演5场，汇集民族传统服饰秀及各民族歌、舞、乐表演节目14个，集结省内传统技艺、美术与医药类代表性项目35项，集中展示、展销并开展现场体验活动。

（八）"红河三绝——乌铜走银·紫陶·锡传统手工艺品展"在楚雄开展

2022年8月3日至9月15日，"红河三绝——乌铜走银·紫陶·锡传统手工艺品展"在楚雄州博物馆展出，以堪称红河三绝的石屏乌铜走银、建水紫陶、个旧锡传统手工艺品为展示内容，通过图文展板、实物精品、视频播放方式向观众展示三项传统手工技艺的历史、流程、传承、文化内涵和艺术魅力。该展览由楚雄彝族自治州博物馆、红河哈尼族彝族自治州博物馆联合主办。

（九）云南非遗亮相第七届中国非物质文化遗产博览会

第七届中国非物质文化遗产博览会于2022年8月25—29日在济南舜耕国际会展中心举办。云南的茶叶、鹤庆银器、怒江非遗工坊等非物质文化遗产参展。怒江州福贡县群发民族服饰加工合作社非遗工坊、大理州剑川木雕非遗工坊、云南茶六大国家级非遗项目作为云南遴选出的代表参加了现场展示。云南带来了以白族扎染为首的"伴手礼"，省非遗中心工作人员现场解说和推介。

（十）云南两个展览获国家文物局集中推介

2022年9月6日，国家文物局办公室公布2022年度"弘扬中华优秀传统文化、培育社会主义核心价值观"主题展览征集结果，经组织专家评议、投票，确定对100个展览项目予以集中推介，前20位予以重点推介，云南省有两个展览项目入选，分别是：曲靖市博物馆"红旗漫卷"——红军长征过曲靖主题展、西南联大蒙自分校纪念馆"烽火学涯长歌行"——西南联大蒙自分校记忆。

（十一）"喜迎党的二十大·奋进新征程——2022年云南省非物质文化遗产巡展"举办

2022年9月26日，由云南省非物质文化遗产保护中心、云县人民政府主办的"喜迎党的二十大·奋进新征程——2022年云南省非物质文化遗产巡展"在临沧市云县启幕，剑川白曲《东山放羊调》、纳西族热美蹉、《曼昂阿诗玛》、昔归团茶、滇红茶、龙竹酒等40项非遗项目的非遗代表性传承人，开展为期3天的现场巡展。

（执笔：木基元 熊秋菊）

语言学

2022年，语言学方面发表论文249篇，其中CSSCI来源期刊（以下简称"C刊"）7篇；北大核心期刊（以下简称"北核"）7篇；出版著作3部。相比于2021年，成果和C刊论文数量均小幅度下降，著作和北核论文数量明显增加。这些成果的研究领域主要包括汉语研究、少数民族语言研究、外国语研究、理论语言学及应用语言学研究、语言教学研究。

一、汉语研究

共发表论文34篇，其中C刊论文1篇、北核论文1篇。

（一）现代汉语研究

发表论文24篇，其中C刊论文和北核论文各1篇。

1. 普通话研究

C刊论文仅有段红《汉语省略结构构式义的基线/阐释模型解析》（《现代外语》2022年第4期）。该文探讨运用认知语法基线/阐释模型解析汉语省略结构，以对构式语法形义配对规则提供补充，分析指出三种汉语省略结构句法特征和概念组合路径虽有差异，但通过不同的基线划界和对立区别项甄别，基线/阐释模型均可对其做出统一解释。

北核论文仅有梁仁凤等《基于拼音约束联合学习的汉语语音识别》（《中文信息学报》2022年第10期）。该文针对汉语表意文字汉字和语音没有直接对应关系而拼音与汉字有内在联系的特殊性，在汉语语音识别中利用拼音作为解码时的约束，基于多任务学习框架，提出利用拼音约束联合学习的汉语语音识别方法，这种识别方式相比基线模型，识别准确率更高，词错误率降低了2.24个百分点。

词汇研究2篇。段丽娜《汉语对立语素复合词词化等级探析》（《山西能源学院学报》2022年第6期）一文，研究《现代汉语词典（第七版）》78条现代汉语对立语素复合词，将对立语素复合词分为低度词汇化、中度词汇化和高度词汇化三个等级。此外，有云南师范大学胡欣的硕士学位论文《近十年汉语派生式新词语研究》。

语法研究3篇。朱志勇等《认知隐喻视角下网络热词"躺平"的语义泛化分析》（《湖北科技学院学报》2022年第5期）和《"小三角"理论下网络热词"X人"构式探析》（《连云港师范高等专科学校学报》2022年第2期）两篇文章关注网络热词现象：前文从认知隐喻视角探讨"躺平"语义泛化过程和语义泛化的隐喻机制；后文认为"X人"构式是在词模的类推和语言经济性原则的影响下，满足了大众求新求异的心理和从众心理需求，得以在网络广泛传播。此外，有云南师范大学刘志宾的硕士学位论文《构式形态学视角下现代汉语量词重叠AA式的功能变化研究》。

语用研究2篇。李红营《导游与游客冲突话语语用研究——以滇西北为例》（《阜阳师范大学学报（社会科学版）》2022年第2期）一文认为，导游与游客冲突话语的成因包括不恰当的主题、不恰当的表现形式等客观因素及双方身份差异、思想与教养不同等主观因素。此外，有云南师范大学肖倩的硕士学位论文《BiliBili弹幕语言中不礼貌策略的语用分析》。

语言景观研究3篇。金翠花《石林风景区语言景观建设问题及其解决对策》（《保山学院学报》2022年第4期）一文指出，景区语言景观建设存在民族语言的凸显性和能见性低、语言景观语种单一、语言景观缺乏整体规划等问题。此外，有徐小青《非典型语言景观研究——以四川芭蕉沟工业古镇上"文革"时期的标语为例》和黄有军《多模态视阈下非典型语言景观T恤衫的语言与符号学分析》2篇云南师范大学硕士学位论文。

2. 汉语方言研究

发表论文12篇。涉及领域包括语音、词汇、语法等。

语音研究4篇。杨珊珊《云南保山方言"儿化"现象分析》(《保山学院学报》2022年第1期）一文指出，保山方言儿化韵和声母拼合基本对应方言声韵拼合规律，语音特征为韵腹央化程度高，并分析了"儿化"词类分布。此外，有孙美霞《四川剑阁方言语音调查研究》、吴爽《建水方言声调实验研究》和邓亚梅《镇雄方言语音实验研究》3篇云南师范大学硕士学位论文。

词汇研究3篇。苏瑞《建水方言合音词研究》(《红河学院学报》2022年第3期）一文，分析建水方言合音词构词类型，探讨合音特点。谢晓雪《昭通方言词汇百年流变及原因探析——基于〈昭通方言疏证〉》(《昭通学院学报》2022年第6期）一文，以《昭通方言疏证》所收词条为基础，从历时角度对比《昭通方言疏证》词汇变化的情况。此外，有云南师范大学孟祥吉的硕士学位论文《河南淮滨方言词汇研究》。

语法研究5篇。崔玲《山西偏关方言领属结构探析》(《集宁师范学院学报》2022年第6期）一文指出，领者的生命度、属者的依存度会对山西偏关方言领属结构的表现形式产生影响。此外，有院婉君《文山南部四县方言名词研究》、张瑞《云南澄江方言形容词研究》、苏瑞《云南建水方言疑问句研究》和李晓艺《云南双柏方言语气词研究》4篇云南师范大学硕士学位论文。

（二）古代汉语与汉语史研究

共发表7篇论文。内容主要涉及音韵、古代汉语方音、辞书。

1. 音韵研究

有2篇论文。邓强、周攀《〈通鉴释文〉中的同摄重韵相混和同摄三四等韵相混》(《内江师范学院学报》2022年第11期）一文，研究《通鉴释文》中的音切，认为同摄重韵相混和同摄三四等韵相混现象反映了宋代四川地区读书音的真实情况。赵俊梅、赵锦华《杨一清〈石淙诗稿〉音韵研究》(《玉溪师范学院学报》2022年第4期），以明代中叶安宁诗人杨一清的诗集《石淙诗稿》为底本，分析其诗歌用韵情况，探讨《石淙诗稿》的用韵成因。

2. 古代汉语方音研究

有3篇论文。邓强、王敏《晚唐五代西北方音现象考辨二则》(《西南交通大学学报（社会科学版）》2022年第4期）一文，根据敦煌写卷中的别字异文，参考汉藏对音，从晚唐五代敦煌文献中发现两个特殊的西北方音现象。邓强、谢笃川《清代滇西永胜契约文书的音借字及其反映的方音》(《昆明学院学报》2022年第5期）一文，调查《云南省博物馆馆藏契约文书整理与汇编》收录清代滇西永胜契约文书49件中的33条音借字，认为其反映了清代滇西永胜的汉语方音流变现象。李莞、邓强《清至民国云南安宁契约文书音借字考释》(《文山学院学报》2022年第6期）一文，考释《云南省博物馆馆藏契约文书整理与汇编》（第三卷）收录的清代至民国安宁契约文书中的20条音借字，认为其显示出一定的云南历史方音痕迹。

3. 辞书研究

仅有李彬、唐伟的《第七版〈现代汉语词典〉"旧读"研究》(《黑龙江教师发展学院学报》2022年第12期）一文。该文穷尽式收录词典中的45个"旧读"词条，逐条分析，探讨"旧读"成因，指出"旧读"存在的问题，提出改进措施。

此外，有云南师范大学苏艳的硕士学位论文《大理写本〈文昌大洞仙经〉异体字研究》。

（三）汉语与非汉语研究

共发表3篇论文。叶琤璐、乔立智《德宏芒市汉语方言中的傣语借词研究》(《四川省干部函授学院学报》2022年第3期）一文，研究芒市汉语方言中傣语借词的类型、借入方式、借入原因，分析傣语借词对汉语方言的影响。

此外，有谢金璇《基于汉泰对比和中介语语料库分析的汉语空间介词的类型学特征考察》和柴紫薇《老挝留学生汉语普通话双字调实验研究》2篇云南师范大学硕士学位论文。

二、少数民族语言研究

该领域发表论文49篇，其中C刊论文1篇；出版3部著作。内容涉及少数民族语言本体研究、少数民族语言功能研究及跨境语言研究。

（一）少数民族语言本体研究

发表论文35篇，其中C刊论文1篇。

1. 语法研究

有17篇论文。仅有的1篇C刊论文是和智利《大具纳西语动词重叠的构成形式、语义特征和语法特征》（《民族语文》2022年第4期）。该文认为：大具纳西语动词重叠的构成形式有完全重叠、变形重叠和间接重叠；语义可表示动作行为的持续、加强、反复、互动、短时量、随意性及不满等语义；句法功能可充当谓语或谓语核心语及宾语、定语；动词重叠手段既有彝语支语言的特点，也有羌语支语言的特征。

词类研究方面的论文有：李阿亮《哈尼语形容词重叠式》（《红河学院学报》2022年第4期）一文认为，哈尼语形容词由基式到重叠变式的方式与大多数藏缅语族语言类似。袁梦《克伦语的语气词在藏缅语中的类型学特征》（《楚雄师范学院学报》2022年第5期）和《克伦语名量词在藏缅语中的类型学特征》（《玉溪师范学院学报》2022年第2期），这两篇文章将语气词、名量词与藏缅语族亲属语言进行比较得出结论：克伦语语气词主要是用于表达语气情态的手段；量词细化程度不够，与彝缅语支语言相比分析性发展不够充分。此外，有2篇云南师范大学硕士学位论文，分别为王家文《垤玛哈尼语白宏话数词研究》和李福来《尼美哈尼语量词研究》。

句法结构研究方面的论文有：袁梦《克伦语 ne^{31} 的多功能性及其语法化路径》（《黔南民族师范学院学报》2022年第4期）一文，指出 ne^{31} 的重要特点之一是多功能性，并构拟了克伦语 ne^{31} 的语法化路径。季红丽等《滇北苗语重叠式研究》（《玉溪师范学院学报》2022年第4期）一文，指出重叠是滇北苗语重要的构词手段和构形手段。此外，有2篇云南师范大学硕士学位论文，分别为施素月《丘北聂苏彝语构词法研究》、张怡《语言接触下载瓦语中的汉语借词研究》。

语序研究方面的论文有：陈稀妙《语序对彝语纳苏话与汉语被动句结构的影响》（《红河学院学报》2022年第4期）一文，通过对比汉语与彝语纳苏话被动句得出结论：不同的语序影响被动句的结构。此外，有云南师范大学周清芳的硕士学位论文《苗语下寨话名词短语语序研究》。

语法范畴研究方面的论文有：郭亚杰、王国旭《末昂语的貌范畴及其重叠形式》（《百色学院学报》2022年第2期）一文，指出可以通过重叠的手段对词法层面的构词、句法层面的构形得以共现，以此表达丰富的末昂语的貌范畴。

语法综合性分析方面有3篇云南师范大学硕士学位论文，分别为汪生宇《出冬瓜村德昂语指示代词研究》、曹晓曼《梁河阿昌语动词研究》和祝安霞《捧当傈僳语四音格研究》。

2. 语音研究

发表论文10篇。音系对比分析方面的论文有：李福来、陈娥《尼美哈尼话与大寨哈尼话的语音对比研究》（《红河学院学报》2022年第2期）一文，将尼美哈尼话与现行大寨标准哈尼语进行辅音、元音、声调、音节结构四方面的系统对比。此外，有云南师范大学邬宜滢的硕士学位论文《鲁掌彝语腊鲁话语音研究》。

4篇实验语音学方面的论文是：罗增勇、杨艳《桑孔语小舌音与软腭音的声学特征分析》（《玉溪师范学院学报》2022年第1期）一文，按塞音的调音过程及其对后接元音的影响进程，分析桑孔语小舌和软腭送气、不送气清塞音的GAP和VOT特征、瞬时能量频谱和变化趋势，以及音轨方程和后接元音谐波能量差。贾嘉敏等《基于DNN-HMM的佤语语音声学建模》(《计算机时代》2022年第8期）一文，采用FBank语音特征作为声学模型输入，利用DNN模型对佤语语音特征进行建模。尹朋灯《缅甸克钦族学习汉语语音的重难点研究》(《红河学院学报》2022年第1期）一文，对20名在昆明的克钦族留学生进行录音采集，找出克钦语声母、韵母和声调重难点。此外，有云南师范大学丁玮明的硕士学位论文《新寨瑶族优勉话声调实验研究》。

传统语音学方面有4篇论文。2篇云南师范大学硕士学位论文：杨素芳《秀洞侗语塞音韵尾演变研究》、王玉周《壮语桂边土语未牙话语音研究》。2篇云南民族大学硕士学位论文：张亚《文山壮语纳思话长短元音研究》、何仙《壮语桂边土语同应话后滑音研究》。

3. 少数民族文字研究

共有6篇论文。段红、钟维《词汇语用学的认知视角——纳西东巴文构形的概念整合解析》(《浙江外国语学院学报》2022年第2期）一文，探讨了纳西东巴文构形的心理构建过程和东巴文构形的特点以及东巴文的合成构字过程。刘建琼《云南方块壮字的构造》(《红河学院学报》2022年第1期）一文，探讨了云南方块壮字及其来源、云南方块壮字使用及相关研究、方块壮字的构造三方面。乔立智、叶树全《清代及民国贵州地方志所记录的水族文字》(《文山学院学报》2022年第3期）一文论述水族文字的分布、类型、形体特征、价值。刘燕《东巴文形声字的特点及其发展——兼与古汉字形声字比较》(《红河学院学报》2022年第6期）一文认为，东巴文形声字与早期汉字形声字存在一些共性特点。

此外，有2篇云南师范大学硕士学位论文：牛婷婷《基于概念整合理论的纳西东巴文动作动词意义建构研究》、吴国菊《布依方块古文字研究》。

4. 词汇研究

有2篇论文。岩温罕《浅谈贝叶经〈嘎鹏〉中的巴利语借词》(《民族翻译》2022年第1期）一文，描述巴利语词在借入西双版纳傣语之后，对西双版纳傣语的适应和影响。刘青、刘莎莎《傈僳族竹书文字中的纳西文义借字》(《昆明学院学报》2022年第4期）一文，通过对傈僳族竹书文字的借词查找，共找到140个可以确定的纳西文借源字。

(二) 少数民族语言功能研究

出版3部专著，发表12篇论文。内容涉及少数民族语言文化典藏、少数民族语言学家口述史、少数民族语言使用现状研究、少数民族语言保护。

1. 少数民族语言文化典藏

赵燕珍、杨晓霞《中国语言文化典藏·大理白语》(商务印书馆2022年版）一书，以大理市周城村为代表深入调查了白族的语言和民俗文化，通过文字、图片、音频、视频等多种手段立体地展示了白语与白族文化。

刘劲荣、张琪、何根源、刘航宇《中国语言文化典藏·澜沧拉祜语》(商务印书馆2022年版）一书，以澜沧拉祜纳为基础方言，以东岗乡的班利村为记音点，全方位地描写和记录了澜沧拉祜族的语言和文化，展现了拉祜族独具特色的、丰富多彩的原生态文化和习俗。

2. 少数民族语言学家口述史

戴庆厦口述，赵燕珍采访、整理的《戴庆厦先生口述史》(中国社会科学出版社2022年版）一书，追溯了戴庆厦先生攻读民族语文的过程，特别是如何到民族地区学习、调查少数民族语言，怎样参加中国少数民族语言大调查，怎样为少数民族创制、推广新文字，怎样做语言国情调查和跨境语言调查，怎样做濒危语言调查，怎样做少数民族语言研究，怎样培养语言学专业的研究生等。

3. 少数民族语言使用现状研究

祝峰《基于类型和层次分析视域下的境内德昂族汝买支系母语使用类型及族群语言关系研究》

(《玉溪师范学院学报》2022年第1期）一文指出，汝买方言被列为濒危语言，境内地方语境中德昂族汝买支系母语活力及族群语言关系呈现差异性特征。和智利、习建勋《云南藏区汝卡人共生共融的语言文字生活》（《曲靖师范学院学报》2022年第2期）一文，论述了日树湾汝卡人共生共融的语言文字生活模式、特征、形成机制以及五点关于构建人口较少族群共生共融语言文字生活的启示。彭庆华《云南少数民族双语和谐使用及母语传承的语用分析》（《浙江外国语学院学报》2022年第2期）一文，分析了云南白族、彝族、哈尼族和傈僳族等4个少数民族日常语言生活中的双语现象，揭示了少数民族双语和谐使用及母语传承的成因。

字绍美、王燕《语言景观视阈中的云南照壁题字研究》（《楚雄师范学院学报》2022年第2期）一文，考察了照壁题字在云南的分布情况和分析题字语言特征及题字反映的社会文化内涵，并提出云南语言景观规划的相关意见。

王静、张德敬《云南德宏缅籍人员语言认同的个案对比研究》（《大理大学学报》2022年第11期）一文指出，缅籍来德宏人员的语言身份认同表现在对强势语的认同高于方言，语言使用模式趋向于以汉语普通话为主的多语模式，对英语的心理和价值认同高于其"身份"赋值认同。

此外，有云南师范大学谢兴兴的硕士学位论文《昆明沙朗白汉语言接触调查研究》。

4. 少数民族语言保护

陈娥《城市化进程中人口较少民族的母语保护与传承——景迈山芒景上寨布朗族母语传承个案调查》（《曲靖师范学院学报》2022年第2期）一文指出，城市化进程中，景迈山芒景上寨的布朗族母语活力不但没有衰退，反而更富朝气。兰良平等《拉基语传承与保护面临的主要困境及化解》（《文山学院学报》2022年第3期）一文指出，当前拉基语面临拉基人母语保护意识较消极、拉基语语言生态环境被破坏、拉基语记录保存工作进展较慢三方面困境。

熊玉有、杨珍《试析汉苗翻译中的"灰白"直译法》（《民族翻译》2022年第3期）一文指出，用"灰白"直译法翻译的词语，涉及地名、姓氏、称呼、数量、动作、形容等类别。和兆宁、泽仁区初《东巴经跋语的文献价值》（《保山学院学报》2022年第4期）一文指出，东巴经跋语是一种片段式文献，为东巴文、哥巴文演变研究及东巴经版本鉴别、史料考察提供了年代、地域、历史事件等信息。

此外，有2篇云南师范大学硕士学位论文：张爽《拉祜语新媒体语言艺术研究》、晏嘉琪《拉祜语译制片的历程、影响与问题研究》。

（三）跨境语言研究

跨境语言研究方面仅有2篇论文。李强、杨光远《类型学视域下印度阿萨姆语的多语混合特征》（《云南师范大学学报（对外汉语教学与研究版）》2022年第3期）一文，基于历时与共时、定性与定量相结合的方法，阐释阿萨姆语的语言特征，发现其呈现出典型的混合语特点。

施璐、陈志月《中缅边境地区怒族分布及语言生态研究构思》（《保山学院学报》2022年第3期）一文，论述境内外怒族语言生态呈现的差异。

三、外国语研究

共发表论文39篇，其中北核论文4篇。研究涉及的语种包含英语、日语、缅甸语、越南语、泰语、老挝语等，内容涉及语言信息处理、外国语言本体和功能、翻译、外国语与汉语比较等。

（一）语言信息处理研究

共发表论文15篇，其中北核论文4篇。第一篇北核论文是薛振宇等《融合词典与对抗迁移的越南语事件实体识别》（《计算机工程》2022年第3期）。该文针对越南语事件标注语料稀缺且标注语料中未登陆词过多导致实体识别精度降低的问题，提出一种融合词典与对抗迁移的实体识别模型。其将越南语作为目标语言，将英语和汉语作为源语言，通过源语言的实体标注信息和双语词典提升目标语言的实体识别效果。

第二篇北核论文是张洲等《融合词性与声调特征的越南语语法错误检测》（《计算机科学》2022年第11期）。该文提出一种融合越南语词性和声调特征的方法来补全输入音节的语义信息和设计一种由正确语料生成大量错误文本的数据增强算法。实验表明该方法可提高检测效果，并且随着生成数据规模的扩大，该方法与基线模型方法的效果都得到了逐步提升，从而证明所提数据增强算法的有效性。

第三篇北核论文是唐文等《融合细粒度词特征的老挝语词性标注研究》（《小型微型计算机系统》2022年第3期）。该文基于老挝语资源稀缺、语料及特征选取困难、句子普遍过长的特点，提出一种融合细粒度词特征的老挝语词性标注方法，构建融合细粒度词特征的Att-BiLSTM-CRF模型。实验表明在有限语料集下，该方法精确率、召回率和F1值分别为93.70%、93.87%、93.62%。

第四篇北核论文是陈龙等《融入中文语义信息及越南语句法特征的越南语事件检测方法》（《中文信息学报》2022年第8期）。该文根据"表达相同观点但语言不同的句子通常有相同或相似的语义成分"这一多语言一致性特征，提出一种融入中文语义信息及越南语句法特征的越南语事件检测框架。实验结果表明，在中文语义信息和越南语句法特征的指导下越南语事件检测取得了较好的效果。

于志强等《基于语义差异的汉—缅平行句对生成方法》（《云南民族大学学报（自然科学版）》2022年第1期）一文，为解决高成本的人工标注高质量平行句问题，提出基于语义差异的汉—缅平行句对生成方法。

此外，有10篇昆明理工大学硕士学位论文：刘福浩《复杂场景下的缅甸语文本检测与识别方法研究》、李笑萌《基于词级关键信息引导的越—汉低资源跨语言摘要方法研究》、王悦寒《基于多粒度特征的泰语分词和词性标注方法研究》、邓喆《基于跨语言学习的老挝语实体识别方法》、张弘弢《基于无监督句法结构学习的汉泰神经机器翻译方法研究》、马霄飞《老挝语实体关系抽取方法研究》、武照渊《面向汉越低资源跨语言词嵌入及句嵌入方法研究》、赵亚丽《面向汉越社交媒体文本的跨语言情感倾向性分析方法研究》、施忆雪《面向社交媒体文本的汉越跨语言对象级情感分析方法研究》、杨志婷琪《融合多特征的老挝语文字识别及后处理方法研究》。

（二）外国语言本体研究

共发表5篇论文。戴志军《词源学视角下英语-er类言说方式动词研究》（《宜春学院学报》2022年第11期）一文，对比其他印欧语系语言，指出-er不是后缀，而是语音象征现象，表示"屡次、反复、一再"等抽象意义或图式意义。董信吟《越南语亲属称谓面称时的语义分析》（《红河学院学报》2022年第5期）一文，从面称的角度分析越南语亲属称谓的语义层面，阐释义位网络，简述语义组合特点，探讨蕴含的文化内涵。

此外，有云南师范大学柳庆琼的《泰语状中结构研究》和云南民族大学傅予的《泰语并列结构研究》、杨泽圆的《泰语致使结构研究》3篇硕士学位论文。

（三）外国语言功能研究

共发表论文5篇。吴晓颖、Manaphat Phisailoed《语言韧力视觉下泰国万伟乡莱掌村阿卡语的活力评估》（《玉溪师范学院学报》2022年第1期）一文，运用"语言韧力"视角，发现短期内莱掌村阿卡语依然具有很强的活力。此外，有云南师范大学朱晓敏《泰语、越南语专业学生的二语、三语学习坚毅对比研究》、朱健伟《在日中国留学生的被动句习得状况研究》、朱建坪《缅甸曼德勒华裔学生中华文化认同调查研究》及云南民族大学张燕《〈中国日报〉"新冠肺炎"报道中的应急英语能力研究》4篇硕士学位论文。

（四）翻译研究

共发表9篇论文。研究涉及中英翻译，关注翻译理论、翻译对比、翻译方法等方面。

中英翻译方面的论文有3篇。杨磊、潘德《近十年来我国农业外宣材料英译的翻译生态学研究》(《黑河学院学报》2022 年第 12 期) 一文,以翻译生态学三维转换视角为基础,梳理近十年来我国农业外宣材料,帮助译者在翻译过程中适应翻译生态环境产出最佳译本。王庆国《〈鲁拜集〉第 12 首:一首在汉译过程中失落的"一字诗"》(《牡丹江教育学院学报》2022 年第 3 期) 一文,从形式和意象角度引入"互文性"理论,将原文翻译为"一字诗",最大限度再现原文的形式美和意象美。龚吉惠《礼貌原则视角下〈红楼梦〉第三回称谓语英译研究》(《外语教育与翻译发展创新研究(第十二卷)》,四川师范大学电子出版社 2022 年版)一文,利用礼貌原则对比分析《红楼梦》第三回中亲属称谓语、敬称及谦称、辞格称谓语的翻译,探讨不同译本之间的得失。

翻译对比方面的论文有 4 篇。潘德、杨磊《大观楼长联三个英译本的文学文体学比较》(《开封文化艺术职业学院学报》2022 年第 11 期) 一文,基于"大观楼长联"的三个英译版本,从文学文体学的角度分析词法、句法,探讨长联译者应如何传达作品的文体风格和美学效果。罗青梅《"三维"转换视域下〈水调歌头·明月几时有〉英译对比简析》(《外语教育与翻译发展创新研究(第十二卷)》,四川师范大学电子出版社 2022 年版)一文,分析《水调歌头·明月几时有》的三个英译版本,指出三维的选择转换程度主要取决于译者对生态环境的适应程度,翻译方法是策略性选择。刘福芹《〈三国演义〉典故英译的归化异化对比研究》(《外语教育与翻译发展创新研究(第十二卷)》,四川师范大学电子出版社 2022 年版)一文,运用归化和异化理论,采用文本分析法,对比分析当下最流行的两个《三国演义》译本中的典故,评价两个译本的特点。罗青梅《翻译美学视角下〈红楼梦〉金陵判词英译简析》(《外语教育与翻译发展创新研究(第十一卷)》,四川师范大学电子出版社 2022 年版)一文,分析霍克斯英译本《红楼梦》金陵判词,探讨译者在力求目的语读者理解的基础上,如何最大限度地再现原判词的音美、形美、意美。

翻译方法方面的论文有 2 篇。王庆国《巧达其旨,妙传其神:论 The Gettysburg Address 汉译指瑕及重译》(《牡丹江教育学院学报》2022 年第 11 期)一文,对 The Gettysburg Address 的 25 个译本展开译文指瑕并提出改进措施,对 The Gettysburg Address 做出新译尝试。此外,有云南民族大学曹羽的硕士学位论文《文化图式理论下记者招待会中汉语四字格汉英口译方法研究》。

(五) 外国语与汉语比较研究

共发表 5 篇论文。内容涉及英语、日语、泰语、缅甸语与汉语比较。

钱国睿《中英文颜色词语对比分析》(《外语教育与翻译发展创新研究(第十二卷)》,四川师范大学电子出版社 2022 年版)一文,基于中英颜色词的比较,探讨两种语言之间颜色词所传递的相同与不同的象征意义,旨在讨论中西文化中色彩传播的不同文化信息。

路洁清、陈仙卿《缅甸语与汉语应答语用法比较——以"[hou²⁴⁴kɛ⁵³]""[hou²⁴⁴tɛ²²]"与"好的""是的"为例》(《保山学院学报》2022 年第 4 期)一文,比较缅甸语"[hou²⁴⁴kɛ⁵³]""[hou²⁴⁴tɛ²²]"与汉语"好的""是的",分析两种语言的对应用法和不对应用法,指出产生学习偏误的原因并提出解决措施。

此外,有云南师范大学孙冉《宏事件视域下汉日"上"类事件的认知对比研究——以复合动词为中心》、森晖《汉泰委婉语体现的精神文化研究》和徐晓霞《美国汉学家丁韪良〈认字新法,常字双千〉(1897) 研究》3 篇硕士学位论文。

四、理论语言学及应用语言学研究

发表论文 26 篇,其中 C 刊论文 2 篇。

(一) 理论语言学

发文 6 篇,内容涉及语义学、认知语言学、话语分析等领域。

1. 语义学

发文 2 篇。崔小兴《朱自清的诗学理论对燕卜荪语义学的借镜与转换》(《武汉冶金管理干部学院学报》2022年第4期）一文指出，朱自清既借镜燕卜荪的语义分析，又赓续中国古典文论的文本考据。赵勇《论语义关系及其共现的不对称》（《文山学院学报》2022年第1期）一文指出，语义关系建构及其共现的不对称彰显语言的主观性。

2. 认知语言学

发文2篇。刘峒邑《基于量名搭配测试的量词认知属性研究》（《四川文理学院学报》2022年第6期）一文指出，量词认知属性在拓展方式上具有共性。普正芳、赵勇《移就的加工、分布和体认性——基于体认修辞学的思考》（《文山学院学报》2022年第5期）一文指出，移就生成始于感受主体的意向态度。

3. 话语分析

发文2篇。张德敬、李丽芳《语言学视角下云南地方政府的机构身份动态建构分析》（《海南开放大学学报》2022年第2期）一文指出，政府在脱贫攻坚话语中建构上层政策执行者、干部培养考核者、带头者和指挥者等身份。马倩、文秋芳《合作型与对立型外交话语的话语空间对比分析》（《外语学刊》2022年第3期）一文指出，合作型外交话语表征建构共同价值立场；对立型外交话语表征建构自我—他者对立立场。

(二) 应用语言学

发文20篇。内容涉及生态语言学、社会语言学、语言处理等领域。

1. 生态语言学

仅发表1篇论文，该文为C刊论文。王晋军、黄劲怡《语言能力的生态语言学路径》（董洪川主编《英语研究——文字与文化研究（第十六辑）》，上海外语教育出版社2022年版）一文指出，生态语言学视域下的语言能力是指社会人通过言语活动与自然、社会、心理环境发生互动后形成的语种/方言使用数量及其熟练度的状态。文章通过整合式文献研究法，证实语言能力与三维环境的联系以及生态语言学路径的可行性。

2. 社会语言学

发文18篇。仅有的1篇C刊论文是叶烜辰、赵翠莲《情绪词类型及性别的情感启动效应——基于AMP的研究》（《解放军外国语学院学报》2022年第3期）。该文采用情感错误归因范式对情绪词类型及性别的情感启动效应进行三因素实验研究，分析指出情绪负载词条件下出现情感启动效果，情绪标签词条件下出现情感启动反转效果，图片条件下没有出现启动效果。

邹荣、袁明旭《通用语言的感知与认同：民族国家共同体塑造的言语之路》（《西北民族大学学报（哲学社会科学版）》2022年第5期）一文指出，通用语言是感知和塑造国家认同的重要方式。张鑫、段雪柳《推广国家通用语言文字与铸牢中华民族共同体意识的互动逻辑》（《西北民族大学学报（哲学社会科学版）》2022年第1期）一文指出，推广国家通用语言文字与铸牢中华民族共同体意识双向互动。姜刚涛等《探究国家通用语言文字普及在地区经济发展中的作用——以云南省昆明市为例》（《中国集体经济》2022年第6期）一文，分析通用语言文字作为一种人力资本在经济发展中的作用。李秋萍、陈保亚《边疆少数民族地区推广普及国家通用语言文字现状及策略——以德宏州盈江县为例》（《昭通学院学报》2022年第3期）一文指出，少数民族村寨存在普及率低、缺乏语用环境、语言文字法规意识淡薄等问题。

杨晓雯、陈冰《中国语言顺应论研究三十年：回望与展望》（《贵州大学学报（社会科学版）》2022年第4期）一文指出，国内语言顺应论存在跨学科和交叉学科研究不均衡、与二语习得结合不够、局限于书面语料、研究方法单一等不足之处。杨珊珊《三个平面视角下的自嘲分析》（《红河学院学报》2022年第6期）一文指出，自嘲有表达不满、化解尴尬、委婉拒绝等特点。山娅兰《PSC"命题说话"词汇语法规范项常见偏误及对策分析——以Q学院为例》（《曲靖师范学院学报》2022年第2期）一文指出，非方言性偏误多，方言性偏误少。孟端星《抗战胜利后接受日本投降"主题词"使用之辨析》(《玉溪师范学院学报》2022 年第 4 期)一文指出,使用"受降与接受"比单独使用"受降"或"接受"恰当。柳翔文《不同媒介下〈人民日报〉新闻标题标点符号对比研究》(《四川职业技术学院学报》2022 年第 1 期)一文指出,逗号在新闻标题中出现频率高。张琮、余璐《语法隐喻视域下的埃德加·爱伦·坡诗歌散文对比研究》(《2022 教育教学与管理三亚论坛论文集(二)》,2022 年)一文指出,语法隐喻在诗歌散文中是常见现象。

李阳《国内家庭语言政策研究述评》(《开封文化艺术职业技术学院学报》2022 年第 11 期)一文指出,家庭语言政策研究数量增加。李阳、寸萍《云南跨族婚姻家庭语言政策调查研究》(《太原城市职业技术学院学报》2022 年第 4 期)一文指出,普通话发展趋势佳,汉语方言和民族语言发展趋势劣。陈溯《泰国清迈华人家庭语言规划调查研究》(云南师范大学汉语国际教育硕士学位论文,2022 年)一文,分析清迈华人家庭对泰语、汉语普通话、汉语方言的语言规划。杨霞《中缅通婚多语家庭的家庭语言政策与语言实践研究》(云南师范大学外国语言学及应用语言学硕士学位论文,2022 年)一文,分析中缅通婚多语家庭的语言能力、语言实践和语言意识。

刘小红、侯国金《双关何以为构式:词汇—构式语用学视角》(《北京第二外国语学院学报》2022 年第 6 期)一文指出,双关构式具有表达情感态度、避实就婉、刻意曲解等语用功能。张琮、赵俊海《语用失误研究的知识图谱对比分析》(《云南师范大学学报(对外汉语教学与研究版)》2022 年第 5 期)一文指出国内外语用失误研究的异同。

赵俊海《阿尔茨海默型痴呆症语言研究的进展及动向》(《当代外语研究》2022 年第 3 期)一文指出,以命名缺陷为典型特征的词汇语义研究对 DAT 的早期筛查极具参考意义。

3. 语言处理

发文 1 篇。程梦杰、袁凌云《基于 ISM 和节点度的汉语桥知识体系构建》(《云南师范大学学报(自然科学版)》2022 年第 3 期)一文,对汉语桥知识体系进行实验构建。

五、语言教学研究

发表论文 101 篇,其中 C 刊论文 3 篇,北核论文 2 篇。内容涉及汉语教学、外国语教学和民汉双语教学三个方面。

(一)汉语教学研究

发表论文 72 篇,其中 C 刊论文 1 篇,北核论文 2 篇。内容涉及对外汉语教学和普通话教学。

1. 对外汉语教学

关注对外汉语教学方法和内容的 36 篇论文中,仅有 1 篇 C 刊论文和 1 篇北核论文。C 刊论文是刘红娟《基于跨文化交流能力培养的汉语国际教育优化——评〈汉语国际教育跨文化交流理论与实践〉》(《中国教育学刊》2022 年第 9 期)。该文指出:国际汉语教育的优化,要重视"文化融通",引导学生更好地了解中国的汉语文化;要重视"文化误解"的问题,防止由于文化差异造成的冲突;尽可能地优化多维度的教学方式,以达到更好的教学效果。北核论文是吴春兰《泰国汉字教育与汉语国际化传播研究——评〈汉语国际传播背景下泰国汉字教学研究〉》(《语文建设》2022 年第 21 期)。该文不仅从宏观层面为泰国相关教育决策部门在汉字教学建设和发展方面提供有益的思考,也在中观层面为泰国汉字教学设计与实施提供了可行的思路。

涉及不同国家汉语学习者以及在华留学生语言习得的相关研究的论文有 16 篇。朱琳《泰国汉语学习者能愿动词偏误分析》(云南师范大学汉语国际教育硕士学位论文,2022 年)一文分析了泰国学习者产生能愿动词偏误的原因,并提出解决对策。黄丽娟《泰国汉语学习者副词"都"的习得研究》(云南师范大学汉语国际教育硕士学位论文,2022 年)一文,在习得顺序和习得进程分析的基础上,对泰国汉语学习者提出了一些具有针对性的教学建议。

涉及对外汉语教学教材中的词汇、语法方面的论文有 5 篇。石倩《汉语国际教育视域下的近义词"通过"和"经过"的辨析及教学研究》(《2022 教育教学现代化精准管理高峰论坛论文集

(高等教育篇)》，2022年）一文，分析和总结"通过"和"经过"在作动词、介词时的异同，探讨出此类近义词的教学方法。左蕾婷《泰国汉语学习者名量词磨蚀研究》（云南民族大学汉语国际教育硕士学位论文，2022年）一文指出，泰国汉语学习者在停止汉语学习或降低与汉语的接触频率以后会出现名量词磨蚀现象。

仅有1篇论文涉及汉语国际教育的推广。肖梅兰《云南高校缅甸留学生中国形象认知研究》（云南师范大学汉语国际教育硕士学位论文，2022年）一文基于缅甸留学生对中国形象认知比较全面的研究结果，对促进积极中国形象塑造与传播提出了重视汉语课程中中国形象的塑造、充分发挥留学生"媒介"传播作用的建议。

2. 普通话教学

发表论文14篇。仅有的1篇北核论文是莫莉《中国传统饮食文化与语文教学的有效结合探究——评〈五味杂陈：中国传统饮食文化〉》（《食品安全质量检测学报》2022年第8期）。该文指出：传统饮食文化作为中国传统文化的精髓部分，凭借丰富的哲学智慧和极具民族、地域特色的审美意蕴在多种学科教学中具有重要的参考价值；语文教师作为教学的主导者，必须锤炼扎实的教学能力，基于语文教材开展具体工作，将教材中的基本内容和饮食文化有效结合。

夏文贵、秦秋玲《国家通用语言文字教育：铸牢中华民族共同体意识的一项基础性工程》（《贵州大学学报（社会科学版）》2022年第4期）一文，系统阐述了国家通用语言文字的基础性价值以及加强国家通用语言文字教育的路径。李红营《现代汉语课程思政的教学探索》（《北京城市学院学报》2022年第2期）一文，解析了现代汉语知识中的爱国主义、理想信念、团结协作等思政元素，并尝试教学探索，以实现"价值引领"和"知识传授"的有机统一。

杨职溦《基于教育APP的新疆少数民族"留守儿童"普通话精准教学探究》（云南师范大学教育技术学硕士学位论文，2022年）一文，通过文献研究、观察、准实验等方法对新疆少数民族"留守儿童"的普通话现状进行研究，探索出有口皆碑的普通话教学模式。此外，有宗娜《基于支架式教学的中职〈应用文写作〉教学设计研究》（云南师范大学职业技术教育硕士学位论文，2022年）、向甜瑶《语音评测技术对提高中职学生〈普通话〉口语能力的应用研究》（云南师范大学现代教育技术硕士学位论文，2022年）等。

(二) 外国语教学研究

共发表论文28篇，其中C刊论文1篇。内容涉及英语教学和其他外国语言教学。

1. 英语教学

共发文24篇。仅有的1篇C刊论文是冯云华《词块——中学英语教学改革的切入点》（《中学生英语》2022年第12期）。该文分析和研究了初中英语的教学现状，为初中英语教学改革提出了更新教育理念、充分发挥学生的主体作用、灵活运用教学方法、增加课堂师生互动等相关建议和方法。

曲帅《新文科背景下英语专业综合课教学创新——以〈高级英语〉为例》（《吉林省教育学院学报》2022年第6期）一文指出，教师在认知诗学理论指导下设计好教学活动，让学生润物细无声地接收理性与感性知识，在语言技能层面以及文化素养层面得到显性与隐性的双轨发展。徐家玉《大学英语课程教学质量内部保障体系的构建》（《湖北开放职业学院学报》2022年第19期）一文指出，为保证英语教学质量和促进课程教学全面发展，学校需要在大学英语课程教学中，构建一套完整的、系统的内部外部监督和规范化指导体系。

李明芳《边疆少数民族地区苗族初中生英语学习动机、动机强度与学业成绩关系研究》[云南师范大学学科教学（英语）硕士学位论文，2022年]一文，反思与探讨了民族地区英语教学的现状和问题，指出在英语教学中老师有必要从多个维度持续激发学生英语学习兴趣，培养学生形成稳定的学习动机。此外，有刘芳芳《浅析雅思和四六级考试的差异对大学英语教学的启示》

(《山东商业职业技术学院学报》2022年第5期)、寸碧滢《基于产出导向法的高职英语教育实践研究》(《江西电力职业技术学院学报》2022年第3期)等。

2. 其他外国语言教学

共发文4篇。内容涉及日语、东南亚非通用语和印度语。

日语方面的论文有2篇。肖东娟《基于语篇衔接机制的日语写作教学探索》(《延边教育学院学报》2022年第3期)一文，系统研究语篇衔接机制下的语法、词汇、逻辑连接的手段，指出语篇衔接机制的有效运用可以帮助实现文章结构上的衔接性和语义上的连贯性，编织起文章的有形网络。温玉晶《课程思政视域下日语笔译理论与实践课程教学设计》(《中小幼教师新时期第四届"教育教学与创新研究"论坛论文集》，2022年)一文，深度阐述课程思政与日语翻译课程融合的必要性和可行性，进而分析和总结了日语翻译课程思政的实现路径。

在东南亚非通用语方面，潘梦雯《试论新文科背景下东南亚非通用语教学思维》(《湖北科技学院学报》2022年第3期)一文，结合当前新文科背景下的语言教学改革趋势，全面讨论东南亚非通用语教学，分析教学中出现的思维问题，并就此提出改进策略。

在印度语方面，刘凯月《印度多语教育研究》(云南师范大学外国语言学及应用语言学硕士学位论文，2022年)一文，系统地探讨独立后印度的语言政策、语言教育政策的发展历程和印度多语教育的实施现状以及印度多语教育对国家认同和民族认同的深刻影响。

(三) 民汉双语教学研究

仅发表了1篇论文，且为C刊论文。夏娜、夏百川、原一川《民族地区教育场域中的语言景观研究——以云南省迪庆州C小学为个案》(《民族教育研究》2022年第3期)一文，以云南省迪庆州C小学为个案，对学校各种语言景观从种类、目的和功能等几方面进行操作化处理，并从实体维度、政治维度、体验维度对学校语言景观进行研究。研究指出：在实体维度上，主体性与多样性相统一，有单语、双语和多语景观，国家通用语言文字主体地位稳固；在政治维度上，通用性与差异性相统一，从语言景观目的和功能上体现了国家和机构的主流意识形态，在推广普及国家通用语言文字的同时，科学保护各民族语言文字；在体验维度上，价值性与工具性相统一，师生极其认可普通话的地位。作者认为，民族地区教育场域中的语言景观具有典型代表性，是中华民族共同体意识、民族团结进步教育、爱国主义教育、隐性课程、语言教育、语言态度和语言扶贫的多维反映。

综上所述，2022年云南汉语研究在现代汉语、古代汉语、汉语非汉语对比三个领域里的发展较平衡；少数民族语言研究的本体研究、功能研究较2021年均有一定突破，并出版3部专著；外国语研究在语言信息处理领域保持高水平成果；理论语言学与应用语言学研究集中在语义学、认知语言学、话语分析、生态语言学、社会语言学和语言处理等领域；语言教学的成果质量有一定提升。2022年，云南语言学研究保持着汉语研究、民族语言研究与语言教学研究共同发展的局面。

不足之处是高水平成果少。后续亟待产出精品，以精品打造云南语言学研究的优势领域，从而提升云南语言学界在我国语言学界的话语权，使云南语言学研究更好地服务于云南的社会发展，更好地助力于国家对云南的战略定位。

(执笔：余金枝　李绪东　熊志文　杨欣怡　侯文甫)

新闻与传播学

2022年，云南新闻与传播学研究在整体上呈现出稳中有降的发展态势。与2021年相比，相关研究成果数量缩减，发表期刊级别降低。一方面，作为新闻传播学研究特色领域的媒介人类学和民族志传播学研究成果较之2021年明显萎缩，新闻史研究成果也明显下滑。另一方面，新闻理论研究明显体现出回归研究主阵地的态势，新闻出版研究和广告学研究有所突破。

一、新闻史研究

马小娟、吴宇烨《星系报与东南亚：海外华文报纸的百年经营与传承》（《传媒》2022年第12期）一文指出，星系报是胡文虎创办的系列报纸，曾分布在中国和东南亚十几个城市。如今，《星洲日报》还是境外销量最大的华文报纸，其历百年而不衰的主要原因有二：外因是以品牌化经营策略及运作机制为支撑，内因则是以"星系报业精神"传承为动力。

二、新闻理论研究

滕妍《习近平新时代新闻舆论工作重要论述精髓要义与价值意蕴初探》（《中共云南省委党校学报》2022年第4期）一文认为，党的新闻传播工作对马克思主义理论的传播与发展、主流意识形态的引导与塑造、党意民心的汇集与凝聚起到了非常重要的促进作用。进入新时代以来，习近平总书记洞察新时代的"现实大局"与"发展大势"，立足党的新闻舆论工作，提出了富有时代气息的新思想、新观点和新论断。习近平总书记关于新闻舆论工作的重要论述以其鲜明的原创性特征对新时代党的新闻舆论工作提出了新的使命与要求，绘制了新的气象与蓝图，规划了新的路径与方法，贡献了新的动力与效能。梳理习近平总书记关于新时代新闻舆论工作的重要论述，全面探究其中蕴藏的精髓要义、思想方法，不仅有益于推动马克思主义新闻观研究的新进展，而且有益于促进实践工作质量的新跨越。

魏红、李建文《着力"三化"打造共通空间——基于云南广播电视台国际传播实践的思考》（《中国广播电视学刊》2022年第12期）一文指出，在国际传播体系中，我国沿边省份广播电视媒体是特殊的重要阵地。"一带一路"建设向纵深推进，媒体助力至关重要。在中央媒体积极作为、整体布局的同时，沿边省份广播电视媒体也应发挥地域优势，积极融入国家国际传播大格局，努力成为区域性国际传播前沿阵地。该文以云南广播电视台国际传播实践为研究对象，在总结实践经验的基础上，提议要着力"三化"，即本土化、精准化、多元化，进一步增强对话意识、共通意识、精准意识、在地意识，以提升国际传播能力和实效。

廖圣清《推动构建南亚东南亚信息辐射中心建设》（《社会主义论坛》2022年第3期）一文认为，推进我国面向南亚东南亚辐射中心建设，营造良好正向的舆论环境至为重要。面对新闻舆论工作的新挑战，以科学研究为出发点，使用新方法，掌握新技术，融会新理念，推动主流媒体的新闻舆论传播力、引导力、影响力、公信力不断增强，让主流舆论有力，让舆论环境聚力，推动构建南亚东南亚信息辐射中心。推进面向南亚东南亚辐射中心建设，重点在于发挥主流媒体的社会影响力，将其建设成为南亚东南亚信息传播网络的中心，进而成为舆论引导的主力军、舆论交汇的平台。

胥义昆《健康传播视阈下突发新闻的传播效果研究——以〈云南日报〉官方微博新冠肺炎疫情报道为例》（《传媒论坛》2022年第24期）一文运用内容分析法建构类目编码表，通过对比大量数据，概括出《云南日报》官方微博于2020年在健康传播视阈下对新冠疫情相关内容的报道特点及传播效果，提出如何最大限度地利用微博平台实时性、广传播性等特点全方位地为受众提供健康议题信息、更好进行有效健康传播的建设性对策。

张斌、李昌《载道与融通：破除西方话语霸权的可行策略——基于云南野生象群迁移和COP15第一阶段会议报道的分析》（《中国广播电视学刊》2022年第8期）一文指出，要积极地应对当前我国国际传播的困境与挑战，破除西方媒体"话语霸权"。要深入理解和践行习近平总书记提出的国际传播理念，以人类命运共同体视野下的"共同关注"为选题，把握"共在性"理论的科学运用，把国际传播话语实践作为国际传播的重要内容。结合中央广播电视总台有关"追象"和《生物多样性公约》第十五次缔约方大会第一阶段会议的报道，系统地论述以文载道、融通中外的话语表达呈现特色，创新国际传播话语实践，讲好中国故事、传播好中国声音，为我国的改革发展提供良好的国际舆论环境。

王勇、何百林《媒体融合背景下新闻作品绩效考核机制研究——基于对全国433名媒体从业人员的问卷调查》（《文化与传播》2022年第2期）一文通过对全国433名媒体从业人员进行问卷调查发现，目前我国媒体单位的新闻作品绩效考核机制具有多元化的特征。这从一个侧面反映了当前我国媒体单位在新旧媒体新闻作品绩效考核机制的融合发展方面进度不一致、参差不齐。传统媒体新闻作品绩效考核机制与新媒体新闻作品绩效考核机制具有各自的优势和不足，将"点击量"置于新闻作品绩效考核机制的突出位置，既具有积极作用，也可能带来消极影响。推动媒体融合发展，必须推进新闻作品绩效考核机制的融合，融合传统媒体新闻作品考核机制和新媒体新闻作品考核机制的"稿件字数/作品时长+优质等级+点击量/转发量/评论量"式考核机制是全媒体比较理想的新闻作品绩效考核机制。

陈旭东《媒体融合转型中的数字新闻付费模式研究——基于生产—消费双重视角》（《新媒体研究》2022年第11期）一文认为，数字新闻是传统新闻业在媒体融合进程中实现数字化转型的一种新闻产品，挣脱了"二次售卖"模式的盈利掣肘，其付费模式更加多元。数字化时代重塑了新闻生产与消费之间的供需关系，基于"生产—消费"双重视角，从分析数字新闻的消费需求入手，在厘清数字新闻付费模式的商业逻辑基础上，再研判数字新闻产品的生产与供给。

黄子娴、韦平《欧美电视新闻灾难报道叙事新动向及其对我国的启示》（《昭通学院学报》2022年第1期）一文指出，灾难是被建构和被诠释的。作为具有极高新闻价值的硬新闻的一种，灾难报道能够充分地体现出一个国家主流媒体所持有的价值理念以及媒体技术发展水平。新冠疫情暴发后，公众对疫情相关的各种信息的需求急剧增加，电视作为最具有公信力和时效性的媒体，在疫情的报道中发挥了重要作用。文章以新冠疫情的电视新闻报道为切入点，分析了欧美电视新闻中所呈现出来的灾难叙事及其新动向，并提出了我国电视媒体可资借鉴的方向。

杨姣、许天敏《县级融媒体建设：媒体融合在中国的基层实践》（《新闻春秋》2022年第3期）一文将县级融媒体置于"媒体融合"研究领域中，试图在"媒体融合在中国的基层实践"框架中来理解县级融媒体建设和媒体融合的关系。作为传统媒体转型的一种应对策略，媒体融合在中央媒体和省级媒体集团的实践主要依靠建设"中央厨房"来实现，以县级融媒体中心为切入点，媒体融合在中国的基层实践，面临更加错综复杂的关系。该文指出，媒体融合在中国基层的实践，要关注四个方面的关系，即融合主体、融合技术、融合关系和融合功能。

邱昊《乡村振兴背景下县级融媒体中心建设与媒体生态系统的优化》（《传媒论坛》2022年第23期）一文指出，县级融媒体已经成为现代传播体系中面向基层的基础环节、数字乡村建设的切入口、助力乡村振兴的重要推手。当前，紧密结合乡村的实际，把握当地群众实际需求，探索建立"新闻+政务服务商务"的运营模式，通过"互联网+"工程及时整合基层政务资源、社会资源，在原有媒体资源的基础上，加快当地媒体融合进程，优化该地区媒体内外生态系统，发挥县级融媒体的舆论引导、公共服务以及增值服务等功能，提升基层媒体的传播力、引导力、影响力和公信力，更好地引导群众、服务群众，将是新时代新媒体生态系统优化升级，建构政府、市场、社会、媒体协同助力乡村振兴的一个重要和紧迫的问题。

隆青泉、颜灿威《县级融媒体基层传播实践与地方社会的互动研究——基于对禄劝县融媒体的考察》（《新闻论坛》2022年第2期）一文认为，县级融媒体建设作为媒体融合战略的重要组成部分，是基层社会治理和文化建构中一支不可忽视的新兴力量，其在媒介实践方面做出的诸多尝试都暗含了试图融入地方社会的努力。研究发现，县级融媒体在与地方社会互动中，不断调整自己的传播面向和传播方式，从而找到自身在地方社会网络中的生存位置。不仅融媒体创造性的传播活动在不断地去适应地方社会，带着不同文化背景的个体也能在与县级融媒体的互动中获得不一样的体验。县级融媒体同地方社会、普通个体间互动与勾连的过程，就是融媒体深度嵌入地方社会的过程。

左小麟、廖圣清《传承党媒红色基因　推进国际传播人才培养——培养面向南亚东南亚国际传播人才的探索与思考》（《传媒》2022年第5期）一文指出，培养一批高素质的国际传播人才是提升我国国际传播能力的重要举措。云南大学新闻学院坚持传承党媒红色基因，以马克思主义新闻观为指导，全面落实立德树人根本任务，把培养面向南亚东南亚的国际传播人才作为目标，采取有力措施，培养一批具有坚定的马克思主义新闻观、全面发展的复合型国际传播后备人才，探索出一条具有特色的国际传播人才培养路径。

王勇、李娟《新时代新闻人才的标准与使命及对新闻教育的启示》（《北方传媒研究》2022年第2期）一文指出：政治坚定、正派廉洁、业务精湛、作风优良，是新时代合格新闻人才的标准；高举旗帜、引领导向、围绕中心、服务大局、团结人民、鼓舞士气、成风化人、凝心聚力、澄清谬误、明辨是非、联接中外、沟通世界，是新时代新闻工作者的职责使命。新时代新闻人才的标准和使命对新时代新闻教育的启示是，必须高度重视马克思主义新闻观教育、道德品质教育、新闻业务训练和优良作风的培养。

三、新闻出版研究

刘火雄、唐明星《费孝通的新闻出版思想及其媒介实践考察》（《新闻与写作》2022年第10期）一文指出，费孝通在新闻出版领域的媒介实践始于少年时期，并在以后的学思生涯中将其扩展到学术研究、高等教育和大众传播领域。他借助书报刊、广播电视等媒介将成果及时刊布，其观点和思想由此得以广为人知。为了推进社会学、新闻社会学等学科建设，费孝通同样注重专业期刊出版、教材编写工作。他倡行的通俗文风革新了学术表达，促进了思想的传播。费孝通倡议整理出版潘光旦、梁启超、冯友兰等学人的作品，反映出他的文化传承理想。以费孝通为代表的学者投身新闻出版界，是中国现代新闻出版史书写中不可或缺的篇章。

刘火雄《晚清民国时期诺贝尔文学奖获奖作家作品在华译介出版传播景观及成因解析》（《出版发行研究》2022年第2期）一文认为，诺贝尔文学奖获奖作家作品种类繁多，已客观上形成聚类体系。晚清民国时期，超过310种"诺奖图书"在华译介出版与传播，主要出版方为商务印书馆、中华书局、启明书局、开明书店、世界书局、北新书局、文化生活出版社等。涉及"诺奖图书"的迻译、合译、重译乃至"跟风出版"现象共存。经由出版人、作者、译者、发行人等多方互动，"诺奖图书"相关出版传播实践不但促进了世界文学的知识旅行与再生产，也为推进中国出版业的现代化发展积累了丰富经验。

四、新媒体（互联网传媒）研究

谢建东、郑保卫《中国共产党互联网传播思想的发展历程及理论贡献》（《传媒观察》2022年第10期）一文指出，中国共产党互联网传播思想，是中国共产党新闻思想在互联网时代的创新发展，同时也是中国共产党互联网思想的重要组成部分。其主要观点包括牢牢掌握网上意识形态工作领导权、构建高度融合的全媒体传播格局、做大做强网上主流舆论、营造清朗的网络空间、形成网上网下同心圆、高度重视网上舆论斗争、用主流价值导向驾驭"算法"、不断提升互联网国际传播能力、加强网络传播人才队伍建设等。其理论贡献主要在于，拓宽了中国共产党新闻思想的向度，丰富了中国共产党互联网思想的内涵，推进了马克思主义新闻观的时代化。

谢建东、郑保卫《中国共产党互联网思想的理论来源、实践基础与核心要义》（《中国广播电视学刊》2022 年第 7 期）一文对中国共产党互联网思想的理论来源、实践基础与核心要义作了系统梳理和全面论述，提出中国共产党的新闻、信息和科技观是其理论来源；指出在互联网萌发期、国际互联后快速发展时期、互联网社会应用不断深化时期和新时代以来建设世界网络强国时期，党中央根据世界互联网发展形势，结合我国经济社会发展实际，制定科学合理的政策，推进了我国互联网的快速全面发展；认为中国共产党互联网思想的核心要义是坚持以人民为中心、坚持发展与管理（治理）并重、坚持技术自主和核心技术协调攻关、坚持与经济社会发展相融合、坚持做好网络意识形态工作、坚持筑牢网络安全防线、坚持加强网信人才队伍建设等理念。

谢建东、郑保卫《中国共产党互联网思想的形成与发展》（《传媒观察》2022 年第 1 期）一文认为，在我国互联网从无到有、快速发展，向世界网络强国迈进的过程中，几代中国共产党主要领导人根据所处时代背景和现实需要，提出一系列有关论述，推动我国互联网快速健康发展，逐渐形成一套立足中国实际的网信事业发展规范和原则，构建起中国共产党互联网思想的知识与理论体系。中国共产党互联网思想在改革开放初期科学技术快速发展浪潮中萌芽，在推进跨世纪发展战略实践中逐渐形成与发展，在科学发展观理念指导下与时俱进地加以调整和巩固，在新时代建设网络强国战略指引下不断突破创新。

苏涛、彭兰《虚实混融、人机互动及平台社会趋势下的人与媒介——2021 年新媒体研究综述》（《国际新闻界》2022 年第 1 期）一文指出，随着以虚拟化、智能化、平台化为核心的新一代信息技术与应用的发展，新媒体正呈现出虚实混融交往、人—机深层互动以及平台化发展的趋势。2021 年的新媒体研究，针对由这种趋势所引发的人与媒介、虚拟与实在、平台与治理等诸多问题，展开了深入的探索与思考。该文从 2021 年的新媒体研究中提炼出五大议题，即人—媒介新关系研究、算法研究、平台社会研究、数字劳动研究、社交媒体研究，并分门别类加以简要述评，以期通过这种有限的梳理与整合，为相关研究者提供借鉴和参考。

曹逸楠、柳佳明《智媒时代的信息分发：从工具理性到价值理性》（《科技传播》2022 年第 19 期）一文认为，智媒时代信息分发的核心在于算法，分发模式提升和放大了算法话语权，使以往的媒体型"把关人"模式趋向"过时"，媒介与人的关系由"热"变"冷"。当算法技术过分延伸和放大人们的智能感官时，人们保护性的"自我截断"将会出现。基于媒介向人性化趋势发展，算法推荐技术的发展应从工具理性向价值理性"逆转"。

廖圣清等《新闻回帖的传播网络结构对群体极化的影响》（《新闻界》2022 年第 7 期）一文基于澎湃新闻新浪微博账号关于"长春长生疫苗"的 30 篇报道及其 7915 条网友评论，探究了在社会偏好理论视角下，网络新闻回帖的传播网络结构对群体极化的影响，为意见表达、群体极化研究提供了传播网络结构的理论视角和数据论据。研究发现：网络同质性越强，群体极化程度越高；网络密度、网络中心性对群体极化的影响不显著。研究表明，网络新闻回帖的传播网络结构对群体极化具有重要影响。

孙信茹、佘佳《流动的社会关系：外卖骑手的手机实践与交往》（《当代传播》2022 年第 5 期）一文通过对外卖骑手送餐行为和手机实践的考察，展现这一群体媒介化的送餐景观及社会交往。文章认为，该群体在工作过程中建立了一种流动的社会关系，人们据此构建新的日常，创建出与以往不同的交往关系与文化实践方式。手机带来的移动生活不仅使骑手在城市中与不同的时空和人相遇，而且也创造了与他人的中介化交往。该研究为都市流动人口和手机研究带来新视角。

孙信茹、杨星星、张书艺《数字时代的知识生产和视觉实践——基于文献计量学和深度个案的研究》(《湖南师范大学社会科学学报》2022年第2期)一文基于互联网背景下知识传播研究图谱的基本描述,分析指出,由互联网技术连接起来的虚拟学习社区,大大拓展了传统学习和知识传播的空间与范围。在此基础上,文章以B站"学习区"为主要案例,呈现其视觉实践方式和逻辑,探析虚拟社区的知识如何进行可视化的生产和传播,认为B站的知识生产采用制作知识影像、塑造知识生产者形象、制造视觉"震惊点"三种方式展开。虚拟社区的视觉实践在一定程度上重构了传统知识,在网络社区生产出了与日常生活高度重叠的知识、娱乐化与消费化并存的知识和陪伴型的知识。

孙金燕、金星《数字亚文化的建构及其价值——对虚拟偶像景观的考察》(《武汉大学学报(哲学社会科学版)》2022年第5期)一文认为,虚拟偶像是一种由数字技术、二次元文化和粉丝文化交互催生的抽象文化产品,它以数字符号为媒介构筑拟真世界,呈现出拟像在场、拟社会互动与拟人格设定等景观化表征,与青年受众形成线上/线下、虚拟/现实的相互交织与召唤,为青年群体的自我表达与文化姿态构建出一个创造自由空间、保存和建立自身意义储备的场域。虚拟偶像特殊的技术实践与参与式文化实践,既疏导青年对现实世界的欲望诉求,也消解青年的主体性及其批判意识与超越维度,加深社会文化的虚拟化。考察虚拟偶像的景观化特征及其所折射的数字化时代青年亚文化群体的价值取向、文化心态与身份认同等,有利于深入探察当下数字亚文化的建构与价值。

黎黎、李嘉琦、赵美荻《数字游乐园的家庭博弈——父母干预与青少年手机游戏行为的质性研究》(《新闻与写作》2022年第4期)一文从父母干预理论(parental mediation theory)的视角出发,对35位有手机游戏经历的中小学生进行深度访谈,以此了解父母在青少年手机游戏过程中主要采取的干预方式以及青少年对父母干预行为的看法和反馈。研究发现,青少年在进行手机游戏时,其父母主要会采取三种干预方式:限制型干预(如限制玩手机游戏的时间)、积极型干预(如和孩子讨论游戏的内容和利弊),以及共同使用(如和孩子一同玩手机游戏)。限制型干预是大部分父母常用的干预方式,但大多数中小学生对该方式的接受度较低。中小学生普遍更渴望获得积极型干预,但有效使用积极型干预的父母却不多。在实施共同使用的干预模式时,父母容易忽视孩子的游戏偏好,且设定双重使用标准,产生了负面示范。此外,基于研究发现提出了转移型干预,进一步丰富了父母干预的内涵。

褚彦《缅甸华文新媒体有声语言传播的现状及对策分析——以"缅甸中文网"和"缅甸之声"微信公众号为例》(《科技传播》2022年第6期)一文指出,"缅甸中文网"和"缅甸之声"通过有声语言进行传播,在创新呈现方式、拓展传播样式方面进行尝试,取得了一定的积极的传播效果,但同时也存在节目制作简单、节目时间不固定、节目内容及形式较为单一等问题。文章以"缅甸中文网"和"缅甸之声"微信公众号中新闻播音与节目主持为研究对象,主要探讨海外华文媒体如何更好地通过有声语言进行传播。

颜灿威、朱礼敏、隆青泉《民语新媒体中的地方再造与认同建构——以微信公众号"勐傣德宏"为例》(《新闻论坛》2022年第5期)一文认为,新媒介的兴起加速了传统共同体联结的弱化,同时提供了新的共同体想象的方式。民语新媒体指的是面向少数民族群众并以民族语言为载体的媒介形式。该文以"勐傣德宏"民语微信公众号为研究对象,对其传播实践进行分析、归纳和总结,认为其作为民族文化的书写者、社会变迁的守望者、应急宣传的实践者,在内容生产中实现了"脱域"与"在地"、历史与现代、民族文化与主流意识形态的耦合和勾连,形成了民族群众对于地缘共同体、文化共同体、国家共同体的想象。这为讨论民语新媒体与民族团结进步间的关联互动提供了一种新的思路。

昌蕾、吴玥《抖音平台乡村文化类短视频的内容与运营分析——以"蜀中桃子姐"为例》

（《西部广播电视》2022年第6期）一文认为，新兴媒体的崛起和人工智能技术的发展，以及各类应用程序App的出现，给短视频的流行提供了渠道平台，抖音就是其中最火的短视频平台之一。相比于专业视频的拍摄来说，短视频的拍摄技术水平要求较低，这对于传播乡村文化的视频博主来说更易于上手。该文通过对短视频博主"蜀中桃子姐"的抖音短视频进行内容与运营分析，探究其视频内容的特点与运营策略，并对其之后的独特形象打造提出一些创新的着力点，给今后传播乡村文化的抖音短视频博主提供经验。

颜灿威《海外社交媒体中在华外国人的他者叙事与中国形象建构——以YouTube视频博主"Blondie in China"为例》（《现代视听》2022年第10期）一文指出，自媒体的崛起开创了传播的"个人主义时代"，在国际传播场域，在华外国人借助新媒介技术，成为讲述中国故事的一支重要力量。该文通过线上观察和文本分析的研究方法，以YouTube视频博主"Blondie in China"为考察个案，探究在华外国人影像化表达的叙事风格和策略，讨论其为海外受众建构了何种中国形象。凭借他者身份和在华生活经历的特性，视频展现了重体验、跨语境、多主体的叙事特点，塑造了他者对于中国文化多元、城乡互补、人际友好的多维想象。要讲好中国故事，我们不仅要重视民间传播力量，还要选取恰适的文化符号，降低文化折扣。

王彬、王玉娇《基于利基市场的媒体转型新路径探讨》（《今传媒》2022年第3期）一文认为，在新媒体时代，随着传播技术的进步，受众的内容偏好被充分挖掘，开始备受重视，分众化产品也越来越受到追捧。与此同时，内容生产的便利性以及数字化、网络化的蓬勃发展，使得挖掘信息的成本降低，开发传媒利基市场进而成为可能。该文将利基市场与媒体转型的路径联系起来，通过探讨当下媒体转型的现状，以及新型利基营销模式（TSCPR）中利基市场在媒体行业存在的可能性，为媒体转型提供新思路，并探索媒体发展新出路。

王琳《连接与渗透：移动传播时代的场景构建——以小红书为例》（《新媒体研究》2022年第2期）一文立足场景视角，对小红书平台进行内容分析，并对小红书忠实用户进行深度访谈，研究指出该平台从场景适配、内容整合、深度连接三个主要途径构建场景。同时，文章认为，挖掘社群价值、融合场景与内容、注重场景体验与精确营销是社交内容电商平台及传媒业场景构建的四个关键路径。

谭辉《媒体MCN的运行规律、实践逻辑与模式创新》（《传媒》2022年第16期）一文指出，媒体MCN是媒体融合发展的新事物，是推动媒体深度融合的有效路径。该文对媒体MCN的特点、运行规律和实践逻辑进行全面剖析，并对媒体MCN的发展提出了三个建议：要把握媒体的运营本质，提高媒体MCN流量变现能力；厘清媒体的商业边界，树立正确的内容创作理念；创新内容生产方式，打造新型媒体品牌形象。

李玉碧、胡曙光《人工智能时代网络谣言的嬗变：基于自媒体造谣朱婷的案例分析》（《中国传媒科技》2022年第12期）一文认为，算法推荐加快了谣言的传播速度，谣言鉴别更加困难，谣言的应对更为复杂，谣言的影响更加恶劣。人工智能时代信息与新闻分发相伴的"信息茧房"易导致"群体极化"的加剧，社交媒体的"回声效应"易引发危机的二次发酵，基于算法的深度合成技术使得"深度伪造"成为可能等。蓬勃发展的人工智能对媒介进行了技术赋能，也从根本上重塑了网络谣言的传播机制与传播生态环境。为应对人工智能时代的网络谣言，文章提出了用人工智能技术查找谣言源头、用技术粉碎技术、媒体一致等策略。

杨丹、林进桃《融媒时代新闻短视频内容运营策略探析——以一点资讯"沸点视频"为例》（《新闻世界》2022年第2期）一文指出，新闻短视频是融媒时代伴随短视频的蓬勃发展而内生出来的一种新型的新闻分发形式。该文聚焦一点资讯旗下的"沸点视频"新闻短视频平台，借助作者在"沸点视频"实习的优势展开田野调查，通过参与式观察与深度访谈，结合对"沸点视频"内容层面的剖析，从拍客体系的搭建、线性生产流程的再造、奖惩刺激与导向把关、全网矩阵的构建等方面考察其新闻短视频的内容运营策略，以期为融媒背景下新闻短视频的生产与传播提供参考。

隆青泉、颜灿威《作为"新农具"的三农短视频：抖音"康仔农人"的诗意想象与价值建构》（《江西广播电视大学学报》2022年第3期）一文认为，媒介技术的嵌入让处于社会边缘的乡村拥有了向主流话语迁移的可能，"三农"短视频展现出强大的话语能力。研究指出，"康仔农人"利用乡土符号进行内容生产，通过场景化建构的乡村激起了受众的"另类"想象，由此共有的记忆在互动中得以生成，并形成新的文化认同。研究认为，"三农"短视频不仅作为乡村形象的"再现者"，提供了乡土文化展演的空间，亦作为"新农人"在媒介化社会中的"新农具"，成为助推乡村振兴的重要动力。

巴胜超、沈桃《亚审美："元宇宙"中吃播视频的消费陷阱和规避策略》（《昆明理工大学学报（社会科学版）》2022年第1期）一文认为，"元宇宙"重新构建了大众的审美经验和审美活动方式，计算和保存具体化的审美风格，以视觉、听觉等感官元素传达给消费者。消费者沉醉在他者的审美牢笼中，甘愿为数字技术打造的梦幻世界买单。吃播视频的粉丝群体大部分是青年一代，他们从吃播视频中获得生理和情绪的满足，并以崇拜的视角跟随意见领袖。而吃播博主深谙其粉丝心理，以平易近人的方式，伪造成与粉丝有共同审美需求的同类，获取粉丝的消费能力，体现为一种"元宇宙"空间的消费审美特征。吃播视频俨然成为资本获取消费手段的媒介，社会个体、传播主体、媒介平台和国家机构需要共同为防沉迷消费主义而进行规制。

刘纯怡、李昌《竖屏短视频传播热中的冷思考》（《编辑学刊》2022年第4期）一文认为，竖屏短视频因其竖向的构图方式，呈现出和横屏视频不同的传播模式，更加集中的视域及独特的叙事模式，既拓展了竖屏视频的传播空间，也为竖屏短视频用户提供了独特的"画面社交"体验。但同时，竖屏视频传播中的算法逻辑则使传、受双方在"沉浸式传播"中深陷"信息茧房"的桎梏。因此，正确认识竖屏视频的传播特点，与竖屏短视频传播保持理性的距离，是当前竖屏短视频热中应有的冷思考。

林进桃、谭幸欢《虚拟偶像：数字时代网络IP的升级与重构》（《电影新作》2022年第1期）一文指出，数字时代语境下，科技的迅猛发展、Z世代群体的扩张、元宇宙概念的爆红等，使得虚拟偶像的流行成为必然。跨界合作的盛行和互利促使虚拟偶像产业积极向外延伸寻求联动，从而成为网络IP的重要一环。在虚拟偶像的加持之下，网络IP在偶像符号消费与亲密关系养成、深度参与和网络IP价值共创、横向整合及网络IP产业共振等方面进行了升级与重构，并取得不俗的成效。但不可忽视的是，中国的虚拟偶像仍处于起步与发展阶段，形象同质化、产业裂缝、社交伦理失范等问题仍时有发生，如何以虚拟偶像为内在驱动力促进网络IP的良性发展，仍然是数字时代的一个重要议题。

夏建程、刘红《卡西尔符号哲学视阈下的新媒体艺术》（《新媒体研究》2022年第10期）一文指出，卡西尔哲学之塔构建的出发点被认为是"符号"，其中以"艺术是文化符号形式"为核心逻辑，逐层阐释了艺术的形式、本质、功能、创造规律等，并强调了艺术通过媒介构型表现的重要性。新媒体艺术是艺术家运用新媒介和构型力量创作的典型。基于此，在卡西尔符号哲学视阈下探究新媒体艺术的概念、产生发展、主要特征与文化气质。

张义霞《VR沉浸媒介对红色基因传承的作用探析》（《全媒体探索》2022年第7期）一文指出，红色文化传播是VR技术进行内容制作和场景开发的重要领域。该文立足于VR技术的沉浸、互动、想象等特征，探究VR沉浸媒介对红色基因传承的作用，并提出了VR环境下红色基因的传承策略。

五、广播电视研究

杨田喜、崔颖《广播节目的守正与"出圈"——中国广播电视大奖2019~2020年度广播获奖作品评析》(《中国广播》2022年第2期)一文指出，中国广播电视大奖是我国广播电视领域的最高奖项。中国广播电视大奖2019—2020年度广播电视节目奖广播节目获奖作品关注民生、记录时代，展现了新时代广播从业者的最高业务水准，对引领广播事业发展方向、指导精品创作实践具有示范作用。该文基于广播节目获奖作品的梳理，探讨广播作品在声音挖掘、题材选择、报道角度、融合传播等方面的创新路径，为广播从业者提供参考。

张义霞、苏涛《纪实·隐喻·性格：纪录片的空间叙事探析——以〈24号大街〉为例》(《教育传媒研究》2022年第4期)一文认为，影像的空间叙事是通过空间来讲故事，让空间成为一种叙事的手段。文章指出，纪录片《24号大街》是一部反映城市异乡人困境的人文纪录片，影像在城市、建筑、乡村中穿梭，描绘了城市快速发展和社会转型背景下小人物的生活图景，充满了对社会边缘人群命运、城乡文化等社会议题的探讨与反思。该纪录片创作者采用观察型的创作手法，注重空间效果营造与叙事，表达了诸多隐喻性思考。

夏建程、刘红《镜以造像　澄怀味象——纪录片〈文学的故乡〉美学四品》(《视听》2022年第3期)一文指出，纪录片《文学的故乡》所具有的纪实性、文学性、文化性、视听性等特点，使观众感受到作家纪录片的类型美感，体验到与作家及其背后的文化土壤对话交流的感官愉悦与审美心理升华。《文学的故乡》是一次纪实、文学与文化三者相互交融的美学尝试。文学在纪录片声画系统中更贴近受众，纪实因承载文学的内容而更加厚重，切入故乡的选题则让文学和纪实拥有了更深厚的文化根基。

王宁、王勇《论美食类网络自制纪录片〈人生一串〉的创新表达》(《河北北方学院学报（社会科学版）》2022年第6期)一文对《人生一串》的创新表达进行分析，认为其体现在大众化的叙事方法、生活化的解说词、具象化的视听语言以及互动性的传播方式4个方面。《人生一串》的成功可以为中国美食类网络自制纪录片未来的创新方向和发展道路带来一定的启示。

张倩《命运共同体视域下中老合拍纪录片的文化认同建构研究》(《电影评介》2022年第12期)一文结合中老合拍纪录片的创作实践，提出共享系统式题材内容、间性对话式叙事视角和肯定性情感式视听语言三种文化认同构建的实践策略，以引领合拍纪录片实践更为开阔的思路，拓展主题、叙事、视听等表现形式的更多可能性，助力跨文化交流与传播，助力中老两国更深层次的交流与合作。

陈旭东、蔡勇《全球青年群体多维对话：电视谈话节目的叙事建构与内容触达——以〈非正式会谈〉为例》(《电视研究》2022年第9期)一文指出，《非正式会谈》是湖北卫视打造的一档面向青年观众的谈话类综艺节目。该节目以"全球青年多维对话"生成节目形式与内核，通过电视屏幕建构多重镜像，在展现世界文化多样性的同时也彰显了中国文化的独特魅力。该文认为，《非正式会谈》锚定青年群体的叙事策略与触达青年群体的传播路径，对国内同类节目的融合创新有所启迪。

陈程《融合·变通·引领：〈"字"从遇见你〉中的字里乾坤》(《视听》2022年第9期)一文认为，新媒体时代，大众文化"泛娱乐化"的发展趋势明显，受众的注意力倾向于碎片化内容。由中央广播电视总台影视剧纪录片中心出品的系列纪录片《"字"从遇见你》抓住当下碎片化传播风潮，以每集5分钟的传播轻体量展示悠久的汉字文化发展史。该纪录片通过讲述汉字文化的造型来源，挖掘出背后的传统文化内涵。充满趣味的讲述方式和易传播的体量，使该纪录片在碎片化传播时代突出重围，为我国文化类纪录片发展提供了启示。

邓燕、吕德琴、张洋《虚拟现实技术视域下主流媒体话语主体功能的再创新研究——以总台五四晚会为例》(《视听》2022年第10期)一文指出，在媒体深度融合进程中，中央广播电视总台紧跟时代潮流，运用虚拟现实技术手段，推出《奋斗的青春——2022年五四青年节特别节目》。该晚会注重虚实舞台的场景交互，让现实人与虚拟人同台表演，打造出沉浸式的观看体验，实现了主流媒体话语体系的创新、传统文化经典审美的延续以及青年群体价值观的整合。虚拟现实技术对增强主流媒体的传播力、影响力、公信力、引导力具有重要的推动作用。然而，主流媒体不能过度依赖虚拟现实技术，应注意规避伦理层面和技术层面的风险。

六、传播学研究

谢建东、郑保卫《论马克思主义生态观视域下的环境传播》（《新闻爱好者》2022年第3期）一文指出，环境传播有着极强的交叉属性。马克思主义生态观视域下的环境传播有着多元的面向和社会责任要求：要以环境倡导提升生态文明建设水平；以环境风险传播提升绿色发展质量；促进全球环境共识达成与争端解决；拓展环境正义的理念与实践和助力人与自然、社会及自身的"和谐"；等等。以马克思主义新闻观为指导，坚持马克思主义的生态观，是把握人与自然、社会及自身和谐的科学方法和必由之路。

单晓红《云南参与国际传播的"边疆传播"路径》（《社会主义论坛》2022年第6期）一文认为，在国际传播"一国一策"的背景下，地方参与国际传播，意味着要发挥云南特殊的地缘优势和文化便利，针对周边国家具体情况传播以取得良好的传播效果。而"精准传播"则意味着要把这些国家的价值体系、生活方式、传媒运用状况等考虑到传播之中，开展针对性强的传播，体现"因国而异、因时而异、因事而异"的原则。在"一国一策"背景和精准传播的总体要求下，"边疆传播"为云南开展国际传播提供了新的思路和路径。必须针对"边疆传播"优势、边疆民族议题、边疆日常交往和边疆沟通渠道展开规划与构想，以"边疆传播"的思路与路径，积极加入国家国际传播的大格局中，取得"边疆传播"的特殊效果。

李琳、苏涛《媒介的重新认知与定位——戴维·莫利的媒介探究》（《东南传播》2022年第6期）一文采用思想史的研究方法探讨了英国学者戴维·莫利的媒介观。研究指出，在媒介认知方面，莫利在受到人类学的影响后通过论证媒介的物质性拓展了媒介的内涵，并且逐渐关注媒介"润物细无声"的作用；在媒介定位方面，其思想则经历了将媒介视为背景、前置媒介、认可媒介逻辑三个阶段。莫利近五十年的思想历程，不仅体现个人的媒介认知变化，也投射出英国文化研究的变迁。此外，莫利媒介观的延展对于当下媒介研究具有认知论与方法论上的双重启示。

胡曙光、李玉碧《人工智能时代媒介进化的逻辑演变及发展方向》（《传媒》2022年第17期）一文，结合媒介环境学派的媒介进化理论探索人工智能时代媒介进化的逻辑演进。研究指出，人工智能时代媒介进化在遵循传统媒介进化逻辑的同时，还出现了突发的情境因素开始在媒介进化中扮演越来越重要的角色、文化的复兴会影响媒介进化的方向、媒介进化伴随着魔术化效应等一系列新的变化，而Clubhouse和元宇宙的发展历程所反映出的追求人类感官的重新平衡、追求社会交往本质的回归和追求主体控制权在某种程度上代表着人工智能时代媒介进化的方向，这对人工智能时代传统媒介的发展有突出的引领价值和启示作用。

胡曙光、张心蔚《用户媒介选择的实现机制研究：基于扎根理论的探索性分析》（《全球传媒学刊》2022年第6期）一文指出，电视购物和直播带货彼此具有千丝万缕的联系，外在表现形式也高度雷同，但是二者在智能传播时代的境遇却截然不同。该研究基于对用户的深度访谈，以扎根理论为方法，借助Nvivo软件进行相关分析，试图解答用户面对"平台摇摆"时是哪些主观因素促成了最终的媒介选择、是什么造成了二者不同的发展境遇，在此基础上，通过三级编码建立起了用户媒介选择时的"印象—感受—认知"模型。

甘庆超、毛霞《"新受众研究"之辩：研究取向、关键人物与现实需求》（《兴义民族师范学院学报》2022年第2期）一文归纳新受众的研究取向，以视角的崇高性、方法的革命性、概念的相关性定义"关键人物"的特质；并以特质为条件，将同时代重要学者的受众观作比较分析，呈现戴维·莫利成为新受众研究转向关键人物的具体体现；最后，在新媒介环境下开展受众研究，莫利的受众观同样有着迫切的现实需求。

宋俊锋、李云雯、张名章《从多元视镜到立体棱镜：全媒体环境下的多元立体传播策略分析——以云南象群北迁事件为例》（《昆明理工大学学报（社会科学版）》2022年第3期）一文认为，随着网络与新媒体的发展，技术赋权下的传播主体呈现多元化特征，对外传播过程中突发事件的传播环境正从单一线性到复杂网络进行重大转向。以云南大象北迁事件为例，借助媒体视镜转向模型，就国内外各层级媒体的角色定位，探究对象群进行"可爱"意义赋予后的具体实现方式，对内容采集、汇编策略和运用效果等进行对比研究，分析视觉表征意义下的编码与解码过程。建设以规则引导、机制联动和共情连通相结合的传播策略，为推进国家的全球化表达、意义化表征和立体化呈现提供经验共享与策略补充。

赵婧、林进桃《地方感视阈下县级融媒体参与少数民族文化传播路径探析——以大理州祥云县融媒体为例》（《文化与传播》2022年第3期）一文指出，网络时代的时空观不断消解着人们基于当地生存体验所建构出的地方感，也让少数民族文化传播和非遗保护受到一定冲击。而扎根于当地传统民俗文化中的民族地区传媒，则关联着其传播自身民族文化的使命，其对地域情感的传递与对地方性的文化再生产，均具有重要的社会价值。文章通过对祥云县融媒体参与少数民族文化传播的现状与困局的考察，探讨县级融媒体参与少数民族文化传播的策略，强调县级融媒体要结合本地文化资源优势，通过"再造地方性"及生产富含"地方感"的优质内容，塑造地方形象，更好地传播具有本地特色的少数民族文化，助推民族团结和民族文化构建。

张志慧、王勇《边疆地区政府媒体形象塑造存在的问题及优化对策》（《新闻论坛》2022年第4期）一文认为，边疆民族地区政府形象塑造是提升政府公信力的重要举措。近年来，新媒体得到快速发展，新媒体对边疆民族地区政府形象塑造的作用引起了社会的广泛关注。当前边疆民族地区存在对政府形象塑造重视度低、形式单一、宣传效果差、舆论引导机制不健全、内容以政策宣传为主等问题。边疆民族地区政府应正视当前存在的问题，采取重视议程设置、运用媒体合力、抓住时政热点、以人民为中心的优化对策，提高边疆民族地区政府形象塑造能力。

巴胜超、慈湘《"离线"：基于阿诗玛文化传媒化的传媒人类学本土化概念》（《昆明理工大学学报（社会科学版）》2022年第6期）一文认为，在民族文化传媒化的研究中，民族文化产业化、文本化、数字化等"客位视角"的研究取向，遮蔽了文化持有者的"主位视角"。以文化人类学视角审视民族文化传媒化，在阿诗玛文化的传媒化观察中，相对于"在场""嵌入"，提出"离线"的本土化理论概念。通过对阿诗玛文化传媒化四种类型，即原生口语的传承、与毕摩文化交叠的书写传承、民间文学《阿诗玛》整编中的印刷传承和阿诗玛文化网络化的电子传承的解析，探讨人类媒介变迁、并行共存的时代下存在着多民族文化"纯泛互渗"的交融状态。民族文化在空间维度的不断扩散、时间维度的"非线性"过程和受众维度的不断"陌生化"，是"离线"的文化内涵。

颜灿威、隆青泉《传播、在地与赋权：技术整体情境下非遗传承人与地方社会的互动——基于媒介人类学视角下的田野考察》（《东南传播》2022年第3期）一文指出，媒介化社会语境下，非遗传播发生了较大的变革，原有的传播场域在一定程度上被消解又以某种方式重构，展露出原始语境和数字传播的共生状态，不同文化主体建立了独特的传播实践和表达路径。该文将禄劝彝族苗族自治县非遗代表性传承人与地方社会互动置于技术整体情境和社会结构中考察，指出技术赋权本质上也是一种文化赋权和传播赋权，一种"在地实践"的过程，个体在与文化、技术和社会互动的过程中，不仅实现了与官方权力的对接，完成了从文化资本向商业资本的转化，也提升了个体在地方社会的话语权。

杨国兴《数字化背景下非物质文化遗产影像的适应性传播》（《云南民族大学学报（哲学社会科学版）》2022年第5期）一文指出，随着网络时代的发展，特别是新媒体迅速发展给非物质文化遗产的传承与传播带来新选择，其经济和社会价值进一步凸显出来，但也给非物质文化遗产的发展与传播带来了新挑战。在现有技术支持下，充分利用不同数字化媒介优势，建构多平台传播途径，产生全面覆盖的传播效果，以期"非遗"影像在还原真实性基础上，找到满足受众需要和感知能力的传播模式，使"非遗"影像得到适应性传播，进而助力非物质文化遗产的传承与保护。

尹翊萌《表达·叙事·文化：媒介融合视域下文博传播的多模态话语分析》（《声屏世界》2022年第1期）一文指出，随着媒介融合的深度推动，主流媒体关于文博的传播从原来单向叙事的文字报道，延伸至图文结合、视频直播等融合的复调叙事，形式也以多样化的传播矩阵呈现。文章采用多模态话语分析理论，对多模态话语在表达、内容、语境、文化四重层面的实践进行深入分析，探讨媒介融合视域下文博传播的意义建构范式，理解视觉符号的意义是如何进入文物形象并表达给受众、实现跨时空对话的意义交互的。

李淼《构建澜湄影视文化共同体的路径研究》（《民族艺术研究》2022年第2期）一文认为，近年来，在中国提出构建人类命运共同体的倡议引导下，澜沧江—湄公河流域各国持续推动澜湄影视文化共同体建设，即通过影视合拍、影视精品互译、影视播映平台建设、影视文化交流等方面的深入合作，加强这一区域国家之间的人文交流，促进民心相通，增强中国文化在东南亚周边国家的亲近性与认同感。澜湄影视文化共同体的构建虽然有着深厚的历史文化基础，也有着现实的意义和价值，但当前仍存在许多问题和困难。因此，要使澜湄影视文化真正助力澜湄各国实现"民心相通，命运与共"，需要达成区域合作共识，建立互惠互利的影视产业集群；重点进行与泰国、越南、老挝的合作，从"中路突破、撬动两翼"；同时，打造区域平台，促进影视交流，形成文化共识。

祁志慧、苏睿雯《"一带一路"背景下中国故事在大湄公河次区域的影视传播现状与路径》（《电影评介》2022年第23—24期）一文指出，自2013年"一带一路"倡议正式提出以来，中国"一带一路"的国际传播经历了从塑"强国"形象到讲"好国"故事的重点转向。作为澜湄国家文化合作过程中不可忽视的重要课题，中国故事在大湄公河次区域的传播承载着文化交流互鉴与促进地区可持续发展的重要作用。该文通过研究中国故事在大湄公河次区域的传播情况，梳理并呈现出中国故事在大湄公河次区域的传播路径，以期为"一带一路"视域下中国故事"走出去"提供可借鉴的思路。

颜灿威、隆青泉《作为认知与传播媒介的大学读书会——以云南大学一墨读书会为例》（《出版与印刷》2022年第2期）一文指出，在众多读书会类型中，大学读书会凭借自身所处的特定校园空间，表现出个性化和多样化的文化实践。文章以云南大学一墨读书会为考察个案，梳理其组织架构、运作方式和实际效果，进而从以"读"为媒、以"书"会友、以"会"为连接三个层面分析其媒介功能和传播价值。大学读书会不仅建构了新的校园阅读空间和阅读方式，更作为认知与传播媒介在阅读实践中帮助个体实现自我完善与重塑，构筑新的人际交往和社会关系，增进社会参与和认同。

李荣、李琳《众媒时代下公关危机的新语境与对策研究》（《中国地市报人》2022年第6期）一文指出，众媒时代下，信息可流动的范围与速度比以往任何时刻都要更大、更快。在此语境下，无论是个体、企业还是政府，在面对危机时，传统的公关危机处理方式均已渐渐失去其威力。因此，在新的媒体环境下认识到信息传播的新特征，并且在此基础上掌握新的应对公关危机的策略成为当务之急。文章认为众媒时代下信息传播的特征包括全时性、浅表化、情绪化、碎片化与视觉化。在此基础上，众媒时代下，应对公关危机应做到熟知规律，争分夺秒；坦诚相待，事实为先；联合多方，形成媒体矩阵。

张宁洁、杨星星《卓越公关中双向对等模式的新阐释与发展》（《文山学院学报》2022年第5期）一文认为，卓越公共关系理论的双向对等模式强调对话与共同体意识，在公共关系实践与理论中具有重要价值，并在日常沟通和社会交往中发挥重要作用。数字时代的到来，为公共关系实践与理论发展提供了新的场景与契机，卓越理论和双向对等模式的内涵也不断丰富。文章关注了近十年来双向对等模式的应用发展，并对相关研究成果进行综述，认为企业和政府在数字时代对公关的实践与研究应该以更平衡的视角和更对等的议程来促进数字公关范式的转变。

七、广告学研究

陈静静《美国医疗广告合法化的历史进程及其启示》（《医学与社会》2022 年第 8 期）一文回顾美国医疗广告合法化的历史进程，讨论科学医学早期拒绝医疗广告的伦理立场、竞争策略考量，以及联邦贸易委员会推动医疗广告合法化的动因，并将双方争讼置于行业、文化及社会语境之中予以讨论。文章分析医疗广告争论中的 3 个核心问题，即专业广告的司法之争、医疗广告对医患关系的影响及医疗广告的功利效能。研究表明，医疗广告的合法化进程，不仅受到医学专业化的发展与变迁、医疗市场及整体经济环境、司法与行政干预的综合影响，也与对身体和医疗的普遍社会文化认知息息相关。

豆晨玮《社交平台中推广广告对说服性传播的应用现状研究》（《声屏世界》2022 年第 2 期）一文指出，新媒体的出现为广告传播提供了新的途径。在新型传播方式下，商业广告营销仍在使用说服传播模式，但是，传播者、说服信息、受众本身、传播环境四大环节的内容都发生了变化。文章对这些方面进行了分析。

徐辉辉《大交通概念下云南户外广告品牌传播研究》（《国际公关》2022 年第 2 期）一文指出，从山路弯弯到高速坦途，从蒸汽米轨到高铁动车，从翻越驼峰到飞机翱翔，伴随着云南交通运输发生翻天覆地的变化，云南经济社会也经历了沧桑变化。而依附于交通发展情况的户外广告的品牌传播也随之发生变化，文章旨在梳理云南户外媒体广告的传播历程，并分析在提出"云品出滇"、"三张牌"以及大交通的战略和概念下，云南户外媒体广告品牌应如何抓住机遇实现有效传播。

(执笔：肖青　李宇峰)

图书馆学、情报学、档案学与文献学

王骥云撰写的《浅论突发事件的档案收集工作——以亚洲象北移事件为例》(《云南档案》2022年第6期)一文指出，因突发事件本身的突发性、不可预测性等特点，其档案管理也具有特点，对突发事件档案管理进行必要的研究，采取有效的对策，对突发事件档案科学管理，确保档案完整、安全与有效利用，能够促进管理质量和效能的提升，更好地服务和推进国家治理体系和治理能力现代化。

王继伟撰写的《全文数字化背景下档案原件封存实践与探索——以云南省档案馆为例》(《云南档案》2022年第5期)一文指出，档案原件封存是近几年档案数字化工作结束后随之而来的一项新业务，是基于档案数字化处理后在对外提供利用档案扫描件或缩微件的情况下，对档案原件以标准恒温恒湿档案库房专门保管的一种特殊保护措施，能有效保护档案原件，对档案原件"延年益寿"起到重要作用。

谭玉婷撰写的《"中华民族历史观"视阈下的傣族档案传承路径构建及时代价值》(《云南档案》2022年第5期)一文，通过介绍傣族档案的内容类型，梳理多元传承保护路径与模式建构，从四个维度阐释档案文化的时代价值。

杨敏仙撰写的《古籍修复技艺的传承和发展研究——以云南省图书馆为例》(《云南档案》2022年第5期)一文指出，传统古籍修复技艺历史悠久，烙刻着民族的印记，古籍修复技艺的传承与发展对民族文化的保护起到了积极的作用。该文以云南省的古籍修复技艺的传承和发展为例，探讨古籍修复技艺的传承与发展的新途径。

郭婷婷等撰写的《全球生物多样性领域数字技术应用趋势与发展建议》(《湖南生态科学学报》2022年第4期)一文致力于探究生物多样性研究领域中数字技术发展进程及数字技术应用热点演变规律，运用文献计量学可视化研究工具CiteSpace对从Web of Science获得的相关数据进行主题词共现、聚类、时区图等分析，梳理出在生物多样性研究领域，数字技术的应用研究呈现出从生态及生物信息数据的数字化建档，逐步发展为生境分析模型与预测模型建立及以对生物多样性智能决策数字技术研究的发展趋势，并提出相应的数字技术应用发展建议，为生物多样性领域的数字化赋能创新发展提出启示及建议。

李朝东等撰写的《珍贵气象档案专题资源建设研究初探》(《兰台内外》2022年第29期)一文以云南省气象档案馆珍贵档案为研究对象，对气象业务中产生的珍贵档案信息资源进行异构分布式整合，形成不同形式的编研成果并加以传播利用，全面、完整、准确地构建和传承气象科技、人文和历史记忆，最大限度地开发气象档案资源的利用价值，更好地满足行业用户和社会用户的利用需求。同时，为规范全国珍贵气象专题档案资源库建设提供相关标准。

王薇撰写的《新时期国有企业人事档案管理工作》(《现代企业文化》2022年第27期)一文从企业人事档案的重要性着手，分析了国有企业人事档案工作普遍存在的问题，结合人事档案管理原则要求，提出了解决突出问题的措施及新时期应实现的目标。

谈林青撰写的《企业电子档案管理与利用的几点思考》(《办公室业务》2022年第17期)一文指出，在档案数字化背景下，企业电子档案管理存在制度缺陷、企业信息化管理程度不高、管理人员意识不强、电子档案安全隐患、电子档案"重藏轻用"等问题。

郑敏撰写的《医院档案规范化管理策略研究》(《黑龙江档案》2022年第4期)一文对医院档

案规范化管理的内涵、作用及原则进行细致阐述，并围绕医院档案规范化管理现存问题，尝试从更新思想观念、完善规章制度、提高信息化水平、档案开发利用和提高人员素质等五方面入手，提出档案规范化管理策略，以供参考。

李蓉、田波撰写的《浅谈云南某医院科研伦理档案管理工作现状与改进措施》（《兰台内外》2022年第24期）一文以云南某医院科研伦理档案管理工作为视角，通过对审查工作中存在的问题进行分析，提议建立健全医学伦理审查委员会档案材料的管理制度，将医学伦理档案纳入医院的综合档案管理部门进行统一管理，采用信息管理手段对伦理档案进行整理、立卷、归档存放和规范化管理。

蔡云、杨亚辉撰写的《基于蓝光存储技术的气象电子档案长期存储系统的研究与实现》（《云南档案》2022年第4期）一文提出了以蓝光存储为核心、以磁盘存储为辅助的气象电子档案自动化归档及长期安全存储解决方案，以实现气象电子档案的自动归档、长期存储、科学管理和高效利用。

杨林芬、施娅妮撰写的《云南省高校图书馆馆藏古籍管理与研究现状分析及对策》（《文化产业》2022年第20期）一文对云南省高校图书馆馆藏古籍管理及研究现状进行调研，提出对策建议，认为应将高校馆藏古籍整理、发掘工作提升到传承中华民族文化、培育和发展中华民族共同体意识的高度，从思想认识转变、管理体制机制完善、古籍管理人才培养、经费支持保障等方面入手，突破瓶颈，改变现状，助推云南省高校图书馆古籍工作新发展。

李燕英撰写的《西部民族地区图书馆智慧服务对策探析》（《河南图书馆学刊》2022年第6期）一文指出，智慧服务是西部民族地区图书馆高质量发展的必然要求，也是充分满足西部民族地区各族群众文化需求的必然要求。智慧化转型背景下西部民族地区图书馆在空间建设、资源整合、技术支撑、人员转型等方面面临现实困境，必须通过统筹规划设计、升级服务空间、拓展服务深度、拓宽服务广度、数智赋能等一系列措施有效提升其服务效能。

钟楚宇撰写的《古籍修复档案在彝文古籍保护中的应用探究》（《文化创新比较研究》2022年第17期）一文从古籍修复档案的实用价值出发，对完善好、利用好古籍修复档案能够发挥的历史、文化、科研价值进行探究。

李燕英撰写的《新时代党校图书馆智慧服务发展对策》（《图书馆学刊》2022年第5期）一文指出，要构建以学员为中心的智慧服务体系、加快开发特色资源数据库、线上线下融合服务、改善馆舍空间布局、拓展智慧馆员人才引进培养，以实现党性教育与理论教育智慧化。

向前撰写的《司法鉴定档案管理工作探析》（《兰台内外》2022年第13期）一文认为，司法体制改革对司法鉴定以及档案管理工作提出了更高要求，要针对工作中的难点，完善档案管理，进一步提升司法鉴定业务水平，才能更好地适应和满足改革的需求。

王扬轩、李仲良撰写的《文创开发视角下图书馆剧本杀开发研究》（《四川图书馆学报》2022年第6期）一文基于文化创意产品开发的角度，论述剧本杀与图书馆文创产品的联系，并结合文创开发已有的经验，分析图书馆剧本杀项目开发可取的模式、种类及应注意的问题。

黄洛锋、陈艳芳、孔云撰写的《高质量做好新时代古籍文献整理出版工作的思考》（《出版广角》2022年第23期）一文以党的二十大精神为指引，结合近年来我国古籍文献整理出版领域的相关政策规划，就高质量做好新时代古籍文献整理出版工作所面临的主要问题进行深入分析，同时针对性提出科学建议，以期为推进新时代古籍文献整理出版事业繁荣发展提供有益启示，让古籍文献"活起来"，为建设社会主义现代化文化强国提供理论启示和实践指引。

杜禹撰写的《国内图书馆史研究综述》（《福建图书馆学刊》2022年第4期）一文以CNKI期刊数据库中有关图书馆史的文献为研究对象，从不同研究视角对国外图书馆史、中国图书馆史、高校图书馆史及图书馆史研究法等研究文献分别展开综述。通过梳理相关成果，探讨不同类型图书馆史的研究在图书馆学发展中的作用与意义,清晰地认知图书馆发展历史,把握图书馆未来的发展方向。

杨霞撰写的《认识档案生态安全 构建安全生态机制——评〈我国档案生态安全应急管理机制研究〉》(《云南大学学报(社会科学版)》2022年第5期)一文指出,河北大学张艳欣教授著的《我国档案生态安全应急管理机制研究》由人民出版社于2021年4月出版,该书将生态学理论引入档案安全保护研究之中,以生态学理论为指导,借鉴生态安全理论与方法,探究档案生态系统的整体、系统、长久的安全问题。该书作为档案管理学的专著,从档案生态安全角度探讨应急管理机制建设问题,对我国当前档案安全管理工作具体开展有重要借鉴意义,在业界引起关注。该书在理论借鉴上合情合理,在模型的推导上严丝合缝,构建的档案生态安全应急管理能力评价体系在现实工作中具有很强的实践性。

田凯琳、岳昆撰写的《基于读者决策采购的高校图书馆纸质图书资源建设实证分析——以西南林业大学为例》(《科技视界》2022年第19期)一文在分析了新时期高校图书馆纸质图书资源建设原则和策略的基础上,以西南林业大学为例,在其传统的图书采访模式上引入了读者决策采购(PDA模式),并将2021年纸质图书需求与采访数据进行对比,通过分析数据来调整图书资源建设策略,力争做到用需求推动采访,充分发挥图书馆文献信息中心的保障作用。

华林、谭雨琦、冯安仪撰写的《南洋华侨机工档案文献特色数据库开发研究》(《山西档案》2022年第3期)一文阐述南侨机工档案文献特色数据库开发在保护抢救南侨机工文献、增强华人华侨国家认同、助力爱国主义教育等方面的意义,简述现阶段南侨机工档案特色数据库开发的进展,分析特色数据库开发在文献资源分散、数据库完整构建、标准规范统一性等方面存在的滞后问题,以此为依据提出针对南侨机工档案文献特色数据库的构建与开发对策。

(执笔:金美丽)

教育学

2022年云南省"教育学"研究成果视角聚焦当前教育改革与发展多个方面。研究内容紧贴教育学科发展的前沿和热点问题，研究方法包纳思辨、理论研究和各类实证研究方法体系。总体上在教育理论研究、家庭教育研究等十四个领域"多点开花"，且呈现出基础研究和应用研究并重的趋势。

2022年云南省教育学研究，从成果主题内容来看与国家教育政策紧密相连，与云南省的实际情况与自身教育定位息息相关，在高等教育、基础教育以及职业教育研究领域成果较为突出；从作者和发表刊物来看，多数作者均为省内该领域的权威学者，发表期刊中核心期刊占比较大且成果大多获各类项目基金支持资助。相关成果为云南省的教育发展提供了较为适应的理论依据和实践指导，为教育事业有效推进做出了学术研究应有的贡献。

一、教育理论研究

2022年，云南省教育理论研究成果主要集中在民族教育、道德教育、教育基本理论方面。

王富美、白靖群在《新时代多民族地区民族团结进步教育理论与实践研究——以云南为例》（《2022年第五届智慧教育与人工智能发展国际学术会议论义集》，2022年）一义中，在梳理民族团结进步教育理论与政策的基础之上，分析民族团结进步教育在云南的具体实践，总结云南民族团结进步教育的基本经验，为多民族地区开展民族团结进步教育工作提供经验借鉴。朱碧波在《铸牢中华民族共同体意识的概念探微与学理阐释》（《湖北民族大学学报（哲学社会科学版）》2022年第5期）一文中明确指出铸牢中华民族共同体意识的概念解读，理应立足"铸牢""中华民族""共同体""意识"的语词组合而展开探幽发微。王景在《论"立德树人"教育根本任务目的观的教育原理性》（《学术探索》2022年第11期）一义中从马克思主义原理的角度阐释"立德树人"教育根本任务目的观的学理逻辑，并分析出"立德树人"教育根本任务目的观与马克思主义的"以人为本""对立统一""存在与意识关系"三大逻辑关系。

综上，2022年云南省在教育理论研究方面与国家政策紧密相连，从不同角度探讨"民族团结教育""铸牢中华民族共同体意识教育"等问题，同时深入诠释了"立德树人"的根本逻辑。

二、家庭教育研究

2022年，云南省家庭教育研究主要围绕家校共育、留守儿童教育等热点问题展开。其中家校共育成为2022年领域内最为关注的问题。

杨婷在《家校共育视角下的中职教育》（《广东职业技术教育与研究》2022年第1期）一文中指出家庭教育和学校教育是学生成长路上最重要的教育，二者缺一不可，并从中职学生的家庭教育和学校教育的重要性出发，分析当前中职学生家庭教育和学校教育的现状，提出通过提高家庭教育意识，提升学校教学质量，实现家校共育的策略，以期更好地促进中职教育和中职学生的发展。姚和万在《班主任对农村留守儿童家庭教育的方法指导》（《教育理论与实践科研学术研究论坛论文集》，2022年）一文中指出由于缺少父母的陪伴和家庭教育，农村留守儿童的教育问题一直是教育部关注的重点问题。此外，他对农村留守儿童的家庭教育进行了探讨，并在网络时代背景下，对新时期农村留守儿童家庭教育的发展提出了方法指导。熊云飚、李斌在《父母认知能力和家庭资产结构对子女教育支出与教育期望的影响——基于中国家庭追踪调查数据的实证分析》

(《成都师范学院学报》2022年第10期)一文中运用中国家庭追踪调查数据，研究了父母认知能力和家庭资产结构对子女教育支出与教育期望的影响。其结果显示：父母认知能力有助于提高他们对子女的教育支出和教育期望。

综上，随着《家庭教育促进法》的出台，云南省2022年家庭教育研究方面较为关注家庭如何影响和促进学生发展，并就其进行了理论分析和实践探索。

三、成人继续教育研究

2022年，云南省成人继续教育研究主要围绕继续教育政策、现实需求、继续教育功能及其治理等几个方面展开，主要关注成人教育发展的回顾梳理和现存问题解决研究。

杨钰婷、赵枝琳在《我国高等学历继续教育政策回顾与思考——基于1987—2022年〈教育部工作要点〉》(《江苏工程职业技术学院学报》2022年第3期)一文中收集了1987—2022年教育部发布的《教育部工作要点》，并提取其中有关高等学历继续教育的政策文本为研究对象。文章提出对策建议：弥补政策缺位，平衡政策结构；坚持立德树人，回归育人本质；加强政策执行，关注政策实效。钟欣欣在《我国高等继续教育的市场供求与可持续发展》(《湖北成人教育学院学报》2022年第1期)一文中指出我国高等继续教育在匹配供给结构与市场需求、保证供给质量与效益等方面存在一定的问题。为促进高等继续教育的可持续发展，我国应从"满足市场"和"提升质量"等角度准确定位和保障发展。李晓柔在《区块链驱动的高等学历继续教育治理模型研究》(《成人教育》2022年第7期)一文中强调目前在高等学历继续教育治理中还存在"入口关"规范不足、"过程关"监督薄弱、"出口关"把关不严、部门"联动关"协同乏力的痛点问题，并建构了治理模型。王世雅在《风险社会中继续教育功能分析》(《继续教育研究》2022年第9期)一文中指出，在充满不确定性的现代风险社会，继续教育应充分发挥自身个体功能和社会功能，通过提升人的知识与能力为社会经济发展注入持续动力，通过信仰教育和公民教育来维护社会的和谐稳定。邓春宁在《云端成人高等教育教学：现实困境与实现路径》(《继续教育研究》2022年第3期)一文中指出在"互联网+"背景下，坚持人的培养，从规范、质量、效益等维度，推动大数据与成人高等教育教学的深度融合，探索并构建适用于成人教育学员的新课程体系和网络学习平台，是推动云端成人高等教育教学从理想走向现实的重要设想和现实路径。

综上，2022年云南成人继续教育研究从横向纵向两个维度分析当前的成人继续教育的发展、功能、困境及治理，为现代化中成人继续教育的有效开展提供了理论补充与实践回应。

四、教育史研究

2022年，云南教育史研究数量上有所减少，研究问题主要集中于教育理论发展与开放教育发展的历史探究。

范根平、王玲玲在《改革开放40年来我国教育公平内涵的演变与发展》(《昆明理工大学学报（社会科学版）》2022年第1期)一文中梳理了改革开放40年来，我国教育公平内涵由强调教育权利平等到教育机会平等，从而到教育资源合理配置，进而至追求公平而有质量教育的变化过程，并指出未来教育公平的内涵指向实质性公平及学生个性发展方面。徐潇涵等在《建党百年我国开放大学发展的政策演变与趋势分析》(《西北成人教育学院学报》2022年第1期)一文中分析我国开放大学发展不同阶段的政策演变，指出坚持按社会需求办学是开放大学发展的基本主线、政府理性抉择是开放大学发展的稳定剂、开放性特质是开放大学繁荣的内生力，并提出了未来发展"开放""补偿""融通"三重特性。

综上，2022年云南教育史研究较为关注教育公平内涵、开放教育的历史发展线索梳理、对未来发展趋势的预判。

五、思想政治教育研究

2022年，云南省思想政治教育的研究成果较为丰硕，主要集中在中华民族共同体意识研究、高校课程思政研究方面。

罗正鹏、杨柄在《新时代民族院校铸牢中华民族共同体意识路径探析——基于人才培养视角》（《民族教育研究》2022年第4期）一文中指出：新时代民族院校人才培养要通过增进"五个认同"意识，打造人才培养"两支队伍"；深化民族团结进步教育，注重专业培养与政治教育有机结合；创新思政教育模式，优化铸牢中华民族共同体意识教育方式等路径，为铸牢各民族大学生中华民族共同体意识提供长效支持。曹能秀、马妮萝在《中华民族共同体意识培养融入学校教育研究》（《云南师范大学学报（哲学社会科学版）》2022年第1期）一文中认为中华民族共同体意识培养融入学校教育，是促进国家安全和社会发展的必然选择，是推进中华民族共同体意识教育和深化爱国主义教育的必然走向。刘凝、陈静琳在《中学生中华民族共同体意识教育的实施路径》（《基础教育研究》2022年第17期）一文中指出中学生中华民族共同体意识教育的落实，需要充分发挥学校课程的育人价值，以学科教学和多学科交融的方式开展一系列教育教学活动，具体包括分科课程和综合课程两大路径。此外，对于思政教育的应用型研究还涉及对思政教育课程研究的探索。李琼等在《新工科背景下中华优秀传统文化融入课程思政教育的探索》（《科教文化》2022年第22期）一文中，在对高校工程类专业课程渗透中华优秀传统文化的意义进行分析的基础上，探讨了高校工科专业中有机渗透中华优秀传统文化的策略。陈欣、王秀成在《思想政治教育"生命线"的三重逻辑》（《中学政治教学参考》2022年第24期）一文中指出思想政治教育"生命线"，有着科学的理论基础、丰富的历史经验和现实的发展需求，是中国共产党在探索中取得的重要成果，也是马克思主义在中国得以传播、发展的内在动力。

综上，2022年云南省思想政治教育研究数量多，较为关注思政教育的内在动力研究、中华民族共同体意识教育以及高校理工科课程思政实践。

六、比较教育研究

2022年，云南省比较教育研究着眼于教材比较、课标比较以及学科教材的区域比较。

杨佳丽、刘冰楠在《我国内地与香港高中数学教科书"三角函数"内容的比较》（《内蒙古师范大学学报（教育科学版）》2022年第1期）一文中从内容深度和广度、内容设置等方面对两版教科书进行比较研究，进而对"三角函数"的编写提出了建议：注重数学与生活及学科间的联系，重视数学知识的形成过程；改进数学知识的呈现方式，加强信息技术与数学课程的整合。吉欢、吴骏在《中国和新加坡小学数学教科书"统计与概率"例习题难度比较》（《内蒙古师范大学学报（教育科学版）》2022年第1期）一文中以中国人教版与新加坡TM版小学数学教科书中的"统计与概率"例习题为研究对象，从例习题的背景、数学认知、运算、推理、知识综合五个因素进行比较研究。吉学娇、张縆在《2011年版与2022年版义务教育生物学课程标准之比较研究》（《教育科学论坛》2022年第31期）一文中研究对比我国新旧两版义务教育课标的异同，并提出了具体使用方法。对于一线教育工作者准确把握新旧课程标准的变化，有重要的指导意义。崔永宏、王仲、马绍文在《人教A版新旧教材关于"解三角形"的对比研究》[《中学数学研究》2022年第1期（下）]一文中以"解三角形"为研究对象，从结构、内容、例题几方面对新旧教材进行对比分析，结合新课标要求提出相关教学建议。

综上，2022年云南省比较教育研究更倾向于在基础教育课程、课标、教材等方面进行对比，从而回应我国基础教育新课程方案、课标及教材的改革与实践。

七、教育心理学研究

2022年，云南省教育心理学研究在学生心理健康，学生心理发展的个性、社会因素方面进行深入探讨，产出了若干高质量成果。

李茜、张国华在《心理资本对家庭累积风险与大学生心理健康关系的双重机制》（《中国健康心理学杂志》2022年第9期）一文中指出，家庭环境的改善和心理资本的培育是提高大学生心理健康水平的有效途径，并且在改善生活满意度和抑郁/焦虑过程中，心理资本对生活满意度有补偿作用，对抑郁/焦虑有调节作用。朱阳莉、陶云在《大学生付出—回报失衡与积极心理资本的关系：社会支持的中介作用》（《华南师范大学学报（自然科学版）》2022年第2期）一文中基于付出—回报失衡模型，探讨社会支持在付出—回报失衡与积极心理资本之间的中介作用及此作用在不同生源地类型群体中的差异性。浦昆华、尹可丽在《中华民族认同对少数民族青少年学校适应的影响：亲社会倾向的中介作用》（《民族论坛》2022年第2期）一文中指出，可以通过塑造亲社会行为、增强中华民族认同来改善少数民族青少年的学校适应水平，对铸牢中华民族共同体意识、培育和践行社会主义核心价值观、促进少数民族青少年健康成长具有实践意义。吴晓菲在《小学高年级学生学业情绪与学业成绩的关系》（《心理月刊》2022年第14期）一文中解析了小学高年级学生学业情绪与其学业成绩的关系，进而指出教育工作者在教学实施过程中要多关注女生的学业情绪状态。金璐在《性别对中学生内隐外显自我价值感的影响》（《校园心理》2022年第5期）一文中探讨中学生性别对外显自我价值感和内隐自我价值感的影响以及内隐自我价值感与外显自我价值感的关系，认为女性内隐自我价值感明显高于男性，中学生的内隐、外显自我价值感彼此独立。杨洁等在《心理育人视角下高校心理情景剧的创新模式研究与应用》（《心理月刊》2022年第14期）一文中指出，在心理育人视角下，应探索更具创新性和实效性的校园心理情景剧发展模式，并将其应用于学校心理健康教育课程建设、专题活动、团体辅导、主题班会以及思想政治教育中。陈振亚等在《心理情景剧应用于中小学心理健康教育的特色、功能与建议》（《中小学心理健康教育》2022年第13期）一文中对中小学心理情景剧的特点、功能和实践进行分析，以使心理情景剧在中小学心理健康教育中发挥的作用更加完备，更加立体化和深入化。

综上，2022年云南省教育心理学研究探讨了中小学学生心理特征对学业成长、自身价值等方面的关系，并提供了多维度的解决方案。

八、教育管理研究

2022年云南省教育管理研究涉及区域教育管理、高校治理、薄弱学校改造等，集中于关注学校办学机制与教育治理、教育工作者的专业素养与培育等方面。

李孝川、李劲松在《云南边境地区教育治理现代化的现实困境和变革路径》（《学术探索》2022年第1期）一文指出，应通过培育边境地区教育管理者的现代化教育治理理念、以政府为主导明确各治理主体的权责关系、提升边境教育管理者的现代化治理能力、强化边境沿线学校的自主办学能力、构建多方参与的现代化治理平台等方式来建构合理的教育现代化治理体系。任祥在《大学联合办学的内生机制及其运行维度分析——基于国立西南联合大学的样本考察》（《云南师范大学学报（哲学社会科学版）》2022年第6期）一文中指出，西南联大通过爱国理念、文化传承、科学治理、资源整合、学术涵养等结构性要素的激发与聚合等联合办学内生机制的适应调整、优化整合与有效运行，进一步密切了各要素相互关联且彼此限定的内在逻辑联系，进而推动了联合办学走向深入。文章认为其样本考察对于推进当前高等教育内涵式发展有着重要的理论及现实意义。雷雅雯、姜元涛在《乡村学校小班化教学现状及优化》（《教学与管理》2022年第30期）一文中指出，通过更新教育观念、提升教师素养、提供相关支持、助力教师实践，开展主题培训、补足实施短板，重视时间管理、保障研究自主等路径，可以不断优化乡村小规模班级小班化教学现状。陈婉瑜、田静在《薄弱学校改造的后发优势：确认与利用》（《当代教育论坛》2022年第3期）一文中从后发优势理论视角出发，强调农村地区薄弱学校改造可依托的"落后优势"，考察其潜在的后发优势，从农村学生心理韧性的中介缓冲作用、新农村建设背景下提供的发展契机以及教育信息化2.0时代下城乡帮扶网校的建设等方面入手，为农村地区薄弱学校改造提供可能的建议与参考。鲁艺、陈瑶、杨超的《基于OBE理念的教师教育人才培养研究》（《学术探索》2022年第12期）一文，在产出导向教育（OBE）理念的指导下，对在读师范生、中小学校相关负责人以及从事教学工作的中小学一线教师进行了深入调研,发现教师教育人才培养依旧存在"学科本位""知识导向""教师中心""重理论轻实践"的倾向,并提出了解决策略。秦善鹏、于源溟在《学前教育师资核心素养及其职前职后一体化培养》(《继续教育研究》2022年第12期)一文中提出通过"优化课程体系,实现产学研结合""营造核心素养发展氛围,构建多维教育体系"等方式提升学前教育师资队伍水平,促进教师团队核心素养提升等有效策略,为推动学前教育事业的长远发展建言献策。郑勤红、浦丽娟在《基于元分析的中小学校长胜任力模型研究》(《宁波大学学报(教育科学版)》2022年第6期)一文中综合分析国内外理论和实证研究成果,对中小学校长胜任力卓越模型、基准模型、通用模型的相关概念、内涵、构建方法进行辨析。

综上,2022年云南教育管理研究探讨了师资队伍建设、校长胜任力、内部结构治理、班级管理等方面的内容,并提出了建设性的实践提升措施。

九、高等教育研究

2022年云南省高等教育研究成果丰硕,主要体现在高等教育高质量发展、人才培养、课程教学改革、管理政策变革研究方面。

董云川、向芝洁、蔡宗模在《西部高等教育全面振兴的"自强"之道与"助力"之策——第四届西部高教论坛综述》(《重庆高教研究》2022年第1期)一文中指出,第四届西部高等教育论坛以"提升西部高等教育水平,促进西部经济社会发展"为主旨,探讨西部高等教育的"自强"之道与"助力"之策。从西部高等教育"振而不兴"的困境出发,从政府、高校和价值层面对问题进行深入分析与反思并提出对策建议。刘徐湘在《强干预:西部高等教育发展的策略选择》(《重庆高教研究》2022年第1期)一文中指出,为实现新时期缩小东西部高等教育之间差距的目标,中央政府应加大"强干预"的主导作用,西部地方政府要做好"强干预"的辅助工作,西部地方高校需要配合中央与地方政府的"强干预"对策,落实"强干预"的具体工作,以实现西部高等教育高质量发展。陈正权的《中国式现代化背景下西部高校高质量发展路向》(《国家教育行政学院学报》2022年第12期)一文从中国式现代化背景出发,提出了中国式现代化进程中西部高校高质量发展的路径转向的构想与实现策略。肖京林、肖聪在《人才聚集:西部高等教育全面振兴的战略选择》(《黑龙江高教研究》2022年第8期)一文中指出,为破解西部高等教育人才聚集的困局,西部地区应更新人才聚集理念、完善人才治理机制、优化人才发展环境以及建立人才信息服务平台,从而为西部高等教育高质量发展奠定人才基础。田里、刘亮的《新文科背景下旅游高等教育课程体系构建》(《旅游学刊》2022年第8期)一文基于中国新文科建设三大时代诉求,指出旅游管理学科需要积极推动高等教育深化发展,以课程体系改革为方向,通过优化课程内容、应用现代技术、搭建实践平台等途径,全面提高人才培养质量。李波、马了红在《OBE理念下科研素养培育的实践课程教学探究——以〈科研规范训练〉课程"项目式"教学为例》(《贵州师范学院学报》2022年第5期)一文中以成果导向教育(OBE)为理念,以目前各大高校开设的科研规范训练实践课程为例,探索将科研素养培育融入模块化教学内容,开展"项目式"教学活动设计,同时建立多元化综合评价体系进行学习效果评价,以强化学生知识点学习与科研实践。段淑芬、杨红娟、王一涛在《民办高校分类管理政策执行制约因素及其破解路径——基于政策执行综合模型的分析》(《高教探索》2022年第2期)一文中结合我国民办高校分类管理改革实际,从多维度构造民办高校分类管理政策执行综合模型,提出需进一步加强政策宣传和引导、建立部门联动机制等路径破解政策执行制约因素,以推动民办高校分类管理改革。

综上,2022年云南高等教育研究在西部高校办学质量提升战略、高校教学评价改革、民办高校教育治理等方面进行了逻辑梳理和实践构想,为云南省高等教育改革提供了学理依据。

十、基础教育研究

2022年云南省基础教育研究主要集中在基础教育政策、中小学教师专业发展、中小学校长领导力与胜任力等方面。

浦昆华、褚远辉、尹可丽在《我国基础教育控辍保学政策的发展历程、经验与意义》(《教育科学研究》2022年第4期)一文中总结了控辍保学政策的重要作用，认为应该从渐进决策理论视角总结其历史经验，该政策具有为我国未来全面普及高中教育提供保障、为世界控辍行动贡献中国智慧和方案的价值意蕴。董云川、李芬在《基础教育"减负"的逻辑困境》(《云南师范大学学报(哲学社会科学版)》2022年第1期)一文中指出优绩主义的盛行、低龄化的竞争以及过早的教育选拔致使中国基础教育系统及其相关众生陷入"内卷"，进一步的教育改革需要调整重心，修正逻辑澄明教育生长与成长的方向，反省基础教育人才选拔的问题，探求缓解师生及学校负担的合理途径继而回归教育启蒙的根本目的。李华、李琳、沈瑞琪在《双减背景下中学地理作业设计的路径》(《地理教学》2022年第12期)一文中基于"双减"背景，从高质量设计作业的角度出发，探寻中学地理作业创新设计的七大路径，力图通过作业的减负、增效、提质，实现作业的育才育人功能。王秀成、罗正鹏、张茂聪在《民族地区中小学创客教育师资保障路径探析》(《学术探索》2022年第3期)一文中指出高质量开展创客教育关键在师资，需要高度重视中小学创客教师保障，尤其是要做好民族地区中小学创客教育师资保障工作，补齐短板。应立足民族地区实际，重视多措并举，积极应对民族地区中小学创客教育师资保障困境。吕赛鸫、潘玉君、罗明东在《城市群视角下云南义务教育师资空间格局特征研究》(《云南师范大学学报(哲学社会科学版)》2022年第2期)一文中指出，从城市群视角研究义务教育师资的空间格局特征，能不断优化义务教育师资配置，对促进区域义务教育师资均衡和协调发展发挥重要作用。文章以具有"山区、边疆、民族"特点的云南为例，应用空间自相关分析方法，研究2015—2019年义务教育师资空间格局特征。笱崇敏、李劲松、杨舒涵在《角色压力对校长职业倦怠的影响：正念的中介作用》(《中国健康心理学杂志》2022年第4期)一文中探讨角色压力对校长职业倦怠水平的影响，以及正念的中介作用，对393名中小学校长进行问卷调查，发现角色压力不仅能直接影响校长的职业倦怠水平，还能通过中介变量正念影响校长的职业倦怠。陈瑶、黄倩、殷守福在《民族地区中小学校长教育领导力：理论框架及其实践表征》(《唐山师范学院学报》2022年第4期)一文中尝试结合云南民族地区中小学校长的实践，采用德尔菲专家访谈、个案研究等多种方法，探讨云南民族地区校长教育领导力的适切性理论框架及实践表现性特征。

综上，云南基础教育研究围绕"控辍保学""双减""双创""师资"等教育热点问题在历史发展、底层逻辑、涉及操作等方面进行了诠释，提出实际问题针对性的解决方案。

十一、职业教育研究

2022年云南省职业教育研究，主要集中在职业教育政策研究、职业教育高质量发展研究两方面。

沈娟、王坤在《我国职业教育产教融合政策价值取向研究》(《江苏工程职业技术学院学报》2022年第1期)一文中通过梳理产教融合相关政策发现，政策价值取向呈现工具理性和价值理性相对立，并指出整体性治理理论或可调和工具理性和价值理性间的紧张关系。付甜甜、王坤在《我国职业教育产教融合政策研究——基于政策工具理论的文本量化分析》(《当代职业教育》2022年第3期)一文中指出未来职业教育产教融合政策的制定需基于政策目标合理分配政策工具，调整职能拓展性工具内在结构并加强政府部门之间的协同决策能力，提高政策影响力。连会斌、谭广兴、徐潇涵在《农村职业教育赋能乡村振兴：政策梳理、学理逻辑及实践路径》(《成人教育》2022年第12期)一文中指出，破解农村职业教育赋能乡村振兴的制约难题需要推进城乡职业教育一体化发展，坚定教育赋能乡村振兴信心；构建乡村振兴赋能"协同链"。沈娟、王坤在《基于PMC指数模型的农村职业教育政策评价及其优化》(《当代职业教育》2022年第4期)一文中通过文本挖掘方法分析了近十年国家颁布实施的30项与农村职业教育相关的政策，建立了基于

PMC 指数模型的农村职业教育政策评价指标体系，研究发现农村职业教育政策存在的不足，提出相关优化策略与建议。毛艳、常玲玲在《改革开放以来我国民族中等职业教育政策回顾与展望——基于 NVivo12 的文本分析》（《成人教育》2022 年第 1 期）一文中指出，在推动民族中等职业教育"质""量"提升的过程中，民族中等职业教育政策需要秉承多元和谐的政策价值取向、彰显特色与普适共融的政策理念，为新时期民族中等职业教育高质量发展奠定坚实的政策基础。常玲玲、毛艳在《我国民族地区职业教育扶贫政策变迁的制度逻辑——基于历史制度主义的分析》（《中国职业技术教育》2022 年第 9 期）一文中指出，研究发展民族职业教育扶贫政策体现了路径依赖与关键节点并存的逻辑特征，强调在巩固拓展脱贫攻坚成果与乡村振兴衔接融通的新时期，推进基本公共教育服务均等化，加强民族贫困地区劳动教育，是民族职业教育扶贫政策在后脱贫时代的可行治理取向。王坤在《增强职业教育适应性的着力点》（《教育发展研究》2022 年第 1 期）一文中指出增强职业教育的"四个适应"可从多方面进行发力：优化职业教育的类型定位；加快构建高质量、多层次、可贯通的全民终身型职业教育体系；创新产教融合、校企合作的办学机制；等等。王坤、魏澜在《职业院校企业兼职教师胜任力模型研究》（《职业技术教育》2022 年第 21 期）一文中构建出 8 个维度以及各维度下 23 项胜任力要素组成的职业院校企业兼职教师胜任力模型，以期为职业院校企业兼职教师的选拔任用、教育培训和考核管理等提供依据。黄丹、张睦楚在《"双高计划"背景下高职院校高水平专业群建设：特色定位、组建逻辑与构建路径》（《职业与教育》2022 年第 24 期）一文中指出随着国家对高水平专业群建设的重视程度不断提高，高水平专业群建设必须构建切实可行的路径，重点应从理论路径、实践路径以及保障路径三方面推进。连会斌在《项群理论视域下高职院校课程思政建设探析》（《职业技术教育》2022 年第 11 期）一文中以当前高职院校常开设的专业类别为例，依据项群理论，尝试归纳、总结不同专业大类之间所具备的思政元素，据此构建了高职院校课程思政建设工作的实践框架，并提出相应的推进路径。

综上，2022 年云南职业教育研究倾向于关注民族地区、农村地区职业教育政策，职业教育产教融合政策，对职业教育政策价值取向、职业教育学理逻辑、实践路径等进行探讨，并对职业教育的适应性的着力点、职业院校高质量发展等问题进行深入阐析。

十二、特殊教育研究

2022 年云南省特殊教育研究主要集中于特殊教育制度和体系研究、特殊教育课程改革、特殊儿童干预、特殊教育资源建设研究几个方面。

覃彤、茅锐在《日本岛根县特别支援教育制度的实施及其启示》（《宁波教育学院学报》2022 年第 1 期）一文中以日本特别支援教育制度的实施为个案，在借鉴经验的基础上指出，我国应完善特殊教育支持体系，加强特殊教育校际合作网络建设，提高特殊教育"医教结合"水平。杨屿航、向垚梅娇在《特殊教育示范学校评估指标体系研究——基于 NVivo12 的政策文本分析》（《安顺学院学报》2022 年第 4 期）一文中对 9 个省、自治区和直辖市的特殊教育示范学校评估指标进行编码和分析后认为，为了更好地实现指标体系的引领作用，有必要对指标体系加以完善，各地区要坚持理论的指导，因地制宜地构建评估指标体系，提升评估的有效性；增加多元评价主体，提高评价方式的灵活性；加强相关法律法规建设，让评估有法可依。王艺卓在《学前融合教育环境下运用绘本教学对轻度自闭症幼儿同伴交往能力干预的个案研究》（云南师范大学硕士学位论文，2022 年）一文中指出，绘本教学能够改善特殊幼儿的社交、言语、情绪情感等方面的问题。韩文娟等在《乡村振兴战略背景下我国农村地区随班就读：经验、挑战与发展路径》（《残疾人研究》2022 年第 3 期）一文中指出，在全面提升随班就读质量的时代背景下，我国农村地区未来应从多方面提升农村地区随班就读质量。杨宥文在《从人的遗传谈体育文化遗传对特殊体育教育的影响》（《科学咨询（教育科研）》2022 年第 7 期）一文中从生物遗传角度出发，探析体育文化对特殊体育教育的影响。王誉臻在《培智学校高年级识字教学策略的探索与实践》（云南师范大学硕士学位论文，2022年）一文中具化培智高年级生活语文教师识字教学现存问题，探索了解决培智高年级识字教学现存问题的可行策略。蒋榴在《视力障碍儿童情绪行为问题的行动干预研究——以X市特殊教育学校为例》（云南师范大学硕士学位论文，2022年）一文中对53位视障儿童进行研究，以了解X市特殊教育学校视障儿童的情绪行为问题现状及与人口学变量之间的关系。李芳在《曲靖市特殊教育学校高中听障生舞龙课程教学设计与实践研究》（云南师范大学硕士学位论文，2022年）一文中探索了基于舞龙课程教学设计，并对舞龙课程实践教学展开深入研究，认为该课程具有促进听障生体育学科核心素养提升、助推舞龙运动良性持续发展的功能。巴丽山在《绘本阅读干预重度智力障碍儿童沟通行为的个案研究》（云南师范大学硕士学位论文，2022年）一文中基于对一名学前重度智力障碍女童进行绘本阅读训练的研究，验证绘本阅读对重度智力障碍儿童沟通行为的干预效果。邓春燕、马金晶、王玉兰的《国内外培智学校性健康教育研究综述》（《绥化学院学报》2022年第10期）通过对已有研究进行检索和分析，提出改进策略：健全性健康教育体系，完善学校性健康教育内容；加强师资队伍建设，提高教师性健康知识水平；明确性教育成果衡量标准，提升培智学校性健康教育实效性；丰富培智学校性健康教育渠道，促进培智学校学生健康成长。

综上，2022年云南特殊教育研究对特殊教育政策和法规进行了深入分析和研究，关注了特殊教育课程的个性化设计与实施，并通过实证研究，探讨了针对不同特殊需求学生的干预策略和方法。

十三、课程与教学论研究

2022年云南省课程与教学论研究围绕着课程论学科建设、学校课程治理现代化、课程论著作史料分析几方面开展。

刘莹、王鉴在《新时代背景下中国特色现代课程论学科建设的问题与反思》（《中国教育科学（中英文）》2022年第5期）一文中指出，我国课程论在研究对象、研究方法、学科性质、学科基础、学科体系等方面取得了一定的进展，但在新时代背景下，课程理论建设需要创建中国特色现代课程论学科体系。赵佳丽在《学校课程治理现代化的公共逻辑与发展》（《当代教育科学》2022年第3期）一文中明晰地指出，新时代的学校课程治理应该坚持价值向度以治理目标为中心、秩序向度以治理主体间关系为着眼点、工具向度以治理方式为核心，重构学校课程治理空间，指向边界消融的主体协同治理，最终实现学校课程治理体系的良序运转。李长吉、王鉴在《中国古代课程论著作〈程氏家塾读书分年日程〉论鉴》（《教育学报》2022年第1期）一文中指出，《程氏家塾读书分年日程》从课程思想理论基础到课程基本理念，从课程内容体系到课程学习方法，从课程顺序到时间安排，从教材选择到督促检查，呈现了构成课程论著作的各个元素，为我们提供了一个完整的课程论著作面貌。

综上，2022年云南课程与教学论研究主要围绕学科发展、课程史料分析等理论研究和课程治理、学科教学设计应用研究展开，形成了一定的多元开放格局。

十四、民办教育研究

2022年云南省民办教育研究横向上主要涉及民办学前教育与民办高等教育，纵向围绕民办学校发展、课程建设、教师职业、人才培养和资源配置与公平等方面展开。

张怡欣在《城中村民办园家长的幼儿园教育需求研究——以昆明市Z幼儿园为例》（云南师范大学硕士学位论文，2022年）一文中以幼儿园的家长为研究对象进行统计分析，为提高城中村家长幼儿园教育需求的满意度和该区域学前教育的供需质量提出改善性建议。宋文龙在《抗战时期昆明私立中学发展的历史考察》（云南师范大学硕士学位论文，2022年）一文中，从课程教学和学校管理两方面探究抗战时期昆明私立中学的具体发展情形，并提出启示。张琦敏、张灿在

《独立学院转设背景下办学质量提升的对策研究》(《产业与科技论坛》2022年第8期)一文中指出，独立学院在为我国培养应用型人才、优化高等教育区域布局、促进高等教育发展等方面发挥了重要作用。在转设形势下，独立学院应努力实现其可持续发展。

王建松等的《云南民办医学高职院校预防医学专业建设研究》(《高教学刊》2022年第13期)一文为进一步推动同类院校开展专业建设与改革提供借鉴和参考。晏波、李小惠、陈桂春在《民办高职院校学前教育专业人才培养模式研究》(《黑龙江教师发展学院学报》2022年第5期)一文中指出，民办高职院校在发展过程中，应提升对学前教育专业的重视程度，为学前教育专业发展提供助力。尹杰媛在《学前教育教师职后培训现状研究——公办幼儿园与民办幼儿园比较研究》(《大学》2022年第16期)一文中对教师培训现状进行研究，并在多方面提出相应建议，以期不断加强普惠性民办幼儿园建设，提升云南学前教师培训工作的效能。李天远在《丽江WL民办高中教师激励机制研究》(云南师范大学硕士学位论文，2022年)一文中以丽江WL民办高中为案例，总结丽江WL民办高中教师激励工作中存在的主要问题，深入分析原因。张敏在《基于TAM模型民办高校教师技术赋能的机理与路径探析》(《教育教学论坛》2022年第23期)一文中探讨民办高校教师技术赋能的理论机理，提出促进教师将信息技术与教学深度融合的实践路径，为民办高校教育信息化建设提供理论与实践的成功范例。

综上，2022年云南民办教育相关研究关注民办学校发展、课程建设、教师专业发展、人才培养以及资源配置与公平等方面，同时对民办学校办学多样化、民办学校的政府扶持监管方面也提出了相应构想。

(执笔：李劲松)

管理学

2022年云南学者在管理学方面的研究又有了长足的进步。在工商管理研究方面，云南学者主要集中在企业数字化管理、供应链和人力资源管理等方面展开研究。在公共管理和行政管理研究方面，云南学者结合边疆和乡村治理等方面的问题开展了深入的研究，发表了相当数量高水平的文章。

一、工商管理

（一）企业管理

郑季良、宋书也在《数字化投入对航空装备制造企业创新绩效的影响机制研究》（《科技管理研究》2022年第19期）一文中，以中国航空装备制造A股上市企业为样本，实证研究数字化投入对企业创新绩效所产生的作用机制。研究结果表明，2010—2019年数字化投入与航空装备制造企业创新绩效之间显著正相关。其中，知识能力和风险承担在企业数字化投入促进企业创新绩效的作用机制中起着中介作用，政府资助起到一定的调节促进作用。

乔朋华等在《管理者心理韧性、战略变革与企业成长——基于香港联合证券交易所中资上市公司的实证研究》（《管理评论》2022年第2期）一文中，以2007—2017年香港联合证券交易所中资上市企业为样本，实证研究了管理者心理韧性、战略变革与企业成长三者之间的关系。文章拓展了管理者心理特质对企业成长的影响研究，丰富了高阶梯队理论，为企业获得可持续成长提供了新的思路。乔朋华、谢红、张莹在《双元创新对企业价值的影响：领导者调节焦点的调节作用》（《科技进步与对策》2022年第7期）一文中，以2007—2018年香港交易所中资上市公司为样本，采用文本分析法构建领导者调节焦点与企业双元创新指标，实证分析双元创新对企业价值的影响，以及领导者调节焦点对二者关系的调节效应。结果发现：①企业探索式和利用式创新均对企业价值具有正向促进作用；②领导者促进焦点会削弱探索式和利用式创新对企业价值的正向影响；③领导者防御焦点可以强化探索式创新对企业价值的促进作用，但会弱化利用式创新对企业价值的促进作用。

锁箭、杨涵在《资本市场对企业接班人涉入度的反应：基于企业内创业的视角》（《当代经济管理》2022年第2期）一文中，通过对2010—2019年376家上市家族企业的实证研究发现：资本市场对企业接班人涉入度的反应直接体现在企业市场价值上，在接班人担任非核心职位并参与管理的传承初期以及担任核心职位并辅佐父辈共同管理的传承中期，家族企业市场价值显著提升；创新投入在传承初期和传承中期与企业市场价值的正相关关系中存在中介作用，同时在该阶段选择跨代创业，强化了传承初期和传承中期与企业市场价值间的正相关关系。

吴以等在《双重环境规制对企业绿色竞争力的影响研究——来自重污染上市公司的经验证据》（《昆明理工大学学报（自然科学版）》2022年第2期）一文中认为，双重环境规制组合对企业绿色竞争力的影响存在异质性，仅在正式与非正式环境规制"双优"的情况下呈现"U"型关系。渠道机制表明，绿色技术创新在不同类型的环境规制与企业绿色竞争力之间所起的中介作用具有差异性，在非正式环境规制对企业绿色竞争力的作用中存在部分中介效应，对正式环境规制的中介效应不显著。

马庆波等在《企业声誉能够提升企业风险承担水平吗?》（《投资研究》2022年第2期）一文中基于声誉视角，通过选取2007年至2020年我国沪深A股上市公司数据，就企业声誉与企业风险承担水平之间的关系展开了分析。研究表明：企业声誉提升了自身的风险承担水平；提升的效应会因企业内部控制质量的差异而有所不同。进一步研究发现，企业声誉通过提高企业的债务融资能力与管理层的自信水平，进而提升了企业的风险承担，即债务融资能力与管理层自信水平具有部分中介作用。

（二）项目管理

沈俊鑫等在《中国 PPP 项目可融资性差吗？——基于集成 LightGBM-Blending 算法》（《中国软科学》2022 年第 1 期）一文中针对 PPP 项目可融资性存在行业差异性高及评价类别型字段过多问题，为防止评估过程出现严重过拟合现象和因二次加工产生的误差，提出集成 LightGBM-Blending 算法。实验结果表明：相较于传统集成算法，集成 LightGBM-Blending 算法评估精确度更高，可有效解决高行业差异性等问题；Blending 融合策略比其他赋权融合策略评估精度提升了 5.76%；引入低样本行业和高特质化行业样本进行验证，测试结果中百分比误差为低、中区间样本占比分别约为 79.5% 和 78.26%，该模型可有效应用于不同行业 PPP 可融资性评估，具有良好的泛化能力。沈俊鑫、卢雨鑫、张经阳在《基于 SNA-PMC 模型的 PPP 项目国家政策量化评价》（《项目管理技术》2022 年第 4 期）一文中指出：PPP 政策演变可分为 4 个阶段，各阶段均有较明确的政策主题，具有较强的时代性和导向性；政策发布主体较多，缺乏法律顶层设计；对目前 PPP 项目价格形成机制不明确等具体问题的指导性较弱。

李睿、张云华在《基于社会资本风险偏好的 PPP 项目控制权配置》（《运筹与管理》2022 年第 6 期）一文中指出，在政府为风险中性的前提下，风险规避的社会资本的控制权比例有最低激励阈值且与其风险规避系数呈负增长关系，体现控制权在激励的环境下实现规制的作用；风险趋向的社会资本的控制权比例有最高规制阈值且与其风险趋向系数呈正增长关系，体现控制权在规制的环境下实现激励的作用；政府产出随社会资本的风险规避系数、控制权比例呈负增长，而随社会资本风险趋向系数呈正增长。

马桑、陈冰在《"压力—动力—能力"互嵌视角下 PPP 项目规模差异研究——来自 fsQCA 方法的实证分析》（《云南财经大学学报》2022 年第 8 期）一文中认为，在地理因素、人口规模、地方政府发文数量、地方债务率和地方市场化程度五个因素中，人口规模是决定 PPP 项目投资规模最重要的因素，但其并非独立起作用。五个因素中，至少需要存在三个前因因素才会导出项目高投资额这一结果变量。因此"压力—动力—能力"模型表现为一种互嵌结构，大多数省份是压力因素与动力因素之间存在适配性而且相互强化；部分省份则是动力因素与能力制约因素之间存在替代性而且相互抵消。

郑俊巍等在《项目视角下领导力的国际研究热点与演化趋势可视化分析》（《土木工程与管理学报》2022 年第 3 期）一文中指出：项目领导力研究整体呈逐年上升趋势，在 2009 年进入快速发展阶段；该领域可划分为起步、融合与拓展三个阶段，涉及项目管理者技能构成、对项目成功的影响等研究热点，其中项目管理者技能是基础研究，而领导力在工程项目中的影响是高潜热点，其在大型项目、工程安全中的应用是潜在的新兴热点；未来可考虑结合复杂项目情境或不同项目类型，探究适配的新领导力类型及其作用。

（三）人力资源

李清明、睢党臣、贺军州在《信贷约束下父代人力资本对收入代际流动影响的模型及实证分析》（《系统工程》2022 年第 3 期）一文中认为，父代人力资本和信贷约束都对收入代际流动有抑制作用。作者利用 CHIP 2013 数据实证验证了上述模型结果，同时实证分析显示父代人力资本对收入代际流动性还具有间接促进效应，并因促进效应大于抑制效应而使得父代人力资本水平提高整体有利于改善收入代际流动性。

陈俊杰、钟昌标在《融资模式、人力资本结构与区域创新》（《统计与决策》2022 年第 12 期）

一文中认为，信贷相对股权规模更大的融资模式在抑制区域创新数量的同时激励创新质量提升，异质性的原因在于忽略人力资本结构高级化与合理化的牵制作用。基于融资模式与人力资本结构的交互研究进一步发现，信贷主导的融资模式通过阻碍人力资本结构高级化、加剧人力资本结构不合理两个渠道挤出区域创新数量和质量，且两个渠道对创新数量的挤出效应远大于对创新质量的挤出效应。分区研究还发现，无论是数量还是质量维度，上述挤出效应均呈西高东低态势。

宋芸芸、吴昊旻在《产业政策与企业薪酬安排》(《财经研究》2022 年第 11 期) 一文中认为，产业政策影响扶持企业薪酬安排具有显著的价值效应，显著提升了扶持企业的创新效率。产业政策还会通过挤出劳动力供给和加剧资源约束，对非扶持企业的薪酬安排发挥"溢出效应"。文章不仅丰富和拓展了产业政策和收入分配相关研究，还为产业政策的客观效能以及"有为政府"与"有效市场"的结合互动提供了新的视角与证据，并为政府完善产业政策的制定与实施提供了方向。

陈红等在《数字化转型能推动企业人力资本结构调整吗?》(《统计与信息论坛》2022 年第 9 期) 一文中以实证检验数字化转型对企业人力资本结构的影响，研究发现，数字化转型有利于推动企业人力资本结构优化调整。此外，数字化转型的底层技术和实践应用对人力资本结构的改善作用存在显著差异，其中底层技术会增加高层次劳动力的需求，而技术的实践应用则会改变企业内部劳动力结构；企业在数字化转型的初期会出现冗余雇员现象，但是这种现象会随着数字化转型程度的加深而逐渐得到缓解。

李亚昀、赵茂在《劳动力成本上升会倒逼制造业企业服务化转型吗？——异质性讨论与动机识别》(《企业经济》2022 年第 2 期) 一文中认为，劳动力成本上升显著促进了制造业企业服务化转型。异质性讨论表明，高生产率、低融资约束和规模较大的制造业企业在应对劳动力成本上升时，服务化转型的意愿更大。动机识别检验表明：劳动力成本上升会弱化制造业企业市场势力，服务化转型对企业市场势力具有重塑效应；服务化与技术创新均是制造业企业应对劳动力成本上升的转型路径，二者间存在替代性。最后，作者提出了政策启示。

熊云飚、张子璇在《人力资本门槛视阈下绿色创新对经济高质量发展的影响及其区域差异研究》(《生态经济》2022 年第 4 期) 一文中认为，绿色创新能够有效促进我国经济高质量发展，同时两者也存在着非线性关系，绿色创新对经济高质量发展的影响存在显著的门槛效应，跨越人力资本门槛值之后，绿色创新对经济高质量发展的促进作用由弱变强。当人力资本水平跨过一个临界值时，提高绿色创新水平能够更加有力地推动经济高质量发展。

孔建勋、任欣霖在《南亚东南亚中资企业的人员属地化管理与风险规避实证分析》(《云南师范大学学报 (哲学社会科学版)》2022 年第 4 期) 一文中，利用"海外中国企业与员工综合调查"(OCEES) 的相关数据，通过统计分析来探索南亚东南亚国家中资企业如何通过人员属地化来规避企业可能面临的经济、政治和技术风险。研究发现：南亚东南亚国家中资企业管理层的属地化程度普遍较低，这些中资企业不同人员的属地化管理水平对规避东道国潜在投资风险具有显著的领域差异，加入中国商会的南亚东南亚国家中资企业更加担忧潜在经济风险的发生。

张强劲在《组织冗余对企业创新效率的门槛效应研究——来自高端制造企业的证据》(《云南民族大学学报 (哲学社会科学版)》2022 年第 6 期) 一文中认为，组织冗余是企业创新要素来源的重要渠道，组织冗余对企业创新效率存在抑制作用，存在倒"U"型门槛效应，且对国有与非国有企业创新效率的影响不存在产权异质性。

杨红英、朱建定在《跨界重组下的工作角色压力与工作绩效：一个有调节的中介效应分析》(《云南大学学报 (社会科学版)》2022 年第 5 期) 一文中基于 726 份调查样本的信息，借助 SPSS 25.0 统计软件与 MPLUS 8.3 结构方程模型软件对研究假设与理论模型进行检验。结果显示：工作角色压力对工作投入具有负向预测作用；工作投入对工作绩效具有显著正向预测作用；工作投入在工作角色压力与工作绩效之间起部分中介作用；工作压力应对显著调节工作角色压力与工作投入之间的影响效应。

（四）供应链

王永明等在《基于风险规避和公平偏好的供应链收益共享契约协调研究》（《中国管理科学》2022年第7期）一文中指出，供应商和零售商的风险规避系数和公平偏好系数及收益份额必须满足特定的条件，收益共享契约才能使系统供应链整体达到协调状态；在此基础上，对风险规避和公平偏好因素进行敏感度分析，得到供应商和零售商行为偏好系数对供应链及成员最优订货量的影响；最后进行演化博弈算例分析和结论验证，体现了该协调模型的有效性和实用性。

经有国等在《需求信息不对称下基于战略库存的信息披露与契约选择》（《中国管理科学》2022年第7期）一文中指出：零售商在实际市场规模小于其均值时披露需求信息、大于其均值时不披露需求信息；无论零售商是否披露信息，制造商通过使期望利润最大化，始终会选择动态定价契约；信息不披露条件下，若单位库存持有成本大于某一阈值或实际市场规模小于某一阈值，零售商则不会持有战略库存。

代建生、刘新愿在《资金短缺零售商促销下供应链的协调》（《管理工程学报》2022年第3期）一文中探讨了零售商的运营策略及供应链的协调问题。文章构造了一个衡量资金稀缺程度的指标，利用这一指标分析了资金稀缺度对零售商订货及促销策略的影响。结果表明：存在一个临界值，当资金稀缺度大于这个临界值时，订货量（促销强度）关于资金稀缺度递增（递减）；当资金稀缺度小于临界值时，零售商的策略不随资金稀缺度的变化而变化。

刘宪立、窦志武在《基于复杂网络的跨境电商供应链关键干扰识别》（《统计与决策》2022年第16期）一文中，通过文献梳理和专家访谈的方式分析了跨境电商供应链干扰体系，构建了跨境电商供应链干扰网络模型；然后从小世界网络、无标度网络和节点中心化三个方面揭示干扰网络拓扑结构；最后提出随机免疫策略和蓄意免疫策略，并对免疫效果进行动态仿真分析。

罗治洪、洪玉婷在《产能限制下单向替代产品供应链生产、订货与定价研究》（《运筹与管理》2022年第7期）一文中，通过算例验证了供应链上的最优决策及其条件。灵敏度分析表明制造商产能、潜在市场需求及其方差、替代品的价格敏感系数在一定范围内增大有利于供应链系统及各成员利润增加，被替代产品的价格敏感系数增大可能会导致供应链及制造商利润下降。

张佳琪、刘晓阳在《电子商务背景下生鲜农产品配送模式研究及优化——让农产品走出去》（《物流工程与管理》2022年第7期）一文中立足于电子商务背景，分析了现存的自营物流配送模式、第三方物流配送模式、物流一体化模式这三种物流配送模式，进一步对其在偏僻乡村生鲜农产品上行中运用的可行性进行分析，最后根据三者优缺点提出了全新的农村生鲜农产品配送方案，并概括了其先进性。

（五）财务管理

陈雪等在《审计师行业专长与财务舞弊研究——基于长生生物的案例分析》（《财会通讯》2022年第11期）一文中，以长生生物财务舞弊为例，研究行业专长在审计师识别公司舞弊中的作用，分析审计师行业专长缺失对审计质量和财务舞弊的影响。该研究丰富了审计师行业专长指标体系，构建了审计生物医药行业需密切关注的研发、生产、销售指标体系，为我国运用行业专长防范上市公司的舞弊行为提供借鉴和参考。

张彰等在《人大监督企业国有资产管理评价指标体系的设计和应用》（《财政科学》2022年第6期）一文中以企业国有资产为研究对象，结合公共权力授权视角、委托代理理论和我国国情提出人大监督企业国有资产的功能定位和职能职责。作者根据国有企业和政府管理的特征，构建宏微观结合框架下人大监督企业国有资产指标体系，设计可应用于实践的评价和监测机制，并就指标体系应用与运行的保障机制提出政策建议。

陆旭冉、武晓芬、唐媚媚在《关键审计事项语调可端倪公司财务风险信号？——基于真实盈余管理调节效应研究》（《云南财经大学学报》2022年第12期）一文中认为：关键审计事项整体语调情感越消极，表明上市公司的财务风险越大，两者呈现显著的正相关关系；上市公司管理层真实盈余管理行为会对两者的正相关关系起到负向的调节效应；这一负向的调节效应主要存在于审计师行业专长水平较低、审计客户重要、治理层在上市公司兼任管理职位以及外部监管环境相对宽松的情境下。

邱凯、刘李福、张俤在《小微企业业财融合型共享财务云构建》（《财会月刊》2022年第5期）一文中，通过问卷访谈了解管理需求、梳理小微企业价值生产流程，构建一套小微企业的业财融合型共享财务云系统。该系统依托成熟的信息技术，能优化业务流程，重塑小微企业价值生产各环节，提高运营效率；共享财务云将日常运营管理工作转移到云端由系统自动完成，极大地降低了企业的人力成本；系统于前端挖掘的海量数据能提供预判式决策支持。

郑明贵、董娟、钟昌标在《资本深化对中国资源型企业全要素生产率的影响》（《资源科学》2022年第3期）一文中基于2010—2019年中国资源型上市企业财务数据，采用LP法测算其各年份全要素生产率水平及变化趋势，构建了固定效应模型和动态面板模型，从要素投入结构视角检验资本深化对资源型企业全要素生产率的影响及其传导机制。作者的研究结论对资源型企业要素配置决策和转型发展具有重要政策启示。

王佳琳、庄佳强在《所得税、资本成本与企业投资：基于分类资产的考察》（《现代经济探讨》2022年第10期）一文中测算了所得税制变动对五类资产以及存货资本成本的影响，量化了资本成本对企业投资的影响。研究发现：税制要素、税制结构、企业融资方式与资产构成均会直接作用于资本成本，进而对企业投资产生影响；调整法定税率与资产的税收折旧年限均能起到降低资本成本进而促进投资的作用。

二、行政管理体制研究

段凌枫、辛宇在《我国边疆地区数字治理的多重维度研究——以云南省为例》（《领导科学论坛》2022年第4期）一文中，结合西南边疆资源要素，构建了边疆安全、通信设施、数智思维和价值取向四个数字治理维度，并着重于边境数据监控、提供通信设施建设政策、建立"数智思维"以及将传统治理与数字治理相结合的方式等方面，推动数字边疆治理高质量发展。

罗强强、李妍在《边疆城市韧性社区治理研究——基于云南省景洪市孔雀湖社区的个案研究》（《昭通学院学报》2022年第4期）一文中指出，基层治理作为现代化国家治理的基石，具有能在不寻常的环境中作出适应性改变的应急管理能力，通过保持其基本的职能来承受风险灾难的冲击，快速恢复原有秩序以适应新的环境，以此来完善社区的治理基础。因此，文章将云南省景洪市孔雀湖社区作为研究对象，分析其在日常社区治理及新冠疫情防控过程中的实际能效，通过对边疆城市韧性社区在组织、社会、经济、制度四个方面的应急管理机制和责任制度进行研究，并在此基础上提出相应的韧性社区治理优化路径。

李朝辉在《论边疆治理政策的比较研究》（《重庆交通大学学报（社会科学版）》2022年第6期）一文中指出，边疆治理研究产出了大量高质量的边疆治理研究成果，但对边疆治理展开政策维度及其比较的研究却很少，因此有必要展开边疆治理政策的比较研究。就细分类型而言，可进行边疆安全政策、守边固边政策、边疆开发政策、边疆民族政策以及边民政策的比较；从方法维度来看，可聚焦国家维度、区域维度或历史维度的边疆治理政策的比较；具体至实操层面，可进行政策价值取向、政策环境、政策目标、政策执行和政策效果等多方面的比较。

李贵平在《乡村治理体制机制障碍及其治理——基于云南省C市C镇的实证研究》（罗中枢主编《西部发展研究（2021年第2期）》，社会科学文献出版社2022年版）一文中指出，乡村治理是国家治理体系和治理能力现代化的"最后一公里"。作者通过对云南省C市C镇治理体系和治理能力的微观实证调查，深入剖析治理体系和治理能力现代化"最后一公里"的乡村存在的体制机制障碍，提出优化乡村治理的路径：推进乡村治理体系改革，构建增强党委领导力、政府执行力、干部创造力、村级自治力的体制机制，形成乡村治理合力。

王奕雪、王松江在《基于三方演化博弈的PPP项目运营期诚信机制构建研究》（《昆明理工大学学报（自然科学版）》2022年第6期）一文中通过构建政府、社会资本及公众三方在PPP项目运营期内的演化博弈模型，分析了三方策略选择的相互作用，通过三方演化博弈均衡点求解及稳定性分析逆推得出构建运营期诚信机制所需满足的三方收益成本设置条件。运用MATLAB仿真验证了参数设置的合理性，并分析了三方对重要参数的敏感性。作者在仿真基础上结合内外因机理分析，提出从奖惩互补、再谈判、声誉、价格、法律及公众参与6个方面构建PPP项目运营期诚信机制。

夏文贵在《以县治边：中国边境治理的行政单元》（《云南社会科学》2022年第2期）一文中指出，中国的边境并不是一个独立的地理空间范围，而是分属于不同的行政区划。作为完整意义上的基层政权建制，县域是界定和划分边境的基本空间单位，在这样的空间场景中，县域的公共性问题，也是国家的边境问题；县一级的地方政府，也是边境政策的落实主体；县域的治理过程，也是边境治理的基础环节。总之，沿边地带的县域治理，构成了中国边境治理的基本行政单元。为此，给予边境县以特殊性的关注和支持，是攸关国家边境治理成效的关键所在。

朱锐勋在《政府数字化转型与电子政务深化发展面临的挑战与对策》（《行政管理改革》2022年第2期）一文中聚焦"放管服"背景下政府数字化转型与电子政务深化发展面临的挑战，结合对上海、浙江和云南推出的"随申办""浙里办""办事通"移动政务服务实践比较，提出加快推进互联网+政务服务转型升级、创新移动政务服务媒体融合模式和途径的对策建议。

李函珂、何阳在《中国政府信息公开质量注意力研究——基于政策文本的分析》（《图书馆》2022年第8期）一文中采取规范分析和文本分析相结合的研究方法，选取"客观性""规范性""便民性"作为政府信息公开质量检视的重要维度展开研究。研究发现，政府信息公开发展历程中存在政策绝对数量不足，任务不具体和客观性、规范性、便民性各维度资源投入不均等问题，未来应提升政府信息公开相关政策绝对注意力，细化质量注意力具体事务以及重视客观性、规范性与便民性资源投入的平衡。

三、公共管理理论与政策研究

中共云南省委党校（云南行政学院）课题组在《中国贫困治理的制度优势、理论创新与世界贡献——独龙族整族脱贫、全面小康的例证》（《中共云南省委党校学报》2022年第3期）一文中指出，独龙族整族脱贫、全面小康是坚持以人民为中心的发展思想和发挥社会主义制度集中力量办大事优势的集中体现，其理论创新在于实现了生产力与生产关系的千年跨越，充分证明了习近平新时代中国特色社会主义思想的真理力量，丰富和发展了中国特色社会主义理论体系，引领着相对贫困治理机制的转型和拓新；其世界贡献在于为人类减贫事业贡献中国方案，展现了共建人类命运共同体的美好愿景。

张振伟、陈加瑞在《治理为何失效？公共治理的源头和过程》（《社会发展研究》2022年第1期）一文中认为，公共治理有源头性治理和过程性治理之分。作者认为，在针对渣土车超载超速等行为的治理中，现阶段的公共治理体系在源头上对渣土车司机利益保障不充分，而将精力更多地集中在过程性治理上。

刘羿良、冷娟在《乡村振兴战略下乡村多元主体协同生态治理路径研究》（《云南财经大学学报》2022年第11期）一文中认为，多元主体协同治理是贯彻习近平生态文明思想在乡村生态治理领域的一项综合性实践。遵循人与自然和谐共生的现代化目标要求，以系统方法审视并采取多元主体协同的乡村生态治理路径，本身就是一种切合现实需要的生态治理逻辑，规范各类主体的生态治理行为，提高乡村生态治理中的制度化程度，必将在多元主体协同治理中逐步形成中国乡村生态治理现代化道路。

何阳、娄成武在《面向共同富裕的第三次分配：机理、条件及路径》（《青海社会科学》2022年第1期）一文中认为，第三次分配主要是社会力量、企业等行为主体在软约束作用和真实意思表达基础上，按照制度规章对合法财产、物品及服务采用无偿供给等公益手段重新配置，以期扩大慈善效益，助力共同富裕的分配方式，具有社会性、自发性、道德性和补充性特征。第三次分配与共同富裕的内在耦合主要表现在第三次分配有助于缩小贫富差距、丰富精神文化、吸纳社会参与和先富带动后富，契合共同富裕核心要义。未来需要不断壮大第三次分配主体的数量规模，塑造慈善主导的第三次分配文化，强化第三次分配的制度体系建设，激发第三次分配对象的内生动力。

廖磊等在《全民健身公共服务供给协商决策：实践困境与优化策略——基于协商民主理论视角》（《武汉体育学院学报》2022年第6期）一文中依据协商民主理论探究全民健身公共服务供给协商决策的现实困境与优化策略。作者认为，吸纳—协商—决策是全民健身公共服务从需求整合到利益博弈再到供给落实的民主进路，并就此提出如下政策建议：引导公民理性参与和精准识别舆论意见完成议题吸纳；强化协商决策制度供给与培育公共精神助力协商参与；搭建全民健身服务协商决策平台体系推进可操作程序；政府引导与服务保障相结合实现协商与决策有效衔接。

四、领导方法与领导艺术

罗红霞、赵冠祥在《部门履职显示度：领导者实施部门管理的新考量——以应急管理部门为例》（《领导科学》2022年第9期）一文中，以应急管理部门为例，对央地防疫政策文件中的合作网络进行量化分析发现：央地应急管理部门在此次新冠疫情防控中参与度低、重要性低、影响力弱、地位边缘化。为此，提升部门履职显示度应树立正确的全员业务公关理念，做好部门工作，获取服务对象的认可；科学划定部门权责，合理配套行政资源，优化技术手段；提升职能法治化水平，完善监督体制，强化部门日常协同，推动部门履职创新。

旦雅宁在《历史制度主义视角下我国村级监督制度变迁路径依赖：形成机理及路径取向》（《决策科学》2022年第3期）一文中指出，村级监督制度是村民自治制度的核心议题之一，从历史制度主义视角来看，由于初始村级监督制度配置不完善，村级监督制度变迁陷入多方权力博弈的"挤出"、制度缺陷沿袭、特权思想冲击三重困境叠加下的路径依赖，形成村级监督机制空转、制度创新脱嵌于乡村社会发展等乡村治理体制改革症结。因而，应把握村级监督制度变迁的关键节点，改革村级监督体制机制，推动村级监督制度创新，弘扬村级民主监督理念，打破村级监督制度变迁过程中形成的无效率的"锁定"状态，推动村级监督制度高效率运行、高水平创新、高质量发展。

刘茜子、曹冬英在《资源匮乏型单位的形成原因与领导者的转化之方》（《领导科学》2022年第3期）一文中认为，单位领导者要从不同类型单位及导致单位资源匮乏的具体原因入手，有的放矢地制定并实施转化之方，若资源匮乏需"主动出击"，若先天匮乏需注重"开源"，若后天匮乏需侧重"节流"，以公平机制守护单位资源。

五、非政府组织

刘红春在《论社会组织参与人类命运共同体构建的路径及风险防控》（《云南大学学报（社会科学版）》2022年第9期）一文中运用分析法对社会组织的五种不同类型的路径从对外发展机会、对外发展威胁、自身优势、自身劣势四个维度进行剖析，找准社会组织参与优势与人类命运共同体构建的最佳连接点，并据此提出针对外部风险与内部风险防控机制建构的建议，将有效助力其参与的"社会合法性"与"法律合法性"获得并进行多元化、共生型的工作路径选择。

唐琦玉、刘少辉、彭春瑞在《我国社会组织管理制度变迁中的结构逻辑与历史思考——基于历史制度主义的视角》(《湖南行政学院学报》2022 年第 6 期)一文中,将新中国成立以来社会组织管理制度的变迁历程划分为四个阶段,认为新时期社会组织管理制度的改革要以习近平新时代中国特色社会主义思想为指导,积极关注不同利益群体的利益诉求和价值取向,推动社会组织进入高质量发展。

李晟赟、罗强强在《党建引领型志愿服务激发社区自治活力何以可能——基于兰州市 M 社区"共享集市"个案考察》(《云南行政学院学报》2022 年第 4 期)一文中以政党塑造社会理论为分析框架,考察了兰州市 M 社区志愿服务在党建引领下激发社区内生自治活力的成长过程,党建引领型社区志愿服务衔接了政府"服务于民"与"社区自治"之间的"最后一公里",因地制宜地完成了多元力量参与社区志愿服务的自组织化过程,激发出了社区治理的内驱动力,成为社区自治的强大共建平台。

(执笔:黎尔平)

体育学

2022年，云南省体育工作者充分运用多种研究方法、从多学科视角研究体育现象，拓展了一些新的研究视角，形成了与其他相近学科交叉研究的多元趋势，在体育领域推出了一批以云南少数民族传统体育研究为主题的代表性学术成果，理论水平有所提高，促进了体育学的进一步发展。与此同时，从体育专业研究领域分布来看，民族传统体育研究成为2022年云南体育学者关注的研究热点，成果颇丰；体育人文社会学、体育教育训练学两个研究方向位居其次，虽涌现出一些研究成果，但是内容相对分散，研究特色不够鲜明，略显薄弱；而运动人体科学方面的研究成果尤为不足，实验性研究较少，且质量不高。可见，云南体育学科研究存在发展不均衡，论文涵盖面过窄的缺憾。下文分别介绍体育学四大领域的主要研究成果和代表性学术观点。

一、体育人文社会学研究

陈睿等在《21世纪全球竞技体育格局空间态势演变及中国应对方略》（《体育科学》2022年第7期）一文中运用地理集中指数、自然断点分级、标准差椭圆、数理统计等方法，以21世纪以来的夏季奥运会奖牌空间分布为依据，对全球竞技体育格局的发展态势及演变进行系统梳理，并提出中国的应对方略。研究认为：①各国竞技体育异军突起，洲际竞争差距逐渐缩小，奖牌空间分布呈"一核心—五集聚—多零星"态势，全球竞争格局中心向东南迁移；②奖牌项群分布的地域差异显著，部分项目一家独大现象严重，欧美垄断格局逐渐被打破；③推进体育强国建设的重大使命、自组织的各类大赛及科技化助力与保障奥运备战是中国军团在21世纪以来的夏奥会不断取得重大成就的主要动因。中国体育仍存在项目结构矛盾突出、制度与科技缺乏创新、竞技体育人才稀缺及竞技体育的联动效应失能等问题。研究建议，未来我国竞技体育要高效协调可持续发展，需要从塑造新格局、强化新动能、创新新机制、实现新模式、推动新局面等方面做出应对。

张文鹏、周有美在《改革开放以来政府体育治理的注意力研究》（《沈阳体育学院学报》2022年第6期）一文中指出，政府体育治理的注意力是指政府对体育的关注程度、资源配置及变化逻辑，反映了政府决策者将体育治理纳入决策议程的过程，决定了政府体育治理的资源配置与精力投放。文章运用文本分析法，以改革开放以来的《政府工作报告》为样本，分析改革开放以来政府体育治理的资源配置及变化逻辑。研究发现：①从整体看，改革开放以来，政府体育治理的注意力呈现"震荡上升"的阶段性特征，并保持相对的稳定性；②从局部看，改革开放以来，政府体育治理的注意力分配具有显著差异性的特征；③从治理领域看，改革开放以来，政府体育治理的各项具体领域指向具有明显的不平衡性特征。建议：①在纵向上，要继续提高政府体育治理的注意力配置水平，加大政府体育治理的精力投放；②在横向上，加强政府体育治理的各具体领域的注意力投放；③在治理领域上，要加强学校体育、群众体育和体育产业的治理，让政府体育治理的注意力达到各领域协调均衡发展的状态。

祝捷等在《基于扎根理论的农村留守小学生体育活动影响因素研究》（《广州体育学院学报》2022年第3期）一文中指出，农村留守小学生是留守儿童群体中的重要组成，作为我国经济社会发展的阶段性产物，其身心健康问题引发了社会的广泛关注。开展体育活动是增强农村留守小学生体质、健全其人格的关键途径。但农村留守小学生体育活动的开展受多方面因素的制约，存在参与人数较少，开展效果不佳等问题，且缺乏有针对性、行之有效的对策和解决方案。研究通过在云南省昭通市镇雄县罗坎镇开展实地调研，对农村留守小学生体育活动的影响因素和可持续发展路径进行探究，运用扎根理论研究方法对访谈内容进行提取分析，通过开放式编码、主轴编码和选择性编码发现：①农村留守小学生体育活动的影响因素主要包括个体因素、环境因素和社会因素三个主范畴；②个体因素主要包括个人兴趣、情感交流等体育经验，环境因素包括家庭环境、精神环境和学校教育环境三个范畴，社会因素包括体育公共服务和社会体育活动两个范畴；③各范畴内涵中个人兴趣、家庭经济条件、政府与社会支持对农村留守儿童体育活动的开展影响最大。依据研究发现提出了农村留守小学生体育活动的科学可持续发展路径。

夏成龙、熊欢在《"体育促进发展"理念及其实践对我国新时代体育强国建设的启示》（《北京体育大学学报》2022年第2期）一文中指出，"体育促进发展"（SFD）是近年来国际主流社会密切关注并大力推行的理念和体育实践，将体育作为一种"催化剂"与其他非体育活动项目结合以实现社会整体的发展目标。文章运用文献资料、逻辑分析等方法，考察"SFD"理念提出的背景依据，剖析其理论内涵和实践框架，归纳"SFD"的研究议题与发展趋势。学界主要从教育、残疾、性别平等、生计、健康、社区发展、发展与和平7个议题展开了理论和实践应用的研究，关注儿童、青少年及残疾人等弱势群体的积极发展，通过体育和体育赛事促进社区的可持续发展，并为身体活动不足或高风险人群提供一个健康促进的发展平台，探索体育对提高企业的社会责任意识及其可持续发展的潜力，讨论体育活动对促进跨文化交流的影响，强调体育促进不同区域和国家的外交合作等方面发挥的积极作用。在此基础上，讨论"SFD"理念为我国体育强国建设带来的启示，认为"SFD"理念为我国体育发展方式的转变提供了理论参照，为我国体育政策的制定和项目规划提供了基本依据，为推动体育国际话语理论体系建设及体育学术创新提供了理论素材。

杨帆、朱黎在《云南省体育中考"百分改革"问题分析与对策探讨》（《河北体育学院学报》2022年第3期）一文中指出，云南省是目前全国唯一一个将中考体育分值提升至与语、数、外等同的100分的省份。文章以云南省体育中考为研究对象，通过大量调研、考证，对其目前存在的问题进行分析，旨在为其后续配套方案的制定与实施提供借鉴。通过对比分析发现，云南省中学生的身体素质与机能多项指标低于全国平均水平，而体育中考却出现与之不相符的高平均分及满分率结果，造成分值效能不高，应科学制定考试标准，使分数符合正态分布。受升学指挥棒影响，体育应试化问题逐渐显现，不利于学生的运动兴趣和专项技能培养，应出台配套方案，保障政策落地，对教学过程严格管控，同时充分调动学校、家长参与，从小学培养学生的体育兴趣。考虑到特殊学生群体的公平性问题，提出应分类讨论，区别对待，对于肥胖、瘦弱、矮小学生群体，按不同等级提供新的评价办法，对于残疾学生群体，提供专门的残疾人体质健康测试标准与方案。

朱恒在《"双循环"新发展格局下我国全民健身体育产业的发展路径研究》（《义体用品与科技》2022年第22期）一文中指出，党的十九届五中全会明确提出构建以国内大循环为主体、国内国际双循环相互促进的新发展格局。构建"双循环"新发展格局是"十四五"时期以及未来较长一段时期的高质量发展战略。当前，我国全民健身体育产业存在的主要问题有：①供给型政策、需求型政策、环境型政策发展不平衡；②政府、社会、市场资源配置不充分，基础设施建设不完善；③从体育人才总量、人才结构角度看，复合型人才匮乏及创新力度不足；④体育消费动力不足。鉴于此，提出了"双循环"新发展格局下我国全民健身体育产业高质量发展的路径：①充分发挥供给型政策的推动作用、需求型政策的拉动作用和优化环境型政策的影响力度；②优化体育市场发展格局，形成"政府—社会—市场"三位一体高质量发展和加大基础设施建设，为全民健身提供基本保障；③加大体育人才培养，优化体育人才结构，促进全民健身高质量、高效率的发展；④体育消费是体育产业动力源泉，促进体育消费以扩大内需。该文对促进全民健身体育产业高质量发展具有一定的理论和实践参考价值。

奠飞儿在《多元主体协同治理下体育赛事安全机制构建研究》（《当代体育科技》2022年第7

期）一文中以体育赛事安全机制构建为研究对象，从多元主体协同治理的视角，梳理我国体育赛事安全管理现状，发现我国体育赛事的安全管理及监督存在着赛前安全监管缺失、赛中安全落实偷工减料、赛后社会评价无话语权的问题。通过对多元主体协同治理体育赛事安全的逻辑必然及实践应然的分析，建议通过构建多元主体协同保障体育赛事安全的准入路径、搭建高校联盟安全监管智库、建立数字化智能安全监控三条路径，形成多元主体协同治理体育赛事安全机制。

赵惠洁、宣红波在《"国考"背景下体育生运用模拟微课整合训练教学技能效果研究》（《当代体育科技》2022年第16期）一文中采用文献资料、实验等方法，从教学实践和心理两方面对模拟微课整合训练进行实验性评价。结果显示：通过模拟微课对师范生进行可控的教学经验训练或体育课堂感知能力训练是有效的，"在做中学，从经验中学"的体育教育专业模拟教学实训理念是正确的；学生因课时有限，导致缺少体育课堂的感性经验，难以将概念化、碎片化的理论知识和单一教学技能进行整合运用的问题得以好转。

何心、蒋雪涛在《新时代"思想政治+体育"融合教育课程发展路径研究》（《教育教学论坛》2022年第21期）一文中指出，在课程思政背景下，要大力推进体育课程中德育的渗透，深入发挥体育课程的育人功能，因此，须推行"思想政治+体育"融合教育。文章论述体育课程融入思想政治教育的必要性，明确体育课程融入课程思政教育内容，是贯彻落实体育课程立德树人的本质要求；阐述"思想政治+体育"融合教育一体化建设，使体育课与思想政治理论课同向同行，形成协同效应；同时结合地方思想政治教育资源，发挥地方模范人物榜样的作用，开展一系列生动的主题课堂活动；分析"思想政治+体育"课程建设存在的短板和问题，提出解决办法及发展路径。

二、体育教育训练学研究

王宗平等在《云南大学"体测不合格不能毕业"改革实践研究》（《体育学刊》2022年第6期）一文中根据近20年来国家诸多文件反复提出"未达到《国家学生体质健康标准》合格者不能毕业"的具体要求，运用文献资料、数据统计、逻辑分析等方法，对云南大学"体测不合格不能毕业"的改革实践进行系统设计和整体推进：创建"运动技能+体质健康"的男女合班选项体育课教学模式；修订教学大纲，将50m跑、立定跳远、引体向上、仰卧起坐、1000m跑（男）、800m跑（女）等体测项目安排到每次体育课中；建立"50%运动技能+40%体质测试+10%平时成绩"的课程评价体系；开设200学时覆盖本科4个年级的体育课或体测课；增加学生体测次数和补测机会；启动近6万m^2的学校体育中心二期建设；完善每学期男生120km、女生100km的校园App；按照在校本科生300∶1比例配备体育老师；调整公共体育课薪酬系数由0.7为1.0；帮助学生掌握两项以上运动技能。一系列的改革举措引起主流媒体高度关注。研究结果表明，"体测不合格不能毕业"改革实践初见成效，2021年云南大学学生体测合格率为91.9%、优良率为11.9%，达到近5年来的最高水平。

李乐虎等在《教育集群模式下学校体育集群化治理的实践成效、困境及实现路径》（《沈阳体育学院学报》2022年第2期）一文中指出，学校体育集群化治理是学校体育实现治理体系和治理能力现代化的创新之举，集群化的治理实践已经产生且效果显著。文章运用文献资料法、实地调研法、访谈法分析当前教育集群模式下学校体育集群化治理的现状，认为集群化治理的实践成效体现在：形成了多元主体有效参与的治理体系；形成扁平化的治理结构；形成内生性动力的生态型治理机制；促进体育资源的再次重组，实现要素均衡；实现了制度、文化、模式等教育生态环境的再造；扩大学校体育治理的自主权；优化了学生培养体制；建立了新型的资源供给机制等。存在的主要困境包括理念困境、组织困境、制度困境和机制困境。破解之道在于构建学校体育集群化治理的协同场域，提升治理主体的合作意识；理顺集群中各学校之间的权责关系，构建完善的组织体系；明确学校体育集群化治理的流程，构建积极有效的治理机制；制定学校体育集群化治理的规则，完善治理的制度体系。

赵渊金、王宏娥在《云南师范大学体育学院校园足球专业人才培养现状调查研究》(《文体用品与科技》2022年第22期)一文中指出，教育部2018年发布了校园足球重点工作七大要点，其中明确指出要重点深入研究校园足球在教学、训练、竞赛、人才培养模式上的提质增效工作，同时提出要强化校园足球工作推进机制，要求学校构建起"特色学校+高校高水平足球运动队"的立体教学培养模式，校园足球受到了我国教育部门及社会的高度关注，随之校园足球专业化人才培养成为重点研究工作。该文通过文献资料法、问卷调查法、数理统计法等方式对云南师范大学体育学院校园足球的专业人才培养现状展开调查，通过调查数据客观分析目前的培养现状，分析发展中的不足，便于根据不足之处有针对性地提出改善建议，旨在促进云南师范大学体育学院校园足球专业人才的培养越来越体系化，培养出和输出更多优质的足球人才，促进我国足球运动的高质量发展。

赵紫艳在《"健康中国"背景下盐津县中学太极拳开展路径研究》(《冰雪体育创新研究》2022年第18期)一文中指出，太极拳是中国的一项传统体育项目，也是国家级非物质文化遗产，其刚柔并济的特点，对练习者，特别是对中学生有不可估量的积极影响。该文运用文献资料法、归纳总结法、逻辑分析法等研究方法，对盐津县初级中学和高级中学太极拳教学推广的可行性和制约因素进行分析，并提出相应的对策。其目的是推广和发展太极拳运动项目，引起当地相关部门的重视，为体育教学提供新思路，优化教学质量，在促进中学生协调发展及身体健康发展的同时使其感受中国传统文化的魅力。

袁从万在《平板支撑与三种灵敏测试成绩之间的相关性分析》(《福建体育科技》2022年第1期)一文中通过文献资料法、测试法和数理统计法等对64名受试者的平板支撑与三种灵敏性进行相关性分析。结论如下：平板支撑与三种灵敏测试具有相关性，十字象限跳与平板支撑的相关性要高于快速前后退跑和四角折返跑（$r=0.5534$，0.547，0.0043）；影响灵敏性的因素中，身体的核心稳定性具有一定的影响，在不同的灵敏测试中对身体核心稳定性的要求不同，决定灵敏性的主要因素是神经对肌肉的控制能力；平板支撑主要是一种抗屈伸的训练动作，通过对身体深层稳定肌群的训练，人体在运动中抗屈伸能力提高，根据三种灵敏测试项目与平板支撑的相关性分析结果可知，良好的核心稳定性对受试者的灵敏性有一定的影响。

刘姚成等在《桎梏与进路：高校冰雪运动课程旱地化的推广研究》(《哈尔滨体育学院学报》2022年第6期)一文中指出，冰雪运动所具备的政治、经济、文化、教育效益催生高校课程体系。但存在不少问题：南北地域限制大，自然环境条件先天不足；管理机制不完善，旱地化项目推广混乱；专业人才较匮乏，师资队伍储备零散化，基础设施建设少，器物资源消费较昂贵；大众传统认知差，教学课程体系难构建。为此，文章提出相应对策：科技与赛事效应双推动，弥补地域差异与消除环境限制；管理主体协会化，细化参与机制，促进项目推广条理化；加强组织三联动，推动师资置换，实现专业人才储备丰富化；课程模式灵活化，加强冰雪场地改造，降低器物消费参与成本；课程门类多样化，挖掘思政内涵，构建冰雪文化课程体系，以期为我国高校冰雪旱地化课程构建提供理论参考。

李轩朴在《分层教学法在高校公共体育篮球教学中的应用》(《当代体育科技》2022年第22期)一文中探究了分层教学法在高校公共体育篮球教学中的应用方向和方法途径，从教学分层、教学目标、教学内容、评价考核方法4个角度进行了研究分析。研究显示：根据篮球基础、身体素质、学习动机3个指标可将学生在分层教学分为三类；对不同的学生有不同的教学目标，不同的教学目标下的重点和难点是有针对性的；教学内容针对不同层次的学生强度要适当；教学考核评价体系依照学生能力来制定。文章提出以下建议：进行分层时，应充分尊重学生的意愿和动机；丰富课堂教学内容形式，以兴趣为主导；制定多元化的成绩评价考核制度。

陶驷翔、宋亚明、刘菡在《体育游戏教学法在高校身体功能训练教学中的应用研究》(《当代体育科技》2022年第16期)一文中，利用文献资料法、问卷调查法、实验法、数理统计法，对体育游戏教学法融入身体功能训练课程进行研究，对比实验前后参与学生的身体素质、学习态度、情绪状态和综合成绩4个维度各项指标的变化情况。结果表明，经过12周的教学实验，应用体育游戏教学法在身体素质、学习态度、情绪状态与综合成绩4个方面的表现均优于常规教学模式。

杨帆在《我国三级跳远训练理论与实践发展思考》(《中国体育教练员》2022年第3期)一文中运用文献资料法、访谈法和比较分析法，对我国三级跳远训练理论与实践中的问题及其成因进行分析、论证。研究认为：目前三级跳远理论研究高度集中于运动学分析领域；新的理念与方法融入原有训练体系时，教练员需发现其中的矛盾因素并进行化解；理论研究者与一线教练员对三级跳远运动员的技术分析存在差异；运用新的理念与方法，应充分考虑其效果的稳定性与持续性。

陆永华在《高校排球训练中软硬结合的训练探讨》(《文体用品与科技》2022年第20期)一文中指出，在开展高校体育训练相关工作的过程中，排球是其中比较重要的课程之一，对于学校的体育发展具有重要的推动作用。现阶段，高校排球训练工作中应用比较频繁的就是硬式排球。初学者在刚开始很难接受。硬式排球也会给学生在学习排球技术的过程当中带来一定的困难，打消学生的学习积极性。硬式排球球体比较硬，初学者在学习垫球的过程当中胳膊很容易出现淤青，传球的过程当中也很容易擦伤手指。初学者在学习传球和垫球的过程中，这些基础动作在训练的时候比较枯燥，在长久的训练过程中学生会产生抵触心理，会使得一部分学生丧失对排球的学习兴趣。

三、民族传统体育研究

汪雄、袁际学在《乡村振兴战略下民族村寨体育旅游开发的行动逻辑与实践理性——基于云南弥勒可邑村的田野考察》(《云南师范大学学报(哲学社会科学版)》2022年第6期)一文中指出，现代性社会发展语境中民族传统体育的生存与发展，是体育人类学研究领域亟待解决的重要问题。在乡村振兴战略实施过程中，民族村寨体育旅游开发迎来重要契机，民族村寨传统体育的多元立体文化空间，为民族村寨体育旅游开发提供重要基础。可邑村民族体育旅游开发场域中结构关系的不断调适、多种资本的不断转换、各利益主体的多向互动，是民族村寨体育旅游开发背后潜藏的行动逻辑，这种"达成的理性"实质上就是民族村寨体育旅游开发过程中各利益主体行动策略（"地方政府积极引导、知识精英参与策划、普通村民文化自觉"）的实践理性。探索民族村寨体育旅游开发的行动逻辑与实践理性，有助于促进民族村寨体育旅游发展，助力乡村振兴。

张海军在《乡村振兴战略下云南民族传统体育的新时代价值及实现路径》(《现代商贸工业》2022年第16期)一文中，阐述了乡村振兴战略下云南民族传统体育发展具有特色鲜明的新时代价值：推动乡村文化建设、产业深度融合、绿色生态发展、边疆繁荣稳定、乡村治理能力提升。但在乡村内部因素和外部因素双重制约下，其发展面临供给侧结构性矛盾、内生动力不足、村民全面发展受限等困境。发展云南民族传统体育要坚持政府主导，整合资源，统筹推进制度建设、文化建设、人才建设，深化民族传统体育供给侧结构性改革，构建乡村命运共同体，培养和激发村民全面发展的素质能力，实现云南民族传统体育高质量发展。

贾望伟等在《云南省近3届少数民族传统体育运动会板鞋竞速比赛分析》(《云南民族大学学报(自然科学版)》2022年第5期)一文中运用文献资料法、数理统计法、对比分析法等，以近3届云南省少数民族传统体育运动会为调查对象，从竞赛规程、参赛队伍及人数、竞赛成绩等方面进行全面的分析，分析近3届云南省少数民族传统体育运动会板鞋竞速项目的变化，以及当前云南省板鞋竞速运动发展现状，并针对不足之处提出合理化的建议，以此来促进板鞋竞速运动在云南省的健康发展，同时，也为其他省份板鞋竞速运动及相关赛事的发展提供参考。

郑明炬、陆福达、黄百庆在《新媒体时代云南民族传统体育与民俗旅游协同发展研究》(《旅游与摄影》2022年第4期)一文中指出，中华民族的传统体育文化是一种具有丰富的客观意义的特色文化。体育产业有着深厚的文化底蕴，其中凝聚着一个民族的风俗、发展趋势、发展方式、价值观和民族心理状态的建构。自媒体时代，云南地区将少数民族的传统体育文化融入休闲体育产业链，不仅可以起到宣传与推广的作用，而且可以传承少数民族传统体育文化。文章通过文献资料、统计分析和逻辑分析，分析了自媒体时代云南省少数民族传统体育文化与体育旅游融合发展的趋势，并明确提出相关发展建议。作为旅游大省，云南发达的旅游业与少数民族传统体育文化紧密结合，既有利于实现互利共赢，又能够彰显云南少数民族的特色文化，并以此助力云南经济发展。

陆福达、黄百庆、郑明炬在《"健康中国"视域下中华民族传统体育文化校园传承研究》（《健与美》2022年第2期）一文中运用文献资料、逻辑分析等方法，在"健康中国"视域下研究民族传统体育在高校校园的文化传承价值。民族传统体育的校园传承有利于丰富体育教育内容体系、充实校园教育文化传承及铸牢校园教育整体意识。民族传统体育文化是中华优秀传统文化不可缺少的史册源泉，是中华优秀传统文化传承的重要内容和现代竞技体育文化的蓝图，是中华民族体育精神和竞技运动能力的显现，对培养和发扬民族体育精神起到无法代替的作用。由此可见，在高等学校开展民族传统体育课程教学和实践训练是文化传承的重要内容，可以加强学生对民族传统体育文化的认同感和尊重。现阶段，中华民族传统体育文化校园传承面临以下困境：健康理念描述不清晰，校园传承认识单一化；竞技体育占主导地位，传承场地拓展有限；教学方法滞后。对此，文章提出以下传承策略：坚持整体审视，加强健康理念的全面认识；加强场域建构，拓展脉络延续的传承空间；将民族传统体育纳入高校体育课程体系，同时加强对民族传统体育文化和校园文化传承价值的认识。

詹粉密、张爱华在《以"公益体育"形式带动民族传统体育的发展的思考》（《文体用品与科技》2022年第8期）一文中通过文献资料的整理，结合我国目前公益体育与民族传统体育的发展现状，分析探究采用公益的形式发展弘扬民族传统体育的路径。目的在于使用大众易接受、易理解、易实施的方式，在保护与传承、创新与发展、理解与尊重中发扬民族传统体育，推动公益体育进步，利用其在民族领域、政治领域、体育领域的影响，促进二者的融合发展。

谭佳彩、宋淑华在《彝族传统体育项目的传承与发展现状——以彝良县奎香彝族苗族乡为例》（《文体用品与科技》2022年第8期）一文中指出，彝良县奎香彝族苗族乡是一个少数民族自治乡，在长期的生产生活实践过程中，区域内少数民族群众创造了丰富多样、独具民族特色的少数民族传统文化。其中彝族传统体育文化积累了彝族的古老习俗以及各种民间习俗，具有独特的魅力和特色，已经成为区域最为活跃、较具影响力的民族文化。而在乡村振兴发展战略、乡村旅游业发展、少数民族特色村寨建设、美丽乡村建设等背景下，少数民族传统体育运动项目所表现出来的功能和作用已得到了人们的关注，如何更好地传承与发展、开发与利用少数民族传统体育项目已经成为地方政府部门、少数民族村寨的工作重点。由此，作者以彝良县奎香彝族苗族乡为例对彝族传统体育项目的传承与发展现状进行分析，意义深远。

吕斌在《怒族传统体育创新传承路径研究》（《文体用品与科技》2022年第9期）一文中采用文献资料法、田野调查法、逻辑分析法对怒族传统体育文化传承的现状做了详细调查。发现怒族传统体育文化传承中的主要问题有：依靠政府政策支持，自身发展传承动力不足；与现代体育相结合，体育文化价值观的差异注定无法走远；培养怒族传统体育传承人，因缺乏广泛的群众基础最终无法发挥真正的作用。在此基础上，根据国家现有政策，文章提出了怒族传统体育的创新传承路径：将怒族传统体育传承回归家庭，发挥家庭教育的基础作用；怒族传统体育进入义务教育阶段的校园，发挥学校教育对怒族传统体育文化传承的保障性作用；作为体育产业进行开发进而起到传承与保护的作用；怒族传统体育与传统节日庆典以及体育旅游相结合发展传承；融入全民健身，走可持续发展之路。

陈明照、邢菁然在《新时代背景下云南省特色小镇民族传统体育发展现状分析》(《体育视野》2022年第1期》一文中运用文献资料法、对比分析法等研究方法,研究了云南省特色小镇民族传统体育发展的现状和路径。文章从云南省特色小镇的发展现状和云南省特色小镇民族传统体育的特点出发,挖掘云南省特色小镇建设和民族传统体育传承的契合点,探索在特色小镇建设中融合民族传统体育发展的新思路,以期为民族传统体育的发展提供参考。

卢李琴、李芳在《哈尼族传统体育秋千传承保护发展的现状》(《文体用品与科技》2022年第13期)一文中运用了文献资料法、访谈法、问卷调查法、数理统计法,对红河州金平县马鹿塘村哈尼族传统体育秋千的传承现状以及保护现状展开了相关调查与研究,深入透析红河州金平县马鹿塘村哈尼族传统体育秋千传承的组织方式、相关支持政策,以及保护过程中的保护方式、保护政策、保护的途径与方法。通过对以上问题的深入调查与研究,发现红河州金平县马鹿塘村哈尼族传统体育秋千传承保护发展过程中的问题,提出相关对策,为促进红河州金平县马鹿塘村哈尼族传统体育秋千传承保护提供理论依据。

四、运动人体科学研究

孟志军等在《世居高原皮划艇运动员到达低海拔1周运动能力变化分析》(《高原科学研究》2022年第2期)一文中介绍了其开展的运动能力变化研究的相关情况,包括目的、方法、结果及结论。目的:观察世居高原皮划艇运动员低海拔运动能力变化,探讨可能原因,为低海拔期间的训练和比赛提供参考。方法:以10名世居高原女子皮划艇运动员为研究对象,测试其在云南松茂(海拔2080m)和到达云南富宁(海拔240m)第7天的运动能力和血液学指标。运动能力主要包括有氧能力测试(递增负荷测试)、糖酵解代谢系统测试(Wingate 30s)和磷酸原代谢系统(10s全力);血液学指标包括促红细胞生成素(EPO)、红细胞数量(RBC)和血红蛋白(Hgb)浓度。结果:世居高原皮划艇运动员到达低海拔后,递增负荷测试力竭时间显著增加了17.9%(735.7±99.7vs.863.9±118.9s,$P=0.01$),最大摄氧量(VO_{2max})功率显著提高了12.0%(216.0±18.4vs.242.0±17.5w,$P=0.01$),无氧阈功率显著提高了14.3%(156.0±8.4vs.178.0±14.8w,$P=0.01$),而VO_{2max}和相对VO_{2max}的变化无统计学意义;运动员到达低海拔后30s测功仪全力测试的平均功率、相对平均功率和运动后的峰值乳酸无显著变化;运动员到达低海拔后10s测功仪全力测试的峰值功率和相对峰值功率无显著变化;运动员到达低海拔后功率180w的心率(PW180-HR)下降了3.9%(158.6±13.5vs.152.3±12.7 beat/min,$P=0.01$);运动员到达低海拔后EPO下降了10.1%($P=0.07$),RBC显著下降了11.8%(5.1±0.3vs.4.5±0.3 1012/L,$P=0.01$),Hgb浓度显著下降了6.9%(148.9±7.1vs.138.8±9.3g/L,$P=0.01$)。结论:世居高原皮划艇运动员到达低海拔1周,力竭时间和无氧阈功率显著增加,但糖酵解和磷酸原能力无显著变化;世居高原皮划艇运动员到达低海拔1周,运动经济性显著提高,这可能是有氧能力提高所致;世居高原皮划艇运动员到达低海拔1周,EPO、RBC和Hgb浓度下降,可能与运动能力的变化没有直接关系。

陶驷翔、汪伟、刘菡在《基于私有云的非专业体育训练信息资源共享方法》(《赤峰学院学报》2022年第8期)一文中指出,非专业体育训练信息可帮助大众掌握正确运动方式,推动全民运动。但传统共享方法存在信息泄露的问题,导致信息共享安全性较差,因此文章基于私有云提出一种非专业体育训练信息资源共享方法:通过构建非专业体育训练信息协同编辑模型,确保信息完整性;基于私有云设计信息安全加密算法,保障数据安全性;设计信息资源云端共享分布式存储模式,实现大范围信息资源共享。实验结果表明,提出的方法共享功能具有一定优势,与传统方法相比,共享安全性更高,具有实际应用价值。

马建福在《法国国家体育学院高水平运动项目训练、管理及启示》(《中国体育教练员》2022年第2期)一文中依据其在法国国家队任职期间对法国国家体育学院的训练、管理及后勤保障体系进行的深入观察和分析指出,法国国家体育学院在后勤保障、伤病预防措施、康复过程、运动营养、运动员心理辅导、运动损伤预防等方面都形成了完善高效的保障措施,其训练、管理及后勤保障体系层层相扣,高度衔接,对各项目训练及取得比赛佳绩起到重要作用。

邓淑珍等在《云南省中学生身体素质现况及影响因素分析》(《现代医学预防》2022年第12期)一文中指出,了解云南省中学生身体素质现况及其影响因素,可为提高中学生体质健康水平提供参考依据。研究采用分层随机整群的抽样方法选取2019年云南学生体质与健康调研中13～18岁中学生11946名,测量不同性别、年龄、民族的学生各项身体素质相关指标及计算合格率,对弱势项目(肺活量、男生引体向上、女生仰卧起坐)应用多因素 Logistic 回归分析。研究结果显示,2019年云南省中学生体质测试中整体合格率由高到低的项目依次为耐力跑(99.9%)、50m跑(96.4%)、坐位体前屈(96.4%)、立定跳远(86.1%)、肺活量(76.8%)、引体向上/仰卧起坐(52.5%)。不同民族间比较发现肺活量合格率最高为汉族(85.6%),最低为傣族(47.4%);引体向上/仰卧起坐合格率最高为佤族(81.9%),最低为纳西族(41.3%)。多因素 Logistic 回归分析显示:肺活量项目中,超重肥胖(OR=0.56,95%CI:0.49～0.64)、学校不挤占体育课(OR=0.88,95%CI:0.81～0.97)、一周中肌肉力量锻炼≥4次(OR=0.67,95%CI:0.58～0.77)体测合格率更高,而低体重(OR=3.78,95%CI:3.31～4.56)体测合格率更低;引体向上/仰卧起坐项目中,上体育课时感觉出汗(OR=0.87,95%CI:0.76～0.99)、学校不挤占体育课(OR=0.87,95%CI:0.80～0.93)、每天上课间操次数超过两次(OR=0.76,95%CI:0.67～0.88)体测合格率更高,而低体重(OR=2.10,95%CI:1.73～2.55)、超重肥胖(OR=1.25,95%CI:1.13～1.38)、每天体育锻炼不超过1h(OR=1.11,95%CI:1.02～1.20)体测合格率更低。文章的结论认为,引体向上和肺活量是云南省中学生身体素质弱势项目,今后政府、学校、家庭应加强合作,积极鼓励青少年参与体育锻炼,确保学生身体素质得到均衡发展。

刘一澎在《体育训练信息化研究》(《文体用品与科技》2022年第15期)一文中指出,随着我国体育事业的不断发展,在体育项目的训练过程中,训练与信息化的深度融合已经成为未来的主要发展趋势。体育训练信息化具有内容趣味性、形式新颖、贴近现实的特点,实现体育训练信息化建设,能够有效地提高运动员的训练热情、拓展体育训练的资源、减少体育训练时空限制、增强训练效果。但在当前我国信息化建设的过程中,仍然存在着资金投入不足、训练团队意识薄弱、体育资源匮乏等问题。文章认为,可以通过打造自循环网络平台、优化训练模式、构建新型训练评价体系等方式进行相应的优化。

孙碧桧在《高中体育教学中的跳远训练方法》(《家长》2022年第34期)一文中指出,随着素质教育的深入贯彻落实,越来越多的人开始意识到体育学科的重要性,体育学科的地位正在不断提升。高中阶段学生面临巨大学业压力,需要得到适度的身心放松。高中体育跳远的开展,不仅能够起到锻炼学生身体素质的重要作用,同时也可以使学生快速掌握体育技巧,通过体育释放自己的压力,保障学生的身心健康发展。但在实际跳远训练过程中,学生兴趣缺失,且一些教师仍旧采取枯燥讲解或者单纯进行动作示范、学生机械模仿的训练方法。以上问题亟待改善。

(执笔:李莹)

艺术学

2022年，云南艺术学研究在各分支领域关注理论问题研究和实践经验总结。在学科理论建设上，注重从中国传统艺术理论、中华优秀传统文化进行挖掘，在与国外或西方艺术理论对比辨析中，推动中国艺术学理论发展。在艺术交流互鉴上，主要从多民族艺术交流交往交融中阐释铸牢中华民族共同体意识，从跨境民族艺术、"一带一路"国家艺术研究中表明文化艺术在推动构建人类命运共同体中的价值。在艺术实践中，关注文化遗产的挖掘和价值阐释，艺术乡建对乡村文化振兴的促进，科技服务艺术治理，公共文化服务法治建设，文化艺术产品推动产业发展。这些研究体现了云南艺术学研究积极服务国家和云南省发展战略，推动中国特色的艺术学学科体系、学术体系和话语体系建设，着力推进文化自信自强、促进新时代文化艺术高质量发展。

一、艺术基础理论研究

李世武在《国外"民族艺术"相关概念辨析》（《民族艺术》2022年第5期）一文中指出，"民族艺术"是一个内涵丰富、外延宽广的概念，其概念界定是艺术人类学、民族艺术学等交叉学科必须面对的关键学术议题之一。国外学术界或出于对旧概念蕴含的偏见、不准确性的不满，或出于研究新兴艺术现象的需要，提出了"民族艺术"相关概念，但存在对概念的内涵及外延界定不清的问题。"民族学艺术"（Ethnological Art）、"民族艺术"（Ethnic Art）实际将研究限定在非欧洲艺术中；"民族音乐"（Ethnomusic）将非西方音乐、非欧洲音乐、异国音乐等同于民族音乐；"民族艺术"（National Art）、"民族音乐"（National Music）、"民族主义音乐"（Nationalist Music）被限定在18世纪晚期出现民族（Nation）概念以来的时间范围内；木村重信在与纯粹艺术的比较研究中建立"民族艺术"（民族芸術）的知识谱系，认为民族艺术即民间艺术。国外学术界对"民族艺术"相关概念进行过反思。一是从时空维度扩展民族艺术的所指范围。从空间上看，不再将民族艺术等同于非西方艺术、非欧洲艺术；从时间上看，将不同时代的艺术纳入民族艺术的范围。二是艺术价值相对论受到重视。要超越国外"民族艺术"相关概念的局限性，应强调以下三个方面：民族艺术是一个兼顾艺术的时间、空间、社会层级等维度的宏大概念，民族艺术的概念不能替代亦不必替代原始艺术、部落艺术、非西方艺术、传统艺术、无文字艺术、民间艺术、民众艺术、土著艺术、本土艺术、少数民族艺术等概念；应坚持艺术价值相对论，其一应消除旧概念含有的偏见而非用新概念替代旧概念的负面含义，其二应认为世界各民族艺术均有其独特价值而极力避免"我族艺术优越论"；应高度重视相互对应的艺术范畴之间相互交流、相互影响的事实。民族艺术的定义，亦不能大而无当，宏大到等同于人类艺术本身。民族艺术具有时间性、集体性，民族艺术不等于民族主义艺术。中国民族艺术研究界应坚持马克思主义民族观、艺术观，积极探索民族艺术概念的内涵和外延。

巴胜超在《中华民族共同体形象三境："入眼悦耳""身体力行""无象入心"》（《民族艺术》2022年第6期）一文中认为，中华民族共同体形象的营建与传播，始于视觉形象的发掘、整理和设计，但不仅涉及视觉。文章基于"形象识别系统"框架，在"乡土中国"的文化底色上，重构中华民族形象识别系统：乡土生态以自然环境为基础，以独有的地文、天文、水文、生物景观呈现民族环境识别；乡土聚落包含语言文字、图像、色彩三个基本要素，以民族服饰、民族建筑为核心，呈现民族视觉识别；乡土声音可分为音乐、语言、音响、自然声四种，以民族音乐、歌舞为核心，构成民族听觉识别；乡民生活是民族行为识别的活态系统，是民族形象识别的核心内容；乡土精神经由乡土组织、教育、伦理、信仰等精神要素，综合其他各类识别，显出民族理念识别的文化底片。通过对多元一体历史传统的发掘、提炼，归纳、设计出多维度的视听形象，达成"入眼悦耳"的视听传播体验，是中华民族共同体形象塑造的第一境。除了对中华民族共同体形象的视觉"远观"，更需发掘每个中国人的主动性，在互联网共享、饮食分享和节日共欢中，从视觉、听觉的外在形象维度，深化为眼、耳、鼻、舌、身五种感官的综合性参与、体验、互动维度，塑造流动的"身体力行"视觉景观，是中华民族共同体形象塑造的第二境。中华民族共同体形象的塑造带有艺术审美的特征，"无象入心"的审美意境，是中华民族共同体形象塑造的第三境。第一层面为无象乃大象，不仅依托于具体可见、可听、可感的视听对象，还需将这些视听形象，融入中国人的日常生活。第二层面为入心乃心境，不能仅停留在视听奇观、景观的塑造上，更需塑造让中国人审美愉悦的、可用心领悟的共同体形象。第三层面为得意可忘象，应超越纯政治意识形态性的刻板形象，从艺术意境、境界、精神等"虚空"维度，回到对文化多样性的尊重，各美其美，美人之美，美美与共，才能达到铸牢多民族共同体意识的"天下大同"。

二、戏剧研究

王嘉嘉在《观演行动矫形术：沉浸式剧场观演权利差异化现象研究》（《戏剧艺术》2022年第5期）一文中认为，沉浸式戏剧观众与演员、空间、道具等诸多元素的近距离互动打破了传统剧场远距离观演关系中的主客、动静等二元对立状态，产生转客为主、转静为动的显性变化，呈现出灵活多样的观演互动性。沉浸式戏剧创作中观演自由包括观众行动的自由和观众影响故事的自由，但此种自由保持在创作者相对可控的范围内，创作者赋予观众的观演权利不可避免有所限制。沉浸式戏剧创作者设计的差异化观演权利运行机制，隐藏在演出的叙事时间与叙事空间运行机制中。在叙事时间的规划上，观众从入场开始就因入场先后顺序的不同而被分流，从而被引入不同的故事线节点，通往不同的故事轴线，获得不同的观演权限和观演体验。在叙事空间规划上，创作者通过场景空间连接处制造出影响观众选择的"行动边界""物质边界""灯光边界"，创作出引导观众的拉力和推力。创作者通过精心设计的技术工程对观众观演行动实施的矫形术无处不在，观众的超越性主体意识和否定性行动本性又不可能对于观演权利差异化体系全盘接收，因此引发创作者与观众之间的"权利较量"，形成既相互对峙又彼此依附的辩证关系，达成创作者的"干预边界"与观众"选择边界"的相互调试。沉浸式剧场观演权利差异化机制，还创造了新型的剧场生产关系、生产方式与生产价值。观众和演员付出"身体劳动"和"情感劳动"两种显性生产方式，还在以其隐秘的意识活动付出持续的"意识劳动"。对沉浸式戏剧创作者而言，无法达到也不应达到完全的观演自由与完全的观演束缚。拥抱观众观演行动"否定性"带来的创造与惊喜，吸纳观演行动"不确定性"带来的挑战与快感才是沉浸式戏剧创作的生存之道。

方冠男在《西南联大戏剧活动的"知行合一"》（《民族艺术研究》2022年第5期）一文中指出，西南联大的戏剧活动由"知"和"行"两个层面构成。联大演剧之"行"有鲜明的"运动"色彩，联结了联大演剧的主调与昆明演剧原有形态的运动色彩。联大演剧运动的主调最明显体现在演剧力量的"分化"表现上。第一次分化是联大剧团分化为"右派"的"三青团"组建的青年剧社和"左派"的群社成员组建的联大戏剧研究社，其界限在于原则性的立场。青年剧社内部又继续二次分化为青年剧社和国民剧社，其界限则在于政治派系的斗争。分化既显现为分裂，也显现为提纯，提纯之后就是联合。从联大戏剧研究社到联大剧艺社的集成关联上显现了从提纯到联合的过程。联大戏剧研究社是延续了联大剧团内部左派力量的演剧社团，其演出目的有和国民党、"三青团"的御用剧社进行斗争的意图。联大剧艺社可以视作联大戏剧研究社的继续，以"联合"进步力量、团结民众的立场，与其他演剧团体和剧人进行联合演出，联合一切可以联合的力量，使得联大演剧的运动色彩达到时代高潮。联大演剧的"知"体现在其教学与学术研究的空间里，赵诏熊、吴晓玲、罗常培等人将西洋戏剧、曲学拍曲引入课堂，用戏剧课的方法讲授专业课；郑婴将小剧场戏剧的理念引入联大演剧，为联大戏剧研究社和联大剧艺社的小剧场戏剧活动做了理论准备；闻一多通过剧本《〈九歌〉古歌舞剧悬解》，复原了古歌舞剧的神话猜想，并将神话研究、楚辞研究与戏剧活动联系起来。联大的学术之"知"，包含了民族之"知"、学问之"知"、戏剧之"知"的丰富内容，是联大戏剧之"行"的坚实内在支撑。联大八年的演剧历程，其实是一场"致良知"的社会联合"行动"，这是一个"知行合一"的完整过程。

三、电影与广播电视艺术研究

宋杰、徐锦在《被遗忘的俄国形式主义：电影语言研究的重要力量》（《当代电影》2022年第4期）一文中指出，最早比较理论化认识电影语言的著作是德国的明斯特贝格的《电影：一次心理学研究》和俄国形式主义主要成员埃亨鲍姆等人的《电影诗学》，明斯特贝格把电影看作心理语言，埃亨鲍姆则把电影看作内心语言。《电影诗学》探讨了电影的修辞、电影的原理、电影的本性、电影的风格与摄影等问题，将形式主义的方法运用到电影中，寻求诗学研究的方法与电影语言的形式的内在联系，建构其形式本体论的电影艺术观。该文对经典电影理论中俄国形式主义有关电影语言的研究进行了回溯性梳理和分析，认为俄国形式主义对电影的研究，是早期经典电影理论研究中有关电影语言研究的主要组成部分。皮奥特洛夫斯基的电影流派理论、埃亨鲍姆的电影修辞学以及俄国形式主义对电影的研究，虽然是以默片时代的电影为对象的，但这些研究成果的很大一部分对今天的电影仍然是有效的；俄国形式主义的研究的主要部分仍然是今天电影理论研究面临的、尚未根本解决的问题，其中，关于电影的加速结构、镜头语义学和蒙太奇语义学、摄影的运动性、时空连续性幻觉、内心语言等研究依然是电影语言研究的核心。此外，俄国形式主义对于电影语言的研究摆脱用美学取代语言学语言的、空洞的形而上研究具有积极推动作用。遗憾的是，电影理论的历史研究并没有公正地看待俄国形式主义对电影语言的贡献。在今天，有必要重新客观地、公正地看待《电影诗学》的历史地位及作用，并对电影语言研究加以全面、系统的研究，找到电影语言学的"原理论"。

谢波、黄鹏在《记忆与情感话语的电影叙事策略——关于阿尔兹海默症的电影》（《当代电影》2022年第4期）一文中认为，与阿尔兹海默症（简称"阿症"）相关的电影，把病人的记忆作为建构电影叙述/剧作的核心，将保留或重拾记忆作为人物欲望的核心诉求，以阿症患者自身为中心的内部设计，或以阿症患者的亲人为中心的外部设计，或以二者兼顾形式，设计矛盾冲突与悬念以结构整个叙事。在伦理道德下的两种情感话语主导了阿症相关电影的叙事建构。以爱情为主题的影片一方面在回溯过去的共享记忆，也将现在/当下作为共同记忆的新历程，重新建构二人爱情新的共享记忆，为二人双栖双宿、同生共死的结局画上圆满句号。以亲情为主题的建构方式与以爱情为主题相似，聚焦当下，麻烦/矛盾的升级与堆积直至爆发，将主人公对爱与亲情的感悟作为叙事的终点。围绕着阿症患者所形成的剧作中内外部结构，也形成了相应的情感话语及其体认方式。外部情感话语的影片，往往以纪实风格叙事体系及其情感话语表达让观众接受、沉浸和感动。内部情感话语的影片，分为以第一人称视点的直接建构和从外部到内部建构两种方式，利用观众—他者与主体的人称转化，建构出阿症患者的内部情感话语，并能够让观众有所体认。

司达、赖思含在《柬埔寨电影史：研究框架与主要议题》（《电影艺术》2022年第1期）一文中认为，历史发展各个时期，柬埔寨国内影视作品都存在某种与西方殖民主义相对应的特殊话语关系，在研究框架上着重考察殖民阴影背后，柬埔寨本土电影所蕴含的强大民族性特征、高棉文化的独特范式，以及电影文本在实现民族认同、阶级调和与文化改造等社会议题方面的贡献。柬埔寨电影生产、传播和文化的历史流变划分为四个历史阶段。殖民化时期（1899—1953）的影像作品都是纪录短片，受法国政府和制片厂资助。去殖民化时期（1953—1975）是高棉电影的黄金时代，分为两条发展线索：一是自学成才的民间导演，扎根高棉历史传统文化和民俗传说，以作坊制片模式对类型电影的探索，解决的是柬埔寨历史文化的传承和商业化问题；二是西哈努克担任编导、家庭成员担任演员的文化宣传影片，力图为独立后的国家建构出新的文化审美价值，解决的是柬埔寨的现代性问题。这些影片在对民族文化的影像建构中树立了柬埔寨人的民族自豪感和文化自信心，开启了电影工业的萌芽。反殖民化时期（1975—1979），即民主柬埔寨政权时期，影片全部是新闻纪录短片，是鲜明亮出反殖民大旗的意识形态宣传文本，也是物质生产实践中的公共教育形式。后殖民化时期（1979年至今）柬埔寨影业深受西方资本干预，形成了极具剥削特征的制片模式；故事讲述权掌握在外国人手里，主题也都带有强烈的西方意识形态色彩。柬埔寨电影主体性地位的确立依然道路坎坷，其文化自信面临的挑战仍旧艰巨。

四、音乐研究

赵仲明在《区域音乐史编纂的方法与方向》（《音乐研究》2022年第4期）一文中指出，现有区域音乐史编纂的文献史料，大部分来自官方修编的地方志书、学校音乐教材、报刊报道的相关音乐事象，尚不能称为音乐史或音乐史学。事实上，散见于民间的各类文人著述、不属于传统意义和官方认可的"高文化"的音乐事象，也是鲜活和珍贵的文献史料。深入对文本的历史性和历史的文本性开展研究，并在长时段多种史料相互印证、相互比较中梳理，区域音乐史编纂本质上是反向思维与相向思维的辩证统一，是与整体史相呼应、"以小见大"的史学方法。近年来，艺术人类学打破学科壁垒，走向学科交叉，同时秉承文化整体观，坚持世界意识的研究，各门类艺术研究领域已建立各民族艺术"我中有你，你中有我"的中华艺术多元一体格局观念。文化融合理论取代文化同化理论，因其不能准确解释不同文化群体相互接触后双方文化的表现形式和文化发生转变的过程，而对该转变过程的研究恰恰是历史科学的重要范畴，区域音乐史的研究与编纂也概莫能外。迄今所见部分区域音乐史、专题史、少数民族音乐通史的编纂和史学叙事，依然存在一些问题。就编纂方法而言，被动关联型、史料汇编型、条目注释型的著作仍较常见，而使区域音乐史的研究主题——鲜活、丰富但源流、形态、文化及社会功能错综复杂的地方民间音乐变得平淡无奇。云南文化多样性的存在是云南音乐史研究和编纂的重要基础，"活生生的历史"，既是治"史"和修"志"不能等同的关键所在，也是音乐史学"去伪存真，秉笔直书"的学术担当。区域音乐史研究与编纂的史学观念、方法论取向，以及历史书写中的问题意识、叙事方法等，仍然有待史学界探讨。

杨民康在《南方丝路与海上丝路音乐文化的交汇——南方与周边跨界族群音乐文化的研究现况与学术格局》（《中国音乐》2022年第6期）一文中认为，在南方丝路与海上丝路音乐文化交汇及"一带一路"倡议语境下，中国与周边跨界族群音乐文化研究的内涵和外延有了较大拓展和改变。关于该领域研究应该遵循的基本原则：首先，中国的跨界族群音乐研究紧密涉及中华民族多元一体格局与铸牢中华民族共同体意识的根本问题；其次，除了应积极开展中国境内的汉族和少数民族音乐文化的本体研究之外，还应密切跟踪其作为跨界族群音乐文化在国境两侧的互动交流过程，再通过由内向外和由外向内的双向互视的研究途径，以最终达到反观和认识我们自己的音乐文化和身份认同状况的目的。关于该领域学术现状与发展史，以往的研究可大体分为区域研究及国别与族性研究两大类。21世纪以来，南方少数民族暨跨界族群音乐研究具体可归纳为5个基本方向：境侧互动——汉族与少数民族跨界族群音乐比较研究；路带穿越——苗瑶、壮侗、藏缅语族音乐研究；环山流布——藏族与周边跨界族群音乐比较研究；环岛传播——海南、台湾与周边跨界族群音乐比较研究；海上丝路外联——南亚、东南亚与中国汉族、少数民族音乐的交流与互融。中国跨界族群音乐研究经历了从"境侧"两端的跨地域性比较研究到"路带""环山""环岛"的跨区域性比较研究和南方丝路与海上丝路音乐文化暨"一带一路"的洲际性比较研究，亦即由短距离、中距离到长距离的循序渐进、范围日增的环链性发展过程。它验证和说明了由中国传统音乐（含汉族传统音乐和少数民族音乐）研究向跨界族群音乐比较研究和世界民族音乐乃至全人类音乐文化比较研究的转型过渡，体现了当今音乐文化研究或民族音乐学研究的大趋势，也是当代中国民族音乐学学者应该完成的一项重要历史使命。

五、舞蹈研究

申波在《从显圣到审美的转换——图像与口述视野下孔雀舞变迁与传播的轨迹》(《北京舞蹈学院学报》2022年第1期)一文中指出，在时空的穿梭中，云南民间孔雀舞因时代需求而不断被形塑、拼接与建构，即从宗教典籍到村寨表演、从精英再造到非遗申报、从舞台表演到教学传承，作为一种超越当下存在的显现符号，在社会转型的不同时期，出于革命叙事的需求与"传统的发明"，对孔雀舞的阐释和解读几十年间在业内很少受到质疑，进而构成一种强势的话语空间。该文通过孔雀舞这一个案，基于"活的民族志"立场，采取"图像识别"与"多点口述"的途径，通过跨地域、跨文化的比较，考察孔雀舞"由显圣到审美"的动态变迁轨迹，思考在民族文化"他者表述"与"自我他者"的过程中，文化主位与学术客位的互动关系以及各种社会力量所产生的张力，以透视孔雀舞这个研究对象的本真原型。面对已成热点的孔雀舞与中南半岛自古存在的紧那洛、紧那丽原型渊源的互动，学术书写如何以开放的心态面对跨地域的历史记忆与文化事实，以构成对传统的回望，唤醒历史记忆并回馈乡土，需要艺术人类学与口述资料的支撑以反观田野实施的当下变迁。同时，开展跨国互访以寻根溯源的差异性比较势在必行，更需要主流话语调整心态、遵从现象学的旨归"回到事物本身"。在将外来文化资源为我所用的同时，万不可固守自我体系内单一坐标的审美接纳，应该更多"走出去"与同源异流的文化进行广泛的交流，推动文化传统的多元沟通，使地方性的文化传统超越自我经验的约束，接通"活的历史"，以满足社会的变革之需。

和璇、闫春鹏在《基于互映现象的艺术阐释：以勒巴舞为中心的案例解读》(《北京舞蹈学院学报》2022年第1期)一文中认为，在强调艺术与历史情境之关联的基础上，引入不同艺术形式作为参照，可以发现单一艺术文本研究所难以企及的考证和阐释线索。在勒巴舞研究中，引入门巴戏、热巴舞等艺术形式进行对照，基于互映现象考察藏族文化边缘地带的艺术形式的记忆共同体并进行阐释和解读，这将有助于形成艺术发生、整合和变迁理解的新思路。以勒巴舞同其他舞蹈之文化特质延续现实的艺术互映现象，体现了位于藏族文化中心与边缘地带的艺术之延续性。相同文化特质在不同艺术形式中的整合和固化，促进一种古老的文化特质在新的体例中得以延续；构建于"撵鬼趋吉"实用功能之上的仪式对艺术形式起到固化作用，留存了对照的线索。勒巴舞在不同的年代被附加不同的宗教象征和意义，但即使宗教环境弱化或改变，"撵鬼趋吉"的仪式功能的存续仍使得具有仪式性的藏语吟唱在不懂藏语的纳西族中得到完整的保留，可见，建立在万物有灵观念基础上，对神鬼的敬畏、祈求护佑的仪式的实用性才是勒巴舞中苯教、藏传佛教噶举派层层附加的基础；艺术形式在重复性及现实化的博弈中，一方面呈现连续性和相似性，另一方面则体现多样性。互映的艺术形式虽然跨越了族别或地域形成重复的连续文化特质，却因不同的民族和地域的现实化过程产生了差异。不同的历史阶段，不同的文化基于自身的发展需求在艺术承载的回忆中唤醒、附会、改造原有的文化特质及其意义，渐渐使得勒巴舞演变成今天的模样。

黄龙光在《祖先的鼓舞：彝族花鼓舞的身体叙事与历史记忆》(《北京舞蹈学院学报》2022年第2期)一文中指出，彝族花鼓舞贮藏着彝族远古共祖阿普笃慕主持祭祖大典、六祖分支、四方迁徙的历史记忆。彝族花鼓舞以"踩"为基础的一系列舞蹈动作组合，与以"螺蛳转"为核心的独特阵型套路，是后人踩平亡灵归祖途中尖刀草"送灵归祖"的身体叙事，也是对彝族历史上踩踏尖刀草、六支分祖、四方迁徙历史记忆的艺术化模拟。这些舞蹈艺术形式所关联的民族文化观念，源于民族独特的历史记忆，这些历史记忆深藏于舞蹈语汇背后，伴随着舞蹈艺术展演的日常实践被不断激活和强化，从而实现民族文化认同与身份彰显。彝经传抄吟诵、丧礼花鼓舞展演，与传统丧仪一道，整体性型构了一个互文、互释的文化传承机制，动态地激活民族历史记忆，使内部固有分支迁徙传统的彝族实现了超越时空的文化共同体认同。如今，随着现代殡葬制度的全面推行以及非物质文化遗产化的公共实践，彝族丧礼花鼓舞过去那种民间民俗生活语境正在逐步隐退，现代舞蹈艺术蓬勃发展，花鼓舞整体舞蹈艺术也趋附于当代文化消费的审美需求和标准。研究彝族花鼓舞这样的传统民俗舞蹈及其历史记忆，不仅要从舞蹈语汇中的核心身体动作、技巧与套路出发，还要尽可能还原其原生展演的民俗语境，回归历史情境与民族文化传统，才有可能揭示传统民俗舞蹈展演背后独特的身体叙事内涵，也才有可能总结遗产化的传统民俗舞蹈传承变迁的内在规律，从而深度理解民俗舞蹈艺术对民族认同和社群凝聚的意义和价值。

六、美术研究

刘连杰在《写气图貌：中国传统绘画的写真观念》（《云南师范大学学报（哲学社会科学版）》2022年第4期）一文中认为，20世纪以来，在实业救国的紧迫形势下，中国画学界逐渐形成了"西方画写实，中国画写意"的误判，并仓促地认"实"为"真"，以西方写实绘画为衡量标准，既不符合中国画求真的史实，也无法准确说明中西方绘画的本质差异。实际上，中国画"写气"与西方画"写实"同属于求真意志，但两者的哲学基础不同，中国画在气论哲学的影响下，强调"真在气"，将气作为生成万物的本体概念，超越了形似标准。它从万物起源的根基处，进一步追问万物的生成机制，即"生机"。"气"也是中国画的直接表现对象，"画气"尽管不是强调形似的"写实"，它也在"模仿自然"、探索自然，试图揭示自然运行的规律，作为生成万物的场域，气化流行的宇宙充满生机，处于其中的万物，又以其内在的生机推动形貌不断变化，任何具体的形貌都只是万物的某个时空片断。相比于西方写实绘画的视觉之实，中国画更强调完整的生命现象之真。这是一种更具本体论倾向、更加追求整体性的写真观念。中国画求真，并非孤立地描绘万物的形色之实，而是将万物纳入宇宙人化流行的整体运动之中来表现。中国画超越形似，以造化全像为背景，以虚实相生为内在机制，呈现万物生生不息的生命动态过程。它不是根据"形"，而是根据"气"，来图画万物的面貌，借用刘勰的表述，即"写气图貌"。"写气"并非如西方画那样以视觉科学为统领的"写实"，也非20世纪改变了传统内涵而放大表情达意功能的"写意"，但它与"写实"一样，具有强烈的探索自然之理的求真意志。只有继承中国画的思想体系，真正理解了这一体系，才能消化西方绘画的写实观念，更新中国画，与时俱进地走出一条不用再"尾随"西方绘画的中国画未来之路。

苏泉在《审美意象的交融共生：论东巴画造型风格的衍进》（《甘肃社会科学》2022年第5期）一文中指出，审美意象的共生与采借是不同民族进行艺术交流的重要途径，从民族志的角度看，借鉴兄弟民族的造型样式以延展本民族审美意象是实现民族美术发展的规律之一。东巴画的造型表现风格从形成到完备经过了漫长的衍进历程，就表现形式而言，图画象形文很可能就是东巴画最早的形态，其稚拙古朴的审美意象贯穿了东巴画发展的各个历史阶段，并在与其他兄弟民族民间美术的交融共生中形成多样的造型风格。藏族民间绘画是东巴画造型风格借鉴的一个主要来源。东巴画中"鹏""狮""署"三类图像对应的审美意象是神鹏"休曲"、"杜盘西庚"（白海螺狮子）和狮首"优玛"战神以及"署"，在藏族民间绘画中与此相对应的审美意象是"琼鸟"、"威武伴神雪山白狮"和"威尔玛"以及"卢"或"龙"，其造型、线条、设色、布局和审美意象存在交融共生关联。根据对比，同一类造型，在藏族民间绘画中具有理性装饰美感，在东巴画中呈现为古朴稚拙美感，东巴画三类审美意象的造型特征保持着与东巴图画象形文造型风格的一致性，不同于其他民族同类审美意象。东巴画造型风格的衍进，这一历程发轫于东巴文化的原生土壤，是东巴图画象形文造型理念的延伸，并通过纳西族先民对其他兄弟民族文化的整合逐渐形成一种兼具古朴美感和表现性的意象造型风格，与中华民族整体的美学理念相呼应。东巴画造型风格的衍进历程，从时间、地缘、历史等因素分析，东巴画来源于民间，它通过原生的艺术形式呈现出不同的审美意象，其传承与发展是不同时期不同地域中华民族多元一体文化交融的结果，既是东巴文化兼收并蓄艺术创造精神的呈现，也是藏彝走廊中多民族文化在美术领域交融共生的缩影。

刘伟明在《新莽嘉量的书法艺术特色及影响》(《中国书法》2022年第10期)一文中指出,《新莽嘉量》是新莽篆书的代表性作品。新莽时期的篆书,就载体而言,大部分铸刻在青铜器皿之上,属于汉金文的范畴,具有较强的官方性质。此时的篆书受到西汉金文及隶书多方折的影响,在转折处化圆为方,排列整齐且富有装饰性,演变成为具有美术字特征的书体。《新莽嘉量》为镌刻铭文,并非铸造,其线条自然匀挺硬朗,少有起伏,整体效果以整饬庄重为主。《新莽嘉量》铭文的笔画形态以平直为主,但其中却充满大量的弧线和曲线,以形成强烈曲直对比。《新莽嘉量》的结体重心上移,纵向笔画拉长,造成整体字形以长为主,字的下半部分由于纵向笔画的拉长而显得较为空灵。《新莽嘉量》章法延续秦时成熟篆书规矩整饬的章法形式,以横式为之,将字形总体化圆为方后更加注重章法的秩序性与庄严性。《新莽嘉量》兼具一般汉金文的风格和独特风貌,新莽篆书开了"悬针篆"的先河,并对后世篆书创作具有一定影响;魏晋时期"悬针篆"入印,开拓了篆刻艺术的表现力,丰富了篆刻用字的取法;近现代书法家又将其进行"文人化"阐释,并借此形成自己的风格,受其影响较深的有齐白石、罗振玉等人。《新莽嘉量》作为新莽时期的重要器皿具有文物价值,其对当下的书法篆刻创作亦有重要意义。

七、设计艺术研究

刘妍在《挑战跨度:中国与欧洲传统木结构的建构思维》(《建筑学报》2022年第4期)一文中,着眼于屋顶构架与桥梁,对比中国与欧洲木构建筑传统解决跨度挑战的技术思维,欧洲木构的发展历程可以表达为"以力学为导向的结构设计",而中国木构则是"以建造为导向的构造设计"。桁架是西方建筑发展史中应对跨度需求最常用的结构形式,常以三角形布置,利用几何学上的三角稳定实现结构稳定。桁架的两个重要技术门槛分别应对了结构力学中最重要的两个概念:力学合理与结构稳定。欧洲木构架整体而言体现出对于材料受力的关注,以及直观地针对受力、应对变形的结构设计。在以木建筑闻名的东亚却未能自主出现桁架传统。在中国,建筑对应跨度的方式,除了增大梁木尺寸外,主要在于悬挑,伸臂梁是最为常见的桥梁形式。这种层层递进或递退的构造,在宋代建筑术语中称作"叠涩",统治着中国建筑的结构理念。而编木拱是一个特殊的例外,其将平直的木材纵横交织在一起,构件之间形成互承、互锁的制约关系,形成拱形的大跨度结构。闽浙地区编木拱桥最重要的技术探索是节点技术和施工技术,其最大难度不在于结构形式的设计,而在于建造施工过程的控制。通过对比,欧洲木构传统对构架有相对明确的受力意识,基于受力针对结构形式设计与优化,并明确区分"构件"与"节点";中国建筑传统限于意识形态与制度,在有限结构形式中,着眼榫卯节点构造的推敲,以应对结构安全与施工建造的种种挑战。欧洲传统木构架的特性与后来的结构科学原理相通,但是用结构科学的通用计算工具与计算模型,在中国木构建筑的应用上确有诸多困难与问题。对中国建筑更"科学"的认识,也需要基于建构规律自身的特性。

林立平、黄圣游在《教化与认同:南甸宣抚司署家具中的汉文化特征探析》(《装饰》2022年第11期)一文中认为,土司家具是土司阶层意识形态与生活方式的物化反映。云南梁河县的南甸宣抚司署中遗存有百余件清末与民国时期的家具,这些家具的整体风格、造型、装饰和陈设都有明显的汉化倾向,且汉化程度高于云南其他土司府中的家具。南甸土司作为傣族地方首领,其家具必然带有傣族特色;南甸又是一个汉族、傣族、傈僳族、阿昌族等多民族聚居的地区,其家具成为多元文化呈现的重要载体,汉文化在多元化家具中占据主导地位。南甸司署家具在造型、陈设、装饰等方面呈现出汉化特点:明清家具中的经典造型如翘头案、八仙桌、架子床、条凳、圈椅、官帽椅、脸盆架等器型遍布于土司府各处,各处行政空间与生活空间的家具陈设对称严谨、尊卑有序体现了土司对汉族儒家礼教和中庸思想的认同,家具的色彩、雕刻、彩绘、纹样装饰、细部结构等注重珍贵木材天然纹理呈现,采用牙子、翘头等内地常用的结构性装饰,并大量借鉴汉族装饰题材。这种汉文化特征是长期以来中央与南甸土司互相倚重、南甸土司地区教育发展、汉族人口迁入、民族之间交往交流等原因所造成的。南甸土司家具突出的汉化特征体现出土司对大一统国家的认同以及向中原主流文化靠拢的趋向，是民族文化交融的生动见证，也留下了珍贵的艺术遗产。

马佳在《鹤庆瓦猫与宾川瓦猫的比较研究》（《装饰》2022年第2期）一文中认为，当前云南瓦猫研究存在两种现状：一是就云南瓦猫泛化地域（昆明、呈贡、玉溪、大理、文山）中的代表性特点给予概括性介绍，二是就大理鹤庆瓦猫造型与文化功能进行解说。但是，内容多重复、雷同。作者在调研中意外发现尚未被学界知晓与研究的宾川瓦猫，遂对宾川瓦猫与鹤庆瓦猫进行比较研究。在分布地方面，鹤庆瓦猫与宾川瓦猫属于滇西北—大理片区中的两种瓦猫类型，鹤庆瓦猫使用地主要是在整个鹤庆县和丽江市，在大理的剑川、洱源、云龙也见零星安放使用；宾川瓦猫使用地仅限于宾川县；两地瓦猫在制作材料——砖瓦泥、烧制场地——砖瓦窑以及制作者——砖瓦工三方面均有相似性。但是，鹤庆瓦猫与宾川瓦猫也存有一些差异性。在造型特点和制作过程上，鹤庆瓦猫为空心小巧型瓦猫，具有夸张的造型，尤其表现在大盘子圆脸与大嘴上，包含虎、麒麟、狮子、独角兽的形象，是一种复合型造型，主要为捏制，较为完整与精细；宾川瓦猫为实体型瓦猫，为一块长方体泥块削制而成，造型比较简单粗犷，追求写实性，突出特点是真猫的样子与前有玻璃珠样的眼睛。在安放与使用上，鹤庆瓦猫的功能有三，即其一是从镇宅功能逐渐演化出来的安放于屋顶屋脊正中处的建筑构件，其二是"合龙口""卡瓦猫"所起到的调节风水、镇宅辟邪、纳吉作用，其三是"吃铁屙金"的招财纳福功能，其安放者兼仪式主持者多为木匠或泥瓦匠师傅；宾川瓦猫的功能则主要是"化煞"，尤其是"化白虎煞"，其安放者及开光师傅多为风水先生。鹤庆瓦猫的造型和制作因其功能的改变和影响力辐射而被精致化，呈现文化的杂糅性，走上了艺术化的道路。

八、艺术文化综合研究

方李莉、向丽在《中国艺术乡建的实践与未来：与方李莉的对话》（《云南师范大学学报（哲学社会科学版）》2022年第4期）一文中认为，艺术乡建基于中国百年之痛与对现代性及其后果的反思，主要从"生态性"、"治理性"和"美好性"三个层面对乡村建设做出了新的规划与构建，在乡村振兴和中华文化复兴中发挥着越来越重要的作用。文章认为，我们需要对艺术人类学的视野与实践对于近代中国艺术乡建有怎样的意义、中国艺术乡建遇到哪些问题，以及未来艺术乡建的发展趋势等做一些必要的回顾与思考。文章认为艺术人类学逐渐关注人的情感之维，探讨情感结构与社会转型和变迁之间的深刻联系。在艺术人类学视野中，中国手工艺的复兴和乡村复兴实则是一套义化样态和审美哲学的复兴。艺术家介入乡村建设可以让乡民重新感知乡村的美，从而引领新时尚和社会变革。乡村是中国文化之根，不是我们去拯救乡村，而是乡村拯救我们。我们的社会结构已经发生改变，今后的社会发展是去重心和多中心的重构。在这样的社会转型中，我们更需要迈向"生态中国"，需要新的看世界的方式和生活样式，从而真正在艺术层达到美美与共之境。艺术介入乡村，绝非单纯的艺术家介入和艺术作品的介入，而是审美经验的重构与共融。从"艺术介入生活"到"艺术改造生活"，以及"艺术作为一种生活"，这本身就是一种"慢下来"的状态，尤其是，乡村作为中华文明返本开新之源，更需要我们以一颗敬畏之心待之。

向丽、李季在《礼乐制度与中国艺术乡建——兼论审美治理的中国经验》（《广西民族大学学报（哲学社会科学版）》2022年第4期）一文中认为，艺术乡建作为乡村建设的新形态，以"艺术介入"之维体现其特殊的价值和意义，近年已取得了系列性的成果，同时也因对于"艺术""介入""乡村""建设"的理解与实践有所差异而存在诸多问题，诸如形成了主体性之辩、原真性之辩以及共同体之辩等争论，争论所产生的分散性力量在一定程度上导向了艺术乡建的"阈限失效"。艺术乡建实则并非局限于艺术家或艺术作品的介入，而是在当代多元文化叠合的语境中，综合运用美学、艺术学、人类学、社会学等学科的研究理念与方法，以审美经验的自律为基础，对乡村自身的礼俗秩序及其嬗变进行发掘和阐释，并以当代审美经验构建新的乡村共同体，从而激活乡村自身的价值。礼乐制度是富于中国经验的审美治理机制，在推进艺术乡建的进程中，发掘在乡村中尚存的礼乐制度隐秘而重要的文化"肌理"，使其与当代审美经验交糅共生，是实践中国艺术乡建由"外"而"内"，从而真正激活乡村价值的重要路径。对于艺术乡建的未来而言，主要有三个方面的问题需要重新思考与实践。一是对"下乡"/拯救论的反思。乡村有自己的特殊语言和文化及其记忆，任何"无根"的文化输入，实则是对于乡村的破坏而非拯救。不仅如此，拯救的主体并非外来的任何人或实体，而是源自乡村自身的基因与内驱力。二是尊重与发现乡村礼乐制度的形态与内在机制。艺术乡建的重心并非以激进的现代性抑或外在艺术形态与力量"启蒙"乡村，而是"让"乡村自身的文化基因与力量得以彰显，并在此基础上发掘其当代传承机制。三是从"文化自觉"到审美治理。在今天，关于中国乡村治理与建设，如何固其根、茂其叶，不再是传统经济学上的考量，审美治理和"美学经济"将以更开阔的格局为我们提供诸多新的发展契机。

路炜峰、蒋永青在《区块链NFT：开启当代艺术的原创性时代》（《民族艺术研究》2022年第2期）一文中指出，当前，互联网中区块链NFT（Non-Fungible Token，即非同质化代币或非同质化通证）以其迅猛姿态进入艺术领域，并带来一定影响。在艺术领域，区块链NFT的进入意味着艺术"独一无二"的原创性可以在互联网中不受中介控制而自行进行价值交换，其对艺术作品版权及其"独一无二"的原创性的关注与保护，在尝试拒绝文化工业对艺术的掠夺、利用与篡改的同时，也开启了对艺术审美性质及其"原创性"世界的"复魅"视域。区块链NFT对艺术中的"独一无二"的原创性关注，即为对其中意义的关注，其意义超出了信息资源的功能性意义，称为符号性意义。在当代艺术领域，这种艺术的符号性意义被许多人追逐与炒作。艺术品的符号化过程，也是对原创性意义的运作，问题在于，这种艺术作品的符号化运作反过来覆盖了艺术的原创性意义生成，在阻碍艺术原创性生产的同时，也把艺术原创引向了平庸、媚俗而自行消解的道路。如何走出当代艺术的原创性意义的异化困惑，区块链NFT为这一问题提供了一种新的解决思路。区块链NFT智能合约所构建的"艺术家—艺术品—艺术市场"生态循环及其"社区自治系统"的生态运营，为艺术原创性的保护与挖掘提供了可持续的优化机制，传统艺术市场被抑制的艺术品原创性能量将得到持续性释放，这种持续性释放又反过来促进互联网区块链世界中的公平、公开、公正的相互竞争与良性建构，从而形成一个宏观与微观不同层面与形态的艺术原创性竞相开放的世界，区块链NFT正在开启一个艺术"原创性"时代。

张灿、李婷在《文化演艺产品在旅游产业中再生产的动力与路径》（《四川师范大学学报（社会科学版）》2022年第4期）一文中认为，随着产业间联系的加强，文化演艺与旅游产业的要素以网络关系相互作用，呈现出产品跨产业再生产的态势，文化演艺产品在旅游产业的再生产过程是因循"市场边界模糊→技术和产品关联→企业合作→产品再生产"的主线演进的。在消费需求升级的拉动下，企业对规模经济效应、范围经济效应与学习效应的诉求是驱使文化演艺产品在产业间再生产的内部诱因，文化演艺与旅游产业要素的耦合和产业功能的互补是产品进行产业间再生产的推动力，政府的引导与支持则是最终激活了文化演艺产品在旅游产业中的再生产。因产品的受众与空间影响不同，文化演艺产品在旅游产业中的再生产可划分为旅游平台+游客消费层次、品牌影响+兴趣消费层次、全民参与+大众消费层次三个层次，三个层次的生产路径分别是景点化演艺、产品化演艺和生活化演艺。文化演艺产品在旅游产业中再生产的路径，预示着二者的"创造性转变"，旅游从有形资源导向转向文化等无形资源导向，这种趋势性的变化使得旅游演艺快速发展。为推动文化演艺产品在旅游产业中的再生产，使旅游演艺得以稳健、可持续地发展，该文提出如下建议：一是在企业层面，要深度挖掘旅游演艺的文化内涵；二是在产业层面，要支持具备再生产条件的产业组织发展；三是在政府层面，要加强旅游演艺发展的规划引导。

（执笔：张瑞婕）

云南社会科学年鉴 2023

科研课题

一、云南省国家社会科学基金立项项目

2022年度，云南省共获得国家社科基金项目立项175项。其中，重大项目3项，年度项目142项（重点项目5项、一般项目82项、青年项目15项、西部项目40项），国家级人才项目4项，后期资助暨优秀博士论文出版项目10项，冷门绝学研究专项1项，重大历史问题研究专项1项，高校思想政治理论课研究专项3项，铸牢中华民族共同体意识研究专项1项，研究阐释党的十九届六中全会精神重大（重点）项目3项，教育学单列项目1项，艺术学单列项目6项。国家社科基金各类项目资助经费达4205万元。

表1　　　　　　　　　　云南省国家社会科学基金立项项目

序号	项目类别	立项批准号	项目名称	负责人	责任单位
1	重大项目	22&ZD158	共同富裕背景下群体行为的统计调查及微观测度研究	石磊	云南财经大学
2	重大项目	22&ZD193	中国现代化实践与中国特色哲学社会科学自主知识体系建构研究	郭台辉	云南大学
3	重大项目	22&ZD239	全国支援西藏建设的重要文献资料收集、整理与研究	杨明洪	云南大学
4	研究阐释党的十九届六中全会精神重大项目	22ZDA042	推动经济发展质量、效率、动力持续增强的机制研究	陈昆亭	云南财经大学
5	研究阐释党的十九届六中全会精神重点项目	22AZD020	构建促进全体人民共同富裕的区域新形态及其区域政策优化研究	杨明洪	云南大学
6	研究阐释党的十九届六中全会精神重点项目	22AZD106	"五个家园"维度下构建中国—东盟命运共同体研究	卢光盛	云南大学
7	重大历史问题研究专项	22VLS010	中国古代边疆治理的实践及得失研究	马琦	云南大学
8	冷门绝学研究专项	22VJXT007	中南半岛"云南人"研究	周建新	云南大学
9	铸牢中华民族共同体意识研究专项	22VMZ010	中华民族复兴进程中的民族共同体意识塑造研究	云南大学民族政治研究院	云南大学
10	国家级人才项目	不公开	不公开	不公开	不公开
11	国家级人才项目	不公开	不公开	不公开	不公开
12	国家级人才项目	不公开	不公开	不公开	不公开
13	国家级人才项目	不公开	不公开	不公开	不公开

续表

序号	项目类别	立项批准号	项目名称	负责人	责任单位
14	重点项目	22AMZ001	铸牢中华民族共同体意识与"五个认同"的关系研究	王传发	西南林业大学
15	重点项目	22AMZ006	"交往变革"推进中华民族共同体建设的族际距离消融机制研究	程中兴	云南大学
16	重点项目	22AMZ007	对口支援民族地区脱贫成果巩固与乡村振兴衔接的着力点研究	张体伟	云南省社会科学院
17	重点项目	22AMZ012	西南少数民族非物质文化遗产中各民族共享文化元素的挖掘、整理与阐释研究	安学斌	云南师范大学
18	重点项目	22AZJ005	中国少数民族天主教通史	孙浩然	云南民族大学
19	一般项目	22BKS1151	革命老区"数智化"赋能促进共同富裕研究	吴韬	中共云南省委党校（云南行政学院）
20	一般项目	22BKS164	新时代构建海洋命运共同体理念的原创性贡献研究	陈娜	云南大学
21	一般项目	22BKS189	习近平总书记关于铸牢中华民族共同体意识重要论述的原创性贡献研究	王新红	云南大学
22	一般项目	22BKS194	西南边疆民族地区农村集体资源分配的性别平等机制研究	陈林	云南师范大学
23	一般项目	22BDJ102	传统官箴中的廉政理念融入新时代廉洁文化建设研究	宋思妮	中共云南省委党校（云南行政学院）
24	一般项目	22BDJ108	党建引领强边固防的机制与路径研究	张戈	云南省社会科学院
25	一般项目	22BZX019	马克思信用批判及其当代意义研究	马超	云南省社会科学院
26	一般项目	22BZX067	《周易》在当代美国的传播与研究	明清	云南师范大学
27	一般项目	22BZX097	福柯思想体系的"三一结构"研究	赵灿	云南大学
28	一般项目	22BJL042	数字化条件下居民金融可得性分化效应及其包容性改进研究	杨洋	云南大学
29	一般项目	22BJL106	国际投资规则重构视域下中国对外直接投资高质量发展的路径与政策研究	袁保生	云南财经大学
30	一般项目	22BJY068	"人象混居"中的社区发展困境及治理机制研究	杨萍	云南大学
31	一般项目	22BJY114	数字经济视角下超级平台生态系统的动态演化与反垄断规制研究	姜艳庆	云南师范大学
32	一般项目	22BJY152	"双碳"目标约束下我国旅游业低碳化发展机制与路径研究	杜靖川	云南大学

续表

序号	项目类别	立项批准号	项目名称	负责人	责任单位
33	一般项目	22BZZ016	边境治理共同体建设中群防组织的枢纽功能研究	孙保全	云南大学
34	一般项目	22BZZ098	西南边境兴边富民行动实践与周边命运共同体建设研究	吕朝辉	云南民族大学
35	一般项目	22BSH008	西南边疆非法跨境婚姻内地化扩散的现状、治理困境和对策研究	戴波	云南大学
36	一般项目	22BSH079	西南民族地区学前教育城乡一体化联动机制研究	沈爱祥	云南民族大学
37	一般项目	22BSH114	双向流动人群促进边疆地区城乡融合发展研究	朴光星	云南民族大学
38	一般项目	22BSH116	出生性别比回归背景下农村居民生育性别偏好的变动机制研究	刘星明	云南民族大学
39	一般项目	22BMZ012	滇桂黔石漠化片区巩固脱贫攻坚成果与乡村振兴有效衔接的现状调查研究	李瑞光	云南民族大学
40	一般项目	22BMZ025	多民族传统节日交融与铸牢中华民族共同体意识研究	杨泠泠	云南省社会科学院
41	一般项目	22BMZ026	20世纪50年代以来内地移民与西南边疆各民族交流交往交融研究	欧阳洁	云南民族大学
42	一般项目	22BMZ027	横断山区民族交往交流交融研究	王丽萍	昆明学院
43	一般项目	22BMZ032	生态共生关系中藏彝走廊各民族应对气候变化的传统知识体系与价值研究	尹仑	西南林业大学
44	一般项目	22BMZ033	近代西南少数民族精英的中华民族观念生成与形塑问题研究	张黎波	云南师范大学
45	一般项目	22BMZ050	西南民主改革中的中华民族共同体建设研究	张曙晖	云南师范大学
46	一般项目	22BMZ057	云南少数民族传统调解与现代调解融合机制研究	杨玉梅	云南师范大学
47	一般项目	22BMZ058	中缅边境缅籍人口入境现象及中方应对策略研究	杨啸	云南中医药大学
48	一般项目	22BMZ059	西南民族地区宅基地"三权分置"问题与对策研究	杨砚池	大理大学
49	一般项目	22BMZ077	滇铜运输古道过境区域民族共生关系研究	杨宗亮	云南民族大学
50	一般项目	22BMZ086	西南民族地区文旅融合的实现机理、效应评价及路径深化研究	李松	中共云南省委党校（云南行政学院）
51	一般项目	22BMZ099	滇西抗战中边地各民族的中国意识成长及其影响研究	吴建平	云南民族大学
52	一般项目	22BMZ102	西南民族地区粮食产销平衡区遏制耕地非粮化的难点与对策研究	王静	云南农业大学

续表

序号	项目类别	立项批准号	项目名称	负责人	责任单位
53	一般项目	22BMZ106	作为文化自觉与文化记忆的中国影像民族志研究	徐菡	云南大学
54	一般项目	22BMZ112	中国共产党与西南少数民族历史情感的口述史研究	宋红娟	云南大学
55	一般项目	22BMZ134	国家通用语言教育助推西南边境地区乡村振兴成效调查研究	魏红	云南师范大学
56	一般项目	22BMZ135	布达拉宫营造史与各民族建筑工艺交往交流交融研究	龙珠多杰	云南民族大学
57	一般项目	22BMZ139	新冠疫情防控背景下中越边民互动管理与边境治理创新研究	侯莹	红河学院
58	一般项目	22BMZ143	南亚宗教民族主义发展新态势及其影响研究	和红梅	云南省社会科学院
59	一般项目	22BMZ144	新冠疫情防控背景下瑞丽边民互动管理政策措施调查研究	李莉	德宏师范高等专科学校
60	一般项目	22BMZ165	云南各民族医疗实践中的文化交流研究	高登荣	云南民族大学
61	一般项目	22BMZ169	中缅边境中国跨界民族铸牢中华民族共同体意识的实践路径研究	林庆	云南民族大学
62	一般项目	22BGJ018	国际非政府组织对澜湄地区问题的干预与应对研究	陈小华	云南大学
63	一般项目	22BGJ066	新冠疫情冲击下我国与老越缅三国陆地边境沿线治理困境及应对研究	周洪旭	中共云南省委党校（云南行政学院）
64	一般项目	22BGJ069	印度在"印太战略"中的作用、影响与中国的对策研究	朱翠萍	云南财经大学
65	一般项目	22BGJ072	中国与中南半岛国家推动共建"一带一路"高质量发展的问题与对策研究	舒源	中共云南省委党校（云南行政学院）
66	一般项目	22BZS029	国家治理视域下唐宋赋役改革研究	田晓忠	云南大学
67	一般项目	22BZS050	元明清西南地区少数民族编户化进程研究	刘灵坪	云南大学
68	一般项目	22BZS061	明清西南边疆地区圣谕宣讲文书整理与研究	熊开万	昆明学院
69	一般项目	22BZS066	17世纪以来中国亚洲象生境区域人地关系演变研究	马颖娜	云南省社会科学院
70	一般项目	22BZS101	近代内地民众对边疆认知演变研究	曾黎梅	云南省社会科学院
71	一般项目	22BZS151	中国古代政书中的制度文明传承发展研究	毛春伟	云南大学
72	一般项目	22BSS015	欧美有机农业的发展历程与现实启示研究	施雯	云南大学

续表

序号	项目类别	立项批准号	项目名称	负责人	责任单位
73	一般项目	22BSS023	二战后日本侵华战争纪录片中的历史认识及其演变研究	邹怡	云南大学
74	一般项目	22BSS032	缅甸史籍涉华资料整理研究及数据库建设	邹怀强	云南民族大学
75	一般项目	22BSS034	20世纪以来中东国家伊斯兰妇女的社会参与研究	伍庆玲	云南大学
76	一般项目	22BZJ025	唐宋佛教中国化背景下的尼众生活研究	石小英	云南师范大学
77	一般项目	22BZJ029	云南梵文塔砖铭文整理研究	黄原竟	大理大学
78	一般项目	22BZJ038	基督教在西藏及四省涉藏地区传播史料搜集整理与研究（1876—1950）	王碧陶	云南省社会科学院
79	一般项目	22BZW008	现象学视域中文学共同体的实践性范式构建研究	谢雪梅	云南大学
80	一般项目	22BZW047	民族国家的塑造与布拉格学派美学研究	杨磊	云南大学
81	一般项目	22BZW182	大文学视域下的《大正藏》史传部研究	阳清	云南师范大学
82	一般项目	22BZW190	滇黔古代少数民族汉语诗文书写的中华认同研究	茶志高	云南民族大学
83	一般项目	22BZW194	金沙江流域无文字民族口头传统与汉文书写研究	杨晓雯	云南大学
84	一般项目	22BZW197	文化互动视域下的明清民国滇人传记研究	冯秀英	云南民族大学
85	一般项目	22BWW022	近现代英国作家南亚东南亚旅行叙事与文化殖民研究	舒凌鸿	云南大学
86	一般项目	22BWW067	美国黑人艺术运动的左翼话语体系与大众文艺生产研究	史丽玲	云南师范大学
87	一般项目	22BYY031	华兹生英译中国史传文学的形象认同研究	吴涛	昆明理工大学
88	一般项目	22BYY056	西南边疆民族地区铸牢中华民族共同体意识的语言规划研究	郝兴跃	昆明理工大学
89	一般项目	22BYY064	西南陆路边境口岸语言应急服务调查研究	李佳	云南大学
90	一般项目	22BYY067	东盟国家对中国"和合"话语的认知和影响因素研究	马倩	昆明理工大学
91	一般项目	22BYY172	《番汉合时掌中珠》与藏羌彝走廊13种"西番"语对音整理暨数据库建设研究	熊永翔	云南师范大学
92	一般项目	22BYY178	马克思主义在中国传播的少数民族语言文献搜集、整理与研究	李旭练	云南大学
93	一般项目	22BYY181	柬埔寨桑河流域傣泰语调查研究	莫源源	云南民族大学
94	一般项目	22BXW025	中国对南亚的国际传播战略研究	陆双梅	云南师范大学

续表

序号	项目类别	立项批准号	项目名称	负责人	责任单位
95	一般项目	22BXW058	西南边境县级融媒体促进少数民族文化传播和传承策略研究	谢晓霞	云南师范大学
96	一般项目	22BXW079	文化传播视域下中国微电影问题及对策研究	庄晓东	滇西科技师范学院
97	一般项目	22BXW101	西南边疆民族地区新型主流媒体铸牢中华民族共同体意识路径研究	杨惠林	红河学院
98	一般项目	22BTQ084	中共云南地方组织沿革档案资料整理及专题数据库建设（1926—1950）	陈海玉	云南大学
99	一般项目	22BGL151	大香格里拉生态旅游区返贫风险监测与阻断机制研究	白海霞	丽江师范高等专科学校
100	一般项目	22BGL229	乡村振兴重点帮扶县乡村人才振兴实现路径研究	王俊程	云南师范大学
101	青年项目	22CZZ034	数字乡村建设中村民自治的空间转向及实现路径研究	何阳	云南大学
102	青年项目	22CZZ040	总体国家安全观视域下西南生态安全屏障建构路径研究	杜香玉	云南大学
103	青年项目	22CSH041	数字化条件下乡村公共文化空间变迁与治理转型研究	耿达	云南大学
104	青年项目	22CSH058	城市社区老年人抑郁的三级预防与干预研究	唐谭	云南大学
105	青年项目	22CMZ032	印度国家档案馆近代涉藏档案的整理与研究	冯翔	云南大学
106	青年项目	22CMZ033	中越边境多民族互嵌社区建设与推进固边兴边富民行动研究	陈民炎	云南大学
107	青年项目	22CMZ034	明代西南土司纷争与边疆治理研究	周妮	云南大学
108	青年项目	22CGJ004	中缅跨境水资源安全风险与应对研究	秦瑞婧	云南省社会科学院
109	青年项目	22CGJ036	中国—东盟跨境数据共享机制研究	陈晔婷	云南师范大学
110	青年项目	22CGJ038	中非命运共同体理念下撒哈拉以南非洲的土地冲突及治理研究	胡洋	云南师范大学
111	青年项目	22CZS075	新中国西南民族贸易工作资料整理与研究（1950—1965）	谭世圆	云南师范大学
112	青年项目	22CZJ023	金沙江流域少数民族地区基督教传播与治理对策研究	徐兴文	云南民族大学
113	青年项目	22CYY045	滇西北藏语方言语法接触研究	次林央珍	云南师范大学
114	青年项目	22CXW006	东南亚中资企业提升国际传播能力的分众化表达研究	沈圆圆	云南大学

续表

序号	项目类别	立项批准号	项目名称	负责人	责任单位
115	青年项目	22CXW029	生态文明建设视域下西南少数民族地区环境话语的建构与传播研究	赵洁	云南师范大学
116	西部项目	22XKS021	西南民族乡村社会矛盾的多维样态与风险协同防控机制研究	王云强	中共云南省委党校（云南行政学院）
117	西部项目	22XJL007	中国传统共同富裕思想选辑与要义的当代价值研究	姚程	云南财经大学
118	西部项目	22XJY023	云贵高原湖泊生态产品价值的实现路径与机制创新研究	陈国兰	西南林业大学
119	西部项目	22XJY024	西南地区多重脆弱条件下农村闲置宅基地有效利用创新模式研究	何元斌	云南财经大学
120	西部项目	22XJY025	数字平台视域下生产性服务业与制造业融合发展研究	蒋鑫	中共云南省委党校（云南行政学院）
121	西部项目	22XZZ005	西南边境地区碳达峰与兴边富民的耦合机制及梯次策略研究	陈伟	云南大学
122	西部项目	22XZZ006	乡村伦理治理的中国经验研究	廖炼忠	云南大学
123	西部项目	22XZZ007	现代国家视域下的中华民族凝聚力提升研究	张会龙	云南大学
124	西部项目	22XZZ008	全球低碳能源转型对国际地缘政治的影响及我国的对策研究	吴磊	云南大学
125	西部项目	22XZZ009	边境治理中红色资源的挖掘与运用研究	夏文贵	云南大学
126	西部项目	22XFX017	地方性法规补充设定行政处罚问题研究	杨成	昆明理工大学
127	西部项目	22XSH021	怒江地区易地扶贫搬迁儿童抗逆力的生成机制及服务模式	杨亮英	大理大学
128	西部项目	22XSH022	易地扶贫搬迁安置区儿童家庭教育的社会支持研究	木薇	云南财经大学
129	西部项目	22XMZ035	东南亚回归移民铸牢中华民族共同体意识研究	宋婧	大理大学
130	西部项目	22XMZ036	唐宋时期中国西南边疆各民族交往交流交融中的中华民族共同体意识研究	李宇舟	云南警官学院
131	西部项目	22XMZ037	明清以来雅砻江流域碑谱搜集、整理与研究	王玉琴	云南民族大学
132	西部项目	22XMZ038	各民族交往交流交融视野下的明清滇西地区礼仪化进程研究	黄晓赢	云南民族大学
133	西部项目	22XMZ039	西南茶马古道沿线赶马调中的民族交流交融史证研究	伍琼华	云南民族大学
134	西部项目	22XMZ040	云南边境少数民族家谱修编与铸牢中华民族共同体意识研究	王晓艳	云南农业大学

续表

序号	项目类别	立项批准号	项目名称	负责人	责任单位
135	西部项目	22XMZ041	"后疫情"时代中缅跨境民族交流互动创新机制研究	杨芳	云南省社会科学院
136	西部项目	22XGJ007	中国—东盟跨境公共卫生合作机制构建研究	李秀芳	昆明医科大学
137	西部项目	22XGJ008	印度新能源发展中的"中国角色"及中印竞合前景研究	金莉苹	云南财经大学
138	西部项目	22XGJ009	新形势下湄公河联合巡逻执法的现实困境与提升路径研究	任华	云南大学
139	西部项目	22XGJ010	东盟国家对中美战略竞争的认知与对外政策选择及其对我国的影响	赵姝岚	云南省社会科学院
140	西部项目	22XZS014	空间视角下近代西南沿边开放与区域经济变迁研究（1889—1945）	张永帅	云南师范大学
141	西部项目	22XKG002	战国秦汉时期滇中湖区农业生产变迁的植物考古学研究	杨薇	云南大学
142	西部项目	22XZJ006	佛教《礼记》诠释文献的整理与研究	洪燕妮	云南师范大学
143	西部项目	22XZW025	场域机制与审美建构：20世纪中国新文学公共领域的流变研究	杨永明	楚雄师范学院
144	西部项目	22XZW026	云南古代神话图像与中华文化认同研究	段丽	大理大学
145	西部项目	22XZW027	西南少数民族文学边地书写与话语体系研究	邓家鲜	大理大学
146	西部项目	22XZW028	三江并流区域世居民族口头演述与图像叙事的互文性研究	陈孟云	云南财经大学
147	西部项目	22XZW029	清诗选本对明治汉诗的影响研究	张彦萍	云南师范大学
148	西部项目	22XWW007	A. S. 拜厄特小说的诗学观念研究	杨琳	曲靖师范学院
149	西部项目	22XYY030	云南历代石刻文献的汉语字词关系及其历时发展研究	魏启君	云南财经大学
150	西部项目	22XYY031	语言学视域下傣语民间诗歌韵律研究及数据库建设	何冬梅	云南师范大学
151	西部项目	22XXW010	民族地区农村数字青年与乡土文化在地传播研究	王东林	昆明理工大学
152	西部项目	22XTQ005	红河流域方块哈尼文珍稀文献抢救性搜集整理与研究	王海滨	云南民族大学
153	西部项目	22XTQ006	云南新发现彝文古籍抢救性整理与数据库建设	攸扬	云南省社会科学院
154	西部项目	22XTQ007	新中国成立后（1950—1964）云南边疆民族交往交流交融史料挖掘整理	田青	云南省社会科学院
155	西部项目	22XTY017	新发展阶段西南地区民族传统体育与旅游高质量融合发展研究	朱露晓	云南师范大学

续表

序号	项目类别	立项批准号	项目名称	负责人	责任单位
156	后期资助暨优秀博士论文出版项目	22FJLB024	新时代我国西部沿边地区开放空间格局优化路径研究	马子红	云南大学
157	后期资助暨优秀博士论文出版项目	22FJYB002	中国银行间市场结构、定价与效率研究	白肖	云南大学
158	后期资助暨优秀博士论文出版项目	22FMZB005	国家治理视角下云南民族广场的演进与发展研究	郑玲玲	云南民族大学
159	后期资助暨优秀博士论文出版项目	22FMZB006	云南撒尼人在旅游经济中的土地产权和社会转型研究	史艳兰	云南财经大学
160	后期资助暨优秀博士论文出版项目	22FZSB008	简牍所见南楚地区秦制化进程研究	王朔	云南大学
161	后期资助暨优秀博士论文出版项目	22FZWB030	宋代地理总志中的唐诗遗迹分析	段天姝	云南大学
162	后期资助暨优秀博士论文出版项目	22FGLA001	新时代数字强边研究：基础理论、战略逻辑、模型建构与管理实践	邓崧	云南大学
163	后期资助暨优秀博士论文出版项目	22FGLB097	数字化品牌资产生成机制研究：理论、框架与实践	邓伟升	云南大学
164	后期资助暨优秀博士论文出版项目	22FYSB023	苅以载道：元代江南文人群体住居空间营构理法	田野	昆明理工大学
165	后期资助暨优秀博士论文出版项目	22FYSB027	数字时代的文化经济学研究	管理	云南艺术学院
166	高校思想政治理论课研究专项	22VSZ067	西南边疆民族地区铸牢中华民族共同体意识大中小学一体化教育研究	王海云	昆明理工大学
167	高校思想政治理论课研究专项	22VSZ097	少先队辅导员政治素质提升路径研究	朱丹	云南大学
168	高校思想政治理论课研究专项	22VSZ119	善用"大思政课"协同推进学校民族团结进步教育研究	张健	云南大学
169	教育学单列项目	BIA220091	单位制变迁视野下西部地区大学教师流动治理机制研究	肖京林	云南大学
170	艺术学单列项目	22ZD17	信息时代智能化设计创新方法论研究	郝凝辉	云南艺术学院
171	艺术学单列项目	22BG123	设计治理：设计学视角下的社会创新与乡村振兴研究	杨志	云南艺术学院

续表

序号	项目类别	立项批准号	项目名称	负责人	责任单位
172	艺术学单列项目	22BH154	旅游社会建构与民族文化再生产研究	潘宝	大理大学
173	艺术学单列项目	22EB195	云南当代戏曲史	刘佳云	云南省民族艺术研究院
174	艺术学单列项目	22EG214	澜沧江—湄公河次区域跨境民族手工艺整理与传播交流研究	吴化雨	云南民族大学
175	艺术学单列项目	22EG215	云南传统民居装饰艺术研究——以滇南、滇西地区为例	杨泽红	云南省民族艺术研究院

二、云南省哲学社会科学规划立项项目

2022年度，云南省哲学社会科学规划项目经费共资助立项320项。其中，重大招标项目10项，年度项目183项（重点项目18项、一般项目100项、青年项目35项、培育项目30项），学术著作出版资助项目19项，党的二十大精神研究专项22项，马克思主义理论研究和建设工程项目17项，新型智库项目6项，教育学单列项目41项，艺术学单列项目22项。项目资助经费总额988万元。

表2　云南省哲学社会科学规划立项项目

序号	项目类别	立项批准号	项目名称	负责人	责任单位
1	重大招标项目	ZDZB202201	"聂耳和国歌的故事"的时代价值、深远影响研究	时遂营	玉溪师范学院
2	重大招标项目	ZDZB202202	中国共产党在西南联大的活动及其影响研究	李红英	云南师范大学
3	重大招标项目	ZDZB202203	闻一多发表"最后的演讲"、舍身取义精神研究	杨绍军	云南大学
4	重大招标项目	ZDZB202204	"扎西会议"的历史地位及其重要作用研究	杨林兴	中共云南省委党史研究室
5	重大招标项目	ZDZB202205	中央红军巧渡金沙江的历史地位及其重要作用研究	熊黎明	中共云南省委党校（云南行政学院）
6	重大招标项目	ZDZB202206	云南培育壮大市场主体、打造全国一流营商环境研究	赵德森	云南大学
7	重大招标项目	ZDZB202207	疫情防控常态化背景下云南旅游业转型升级研究	王桀	云南大学
8	重大招标项目	ZDZB202208	云南与全国同步实现共同富裕的内涵要求、路径举措研究	杨懿	云南大学
9	重大招标项目	ZDZB202209	云南全面加强面向南亚、东南亚和环印度洋地区文化辐射力研究	李灿松	云南师范大学
10	重大招标项目	ZDZB202210	云南党的宣传历史研究	张瑞才	云南省社会科学界联合会
11	重点项目	ZD202201	新时代云南少数民族传统美德创造性转化与创新性发展研究	杨晶	云南省社会科学院
12	重点项目	ZD202202	中华民族共同体意识融入中小学课程思政建设研究	王学先	云南财经大学
13	重点项目	ZD202203	新时代优秀县委书记胜任特征与选拔任用长效机制研究	卢晓慧	昆明市社会科学院
14	重点项目	ZD202204	儒释道融合中的易学思想及其当代价值研究	任利伟	昆明理工大学
15	重点项目	ZD202205	融入中国—东盟产业链视野下加快推进云南产业链现代化研究	祁苑玲	中共云南省委党校（云南行政学院）

续表

序号	项目类别	立项批准号	项目名称	负责人	责任单位
16	重点项目	ZD202206	关系嵌入视角下数字化转型对云南制造业价值链升级影响研究	肖远飞	昆明理工大学
17	重点项目	ZD202207	云南财政金融政策协同支持乡村振兴试点效果评估及提升对策研究	刘卫柏	曲靖师范学院
18	重点项目	ZD202208	铸牢中华民族共同体意识融入高校思政课建设研究	杨顺清	楚雄师范学院
19	重点项目	ZD202209	云南普惠托育服务体系建设研究	李树燕	昆明学院
20	重点项目	ZD202210	面向南亚东南亚的地理标志法律保护提升研究	李丽辉	昆明理工大学
21	重点项目	ZD202211	后疫情时代云南高校留学生教育复原力评估与提升对策研究	郭中丽	云南师范大学
22	重点项目	ZD202212	云南新型社区治理数字化转型研究	陈红	昭通学院
23	重点项目	ZD202213	RCEP框架下云南企业跨境作业的人才本土化协同机制研究	张颖	云南财经大学
24	重点项目	ZD202214	新冠疫情暴发后美国对华舆论战的新焦点、新动向及应对策略研究	杜忠锋	云南师范大学
25	重点项目	ZD202215	云南完善沿边开发开放政策体系与固边兴边富民行动研究	尤伟琼	云南师范大学
26	重点项目	ZD202216	从《说文解字》义界训释因子看词义演变规律研究	马菁屿	大理大学
27	重点项目	ZD202217	命运共同体视角下全面提升中国（云南）对缅国际传播效能研究	熊丽英	云南省社会科学院
28	重点项目	ZD202218	云南耕地时空分布特征与数量质量动态平衡研究	赵俊三	昆明理工大学
29	一般项目	YB2022001	《资本论》元伦理思想研究	曾俊	云南民族大学
30	一般项目	YB2022002	边境乡村共同富裕的实践创新路径研究	刘林华	云南省社会主义学院
31	一般项目	YB2022003	云南高校铸牢中华民族共同体意识融入立德树人全过程研究	徐绍琼	昆明医科大学
32	一般项目	YB2022004	新时代云南高校思政课与发挥烈士纪念设施功能作用融合发展研究	杨俊文	云南大学
33	一般项目	YB2022005	"大思政课"视域下云南涉农高校思政课实践教学改革创新研究	樊兴丽	云南农业大学
34	一般项目	YB2022006	中医药文化融入云南大中小学思政课协同育人模式研究	郑文	云南中医药大学
35	一般项目	YB2022007	党的十八大以来中国共产党民族工作理论与实践创新研究	余文兵	云南民族大学

续表

序号	项目类别	立项批准号	项目名称	负责人	责任单位
36	一般项目	YB2022008	中国共产党文化领导力建设的百年历程和基本经验研究	查建友	云南师范大学
37	一般项目	YB2022009	新中国成立以来中国共产党领导云南水利发展成就和经验研究	吴连才	玉溪师范学院
38	一般项目	YB2022010	数智化赋能党员教育高质量发展实践经验研究	朱锐勋	中共云南省委党校（云南行政学院）
39	一般项目	YB2022011	解放初期中国共产党在云南的民主建政研究（1949—1956）	苗艳丽	昆明理工大学
40	一般项目	YB2022012	红军长征过云南新闻史料整理研究	唐靖	昭通学院
41	一般项目	YB2022013	红军长征入滇历史遗存活化利用研究	杨亚凡	红河学院
42	一般项目	YB2022014	胡塞尔"现象学观念论"研究	杨宝富	云南大学
43	一般项目	YB2022015	《论语》中的心理健康调适思想研究	贺曦	大理大学
44	一般项目	YB2022016	疫情冲击下云南沿边口岸贸易恢复与空间格局重塑研究	丁生	红河学院
45	一般项目	YB2022017	数字经济与云南制造业结构转型升级研究	舒义文	云南财经大学
46	一般项目	YB2022018	新发展阶段云南提升粮食安全保障能力研究	颜晓飞	云南省社会科学院
47	一般项目	YB2022019	RCEP对云南制造业价值链重构影响及分工地位提升研究	徐丽华	云南省社会科学院
48	一般项目	YB2022020	大滇西旅游环线线型旅游空间吸引力提升研究	宋乐	云南大学
49	一般项目	YB2022021	新时期云南省属高校科研经费使用效率评价及路径优化研究	李霞	云南大学
50	一般项目	YB2022022	数字赋能云南高原特色农业内在机理、有效路径与长效机制研究	出逸飘	大理大学
51	一般项目	YB2022023	云南构建脱贫攻坚与乡村振兴有效衔接政策体系研究	陈长瑶	云南师范大学
52	一般项目	YB2022024	融通创新促进云南企业数字化转型的机制与路径研究	夏飞龙	云南师范大学
53	一般项目	YB2022025	中老铁路国内段沿线城市产业协同发展研究	陆亚琴	云南财经大学
54	一般项目	YB2022026	共同富裕背景下云南第三支柱养老金发展动力机制研究	周娅娜	云南财经大学

续表

序号	项目类别	立项批准号	项目名称	负责人	责任单位
55	一般项目	YB2022027	减税降费对云南中小微企业风险化解和发展影响效果研究	薛军	云南财经大学
56	一般项目	YB2022028	乡村振兴战略下云南民族嵌入式社区内生发展模式研究	张俊健	云南财经大学
57	一般项目	YB2022029	乡村振兴背景下云南农村土地要素市场化配置政策机制研究	袁磊	云南财经大学
58	一般项目	YB2022030	云南旅游经济韧性驱动机制及提升路径研究	普蔚	云南财经大学
59	一般项目	YB2022031	云南三线国防科技工业遗产盘活对策研究	戴琪	云南省军民融合发展研究院
60	一般项目	YB2022032	以中国式现代化推进中华民族伟大复兴的内在逻辑研究	郭台辉	云南大学
61	一般项目	YB2022033	云南城市边缘带转型社区封闭式治理风险与公共性重构研究	王燕玲	云南大学
62	一般项目	YB2022034	云南加快农村服务类社会组织培育发展对策研究	王妮丽	云南师范大学
63	一般项目	YB2022035	治理共同体视域下云南乡镇社工站建设路径与作用机制研究	余翠娥	云南大学
64	一般项目	YB2022036	新人口形势下云南青年女性婚育观念研究	欧晓鸥	云南省社会科学院
65	一般项目	YB2022037	云南农村养老服务公共投入机制优化研究	王晓芬	云南财经大学
66	一般项目	YB2022038	中缅边境地区电信网络诈骗问题及治理研究	周鑫	云南民族大学
67	一般项目	YB2022039	疫情常态化背景下边民跨境流动社会风险治理机制研究	李灿金	云南民族大学
68	一般项目	YB2022040	教育"双减"政策与家庭响应耦合机制研究	赵云龙	楚雄师范学院
69	一般项目	YB2022041	减刑假释程序实质化问题实证研究	朱慧	云南大学
70	一般项目	YB2022042	国家安全视域下语言文字法治体系研究	段庆华	云南艺术学院
71	一般项目	YB2022043	绿美云南建设实践经验研究	陆飞翔	云南民族大学
72	一般项目	YB2022044	高原淡水湖区景观生态安全及国土空间协同治理实现路径研究	李志英	云南大学
73	一般项目	YB2022045	云南乡村工业发展和共同富裕耦合机制研究	潘俊	云南大学
74	一般项目	YB2022046	云南家庭农场规模化经营效率、驱动机制与精准培育研究	谢彦明	西南林业大学

续表

序号	项目类别	立项批准号	项目名称	负责人	责任单位
75	一般项目	YB2022047	高质量发展背景下云南公立医院运营管理优化研究	崔文龙	昆明医科大学
76	一般项目	YB2022048	云南专业学位研究生教育高质量发展的制度设计及其实践路径研究	杨超	云南师范大学
77	一般项目	YB2022049	"双一流"建设视域下云南高校高端人才合理流动共享机制构建研究	邹敏	云南师范大学
78	一般项目	YB2022050	基于三维扫描的云南国有企业集团出资组建混合所有制公司风险管控研究	代飞	云南师范大学
79	一般项目	YB2022051	降本增效背景下云南公办高校"教育成本—预算绩效"双融合管理评价体系研究	李永明	云南师范大学
80	一般项目	YB2022052	政策跟踪审计助推云南乡村振兴长效机制研究	李艳萍	云南师范大学
81	一般项目	YB2022053	数字化时代下以短视频为呈现方式的云南民族文化输出价值研究	杨柳	云南财经大学
82	一般项目	YB2022054	云南国有企业集团投资风险管控研究	朱洁	云南财经大学
83	一般项目	YB2022055	云南农业种植业"双碳"目标实现路径研究	谭海霞	云南民族大学
84	一般项目	YB2022056	云南生物医药产业创新生态系统重大风险识别与控制研究	李兴宽	云南民族大学
85	一般项目	YB2022057	云南智慧生态新型小镇发展演化机理与治理模式研究	金军	文山学院
86	一般项目	YB2022058	乡村振兴背景下PPP模式在云南边境农村基础设施建设中的应用研究	朱立韬	云南开放大学
87	一般项目	YB2022059	世界体系与国际体系互动视域下中国崛起与国际秩序建构研究	莫翔	云南财经大学
88	一般项目	YB2022060	2009年以来孟加拉国哈西娜政府外交政策研究	陈松涛	云南大学
89	一般项目	YB2022061	当前缅甸民族问题及其治理研究	王欢欢	云南大学
90	一般项目	YB2022062	中老缅泰湄公河联合巡逻执法合作机制现实困境与完善路径研究	龚中	云南大学
91	一般项目	YB2022063	云南建设面向南亚东南亚传统医药人才高地路径研究	左媛媛	云南中医药大学
92	一般项目	YB2022064	印度涉藏政策及对西南边疆安全影响研究	韩敬云	云南民族大学
93	一般项目	YB2022065	历代云南地方志中茶叶文献整理研究	乔立智	云南民族大学
94	一般项目	YB2022066	清代三江并流区域改土归流与国家化进程研究	陈文博	昆明学院
95	一般项目	YB2022067	大理境内碑刻资料收集整理研究	何永超	大理市博物馆

续表

序号	项目类别	立项批准号	项目名称	负责人	责任单位
96	一般项目	YB2022068	独龙江流域各民族共生关系的历史形成与当代延续研究	李佩燊	云南大学
97	一般项目	YB2022069	云南边疆民族交往交流交融"五个嵌入"实证研究	陈红平	云南大学
98	一般项目	YB2022070	云南各民族交往交流交融史料整理研究	李正亭	西南林业大学
99	一般项目	YB2022071	传统医药交流交融促进民族团结进步实证研究	邵维庆	昆明医科大学
100	一般项目	YB2022072	民国报刊中的"国民"表述与中华民族共同体意识研究	张媚玲	云南师范大学
101	一般项目	YB2022073	打造"健康生活目的地"背景下云南民族医药振兴与发展对策研究	谢晓如	云南师范大学
102	一般项目	YB2022074	云南抗战音乐中的身份认同问题研究	宋文贤	云南师范大学
103	一般项目	YB2022075	百部《彝族毕摩经典译注》中的各民族交往交流交融研究	杨甫旺	楚雄师范学院
104	一般项目	YB2022076	明清以来云南彝汉交往交流交融史证研究	李娜	楚雄师范学院
105	一般项目	YB2022077	大理白族植物资源利用及文化研究	陈光富	滇西应用技术大学
106	一般项目	YB2022078	铸牢中华民族共同体意识背景下佤族朴素核心价值观研究	高宏慧	临沧市社会科学界联合会
107	一般项目	YB2022079	明清云南碑刻文本山水景观再塑构图与思想研究	杨增良	大理大学
108	一般项目	YB2022080	多民族美育资源与云南高校中华美育体系研究	杨洪	云南师范大学
109	一般项目	YB2022081	抗战时期云南形象的文学书写研究	王艳华	昆明学院
110	一般项目	YB2022082	东南亚华文女作家的中国叙事研究	马峰	云南大学
111	一般项目	YB2022083	基于语音实验的孟-高棉语韵律特征比较研究	刘增慧	云南大学
112	一般项目	YB2022084	基于实验分析的云南方言语音变异研究	王仲黎	云南大学
113	一般项目	YB2022085	新媒体视域下滇西北少数民族地区普通话推广路径研究	张媛媛	云南农业大学
114	一般项目	YB2022086	云南跨境婚姻家庭语言使用状况调查与文化认同研究	刘耘	昆明医科大学
115	一般项目	YB2022087	法国汉学家腊味爱对中医五行思想诠释与翻译研究	肖丽萍	云南中医药大学
116	一般项目	YB2022088	"十四五"时期涉滇舆情案例分析与治理研究	念鹏帆	云南省社会科学院

续表

序号	项目类别	立项批准号	项目名称	负责人	责任单位
117	一般项目	YB2022089	中华民族共同体视域下藏地电影在滇西北地区传播机制研究	赵敏	大理大学
118	一般项目	YB2022090	新媒体赋能"三区三州"乡村振兴实践路径研究	苏涛	云南民族大学
119	一般项目	YB2022091	农地依附的人口迁移效应与新型城镇化建设研究	朱要龙	云南大学
120	一般项目	YB2022092	基于场景理论与居住满意度的老年友好型社区建设对策研究	侯学英	云南财经大学
121	一般项目	YB2022093	共同富裕背景下滇西边境山区地缘性多维返贫的转化测度与防范研究	李海央	昆明理工大学
122	一般项目	YB2022094	中华民族共同体建设视域下云南民族档案资源数据化整理与开发研究	杨毅	云南大学
123	一般项目	YB2022095	近代云南海关档案资源数据化整理与内容挖掘研究	肖代龙	云南大学
124	一般项目	YB2022096	用户感知视角下图书馆社交媒体营销效果评价研究	陈信	云南师范大学
125	一般项目	YB2022097	习近平总书记关于足球工作重要论述对促进云南足球工作发展研究	和丽东	大理大学
126	一般项目	YB2022098	云南大型户外运动赛事安全风险评估与控制路径研究	王斌	云南师范大学
127	一般项目	YB2022099	云南全民健身公共服务质量评价及指标体系构建研究	侯树华	云南师范大学
128	一般项目	YB2022100	民族传统体育促进云南各民族交往交流交融历史与实践研究	张帆	玉溪师范学院
129	青年项目	QN202201	增强新时代青年做中国人的志气、骨气、底气研究	汪萍	云南大学
130	青年项目	QN202202	《哥达纲领批判》的未来社会构想及其当代价值研究	谢益桂	中共云南省委党校（云南行政学院）
131	青年项目	QN202203	云南农业农村生产方式数字化推动共同富裕机理与路径研究	郑丽楠	云南大学
132	青年项目	QN202204	中华民族共同体意识融入边境高校思政课的云南实践研究	张顺时	滇西科技师范学院
133	青年项目	QN202205	马克思主义理论视野下的数字劳动研究	王鹏飞	云南大学
134	青年项目	QN202206	数字政府治理的伦理风险及防范研究	代悦棋	云南大学
135	青年项目	QN202207	《黄帝内经》中的生命哲学及体系建构研究	杨磊	昆明学院

续表

序号	项目类别	立项批准号	项目名称	负责人	责任单位
136	青年项目	QN202208	数字经济赋能云南经济发展及产业结构转型机制与路径优化研究	吴臣	云南大学
137	青年项目	QN202209	云南巩固拓展脱贫攻坚成果与全面推进乡村振兴研究	张蓉	云南财经大学
138	青年项目	QN202210	云南"专精特新"中小企业培育与大企业协同发展路径选择研究	宋玉禄	云南大学
139	青年项目	QN202211	关联事件冲击下云南能源行业系统性风险防范对策研究	陈瑾	昆明理工大学
140	青年项目	QN202212	云南最优金融结构测度及动态收敛特征研究	杨梦源	云南财经大学
141	青年项目	QN202213	情感治理视域下村规民约构建基层社会治理共同体研究	熊梅	云南大学
142	青年项目	QN202214	社会心理学视角下公众癌症歧视影响机制与干预路径研究	冯林森	昆明医科大学
143	青年项目	QN202215	洱海治理背景下流域白族生计重嵌实现路径研究	杨跃雄	云南民族大学
144	青年项目	QN202216	基于农产品生态价值实现的云南农业绿色发展路径与政策研究	叶小娇	云南财经大学
145	青年项目	QN202217	公平视角下云南国有企业高管激励的创新驱动效应研究	喻凡	云南财经大学
146	青年项目	QN202218	中老铁路开通下磨憨口岸服务能力评价及提升研究	杨晓	滇西应用技术大学
147	青年项目	QN202219	基于区块链的去中心化共享制造综合治理机制研究	黄忧	大连理工大学滇西产业发展研究院
148	青年项目	QN202220	"后疫情"时代印度涉华虚假信息新态势及我国对策研究	杨再山	云南省社会科学院
149	青年项目	QN202221	云南与东南亚国家国际友好城市交流问题及对策研究	廖勋宸	云南大学
150	青年项目	QN202222	缅甸反军方武装暴恐化对我重大项目的影响与对策研究	孟姿君	云南大学
151	青年项目	QN202223	中老铁路推动中国对老挝直接投资的双边贸易效应研究	徐阳	云南农业大学
152	青年项目	QN202224	明代云南边疆文教与国家认同建构研究	苑鑫	云南大学
153	青年项目	QN202225	近代川康边区方志文献中的中国意识研究（1840—1949）	李论	云南师范大学
154	青年项目	QN202226	明代中后期私人撰述本朝史研究	曹姗姗	云南师范大学

续表

序号	项目类别	立项批准号	项目名称	负责人	责任单位
155	青年项目	QN202227	"十七年（1949—1966）红色经典"小说评书改编研究	聂家伟	昭通学院
156	青年项目	QN202228	云南抗战时期少数民族文学研究	李濛濛	云南民族大学
157	青年项目	QN202229	云南多民族易地扶贫搬迁社区普通话推广路径研究	姜燕	云南财经大学
158	青年项目	QN202230	"童语同音"背景下云南民族地区学前普通话推广优化路径研究	马米奇	玉溪师范学院
159	青年项目	QN202231	民族交往交流交融视域下丽江玉龙县纳西族语言生活现状调查研究	张海禄	滇西科技师范学院
160	青年项目	QN202232	社交媒体场域中大学生网络亲社会行为培育机制研究	章洁敏	云南师范大学
161	青年项目	QN202233	云南碳排放峰值预测与减排政策研究	范文睿	云南大学
162	青年项目	QN202234	新时代背景下云南体育非物质文化遗产影像志研究	张瀚中	昆明理工大学
163	青年项目	QN202235	马克思主义人学理论视域下体育感性实践活动复归与异化扬弃理论路径研究	郭宝军	西南林业大学
164	培育项目	PY202201	伟大建党精神时代价值与现实进路研究	刘杰	中共玉溪市委党校
165	培育项目	PY202202	马克思主义中国化"两个结合"内涵及规律研究	董文倩	中共昆明市委党校
166	培育项目	PY202203	高职院校"思政+体育"育人机制研究	李雪莲	云南交通职业技术学院
167	培育项目	PY202204	互联网视野下讲好中国共产党故事研究	施敏	中共楚雄州委党校
168	培育项目	PY202205	"四史"教育有效融入高职院校思政课教学研究	庞伟伟	云南国土资源职业学院
169	培育项目	PY202206	党建引领边疆民族地区基层治理现代化的德宏实践研究	李丽芳	德宏师范高等专科学校
170	培育项目	PY202207	云南沧源县边境村老文书口述资料整理研究	杨晓宏	中共临沧市委党校
171	培育项目	PY202208	中国共产党三个历史决议蕴含的科学历史观研究	柴超	中共玉溪市委党校
172	培育项目	PY202209	昭通市易地搬迁安置区党建引领基层治理体系和治理能力现代化研究	姚利	中共昭通市委党校
173	培育项目	PY202210	丽江主动融入RCEP提升旅游服务贸易竞争力路径及对策研究	杨凤	丽江文化旅游学院
174	培育项目	PY202211	习近平同志在地方工作时抓经济工作经验对云南经济发展的启示研究	丁源	中共曲靖市委党校

续表

序号	项目类别	立项批准号	项目名称	负责人	责任单位
175	培育项目	PY202212	文旅融合视角下西双版纳传统村落活化与保护研究	付声晖	西双版纳职业技术学院
176	培育项目	PY202213	中老铁路开通背景下云南面向东盟国家跨境产业链高质量发展研究	赵兴玲	中共曲靖市委党校
177	培育项目	PY202214	后疫情时代云南"慢就业"青年群体就业质量现状及提升路径研究	王雄	云南新兴职业学院
178	培育项目	PY202215	云南边疆民族地区基本公共法律服务均衡发展研究	施俊文	中共德宏州委党校
179	培育项目	PY202216	云南智慧城市建设关键问题及路径研究	路朝祥	昆明理工大学津桥学院
180	培育项目	PY202217	数字化背景下云南民族地区乡村治理路径研究	刘旭彪	云南交通职业技术学院
181	培育项目	PY202218	生态安全屏障构筑引领下云南荒野识别及保护管理体系搭建研究	董草	昆明文理学院
182	培育项目	PY202219	基于知识共享的云南农村普惠金融风险控制研究	吴敏娜	昆明文理学院
183	培育项目	PY202220	数字经济影响下云南新型农村金融组织风险防范策略研究	吴晓燕	丽江文化旅游学院
184	培育项目	PY202221	构建澜湄国家命运共同体中的重大挑战和风险防范研究	杨宏	云南经济管理学院
185	培育项目	PY202222	云南面向南亚东南亚人才新高地和区域性人才中心建设研究	王思慧	中共昆明市委党校
186	培育项目	PY202223	永胜他留人碑刻档案整理与研究	涂静	丽江师范高等专科学校
187	培育项目	PY202224	发展民族传统工艺文化助力乡村振兴的云南经验研究	凌珠	云南经济管理学院
188	培育项目	PY202225	云南各民族古典史诗共享中华文化符号与中华民族形象研究	毕丞姬	德宏师范高等专科学校
189	培育项目	PY202226	云南德宏汉语方言程度副词研究	宋云秋	云南工商学院
190	培育项目	PY202227	滇西北地区少数民族汉语方言语音研究	杨春艳	丽江师范高等专科学校
191	培育项目	PY202228	语言接触视野下阿怒语言文化研究	郑明钧	昆明文理学院
192	培育项目	PY202229	云南少数民族地区新时代红色文化传播研究	陈永	丽江师范高等专科学校
193	培育项目	PY202230	云南失能老年人家庭照顾者支持体系研究	李艳	西双版纳职业技术学院

续表

序号	项目类别	立项批准号	项目名称	负责人	责任单位
194	重点项目（专项）	ZD202219	中国式乡村社会治理现代化的百年历史演进研究	蒋天贵	中共云南省委党校（云南行政学院）
195	重点项目（专项）	ZD202220	中国式现代化的历史唯物主义向度研究	郭佩惠	西南林业大学
196	重点项目（专项）	ZD202221	中医药文化传播助推国家文化软实力提升服务地方发展战略研究	杨盼	云南中医药大学
197	重点项目（专项）	ZD202222	疫情防控常态化背景下中缅边民互动管理机制优化研究	赵敏	滇西科技师范学院
198	重点项目（专项）	ZD202223	新时代新征程云南国际中文教育发展面临形势和机遇研究	郭中丽	云南师范大学
199	重点项目（专项）	ZD202224	数字经济赋能云南产业结构现代化研究	王希元	云南大学
200	重点项目（专项）	ZD202225	依托中老铁路推进面向南亚东南亚辐射中心建设的路径与对策研究	胡颖	云南大学
201	重点项目（专项）	ZD202226	构建新发展格局背景下云南区域协调发展路径研究	赵利清	丽江文化旅游学院
202	重点项目（专项）	ZD202227	巩固云南健康扶贫成果 推进乡村振兴工作体系构建研究	尹向阳	昆明医科大学
203	重点项目（专项）	ZD202228	云南原深度贫困县规模性返贫阻断机制研究	陈辞	中共云南省委党校（云南行政学院）
204	重点项目（专项）	ZD202229	数字化赋能云南边境管控与稳边固边长效机制研究	斯琴	云南交通职业技术学院
205	重点项目（专项）	ZD202230	云南推进以人为核心的新型城镇化路径研究	谭鑫	中共云南省委党校（云南行政学院）
206	重点项目（专项）	ZD202231	提升云南高校服务地方经济社会发展能力研究	刘筠	昆明理工大学
207	重点项目（专项）	ZD202232	云南职业院校产教融合校企合作体系构建研究	杨利红	云南农业职业技术学院
208	重点项目（专项）	ZD202233	"石榴籽"精神的云南实践研究	杨芍	云南省社会科学院
209	重点项目（专项）	ZD202234	全面构建亲清政商关系促进云南民营经济发展：现状评估与优化路径研究	孙晓强	云南财经大学
210	重点项目（专项）	ZD202235	云南深入开展基层法治宣传教育存在问题及对策研究	刘俊芳	中共云南省委党校（云南行政学院）

续表

序号	项目类别	立项批准号	项目名称	负责人	责任单位
211	重点项目（专项）	ZD202236	云南群众体育和竞技体育联动与创新发展研究	侯树华	云南师范大学
212	重点项目（专项）	ZD202237	国际传播能力建设的"云南模式"研究	李昌	昆明理工大学
213	重点项目（专项）	ZD202238	中国共产党廉洁文化建设融入高校思想政治教育研究	李昂	云南大学
214	重点项目（专项）	ZD202239	思政课青年教师核心素养及提升路径研究	王勇	昭通学院
215	重点项目（专项）	ZD202240	虚拟仿真技术赋能高校思想政治理论课实践研究	李瑞林	昆明铁道职业技术学院
216	学术著作出版资助		语言生态学视野下云南麻栗坡布依人语言与文化研究	赵丽梅	云南财经大学
217	学术著作出版资助		中国云南傣族与泰国泰人的传统首饰比较	张琳翱	云南艺术学院
218	学术著作出版资助		文化演艺与旅游产业融合的经济效应分析及实证检验研究	张灿	云南财经大学
219	学术著作出版资助		党组织提升国有企业投资效率的路径与机理研究	胡耀丹	云南财经大学
220	学术著作出版资助		OECD国家高职教育的经费投入研究	高娟	昆明学院
221	学术著作出版资助		金融错配的创新投资效应与混合所有制改革	卢佳瑄	云南大学
222	学术著作出版资助		壮族铜鼓舞蹈人类学研究	陈桂波	云南师范大学
223	学术著作出版资助		海洋政治学论纲	贺鉴	云南大学
224	学术著作出版资助		滇盐古道周边区域经济共生与民族融合	李陶红	大理大学
225	学术著作出版资助		"双重激励"下我国城乡基本公共服务供给效率差异研究	闻勇	云南财经大学
226	学术著作出版资助		论私法上的生育权	李倩	昆明理工大学
227	学术著作出版资助		科举民俗研究	杜春燕	西南林业大学
228	学术著作出版资助		A. S. 拜厄特小说叙写方式研究	杨琳	曲靖师范学院
229	学术著作出版资助		原生态歌谣修辞研究——以云南诸民族歌谣为例	苏义生	云南省社会科学院

续表

序号	项目类别	立项批准号	项目名称	负责人	责任单位
230	学术著作出版资助		西南少数民族体育史	朱佶丽	云南省社会科学院
231	学术著作出版资助		大学生饮酒行为的社会认知因素及干预研究	李晓辉	大理大学
232	学术著作出版资助		城镇化与医疗资源配置——中国欠发达地区实证研究	郑继承	云南省中国特色社会主义理论体系研究中心
233	学术著作出版资助		敦煌文学中的产育民俗研究	蒋勤俭	云南中医药大学
234	学术著作出版资助		傣语方言地图集	何冬梅	云南师范大学
235	教育学单列项目	AB22001	云南"生态文明建设排头兵"创建中卓越环境法治人才精准培养改革创新研究	叶轶	云南财经大学
236	教育学单列项目	AC22001	云南省高等教育与区域经济非协调性耦合关系判别和破解路径研究	李雪峰	云南师范大学
237	教育学单列项目	AC22002	云南省普通高中新课程新教材实施调查研究	孔德宏	云南师范大学
238	教育学单列项目	AC22003	新工科背景下云南高校教师教学能力评价体系建设研究	刘迎春	昆明理工大学
239	教育学单列项目	AC22004	基于循证教育学的智慧化教学研究	李莉平	云南财经大学
240	教育学单列项目	AC22005	滇西民族地区乡村中小学生中华民族共同体意识培育路径研究	李秀芳	大理大学
241	教育学单列项目	AC22006	"双减"政策背景下云南省中小学研学旅行课程开发研究	杨立红	大理大学
242	教育学单列项目	AC22007	滇西北边疆民族地区易地搬迁子女教育保障问题研究	高英杰	丽江文化旅游学院
243	教育学单列项目	AC22008	澜湄合作机制下云南职业教育校企合作"走出去"办学的实践与研究	邓云川	云南民族大学
244	教育学单列项目	AC22009	STEAM教育理念下云南应用型本科师范院校小学全科教师培养模式研究	肖萍	玉溪师范学院
245	教育学单列项目	AC22010	健康云南背景下医学博士专业学位研究生培养体系优化研究	杨黎黎	昆明医科大学
246	教育学单列项目	AC22011	"双一流"建设背景下地方高校英语专业本科生学术英语写作能力养成研究	赵小亮	西南林业大学
247	教育学单列项目	AC22012	信息技术与"以学为主"新型教学模式深度融合研究	王家阳	红河学院

续表

序号	项目类别	立项批准号	项目名称	负责人	责任单位
248	教育学单列项目	AC22013	云南省职业教育与特殊教育融合模式研究	董亮	云南特殊教育职业学院
249	教育学单列项目	AC22014	云南涉农高校耕读教育特色育人模式构建与实践研究	杨慧	云南农业大学
250	教育学单列项目	AC22015	新医科背景下虚拟仿真实验实训教学体系构建及测评研究	张颖	昆明医科大学
251	教育学单列项目	AD22001	省域视角下构建优质均衡基本公共教育服务体系路径研究	普戡倪	昆明医科大学
252	教育学单列项目	AD22002	"县域义务教育优质均衡创建"背景下云南省义务教育优质均衡发展对策研究	李秀娟	昭通学院
253	教育学单列项目	AD22003	专业认证背景下师范生教育情怀培育路径研究	周银燕	玉溪师范学院
254	教育学单列项目	AD22004	民族地区高校铸牢中华民族共同体意识现状调查评价及教育路径研究	余航	云南农业大学
255	教育学单列项目	AD22005	云南省乡村中小学双减政策落实过程监测调查与研究	刘思来	昭通学院
256	教育学单列项目	AD22006	"依法带娃"背景下边疆地区少数民族儿童家庭教育指导服务体系构建研究	刘婧鹏	保山学院
257	教育学单列项目	AD22007	中国——西南多民族共生区义务教育的空间异质性研究	王大力	云南师范大学
258	教育学单列项目	AD22008	乡村振兴背景下高校毕业生服务民族地区基础教育路径研究	王丹丹	云南民族大学
259	教育学单列项目	AD22009	云南省高质量教师教育体系建设路径研究	李保玉	曲靖师范学院
260	教育学单列项目	AD22010	红医精神融入医科院校思政课理论与实践研究	胡颖	昆明医科大学
261	教育学单列项目	AD22011	高校毕业生服务乡村振兴机制及路径研究	顾洪瑞	昭通学院
262	教育学单列项目	AFSZ22001	基于以育人为中心的高校思政课教学评价方式"全链式转型"研究	马腾飞	云南大学
263	教育学单列项目	AFSZ22002	云南省大学生群体画像视域下时代新人培育创新机制研究	翟星	云南中医药大学
264	教育学单列项目	AFSZ22003	滇西北高校铸牢中华民族共同体意识教育实践创新研究	张丽珣	丽江师范高等专科学校
265	教育学单列项目	AFSZ22004	乡村振兴战略背景下高校思政课实践教学模式创新研究	唐彩玲	云南农业大学
266	教育学单列项目	AFSZ22005	云南高校思政课"把道理讲深讲透讲活"的教学规律与实践路径研究	段丽	云南大学

续表

序号	项目类别	立项批准号	项目名称	负责人	责任单位
267	教育学单列项目	AFSZ22006	云南地方红色文化融入高校爱国主义教育的技术与实现路径研究	李胤珠	玉溪师范学院
268	教育学单列项目	AFSZ22007	新时代义务教育思政课教学模式创新研究	尹绍清	楚雄师范学院
269	教育学单列项目	AFSZ22008	高中与大学思想政治课"马克思主义基本原理"教学一体化研究	罗小青	云南财经大学
270	教育学单列项目	AFSZ2209	校企一体模式下高职院校"五位一体"大思政格局构建的实践创新研究	梅晓芳	昆明工业职业技术学院
271	教育学单列项目	AFSZ22010	新时代边疆民族地区高校意识形态安全教育的难题与对策研究	阿剑波	云南大学
272	教育学单列项目	AFSZ22011	高校思政课铸牢中华民族共同体意识的具身认知教学模式创新研究	张明霞	云南中医药大学
273	教育学单列项目	AFSZ22012	新时代云南高校辅导员网络意识形态工作能力提升研究	段剑金	云南师范大学
274	教育学单列项目	AFSZ22013	专业认证视域下高校地理类课程思政理论与教学实践研究	余波	楚雄师范学院
275	教育学单列项目	AFSZ22014	小学思政课落实立德树人根本任务的实践研究	颜丽	云南师范大学附属小学
276	艺术学单列项目	A2022ZY01	西双版纳民族音乐文化生态研究	师向宁	云南艺术学院
277	艺术学单列项目	A2022ZS02	符号学视域下传承云南红色基因的创新设计研究	何蕊	西南林业大学
278	艺术学单列项目	A2022YJ03	云南民族艺术传承保护中的技术伦理研究	李艳丽	云南艺术学院
279	艺术学单列项目	A2022YX04	傣剧剧本翻译的多模态研究	刘丽艳	大理大学
280	艺术学单列项目	A2022YX05	近现代云南商业性剧场研究	苗露	云南艺术学院
281	艺术学单列项目	A2022YD06	民族重大题材电视剧发展现状、挑战与对策研究	郭鹏群	昆明学院
282	艺术学单列项目	A2022YY07	滇西民族地区民间音乐文化共生研究	蒋红缨	保山学院
283	艺术学单列项目	A2022YW08	文化复合性视域下中老舞蹈文化交流研究	苏蓉	云南民族大学
284	艺术学单列项目	A2022YM09	口述史视野下云南版画创作群体研究	刘建理	云南艺术学院
285	艺术学单列项目	A2022YM10	文化共同体视域下云南巍宝山多民族壁画研究	薛其龙	云南艺术学院
286	艺术学单列项目	A2022YS11	云南喀斯特地区传统村落民居石作营造技艺与传承研究	桂涛	昆明文理学院

续表

序号	项目类别	立项批准号	项目名称	负责人	责任单位
287	艺术学单列项目	A2022YS12	乡村振兴视域下云南民族村落公共空间重塑研究	李楠	云南财经大学
288	艺术学单列项目	A2022YS13	云南建水紫陶的设计叙事研究	刘嫄	红河学院
289	艺术学单列项目	A2022YS14	云南壁画艺术的新媒体技术参与式发展研究	彭飞	云南艺术学院
290	艺术学单列项目	A2022YZ15	茶马古道沿线城市文化空间的保护、创造及利用研究	撒莹	云南大学
291	艺术学单列项目	A2022YZ16	云南文化创意产业高质量发展的财税政策研究	郭丁铭	昆明理工大学
292	艺术学单列项目	A2022YZ17	都市驱动型乡村文化振兴的机制、模式与路径研究	柯尊清	云南大学
293	艺术学单列项目	A2022YZ18	云南省文化和旅游公共服务绩效评价研究	王金丽	云南大学
294	艺术学单列项目	A2022YZ19	文化消费视阈下云南夜间文旅消费集聚区的高质量建设研究	杨韫	昆明学院
295	艺术学单列项目	A2022QY20	"一带一路"视域下澜湄流域哈尼族音乐文化交流互鉴研究	范钰湘	玉溪师范学院
296	艺术学单列项目	A2022QM21	文化融合视野下的云南明清书家群体研究	田艺帆	昭通学院
297	艺术学单列项目	A2022QZ22	共生与交融：丙中洛传统民居形态变迁的建筑人类学研究	周雪冰	西南林业大学
298	"马工程"项目	MGCZ202201	云南深入学习宣传贯彻习近平新时代中国特色社会主义思想经验研究	黄小军	云南省社会科学院
299	"马工程"项目	MGCZ202202	习近平新时代中国特色社会主义思想在昆明的实践经验研究	徐晓梅	中共昆明市委宣传部
300	"马工程"项目	MGCZ202203	习近平新时代中国特色社会主义思想在昭通的实践经验研究	谢宏	中共昭通市委宣传部
301	"马工程"项目	MGCZ202204	习近平新时代中国特色社会主义思想在曲靖的实践经验研究	—	中共曲靖市委宣传部
302	"马工程"项目	MGCZ202205	习近平新时代中国特色社会主义思想在玉溪的实践经验研究	梁栋	中共玉溪市委宣传部
303	"马工程"项目	MGCZ202206	习近平新时代中国特色社会主义思想在保山的实践经验研究	庄志强	中共保山市委宣传部
304	"马工程"项目	MGCZ202207	习近平新时代中国特色社会主义思想在楚雄的实践经验研究	李汶娟	中共楚雄州委宣传部
305	"马工程"项目	MGCZ202208	习近平新时代中国特色社会主义思想在红河的实践经验研究	字振华	中共红河州委宣传部

续表

序号	项目类别	立项批准号	项目名称	负责人	责任单位
306	"马工程"项目	MGCZ202209	习近平新时代中国特色社会主义思想在文山的实践经验研究	黄敏	中共文山州委宣传部
307	"马工程"项目	MGCZ202210	习近平新时代中国特色社会主义思想在普洱的实践经验研究	任远征	中共普洱市委宣传部
308	"马工程"项目	MGCZ202211	习近平新时代中国特色社会主义思想在西双版纳的实践经验研究	陈选良	中共西双版纳州委宣传部
309	"马工程"项目	MGCZ202212	习近平新时代中国特色社会主义思想在大理的实践经验研究	牛燕	中共大理州委宣传部
310	"马工程"项目	MGCZ202213	习近平新时代中国特色社会主义思想在德宏的实践经验研究	胡小成	中共德宏州委宣传部
311	"马工程"项目	MGCZ202214	习近平新时代中国特色社会主义思想在丽江的实践经验研究	洪国臣	中共丽江市委宣传部
312	"马工程"项目	MGCZ202215	习近平新时代中国特色社会主义思想在怒江的实践经验研究	郑义	中共怒江州委宣传部
313	"马工程"项目	MGCZ202216	习近平新时代中国特色社会主义思想在迪庆的实践经验研究	孔维华	中共迪庆州委宣传部
314	"马工程"项目	MGCZ202217	习近平新时代中国特色社会主义思想在临沧的实践经验研究	洪国臣	中共临沧市委宣传部
315	新型智库项目	YNZK202201	双向开放助推云南经济高质量发展对策研究	牛建宏	中共云南省委党校（云南行政学院）
316	新型智库项目	YNZK202202	在滇央企和外企高质量发展对策研究	王泽华	云南省人民政府发展研究中心
317	新型智库项目	YNZK202203	云南支持数字经济发展的政策研究	张国胜	云南大学
318	新型智库项目	YNZK202204	云南面向"两亚"的产业选择研究	—	云南省特色产业促进会
319	新型智库项目	YNZK202205	全面对接RCEP畅通区域性国际物流大动脉对策研究	陈光俊	云南省社会科学院
320	新型智库项目	YNZK202206	智论云南系列之《云南智库》	沈向兴	云南省社会科学院

三、云南省哲学社会科学规划科普项目

表3　　　　　　　　　　　云南省哲学社会科学规划科普项目

项目批准号	项目名称	项目负责人	单位	项目类别	成果分类	所在学科
SKPJ2022001	铸牢中华民族共同体意识的云南故事	陈津云	云南民族大学	一般项目	科普读物类	马克思列宁主义·科学社会主义
SKPJ2022002	景颇族目瑙纵歌与中华文化认同	赵兰芳	云南大学	一般项目	科普读物类	马克思列宁主义·科学社会主义
SKPJ2022003	独龙族："一步跨千年"的历史巨变	白婧	中共云南省委党校（云南行政学院）	一般项目	科普读物类	马克思列宁主义·科学社会主义
SKPJ2022004	党建引领城市基层治理现代化典型案例	赵杨琼	中共云南省委党校（云南行政学院）	一般项目	科普读物类	党史·党建
SKPJ2022005	《时代楷模张桂梅》连环画绘本	易立平	丽江师范高等专科学校	一般项目	科普读物类	党史·党建
SKPJ2022006	书画中国精神	黄海鸥	曲靖市社科联	一般项目	科普读物类	党史·党建
SKPJ2022007	智者的叮咛——张廷玉《澄怀园语》品读	黄彩卿	云南农业职业技术学院	青年项目	科普读物类	哲学
SKPJ2022008	农村经济高质量发展的云南实践与探索	朱明月	云南师范大学	一般项目	科普读物类	应用经济
SKPJ2022009	绿色能源电力"滇峰"行	党国英	西南林业大学	一般项目	科普读物类	应用经济
SKPJ2022010	云南生物医药与大健康产业发展报告	李瑶	昆明医科大学	一般项目	科普读物类	应用经济
SKPJ2022011	加快云南营商环境的优化	韩斌	中共云南省委党校（云南行政学院）	一般项目	科普读物类	应用经济
SKPJ2022012	云南招商引资基本方法与创新案例	孙晓强	云南财经大学	一般项目	科普读物类	应用经济
SKPJ2022013	青少年总体国家安全观科普手册	徐明	云南警官学院	一般项目	科普读物类	政治学
SKPJ2022014	云南各民族交往交流交融文化史	董继梅	云南民族大学	一般项目	科普读物类	民族学

续表

项目批准号	项目名称	项目负责人	单位	项目类别	成果分类	所在学科
SKPJ2022015	唐宋时期云南各民族交往交流交融史——民族交融史	李宇舟	云南警官学院	一般项目	科普读物类	民族学
SKPJ2022016	滇西北少数民族饮食文化交融与传承	樊丹敏	丽江师范高等专科学校	一般项目	科普读物类	民族学
SKPJ2022017	云南各民族同源共祖创世神话故事经典	杨晖	云南师范大学	一般项目	科普读物类	民族学
SKPJ2022018	云南少数民族古籍装帧艺术图说	向云波	云南师范大学	一般项目	科普读物类	民族学
SKPJ2022019	云南少数民族婚恋习俗	高秀芬	云南工商学院	青年项目	科普读物类	民族学
SKPJ2022020	刻在石头上的滇东北史话	刘建超	昭通学院	青年项目	科普读物类	民族学
SKPJ2022021	中老铁路沿线的民心相通故事展演	唐俊	云南民族大学	一般项目	科普读物类	国际问题研究
SKPJ2022022	中欧合作交流发展史话	刘燕	云南师范大学	一般项目	科普读物类	国际问题研究
SKPJ2022023	走进欧盟：欧盟形成发展面面观	马涛	曲靖师范学院	一般项目	科普读物类	国际问题研究
SKPJ2022024	三朝治滇名臣十传	熊开万	昆明学院	一般项目	科普读物类	中国历史
SKPJ2022025	云南历代名医	冯寒英	云南中医药大学	一般项目	科普读物类	中国历史
SKPJ2022026	爨碑史话（中英对照）	高云柱	曲靖师范学院	一般项目	科普读物类	中国历史
SKPJ2022027	滇军入越受降史话	孟端星	玉溪师范学院	一般项目	科普读物类	中国历史
SKPJ2022028	云南古代家训故事精选	李瑞珩	滇西应用技术大学	青年项目	科普读物类	中国文学
SKPJ2022029	云南外语教育百年史话	刘扬	昆明文理学院	一般项目	科普读物类	语言学
SKPJ2022030	玩转融媒体：融媒产品运营与云南实践	柳盈莹	云南师范大学	一般项目	科普读物类	新闻学与传播学
SKPJ2022031	楸木园记忆	苏文杰	西南林业大学	一般项目	科普读物类	图书馆·情报与文献学
SKPJ2022032	近现代云南体坛风云人物故事集	施吉良	普洱学院	一般项目	科普读物类	体育学
SKPJ2022033	澜沧江流域民族体育影像方志科普	刘菡	云南民族大学	青年项目	科普读物类	体育学
SKPJ2022034	云南民族茶文化精品旅游线路大观	光映炯	云南大学	一般项目	科普读物类	管理学

续表

项目批准号	项目名称	项目负责人	单位	项目类别	成果分类	所在学科
SKPJ2022035	大滇西旅游环线（西北环）非遗畅游地图	王单	保山学院	一般项目	科普读物类	管理学
SKPJ2022036	老年人智慧医疗信息素养手册	蒋旭东	云南中医药大学	一般项目	科普读物类	教育学
SKPJ2022037	大学生心理健康教育科普漫画集	王艳琦	昆明学院	一般项目	科普读物类	教育学
SKPJ2022038	云南研究生教育史话	宋晶	昆明理工大学	一般项目	科普读物类	教育学
SKPJ2022039	高黎贡山自然保护区濒危动物手绘图鉴	张雪芳	保山学院	青年项目	科普读物类	教育学
SKPJ2022040	云南各族儿女铸牢中华民族共同体原创全插画绘本	唐军	云南大学滇池学院	一般项目	科普读物类	艺术学
SKPJ2022041	云南非遗科普手账	艾佳	云南艺术学院	一般项目	科普读物类	艺术学
SKPJ2022042	民间手艺智慧——云南非遗文化故事	黄蓉	云南民族大学	一般项目	科普读物类	艺术学
SKPJ2022043	云南少数民族音乐故事绘本	杨凯	云南艺术学院	一般项目	科普读物类	艺术学
SKPJ2022044	云南世居少数民族传统纺织技艺科普绘本	杨智瑾	云南民族大学	一般项目	科普读物类	艺术学
SKPJ2022045	西南联大历史记忆	张婷婷	云南师范大学	一般项目	科普读物类	艺术学
SKPJ2022046	云南老字号的品牌故事	丁韬	云南师范大学	一般项目	科普读物类	艺术学
SKPJ2022047	高黎贡山珍稀植物少儿绘本	赵楠	保山学院	一般项目	科普读物类	艺术学
SKPJ2022048	云南澄江寒武纪古生物多样性科普绘本	谭玉琳	云南师范大学	青年项目	科普读物类	艺术学
SKPJ2022049	昭通金石文化研究和科普现状报告	吴福诚	昭通学院	青年项目	科普读物类	艺术学
SKPJ2022050	"碳"寻美丽云南	耿立春	云南中医药大学	一般项目	科普读物类	交叉学科
SKPJ2022051	春城文化景观	刘芝芹	西南林业大学	一般项目	科普读物类	交叉学科
SKPJ2022052	命运共同，语言共通：云南少数民族语言生活面面观	马倩	昆明理工大学	一般项目	科普读物类	交叉学科
SKPJ2022053	云南历代绘画所见民族交融与文化互鉴	陈婷婷	楚雄师范学院	一般项目	科普读物类	交叉学科
SKPJ2022054	云南古桥的营造技艺与文化记忆	陈雅雪	云南农业大学	一般项目	科普读物类	交叉学科

续表

项目批准号	项目名称	项目负责人	单位	项目类别	成果分类	所在学科
SKPJ2022055	云南省居民防癌手册	马洁	昆明医科大学第三附属医院	一般项目	科普读物类	交叉学科
SKPJ2022056	卫生应急知识手册	高丽萍	昆明医科大学	一般项目	科普读物类	交叉学科
SKPJ2022057	地理标志助力云南乡村产业振兴的理论、实践与案例	向光富	曲靖师范学院	一般项目	科普读物类	交叉学科
SKPJ2022058	乡村振兴背景下云南省电商"网红"的助农案例	闫晓	云南农业大学	一般项目	科普读物类	交叉学科
SKPJ2022059	共建"一带一路"与云南的新跨越	林娜娜	云南农业大学	重点项目	科普音视频类	马克思列宁主义·科学社会主义
SKPJ2022060	党的光辉照边疆	孙珂	云南开放大学	青年项目	科普音视频类	马克思列宁主义·科学社会主义
SKPJ2022061	"青"听：红色家书里的初心	朱丹	云南大学	重点项目	科普音视频类	党史·党建
SKPJ2022062	《云南省反家庭暴力条例》民汉双语普法系列音视频	苏静	曲靖师范学院	一般项目	科普音视频类	法学
SKPJ2022063	共同体·宾弄赛嗨——云南民族团结进步声音微纪实	马岳波	云南广播电视台	重点项目	科普音视频类	民族学
SKPJ2022064	云南民族民间特色手工艺系列微视频（二期）	冯晓华	云南师范大学	重点项目	科普音视频类	民族学
SKPJ2022065	中老铁路——用合作铸就美好未来	王纪春	云南大学	重点项目	科普音视频类	新闻学与传播学
SKPJ2022066	国家非遗傣族剪纸艺术传滇缅公路红色爱国记忆	赵凯忠	德宏职业学院	重点项目	科普音视频类	交叉学科
SKPJ2022067	健康云南癌症防控科普动画系列视频	杨波	昆明医科大学第三附属医院	重点项目	科普音视频类	交叉学科
SKPJ2022068	西南联大精神的翠湖足迹	张梦夏	云南大学	一般项目	科普音视频类	历史学
SKPJ2022069	云南"十四五"期间"碳达峰、碳中和"技术及政策科普	谢兴龙	中共云南省委党校（云南行政学院）	青年项目	科普音视频类	交叉学科
SKPJ2022070	如何克服算法时代的个体危机	李静	昆明理工大学	青年项目	科普音视频类	交叉学科

四、云南省哲学社会科学规划社会智库项目

重大项目 7 项，重点项目 13 项，一般项目 30 项。

表 4　　云南省哲学社会科学规划社会智库项目

序号	项目批准号	项目名称	类别	学科领域	负责人	责任单位
1	SHZK2022101	多种乡村振兴模式推动云南农业农村现代化的研究	重大项目	综合性研究	李贤	云南大学社科联
2	SHZK2022102	大理州打造中国最美乡愁带的实践路径与对策研究	重大项目	综合性研究	徐勇	大理州社科联
3	SHZK2022103	"双碳"目标下的绿色制造体系协调发展研究	重大项目	经济	程静	云南农业大学社科联
4	SHZK2022104	云南"专精特新"中小企业快速成长影响因素及培育对策研究	重大项目	经济	高志方	昆明理工大学社科联
5	SHZK2022105	云南文化与旅游深度融合的路径与对策研究	重大项目	文化	晏雄	云南财经大学社科联
6	SHZK2022106	脱贫地区防范规模性返贫长效机制研究	重大项目	社会	朱勋克	云南师范大学社科联
7	SHZK2022107	云南构建生态产品价值实现机制的实践路径与制度保障研究	重大项目	生态文明	陈国兰	西南林业大学社科联
8	SHZK2022201	破解云南农特产品滞销的策略与机制研究	重点项目	综合性研究	王俊程	云南师范大学社科联
9	SHZK2022202	云南与印度洋国家推动共建"一带一路"高质量发展研究	重点项目	综合性研究	胡娟	云南省印度洋研究会
10	SHZK2022203	共同富裕视域下沪滇协同发展研究	重点项目	综合性研究	李贵平	楚雄州社科联
11	SHZK2022204	双碳背景下云南重点产业绿色高质量发展研究	重点项目	经济	刘红琴	昆明理工大学社科联
12	SHZK2022205	云南省高原湖泊流域产业发展的环境风险治理机制研究	重点项目	经济	马子红	云南大学社科联
13	SHZK2022206	金沙江下游绿色能源和绿色加工业协调发展研究	重点项目	经济	肖才志	昭通市社科联
14	SHZK2022207	数字要素驱动云南加快农业现代化的实践路径研究	重点项目	经济	李剑	曲靖高校社科联
15	SHZK2022208	坚持我国宗教中国化的临沧实践研究	重点项目	政治、党的建设	高宏慧	临沧市社科联

续表

序号	项目批准号	项目名称	类别	学科领域	负责人	责任单位
16	SHZK2022209	铸牢中华民族共同体意识与云南民族地区治理研究	重点项目	政治、党的建设	梁爱文	德宏师范高等专科学校社科联
17	SHZK2022210	云南边境少数民族地区文化安全体系构建研究	重点项目	文化	李永芳	云南民族大学社科联
18	SHZK2022211	云南易地扶贫搬迁后续扶持对策研究	重点项目	社会	陶丽萍	曲靖市社科联
19	SHZK2022212	云南乡村基础教育高质量发展研究	重点项目	社会	丁晓东	曲靖高校社科联
20	SHZK2022213	云南边境地区非传统安全现状及我对策研究	重点项目	社会	蒋昂好	云南省印度洋研究会
21	SHZK2022301	云南高原特色农业数字化转型增进产业集群效应的机理研究	一般项目	综合性研究	陈军	云南大学社科联
22	SHZK2022302	周边复杂国际局势对面向南亚东南亚辐射中心建设的影响及对策研究	一般项目	综合性研究	贾超芝杉	云南省印度洋研究会
23	SHZK2022303	中老铁路沿线乡村发展空间变化研究	一般项目	综合性研究	谭礼玥	昆明文理学院社科联
24	SHZK2022304	云南省推进高原特色现代农业全产业链发展 加快农业农村现代化实施路径研究	一般项目	经济	杨凌	昆明理工大学社科联
25	SHZK2022305	云南省绿色硅向精深加工和终端制造延伸对策研究	一般项目	经济	耿尚勋	楚雄州社科联
26	SHZK2022306	疫情影响下云南增强中小企业的韧性研究	一般项目	经济	杨波	云南大学社科联
27	SHZK2022307	云南开放型园区经济与周边国家经济联动发展研究	一般项目	经济	郭琛	云南省国际贸易学会
28	SHZK2022308	云南促进市场主体倍增的思路与对策研究	一般项目	经济	李璇	云南省国际贸易学会
29	SHZK2022309	百年大变局下我国在缅海外利益保护机制研究	一般项目	经济	杨琦	云南省再生经济产业开发研究会
30	SHZK2022310	"双碳"目标下云南水风光电开发与传统工业绿色能源利用协调发展机制路径研究	一般项目	经济	齐艳	云南经济管理学院社科联
31	SHZK2022311	云南县域财政运行困境及解困对策	一般项目	经济	马小于	玉溪师范学院社科联
32	SHZK2022312	打造昆明菊花园药材市场为"南药"交易中心的路径探索	一般项目	经济	张文平	云南中医药大学社科联

续表

序号	项目批准号	项目名称	类别	学科领域	负责人	责任单位
33	SHZK2022313	党建引领下的民族地区"三治融合"乡村治理体系研究——以云南省大理州为例	一般项目	政治、党的建设	汪燕	大理大学社科联
34	SHZK2022314	铸牢中华民族共同体意识视域下云南涉藏州县治理能力现代化研究	一般项目	政治、党的建设	毛瑞芳	迪庆州社科联
35	SHZK2022315	党建引领云南省市域社会治理效能提升研究	一般项目	政治、党的建设	刘春梅	曲靖市社科联
36	SHZK2022316	"西畴精神"打造成为新时代中国精神谱系重要内容研究	一般项目	政治、党的建设	刘兵	文山州社科联
37	SHZK2022317	云南公共文化服务体系建设与法治保障研究	一般项目	文化	杨川仪	昆明理工大学社科联
38	SHZK2022318	全媒体时代云南少数民族非物质文化遗产创造性转化与创新性发展研究	一般项目	文化	杨柳春	西南林业大学社科联
39	SHZK2022319	新形势下云南非物质文化遗产保护利用的策略与路径研究	一般项目	文化	金宏森	玉溪市社科联
40	SHZK2022320	乡村战略背景下云南新乡贤文化建设的对策研究	一般项目	文化	张升	云南省国学研究会
41	SHZK2022321	云南边疆民族地区农耕文化与乡村旅游融合发展研究	一般项目	文化	张文娟	西双版纳州社科联
42	SHZK2022322	当前中缅陆水联运突出安全问题及对策	一般项目	社会	王明媚	云南警官学院社科联
43	SHZK2022323	粮食安全视角下云南与澜湄五国农产品贸易机制研究	一般项目	社会	崔昊	保山高校社科联
44	SHZK2022324	教育"双减"政策下义务教育公平推进策略研究	一般项目	社会	朱娥	昭通学院社科联
45	SHZK2022325	乡村振兴背景下云南省建立医疗保障防范因病返贫长效机制的对策研究	一般项目	社会	陈颖	昆明医科大学社科联
46	SHZK2022326	边疆民族地区构建防范化解风险协同共治模式研究	一般项目	社会	马岑晔	红河州社科联
47	SHZK2022327	"两山"理论驱动下云南省乡村振兴重点帮扶县农村人居环境治理研究	一般项目	生态文明	李正升	云南师范大学社科联
48	SHZK2022328	基于复杂系统理论的亚洲象国家公园人地关系优化与建设路径研究	一般项目	生态文明	田瑾	云南农业大学社科联

续表

序号	项目批准号	项目名称	类别	学科领域	负责人	责任单位
49	SHZK2022329	极小种群野生动物遗传资源传统知识的保护制度研究	一般项目	生态文明	佘丽娜	昆明学院社科联
50	SHZK2022330	"湖泊革命"背景下云南省湿地管护法治化问题与对策研究	一般项目	生态文明	曹漫琼	曲靖高校社科联

五、立项省院省校教育合作项目

表5　　　　　　　　　　　　　立项省院省校教育合作项目

立项年度	项目名称	立项编号	经费金额（万元）	主持人
2022	加强校校合作促进乡村振兴融合路径研究	SYSX202208	13	张山
2022	云南省高校安全治理对策研究	SYSX202210	13	陶光荣
2022	健康生活目的地背景下云南"体卫融合"发展路径研究	SYSX202217	13	徐立宏
2022	云南光伏产业延链提质研究	SYSX202216	13	兰花艳
2022	云南加快新型农业经营主体发展研究	SYSX202209	13	麦强盛
2022	云南山地碳汇造林的绿色治理与机制研究	SYSX202212	13	苏建兰
2022	云南易地扶贫社区文化建设	SYSX202206	13	楼艺婵
2022	云南农村普惠金融风险管控研究	SYSX202213	13	段云龙
2022	利用RCEP生效契机推动云南高水平对外开放对策研究	SYSX202215	13	吴晓松
2022	中老铁路沿线经济合作路径与对策研究	SYSX202201	20	胡颖
2022	警务同城一体化协同育人实践创新研究	SYSX202204	20	孙学华
2022	民族地区中小学铸牢中华民族共同体意识教育的云南实践研究	SYSX202203	20	普丽春
2022	云南乡村振兴项目融投建管模式创新研究	SYSX202202	20	王艳伟
2022	新发展格局下云南自贸区外资管理制度创新及法治保障研究	SYSX202205	13	吕娜
2022	云南县域农村电子商务高质量发展的多维驱动机制与路径研究	SYSX202207	13	李富昌
2022	云南特色民族器乐文化保护与传承研究	SYSX202211	13	艾然
2022	云南民族医药与文化旅游产业融合发展研究	SYSX202214	13	段忠玉

研究机构与研究基地

云南社会科学年鉴 2023

一、云南省哲学社会科学研究机构

类别	单位名称	数量	备注
高等院校	云南大学	88	按教育部颁发的学校标识码排序
	昆明理工大学		
	云南农业大学		
	西南林业大学		
	昆明医科大学		
	大理大学		
	云南中医药大学		
	云南师范大学		
	昭通学院		
	曲靖师范学院		
	普洱学院		
	保山学院		
	红河学院		
	云南财经大学		
	云南艺术学院		
	云南民族大学		
	玉溪师范学院		
	楚雄师范学院		
	云南警官学院		
	昆明学院		
	文山学院		
	云南经济管理学院		
	云南大学滇池学院		
	丽江文化旅游学院		
	昆明理工大学津桥学院		
	昆明城市学院		
	昆明文理学院		
	昆明医科大学海源学院		
	云南艺术学院文华学院		

续表

类别	单位名称	数量	备注
高等院校	云南工商学院	88	按教育部颁发的学校标识码排序
	滇西科技师范学院		
	滇西应用技术大学		
	昆明冶金高等专科学校		
	云南国土资源职业学院		
	云南交通职业技术学院		
	昆明工业职业技术学院		
	云南农业职业技术学院		
	云南司法警官职业学院		
	云南文化艺术职业学院		
	云南体育运动职业技术学院		
	云南科技信息职业学院		
	西双版纳职业技术学院		
	昆明艺术职业学院		
	玉溪农业职业技术学院		
	云南能源职业技术学院		
	云南国防工业职业技术学院		
	云南机电职业技术学院		
	云南林业职业技术学院		
	云南城市建设职业学院		
	云南工程职业学院		
	曲靖医学高等专科学校		
	楚雄医药高等专科学校		
	保山中医药高等专科学校		
	丽江师范高等专科学校		
	德宏师范高等专科学校		
	云南新兴职业学院		
	云南锡业职业技术学院		
	云南经贸外事职业学院		
	云南三鑫职业技术学院		
	德宏职业学院		

续表

类别	单位名称	数量	备注
高等院校	云南商务职业学院	88	按教育部颁发的学校标识码排序
	昆明卫生职业学院		
	云南现代职业技术学院		
	云南旅游职业学院		
	红河卫生职业学院		
	云南外事外语职业学院		
	大理农林职业技术学院		
	公安消防部队高等专科学校		
	云南财经职业学院		
	昆明铁道职业技术学院		
	昭通卫生职业学院		
	大理护理职业学院		
	云南水利水电职业学院		
	云南轻纺职业学院		
	云南特殊教育职业学院		
	云南工贸职业技术学院		
	云南交通运输职业学院		
	昆明幼儿师范高等专科学校		
	云南医药健康职业学院		
	云南理工职业学院		
	曲靖职业技术学院		
	红河职业技术学院		
	玉溪职业技术学院		
	保山职业学院		
	昭通职业学院		
	文山职业技术学院		
	丽江职业技术学院		
	香格里拉职业学院		
党校（行政学院）	中共云南省委党校（云南行政学院）	17	各县（市、区）不列入统计
	中共昆明市委党校		
	中共昭通市委党校		

续表

类别	单位名称	数量	备注
党校（行政学院）	中共曲靖市委党校	17	各县（市、区）不列入统计
	中共玉溪市委党校		
	中共保山市委党校		
	中共楚雄州委党校		
	中共红河州委党校		
	中共文山州委党校		
	中共普洱市委党校		
	中共西双版纳州委党校		
	中共大理州委党校		
	中共德宏州委党校		
	中共丽江市委党校		
	中共怒江州委党校		
	中共迪庆州委党校		
	中共临沧市委党校		
科研院所	云南省社会科学院	4	其他州（市）无社会科学院，各县（市、区）不列入统计
	昆明市社会科学院		
	曲靖市社会科学院		
	红河州社会科学院		
	云南省社会主义学院	17	各县（市、区）不列入统计
	昆明市社会主义学院		
	昭通市社会主义学院		
	曲靖市社会主义学院		
	玉溪市社会主义学院		
	保山市社会主义学院		
	楚雄州社会主义学院		
	红河州社会主义学院		
	文山州社会主义学院		
	普洱市社会主义学院		
	西双版纳州社会主义学院		
	大理州社会主义学院		
	德宏州社会主义学院		

续表

类别	单位名称	数量	备注
科研院所	丽江市社会主义学院	17	各县（市、区）不列入统计
	怒江州社会主义学院		
	迪庆州社会主义学院		
	临沧市社会主义学院		
	云南省文史研究馆	1	各州（市）无文史研究馆，各县（市、区）不列入统计
	云南省地方志编撰委员会办公室	17	各县（市、区）不列入统计
	昆明市地方志编撰委员会办公室		
	昭通市地方志编撰委员会办公室		
	曲靖市地方志编撰委员会办公室		
	玉溪市地方志编撰委员会办公室		
	保山市地方志编撰委员会办公室		
	楚雄州地方志编撰委员会办公室		
	红河州地方志编撰委员会办公室		
	文山州地方志编撰委员会办公室		
	普洱市地方志编撰委员会办公室		
	西双版纳州地方志编撰委员会办公室		
	大理州地方志编撰委员会办公室		
	德宏州地方志编撰委员会办公室		
	丽江市地方志编撰委员会办公室		
	怒江州地方志编撰委员会办公室		
	迪庆州地方志编撰委员会办公室		
	临沧市地方志编撰委员会办公室		
部队院校	不公开	不公开	
党政部门研究机构	中共云南省委政策研究室	17	各县（市、区）不列入统计
	中共昆明市委政策研究室		
	中共昭通市委政策研究室		
	中共曲靖市委政策研究室		
	中共玉溪市委政策研究室		

续表

类别	单位名称	数量	备注
党政部门研究机构	中共保山市委政策研究室	17	各县（市、区）不列入统计
	中共楚雄州委政策研究室		
	中共红河州委政策研究室		
	中共文山州委政策研究室		
	中共普洱市委政策研究室		
	中共西双版纳州委政策研究室		
	中共大理州委政策研究室		
	中共德宏州委政策研究室		
	中共丽江市委政策研究室		
	中共怒江州委政策研究室		
	中共迪庆州委政策研究室		
	中共临沧市委政策研究室		
	中共云南省委党史研究室	17	各县（市、区）不列入统计
	中共昆明市委党史研究室		
	中共昭通市委党史研究室		
	中共曲靖市委党史研究室		
	中共玉溪市委党史研究室		
	中共保山市委党史研究室		
	中共楚雄州委党史研究室		
	中共红河州委党史研究室		
	中共文山州委党史研究室		
	中共普洱市委党史研究室		
	中共西双版纳州委党史研究室		
	中共大理州委党史研究室		
	中共德宏州委党史研究室		
	中共丽江市委党史研究室		
	中共怒江州委党史研究室		
	中共迪庆州委党史研究室		
	中共临沧市委党史研究室		

续表

类别	单位名称	数量	备注
党政部门研究机构	云南省人民政府研究室	17	各县（市、区）不列入统计
	昆明市人民政府研究室		
	昭通市人民政府研究室		
	曲靖市人民政府研究室		
	玉溪市人民政府研究室		
	保山市人民政府研究室		
	楚雄州人民政府研究室		
	红河州人民政府研究室		
	文山州人民政府研究室		
	普洱市人民政府研究室		
	西双版纳州人民政府研究室		
	大理州人民政府研究室		
	德宏州人民政府研究室		
	丽江市人民政府研究室		
	怒江州人民政府研究室		
	迪庆州人民政府研究室		
	临沧市人民政府研究室		
	云南省人民政府发展研究中心	6	其他州（市）无政府发展研究中心，各县（市、区）不列入统计
	曲靖市人民政府发展研究中心		
	玉溪市人民政府发展研究中心		
	红河州人民政府发展研究中心		
	双版纳州人民政府发展研究中心		
	丽江市人民政府发展研究中心		
	合计	201	

二、在滇国家部委人文社会科学重点研究基地

序号	所在单位名称	基地名称	批准单位名称	批准年份
1	云南大学	西南边疆少数民族研究中心	教育部	2000
2	云南大学	中国周边外交研究省部共建协同创新中心	教育部	2019
3	云南大学	铸牢中华民族共同体意识研究基地	中央统战部、中央宣传部、教育部、国家民族事务委员会	2020
4	云南大学	"一带一路"研究院	教育部	2021
5	云南民族大学	中华民族共同体研究基地	国家民族事务委员会	2020
6	云南农业大学	新农村发展研究院	科学技术部、教育部	2013
7	红河学院	国别和区域研究中心	教育部	2017
8	红河学院	国别和区域研究中心	国家民族事务委员会	2020
9	普洱学院	国别和区域研究中心	教育部	2017
10	大理大学	民族理论政策研究基地	国家民族事务委员会	2014
11	大理大学	中国文艺评论基地	中国文艺评论家协会	2015
12	大理大学	国家教师发展协同创新实验基地	教育部	2019
13	大理大学	中华民族共同体研究基地	国家民族事务委员会	2020
14	大理大学	国家语言文字推广基地	国家语言文字工作委员会	2021
15	曲靖师范学院	国家语言文字推广基地	国家语言文字工作委员会	2020
16	云南省社会科学院	国情调研云南基地	中国社会科学院	2017

三、新命名的云南省社会科学普及示范基地

序号	基地名称	类别	所属地	主管单位
1	云子博物馆——云子棋院	公共场馆	昆明市	云南云子文化传播有限公司
2	曾泽生将军故居	公共场馆	昭通市	永善县大兴镇人民政府
3	宣威市红军烈士陵园	公共场馆	曲靖市	曲靖市宣威市退役军人事务局
4	会泽县水城扩红文化生态园	公共场馆	曲靖市	曲靖市会泽县古城街道办事处
5	玉溪市文化馆——玉溪市非物质文化遗产保护中心	公共场馆	玉溪市	玉溪市文化和旅游局
6	腾冲市清水乡三家村中寨司莫拉佤族村	旅游景区	保山市	腾冲市清水乡人民政府
7	保山永子文化园——永子棋院	公共场馆	保山市	保山市永子文化产业有限公司
8	石屏县异龙湖保护治理规划展示馆	公共场馆	红河州	异龙湖管理局
9	西南联大蒙自分校纪念馆	公共场馆	红河州	蒙自市历史文化景区管理中心
10	建水文庙	旅游景区	红河州	建水文庙景区管理有限公司
11	云南省第一个农村党支部旧址——洒戛竜	公共场馆	文山州	中共文山市德厚镇委员会
12	景东文庙	旅游景区	普洱市	景东文庙
13	望天树景区	旅游景区	西双版纳州	望天树景区
14	大理洱海科普教育中心	公共场馆	大理州	大理洱海保护投资建设有限责任公司
15	周保中将军纪念馆	公共场馆	大理州	大理市文化和旅游局
16	班洪抗英纪念馆	教育科研	临沧市	沧源佤族自治县班洪乡人民政府
17	西南林业大学校史馆—古茶树资源馆—世界茶叶图书馆	教育科研	省直单位	西南林业大学
18	滇菜数据库和食材展示中心	教育科研	省直单位	昆明学院
19	云南民族大学民族博物馆	公共场馆	省直单位	云南民族大学
20	云南大学人类学博物馆	教育科研	省直单位	云南大学人类学博物馆

云南社会科学年鉴 2023

学术团体

一、云南省社科联及州市社科联工作综述

云南省社会科学界联合会

组织云南省中国特色社会主义理论体系研究中心特约研究员在"三报一刊"刊发理论文章6篇,在省级重点媒体发表理论文章21篇。与云南广播电视台共同主办了融媒体直播节目——《沿着习近平总书记指引的方向——努力建设人与自然和谐共生的现代化》,直播总浏览量超过68万人次。以"高质量跨越式发展的云南故事"为主线,策划推出社科理论普及节目《用实践回答·第二季》9集。在云岭大讲堂讲座设置"习近平新时代中国特色社会主义思想"专题,内设42个讲题;在4期《学术探索》设置"习近平新时代中国特色社会主义思想研究"专栏,刊发理论文章14篇。

召开云南省社科界喜迎党的二十大暨省社科联成立60周年座谈会,印发《省社科联学习宣传贯彻党的二十大精神工作方案》。组织召开云南省社科理论界深入学习宣传贯彻党的二十大精神座谈会和社科专家学习宣传研究阐释党的二十大精神座谈会,举办了云南省社科联系统学习贯彻党的二十大精神研修班,动员组织省级社科学术社团召开学习党的二十大精神座谈会,引领云南社科界迅速掀起学习宣传阐释党的二十大精神热潮。连续举办3期"学思践悟党的二十大精神"系列社科学术沙龙,组织社科专家围绕党的二十大精神开展学术研讨和交流。在"云岭大讲堂"开设"学习党的二十大精神"专题讲座27场,在《学术探索》开设"学习贯彻党的二十大精神"专栏,策划推出学习党的二十大精神抖音系列和《云视理论》系列视频各10期,引导云南省社科理论工作者及时开展党的二十大精神的学习宣传阐释工作。

立项省社科规划社会智库项目50项,立项创新团队8个、培育创新团队2个,立项资助出版《云南省哲学社会科学创新团队成果文库》4部。启动了云南省社会科学奖评选表彰工作,共收到申报材料1237项,新建2个社科专家工作站。举办社科学术沙龙11期,举办云南省第十五届、第十六届社会科学学术年会主场活动和专场活动14场,评选优秀论文111篇。举办了"深入学习贯彻党的十九届六中全会精神暨学术期刊建设研讨会""迈向人与自然和谐共生现代化的理论与实践学术研讨会""共同打造周边命运共同体学术研讨会"等一系列学术交流活动。

向省人民政府报送《关于建立云南省社会科学普及工作联席会议机制的请示》,省政府办公厅于2022年12月7日印发了《云南省人民政府办公厅关于建立云南省社会科学普及工作联席会议制度的通知》。聚焦"全面推进生态文明建设,努力建设人与自然和谐共生的现代化"主题,举办了云南省社会科学普及宣传周活动、首届全国各省市区社科普及基地讲解员大赛、社会科学知识网上有奖竞答活动。立项省社科规划科普项目70项、新时代文明实践社科普及志愿服务行动项目135项、社科普及创新项目20项、科普读物出版资助项目14项,命名云南省社会科学普及示范基地20个,组织开展"云岭大讲堂"讲座500场。科普重点项目《红土的魅力》和《田野的音符》在CCTV-1《中华民族》栏目播出,充分彰显了云南民族文化和民间手工艺的魅力。

立项重点支持5个省级社科学术社团向社会智库转型发展,指导21个省级社科学术社团完成换届工作。立项资助省级社科学术社团学术活动47项,遴选省级社科学术社团工作创新案例、十佳学术活动各10项进行推广示范。印发《省级社科学术社团提醒约谈制度(试行)》《云南省社科联社科类社会组织管理文件汇编》,

推动省级社科学术社团加强规范管理、有序开展活动。在省级社科学术社团开展大规模、全覆盖的大学习活动，深入学习习近平新时代中国特色社会主义思想和党的二十大精神。印发《省级社科学术社团"助力乡村振兴行动"方案》，动员组织省级社科学术社团深入基层一线开展主题巡讲、决策咨询服务和助贫捐赠服务等，助推乡村经济社会发展。

组织44位省内外知名社科专家开展云南社科专家曲靖行、保山行、牟定行、巍山行、云县行、勐腊行6次调研咨询活动，共推出决策咨询报告和调研报告64篇，其中4篇获省委、省政府、省政协等领导批示11次，2篇获州（市）党委政府领导批示。编撰上报《云南省社会科学界联合会工作专报》52期，24期获省领导批示31次，其中5期高质量决策咨询报告同时获多位省领导批示并进入决策实践。立项支持向社会智库转型发展的8个省级社科学术社团提交决策咨询报告140项，获省级领导批示47项，被相关部门采用18项。

昆明市社会科学界联合会

参加昆明市2022年科技活动周，发放社科普及读物和近年社科研究成果选，现场组织10名社科专家向参加活动的群众提供有关昆明历史文化及社会经济发展咨询服务。与昆明中药厂有限公司共同编辑出版了《昆中药的故事》。组织开展"昆明金汁河沿岸生物多样性科普与教学"及"低碳生活进社区系列活动"进校园、进机关、进企业、进社区、进农村，新建社科普及基地7家。申报立项2022年度社科规划研究课题16项，验收评审2021年社科规划课题14项；资助出版昆明市2022年度哲学社会科学优秀成果著作2本；编辑出版《昆明市2020年度社科规划课题成果选》。组织社科社会组织参加昆明市社科理论界"当好排头兵"专题研讨会，并汇编《昆明市社科理论界当好排头兵专题研讨会征文选集》。开展"纪念全面抗战爆发85周年"学术活动、"昆明新支柱产业培育暨深化澜湄国家跨国产业园区联盟发展研讨会"、庆祝"共青团成立100周年"系列活动。编印《昆明社会科学》4期，刊发理论文章30余篇，调研报告十余篇；报送《昆明社科资政报告》3期，均得到昆明市委、市政府主要领导批示。市属学会昆明南亚东南亚国际物流研究院撰写的《关于积极争取国家政策推进云南面向南亚东南亚辐射中心建设的建议》获得云南省省长批示，和民革中央、民革云南省委联合调研完成的《关于推进我国面向南亚东南亚辐射中心建设的建议》获得国务院李克强总理批示。

昭通市社会科学界联合会

组织召开昭通市社科理论界学习贯彻党的二十大精神座谈会，开展社科理论界学习宣传贯彻党的二十大精神理论征文评选活动，发动社科界专家学者撰写理论阐释文章141篇，评选出一等奖3篇，二等奖6篇，三等奖10篇，优秀奖21篇。编辑《昭通社会科学》4期（总第129期）80余篇50余万字。结题验收昭通市第十二届（2021年度）哲学社会科学课题10项，立项昭通市第十三届市级课题17项；汇编《2021年度昭通市哲学社会科学课题成果选编》。组织昭通市社科界申报省级社科规划项目、智库项目、揭榜挂帅项目三批次19项。制定《昭通市"十四五"时期哲学社会科学发展规划》，起草《昭通市社会科学普及工作联席会议制度》。完成"云岭大讲堂·昭通讲坛"13场，受众人数达5000余人次。开展2022年社科普及宣传周活动160余场，覆盖91个乡镇364个村。组织参加云南省第3期社科知识网上有奖竞答活动5.3万余人次；开展"社科专家讲生态"理论示范宣讲13场，受众人数达5000余人次；与电视台联合制作并播放"生态文明建设专家访谈"视频7期；组织40余家单位围绕习近平生态文明思想制作展板100余块。申报省级科普示范基地7个、市级示范基地10个；申报云南省新时代文明实践社科普及志愿服务项目4个。组织申报《"小小花椒树致富大产业"——产业兴旺是乡村振兴的必由之路》等省级《用实践回答》社科理论寻访节目7个。推荐立项3项省社科规划科普项目；

申报省级社科普及创新项目3个。联动开展"乡村振兴、助贫助学"行动，组织推送护送126名脱贫户初中毕业生到上海技术学校学习，实现"入校即入企业，毕业即就业"。

曲靖市社会科学界联合会

立项研究市级规划课题114项，2项获评省级智库重点项目，1项课题获评智库省级一般项目，1项课题获评省级社科普及创新项目，2项获评省规划科普项目，2篇论文被评为云南省第十六届社科学术年会获奖论文。邀请省政府发展研究中心围绕"曲靖加快云南副中心城市建设"主题开展实地调研，撰写的《加快推进云南副中心城市建设》的调研建议得到市委领导的充分肯定和批示。成立由社科专家组成的"曲靖市加强新时代廉洁文化建设实践策略研究"课题组，形成《曲靖加强新时代廉洁文化建设的实践策略研究——以马龙区为例》课题报告，得到了市委常委、市纪委书记的肯定，并被《曲靖市廉洁文化建设实施方案》采纳。编撰了《曲靖市发展蓝皮书（2021—2022）：曲靖市高质量发展报告》，组织省内外12名知名社科专家围绕市委提出的"曲靖如何打造内陆开放发展高地、曲靖如何建设城乡融合发展示范区、'双碳'背景下曲靖如何构建现代产业体系、深入贯彻落实新发展理念的关键性问题"4个课题开展调研决策咨询活动，形成《云南社科专家共话曲靖发展》调研成果，撰写高质量调研决策咨询报告12份，其中5篇决策咨询报告得到市委书记和市长的批示。开展社科普及宣传周系列活动，举办第二届社科普及基地讲解员大赛，评出一等奖2名、二等奖4名、三等奖6名、优秀奖8名；开展青少年书法、绘画、作文大赛活动，评出一等奖40名、二等奖83名、三等奖108名、优秀奖150名；举办"云岭大讲堂·曲靖讲堂"讲座14场，受众20000余人次；组建8支志愿者服务队开展新时代文明实践社科普及志愿服务活动15场，受益群众近10万人次。开展第十三次哲学社会优秀成果评奖工作，评审出荣誉奖1项，一等奖1项、二等奖10项、三等奖28项。

对《曲靖社会科学》刊物封面、栏目、版式等进行改革改版、提档升级。

玉溪市社会科学界联合会

围绕市委、市政府中心工作，立项课题40项。编报9期《社科专报》、《2021—2022年玉溪发展蓝皮书》，供各级领导参考。举办玉溪市聂耳和国歌研究会成立大会暨学术研讨会，云南省委宣传部有关领导出席会议并为玉溪市聂耳和国歌研究会授牌。承办2022年全省社科普及宣传周主场活动和"迈向人与自然和谐共生的现代化"理论研讨会，汇编《迈向人与自然和谐共生现代化的理论与实际》；协办"新阶段加快民族地区高质量发展"学术研讨会暨2022年中国西南民族研究学会学术年会。玉溪市文化馆被命名为省级示范基地，命名6家单位为市级示范基地。举办"云岭大讲堂·玉溪讲坛"讲座8场，受众2000余人次。选送玉溪博物馆李艳琼参加首届全国各省市区社科普及基地讲解员大赛，荣获全国一等奖。

保山市社会科学界联合会

组织全市社科理论界开展"我们这十年"理论征文、"坚定沿着习近平总书记指引的方向阔步前进——喜迎党的二十大胜利召开"学术活动，在《保山社会科学》杂志、"保山市社科联"微信公众号开辟"喜迎党的二十大胜利召开"专栏，刊发理论文章70余篇。召开"保山市社科理论界学习贯彻党的二十大精神座谈会"，举办"'两山'理论的保山高黎贡山实践——云南社科专家保山行"活动，推出的2篇咨询报告分别获两位省政府领导批示。开展2022年社科普及宣传周活动，组织28万名干部群众参与生态文明知识网上有奖竞答活动，答题人次全省州市排名第二；开展"百名专家讲生态"活动22场、生态文明研讨活动7场、线上线下展览展示活动17场，惠及群众18万余人。推荐2名社科普及基地讲解员参加首届全国各省市区社科普及基地讲解员大赛，其中1名选手以最高分荣获全国一等奖。举办

"第三届云南青年社科学术演讲比赛保山初赛",选送2名优胜选手参加省级复赛和决赛,其中1名选手获三等奖,保山市社科联获"优秀组织奖"。举办"云岭大讲堂·保山讲坛"讲座40场,受众近8100人次。编辑出版《保山社会科学》4期。编制《保山市"十四五"时期哲学社会科学发展规划》,召开保山市社科理论界学习《习近平谈治国理政》第四卷座谈会。与保山学院联合举办"治理现代化背景下社会工作专业与学科建设高端论坛",与临沧市社科联联合开展"第一届云南省澜沧江流域合作保护专题研讨会"征文活动,与市委组织部、杨善洲干部学院、市效能办联合开展"《杨善洲与隆阳》等系列丛书"征文活动,等等。结项评审2021年立项资助课题68个,组织上报云南省哲学社会科学规划社会智库项目3项,上报《决策咨询专报》6篇。圆满完成市、县社科联换届工作。

楚雄州社会科学界联合会

举办"云岭大讲堂·楚雄讲坛"73讲,推进党的创新理论进万家。出刊《楚雄社科论坛》12期13200册,刊登理论文章218篇。成功申报并获批云南省社科规划社会智库项目2个,在州级层面甄选38个楚雄州社科规划社会智库项目。撰写决策咨询报告和社科专报上报州委、州政府,其中《云南社科专家深入楚雄开展调研咨询活动》和《楚雄州红色文化资源保护传承与开发利用亟待加强》分别获州委书记、州人民政府州长的批示。举办楚雄州2022年度社科普及宣传周活动,惠及群众96.7万人。组织全州各级各部门39.53万人次参与云南省第三期社会科学知识网上有奖竞答活动,参与人数名列全省州市第一。成功申报云南省新时代文明实践社科普及志愿服务行动项目9项,名列全省第三。积极参加首届全国各省市区社科普及基地讲解员大赛,两个项目分别获优秀奖和鼓励奖。以"这十年——我眼中的新时代"为主题,组织开展楚雄州青年社科学术演讲比赛,选送2名选手参加第三届云南省青年社科学术演讲比赛,分别获一等奖和优秀奖,楚雄州社科联荣获全省社科联系统"优秀组织奖"第一名。推荐项目"元谋县'农民理论家'理论宣讲进万家"获评云南省社科普及创新项目。以建设"滇中牟定""产业强县""左脚舞城""工匠名乡"为主题,组织开展"云南社科专家牟定行"活动。召开楚雄州社会科学界联合会第七次代表大会,选举产生州社科联第七届委员会,州委书记出席开幕式并讲话。召开楚雄州社科理论界学习宣传贯彻党的二十大精神理论研讨会暨第九届社科学术年会。

红河州社会科学界联合会

推荐3个单位申报省级社会科学普及示范基地并获命名,指导石屏县委宣传部、县社科联承办2022年度社科普及宣传周活动启动仪式。组织"云岭大讲堂·红河讲坛"讲座20场,组织专家深入开远市开展"我们是新思想的传播者"社科志愿服务活动。组织选手参加全省第三届青年社科学术演讲比赛并获二等奖和优秀奖。组织全国、全省知名的高原湖泊治理、生态文明建设等领域的社科专家团队20人,分批次开展"社科专家异龙湖行"基层调研活动,共形成5篇研究报告、4篇咨询报告。探索开展决策咨询服务,《构建红河州防范化解风险协同共治模式咨询报告》获州委主要领导的批示。配合中国社科院中国边疆研究所西南边疆研究室调研团队在红河州开展调研,配合省社科院开展"云南智库专家基层行——走进红河"活动,参与《红河高质量发展研究报告》编写。组织社科专家参与民族团结进步论坛、第3届新时代沿边开放论坛、云南省社科学术年会、"中共云南一大"启示及意义研讨会;举办红河州社科理论界学习宣传贯彻党的二十大精神座谈会。完成红河州六次(2021—2022年度)社科规划课题立项结项工作,立项社科规划课题55项,结项社科规划课题50项,共收到50份研究报告、32份社科咨政报告、15份成果要报以及55篇论文。协同州委组织部、州委宣传部开展了2轮社科人才信息搜集报送工作,探索创建"社科人才智库联盟"。完成

《红河州"十四五"时期哲学社会科学发展规划》编制起草、征求意见、修改、审议工作。编辑《红河》杂志10期，刊登理论文章140篇。印发《红河州哲学社会科学繁荣发展经费使用管理办法》《加强州县两级社科联（社科院）沟通联系的工作意见》。召开红河州社科联四届六次全委（扩大）会。组织县市社科联干部参加理论骨干研修培训及学术研讨。

文山州社会科学界联合会

组织社科专家深入基层一线对习近平新时代中国特色社会主义思想进行宣讲12次，参加群众3000余人次。组织各学会、县（市）社科联1.5万余人参与学习习近平生态文明思想竞答活动。组织举办社科学术沙龙5场，形成10篇《社科专报》上报州委、州政府，其中有1期获州委书记批示；在各种报刊等发表社科研究成果11篇。选择14个有基础、有条件的村寨，开展"社科小镇"建设。与州委宣传部、州生态环境局等5部门联合在西畴精神展览馆举行2022年文山州社科普及宣传周活动启动仪式。与州委宣传部、州文明办等6部门联合举办"绿美文山"主题征集活动，共征集社科普及作品16件，《文山田坝心村：美丽乡村换新颜》等3件作品被云南网选用。推荐9名选手参加首届全国各省市区社科普及基地讲解员大赛云南赛区选拔赛，4人获优秀奖。组织各县（市）社科联申报社科普及项目10项，命名马关县新时代文明实践中心等州级社科普及示范基地9家。组织开展"文山之干"解放思想大讨论理论征文活动，选编44篇呈报有关领导和印发有关单位参阅；组织开展学习贯彻《总体国家安全观学习纲要》征文活动，共征集论文50篇并进行评奖。"'西畴精神'打造成为新时代中国精神谱系重要内容研究"获2022年度云南省社科社会智库一般项目立项。重大社科成果——《数码字典》系列工具书研究编撰取得阶段性成果。召开2022年度社科类社会组织工作会议，指导并参加州苗学会第五次会员代表大会、州蒙古族学会第四次会员代表大会和州瑶族学会四届四次理事会。

普洱市社会科学界联合会

编辑出版《普洱论坛》5期，刊发文章130余篇。与普洱市委宣传部共同组织了"奋进新征程·建功新时代"——喜迎党的二十大主题征文活动；以新时代文明实践中心为依托开展"普洱新时代社科讲堂"10讲；召开普洱市社科理论界学习党的二十大精神专题培训会及座谈会。完成"云南省社科专家普洱行"调研成果整理，出版《社科专家话普洱》调研报告集。围绕"两示范一胜地"建设，组织普洱社科工作者开展课题研究10个；编报《普洱市社会科学界联合会工作专报》2期。联合普洱市委宣传部、市文明办、市生态环境局集中组织2022年社科普及宣传周启动仪式，并组织各县（区）开展系列主题活动，共计4万余人参加省第3期社科知识网上有奖竞答活动，开展"百名专家讲生态"活动165场，活动惠及群众66万余人。景东文庙被列为2022年度云南省社科普及示范基地，动员市内7个云南省社科普及示范基地，积极开展科普图书展览、历史文化展览、社科知识"七进入"等社科知识宣传普及活动。与《普洱》杂志社共同策划编撰《普洱咖啡——小咖学堂》，资助社科工作者出版了《清·光绪普洱府志校注》。完成省社科联、省电视台共同策划的《用实践回答·第二季》户外寻访节目《景迈山——端在手里的自信》。推动"云岭大讲堂·普洱讲堂"落地普洱市委党校；6个社科志愿服务项目被列为"云南省新时代文明实践社科普及志愿服务项目"获重点扶持；"普洱新时代社科讲堂"被列为2022年云南省社科普及创新项目；推荐2名选手参加云南省第三届青年学术演讲比赛获优秀奖。积极争取"滇沪协作，助贫助学"项目，11名农村贫困学生被上海职业学校录取。配合省社科联完成了《云南省公众人文社会科学素养与需求》调研；配合组织部门在8个业务指导学（协）会中建立了党组织，先后支持市学会、协会、研究会举办各项活动20余场。召开普洱市社会科学界联合会四届三次全委（扩大）会。

西双版纳州社会科学界联合会

组建州"百名专家讲生态"团队，集中开展习近平生态文明思想和习近平总书记考察云南重要讲话精神解读活动。举办全州社科理论界学习贯彻党的二十大精神座谈会。瞄准热点难点开展资政活动，上报信息专报获州委主要领导批示2篇，《西双版纳融媒体改革调研报告》成为州融媒体改革工作的重要参考。组织开展2022"云南社科专家勐腊行"调研咨询活动。开展2022年科普宣传周活动，组织省、州级专家18人开展咨询服务活动13场，参与科普志愿者112人，各级社科基地开展展览展示活动6次，参与网上社科知识竞答8500余人次，发放《云南社会科学普及条例》、宪法、民法典、反恐等法律法规资料、法律知识等2000余份，活动惠及群众1.73万人。组建西双版纳州社会科学普及宣讲员（讲解员）志愿服务支队，举办"学习宣讲党的二十大精神业务擂台赛"，采用深入村寨、深入基层、贴近老百姓的方式进行宣讲。立项社科基金课题32项，组织动员党校、高校和科研机构申报省级项目7个。望天树景区成功创建省级社科普及示范基地，5名社科人才入选全省"百名专家讲生态"团队，2名专家入选云南省社科普及专家库。圆满完成第三届州社科联换届工作。

大理州社会科学界联合会

组织召开"大理州社科理论界学习宣传党的二十大精神座谈会""《习近平谈治国理政》第四卷大理州学习座谈会"。牵头开展党的二十大宣讲工作，开展宣讲活动1308次，受众达100万余人次。组织开展"党的创新理论我来讲"理论宣讲比赛、"党的十九届六中全会精神我来讲"视频宣讲活动、"砥砺奋进新征程、喜迎党的二十大——党的创新理论我来讲"理论宣讲大赛。推荐选手参加"第三届云南青年社科学术演讲比赛"并获二等奖，推荐选手参加首届全国各省市区社科普及基地讲解员大赛并获云南赛区金奖1个、银奖2个、优秀奖2个。与大理广播电视台合作开设了"学习时光"理论专栏，拍摄制作推出一批理论宣讲视频和融媒体产品。推荐申报省级课题9个，其中"大理州打造中国最美乡愁的实践路径与对策研究"获2022年度云南省哲学社会科学规划科普项目重大项目立项。推荐上报社科研究基地选题14个、云南省哲学社会科学规划科普项目3项，申报云南省社会科学奖6项，立项2022年大理州社科项目课题65个，申报2022年新时代文明实践社科普及志愿服务项目11个，与《大理日报》联合开展征文活动刊发理论文章64篇。配合省社科联在央视《中华民族》栏目刊播纪录片《匠心云之南》。举办"云南社科专家巍山行"调研咨询活动，承办"云南省2022年度社科学术社团工作会议暨负责人培训班"。"大理洱海科普教育中心"和"周保中将军纪念馆"被命名为云南省社会科学普及示范基地。联合文明办、生态环境局、洱海保护管理局牵头开展社科普及宣传周活动，开展"百名专家讲生态"讲座86场，展览活动43场、调研活动8场、生态文明研讨会24场，发放社科普及材料20000多份。

德宏州社会科学界联合会

组织举办"德宏州社科界开展效能革命推动德宏高质量跨越式发展研讨会""德宏州社科界深入学习贯彻习近平生态文明思想，坚持走绿色发展之路理论研讨会""德宏州社科理论界优化营商环境理论研讨会""德宏州社科界学习宣传贯彻党的二十大精神研讨会""深入学习贯彻党的二十大精神暨缅甸变局下的中缅合作研讨会"。组织申报省社科规划课题项目8项，获批2项；组织实施2022年州级社科规划课题研究项目6项；组织申报立项云南省新时代文明实践社科普及志愿服务行动项目4项；实施完成中缅胞波友谊24小时智能图书馆和瑞丽容棒小学2个项目；完成中缅边境中小学校管理人员及骨干教师培训项目；成功申报中缅民生基金项目3个。编印《德宏社会科学》4期，登载理论文章100余篇；出版对缅研究专业刊物《缅甸研究》4期，发行2000余册。举办"云岭大讲堂·德宏讲坛"25期,受众达5000余人;举办"国门文化大讲堂"3期;举办"德图公益文化大讲堂"23期,受众达10万余人。组织云南省社会科学知识网上有奖竞答活动,超过12万人次参与。组织各学术社团召开迎接党的二十大工作座谈会。举办社科学术社团经验现场交流及社科学术社团骨干培训。完成"德宏边境一线管理存在的问题及对策研究"省级重要课题。完成15期《缅甸情况动态》撰写和上报工作,获州级有关领导的批示。参加"胞波带你逛中国"项目工作,参与制作17集,总播放量超过2000万次。组织开展2022年中国宋庆龄基金会"文化小大使"活动。协助有关部门做好翻译工作。派出业务骨干参加云南大学组织的第十三届西南论坛。

丽江市社会科学界联合会

把学习习近平新时代中国特色社会主义思想与开展党史学习教育结合起来,与社科联工作实际结合起来,与习近平新时代中国特色社会主义思想在丽江大地生动实践结合起来,不断提高政治判断力、政治领悟力、政治执行力。开展"百名社科专家讲生态"示范宣讲活动进基层,积极引导全市干部群众积极投身生态文明建设,成为生态文明建设的参与者、贡献者。通过"云岭大讲堂""玉龙讲堂""雪山书院论坛"等社科理论宣讲阵地,邀请省内外社科专家协助基层解决好社科理论宣讲师资力量薄弱的问题。加强意识形态阵地的管理,对全市8家社科学会和5家省级社科普及示范基地的意识形态工作进行指导和督查。在《丽江社会科学》杂志上开设专栏,发表生态文明建设、民族团结进步示范创建和法治建设的相关文章。结合市委、市政府中心工作,在《丽江社会科学》杂志开设专栏刊发学习贯彻落实党的十九届六中全会精神、省第十一次党代会和市第五次党代会精神的文章,将第四期《丽江社会科学》设为学习贯彻党的二十大精神专刊,发表学习贯彻党的二十大精神的理论文章15篇。

怒江州社会科学界联合会

与怒江州新时代文明实践中心、县(市)委宣传部、社科普及志愿服务队等联合开展社科普及志愿服务和学术沙龙等活动,积极发挥"思想库"和"智囊团"的作用,直达基层、深入一线,用"大白话"讲清"大道理",用"小故事"传递"大情怀"。探索"科普"新机制,在怒江社科联微信公众号上积极开展社科普及宣传,组织"社科普及进直播间"活动。做强做优学术期刊《怒江社会科学》,重点围绕"乡村振兴""学习《习近平谈治国理政》第四卷""党的二十大精神"等设置专栏。围绕学习党的十九届六中全会精神、运用法治思维、推进基层治理体系和治理能力现代化等主题开展云岭大讲堂讲座。组织怒江社科专家开展年度云南省社科规划社会智库项目、社科普及创新示范项目、云南省社会科学奖等申报工作;组织参与第一届云南省澜沧江流域合作保护专题研讨会等活动。联合珠海市社科联出版《山与海的牵手》。组织本土社科专家围绕党的十九届六中全会精神、习近平生态文明思想开展社科普及沙龙。组织召开怒江州社科联三届三次全委会暨怒江州社科理论界学习宣传阐释党的二十大精神理论研讨会。

迪庆州社会科学界联合会

举办社科普及宣传周系列活动,分别在高山植物园科普展览馆、德钦县拖顶乡大村举行成果展示和主题展览,参加讲座、参观成果展示和主题展览的干部职工及各界群众达2600余人次。组稿编辑《香格里拉论坛》3期,向全州各级各部门赠阅。赴德钦和维西省级社科普及基地调研近年来社科普及机构、人员活动、云岭大讲堂讲座工作的做法及成效、新时代文明实践社科普及志愿服务项目执行情况,以及执行中存在的问题和解决的措施。申报云南省2022年社科规划科普重点项目1个,一般项目1个;云南省2022年社科规划社会智库重点项目1个,一般项目3个;申报2022年云南省新时代文明实践社科普及志愿服务行动项目8个，有6个项目获批立项，其中重点项目2项，一般项目4项。举办2022年度"云岭大讲堂·迪庆讲坛"及社科普及宣传周"百名专家讲生态"讲座共11场，当地参加讲座干部群众达2500余人次。

临沧市社会科学界联合会

"坚持我国宗教中国化的临沧实践研究"获2022年度云南省社科规划社会智库重点项目立项；"铸牢中华民族共同体意识背景下佤族朴素核心价值观研究"获得2022年度云南省哲学社会科学规划（省社科研究基地项目）一般项目立项，首次实现省级社科规划项目"零的突破"。"关于更加坚定'心向党、听党话、跟党走'政治信念的调研报告"等3个项目获省级奖项。以"贯彻新发展理念，保护美丽澜沧江"为主题，组织召开云南省第十六届社会科学学术年会（临沧专场）暨第一届云南省澜沧江流域合作保护专题研讨会，征集论文86篇，评奖论文21篇，并编撰论文集。配合省社科联和云南广播电视台深入沧源拍摄理论寻访节目《用实践回答——我们都是收信人》，并获得2022年度云南省哲学社会科学规划科普一般项目立项。组织参加全国各省市区社科普及基地讲解员大赛，《最是青山绿映红——凤庆滇红茶博物馆》荣获云南赛区金奖，全国大赛三等奖。组织开展2022年社会科学普及宣传周，活动覆盖全市8个县（区）77个乡镇（街道）123个村（社区），省市县社科专家96人次参与，社科普及宣传志愿者达870人次，开展各类宣讲、展演、集中宣传等科普活动32场，覆盖群众达36万人次。组织开展"云岭大讲堂·临沧讲坛"活动15场，受众3000余人次。"沧源县班洪抗英纪念馆"被命名为2022年度云南省社会科学普及示范基地；立项2022年云南省新时代文明实践社科普及志愿服务行动项目5个。《边疆人民心向党》获"砥砺奋进新征程 喜迎党的二十大——党的创新理论我来讲"理论宣讲大赛二等奖。《"佤山少年"现象值得总结推广》《缅北地区去中国化如何破解》等决策咨询报告获省级领导批示，并上报中办。组织开展习近平生态文明思想临沧实践专题研究，形成《习近平生态文明思想临沧实践研究成果汇编》上报市委。组织开展庆祝习近平总书记给沧源县边境村老支书们的重要回信一周年活动，编撰《唱响幸福歌》获得省民委的支持，该书入选云南民族出版社重要出版物。开展"云南社科专家云县行"调研咨询活动，编撰《社科专家话云县》。报审《临沧市"十四五"时期哲学社会科学发展规划》，完善《临沧市社会科学专家管理办法》，出台《关于加强临沧市哲学社会科学学术社团建设的实施意见》《临沧市哲学社会科学学术社团管理办法（试行）》。召开临沧市社会科学界联合会第四次代表大会，选举产生新一届领导班子。《临沧社会科学》加入云南省社科联系统期刊联盟，交流平台进一步拓宽。党的二十大召开后，研究制定《学习宣传贯彻党的二十大精神工作方案》，以"六个一"形式深入推进党的二十大精神学习贯彻。举办临沧市社科理论界学习宣传贯彻党的二十大精神座谈会、临沧市学习贯彻党的二十大精神暨第二期社科理论骨干培训班。

二、云南省哲学社会科学创新团队工作综述

2022年按照《云南省哲学社会科学创新团队建设实施办法（修订）》，创新团队工作主要围绕以下两个方面来进行。

（一）立项建设创新团队

2022年创新团队的申报评审工作于2021年12月31日开始申报，至2022年3月4日止，共收到19家单位的81个团队申报。此次遴选评审采取资格审核、初评、答辩评审3个程序。为做好评审答辩工作，确实贯彻好公平、公正、公开的原则，聘请了省内28位专家组成评审组。经资格审核、初评后于3月25日进行了评审答辩，确立了云南大学、云南师范大学、云南财经大学、昆明理工大学、云南民族大学、云南警官学院、曲靖师范学院、西南林业大学等8个单位里的8个团队为立项资助团队（见表1），云南大学、云南民族大学的2个团队为培育团队（见表2）。并于2022年3月28日至4月4日在省社科联网上公示，公示期满无异议，于2022年4月7日由省社科联党组书记、主席代表省社科联分别与8个立项创新团队和2个培育团队带头人签订了《团队目标责任书》《培育团队协议书》。省社科联于2022年4月11日正式下发《关于立项建设2022年度云南省哲学社会科学创新团队的通知》（云社联〔2022〕11号）立项建设。

表1　2022年度云南省哲学社会科学创新团队立项名单（按学科排序）

序号	研究方向	带头人	职称	单位
2022CX01	金融科技与大数据风险量化	周伟	教授	云南财经大学
2022CX02	反恐怖与国家安全研究	张家忠	教授	云南警官学院
2022CX03	云南地方立法高质量发展研究	李婉琳	教授	昆明理工大学
2022CX04	西南民族应对气候变化的传统生态知识研究	尹仑	研究员	西南林业大学
2022CX05	云南边屯文化研究	黄彩文	教授	云南民族大学
2022CX06	中国共产党百年民族理论创新与民族工作实践	段红云	研究员	云南大学
2022CX07	云南边境地区语言文化安全研究	余金枝	教授	云南师范大学
2022CX08	乡村教育研究	丁晓东	教授	曲靖师范学院

表2　2022年度云南省哲学社会科学创新团队培育名单（按学科排序）

序号	研究方向	带头人	职称	单位
2022CXP01	西南边疆与内地互动关系研究	罗群	教授	云南大学
2022CXP02	中华民族共同体视域下当代少数民族文学经典阐释与研究	龙珊	教授	云南民族大学

（二）编辑出版创新团队成果文库

2022年创新团队成果文库的申报工作于2022年3月3日开始，到4月8日截止。为做好评审工作，确实贯彻好公平、公正、公开的原则，先后聘请了省内数位专家组成评审组，经过资格审查、通讯评审、会议评审等程序，评选出成果文库项目资助出版书稿4部（见表3）。并于2022年6月17—24日（周末及节假日除外）在省社科联网上公示，公示期满无异议，省社科联于2022年7月7日正式下发《关于2022年度云南省哲学社会科学创新团队成果文库出版资助立项通知》（云社联〔2022〕23号）立项资助。

表3　2022年度云南省哲学社会科学创新团队成果文库资助立项名单

立项号	成果名称	姓名	单位
2022WKCHB01	大扶贫的理论与实践逻辑	冯朝睿	昆明理工大学
2022WKCHB02	云南省农村"三权三证"抵押贷款试点问题及其风险控制机制研究	陈爱华	云南财经大学
2022WKCHB03	民族村寨仪式与基层治理的现代性调适——基于滇南哈尼族的个案研究	王亚军	红河学院
2022WKCHB04	如何打好绿色能源牌	王赞信	云南大学

三、社科学术社团工作综述

2022年，云南省社科学术社团坚持以习近平新时代中国特色社会主义思想为指导，深入学习贯彻党的十九大和十九届历次全会精神，认真学习宣传贯彻党的二十大精神，深入贯彻落实习近平总书记考察云南重要讲话和重要指示批示精神、省第十一次党代会精神，强化党建引领，加强规范化建设，向社会智库转型发展，深入开展理论宣讲、学术研讨、咨询服务、社科普及等学术活动，着力构建"政治坚定、人才聚集、管理规范、学术繁荣、业绩突出"的社团发展新格局。

创新性地开展省级社科学术社团党组织大学习活动。强化党建引领，深入实施党的创新理论凝心铸魂行动，以学习贯彻习近平新时代中国特色社会主义思想和习近平总书记考察云南重要讲话和重要指示批示精神为主线组织开展大学习活动。省社科联按照学科和地域相近的原则，把120家省级社科学术社团分为6个大组，紧紧围绕习近平法治思想、习近平生态文明思想、习近平总书记在省部级主要领导干部专题研讨班上重要讲话精神、《习近平谈治国理政》第四卷、党的二十大精神等15个重点专题组织开展集中学习，召开省级社科学术社团学习贯彻党的二十大精神专题研讨会，通过集中研讨与单独学习、线上与线下相结合等方式，开展了近120次大学习活动，参加党员近5000人次。在全省社科学术社团中形成了"学理论强素质、迎接党的二十大召开"的浓厚氛围，达到了以理论学习引领社团发展的目的，推动学习贯彻习近平新时代中国特色社会主义思想走深走实，实现党建业务双推进。

切实加强意识形态工作。加强意识形态安全教育，把意识形态工作纳入社科学术社团培训的重要内容，切实增强意识形态安全意识。严格落实意识形态工作责任制，明确社团的主体责任，签订意识形态工作责任书。实行重大活动报备制度，加强对省级社科学术社团举办的论坛、讲座、年会、报告会、研讨会、学术沙龙的管理，加强正面引导，确保正确的政治方向、价值取向、学术导向。各社团加强对主办的学术期刊、学术网站、微信公众号等的管理，教育引导会员严格遵守中央和省委有关规定，参加各类学术活动、出版著作、发表文章和网络言论，必须坚持在思想上、政治上、行动上同以习近平同志为核心的党中央保持高度一致。

推进社科学术社团规范化建设。印发《省社科联2022年社科学术社团工作要点》，召开2022年度社科学术社团工作会议、党建工作会议、省社科联社会组织工作委员会第四次会议。完善社团管理制度，制定《云南省社科联省级社科学术社团提醒约谈办法（试行）》，编印社科类社会组织管理工具书《云南省社科联社科类社会组织管理文件汇编》。落实省社科联党组成员分类联系社团制度，加强规范管理，强化换届督促指导，集中开展2021年年检，开展"僵尸型"社会组织专项清理、分支（代表）机构专项整治，对届满到期换届的17家社团进行工作提醒、超期换届的19家社团进行集体约谈，省国学研究会等21家社团完成换届工作，省民族学会的业务主管单位归口管理变更为省民宗委。截至2022年12月底，省社科联业务主管的社科学术社团和民办社科研究机构120家。

强化教育培训。以社科学术社团负责人、党组织负责人为主要培训对象，于7月20—22日在巍山县举办2022年度省级社科学术社团负责人培训班，于11月16—17日在威信县扎西干部学院举办2022年度省级社科学术社团党组织负责人培训班，参训280余人次。培训围绕深入学习贯彻党的十九届六中全会精神、党的二十大精神和省第十一次党代会精神，意识形态工作，社会组织党建，党史学习教育，社团管理政策解读，社团财务管理等重要内容进行，开展社科学术社团工作经验交流和现场教学，增强社科学术社团的政治判断力、政治领悟力、政治执行力，提升了各社团的政治站位和工作能力，提高了各州市的学会管理水平，培养了全省社科学术社团人才队伍。

组织开展"社科学术社团助力乡村振兴行动"。践行一线工作法，组织省高原特色农业发展促进会、省再生经济产业开发研究会等30余家学术社团，以"凝聚社团力量，助力乡村振兴，喜迎二十大"为主题，围绕"三农"工作和乡村振兴开展元阳县乡村振兴主题巡讲活动、"点赞美丽乡村"摄影征文活动等16项系列活动，邀请云南省高等院校德育研究会会长王飞教授等7位专家围绕"数字经济与乡村振兴""农村电子商务发展""旅游发展助推云南乡村振兴"等主题，深入元阳县乡镇、农村、学校举办9场宣讲，听众1200余人次。召开"云南农业农村现代化"社会智库论坛、石林县农业特色产业——人参果产业发展专家咨询会等6场理论研讨会，为乡村振兴提供理论支撑。组织专家、会员企业家走进乡村，开展元阳县黄茅岭乡现场咨询活动、丽江老君山黎明乡牧草种植示范点技术咨询服务、富源县古敢水族乡乡村振兴推进情况调研，看望返贫动态监测户，为留守儿童做心理疏导，捐赠价值十余万元的生活物资、220余份文具、500余册读物，用实际行动推动乡村振兴战略实施。

持续实施学术活动资助计划。资助省级社科学术社团重点学术活动12项，一般学术活动35项。支持各社团聚焦社团的主业方向举办"两个确立"与全面建设社会主义现代化国家研讨会、"碳中和下新能源产业与市场发展"研讨会、纪念全民族抗战85周年学术座谈会等学术活动，内容丰富、形式多样、学术性强、社会影响广泛。编印《云南省社科联2021年度社科学术社团学术活动综述》《2022年度云南省社科学术社团创新案例和十佳学术活动综述》。

推动社科学术社团向社会智库转型发展。立项重点支持云南省南亚学会、云南省再生经济产业开发研究会、云南省决策咨询研究促进会、云南省国际贸易学会、云南省市场学会5家社团向社会智库转型发展。召开推动省级社科学术社团向社会智库转型发展座谈会，深入探讨社会智库建设的方法路径。进行项目中期检查，2020年度、2021年度立项支持的8家社团立项2022年度云南省社科规划社会智库重点项目2项，一般项目5项；提交决策咨询报告140项，获得省级领导批示47项，被相关部门采用18项。

遴选社科学术社团工作创新案例和十佳学术活动。完善绩效评价机制，遴选2022年度社科学术社团工作创新案例10项：党史宣讲进校园系列活动、民族教育基层行活动、服务州市社会工作发展的"三个一"模式、"沪滇助学招生、助力乡村振兴"案例、砥砺前行 开创弘延工作新局面——"三红三馆"联展案例、2021年出版专业技术人员继续教育培训、社会心理服务工作创新案例——高中生涯规划教育实践项目、小微企业会计务实"四讲"视频课程、滇越铁路沿线红色故事寻访调研活动、社区矫正人员参与社会治理创新模式。遴选十佳学术活动10项：云南省庆祝中国共产党成立100周年党的建设历史经验研讨会、中国共产党百年奋斗历程与中华民族伟大复兴学术研讨会、学习习近平总书记"七·一"重要讲话精神与新时代高校德育工作学术研讨会、庆祝中国共产党成立100周年学术交流会、COP15国际网络视频演讲大赛、"以史为鉴 开创未来"中国乡村产业振兴研究——云南篇学术专场、"红色家风与童蒙文化教育"宣教活动、2021年文创云南·新年对话会、铸牢中华民族共同体意识座谈会、《百年奋斗·百年辉煌》书画摄影展。打造了一批有影响力的学术活动品牌，推动全省社科学术社团创新发展。

四、新成立的基层社会科学界联合会

（一）新成立的县级社会科学界联合会

2022年，新成立3个县级社科联，分别是：红河哈尼族彝族自治州金平县社会科学界联合会、大理白族自治州云龙县社会科学界联合会、大理白族自治州鹤庆县社会科学界联合会。

（二）新成立的高校社会科学界联合会

2022年6月10日，云南大学滇池学院社会科学界联合会成立大会在云南大学滇池学院海埂校区举行。会议审议通过了《云南大学滇池学院社会科学界联合会章程》和《云南大学滇池学院社会科学界联合会第一届委员会选举办法》，选举产生了云南大学滇池学院社会科学界联合会第一届委员会主席、副主席、秘书长、副秘书长及委员，云南大学滇池学院党委书记丁恒道当选云南大学滇池学院社会科学界联合会第一届委员会主席。

云南社会科学年鉴 2023

学术活动

一、各学科学术活动

(一) 马克思列宁主义·科学社会主义学术活动

2月17日，云南省第十五届社会科学学术年会"以史为鉴 开创未来 发展当代马克思主义"学术专场在中共云南省委党校（云南行政学院）举行。此次学术专场由中共云南省委宣传部、云南省社科联主办，中共云南省委党校（云南行政学院）和东北大学马克思主义学院承办。

2月25日，云南省社科联举办"社会科学领域意识形态工作分析研判"学术沙龙。

3月11日，云南省高等学校思想政治理论课教学研究会2022年年会暨学习党的二十大精神研讨会在保山学院召开。来自全省69所高校的321名思政课教师代表参会。

3月17日，由云南省大中小学思想政治理论课一体化建设协同创新中心和云南省高校思想理论课"马克思主义基本原理"教研中心主办，云南师范大学马克思主义学院和教育部高校思想政治工作队伍培训研修中心（云南师范大学）承办的2022年云南省高校思政课第三组"手拉手"共建活动暨"形势与政策"课集体备课会成功举办。

3月30日，云南省社科联举办第2期社科学术沙龙，围绕"奋力推动云南高质量跨越式发展"主题开展交流研讨。

4月7日，由中共云南省委宣传部、云南省社科联主办，云南省社会科学院承办的云南省第十五届社会科学学术年会"全面小康与共同富裕"专场在云南省社会科学院举行。此次会议围绕"全面小康与共同富裕"主题，研讨云南省全面推进乡村振兴和加快实现农业农村现代化的理论启示和实践意义。

4月22日，云南省社科联举办第3期社科学术沙龙，围绕"坚定走好'五个必由之路'"主题开展交流研讨。

5月14日，由中共云南省委宣传部理论处、中共云南省委教育工委宣传部、云南省教育厅德育处主办，云南省大中小学思想政治理论课一体化建设协同中心（云南师范大学）、云南师范大学承办的第二届云南省大中小学思想政治理论课一体化建设理论研讨会举行。

6月23日，云南省社科联举办第5期社科学术沙龙，聚焦"深刻领悟习近平总书记重要讲话精神 探索实现共同富裕的云南实践"主题。

7月21日，"新时代高校立德树人"研讨会暨云南省高等院校德育研究会2022年学术年会召开。此届年会由云南省高等院校德育研究会、普洱学院主办，普洱学院马克思主义学院承办，来自全省各高校的代表190余人参会。

7月26日，云南省社科联举办第6期社科学术沙龙，聚焦"绿美云南建设和新型城镇化"主题，就云南如何创造条件、完善制度、锚定目标稳步迈进开展研讨交流。

8月5日，云南省社科联举办第7期社科学术沙龙，此次沙龙旨在进一步学习领会习近平总书记在省部级主要领导干部专题研讨班上的重要讲话精神。

8月25日，云南省社科联以"深入学习习近平总书记关于哲学社会科学重要论述"为主题，举办云南社科界喜迎党的二十大暨省社科联成立60周年座谈会。中共云南省委宣传部相关处室负责人、云南省社科联老领导及顾问、州（市）社科联和高校社科联代表、省级社科学术社团代表、社科界专家代表等60余人参加了会议。

9月8日，云南省社科联举办第八期社科学术沙龙。沙龙主题是"以习近平生态文明思想为指导 推动绿美云南建设"。

9月16日，"现代化进程中的贫富差距及其应对"国际研讨会暨第五届沪滇论坛以线上线下方式举办。来自中国、俄罗斯、日本、越南、墨西哥等五国的代表出席会议。

9月27日，由中共云南省委宣传部和云南省社科联共同主办的云南省第十六届社科学术年会主场活动在昆明举行。此次学术年会以"贯彻新发展理念 引领实现'双碳'目标"为主题。中共云南省委宣传部有关处室负责人、云南省社科联领导、州市社科联负责人代表、第十六届社科学术年会优秀论文获奖作者代表、2022年云南省哲学社会科学创新团队带头人、高校社科联负责人代表、省级社科学术社团代表、第十六届社科学术年会专场负责人等参加主场线下会议。开幕式上举行了云南省第十六届社科学术年会获奖论文颁奖仪式和2022年云南省哲学社会科学创新团队授牌仪式。经专家评审，此届年会评选出优秀论文45篇，其中一等奖8篇、二等奖14篇、三等奖23篇。

9月27日，由中共云南省委宣传部、云南省社会科学界联合会共同主办的云南省第十六届社科学术年会在昆明举行。此届学术年会以"贯彻新发展理念，引领实现'双碳'目标"为主题，通过线上线下相结合的方式举行。

9月30日，由中共云南省委宣传部和云南省社科联主办，西南林业大学地理与生态旅游学院承办的"云南省第十六届社科学术年会专场暨生态文明教育：共筑人与自然生命共同体研讨会"以线上线下相结合的形式在西南林业大学举办，同时举行了云南省生态文明教育联盟启动仪式。

10月13日，中共云南省委党校（云南行政学院）、中共上海市委党校、中共临沧市委和云南省科学社会主义学会联合举办"'两个确立'与全面建设社会主义现代化国家暨学习贯彻《习近平谈治国理政》第四卷"研讨会（第六届滇沪论坛）。论坛采取"主会场+线上会议"的方式召开，中共云南省委党校（云南行政学院）设主会场，16个州（市）设分会场。中共云南省委党校（云南行政学院）15个教研教辅部门负责人及教师代表，科学社会主义教研部、科研处全体人员现场参加会议；中共中央党校（国家行政学院）、中共上海市委党校、云南省科学社会主义学会相关专家，16个州市委党校、省级机关党校分管领导及科研部门负责人，入选论文作者，教师代表，以视频形式参加会议。

10月28日，中共云南省委党校（云南行政学院）与越南第四区政治学院围绕"党的执政能力建设理论与实践"开展线上学术交流。

10月28日，云南省社科联举办社科学术沙龙，聚焦"马克思主义中国化时代化新境界的历史逻辑、理论逻辑与实践逻辑"主题，邀请专家立足各自研究领域，深入交流研讨。

10月29日，由中国高等教育学会马克思主义研究分会、北京大学马克思主义学院、云南大学马克思主义学院主办的"马克思主义与全面建设社会主义现代化国家新征程——学习宣传党的二十大精神"学术研讨会召开。此次学术研讨会以线上的形式召开，共邀请63位马克思主义理论专家学者进行线上发言。来自全国各高校的近7000名师生参会。

11月1日，云南省社会科学院举办中国式现代化研究院揭牌仪式暨理论研讨会。

11月3日，云南省社科联举办第二场"学思践悟党的二十大精神"系列学术沙龙，聚焦"加快建设民族团结进步示范区"。

11月5日，第九届习近平新时代中国特色社会主义思想论坛暨学习党的二十大精神理论研讨会在北京、昆明两地以线上线下的方式举行。会议以"马克思主义中国化时代化新的飞跃"为主题。

11月9日，中共云南省委党校（云南行政学院）与老挝国家政治行政学院围绕"公务员培训的理论和实践"主题开展线上学术交流。

11月25日，中共云南省委组织部、云南省党建研究会、中共云南省委党校（云南行政学院）联合举办首届云岭党建论坛。论坛以"学习贯彻党的二十大精神，共谋云南党建高质量发展"为主题，采取"线上+线下"相结合的方式进行。中共云南省委党校（云南行政学院）设主会场，云南省直机关工委、省委教育工委、省国资委党委、各州市党校共设19个分会场。

11月26日，中国马克思主义哲学史学会2022年年会以线上线下相结合的形式隆重举行，年会在云南师范大学马克思主义学院设立线下分会场。此届会议的主题为"深入学习党的二十大精神 创新21世纪中国马克思主义哲学话语"。此次中国马克思主义哲学史学会年会由中国马克思主义哲学史学会、中国社会科学院哲学研究所和云南师范大学共同主办，云南师范大学马克思主义学院、曲靖师范学院马克思主义学院承办，中国马克思主义研究基金会协办。

12月2日，中共云南省委党校（云南行政学院）、云南省民宗委、云南省社科院、中共红河州委宣传部联合举办"铸牢中华民族共同体意识 推进边疆民族地区现代化"论坛。论坛采取"线上+线下"相结合的方式举行。中共云南省委党校（云南行政学院）设主会场，云南省民宗委、云南省社科院、红河州委宣传部、各州市党校共设20个分会场。

12月11日，由中国社会工作教育协会反贫困社会工作专业委员会主办，保山学院、保山市民政局、保山市社会工作人才培训基地共同承办的"使命与展望：共同富裕与中国式现代化学术研讨会暨2022年中国社会工作教育协会反贫困社会工作专业委员会年会"以线上形式举办。来自全国的高校专家、社会工作专业师生、一线社会工作者共3500余人通过腾讯会议和美亚直播间参与会议。

（二）党史·党建学术活动

1. 党史研究学术活动

2022年党史学术活动多种多样，主要对党史领域的重大事件、重要人物、重点课题等进行研讨。这些研讨有跨区域、跨单位、跨专业层次的交流，也有不同学术背景的知识观点、思想相互碰撞与融合。

3月18日，云南省全省党史部门主要负责人会议在昆明召开。

7月6日，中共云南省委党史研究室召开2022年度中央党史和文献研究宣传专项引导资金项目《中共云南简史（1921—2021）》编纂工作开题会。

7月13日，中央党史和文献研究院重点课题《中国共产党对云南直过民族现代化的历史贡献研究》开题报告论证会在昆明学院举行。

7月22日，中共云南省委党史研究室在昆明召开建室40周年座谈会。

8月1日，中共云南省委党史研究室、中共大理州委党史研究室、中共宾川县委党史研究室和当地党委、政府在宾川县开展赵镕将军纪念活动，共同庆祝建军节。

8月3日，云南省哲学社会科学重大招标项目"'扎西会议'的历史地位及其重要作用研究"开题会议在中共云南省委党史研究室举行。

10月14日，中共云南省委党史研究室联合云南师范大学共同召开"中国共产党与西南联大"课题研讨会。

10月21日，云南省人大常委会组织机关干部专题学习党的二十大精神。

10月27日，中共云南省委党史研究室、云南中共党史学会共同在昆明组织召开党的二十大精神学习交流座谈会。

2. 党建研究学术活动

2022年，云南省党的建设工作始终坚持以习近平新时代中国特色社会主义思想为指导，深入贯彻党的二十大精神，认真贯彻新时代党的建设总要求和新时代党的组织路线，从政治、思想、组织、作风、纪律、制度建设上采取有力措施，不断提高党的建设质量，举办了一系列学术活动，形成了一批高质量研究成果。

5月18日，云南省党建研究会第六届理事会第三次全体会议在昆明召开。会议旨在总结云南省党建研究会六届二次理事会工作，部署2022年度党建研究重点工作。

7月8日，云南省党建研究会机关党建研究专委会成立大会暨第一次委员会议在昆明召开。会议产生了云南省党建研究会机关党建研究专委会主任委员、副主任委员、秘书长，确定了专委会人员及机构设置，明确了委员入会方式，公布了《云南省党建研究会机关党建研究专委会工作规则》，提出了机关党建研究专委会2022年工作要点。

9月7—8日，云南省党建研究会农村党建研究专委会会同在红河哈尼族彝族自治州设立的"云南省党建研究基地"，围绕发展壮大村级集体经济主题，在蒙自市开展理论研讨活动。

11月25日，由中共云南省委组织部、中共云南省委党校（云南行政学院）、云南省党建研究会联合举办的首届云岭党建论坛在昆明举办。此次论坛主题为"学习贯彻党的二十大精神，共谋云南党建高质量发展"。

12月1日，云南省党建研究会边疆党建研究专委会第一次全体会议暨理论研讨会议以视频形式在临沧召开。

（三）人口学学术活动

2月16日，中共云南省委人才工作会议在昆明召开。会议强调，要深入学习贯彻习近平总书记关于新时代人才工作的新理念新战略新举措，全面落实中央人才工作会议精神，深入实施人才强省战略，营造人才发展的最优生态，为推动云南全省经济高质量跨越式发展提供坚实人才支撑。

10月12日，云南省青年工作联席会议在昆明召开。会议总结了全省中长期青年发展规划实施情况和青年发展型城市（县域）建设试点推进情况，审议通过了《2021年云南省中长期青年发展规划（2018—2025年）统计监测报告》。

11月12日，以"智汇彩云南·共谋新发展"为主题的第六届云南国际人才交流会在昆明开幕。全国人大常委会副委员长、九三学社中央主席、中国科学院院士武维华以视频方式出席大会开幕式并致辞。云南省委书记王宁出席并致辞，省长王予波主持。武维华在致辞中表达了此次会议的目的和宗旨，在最后表达了对这次会议的希冀。王宁代表云南省委、省政府向莅临大会的国内外嘉宾表示热烈欢迎，向长期以来关心支持云南发展的国内外朋友表示衷心感谢。教育部副部长孙尧，科技部副部长李萌，中国科协党组成员、书记处书记王进展，孟加拉国教育部部长迪普·莫妮，诺贝尔化学奖得主、工程材料学专家达尼埃尔·谢赫特曼，老挝老中合作委员会常务副主席赛萨纳，德国鲁道夫沙尔平战略咨询交流股份公司董事长鲁道夫·沙尔平，联合国教科文组织驻华代表夏泽翰，马来西亚驻昆总领事法伊萨等中外领导和嘉宾分别线上线下致辞。中国科学院院士、西湖大学校长施一公线上发起海外人才来滇创新创业倡议。

12月24—25日，云南省2022年云南全省养老服务联席会议全体会议在开远市召开。会议通报了2022年云南全省养老服务工作情况，要求各级党委、政府和相关单位要认真贯彻落实党中央、国务院和云南省委、省政府关于养老服务工作的决策部署，树牢以人民为中心的发展理念，加快公办养老机构改革，主动培育养老新业态，切实增强做好新时代养老服务工作的使命感和责任感。

（四）政治学学术活动

5月10日，教育部哲学社会科学实验室云南大学"一带一路"研究院学术委员会暨领导小组第一次会议在云南大学呈贡校区召开。会议采用线上线下结合的方式进行。

6月28日，云南大学政府与管理学院举办"全球化与逆全球化：应急管理国际合作面临的问题和对策"国际学术会议。

8月28日，2022推进全球生态文明建设（洱海）论坛在云南省大理白族自治州大理市举行。此次论坛包括主论坛和5个平行分论坛，各项活动将持续到8月29日。

9月3日，云南大学民族与边疆学部主办的"我们一起阅·探"系列学术活动第五期在线上平台举办，直播间参与人数近3000人。

11月19日，中国高等教育学会国际政治研究专业委员会2022年学术年会暨"国际政治理论与区域国别学科融合发展"学术研讨会召开。此届年会以云南大学为线下主会场，以复旦大学为线下分会场，其他省市高校的相关专家学者和学生在腾讯会议平台上同步连线参会。

11月19日，以"新思路 新举措 新篇章——沿边开放与共同富裕"为主题的第3届新时代沿边开放论坛（2022）在昆明开幕。云南省委副书记、省长王予波出席论坛开幕式并致辞。

11月21日，第三届新时代沿边开放论坛（2022）红河分论坛在红河哈尼族彝族自治州蒙自市举行。论坛以"新思路 新举措 新篇章——沿边开放与共同富裕"为主题。

12月1日，第四届全国机关事务研究机构建设研讨会暨政府运行保障管理学科建设交流会在昆明隆重召开。会议由国家机关事务管理局政策法规司、云南省机关事务管理局、云南大学共同举办。

（五）宗教学学术活动

8月4日，云南省社会科学院宗教学重点学科建设研讨会在昆明举行。中国社会科学院、北京大学、中国人民大学、云南大学、云南民族大学、中共云南省委党校（云南行政学院）、云南师范大学、昆明学院及云南省宗教学会等单位的50余名专家学者参会。会议围绕马克思主义宗教学学科建设和坚持我国宗教中国化等理论前沿展开研讨。

11月23日，云南省民族宗教委牵头并统筹整合省内外宗教学研究专家学者的智慧力量，在昆明组建成立云南宗教工作智库。云南全省首次马克思主义宗教学研究队伍培训班同时开班。该智库围绕新时代云南宗教工作，系统研究宗教理论政策、宗教发展规律和云南省宗教领域热点难点问题，为促进云南民族团结进步、宗教和谐和顺提供了智力支持。

（六）历史学学术活动

4月9日，由云南大学民族与边疆学部主办的"我们一起阅·探"系列学术活动第二期在线举办"何以边疆？何来中国？"研讨会。

4月13日，由山西中医药大学生命与节气文化研究院、新平县傣学学会联合主办的"首届二十四节气傣族文化研讨会"在玉溪市新平县戛洒镇举行。与会代表针对花腰傣文化的历史与发展、二十四节气文化与傣族文化的传承保护和融合发展，以及如何挖掘民族文化助力乡村振兴等内容展开了交流研讨。

4月23—24日，云南大学历史与档案学院、云南大学中国民族史研究中心、《（新编）中国通史·中国民族史》课题组联合举办"第七届民族史学前沿论坛"。论坛主题为"多语种民族志文献与中国民族史研究"，采用线下会场和线上腾讯会议相结合的形式，线下主会场设在云南大学东陆校区。来自全国各高校和科研院所的40多位学者会聚云端。

4月30日，由云南省教育厅立项、云南大学民族学与社会学学院主办、云南大学民族学与社会学学院民族宗教研究中心与边疆学所承办的首届"全球化与西南边境社区治理"国际学术研讨会在线上召开。70余位国内外专家学者参会，与会者共提交论文60多篇，就"全球化与西南边境社区治理"展开研讨。

6月11—12日，由云南大学主办，云南大学历史与档案学院、云南大学民族学与社会学学院、云南大学中国民族史研究中心联合承办的"首届中国民族史青年学者论坛"在昆明召开。论坛采用线下会场和线上腾讯会议相结合的形式，线下会场设在云南大学东陆校区。会议包括四场专题研讨，分为西南地区的土司与土官、北族王朝的政治结构、西域南海的民族与社会、近代涉藏地区治理与多民族交流交往交融。

6月20—21日，云南省民族宗教委组织召开"2022年云南省铸牢中华民族共同体意识理论研讨会"。云南全省16个州市民族宗教委（局）、23个云南省铸牢中华民族共同体意识研究基地的代表及省民族学会相关领导共40余人参加研讨会。

6月25日，由云南省史学会与云南大学历史与档案学院共同举办的第十届"西南学工作坊"结束。此届工作坊由"专题讲座"与"专题报告"两个部分组成。

7月9—10日，由西南大学历史文化学院、云南大学历史与档案学院、《抗日战争研究》编辑部、云南省史学会联合主办，云南大学历史与档案学院、西南大学中国抗战大后方研究协同创新中心承办的"第六届中国抗战大后方研究高端论坛"在线上举行。

9月24日，由云南省史学会与云南大学历史与档案学院共同举办的第八期"西南学探索工作坊"结束。此期工作坊由"专家讲座"与"专题报告"两个部分组成。

11月4—6日，由中联部当代世界研究中心、云南大学国际关系研究院·区域国别研究院·教育部哲学社会科学实验室云南大学"一带一路"研究院、中国周边外交研究省部共建协同创新中心、《文化纵横》杂志社和欧亚系统科学研究会承办的"第十三届西南论坛"通过线上视频和线下会场相结合的方式在昆明举办。

11月12日,由文山学院主办,云南省铸牢中华民族共同体意识文山学院研究基地等承办的"首届铸牢中华民族共同体意识学术论坛"在文山壮族苗族自治州文山学院召开。

11月20日,由中国中东学会和云南大学国际关系研究院·区域国别研究院联合主办的"2022年中国中东学会年会:纪念中国中东学会成立四十年暨'百年变局下的中国与中东'学术研讨会"以线下线上方式举行。线下主会场分别设在云南大学和中国社会科学院西亚非洲研究所。来自全国研究机构和高校的中东问题专家学者以及研究生200多人线上参加会议。5个分议题,共有90多位专家学者和研究生发言,20位专家担任分议题研讨主持人和评论人。

11月26日,由大理大学、凯里学院主办,大理大学民族文化研究院、大理大学国家民委中华民族共同体研究基地、贵州原生态民族文化研究中心、《原生态民族文化学刊》编辑部、凯里学院民族研究院联合承办的"第十届原生态民族文化高峰论坛"在大理举行。此届论坛的主题是"共生 互惠 和谐"。

(七)考古学学术活动

2月7日,云南大学马晓娅、中国科学院南京地质古生物研究所王光旭和中国科学院古脊椎动物与古人类研究所王敏三位古生物学家主编了一期名为《中国古生物学在生命演化研究上的重要影响》(The Impact of Chinese Palaeontology on Evolutionary Research)的古生物学专刊正式在线发表。该专刊受国际著名期刊《英国皇家学会自然科学会报》(Philosophical Transactions of the Royal Society)邀请,精选了新一代中国古生物学家最新的原创性成果,探讨了生物宏演化历史中三个重大的演化转变,彰显了中国古生物学研究的国际影响力。

5月21日晚,2022年云南省科技活动周"科学之夜"活动在大理州博物馆举行。此次活动由云南省科技厅、中共云南省委宣传部、大理州政府共同主办。此次活动作为2022年云南省科技活动周主场活动的重要组成部分,通过科普表演秀、科普互动体验展、科普社教活动、夜游博物馆等形式多样的科普活动,旨在向青少年传播科学文化知识,激发科技创新活力,营造创新创造良好氛围。

5月31日,在"六一儿童节"来临之际,云南省文物考古研究所维西吉岔遗址考古队走进维西县白济汛乡中心完小杵打分校,给全校1300余名师生开展考古知识进校园活动,讲授"考古是什么"课程。

6月11—13日,2022年"文化和自然遗产日"非遗宣传展示暨"七彩云南·非遗购物节"系列活动举办。来自云南全省各州市的170余名非遗代表性传承人带来了各民族代表性歌舞和传统戏剧曲艺展演,37个非遗项目、非遗工坊、非遗"老字号"组成的线下购物"市集"开市,反映云南非遗相关的摄影和短视频作品展出。

6月17日,由云南省文物考古研究所牵头实施的考古中国重大项目·汉晋前后西南夷地区的社会变迁(2023—2027)立项文本第三次修改论证会在四川省凉山州盐源县举行。北京大学、四川大学、四川省文物考古研究院、成都市文物考古研究院、贵州省文物考古研究所、广西文物保护与考古研究所、中国社会科学院考古研究所7家参与单位的14名专家学者参会,云南省文物考古研究所副所长戴宗品主持会议。

6月18日,由四川省文化和旅游厅等主办,盐源县人民政府承办的"探秘定笮古文明·铸牢中华民族共同体意识"——首届盐源青铜文化与各民族交往交流交融学术研讨会在凉山州盐源县举行。北京大学、四川大学、云南大学等高校的专家学者参会。

7月31日至8月3日,云南省文物考古研究所南南考古学院举办了为期4天"我是小小考古家"夏令营活动。活动以"大山里的他们,城市里的我们"为主题,特邀永胜县潘茛村洱茛小学的25名同学,并面向社会招募了25名小朋友共同参加,旨在让山区的孩子和城市孩子结伴而行,通过活动的参与彼此成就和成长。

8月12—15日，"纪念云南李家山古墓群考古发现50周年学术研讨会"在玉溪举办。来自国内和国际的百余名专家学者，围绕秦汉时期西南地区考古学文化从多元到一体历史进程、滇文化考古学文化内涵、李家山考古学文化内涵研究等主题进行学术研讨。与会嘉宾实地考察李家山青铜器博物馆、贝丘遗址、李家山古墓群遗址、澄江化石地世界自然遗产博物馆，见证云南省文物考古研究所李家山考古工作站揭牌仪式。研讨会共形成了55篇极具专业性的高质量论文。

9月3日，云南省委副书记、省长王予波在昆明调研文物保护工作，实地调研了晋宁区上蒜镇的河泊所遗址，看望慰问了一线考古队员，并在调研中指出，云南是考古大省、文物大省，要以非常珍惜、非常敬畏之心做好文物保护。要推动文物活化利用，加强博物馆群建设，统筹抓好图书馆、非遗展示馆等文化场馆建设和文创产品开发、文旅融合发展，让人们在彩云之南既充分享受生态绿色，又深入体验文化古色。

9月25—29日，云南省2022年非物质文化遗产管理人员能力提升培训班在杭州浙江大学举办。来自云南省非物质文化遗产保护中心及云南全省16个州市文化和旅游部门的76人参加培训。培训旨在加强基层非物质文化遗产保护工作队伍建设，提高非物质文化遗产管理人员业务素质和能力。

9月28日，国家文物局召开"考古中国"重大项目发布会，通报了来自云南、温州、开封四处考古新发现。其中，云南昆明河泊所遗址发现的汉代建筑遗迹，出土了大量封泥、简牍，为寻找西汉所置益州郡的郡治提供了线索，是统一多民族国家形成与发展的重要实证。

10月8日，《中国少数民族文物图谱·云南卷》文物条目遴选终审会在云南民族博物馆召开。与会专家对《图谱·云南卷》拟推荐入编文物条目，以及多个州市博物馆补报新增的300余件（套、处）文物条目进行了逐条评审，最终确定推荐入编文物条目1287件（套、处）。

10月17—19日，国家文物局副局长关强一行赴云南省调研，现场考察元谋猿人遗址、河泊所遗址，座谈交流推进云南省考古和文物保护利用工作。云南省副省长王浩会见关强，并一同调研了石寨山古墓群考古遗址公园、云南解放纪念馆、云南起义纪念馆等。

11月15日，中国科学院邱占祥院士工作站筹建座谈视频会议举行，中国科学院专家和楚雄州、元谋县有关领导通过远程视频座谈交流，共同探讨"元谋人"考古发掘工作，并就院士站建设进行了交流。

11月29日，"中国传统制茶技艺及其相关习俗"在摩洛哥拉巴特召开的联合国教科文组织保护非物质文化遗产政府间委员会第17届常会上通过评审，列入联合国教科文组织人类非物质文化遗产代表作名录。至此，我国共有43个项目列入联合国教科文组织非物质文化遗产名录，数量位居世界第一。

11月，中国科学院古脊椎动物与古人类研究所、中国科学院青藏高原研究所、云南省文物考古研究所、云南省博物馆、楚雄彝族自治州博物馆和元谋县元谋人博物馆的相关人员齐聚元谋，启动元谋猿人遗址及周边区域多学科联合科学考察工作。

12月18日，中国传统制茶技艺及其相关习俗申遗成功宣传活动云南分会场设在临沧市凤庆县国家AAAA级旅游景区滇红第一村。各级领导、遗产保护工作者、非遗项目保护单位代表和代表性传承人、有关媒体记者代表200多人参会，共同开展签名保护世界遗产活动，并开展文艺展演。

（八）图书馆学、情报学、档案学与文献学学术活动

2022年，云南省图书馆学、情报学、档案学与文献学事业，凭借全体同仁的共同努力和社会各界的支持，克服疫情影响，以积极作为、进取创新的态度，取得了可喜的成果，推动了图书馆学、情报学、档案学与文献学事业的繁荣发展。

4月16日，由云南大学历史与档案学院华林教授主持的教育部重大项目"元明清时期中国边疆治理文献整理与数据库建设研究"开题论证会通过线上视频会议的方式召开。经专家

组成员表决，同意通过"元明清时期中国边疆治理文献整理与数据库建设研究"开题论证，希望课题组做好研究工作，产出标志性的研究成果。

5月6日，云南省档案局参与编制的首部档案行业标准《档案仿真复制工作规范》由国家档案局正式发布，于2022年7月1日实施。

5月19日，由云南省高等学校图书情报工作指导委员会、云南高校图书馆联盟主办，云南师范大学图书馆承办的"云南高校图书馆2022年馆长工作会暨图书馆联盟理事会会议"召开。

5月27日，由教育部高等学校图书情报工作指导委员会主办，四川省普通高等学校图书情报工作指导委员会、四川师范大学图书馆、新时代西部双一流大学图书馆建设联盟承办，重庆、云南、贵州高等学校图书情报工作指导委员会联办的"新时代高校信息素养教育创新学术研讨会暨2022年高校图书馆服务创新西部行活动"召开。

6月13日，由云南省图书馆、云南省古籍保护中心主办，云南省图书馆古籍保护修复传拓研习馆承办的云南省第二期古籍、文物保护传拓及拓片装裱技艺培训班在云南省图书馆开班。来自云南省内23个文物保护单位的相关人员及社会从业者、爱好者共34人参加培训。

7月14日，由国家古籍保护中心主办，云南省图书馆承办，中国文物保护基金会、字节跳动公益支持的"第十三期全国少数民族古籍修复技术培训班"结班。此次培训班为期12天，共有来自云南、四川、甘肃、内蒙古、贵州、广西、西藏、宁夏8个省份的50名学员，修复完成珍贵彝文古籍《查姆》22册539页。

7月28日，云南省档案学会第九次会员代表大会召开。来自云南全省各级档案部门、机关企事业单位、民营企业会员代表、第九届理事候选人、部分第八届档案理事会代表共计140余人参加会议。会议选举产生了云南省档案学会第九届理事会、常务理事、理事长、第一届监事会，并对第九届理事会工作进行安排部署。

8月6日，由云南省图书馆、云南孔子学术研究会共同主办的"纪念袁嘉谷诞辰150周年学术研讨会"在云南省图书馆举行。来自云南省内外的数十位文史专家、国学专家出席研讨会。研讨会上，文史专家、国学专家从多角度纵论袁嘉谷先生对中华文化传统的贡献，盛赞他精研国学的业绩。

8月29日至9月2日，云南省档案局在浙江大学举办"云南省档案系统档案管理能力素质提升培训班"。部分州、市、县、区档案局局长、档案馆馆长共80人参加培训。

9月2日，由云南省图书馆暨云南省古籍保护中心主办的"2022年云南省第一期古籍修复技术培训班"在昭通市开班。来自昆明、曲靖、昭通等10个州、市公共图书馆及古籍公藏单位的48名学员参加培训。

10月11日，云南省科学技术情报研究院技术转移中心联合昆明理工大学科技园有限公司举办了"2022年云南省技术经纪人实务技能提升高级研修班"。云南省内高校、科研院所、中介机构、企业等的代表共49人参加了线下研修，线上6450人次进入直播间参加研修学习。

10月29日，由云南大学历史与档案学院主办的"全国地方文献整理与古籍保护研究"学术研讨会暨第二届云南大学图书情报与档案管理微电影节召开。此次会议以线上线下相结合的方式进行。来自全国各地的30余名专家学者参加了线下会议，另有100余名专家学者通过线上参与会议。

11月2日，由云南省科技厅主办，上海交通大学和云南省科学技术情报研究院共同组织的"2022年云南省科技成果转化培训班"在上海交通大学举办。来自云南省各州市科技管理部门、有关高校、科研院所及各技术合同认定登记站从事科技成果转化工作的95名学员参加培训。

11月3日，由云南省科技厅主办，云南省科学技术情报研究院承办的"2022年第二期省级科普基地能力提升培训班"在昆明举办。来自全省62家省级科普基地的74名科普工作人员参加培训。

11月7日，由云南省图书馆暨云南省古籍保护中心主办的"2022年云南省古籍保护培训班"在保山市开班。来自云南省内公共图书馆、高校图书馆、档案馆、博物馆等古籍收藏单位的35位学员参加培训。

11月18日，云南省高等学校图书情报工作指导委员会上报云南省教育厅《云南省高校文献资源共建共治共享意见》（征求意见稿）。

（九）教育学学术活动

2022年，云南省召开教育学重要学术会议十余场，集中于教育心理学、思想政治教育、教育管理、高等教育、职业教育、特殊教育、课程与教学论七个领域。会议的主题涵盖了"乡村教育""新时代学生心理健康教育""中小学及高校德育研究""高校课程思政""基础教育教育管理专业化""高校课程教学改革""职业教育提质培优""特殊教育产教融合"等方面，立足云南省教育学学科建设及教育改革发展实际，关注新时代教育发展热点。与会者包括来自各级教育部门、高校、科研机构以及教育实践领域的专家学者和教育工作者。参会人员就教育领域的热点问题展开了深入的讨论和交流，分享了各自在教育改革和教育实践中的经验和成果，探讨了教育政策的制定与实施策略，并提出了一些创新性的教育理念和方法。同时，会议形成了呼吁加强教育资源的配置、提高教师的专业素养、推动教育信息化建设、注重教育评估和质量监控等方面的工作的共识，为云南省乃至全国的教育工作者提供了有益借鉴和参考。

5月17日，由中共云南省委宣传部理论处、中共云南省委教育工委宣传部、云南省教育厅德育处主办的"第二届云南省大中小学思想政治理论课一体化建设理论研讨会"在云南师范大学呈贡校区举行。来自中国人民大学、北京师范大学、华东师范大学、同济大学、上海市师资培训中心、华东师范大学第一附属中学的专家学者，云南省重点马克思主义学院负责人，以及云南省部分大中小学思政课教师代表齐聚一堂、热烈研讨。

5月27日，由中共云南省委宣传部、中共云南省委教育工委、云南省教育厅主办，昆明学院承办的"云南省高校思想政治理论课暨马克思主义学院建设座谈会"在昆明学院召开。

5月27日，云南省特殊职业教育暨残疾人文化创意产业发展研讨会在红河州特殊教育学校成功举办。

6月24日，由云南师范大学，青年应对气候变化行动网络（China Youth Climate Action Network，CYCAN）、联合国开发计划署（UNDP）全球环境基金小额赠款计划（GEF SGP）主办的"2022年云南高校碳中和与低碳校园建设学术研讨圆桌会议"在昆明召开。

6月25日，由云南省社科联主办，云南省社会心理学会、云南师范大学教育学部承办的2022年云南省社科学术团队"助力乡村振兴行动"系列活动之"社会心理建设与乡村教育"学术会议暨云南省社会心理学会第三届会员代表大会在云南师范大学呈贡主校区国际学术交流中心召开。会议采用线上和线下结合的方式进行。

7月11—13日，依托云南省朱德全专家工作站、曲靖市程明亮专家工作站、曲靖市杨明莹专家工作站和新成立的董为人、梅林、董坚、许彪、陶云等5个校级专家工作站，第二届新时代职业教育改革与发展研讨会在曲靖医学高等专科学校召开。

7月15日，昆明市中等职业学校"提质培优""三教改革"专题研讨会在昆明西山区职业高级中学顺利召开。会议邀请全国职业教育知名专家围绕促进昆明市职业教育高质量、优质化发展，充分发挥昆明市职业教育合力办学，进一步加强中等职业学校教育教学工作，实现教育教学质量提升，打造职业教育品牌，提升中职学校综合实力等主题展开研讨。

7月19—21日，由云南省科协、省教育厅主办，省教育厅基础教育二处、省青少年科技中心、省青少年科技教育协会承办，临沧市科协和临沧市教体局协办的2022年云南省中小学科技教育校长培训班在临沧市圆满举办。

7月21日，"新时代高校立德树人"研讨会暨云南省高等院校德育研究会2022年学术年会在普洱学院召开。此届年会由云南省高等院校德育研究会、普洱学院主办，普洱学院马克思主义学院承办。来自云南全省各高校的代表190余人参会。

7月22—25日，高等学校国家级实验教学示范中心联席会在云南省昆明市举办了2022年国家级实验教学示范中心建设暨改革创新研讨会。会议采取线下和线上相结合的方式进行，围绕着高等教育发展新形势下，国家级实验教学示范中心面临的新问题、新要求、新挑战以及未来可持续发展等方面进行研讨。

11月17—29日，云南省高等教育学会在安宁召开2021—2022年度学术年会。年会由云南省高等教育学会主办，云南交通运输职业学院承办。会议主题为"区域高等教育的创新与可持续发展"。

11月18日，由云南省教育科学研究院主办、昆明市五华区基础教育发展研究院联合昆明市第八中学长城红鑫校区承办的2022年云南省心理健康教育"以学为主"主题教研活动拉开帷幕。此次教研活动共两项议程，分别为中小学组观课评课和心理健康教育学科发展交流研讨。云南全省各中小学校的600多位专兼职心理健康教育教师参加了此次教研活动。

12月22—23日，由中国心理卫生协会大学生心理咨询专业委员会高职院校心理健康教育工作委员会主办、昆明冶金高等专科学校承办的2022年全国高职院校心理健康教育学术年会线上会议顺利举行。会议以"疫情常态化防控下高职院校心理健康教育工作的创新与发展"为主题。来自全国22个省市、逾150所高校和单位的700余名老师参会。

12月23—25日，2022年教育科学与社会文化国际学术会议（ESSC 2022）在昆明举行。国内外高校、科研机构的专家学者、企业界人士及其他相关人员参会交流。会议为从事"教育科学"与"社会文化"研究的专家学者提供一个共享科研成果和前沿技术、了解学术发展趋势、拓宽研究思路、加强学术研究和探讨、促进学术成果产业化合作的平台。

（十）艺术学学术活动

5月23日，云南省文联纪念毛泽东同志《在延安文艺座谈会上的讲话》发表80周年研讨会在昆明召开。

8月27—28日，由云南民族大学主办的"2022年中国—东盟舞蹈交流研讨会"以线上会议方式举行。

10月17—23日，由上海戏剧学院、云南艺术学院、国际戏剧协会联合主办的"第十一届上海国际小剧场戏剧展演暨国际学术研讨会"采用线上线下结合的方式进行展演和研讨。云南艺术学院承办线下展演和学术研讨会。来自中国、乌拉圭、阿尔及利亚、北马其顿、印度、意大利、希腊、伊朗、德国、韩国、亚美尼亚和格鲁吉亚等国家的剧目和专家线上和线下同步进行展演与研讨。

11月12日至12月2日，由中央美术学院、云南艺术学院、中国美术家协会版画艺术委员会、国际学院版画联盟、中央美术学院国际版画研究院主办，云南艺术学院承办的"2022国际学院版画联盟第四届双年展"在昆明举办。

二、社科类社会组织学术活动

（一）云南省高等院校德育研究会

3月11日，由研究会主办、昭通学院马克思主义学院承办的"学习习近平总书记'七·一'重要讲话精神与新时代高校德育工作"研讨会暨研究会2021年学术年会在昭通学院举行。该活动荣获云南省社科联"2022年度省级社科学术社团十佳学术活动"。

5月17日，积极组织参与省社科联举办的科普宣传周活动。活动由6所高校承办，4位专家紧紧围绕习近平生态文明思想进行宣讲，参加人数1100多人。

7月21日，在普洱学院召开了云南省高等院校德育研究会第十三届会员大会，选举产生了新一届理事会，顺利完成了学会换届工作。

7月21日，由研究会、普洱学院主办，普洱学院马克思主义学院承办的"新时代高校立德树人"研讨会暨云南省高等院校德育研究会2022年学术年会在普洱学院召开。参会高校50多所、参会人数190多人。

9月17日，举办"习近平总书记在省部级主要领导干部研讨班上重要讲话精神和《习近平谈治国理政》第四卷"专题学习会。

10月23日，率先举办"学习贯彻党的二十大精神"专题座谈会。

11月18日，承办"省级社科学术社团学习贯彻党的二十大精神"专题研讨会。

（二）云南省高等教育学会

7月1—3日，在文山州富宁县举办"振兴乡村教育——民族教育基层行活动"。

11月17日，举办首届研究生论坛，共有80多位研究生以及10多位老师参与。论坛为研究生提供了一个可进行思维发散和头脑风暴的交互平台，对下一届论坛的举办具有奠基和积极推动作用。

11月18—19日，由学会主办、云南交通运输职业学院承办的以"区域高等教育的创新与可持续发展"为主题的2022年学术年会召开。来自云南省65所高校的350位专家学者、管理人员、师生参加年会。

（三）云南西南联大研究会

6月25日，与毓和社区合作，开展了"阅读推广、文化体验和社科普及进社区"主题党日活动。一是面向社区居民开展数字资源推广和移动阅读体验活动；二是开展"非遗技艺进社区"活动；三是在现场开展"亲子活动""百科知识问答"等文化活动。100余人参与活动，现场气氛十分活跃。

资助出版《西南联大文库》4部专著：包云燕《西南联大本科办学理念及实践研究》、王顺英《西南联大文献资源的发掘利用研究》、梅潇尹《战时西南联大师范学院教育系与云南地方教育（1938—1946）》、卢连涛《寻路：走向西南联大》。以上4部专著共资助经费30万元。

开展讲座6个专题40余场、"品读西南联大"系列读书等西南联大相关文化活动。开展西南联大相关历史文化研究。出版专著《中共西南联大地下组织简史》《西南联大艺术历程》。

（四）云南省演讲学会

承办"云岭大讲堂·军休讲堂"活动多场，内容包括《习近平谈治国理政》《喜迎二十大　铸魂新征程　信念与责任》《讲好云南故事》等多场讲座。

5月20日，前往云南民族中学开展生物多样性研讨活动。

9—10月，承办了由云南省民族宗教委主办的"民族大团结　建设示范区　喜迎二十大"演讲比赛。云南省16个州市共103件作品入围，最终评选出40件作品入围决赛。

10月14日，承办的云南省社会组织"喜迎二十大　奋进新征程——社会组织心向党，凝心聚力谱新篇"演讲比赛决赛圆满落幕。来自云南省各社会组织的10名选手，以饱满热情的演讲抒发着新时代群众爱国爱党情怀，表达了坚定跟党走的信心与决心。

10月，由学会会长李暾教授担任主编，云南省生物多样性保护基金会理事长段兆尧、中国日报云南记者站站长李映青担任副主编的《与生命对话——COP15的实践与思考》正式出版，并召开了新书发布会。

与昆明市官渡区六甲街道办事处组成相关领导小组及工作小组开展相关工作，共计拟定12个乡村振兴讲座主题，提升干部群众对乡村振兴的认识理解。

积极参加第十届中国演讲艺术节暨第五届"李燕杰演讲杯"全国演讲朗诵展演、第十三届全国演讲艺术高峰论坛。学会组织来自云南省各中小学校49名选手运用语言艺术实训创作，热情洋溢地抒发了学习中华好少儿、争当中华好少儿的热切心愿。学会推出的演讲选手共计10名获得金奖，10名获得银奖，云南省参赛的两位少儿代表被评为中华好少儿全国推广形象大使。

（五）云南省滇西抗战历史文化研究会

6月22日，召开了"滇缅公路历史国家公园"项目策划方案研讨会，18家国内主流媒体平台对研讨会进行宣传推广。

6月23日，研究会党支部以讲党课的形式组织学习党的十九届六中全会精神，党员和理事等29名同志参加，张建伟会长以讲党课形式交流了自己学习党史的体会。党课后参观锡伯龙红色教育基地，了解建党建军的历史，了解红军长征过云南的历史，瞻仰了焦裕禄、杨善洲等人物的光辉塑像，受到了一次爱国主义教育和中共党史教育。《云南政协报》等媒体作了报道。

7月5日，主办"纪念全民抗战85周年"座谈会，40余位专家学者、理事、会员、志愿者等齐聚春城昆明翠湖之畔。10位专家学者通过阐述滇西抗战的历史意义、滇西抗日战场的形成、滇西抗战的特点、滇西抗战在中国抗日争中的地位和作用进行交流座谈。

9月25日，与昆明云南陆军讲武堂研究会联合举办纪念抗战爆发85周年研讨会。有10位专家学者发言，会上发牌表彰了积极支持此次研讨会的相关单位。

11月11日，与云南省国学研究会联合组织，邀请中共云南省委党校（云南行政学院）教授进行学习党的二十大精神的辅导，15家社团的代表参加。新华卫视、掌上时报作了报道。

（六）云南孔子学术研究会

1月8日，举办了"云南省儒家传统文化与易学学术交流会"，参会人员近60人。会上，提交讨论的论文有会长谭中贵的《论语与金刚经——兼谈知行合一》、河北董仲舒研究会会长李奎良的《儒家传统文化与易学》、云南中华周易研究会申雄会长的《三古易之灵魂与生活中的阴阳易理》、郑千山的《从蒙卦说蒙学》、潘上儿的《星体磁场与二元九运》等17篇。这次交流是云南省近年来儒学、易学研究成果的一次集中展现，充分体现了云南传统文化研究的方向和水平。

8月6日，举办"袁嘉谷诞辰150周年学术研讨会"。著名史学家林超民作了题为"袁嘉谷先生其人其事"的报告，袁嘉谷曾孙、云南大学研究员袁东作了题为"我的曾祖父袁嘉谷"的报告，云南大学教授熊思远作了题为"博精和厚，弁冕群英经济特科状元袁嘉谷"的报告，云南省原文史馆副馆长苏建华作了题为"铭文情意深，状元品高洁"的报告，国际儒联理事、河北省董仲舒研究会会长李奎良先生作了题为"原生态儒学"的报告，国学专家徐康祖作了题为"上善若水"的报告。专家学者从多角度纵论袁嘉谷先生对中华文化传统的贡献，盛赞他精研国学的业绩，各界人士近60人出席了研讨会。

编辑内部资料《东陆儒学》。广泛征集会员研究成果，2022年先后征集会员研究论文达70余篇，编印成册。第一辑共集纳40多篇论文，主要围绕中国传统文化与中国式现代化、儒学与马克思主义中国化时代化、儒学与其他文化之比较、云南民族文化建设、儒学与乡村振兴、儒学与边疆等主题展开；第二辑集纳论文14篇，主要以纪念袁嘉谷先生150周年诞辰为契机，围绕传统文化的发展展开。《东陆儒学》的编辑印刷，提高了学会的学术地位，推动了学术发展。

（七）云南毛泽东诗词研究会

6月18日，召开第三次会员代表大会，选举产生了研究会第三届理事会，程永照当选为会长。程永照会长作了题为"努力开创云南毛泽东诗词研究工作新局面"的工作报告。云南省政协原党组书记、常务副主席孟继尧，武警云南省总队原政委王永银将军等领导，全国一级战斗英雄史光柱等出席会议。云南省社科联副主席邹文红到会祝贺并讲话。云南人民广播电台、《云南政协报》等媒体对会议作了报道。

9月9—19日，由研究会创意发起，云南省党建研究会、云南省延安精神研究会等主办，云南和乐（集团）有限公司、南寅科技（云南）有限公司承办，昆明市博物馆协办的"喜迎二十大·毛诗耀中华——云南首届毛泽东诗词书法作品展"在昆明市博物馆成功举行。云南省政协党组原书记、常务副主席孟继尧，省委原常委、省军区原政委陶昌廉将军，省军区原司令员黄光汉将军等老领导及各界人士共150多人出席开幕式。从全省各地各界各民族书法爱好者投来的356幅书法作品中，评选出242作品参展，并从中评选出获奖作品15件，其中一等奖1件，二等奖4件，三等奖10件。中央及地方多家媒体参加了开幕式并争相报道，微信、微博、抖音多个专题点击量上万。活动入选2023年云南社科联省级社科学术社团创新案例。

（八）云南省电影电视评论学会

举办云南本土电影放映推介活动。组织观看了电影《农民院士》。影片取材于真人真事，以全国人大代表、中国工程院院士、"时代楷模"朱有勇为原型创作，讲述了朱院士投身到脱贫攻坚主战场，将科研成果积极应用于扶贫事业，走出一条科技扶贫、产业脱贫新路径的故事。影片共放映2场，180余人参与观影活动。

组织"云南省社科学术社团看电影学党史主题活动"。此次活动放映了云南省重点精品电影力作《你是我的一束光》。影片展示新时代云南边疆的新气象，以别样的方式致敬脱贫攻坚英雄，将云南美景、云南文化、云南精神传达给了观众。云南省速记速算研究会、云南省翻译工作者协会、云南省民族学会等多家省级社科学术社团的领导及会员80余人出席观影活动。活动进一步丰富了党史学习教育形式。

（九）云南亘元教师心灵成长研究院

5月15—24日，分别在昆明市五华区龙翔街道党群服务中心、玉溪市传统美德促进会、寻甸县塘子街道中心寄宿制完小开展"百名专家讲生态"科普周活动，共计360人参与。

6月11日，邀约20位教师代表、家长代表开展昆明老故事——西南三千五百里专题讲座。

6月24日，邀约5位专家、老师赴保山市龙陵县镇宝村开展乡村振兴——中华文化习养镇宝村学舍研习活动，家庭教育专家傅柏青老师授课"中华文化的家长教育智慧"，赵燕兰老师讲解"培养孩子的智慧"，朱晓峰老师讲解"五位一体——健康生活"，李晓玲老师讲解"爱护环境，从我做起"。镇宝村38户家庭（村民）代表及学校代表共53人参加了活动。

7月10—16日，赴内蒙古成德幼儿园开展中华文化习养教师研习活动。此次活动在七个方面进行了系统全面的交流和指导，为幼儿园的发展提供了根本保障，也为教师们在立德树人方面提供了符合人本成长的学习脉络。幼儿园全体教师共15人参加了此次活动。

2022年8月27日至2023年4月，在墨江县小学、社区、街道开展云南省新时代文明实践社科普及志愿服务项目活动，约130名志愿者参与，受益群众约10万人，通过专家组评审，以"良好"的评审成绩结项。

9月21日，联合官渡区哆彩艺术学校开展中华文化习养与校外教育发展研习会。

12月28日，对普洱市墨江县城小学、寻甸县塘子街道中心寄宿制完小教师开展青少年人文与科学精神的系列讲座，受众教师约100人。

（十）云南省生态文明建设研究与发展促进会

5月31日，召开第四次会员大会暨第四届理事会。云南省社科联党组书记、主席张瑞才出席了会议并讲话，西南林业大学副校长彭志远，云南省林科院原院长杨宇明等嘉宾受邀出席大会。来自云南省内各高校、研究机构和企事业单位的 57 名会员参加了大会。大会审议通过了第三届理事会工作报告、通报了财务审计报告、章程修改和新增内容，以无记名方式选举产生了第四届理事会，巩合德当选新一届会长，冯瑞萍当选副会长兼秘书长，明庆忠等 5 人当选副会长。新当选的会长巩合德代表第四届理事会作了表态发言。中国生态文明研究与发展促进会副会长兼秘书长刘青松以视频的方式对大会的召开表示祝贺。

10 月，《生态云南》一书由云南人民出版社出版发行。该书主编何宣，副主编巩合德、冯瑞萍。《生态云南》被云南省社科联指定为云南省科普丛书之一。云南省社科联党组书记、主席张瑞才称赞该书是"从理论和实践的结合上回答云南生态文明建设的一部具有理论研究支撑的地域性生态文明的普及性读物"。完成《云南省生态年鉴》编撰工作。

（十一）云南传统蒙学研究会

6 月 4 日，研究会党支部在呈贡文庙红色遗址——"边纵"滇中区护乡第八团驻地旧址开展主题党日活动。

6 月 11 日，支部在抗战胜利纪念堂博物馆开展了以"重温红色记忆，砥砺奋进前行"为主题的党日活动。

7 月 3 日，研究会党支部与云南亘元教师心灵成长研究院党支部牵头组织 15 家省级社科学术社团教育组第一次集中学习，会长郑千山作了题为"坚持自我革命，全面从严治党"的专题辅导，丁存金就社会组织与党建工作融合发展作了交流。

7—11 月，郑千山、郭又菱、傅小建等参加《五华统战史话》策划、编撰工作。9 月，郑千山主讲的《昆明传统建筑"一颗印"》入选中央文史馆 2022 文化建设年优秀项目展示专题片名单。

12 月，郑千山、郭又菱、丁存金参加中华蒙学会第二次代表大会并当选理事，郑千山继续当选中华蒙学会副会长。

继续主办、策划推出 2022 年"云南国学讲坛·五华讲坛"20 余讲。谢本书、马颖生、吴宝璋等就党的十九届六中全会精神、郑和走向世界、西南联大诗人群、中医药与生物多样性等多方面内容进行解读。

（十二）云南南诏研究中心

2—10 月，开展南诏王室后裔——蒙化左氏土司家族家风调研，形成初步调研材料。调研组先后深入庙街镇左三村左氏土司世居地、五印乡龙街村委会习武村左氏土司聚居地，开展左氏家族家教家风田野调查、左氏土司迁徙路线田野调查等。2 月 28 日，邀请来自左氏土司迁徙地——四川大凉山、贵州毕节、广西、楚雄、红河等的专家、毕摩，召开了"左氏土司家教家风"小型座谈会，就左氏土司以及家族教育、习俗等方面讨论交流。3 月至 10 月，调研组先后奔赴南涧、景东等地，考察了左氏土司遗留的十月太阳历、彝文、碑文等相关文化和实物遗址，形成初步调研材料。

2—12 月，组织研究员参加各级南诏根源文化田野调查、各级文化旅游发展调研座谈等，先后有只廉清、左歧洲等 30 多名研究员，撰写了有关南诏历史文化方面的学术论文和调研文章 50 余篇。多次参与南诏镇前新村细奴逻故居建设，筹建南诏历史文化中心书院，研究新村祭祖民俗和特色餐饮、民宿等。多次参加巍山县祭祖节、小吃节、火把节等民族节庆策划和筹备会，提出的部分建议得到吸收采纳。

3 月 10 日，联合大理州彝学学会，巍山县委宣传部、县委统战部、县彝学学会，在巍山古城举办了"巍山县 2022 年铸牢中华民族共同体意识座谈会"。来自四川、贵州、云南等地的 60 余位专家学者，紧扣南诏历史文化，围绕铸牢中华民族共同体意识、打造巍山县民族团结进步标杆作了交流发言。

3—12 月，与巍山县小吃办、县餐饮美食协会合力挖掘南诏文化之巍山小吃文化。至 10 月底，共收集省内外美食研究专家、美食爱好者 50 多人关于南诏文化与巍山小吃的散文、故事、体验感悟等文章 84 篇。

6 月 20—21 日，与中共巍山县委宣传部组成考察调研组，到昆明市禄劝县中屏镇火本特色村考察调研南诏文化和民族特色文化，通过实地参观考察、与县镇村部分领导和民俗专家座谈，促进了巍山与禄劝民族特色文化交流，并确定巍山南诏镇新村与禄劝中屏镇火本村为民族特色村联谊调研基地。

7月19—22日，协助举办"云南省社科联2022年度社科学术社团工作会议暨负责人培训班"。精心拟定《云南省2022年度社科学术社团工作会议暨负责人培训班服务保障工作方案》。来自云南全省16州市社科联代表及省级学术社团负责人160余人参加了培训。南诏研究中心理事长只廉清在培训会上做了工作交流。培训期间，研究中心精心做好参训人员到南诏古街、巍山南诏博物馆、文华书院开展现场教学的服务，并组织10名研究员参与了培训学习。

9月7日，研究中心理事长只廉清、中心副主任卜成玉等参加中华优秀传统文化主题历史电视剧《盛唐南诏》开机仪式。此前，中心组织研究员多次参与中共云南省委宣传部文艺处的《盛唐南诏》电视剧剧本研讨、民族特色文化元素体现、彝语植入等工作，立足南诏发祥地巍山的彝语特色，收集提供可植入彝语共86条，其中称谓称呼语44条、日常用语18条、祝福语10条、感叹语7条、经典语（歇后语、谚语）5条、形态语2条。

（十三）云南省产业发展研究会

积极开展决策咨询研究工作，为省、州、县及有关企业撰写专题规划报告6份，决策咨询建议7份。其中《关于云南打造千亿钛产业的建议咨询报告》通过《省社科联工作专报》上报云南省委、省政府，获分管副省长批示。

4月23—27日，组织专家积极参与"云南社科专家保山行"调研咨询活动。通过深入实地调研，紧密结合高黎贡山生物生态保护实际，研究会专家撰写了咨询报告《保山市绿色产业发展对策研究——以中医药产业发展为例》。

8月11日，由云南省产业发展研究会、中共昭通市委党校共同主办的"喜迎党的二十大——全面推进乡村振兴论坛"在昭通市委党校成功举办。云南省社科联党组成员、副主席邹文红出席论坛并讲话。昭通市委政策研究室、市社科联、市发展和改革委员会等以及四川省宜宾市和贵州省毕节市的领导、专家也应邀参加了论坛。

组织开展了"产学研"深度融合系列实践活动，从微观层面推动企业、高校和科研院所深度融合。（1）6月8日，在云南卓印科技有限公司开展社科学术社团助力"产学研"深度融合发展探索与实践活动，调研卓印科技有限公司自主研发、具有核心知识产权、处于国际领先水平的绿色印刷新技术产业化问题，其目的在于通过"产学研"的探索与实践活动，推动云南省的绿色印刷产业加快发展。撰写了《云南卓印科技公司现状分析》《云南卓印科技有限公司发展规划的建议》《关于云南省产业发展研究会推动产学研融合的建议报告》《关于社科学术社团企业调研的总结报告》等成果。（2）7月7—8日，在红河云南中钛科技有限公司、云南红河弥勒福酒业有限公司牵头组织社科学术社团助力"产学研"深度融合发展探索与实践活动。以"两山"理论实践为主题，通过"产学研"探索与实践活动，探索产业发展生态化、生态发展产业化的路径。撰写了《云南中钛科技有限公司调研问题梳理与对策建议》《促进"产学研"融合发展的探索——云南中钛科技有限公司调研报告》等。调研后研究会以中钛科技为背景，撰稿的《云南打造千亿钛产业的建议》，通过《省社科联工作专报》上报云南省委、省政府，获副省长批示。（3）12月13日，研究会再次上报了咨询报告《关于支持钛产业与新能源电池产业协同发展的建议》。通过调研和深度了解弥勒福酒业有限公司，撰写了《云南省弥勒市弥勒福酒业有限公司调研问题梳理与对策建议》。

上述系列调研活动，形成了一批学术成果，向相关党委、政府提出了决策咨询建议，形成了良好的社会影响力。活动情况在中国商报网、中国发展网上进行了报道，产生了很好的社会影响。

（十四）云南省东南亚研究会

3月，受昆明市外事办的委托，瞿健文、钱泓佳等参与起草了《昆明市国际友好城市工作五年（2021—2025）行动计划》。

5月，瞿健文、钱泓住、兰军等参与昆明市外事办委托的"昆明COP15会后效应的扩展与延伸问题研究"课题通过结题评审。该研究阐释了昆明圆满承办联合国《生物多样性公约》第十五次缔约方大会（简称"COP15"）第一阶段会议、2022年上半年昆明即将承办COP15大会第二阶段会议的现实背景，分析了此次联合国《生物多样性公约》缔约方大会成功举办对云南省在构建高水平对外开放新格局和生态文明建设排头兵上的地位和作用，以及对举办城市昆明的国际知名度、美誉度和城市影响力提升具有的重要意义。对开好COP15第二阶段会议提出了对策，并进一步提出了建设全国首座生物多样性保护示范城市的建议。

9月19日，研究会第七届会员大会在昆明召开。大会审议通过第六届理事会工作报告、财务报告、《云南省东南亚研究会章程》（修订草案）。选举瞿健文为会长，姚立、方明、何跃、马巍为副会长，兰军为秘书长，何锡锋为监事长。著名泰国研究专家段立生先生向研究会捐赠了专著。新任会长瞿健文代表新一届理事会作了表态发言。他表示，今后五年，将继续立足功能优势，秉持"研究筑基、服务立本、融通东盟、聚力共赢"的宗旨，着力加快内部建设、提升对外形象、加强学术研究、整合资源建设平台窗口、履行好社会服务职责、加强党组织建设等六个方面的工作。

9月29日，研究会牵头开展以"对外开放与云南高质量发展"为主题的"省级社科学术社团对策应用组党组织大学习系列活动"，就云南对外开放与高质量发展进程中面临的形势、存在的问题、经验与教训、对策与思路等进行深入探讨。中国新闻网、云南理论网、MTime缅甸短视频制作中心等媒体对此次活动进行了报道。

（十五）云南省红楼梦学会

7—9月，学会党支部组织一批诗词爱好者，推出了"庆祝中国共产党二十大胜利召开诗词创作活动"，共收到诗词作品75首，并编辑发布在学会的微信公众号上。

8月，以2022年《红楼梦》知识大分值进入高考作文为切入点，举办两场"云南省红楼梦学会2022年暑期主题沙龙"。学会副会长戴琼媛、学会理事侯逸鹤分别作了题为"青少年如何读、学《红楼梦》""《红楼梦》导读"的专题讲座，阐释了《红楼梦》"开谈不说红楼梦，读尽诗书亦枉然"的文学影响、文学地位、文学价值，以及青少年如何阅读、理解《红楼梦》。在校学生、学生家长、红学爱好者近200人参与了沙龙活动。

9月17日，学会召开第二届第四次理事会，会议完成了学会第二届理事会届中选举，选举出新任会长。

9月，举办"红学沙龙与书法艺术结合赏析讲座"。学会理事、昆明书法家协会副主席乔明，讲解《红楼梦》里的书法场景，并现场书写了以《红楼梦》中"大观园"各景名"杏帘在望""有凤来仪""怡红快绿""曲径通幽"等为内容的书签分赠听众。

10月，学会赴宣威开展文化交流，举办《红楼梦》阅读体会座谈会、诗词创作与感悟讲座、阅读与朗诵联谊会等活动，近50名宣威文化界人士参加活动。

11月，学会会刊《云南红学》内刊首发，填补了云南《红楼梦》研究领域一直没有专门学术刊物的空白。该刊物以会务、争鸣、说梦、吟咏、特辑等5个栏目，刊载了近几年来云南省红楼梦学会的4场会务活动，2场研讨会，并收录论文11篇，诗作51首。

（十六）云南省纪实文学学会

3月16日，召开脱贫攻坚题材长篇纪实文学《浴火繁花——云南鹤庆脱贫攻坚纪实》座谈会。30多人参加。

6月18日，时任学会副会长杨佳富创作的微电影《情暖彝山》入选中央组织部全国党员干部现代远程教育片——"榜样的力量"。在"共产党员""云岭先锋"等平台展播，供全体党员学习收看。

7月28日，学会召开第三次会员代表大会。云南省人大常委会原副主任、省社科联原主席王义明等有关领导及云南高校、理论评论等各界代表出席大会。大会选举杨佳富为会长，周光荣等8人为副会长。巩立刚任秘书长。

8月12日，受中共昌宁县委宣传部邀请，学会会长杨佳富率队前往千年茶乡昌宁就配合昌宁县委、县政府"讲好昌宁茶故事 打好昌宁茶业牌"及深入践行"助力乡村振兴、干部规划家乡行动"进行深入走访调研。昌宁新闻网、云南网、《澜沧江文艺》等进行了报道。

10月，团结出版社再版会长杨佳富创作的《杨佳富百部中篇小说》，全书共310万字。该小说讲述了一个个生动感人而又惊心动魄的故事，为中国边地文学开拓了一块奇异的疆土，为戍边将士树立了一块永不消逝的历史丰碑。

11月12日，学会在武定县云南昊盟农业科技有限公司举行云南省纪实文学学会农业农村创作研究基地落成并举行了揭牌仪式。学会30多人参加了揭牌仪式。参加会议人员还向基地捐书500多册。

12月10—16日，学会会长杨佳富带领会员张国君、李德昌、颜平、邓俐到保山市采访大瑞铁路大保段的建设情况。张国君《穿越艰险——大瑞铁路大保段建设纪实》、杨佳富《大瑞铁路大保段的前世今生》、李德昌《和谐共美的绿色之路》、颜平《人民在哪，咱们铁路就修到哪！》、邓俐《端上"铁"饭碗，日子更红火！》等10多篇纪实文学作品在新华网、云南网、《农民日报》、《云南日报》、《保山报》、《澜沧江文艺》等发表。

（十七）云南省民族茶文化研究会

3月7日，召开研究会2022年年会，总结了2021年工作并报告了2022年工作打算，报告了研究会的财务收支情况。

5月21日，参加第三个"国际茶日"，参编《云南茶界名人录》。研究会积极参与茶文化宣传、与省内十个茶行业社团一起共同编撰《云南茶界名人录》，推荐符合条件的会员，研究会多人入选。

5月29日，执行会长陈正荣主编的茶叶专著《滇云茶山录》出版，得到业界的一致赞誉，被誉为云南茶山一本通。

6月10日，与普洱杂志社举办了"茶让生活更美好"线上直播活动。

8月下旬，与云南省茶叶商会、云南民营企业家协会、云南普洱茶交易市场共同举办了2022年第一届蓝天臻茗坊斗茶大赛。

8月，举办《滇云茶山录》读者见面会，和茶友、书友座谈，宣传云南民族传统茶文化，讲述古茶山、古茶园状况，对古茶山保护、生态茶园建设起到了积极推动作用。

9月8日，受中国国际茶文化研究会邀请，参加第八届中华茶奥会，执行会长陈正荣参会并受聘担任第八届中华茶奥会名誉副主席。

11月19日，主办"茶出云南、香飘世界"高峰论坛，利用云南古茶树资源，弘扬民族茶文化，振兴乡村。

12月，参与《云南省古茶树保护条例》立法工作，针对《云南省古茶树保护条例（草案）》（征求意见稿）提出的三条建议和意见被采纳两条。

（十八）云南省民族学会

9月17日，学会召开第七次会员代表大会。云南省委统战部副部长，省民族宗教委党组书记、主任拉玛·兴高，省民族宗教委党组成员、副主任李晓燕等有关负责人出席会议。来自云南全省25个世居少数民族的130余名代表参加了会议。大会选举产生第七届常务理事31人、理事95人、监事3人，任命副秘书长25人。选举马开能为会长，和润培、杨福泉、杨新旗、孟成才、赵玲、陆树刚、朱佶丽、王春、李学、李华兵为副会长，李倩云为秘书长，梁利本为监事长。

开展大学习活动。6—8月，学会和延安精神研究会共同牵头组织开展喜迎党的二十大集体学习活动，举办集中学习会议4次；10月15日，举办"迎接党的二十大，各研究会负责人学习培训会"。11—12月，学会下属各民族专委会分别组织传达学习党的二十大精神。11月1日，云南省民族宗教委分别召开省民族学会工作座谈会和省民族学会、宗教团体、宗教院校学习党的二十大精神座谈会，云南省委统战部副部长，省民族宗教委党组书记、主任拉玛·兴高讲话。

7月30—31日，学会与云南大学、云南民族大学联合举办的马曜诞辰111周年座谈会和纪念"世纪学人"马曜诞辰生平、书画展分别在昆明西山艾维美术馆和云南民族博物馆举行。丹增等云南省委、省人大、省政府、省政协老领导参加了开展仪式，与专家学者进行了座谈交流，对马曜先生一生严谨治学、坚韧不拔的高洁品格做出高度评价。

巩固脱贫成果。继续和上海方面合作，开展沪·滇智力教育扶贫工作，选送来自昭通、普洱、保山、昆明等地学生共 94 人（其中，脱贫户 39 人，低保户 3 人）到上海有关职业学校就读。

完成云南省人民政府惠民实事工程"文化惠民和民族文化保护传承工程"5 项，其中：文化精品类项目《中国少数民族大辞典·独龙族卷》编撰出版初稿已完成；传承保护类项目《瑶族〈开山科〉音义乐译注》《拉祜族摆舞》编撰出版，《中华优秀传统故事汉纳双语配音光碟》出版，《中国德昂族民间故事》出版。

（十九）云南省社会发展促进会

8 月 10 日，云南省社会发展促进会牵头主办"碳中和下新能源产业与市场发展之碳达峰碳中和与云南省产业转型论坛"。论坛实现了政府、企业、高校、科研院所的有效沟通，实现信息、技术、人才等共享，成功建立了一个以"双碳"建设为核心的交流平台。

（二十）云南省史学会

6 月 9 日，牵头组织历史文化组大学习集体活动。云南大学历史与档案学院党委书记、云南省史学会常务理事赵小平就党的十九届六中全会精神做专题辅导。组织了 4 次集中学习，分别邀请了云南大学的肖宪教授、张巨成教授和中共昆明市委党校的祁迎夏等专家，围绕世界百年未有之大变局、习近平总书记系列重要论述以及《习近平谈治国理政》第四卷、中国道路——中国历史研究的时代命题等，举行专题学习，通过"三个突出"推动大学习活动扎实深入开展。相关活动被云南网等媒体报道。

联合云南大学历史与档案学院主办 2 期西南学探索工作坊学术活动。6 月 25 日、9 月 26 日，学会联合云南大学历史与档案学院分别主办了以"明清时期西南卫所与地域社会"为主题的第七期西南学探索工作坊学术活动和以"民间信仰与明清时期西南社会"为主题的第八期西南学探索工作坊线上学术活动。该活动分别以专题讲座与专题报告形式在线上举行。学会会长罗群教授主持专题讲座，省史学会多名会员作了专题报告。

7 月 9—10 日，联合西南大学历史文化学院、云南大学历史与档案学院、《抗日战争研究》编辑部主办"第六届中国抗战大后方研究高端论坛"。来自云南大学、中国历史研究院、北京大学等著名高校及科研机构的百余位专家学者参加了此次线上论坛。论坛开幕式由云南省史学会会长、云南大学历史与档案学院院长罗群教授主持。罗群教授以"边疆开发与建设中的'西南模式'——以抗战时期云南植棉业发展为中心"为题作主题发言。

11 月 13 日，依据章程召开第八次会员代表大会，进行换届选举，选举出新一任会长和理事会。

（二十一）云南省延安精神研究会

6 月 29 日，研究会会同云南毛泽东诗词研究会等联合主办了"百年征程 峥嵘岁月""没有共产党就没有新中国"百年红色报纸主题展。云南省人大常委会原副主任、省延安精神研究会原会长吴光范，国家一级战斗英雄史光柱，研究会 13 个宣讲团的团长参加了主题活动。展出报刊是从全国 100 多万张报纸中精心挑选出具有重要史料价值的篇章，时间跨度约 100 年，展现中国共产党艰苦卓绝的奋斗之路和波澜壮阔的百年征程，体现了中国共产党对初心和使命的历史传承和伟大实践，帮助云南省党员干部和人民群众全方位翔实了解党的光辉历程，了解党的重大历史事件。

10 月 28 日，召开"学习贯彻落实党的二十大精神暨弘扬伟大建党精神 继承践行延安精神"理论研讨会。大会共收到来自云南全省各地的理论文章共 46 篇。云南省人大常委会原副主任、省延安精神研究会会长赵立雄发表了题为"把认真学习贯彻落实二十大精神和弘扬延安精神紧密结合起来，不断增强实现中华民族伟大复兴的精神力量"的主旨讲话。

11 月 10 日，举办"歌颂伟大祖国，唱响红色云南，助力乡村振兴红色文化艺术节"系列展演活动。研究会与云南省文化馆签订了群众文化合作协议。

11月,研究会被中国延安精神研究会表彰为"弘扬延安精神宣传工作先进单位"。

(二十二) 云南省中国近代史研究会

6月12日,召开第六届会员大会。大会听取并审议通过了第五届理事会工作报告、财务报告、章程修订草案和《选举办法》,选举产生了第六届理事会及领导机构,朱俊当选会长,张巨成、郭飞平、李可当选副会长。

9月25日,参与协办了昆明市社科界纪念全面抗战爆发暨滇军出征85周年研讨会,研究会名誉会长吴宝璋教授出席并作了题为"中华民族复兴的伟大历史转折——纪念全民族抗战爆发85周年"的发言。

9月26日,承办历史文化组第三次"大学习"集中学习活动。云南大学马克思主义学院教授、云南省中国近代史研究会副会长张巨成教授和昆明市委党校副教授、云南省中国近代史研究会理事祁迎夏就深入学习习近平总书记在全国省部级主要领导干部专题研讨班上的重要讲话精神及《习近平谈治国理政》第四卷进行专题辅导。

据不完全统计,名誉会长吴宝璋的《中共西南联大地下组织简史》《龙云与云南抗日战争》面世。会长朱俊的《抗战时期云南中等教育研究》由中国社会科学出版社出版。副秘书长龙美光主编的《西南联大 呈贡记忆》(昆明市呈贡区文史资料选辑第22辑)编印。朱俊、龙美光参编的干部教育读本《西南联大教育救国》《闻一多舍生取义》由云南人民出版社出版。会员任有权、理事吴丹的《话说世界(6):发现时代》由人民出版社出版。

吴宝璋教授在云南省各地主讲了"中国教育史上的双峰——西南联大和陆军讲武堂""享誉世界的西南联大"等一系列专题讲座;戴美政研究员应各方邀请,主讲了"盟史与选题策划"、"戴扶青先生和联大学者创办的《海鸥周刊》——纪念戴安澜将军牺牲80周年""抗战强音:昆明广播电台与西南联大""西南联大与云南水文观测与小水电建设——以清华工学院施嘉炀为重点的考察"等学术或专题讲座。

谢本书、吴宝璋、李可、苗艳丽4位专家参与编写的《云南抗日战争科普丛书》出版并举行读者见面会。丛书从抗战时期的云南名将、名人、云南教育、云南交通、云南民族工业、云南文学艺术等方面叙写了抗战时期云南人民顽强生存斗争的历史风貌。

研究会还承担了媒体采访、审片等工作。吴宝璋接受了中国网采访,发表了题为《我与西南联大的不解之缘》的谈话;朱俊参加电视连续剧《我的西南联大》审片工作。

(二十三) 云南省宗教学会

8月4日,邀请中国社会科学院学部委员、学部主席团成员、世界宗教研究所卓新平研究员,北京大学宗教文化研究院院长张志刚教授,中国人民大学哲学院李秋零教授,云南民族大学校长张桥贵教授,中国社科院世界宗教研究所副所长唐晓峰研究员开展宗教学重点学科建设暨云南与南亚东南亚宗教文化交流研究创新团队讲座。

8月5日,邀请山东大学哲学院特聘教授、博士生导师、饶宗颐宗教与中国文化研究所执行所长郭武教授作"道教与当代中国'文化自信'的关系略谈"主题讲座。

出版学会辑刊《云南宗教研究(第五辑):乡村振兴与宗教治理》,聚焦宗教治理与宗教服务乡村振兴战略主题,收入云南学者研究云南与南亚、东南亚国家宗教交流的实地调研成果,以及云南省宗教界与中国共产党百年同行、坚持我国宗教中国化方向云南宗教实践等专题研究成果,在服务国家战略,推动基础研究与应用研究融合发展方面发挥了积极作用。

学会立足云南、面向全国、面向南亚东南亚,对云南五大宗教的历史与现状、云南宗教情势、云南宗教领域的热点难点问题以及云南与南亚东南亚宗教文化交流等重大理论和现实问题进行长期调查研究,撰写决策咨询报告多篇,其中1篇获中央统战部创新理论成果二等奖,促使宗教学术研究走进政府决策,彰显学术研究的积极意义和现实价值。

(二十四) 云南省再生经济产业开发研究会

3月,组织专家、企业家小分队基层行,到企业调研,服务企业,帮助企业解决痛点、难点问题。在调研云南省世博集团丽江旅游公司后，向集团公司提交近一万字的《丽江老君山项目调研考察咨询意见》，对丽江老君山景区及所涉5个乡镇及黎明景区的整体规划进行了咨询、策划、研判。又再次提交了《黎明景区文旅规划运营咨询意见》和《老君山景区乡村振兴综合服务项目运营咨询意见》项目建议书，得到了"华侨城"世博集团丽江旅投董事会及高层领导的认可。同时，研究会智库专家组与丽江旅投达成了"第三方平台介入丽江老君山景区服务合作协议"，组织会员单位参与景区文旅品牌整体提升及整体开发。

5月中旬，参与社科普及宣传周活动，认真学习贯彻《云南省社会科学普及条例》，把乡村振兴"助贫助学"活动融入一年一度的科普周活动中去。在昭通、保山、怒江、普洱四州市开展了科普周活动，活动涉及16个县（市、区），发放《助贫助学招生简章》4000份。中考结束后，选送62名农村孩子至上海环境学校、上海科技学校、上海电气学校定向培养。其中，建档立卡户、低保户学生占56%，少数民族学生占21%，帮扶云南大山贫困家庭孩子走出大山改变命运、巩固脱贫攻坚成果，取得了实效。

组织以"乡村振兴·产业振兴"为主题的助推云南省人参果产业发展学术活动。5月26日，由云南省人大常委会原副主任、省社科联原主席、研究会总顾问王义明带队赴石林县考察人参果产业发展情况。调研组前往西街口镇人参果分拣中心、废果分拣中心，实地调研走访，全方位了解石林人参果供应链情况。同时深入田间地头，观摩石林人参果种植专业合作社人参果标准化引蔓种植示范基地，多角度了解石林人参果种植生产情况。

5月，研究会专家组联动会员单位柏龙教育投资（云南）有限公司负责人，深入保山、怒江、昭通等地宣传贯彻《云南省社会科学普及条例》，推动新修订的《未成年人保护法》《预防未成年人犯罪法》进校园。联动了保山、怒江、昭通市社科联及当地教体局、检察院、关工委、妇联、团委、职教中心等共同携手参与，并分别在保山技师学院、怒江州行政中心、昭通市职业教育中心举办了3场400多人参加的"两法"专题视频普法讲座，赠送了价值10万多元的"两法"教育宣传画册和视频讲座U盘。

5月，牵头并组织专家、企业家"沪滇职教项目协作组"开展服务基层活动。邀请并组织上海船舶工业总公司专家、企业家5人，组成了"沪滇职教项目协作组"专家、企业家基层行，有针对性地开展了服务基层调研活动。专家、企业家们对保山、怒江、昭通等州（市）县辖区等9所职校、技校、职中等实训基地考察交流，达成了"云南所需，上海所能，优势互补，共同发展"的原则和共同开展"校企合作，产教融合，校校合作，人力资源培训，劳动力转移"的《沪滇职教战略框架意向协作》等成果。

6月11—13日，研究会与省绿色发展研究会组织专家、企业家到丽江山里山外农业科技公司，开展丽江老君山菌草种植基地学术活动。助推该企业在丽江率先发展菌草产业，提前为丽江各县市发展菌草提供菌草种苗及技术输出。与会农业、林业、生态环保专家向企业提出了实操咨询意见，及时转化了学术活动成果，受到企业称赞。

6月24—26日、参加在富民县召开的"云南省农业农村现代化社会智库论坛活动"。来自省内外的专家学者、社团负责人80多人参加论坛活动。针对云南农业现代化建设发展，与会专家提出从农业产业体系、生态体系、现代化农业发展构建体系入手。

研究会智库专家邓伟升教授带领云大工商管理和旅游管理学院"邓伟升硕、搏团队"及研究会专家组成员与省供销集团共同探索"云南循环经济产业发展"项目，并形成工作专报《关于加快打造我省千亿级循环经济产业的建议》，12月1日，经云南省社科联以《工作专报》上报云南省委、省政府。

主持国家和省级基金项目6项。主持国家社科基金后期资助项目"数字化品牌资产生成机制研究：理论、框架与实践"、主持云南省基础研究计划项目"非接触经济下的品牌资产形成机理研究：基于在线价值共创视角"、主持教育部主题案例项目"普洱老达保：'快乐拉祜'在唱跳中激活乡村振兴"、主持云南省研究生优质课程建设项目"战略管理研究"、主持云南省专业学位研究生教学案例库建设项目"乡村振兴管理案例库"、主持云南大学教育教学改革研究重点项目"基于核心素养的管理学一流课程深度教学策略研究"。

在《中国顶级案例库》发表文章3篇：邓伟升等《生态产品何以品牌化？康藤"生态帐篷"的新品牌模式》，邓伟升等《"智"护生命，"锁"危有道：善格能量隔离智能化探索之路》，邓伟升等《从人大博士到"裤腿农民"：一株蓝莓引发的乡村产业共富嬗变》。

（二十五）云南现代智慧城市研究院

1月，参与《城市公共安全视频监控系统技术规范第一部分 总则》《城市公共安全视频监控系统技术规范第二部分 施工要求》《城市公共安全视频监控系统技术规范第三部分 验收要求》《城市公共安全视频监控系统技术规范第四部分 运维要求》四个云南省地方标准编制。

3—5月，研究院《关于进一步加强"智慧边境"建设 做好常态化边境疫情防控工作的建议》获得致公党中央采纳，并转换为全国政协十三届五次会议提案；《关于推动数字经济持续健康发展的意见和建议》《关于农村用电制约烤烟发展的对策及建议》课题获得致公党中央采纳。

5月，"基于双碳利用数字生态大脑促进昆明市绿色发展和滇池保护治理的对策研究"课题，提议推进生态绿道建设、环湖公路绿化美化、环湖截污治污、农业面源污染管控、美丽乡村建设、湖滨湿地修复、旅游产业发展等工作。

6月，"关于'双碳'背景下城市建筑领域碳达峰关键措施的建议"被确定为民进云南省委参政议政A类立项课题。

8月，作为承办单位举办"2023第六届中国昆明南亚社会公共安全科技博览会"。此届展会全方位、多角度展现国内外公共安全行业发展成就、展示公共安全领域新产品、新技术。来自东南亚国家代表、国内各省市公安、应急、设计院、院校、运营商、工程商、集成服务商、供应商、经销代理商等共计20126人次到会参观交流，专业观众为8012人，对行业的金融服务、人才培养、商贸合作起到桥梁纽带作用。

8月，完成云南省机关事务管理局《云南省机关运行成本管理平台》可行性研究，建设云南省机关运行成本管理平台，全面施行机关运行成本统计调查制度，开展机关运行成本绩效评价，找出节约型机关建设中的薄弱环节和短板弱项，有针对性地采取"靶向治疗"。

9月，完成云南省文化和旅游厅"云南文旅大数据中心"可行性研究，为基本建成文化、旅游"双强省"，把云南建设成为世界重要旅游目的地赋能。

10月，受致公党中央委托，参与致公党云南省委组成调研组，围绕"构建现代能源体系，统筹推进碳达峰碳中和"主题，结合云南区域特点，通过实地调研和座谈，充分了解情况，形成调研报告，经致公党中央整理上报后，获得中共中央领导同志批示。

11月，完善智慧城市专家智库建设，为下一步研究院向社会智库转型发展打下基础。

12月，举办"2022首届云南省现代服务业数字化最佳实践论坛"，组织云南全省服务行业的企业嘉宾220余人共同探讨服务行业的数字化转型和升级，洞悉云南数字经济未来发展的新动态、新方向，促进云南省服务行业数字化转型。

（二十六）云南中共党史学会

7月22日，召开八届三次理事会。会议通过了学会年度工作报告，选举中共云南省委党史研究室主任杨林兴为新任学会会长。

7月22日，举办纪念聂耳同志诞辰110周年座谈会，云南党史专家学者30余人参加座谈会。学会副会长杨军、云南省博物馆研究馆员王丽明、玉溪师范学院博士赵欣围绕大力弘扬聂耳的革命精神、进一步深化聂耳研究、更好讲好聂耳故事进行了学术交流。

10月27日，学会和中共云南省委党史研究室共同组织召开学习贯彻党的二十大精神交流座谈会，40余名专家学者参加会议。

完成内部刊物《云南中共党史研究》正刊4期的编辑和发行。期刊组织刊发专题研究全国及云南省党史、国史方面的学术理论文章共计81篇。开设"学习贯彻党的十九届六中全会精神""纪念周保中诞辰120周年""纪念聂耳诞辰110周年""纪念柯仲平诞辰120周年"等专栏；刊登纪念刘平楷、周建屏、张永和等党史人物专题文章；精心打造"喜迎二十大"专栏，选登各级各部门报送的优秀专题研究文章。

10月，开展"学习党的二十大精神"征文活动，共收到征文100余篇，评选出28篇编辑出版《云南中共党史研究》（学习贯彻党的二十大精神专刊），计十余万字，印刷800册。学会向省级有关部门报送《关于深化研究"五个红色故事"的情况报告》并出台相关工作方案；申报云南省哲学社会科学规划重大招标项目"'扎西会议'的历史地位及其重要作用研究"获得立项；与省级有关部门联合编撰《红军长征过云南》口袋书，参与"红军长征过云南"党性教育精品路线建设；与省级有关部门联合开展长征国家文化公园（云南段）建设选址。

学会会员的14项成果获中央有关部门表彰，党史资政类成果获奖数量排名全国党史系统第2位。会长杨林兴专著《中国西南边疆民族关系治理现代化研究》入选国家出版基金资助优秀项目名单。

（二十七）云南中华周易研究会

1月8日，与民革云南省委行政支部、云南孔子学术研究会在昆明联合举办儒家传统文化与易学学术交流会。

6月26日，研究会党支部联合云南孔子学术研究会、云南省飞虎队研究会等党组织及致公党云南省委省属四支部在昆明开展以"深入学习领会习近平总书记关于维护意识形态安全的重要论述"为主题的大学习活动。研究会党支部书记、会长申雄作"方寸之间的初心与使命"专题辅导。云南特殊教育职业学院教授、副院长杨家晔作"马克思主义是我们党最鲜亮的底色"专题辅导。研究会党支部按照党员学习全覆盖、组织学习有主题、参加学习讲纪律的要求，创新推行"学习联合多形式、学习组织多层次、学习内容多元化"的学习方式，坚持线上线下相结合、会场集中学与微信群集中学相结合、室内集体学与到红色基地现场学相结合、研究会党支部组织学与本单位本社区党组织双重学相结合、相近学科共同学与跨学科跨系统联合学相结合的"五结合"学习模式。

11月27日，通过网络视频会议召开2022学术年会，参会人数达195人次。年会传达学习《关于省级社科学术社团学习宣传贯彻党的二十大精神的通知》《2022年度云南省级社科学术社团党组织负责人培训班暨党建工作会议》精神，通报研究会2022年工作总结。

（二十八）云南省社会心理学会

6月25—26日，由学会与云南师范大学教育学部承办的2022年省级社科学术社团"助力乡村振兴行动"系列活动、"社会心理建设与乡村教育"学术会议在云南师范大学和云端同时召开。参会人数为113名。会议邀请了中国人民大学心理学系张积家教授，华东师范大学心理与认知科学学院崔丽娟教授，南京师范大学心理学院郭永玉教授，福建师范大学心理学院叶一舵教授，云南师范大学教育学部叶存春副教授、张晓燕副教授作专题分享。30多名教师和硕士研究生、本科生作了4个分论坛的26个研究报告。

11月4—5日，由学会和云南师范大学教育学部主办的"新时代中国心理咨询的实践与挑战"心理咨询案例研讨会，在云南师范大学召开。180余名应用心理学本科生、硕士研究生参加了会前工作坊。96名来自全国学校、医院、社会咨询机构等从事心理工作的老师、心理咨询师、硕士研究生分享交流了心理咨询案例。研讨会邀请了华南师范大学心理学院郑希付教授、北京师范大学心理学部临床与咨询心理学院副院长陈秋燕教授、西华大学吴薇莉教授、中山大学何国强教授等专家作了六场主旨报告。此次案例研讨会在全国首开以心理健康服务理论学术报告、实践咨询案例分享、专家督导为主要形式的"心理咨询案例研讨会"，初步形成了云南省社会心理学会具有可持续性和推广价值的专业学术活动品牌，对提升云南省心理咨询在全国的影响力有积极作用。

（二十九）云南省领导科学决策研究会

5月18日，举办"纪念中国共产党成立一百周年优秀论文展示"暨第13届云南（MBA）实战论坛。论坛主题为"学党史，感党恩，听党话，跟党走"。活动先后在都市头条、今日头条、腾讯新闻、网易等十余家国内主流网络媒体平台播出。《云南政协报》也进行了报道。论坛采用线上与下线相结合的方式进行。参会人数130人左右。会议分一个主会场，五个分会场。

实地开展传统文化教育活动。2月24日，研究会建材组组织会员参观老兵影视博物馆，接受国防教育、革命传统教育、爱国主义教育，15人参加活动。5月26日，研究会建材组组织会员参观云南铁路博物馆，并进行了交流座谈。研究会从建材组专业优势出发，挖掘有历史意义的题材"水泥厂立窑保护"。7月27日，研究会建材组组织会员参观了云南解放纪念馆。展览用大量图片、文字史料及实物，再现云南解放的战斗场景，通过参观，听讲解，会员加深了对这段历史的认识。8月24日，研究会建材组组织专家组，应邀到通海秀山水泥有限公司，就该公司转型升级问题交换意见，并提供了书面建议。

（三十）云南省统计学会

学会会长、副会长等带队9个专项行动组，沉入16个州（市）的县、乡和企业，开展统计调研培训，指导基层统计工作，共培训企业5961户、企业相关人员6218人次，统计干部和各单位相关人员2874人次。云南省统计学会副会长兼秘书长组织实施全省乡镇统计人员三年轮训工作，并亲自授课，6—9月，举办8期乡镇统计人员培训，参训学员850人。组织编印《云南基层统计工作手册》用作乡镇和"四上"企业统计人员培训教材。编印《云南省农村统计工作指导手册》，用作乡镇（街道）、村（居）农业统计业务培训和工作用书。选派省局常务理事、理事等优秀师资70多人次协助省级部门和州（市）、县统计局开展的30多个班次的统计业务培训，参训人数达8000多人。围绕中央和云南省委决策部署，开展具有云南特色的统计监测。

组织开展具有云南特色的"三个定位"、"三张牌"和数字经济统计监测方法制度研究，制定了《云南省建设我国民族团结进步示范区统计监测报表制度》《云南生态文明建设排头兵统计监测实施方案》《云南省面向南亚东南亚辐射中心统计监测办法》《云南"绿色食品牌"重点产业统计监测办法（试行）》《云南省数字经济核心产业统计监测暂行办法》等统计调查和统计监测制度，按照"统计牵头、部门配合、依法统计、成果共享"原则组织实施，形成了统计部门组织实施，相关部门、行业配合参与的长效监测机制，具有云南特色的统计监测体系，推动云南统计事业高质量发展。

按照省委组织部人才工作要求，研究制定符合云南实际的测算方法，召开全省人才贡献率测算业务培训；收集评估相关数据，测算全省和州（市）人才贡献率，测算结果按程序报中共云南省委组织部；按照"下算一级、下管两级"原则，指导县级人才贡献率测算。

开展统计人才队伍建设调研，先后前往4个州（市）11个县（市、区）实地调研，并结合人事档案行政记录与问卷调查，对全省统计局系统人才队伍现状进行分析，找出问题、短板、弱项，撰写分析报告，提出意见建议报局领导。

编印出刊《云南统计》双月刊6期，为云南全省统计工作者和广大会员学习借鉴探讨研究提供了良好的交流学习平台。

（三十一）云南省会计学会

召开八届三次理事会，健全学会组织；加强会员管理，严格组织开展会员资格审查，重新规范会员登记并吸收云南省内部分优秀会计人才加入学会，不断壮大会员队伍，进一步增强学会的凝聚力和影响力；修订学会章程和财务管理办法，规范学会监督机制，进一步夯实学会发展基础。

坚持学会宗旨，不断探索新形势下会计人才培养的方法路子。加强与云南省内外高校沟通联系，克服疫情影响，先后开展了乡镇财会人员培训、行政企事业单位内部控制建设培训。

积极协助相关单位和组织开展各项活动，拓展学会活动空间。针对新修订的《工会会计制度》，主动协助云南省工会会计学会开展"云南省第十九届职工职业技能大赛工会财务业务技能竞赛"；积极配合云南省社科联开展2022年云南省社会科学奖评选表彰活动，推荐学会科研成果《云南省行政事业单位内部控制操作指南》参加评选；协助中国会计学会开展2022年度财政部高层次财会人才素质提升工程（中青年人才培养-学术班）选拔，推荐云南大学杨达等6名优秀人才参加全国选拔。

（三十二）云南省审计学会

3月，学会和省审计厅共同向中国审计学会申报"地方政府专项债及其审计"合作课题，12月完成《云南省地方政府专项债券及其审计研究》报告。

4月，参加中国审计学会举办的西北西南片区"十四五"时期国家审计创新发展专题研讨会，云南省有2篇论文入选论文集。

7月，参加审计署组织的"1982年宪法确立审计监督制度四十周年"主题征文活动，面向云南省属单位内部审计机构和全省审计机关共征集到论文50余篇。经过首轮挑选、次轮查重，挑选出14篇论文进入第三轮评选，邀请专家评委进行盲评后，最终选定2篇上报审计署办公厅。

9月，与云南财经大学联合开展优秀内部审计案例征集，面向云南省属单位内部审计机构共征集到案例24篇。经过学会和云南财经大学专家精心筛选，对初选出的7篇案例进行修改完善，最终选定3篇案例入选高等教育出版社审计专业教材。

（三十三）云南省财政学会

3月和11月，分别完成《云南财政年鉴》2020年卷、2021年卷的编纂，主要整理记录了2019年、2020年的重要财经文献、省级财政工作开展情况和改革进展、州市县财政工作重点和亮点、财政大事记等内容。

11月2日，召开第八届会员大会暨第一次理事会，选举产生新一届理事会及领导机构，其中，理事10人，监事1人，会长1人，副会长3人，秘书长1人，并审议通过《云南省财政学会章程》《云南省财政学会财务管理办法》等一系列制度办法。

11月，向中国财政学会"第七次全国优秀财政理论研究成果评选活动"推荐理论研究成果4篇，其中，《云南预算绩效：理念、体系与实践案例》被评为三等奖。

全年编辑出版《云南财政》杂志12期，涵盖加快推进财政治理体系和治理能力现代化、云南财政积极推动法治建设、财政支持加快融入和构建新发展格局、推进"数字财政"建设等12个专题内容。

（三十四）云南省保险学会

学会共立项7个研究课题，其中保险公司会员单位申报4个课题，高校会员单位申报3个课题。其中"'双碳'目标下保险业ESG战略实施问题研究""车险UBI产品的可行性研究""农业保险服务乡村振兴存在的问题与对策浅析""云南省建立多层次养老保险体系促进共同富裕研究"等立项课题，内容紧密契合行业热点的同时深入对接云南省情，具有一定的理论研究和实践探索意义。这些研究成果不仅提升扩展了保险理论研究方向，为保险业的发展提供了理论支持，也促进了行业理论人才的发掘和培育成长。

推出了以"2022保险——大力发展普惠保险 为共同富裕贡献保险力量"为主题的征文活动。共收到来自保险行业和财经院校等单位、个人投稿十余篇，后续将组织专家（智囊）团进行无记名评选并将获奖论文汇编成册。

组织和推进理论研究，坚持办好历史资料汇编及学会期刊。在期刊《云南保险》开设"廉洁金融文化"专栏，向全省业内征集素材，全方位展现保险业廉洁金融文化。完成了2021—2022年版《云南保险资料汇编》组稿。

（三十五）云南省地方志学会

学会党支部充分利用互联网平台，通过微信群、微信公众号、"学习强国"等让党员随时随地学、随机随即学；组织观看党的二十大开幕会等，通过多频次、多形式、多途径地组织全体会员和党员学习和参加相关活动，增强了广大成员的政治意识、站位意识和方向意识。

受中共云南省委老干部局委托，通过政府购买服务的方式，承接《云南省老干部工作志》编纂、印刷和出版业务；受昭通市退役军人事务局委托，通过政府购买服务的方式，承接《云南英烈及纪念设施大典·昭通分卷》的编纂工作。

（三十六）云南省滇越铁路研究会

7月31日，召开第三届会员代表大会，选举产生了会长、常务副会长、六名副会长和秘书长。研究会领导班子成员在年龄结构、知识阅历、社会影响等方面优势明显。

9月，组织由云南省政府参事组成的滇越铁路申遗和保护利用调研组。常务副会长王福永全程参与调研活动，副会长兼秘书长王若刚作为调研组联络员服务调研活动。

11月初，开展个碧临屏铁路调研活动，22名专家学者用4天时间，深度调研了个碧临屏铁路各个车站，收集了第一手资料和影像图片，为学者深入展开实地调研提供机会，也为地方和企业借力专家智慧、促进地方发展提供机会。

积极参与新时代文明科普志愿队服务活动，开展"滇越铁路红色文化故事宣讲"。从6月以来，在昆明、蒙自、建水、石屏等地举办活动，参与者达到400人次，较好地宣传了铁路文化和滇越铁路历史。

全面加强党建工作，把党的领导贯穿于研究会各项工作的始终。一是党建入章。第三次会员大会通过修改章程，明确把党建纳入章程。二是前置程序。理事会需要研究的重大问题，首先由党支部进行研究把关定向之后，再提交给理事会研究决定。三是会长带头。党支部在会员中发出了学习党的二十大精神的通知，2次集中学习均由会长或副会长领学或者作主旨发言，以上率下，做到了领导班子先学、理事深学、会员普学。四是新闻宣传。2022年以来，在微信公众号上推送了"滇越铁路简史"20期、其他信息和新闻10期。围绕《孤鸿》一书的新闻宣传，涵盖了中央各大媒体和知名网站、微信公众号，刷新了同类新闻宣传广度和深度；"生命的故事"荣登CCTV国际频道；围绕滇越铁路的新闻宣传一年来持续不断，热度和温度一直不减。

（三十七）云南文秘工作研究会

4月26日，召开研究会第四届会员大会。大会审议通过了云南文秘工作研究会第三届理事会《工作报告》《财务报告》《云南文秘工作研究会选举办法》《云南文秘工作研究会章程修订说明》。会议选举产生了新一届理事会成员，选举产生会长刘晋南、副会长杨文勇、秘书长姚臻。

7月、10月，研究会举办第六期和第七期公文写作与处理专题培训班。2期培训班有来自全省党政机关、企事业单位共70余家单位、140余人参加。通过专题培训，对进一步提升云南省部分党政机关、企事业单位工作人员的公文写作水平和文稿质量，实践社会组织服务社会，起到了积极的推动作用。

（三十八）云南省文化产业研究会

5月7日，与云南省文旅厅共同组织"云南文化强省建设及推进高质量建设公共文化体系座谈会"。云南省文旅厅、省民族艺术研究院相关领导、云南大学师生20多人参加了此次会议。与会嘉宾就"云南文化强省建设的定位思路和举措""云南省公共文化服务建设的思路与工程"两个主题展开了讨论。

7月8日，与云南省文旅厅共同组织召开了"新时期云南公共文化服务高质量发展座谈会"。云南省文旅厅相关领导、云南大学师生等20多人参加此次会议。

7月9日，组织举办了主题为"彰文以振乡：文化赋能乡村振兴的云南实践"的"2022云南乡村文化振兴论坛"。云南省社科联副主席邹文红出席此次活动并讲话，中共中央党校（国家行政学院）教授、中国行政体制改革研究会行政文化委员会主任祁述裕，北京大学文化产业研究院院长向勇教授等十多位国内知名专家应邀出席，省内各高校、科研机构、文旅企业等单位的80多人参加了此次论坛。论坛为政府、科研机构、文旅企业等搭建了很好的交流平台。

（三十九）云南当代文学研究会

与云南省农村金融学会联合举办"'点赞美丽乡村'摄影比赛活动"，共收到参赛作品

358件，最终评选出特别奖及一、二、三等奖共45件。入选作品分别刊登在《云南当代文学》（内刊）、《云南农村金融》（内刊）、"云南当代文学研究会"和"云南农村金融学会"微信公众号上。今日头条、《云南日报》新闻客户端、云视网、《云南政协报》新闻客户端、云南网等媒体相继报道。

（四十）云南省妇女理论研究会

11月21日，召开"学习贯彻党的二十大精神 推进新时代云南妇女理论研究发展"会议暨2022年年会。党的二十大代表、省妇联党组书记、主席农布央宗出席会议并宣讲党的二十大精神。研讨会邀请了全国妇联妇女研究所副所长、中国妇女研究会副秘书长姜秀花线上进行会议指导，并以"新时代妇女研究的使命担当"为题作主旨发言。国务院发展研究中心研究员佘宇的"进一步优化普惠托育政策环境的若干思考"和复旦大学社会发展与公共政策学院社会工作学系主任、教授赵芳的"新时期发展型家庭政策与赋能型家庭社会工作服务"为研讨会进行了引导发言。昆明学院学前教育与特殊教育学院院长、云南省妇女理论研究会理事唐敏教授，云南农业大学继续教育学院副教授、培训教育主任、云南省妇女理论研究会会员夏惠茹，云南师范大学马克思主义学院讲师、云南省妇女理论研究会理事陈林，红河学院副研究员李凯冬，围绕思想引领、妇女创业就业及家庭建设进行了专题发言。玉溪市妇联主席、云南省妇女理论研究会理事龚桂存，楚雄州妇联主席、云南省妇女理论研究会理事阿明仙作了实证交流发言。云南省妇联会领导，省妇女理论研究会副会长、理事、会员及专家学者，省妇联机关各部室及直属单位，各州市妇联干部，共300余人以线上线下相结合的方式参加会议。

（四十一）云南省家庭教育研究会

9月7—8日，在怒江州举办"第一期云南省家庭教育骨干培训班"。全州各乡（镇、街道）、社区的基层妇联主要负责人共72人参加。

11月15—17日，在迪庆州举办"第二期云南省家庭教育骨干培训班"。全州部分乡镇村（社区）妇联主席、专职副主席，县委党校、县（市）关工委、学校部分家庭教育骨干教师共101人参加。

10月24—27日，在临沧市举办"第三期云南省家庭教育骨干培训班"。学校德育教育的家庭教育骨干（志愿者）和基层社区工作者共87人参加。

研究会派出云南省婚姻家庭咨询师协会秘书长杨燕华、省家庭教育研究会骨干讲师马明芳等教育专家进行专业培训指导，为基层培养了一批骨干力量，以让他们在家庭教育指导工作实践中能够充分发挥积极作用，使家庭教育工作更加专业，更接地气。

（四十二）云南省飞虎队研究会

7月1日，举行了新党员和老党员宣誓仪式，同时支部大会讨论通过了吸收云南省飞虎队研究会会长朱俊坤同志为中共预备党员。8月1日，由党支部牵头，朱俊坤会长组织了部分退役军人骨干开了座谈会，勉励退役军人在研究会的各项工作中，继续发扬部队的光荣传统，为造福于社会和人民的事业再立新功。

10月16日，飞虎队研究会党支部和飞虎驼峰实业（集团）有限公司党支部组织各部门负责人及全体党员共56人，收看了党的二十大开幕会，使参加收看的全体人员真正了解党的二十大是在全党全国各族人民迈上全面建设社会主义现代化国家新征程、向第二个百年奋斗目标进军的关键时刻召开的一次十分重要的大会，对于全面建设社会主义现代化国家、全面推进中华民族伟大复兴具有十分重大的意义。

11月14日，研究会党支部和飞虎驼峰实业（集团）有限公司党支部联合组织研究会领导及各部门负责人，听取了朱俊坤会长、周玲秘书长及党支部书记卢建忠、集团领导等进行党的二十大精神的专题辅导和专题学习，在飞虎队研究会掀起了学习贯彻党的二十大精神的新高潮。

三、云南省第十六届社会科学学术年会

云南省社会科学学术年会，是中共云南省委宣传部、云南省社会科学界联合会创办的全省社会科学界标志性的学术盛会。自2007年创办以来，云南省社会科学学术年会紧紧瞄准学科前沿和重大理论与实践问题，紧紧围绕云南省委、省政府各个时期的重点工作和领导关注的重大问题，精心组织，深入研讨，涌现出一大批质量高、影响大的研究成果，为进一步繁荣发展云南哲学社会科学事业、推进社科人才建设、促进云南经济社会文化全面发展作出了积极贡献。

以"贯彻新发展理念 引领实现'双碳'目标"为主题，由一个主场和三个专场学术活动组成的云南省第十六届社会科学学术年会，于2022年9月下旬召开。

主场学术大会

2022年9月27日，以"贯彻新发展理念 引领实现'双碳'目标"为主题的云南省第十六届社会科学学术年会主场活动在昆明举行。云南省人大常委会原副主任、省社科联顾问王义明出席会议并致开幕词，中共云南省委宣传部一级巡视员杨安兴出席会议并讲话。云南省社科联党组书记、主席张瑞才主持开幕式。

开幕式上举行了第十六届社会科学学术年会优秀论文获奖作者颁奖仪式和2022年度创新团队授牌仪式。主旨发言阶段由云南大学党委副书记段红云教授主持。专家们以习近平生态文明思想为指导，围绕"森林碳汇""绿色能源发展""绿色食品发展""大健康产业发展""绿色低碳产业发展"等主题，交流生态文明学术研究和实践成果。

云南省社科联党组书记、主席张瑞才，中国生态文明研究与促进会常务理事、绿色中国杂志社名誉社长黎祖交，西南林业大学校长、研究员郭辉军，云南大学生态与环境学院副院长、教授、博士生导师耿宇鹏，西南林业大学研究员尹仑，苏州大学教授、博士生导师、中国生态文明智库特聘研究员方世南，中央民族大学教授、博士生导师周琼等7位省内外专家在会上分别围绕"习近平生态文明思想话语体系的建构方向""森林碳汇在实现碳中和目标中的角色定位——兼论森林生物质能源的减排作用""气候变化与生态文明""筑牢西南生态安全屏障 维护国家生态安全""生物多样性相关传统知识与实现'双碳'目标""将生态文明建设融入乡村振兴战略""生物多样性保护与生态产品价值实现机制初探"作主旨发言。云南省委宣传部有关处室负责人、省社科联领导、州市社科联负责人代表、第十六届社会科学学术年会优秀论文获奖作者代表、2022年云南省哲学社会科学创新团队带头人、高校社科联负责人代表、省级社科学术社团代表、第十六届社会科学学术年会专场负责人等参加主场线下会议。

三个学术活动专场

云南农业专场

云南农业绿色发展论坛

2022年9月28日，由云南农业大学新农村发展研究院承办的云南省第十六届社会科学学术年会专场"云南农业绿色发展论坛"在昆明举行。此次论坛围绕云南农业如何生态上减碳增汇、经济上增加收入、环境上零污染排放等问题进行了深入的探讨。

来自中国农业科学院、云南省农业农村厅、云南省发展和改革委员会、云南农业大学、西南林业大学的6位专家围绕"全球重要农业文化遗产地的品牌建设和乡村振兴""云南绿色食品牌重点产业快速发展""积极融入新发展格局，努力推动农业绿色发展""乡村振兴与绿色发展""洱海流域农业绿色发展的机遇与挑战""云南森林康养产业发展战略思考"等主题进行了发言，为云南省如何围绕国家新发展理念，坚定不移走生态优先、绿色低碳发展道路，推动高原特色农业发展，推进产业结构调整提供了一定

临沧专场

云南省第十六届社会科学学术年会专场暨第一届云南省澜沧江流域合作保护研讨会

2022年9月29日，由中共临沧市委宣传部、临沧市社会科学界联合会承办的云南省第十六届社会科学学术年会专场暨第一届云南省澜沧江流域合作保护研讨会在临沧市举行。云南省社科联党组成员、直属机关党委书记余炳武出席会议并讲话，临沧市委宣传部常务副部长杨尽晖为会议致辞，临沧市社科联党组书记、主席刘军主持会议。

此次学术年会专场活动为优秀论文作者代表颁发了荣誉证书并向2022年度云南省社会科学普及示范基地——班洪抗英纪念馆授牌。来自临沧市、怒江州、大理州、保山市、普洱学院的征文获奖代表，从澜沧江流域生态问题及其治理、协同打造人与自然和谐共生的澜沧江国际示范区、澜沧江流域文化与旅游融合发展对策研究、流行音乐语境下澜沧江流域民族音乐的发展研究、澜沧江云南段全流域协同治理的实践与思考等方面进行学术交流。

澜沧江流域（云南段）各州市社科联领导及专家（迪庆州社科联线上参会），临沧市委宣传部、市哲学社会科学领导小组成员单位、市宣传思想文化系统、滇西科技师范学院马克思主义学院、县（区）社科联、市级社科学术社团等单位的专家学者、获奖作者代表参会。

西南林业大学专场

生态文明教育：共筑人与自然生命共同体专题研讨会

2022年9月30日，由西南林业大学地理与生态旅游学院承办的"云南省第十六届社科学术年会专场暨生态文明教育：共筑人与自然生命共同体研讨会"以线上线下相结合的形式在西南林业大学举办，同时举行了云南省生态文明教育联盟启动仪式。云南省社科联党组成员、副主席王建华，西南林业大学副校长彭志远，云南省文旅厅政策法规处处长方红明，中国日报社云南记者站站长李映青等参加会议并讲话。

此次研讨会以线上线下的形式展开，中国科学院西双版纳热带植物园赵金丽高级工程师，广州大学地理科学与遥感学院朱竑教授，中共西双版纳州委宣传部常务副部长、州文明办主任刘永钦，西南林业大学地理与生态旅游学院尹仑研究员围绕"生态文明视角下的科学教育——以中科院西双版纳热带植物园为例""超越人类的地理学视角下人与自然生命共同体的构建""贯彻落实好习近平生态文明思想，精心讲好西双版纳生态文明故事""生物多样性传统知识与生态文明教育"主题进行交流。大会还举行了两个平行论坛。论坛一以生态文明发展观的历史传承与创新实践为主题。论坛二以云南生态文明教育实践创新为主题。

此次研讨会为云南省找准中小学及高校生态文明教育的着力点，科研机构、高校生态文明研究与科普教育实践的结合点，推进企业与教育机构和组织的产教融合，推出内容更丰富、形式更多样的生态文明教育活动，提升云南省生态文明教育在全国的影响力提供了理论支持和实践指导。

四、社科专家基层行

2022年，组织开展了社科专家保山行、云县行、牟定行、曲靖行、巍山行、勐腊行共6场基层行活动，云南省内外共44位专家参加该年度基层行，共提交决策咨询报告44篇，调研报告20篇，形成《社科专家话保山》《社科专家话云县》《社科专家话牟定》《社科专家话曲靖》《社科专家话巍山》《社科专家话勐腊》6本成果。截止到2022年9月底，获省级领导批示的咨询报告5篇、获得州（市）级领导批示2篇。国家级媒体报道32篇，省级媒体报道30篇。

4月24—28日，2022年"云南社科专家保山行"调研咨询活动在保山举行。来自云南大学、西南林业大学、云南省农业科学院、云南省产业发展研究会等单位的8位专家学者参加。活动以"'两山'理论的保山高黎贡山实践"为主题，目的在于透过专家视野，积极探索保山在习近平生态文明思想的指引下，如何进一步深入贯彻落实党的十九大精神和习近平总书记考察云南重要指示批示精神的新思路、新举措，为保山市委、市政府民主决策科学决策提供参考。活动紧紧围绕"'两山'理论的高黎贡山实践""贯彻落实习近平总书记关于生态安全的重要指示精神，科学维护高黎贡山生物生态安全""立足民生需求，促进高黎贡山保护与发展融合的办法、路径""高黎贡山地区生态保护传统""保山绿色产业发展的对策""在维护好生物生态安全的基础上，高黎贡山自然教育模式研究与推广"等6个重点方面，深入保山市龙陵县、腾冲市、隆阳区等地开展实地调研，开展共同探讨，助力保山践行"两山"理论，筑牢高黎贡山生物生态安全。活动结束后，共形成8篇决策咨询报告，其中杨宇明教授和尹仑教授两位教授的决策咨询报告获得副省长肯定性批示。《中国日报》、《云南日报》、云南网等媒体全程参与并及时跟踪报道，人民网、中国社会科学网也对此次活动进行了报道。

5月23—25日，2022年"云南社科专家云县行"调研咨询活动在临沧市云县举行。来自中共云南省委党校（云南行政学院）、云南大学、西南林业大学、云南省宏观经济研究院等单位的6位社科专家深入云县开展实地调研，为云县经济社会发展"把脉问诊""开方抓药"。专家组一行紧扣对澜沧江文化的挖掘与利用研究、对云县推进综合交通基础设施建设的思考与研究、推进云县新型城镇化发展的对策研究、云县农业农村现代化实现路径研究、对云县新能源建设的思考与研究、推进云县园区经济发展的对策建议6个重点选题，深入开展调研咨询，并形成6篇决策咨询研究成果，为云县经济社会发展出谋划策。《云南日报》、云南网等媒体全程参与并及时跟踪报道；人民网对此次活动进行了报道。

7月4—8日，2022年"云南社科专家牟定行"调研咨询活动深入楚雄州牟定县。来自云南省政府研究室、省委党校、省社科院，云南大学、云南财经大学、西南林业大学、昆明理工大学的7名社科专家，深入牟定实地调查研究，通过"把脉会诊"，为牟定高质量发展资政建言献策、贡献智库力量，共形成7篇决策咨询报告。《云南社科专家深入楚雄开展调研咨询活动》获楚雄州委书记刘勇肯定性批示。新华网云南频道、中国日报云南记者站、《云南日报》、云南网等媒体全程参与并及时跟踪报道。

7月23—28日，2022年"云南社科专家曲靖行"专家见面会在曲靖举行。来自中国社会科学院、复旦大学、浙江农林大学、云南省社会科学界联合会、云南省社会科学院、云南省城乡规划设计研究院、云南大学、云南师范大学、云南财经大学等单位的12位社科专家，在为期4天时间里深入曲靖开展实地调研，围绕云南省委、省政府曲靖现场办公会给曲靖提出的"四个定位",特别是曲靖建设云南副中心城市的定位,针对曲靖打造内陆开放发展高地、曲靖建设城乡融合发展示范区、"双碳"背景下曲靖构建现代产业体系、深入贯彻落实新发展理念的关键性问题等4个方面的问题,深入实地调研,通过"精细把脉"为曲靖提供决策咨询服务,探索在新形势下曲靖实现经济社会高质量跨越式发展的新思路、新方法、新举措、新途径。此次活动共形成12篇决策咨询报告,其中,沈满洪教授的《曲靖建设城乡融合发展示范区的建议》获曲靖市领导批示。杨丹辉研究员的《曲靖市加快高水平建设云南先进制造中心的建议》获省领导的肯定性批示。中国日报云南记者站、光明日报云南记者站、中国新闻社云南分社、经济日报云南记者站、《云南日报》、云南网等媒体参与了活动并及时进行了跟踪报道。

8月29日至9月2日,2022年"云南社科专家巍山行"调研咨询活动在巍山县举行。来自云南省社科联、云南师范大学、云南财经大学、云南民族大学等单位的5位社科专家深入巍山开展实地调研,为巍山经济社会发展"把脉问诊""开方抓药"。专家组一行紧扣巍山县文化旅游产业转型升级的思考与研究、巍山县民族团结进步标杆建设的思考与研究、巍山县小吃产业提升改造的对策研究3个重点选题,深入开展调研咨询,并形成进一步的决策咨询研究成果,为巍山县经济社会发展出谋划策。此次活动共形成5篇决策咨询报告。《中国日报》、《云南日报》、云南网等媒体参与了活动并及时进行了跟踪报道。

2022年9月20—23日,社科专家勐腊行调研咨询活动在勐腊开展。根据勐腊县的区位条件,结合中老铁路开通的历史机遇,加快推进勐腊(磨憨)重点开发开放试验区、中老磨憨—磨丁经济合作区及勐腊县"三区"(天然橡胶全产业链创新区、沿边开放示范区、兴边富民先行区)建设,探索新形势下勐腊县立足自身特点和优势,破解发展难题,主动服务和融入国家"双循环"战略,推动经济社会跨越式发展的新思路、新路径,此次活动共形成6篇决策咨询报告。中国日报云南记者站、《云南日报》、云南网等媒体全程参与了活动并及时跟踪报道。

2022年社科专家基层行调研咨询活动坚持理论和实践有效汇集,让专家迈出学府、迈出研究机构,为地方经济社会发展建言献策,回答地方经济社会发展迫切需要解决的重大的实践问题,是云南省社科界认真践行党的群众路线、服务地方经济社会发展的实际行动,是社会科学专家服务地方社会经济发展的重要通道,也为专家向基层学习提供了一个非常重要的实践平台。

云南社会
科学年鉴
2023

社科普及

一、云岭大讲堂

由中共云南省委宣传部、云南省社科联主办的云岭大讲堂，坚持贴近实际、贴近生活、贴近群众，集思想性、知识性、通俗性、艺术性于一体，致力于满足人们多样化多层次的精神文化需求，已发展成为云南省高层次、广覆盖、宽领域的面向基层、服务人民的社科理论品牌，深受广大干部群众欢迎，产生了积极而深远的影响。

2022年，云岭大讲堂设立了习近平新时代中国特色社会主义思想、党的十九届六中全会、"四史"教育与党建、创新驱动与高质量发展、"三农"工作与乡村振兴、社会与法治、对外开放与国际形势、生态文明建设与绿色发展、历史文学艺术、教育、健康中国与百姓生活等11个专题，邀请云南省内外社会科学255位专家学者担任主讲人，持续深入机关、学校、企事业单位、城乡社区、农村开展面对面宣讲，全年共举办讲座505场。2022年举办点达到52个（见表1），比2021年新增17个。党的二十大召开后，迅速组织27位专家学者开出"党的二十大精神"讲题"菜单"奔赴云南省各地展开宣讲，积极推进党的二十大精神"飞入寻常百姓家"，使党的理论宣传紧跟理论创新的脚步。组织编印《2021年云岭大讲堂演讲集萃》。2022年2月，云岭大讲堂被中央宣传部、中央文明办、国家发展改革委、教育部、科技部、司法部、农业农村部、文化和旅游部、国家卫生健康委、国家广电总局、国家乡村振兴局、共青团中央、全国妇联、中国文联、中国科协等15部委局评为2021年全国文化科技卫生"三下乡"活动示范项目。

表1　　　　　　　　　　2022年云岭大讲堂举办点

序号	名称	承办单位
1	云岭大讲堂·昆明讲坛	昆明市社科联
2	云岭大讲堂·螳川讲坛	中共安宁市委宣传部
3	云岭大讲堂·88号讲坛	昆明市文化和旅游公共服务中心
4	云岭大讲堂·昆明滇池中学讲坛	昆明滇池中学
5	云岭大讲堂·昭通讲坛	昭通市社科联
6	云岭大讲堂·乌蒙先锋讲堂	中共昭通市委市直机关工委
7	云岭大讲堂·昭通市委党校乌蒙论坛	中共昭通市委党校
8	云岭大讲堂·曲靖讲堂	曲靖市社科联
9	云岭大讲堂·马龙新思想大讲堂	中共曲靖市马龙区委组织部
10	云岭大讲堂·玉溪讲坛	玉溪市社科联
11	云岭大讲堂·保山讲坛	保山市社科联
12	云岭大讲堂·楚雄讲坛	楚雄州社科联
13	云岭大讲堂·红河讲坛	红河州社科联

续表

序号	名称	承办单位
14	云岭大讲堂·文山讲坛	文山州社科联
15	云岭大讲堂·广南讲坛	广南县博物馆
16	云岭大讲堂·普洱讲堂	中共普洱市委党校
17	云岭大讲堂·西双版纳讲坛	西双版纳州社科联
18	云岭大讲堂·大理讲堂	大理州社科联
19	云岭大讲堂·巍山讲堂	巍山县社科联
20	云岭大讲堂·南涧县无量山讲堂	中共南涧县委党校
21	云岭大讲堂·德宏讲坛	德宏州社科联
22	云岭大讲堂·玉龙讲堂	丽江市社科联
23	云岭大讲堂·怒江讲坛	怒江州社科联
24	云岭大讲堂·迪庆讲坛	迪庆州社科联
25	云岭大讲堂·临沧讲堂	临沧市社科联
26	云岭大讲堂·文化昆工讲坛	昆明理工大学
27	云岭大讲堂·云南师大讲坛	云南师范大学
28	云岭大讲堂·文化昆医讲坛	昆明医科大学
29	云岭大讲堂·红土地大讲堂	云南农业大学
30	云岭大讲堂·雨花讲坛	云南民族大学
31	云岭大讲堂·云财讲坛	云南财经大学
32	云岭大讲堂·人文西林讲坛	西南林业大学
33	云岭大讲堂·昆明学院讲坛	昆明学院
34	云岭大讲堂·苍山讲坛	大理大学
35	云岭大讲堂·珠源讲坛	曲靖师范学院
36	云岭大讲堂·昆明文理学院讲坛	昆明文理学院
37	云岭大讲堂·楚雄师院雁山讲坛	楚雄师范学院
38	云岭大讲堂·一泓讲坛	红河学院
39	云岭大讲堂·开化讲堂	文山学院
40	云岭大讲堂·昭通学院省耕讲坛	昭通学院
41	云岭大讲堂·天赐普洱讲坛	普洱学院
42	云岭大讲堂·丽师讲坛	丽江师范高等专科学校
43	云岭大讲堂·滇池学院讲坛	云南大学滇池学院
44	云岭大讲堂·云工商讲坛	云南工商学院

续表

序号	名称	承办单位
45	云岭大讲堂·丽江旅院讲坛	丽江文化旅游学院
46	云岭大讲堂·云旅讲坛	云南旅游职业学院
47	云岭大讲堂·鼎新思政讲堂	云南财经职业学院
48	云岭大讲堂·楚雄职教工匠讲堂	云南现代职业技术学院
49	云岭大讲堂·云图讲坛	云南省图书馆
50	云岭大讲堂·军休讲堂	云南省演讲学会
51	云岭大讲堂·建投人文大讲堂	中共云南省建设投资控股集团有限公司委员会党校
52	云岭大讲堂·西联讲坛	昆明西南联大研究院附属学校

二、云南省社会科学普及宣传周

（一）云南省2022年社会科学普及宣传周在玉溪澄江启动

5月16日，云南省2022年社会科学普及宣传周活动启动仪式在玉溪市澄江市抚仙湖畔举行。活动主题为"全面推进生态文明建设，努力建设人与自然和谐共生的现代化"，由中共云南省委宣传部、省文明办、省生态环境厅、省社科联共同主办，中共玉溪市委宣传部、市文明办、市生态环境局、市抚仙湖管理局、市社科联承办。

云南省社科联党组书记、主席张瑞才发表讲话，西南林业大学尹仑研究员作为"百名专家讲生态"主题活动专家代表发言。云南省文明办专职副主任郑义为"云岭大讲堂·玉溪讲坛"授牌，云南省社科联党组成员、副主席邹文红为2022年命名的省、市级社科普及示范基地授牌，云南省生态环境厅督察专员李国墅向"玉溪市生态文明建设社科普及志愿服务队"授旗，志愿服务队进行了宣誓。中共玉溪市委常委、宣传部长梁栋主持启动仪式。

张瑞才在讲话中强调，社科普及工作要按照习近平总书记关于"科技创新、科学普及是实现创新发展的两翼，要把科学普及放在与科技创新同等重要的位置"的要求，通过普及提升社会文明水平。他回顾了云南省自2002年开展首届社会科学普及周活动以来20年科普走过的历程，特别是2019年云南省人大常委会颁布《云南省社会科学普及条例》，定下了每年5月第3周为社会科学普及宣传周，使社会科学普及工作走上了法治化道路的历程。他强调2022年的社科普及宣传周活动旨在阐释好习近平生态文明思想和习近平总书记考察云南重要讲话精神，要围绕主题组织开展好"百名专家讲生态"、首届全国各省市区社科普及基地讲解员大赛、社会科学知识网上竞答等活动，让习近平生态文明思想真正扎根在全省干部群众头脑中，变成推动人与自然和谐共生现代化的自觉行动，守好"西南生态安全屏障"，推动"生态文明建设排头兵"建设取得新成效，为党的二十大召开营造良好氛围。

西南林业大学尹仑研究员在发言中表示，作为研究生态文明的社科工作者，要把习近平总书记的指示落到实处，主动参与社科普及工作，用最朴实的语言、最生动的案例向社会大众宣讲好习近平生态文明思想，宣传普及好习近平生态文明思想的全民行动观，从而推动社会大众形成节约适度、绿色低碳、文明健康的生活方式和消费模式，形成全社会共同参与生态文明建设的良好风尚。

启动仪式上还举行了生态文明建设主题文艺演出，组织参观了"玉溪市生态文明建设成果展"。

玉溪市、澄江市有关领导，省、市级社科普及示范基地代表，以及社科普及志愿者代表参加启动仪式。

（二）超68万人围观！云南广播电视台社科普及周融媒体直播

5月20日，由云南省社科联和云南广播电视台共同主办的2022年社会科学普及周融媒体直播节目《沿着习近平总书记指引的方向——努力建设人与自然和谐共生的现代化》在云南广播电视台七彩云端App、云视网、云南新闻广播视频号、凤凰网直播。讲述云南省深入贯彻落实习近平生态文明思想和习近平总书记考察云南重要讲话精神，加快成为我国生态文明建设排头兵的生动实践。

2022年5月第3周是《云南省社会科学普及条例》颁布实施后的第三个社会科学普及宣传周。作为科普周的压轴活动之一，此次融媒体直播紧紧围绕学习宣传贯彻习近平生态文明思想这条主线，以云南生态文明建设排头兵为着眼点，将"沿着习近平总书记指引的方向——努力建设人与自然和谐共生的现代化"这一主题贯穿始终。

整场直播由"筑牢祖国西南生态安全屏障""坚决打好打胜污染防治攻坚战""绿水青山就是金山银山""生态文明制度建设、体制机制创新""良好的生态环境是最普惠的民生福祉"五个篇章组成。

节目中，云南高黎贡山国家级自然保护区保山管护局腾冲分局高级工程师陈映照以一粒种子讲述了高黎贡山极小种群物种大树杜鹃保护的故事；云南省社科联主席张瑞才围绕筑牢祖国西南生态安全屏障对云南如何贯彻落实习近平生态文明思想进行了解读；云南师范大学教授陈光杰用深入浅出的讲解为观众普及了九大高原湖泊的形成过程和保护治理工作；"雪山精灵"滇金丝猴的守护者赖建东带大家一起探寻滇金丝猴的保护之路；迪庆藏族自治州副州长李涛全面系统地介绍了迪庆州近年来在深化生态文明体制改革中的举措和成果；国家林业和草原局亚洲象研究中心主任陈飞对云南如何健全野生动物肇事赔偿机制和推进亚洲象国家公园建设等进行了介绍；西南林业大学教授尹仑从"良好的生态环境是最普惠的民生福祉"出发，对公众如何践行绿色生活方式进行了分享。

一个个生动鲜活的案例和故事，为观众奉上了一场"接地气、暖人心、有特色"的科普知识盛宴，以科普周活动为载体，让党的创新理论"飞入寻常百姓家"，让习近平生态文明思想和习近平总书记考察云南重要讲话精神在云岭大地落地生根、开花结果，全方位推动社科理论成果入脑入心，营造人人参与、共建生态文明的浓厚舆论氛围。

此次融媒体直播引发了网友的关注和热议，近2个小时的时间里，七彩云端App、云视网、云南新闻广播视频号、凤凰网等直播平台总浏览量超过68万人次。

（三）"迈向人与自然和谐共生现代化的理论与实践"学术研讨会

7月29—30日，"迈向人与自然和谐共生现代化的理论与实践"学术研讨会在澄江市召开。全国及全省生态文明研究领域有广泛影响力的专家学者齐聚一堂，共同探索建设人与自然和谐共生现代化的理论共识与现实路径。

此次研讨会由中共云南省委宣传部、云南省社科联主办，云南省中国特色社会主义理论体系研究中心、学术探索杂志社、云南省生态环境科学研究院、云南大学经济学院、西南林业大学地理与生态旅游学院承办，中共玉溪市委宣传部、玉溪市社科联、中共澄江市委宣传部、澄江市社科联协办。

学术研讨会由云南省社科联党组书记、主席张瑞才主持。中共云南省委宣传部一级巡视员杨安兴、玉溪市人民政府副市长刘刚致辞。来自中国社会科学院、中共中央党校（国家行政学院）、浙江农林大学、复旦大学、中央民族大学、上海师范大学、苏州大学、云南大学、云南省林科院等科研院所和高校的11位专家学者，以习近平生态文明思想为根本遵循，交流生态文明学术研究和实践成果，提出了许多创新性学术观点，为推进生态文明建设提供理论支撑和智力支持。

中国社会科学院学部委员、可持续发展研究中心主任潘家华作题为"增值自然助推可持续发展目标的落实进程"的主旨发言，中共中央党校（国家行政学院）一级教授王怀超作题为"人与自然和谐共生的哲学思考"的主旨发言，浙江农林大学党委书记沈满洪作题为"建设人与自然和谐共生的现代化国家"的主旨发言，中国社科院生态文明研究所研究员庄贵阳作题为"生态产品价值实现的理论与实践思考"的主旨发言，教育部长江学者特聘教授、复旦大学特聘教授周文作题为"人类文明新形态与生态文明建设"的主旨发言，上海师范大学知识与价值科学研究所所长何云峰教授作题为"生态正义与劳动正义的关系之我见"的主旨发言，中国社会科学杂志社对外传播中心主任、中国社会科学院大学政府管理学院教授林跃勤作题为"国外绿色发展政策举措及经验启示"的主旨发言，云南省林科院原院长杨宇明教授作题为"云南生物多样性与生态产品价值实现探索"的主旨发言，云南大学生态与环境学院首任院长段昌群教授作题为"自然生态法则与人类生态文明：云南高原湖泊生存发展与流域绿色发展初探"的主旨发言，中央民族大学周琼教授作题为"自然界的和谐共生：生态边疆与边疆生态安全初论"的主旨发言。

与会专家指出，人与自然和谐共生的现代化是贯彻落实新发展理念的必然要求，实质上是绿色发展的现代化、环境美丽的现代化、资源高效的现代化。建设人与自然和谐共生的现代化，要推进生态产业主导化、生态环境景观化、生态资源高效化、生态空间特色化、绿色创新自主化、生态制度体系化。要推动生态产品价值的实现，通过科学评估、政府主导、市场参与、引导消费，把良好的生态环境"算成钱、化成钱、引来钱"。要正视和处理好生态正义与劳动正义两个基本关系，发挥主观能动性，尊重自然客观规律，提高劳动的生态性、科技化，发挥好宏观政策调控功能，健全生态保护补偿机制，通过生态文明建设促进劳动正义。要强化理论研究，注重对历史文化思想的挖掘，深化对生态文明建设的实践探索，把云南建设成为全国生态文明建设示范区和理论研究高地。

研讨会围绕"生态文明理论的传承与发展""生态文明的地方实践与创新"分组讨论。与会专家学者围绕习近平生态文明思想在理论与实践方面进行了深入的研究，提出了许多创新性的学术观点，用"理论之思"为回答新时代生态文明建设的历史规律、现实动力、发展道路、目标任务等重大课题提供学理性支撑。

研讨会共收到来自全国19个省（自治区、直辖市）73个单位的学者投稿100余篇，云南省社科联组织专家学者从中遴选了30余篇论文汇编成册。研究成果由云南人民出版社出版发行。

（四）云南省第三期社会科学知识网上有奖竞答活动

5月16—27日，为迎接COP15第二阶段会议的召开营造浓厚舆论氛围，由云南省社科联主办的以"全面推进生态文明建设，努力建设人与自然和谐共生的现代化"为主题的第三期社会科学知识网上有奖竞答活动热烈展开。这次网上竞答参与度高、传播度广，总答题人次达189.9万，其中，省内答题人次188.1万，省外答题人次1.8万。活动期间共发放现金红包和话费奖励16.1万元，宣传质效凸显，积极推进了生态文明建设和相关社科知识的普及。

此次活动题库共360道题，内容包含习近平生态文明思想、传统生态文化、碳达峰碳中和、生物多样性保护、生态保护治理修复、生态环境法律法规等知识。试题既有挑战性也有趣味性，为达到普及知识的目的，答错时均有正确答案提示。同时，2022年还新增了学习区，赛程也由过去单一的答题转变为晋级赛+挑战赛的模式。为期10天的晋级赛，经过激烈角逐，成绩排名前200名的选手进入挑战赛。挑战赛每位选手在5分钟内答题，以答题正确率和答题速度取胜，每人可答题3次，以其最好成绩排名，最终完赛的182位选手依据排名，获得了社会科学学习达人电子证书和话费奖励。

此次网上有奖竞答活动，对于引导社会公众积极学习习近平生态文明思想，了解生态文明建设法律法规、政策制度，践行绿色环保的生活方式有较好的促进作用。

此次网上有奖竞答活动答题人次前五名的州市为楚雄州、保山市、昆明市、玉溪市、德宏州；答题人次前五名的县区为禄丰市、腾冲市、隆阳区、嵩明县、元江县；云南工商学院、曲靖师范学院、大理大学、丽江师范高等专科学校、云南大学分列高校排名前五。

表 2　　2022 年云南省社会科学普及宣传周重点活动

序号	活动项目	组织单位
1	①百名专家讲生态主题活动；②"生态文明建设排头兵"理论研讨会（玉溪）；③云南省第 3 期社会科学知识网上有奖竞答活动；④首届全国各省市区社科普及基地讲解员大赛；⑤云南省社会科学普及宣传周融媒体直播活动；⑥"守护云南生态之美"主题图文、视频展示活动；⑦生态文明研究成果征集活动；⑧生态文明建设科普读物推介会	云南省委宣传部、省文明办、省生态环境厅、省社科联
2	①云南全省社科普及宣传周启动仪式及系列活动（主场）；②生态文明建设成果展、科普咨询、主题征文演讲、主题美术书法摄影展览展示；③澄江市社科联生态文明志愿服务"十百千"活动；④江川县社科联星云湖保护治理科普宣传活动；⑤易门县社科联"人与自然和谐共生——菌乡易门"科普宣传活动；⑥元江县社科联抖音《远见》生态环境小讲堂	玉溪市委宣传部、市社科联、市生态环境局、市抚仙湖管理局、江川区、澄江市、通海县
3	①昆明金汁河沿岸生物多样性科普与教学；②低碳生活系列活动	昆明市社科联
4	①社科普及宣传文艺演出、市生态文明建设成果展示；②社科专家讲生态专家访谈和主题宣讲；③永善县社科联"变废为宝·绿色环保"创意大赛；④生态文明建设公益广告展播；⑤市博物馆科普周主题展览活动	昭通市社科联
5	①"全面推进生态文明建设，努力建设人与自然和谐共生的现代化"主题青少年书法、绘画、作文大赛；②社科专家讲生态宣讲；③主题科普志愿服务；④生态环境知识普及及成果展示；⑤社科普及示范基地讲解员大赛	曲靖市社科联
6	①"生态文明"主题书画作品展览和进社区科普志愿服务活动；②施甸县社科联开展"杨善洲生态观"线上线下科普研讨活动及制作播出杨善洲生态观微党课；③"高黎贡山百鸟图"展览展示；④隆阳区社科联生态环保知识线上线下展览；⑤腾冲市社科联生态文明建设和环境保护工作主题征文；⑥昌宁县社科联生态文明理论研讨会；⑦龙陵县社科联生态文明主题宣讲活动	保山市社科联
7	①习近平生态文明思想和习近平总书记考察云南重要讲话精神主题宣讲；②楚雄州生态文明建设成就展活动；③刊载、播出一批生态文明建设理论文章；④举办《云南社会科学普及条例》知识测试；⑤禄丰县社科联组织"COP15"——"龙乡花卉"科学普及活动；⑥双柏县社科联开展"讲生态、讲保护、讲成就"主题活动；⑦南华县社科联开展社科科普基地+示范工程+媒体平台的"多维生态环境保护成就展"系列陈展活动；⑧姚安县社科联"社科普及宣传周——荷城美"媒体宣传；⑨元谋人博物馆开展生物多样性"流动展览"活动	楚雄州社科联
8	①习近平生态文明思想主题宣讲；②生态建设成果展示及科普展板、科普大篷车展示；③生态环境保护相关知识学习宣传普及；④组织专家讲生态活动；⑤石屏县社科联"全面推进生态文明建设，努力建设人与自然和谐共生的现代化"主题学生手工作品展；⑥红河州图书馆生态环境知识主题展览	红河州社科联
9	①社科专家讲生态活动；②富宁县社科联生态文明建设成果展；③州博物馆"美丽文山——弘扬生态文化 建设生态文明"主题展及"生态文明和谐家园"摄影绘画作品展；④麻栗坡县社科联"践行绿色发展 共享生态文明"网络摄影展	文山州社科联

续表

序号	活动项目	组织单位
10	①组织专家讲生态活动；②宁洱县社科联制作生态环境法律法规宣传普及小视频，"生态宁洱·魅力家园"主题图片、小视频融媒体展播；③墨江县社科联"人与自然和谐共生"作品展；④景东县十大珍稀动植物评选活动；⑤景谷县社科联生物多样性教学展示，社科知识大喇叭普及宣传；⑥普洱市博物馆普洱茶文化知识科普活动；⑦普洱市图书馆家乡美摄影作品展（线上）	普洱市社科联
11	①"生态讲堂进乡村"宣讲活动；②生态文明建设主题报告会和理论研讨会；③西双版纳州生态治理成果展；④勐腊县社科联"乡村网红"助力生态文明建设视频征集活动；⑤西双版纳民族博物馆《雨林生处有大象——西双版纳与大象》主题展览进校园；⑥《傣家非物质文化遗产——生态文明建设践行者》主题展览	西双版纳州社科联
12	①牢记习近平总书记的嘱托"洱海保护见证生态文明建设"宣传活动；②大理州生态文明建设实践联合巡展；③"争当生态文明先锋、喜迎党的二十大"主题宣传宣讲活动；④洱源县洱海源头生态保护治理成效巡回展；⑤巍山县社科联"践行生态文明思想，人与自然和谐共生"小学生手抄报比赛；⑥漾濞县社科联生物多样性保护系列宣传活动	大理州社科联
13	①深入学习贯彻习近平生态文明思想、坚持走绿色发展之路理论研讨会；②社科专家生态文明主题宣讲；③瑞丽市社科联生态文明摄影展；④陇川县高举旗帜百场万人宣讲活动及社科普及知识有奖竞答活动；⑤盈江县生态文明进万家送戏下乡活动	德宏州社科联
14	①组织专家讲生态活动；②组织"全面推进生态文明建设，努力建设人与自然和谐共生的现代化"主题成果展示	丽江市社科联
15	科普周活动进基地、进乡村活动	怒江州社科联
16	①2022年社科普及宣传周迪庆高原生物多样性保护成果展示及科普讲座；②《共建地球生命共同体——云南生物多样性的奇妙故事》线下展览	迪庆州社科联
17	①"全面推进生态文明建设，努力建设人与自然和谐共生的现代化"主题科普宣传活动；②临翔区社科联"将生态文明建设理念'植'进群众的心间"主题科普宣传活动；③创作花灯"党的政策我来讲"音视频宣传片	临沧市社科联
18	习近平生态文明思想基层宣讲活动	中共云南省委党校（云南行政学院）
19	①文学院团委生态摄影比赛，"生态文明，我知我行"知识竞赛活动；②人类学博物馆生态保护纪录片影展，"圣境"传承与乡村振兴讲座；③外国语学院我眼中的昆明——生态摄影比赛，"共筑生态梦 同享春城美"线上翻译比赛	云南大学社科联
20	践行生态文明 建设绿色家园——云南省社科普及宣传周学术作品展暨昆明理工大学2022届建筑类学科硕士研究生优秀毕业作品成果展	昆明理工大学社科联
21	①校团委"践行绿色发展·助力生态文明"科普宣传活动；②药学院实验室生物安全宣传教育、花粉多样性与人类健康科普宣传活动、野生菌知识与中毒预防科普宣传	昆明医科大学社科联

续表

序号	活动项目	组织单位
22	①云南农业大学家乡生态文明暨COP15生物多样性优秀作品展示活动（成果展示）；②身边的生物多样性宣传活动	云南农业大学社科联
23	"中医药文化与生态文明"主题宣讲活动	云南中医药大学社科联
24	①"知校史、听讲座、看展览、悟责任"——生态文明建设者的真情告白；②"助力COP15，促进生态文明建设"演讲征文比赛	西南林业大学
25	①基于云南生物多样性主题的科普艺术设计展；②守护绿色回"艺"，共建美丽家园：回回营生态文明教育活动	云南艺术学院社科联
26	①云南乡村振兴学习网展播——学习习近平总书记考察云南重要讲话精神微课程；②生态文明建设要突出整体性、系统性和协同性；③云南生态文明建设面面观	云南开放大学社科联
27	①开展"习近平生态文明思想巡展巡讲活动"；②生物安全知识普及；③"高原湖泊保护治理、滇池流域生态文化"巡展活动；④滇池沙龙	昆明学院社科联
28	组织开展主题征文演讲、主题讲座，开展"人与自然和谐共生"摄影作品展	红河学院社科联
29	①保山技师学院"认识我们身边的湿地"专题讲座及《我爱家乡的青山绿水——从身边小事做起》主题征文；②保山学院"生态文明、自然和谐"主题宣传活动及"高黎贡山的生物多样性及保护"专题讲座、科研成果展示；③保山中医专原创生态主题作品展	保山高校社科联
30	①生物多样性展览；②生态文明主题宣讲；③生态文明主题学术论坛	德宏师范高等专科学校高校社科联
31	乡村振兴"助贫助学"活动	云南省再生经济产业开发研究会
32	①开展中华优秀传统文化里的人与自然和谐智慧主题讲座；②开展传统文化与生态文明、保护我们共同的家园——垃圾分类从我做起、生态环境保护与法律、如何从源头减少垃圾系列讲座	云南亘元教师心灵成长研究院
33	习近平生态文明思想宣讲和坚持绿色发展，努力实现"双碳"目标讲座	云南省高等院校德育研究会
34	组织专家讲生态活动	云南省青少年思想道德教育研究会
35	COP15生物多样性研讨会	云南省演讲学会
36	低碳减排+垃圾分类进社区	云南省绿色发展研究会
37	《草木虫鱼——抗战时期的西南联大生物科学》专题展	云南师范大学西南联大博物馆
38	①社科普及教育基地开放日活动暨生态文明专题展览活动；②"全面推进生态文明建设，努力建设人与自然和谐共生的现代化"科普主题宣教活动	石林石得利地质博物馆

续表

序号	活动项目	组织单位
39	生态文明主题宣传活动	澄江化石地世界自然遗产博物馆（云南省自然博物馆）
40	生态文明建设主题讲座	昆明冶金高等专科学校
41	"生命与绿色同在"系列活动	云南旅游职业学院
42	"体验多彩非遗，共享生态文明"活动	云南民族博物馆

三、社会科学普及特色活动

（一）云南青年社科学术演讲比赛

9月23—25日，第三届云南青年社科学术演讲比赛在昆明举行。

此次大赛由云南省社科联主办，云南大学承办，云南广播电视台协办。比赛主题为"这十年——我眼中的新时代"，邀请广大青年社科工作者以回答中国之问、世界之问、人民之问、时代之问为己任，以彰显中国之路、中国之治、中国之理为思想追求，结合自身的学术研究方向和工作实际，从新时代改革发展的实践中挖掘新材料、发现新问题、提出新观点，用浅显易懂的语言讲述对中国特色社会主义新时代的学理思考，用本人或团队的学术研究成果，讲好学术里的中国故事、云南故事。

此次比赛，云南省各地31个单位推荐了55名选手进入复赛。两天时间里，共举行四组复赛，由12位社科界知名专家担任评委，选手们用生动的事例、真挚的感情，讲述着自己眼中的"这十年"，充分展示了云南省青年社会科学工作者朝气蓬勃、奋发有为的精神风貌。最终，8位选手脱颖而出，进入最终的决赛。

经过激烈角逐，来自云南大学昌新国际艺术学院的陈珊珊、云南师范大学马克思主义学院的蒋晓涵、楚雄州元谋县第一中学的陈司瑶获得一等奖，洪炜琳、肖虹、白娜、余艳娥、罗菁获得二等奖，张鹏杨、杨红燕、于海利、张燕菲、李濛濛、孙雪莹、李利宁、春晓获得三等奖。通过初赛和复赛、决赛积分，楚雄州社科联、云南大学、云南师范大学、云南经济管理学院、保山市社科联等五家单位获得优秀组织奖。

此次大赛专业学术性强、时代感凸显、充满实践经验、充盈着当代青年正能量，参赛的青年社科工作者带着自己的观察、思考和实践，让书本上的社科理论活化成为"我眼中的新时代"，生动展示出学术里的中国故事、云南故事。

云南青年社科学术演讲比赛自2020年启动以来，每年举行一届，旨在搭建服务云南青年社科工作者交流学术思想、展现创新成果、跨界融合发展的平台，着力发现、培养、集聚一批理论功底扎实、勇于开拓创新的青年学术骨干，提高青年社科工作者表达学术观点的能力和水平，促进学术成果科普化，更好地传播科学思想，培育形成人文精神，提升公民社会科学素养。

（二）首届全国各省市区社科普及基地讲解员大赛

7月2—3日，由全国23个省市区社科联共同主办，云南省社科联、云南网承办的首届全国各省市区社科普及基地讲解员大赛复赛、决赛在昆明圆满收官。全国101位选手进入复赛，经过激烈角逐，来自北京、天津、山东、山西、江苏、安徽、河北、河南、甘肃、湖南、陕西、吉林、海南、湖北、江西、新疆、内蒙古、云南等18个省份的25位选手进入决赛。共决出一等奖10名，二等奖15名，三等奖20名，优秀奖56名；同时，根据网络展播投票评出最佳人气奖（视频制作团队奖）10名（见表3）。

云南省社科联党组书记、主席张瑞才出席决赛评审现场并致辞。张瑞才指出，此次大赛的举办是全国各省市区社会科学普及工作的一项创新举措，是全国各省市区社科联共创、共建、共享的新的工作机制和活动载体，是各地社会科学普及基地内强讲解员素质、外塑基地良好形象的重要平台，有力地联动全国社会科学普及工作协同发展、高质量发展。

此次大赛以"全面推进生态文明建设，努力建设人与自然和谐共生的现代化"为主题，参赛选手以视频形式，紧紧围绕深入学习贯彻习近平生态文明思想，用通俗易懂、形象生动的讲述，积极传播全国各地生态文明建设和生态环境保护成就,展现了新时代社科普及基地讲解员们的风采。大赛的举办为推进各省市区社会科学普及条例的贯彻落实,加强各省市区社科普及工作的交流与互动,提升各省市区社科普及基地讲解员的职业技能,为公众有形、有感、有效地普及社会科学知识,让党的创新理论"飞入寻常百姓家"发挥了积极作用。

大赛复赛、决赛全程以视频会议的形式评审,邀请了中国社会科学院生态文明研究所研究员庄贵阳,中央广播电视总台新闻中心夜间节目部主任、高级记者郭静,中国人民抗日战争纪念馆原党组成员、副馆长、研究员于延俊等全国25位专家组成评委会进行线上评审。此次大赛受到社会广泛关注,9天的网络展播累计有1150余万人次观看了视频,各省媒体对活动进行了报道推送。

表3　　　　首届全国各省市区社科普及基地讲解员大赛获奖名单

序号	姓名	参赛题目	所在社科普及基地	选送单位
一等奖				
1	李佳璠	绿色丰碑	杨善洲精神教育基地	云南省社科联
2	田昊玉	潮河湾畔是我家	连云港市革命纪念馆	江苏省社科联
3	李艳琼	一路"象"北——共同见证人与自然和谐共生	玉溪市博物馆	云南省社科联
4	杨萧萧	荒漠之上:三代治沙人的生命誓约	甘肃省博物馆	甘肃省社科联
5	孙欣雨	黄沙淘绿金,治沙更致富	新疆维吾尔自治区乌鲁木齐文化中心	新疆社科联
6	蒙文璐	把绿色种进大漠	内蒙古自治区敕勒川博物馆	内蒙古社科联
7	李琳	生态济南 绿满泉城	济南天下第一泉景区"五三"惨案纪念园	山东省社科联
8	秦锁英	张家港湾,等你来!被联合国点赞的"生态打卡点"	中共张家港市委党校	江苏省社科联
9	王帅权	厚植生态底色 守护白山松水	长春市文庙博物馆	吉林省社科联
10	向璐	守护一江碧水的老兵	湖南党史陈列馆	湖南省社科联
二等奖				
11	易梦瑶	举目已是万水绿,宜趁东风再扬帆	安徽省蚌埠市博物馆	安徽省社科联
12	沈慧颖	江苏如东洋口港:向绿而行 答好生态"四问"	江苏省洋口港规划展示馆	江苏省社科联
13	李若楠	增绿护蓝 只此海南	海南农垦博物馆	海南省社科联
14	汪文优	安徽黄山:绘就一江清水生态画卷	安徽中国徽州文化博物馆	安徽省社科联
15	黄彩莎	绿满娄底山川秀	蔡和森纪念馆	湖南省社科联
16	吕淼	守好一库碧水 实现绿色发展	河南省南水北调干部学院	河南省社科联
17	尉红英	一滴水	北京市密云区图书馆	北京市社科联

续表

序号	姓名	参赛题目	所在社科普及基地	选送单位
18	韩金菊	博物馆的力量 让生态更美好	河南省二里头夏都遗址博物馆	河南省社科联
19	梁甜	一只铜蚕见证一条丝路	陕西省陕西历史博物馆	陕西省社科联
20	贺小亚	为了一江清水向东流	湖北三峡职业技术学院	湖北省社科联
21	叶诗璇	筑牢绿色海防屏障 夯实生态文明之基 ——从大沽口成陆讲起	大沽口炮台遗址博物馆	天津市社科联
22	张惠	三棵树的故事	江西省安福县社科普及基地	江西省社科联
23	郜盼	"长治"久清	漳泽湖国家城市湿地公园	山西省社科联
24	程李美	美丽的高岭——塞罕坝	河北省塞罕坝机械林场	河北省社科联
25	路元元	"沙海"里创造的绿色奇迹	陕西省杨凌示范区西北农林科技大学博览园	陕西省社科联
三等奖					
26	刘亚莉	"当代愚公"与他的"绿色长城"	大同市博物馆	山西省社科联
27	洪力	沙家浜的另一张绿色生态名片	沙家浜国家湿地公园	江苏省社科联
28	胡晓岚	十里芡实淮河香	安徽阜阳王家坝抗洪纪念馆	安徽省社科联
29	胡琪	逐梦蓝天碧水 以"绿"执笔 绘出合肥"幸福底色"	安徽省合肥市包河区大圩镇社科普及基地	安徽省社科联
30	刘宇星	绿色传奇千烟洲	泰和县新时代文明实践中心	江西省社科联
31	沈艺	清风吹绿石门陈	江西省九江市德安县石门陈生态森林公园	江西省社科联
32	王梦杰	绿水绕红城	山东省威海市文登区天福山起义纪念馆	山东省社科联
33	薛文文	人不负青山 青山定不负人	河南省焦作市云台山风景名胜区社科普及基地	河南省社科联
34	王一轩	一湖溶大爱 千载寄深情	黄冈市博物馆	湖北省社科联
35	杨阳	守护江豚的家园	湖南开放大学社区家庭教育科普基地	湖南省社科联
36	宋洋	那考河足迹	广西大数据时代红色教育研究院社会科学普及红色教育影视创作基地	广西社科联
37	俞秋雨	三十载书写绿色奇迹	海南省史志馆	海南省社科联
38	秋颖	木棉花里的幸福感	海南省博物馆	海南省社科联
39	陈娇娇	树活人养，人活树养	凯里学院原生态文化研究基地	贵州省社科联
40	郭爱珠	最是青山绿映红——凤庆滇红茶博物馆	凤庆滇红茶博物馆	云南省社科联

续表

序号	姓名	参赛题目	所在社科普及基地	选送单位
41	杨玉娇	习习春风拂苍洱 青山常在水长流	大理洱海科普教育中心	云南省社科联
42	李茜	红色南泥湾 陕北好江南	陕西省南泥湾精神社科普及基地	陕西省社科联
43	陆帅洋	黄沙织蓝图 青绿映长河	敦煌研究院	甘肃省社科联
44	周颖	守望	青海省科学技术馆	青海省社科联
45	李文婧	四王子的回家路	宁夏贺兰山岩画博物馆	宁夏社科联
优秀奖				
46	高雅慈	领悟生态思想 打造美丽天津——推进新时代生态文明建设宣传展	天津师范大学马克思主义经典著作科普基地	天津市社科联
47	姜楠	走进生态校园 领略生态风采	天津师范大学马克思主义经典著作科普基地	天津市社科联
48	于洋	我的幸福感	天津滨海科技馆	天津市社科联
49	张玉娇	实施生态保护修复 建设天津碧水蓝天	天津城建大学城市艺术研究中心	天津市社科联
50	李默	崇礼——华丽蝶变的冬奥之城	河北省张家口市崇礼华侨冰雪博物馆	河北省社科联
51	李帼英	又见桑干水	阳原县泥河湾博物馆	河北省社科联
52	李晓瑞	保持艰苦朴素的生活作风，养成绿色低碳环保的生活习惯	徐向前元帅故居	山西省社科联
53	冯强	聚焦吉林生态，筑牢冰雪之魂	吉林省图书馆	吉林省社科联
54	刘鑫垚	塞外江南的绿色之路	长春市城乡规划展览馆	吉林省社科联
55	李萌	厚植生态优势，守护大美吉林	吉林省图书馆	吉林省社科联
56	韩美薇	耕地中的大熊猫	长春市城乡规划展览馆	吉林省社科联
57	王瑾	山青水碧春常至 命运与共护家园	南京抗日航空烈士纪念馆	江苏省社科联
58	朱悦	打造"生态福地"，再现美丽长江——马鞍山薛家洼的蝶变	安徽省马鞍山市博物馆	安徽省社科联
59	王学华	传承红色基因 逐梦绿色征程	安徽独山革命旧址群省级社科普及基地	安徽省社科联
60	李欣珑	红土地高校的绿色探寻之旅	中国税收票证博物馆	江西省社科联
61	刘慧	书写全国楹联之乡 打造莲花生态名县	江西省莲花县三板桥乡社科基地	江西省社科联
62	陈淑梅	情系东江源	安远三百山源头文化馆	江西省社科联
63	熊兴晨 王帅杰	万绿丛中党旗红	山东蒙阴孟良崮现场教学基地	山东省社科联

续表

序号	姓名	参赛题目	所在社科普及基地	选送单位
64	姜世真	一滴清水的生命轨迹	青岛啤酒博物馆	山东省社科联
65	韩琳丽	般河浅碧映沙清	淄博市博物总馆蒲松龄纪念馆	山东省社科联
66	崔艳茹	鸟类大熊猫——黑鹳	河南省新乡南太行天界山社科普及基地	河南省社科联
67	胡彬	走进平原林海、北方水城	河南省中原农耕文化博物馆	河南省社科联
68	王一鸣	共建生态文明 创造美好家园	河南省濮阳市博物馆	河南省社科联
69	刘重光	春风化雨 未来可期	鄂州市博物馆	湖北省社科联
70	陈妍	追梦千家峒	湖北科技学院基地	湖北省社科联
71	姜懿	一江春水穿城过 十里书香沁满园	襄阳市图书馆	湖北省社科联
72	罗丽媛	书香"筑"绿,四季常青	湖南图书馆	湖南省社科联
73	张智媛	常德海绵城市建设,助力生态文明	湖南文理学院气象知识普及基地	湖南省社科联
74	吴缇	绿水青山就是金山银山	湖南理工学院图书馆"南湖学堂"基地	湖南省社科联
75	张翠丽	科技赋能 柳州惊奇	柳州市龙潭公园管理处	广西社科联
76	李繁	秘境雨林 守护青绿	呀诺达雨林文化旅游区	海南省社科联
77	李相宇	推进生态文明建设人与自然和谐共生	贵州省黔北生态文明研究中心	贵州省社科联
78	谭琦琪	行绿水青山生态之路,绘苗乡侗寨动人画卷	凯里学院原生态文化研究基地	贵州省社科联
79	吴淞	贵阳乌当环境治理发展	贵州民族审美文化传播基地	贵州省社科联
80	何璐璐	绿色未来托起民生福祉	贵阳创新驱动发展战略研究院(贵州省人文社科示范基地)	贵州省社科联
81	陈囿亦	共饮一江水	德宏职业学院民族健康教育与生物多样性展教实践基地	云南省社科联
82	李梦茜	百年历程,生态秦岭	陕西省文化传承与翻译体验馆科普基地	陕西省社科联
83	吴力博	拯救"东方红宝石"——国宝朱鹮重生记	陕西省秦岭国家植物园	陕西省社科联
84	王燕	争做生态文明的践行者	甘肃省古浪县八步沙林场	甘肃省社科联
85	刘珂	南梁,那岭醉人的绿	甘肃省华池县南梁革命纪念馆	甘肃省社科联
86	魏建业	和谐共生·平凉古今不变的生态文明	平凉市博物馆	甘肃省社科联
87	霸慧文	青藏高原的气候影响	青海省自然资源博物馆	青海省社科联

续表

序号	姓名	参赛题目	所在社科普及基地	选送单位
88	何雪雁	携手迎接挑战，绿色渲染未来	青海省科学技术馆	青海省社科联
89	白莉	青海湖	青海省自然资源博物馆	青海省社科联
90	魏薇	离开是为了更好的守护——长江源村生态搬迁的故事	青海省博物馆	青海省社科联
91	陈蕊	用心与行动守护中华水塔	青海省博物馆	青海省社科联
92	王婕	绿水青山就是金山银山	宁夏银川市军博园	宁夏社科联
93	赫亚南	大自然的净化器	宁夏银川鸣翠湖国家湿地公园	宁夏社科联
94	马珊珊	千淘万漉虽辛苦 吹尽狂沙始到金	新疆维吾尔自治区乌鲁木齐文化中心	新疆社科联
95	高沙尔·扎了拜	厚植生态底色，塞外胜似江南	新疆维吾尔自治区乌鲁木齐文化中心	新疆社科联
96	吐玛丽斯·阿里木江	心系中国梦，青春换绿洲	新疆维吾尔自治区乌鲁木齐文化中心	新疆社科联
97	候佩遥	守护生态文明，书写绿色篇章	新疆维吾尔自治区乌鲁木齐文化中心	新疆社科联
98	赖佳钰	坚持绿色发展之路，共筑生态文明之基	新疆维吾尔自治区乌鲁木齐文化中心	新疆社科联
99	李青阳	口袋公园，把绿色装进生活	内蒙古呼和浩特市昭君博物院	内蒙古社科联
100	哈斯	乌梁素海生态治理	内蒙古呼和浩特市昭君博物院	内蒙古社科联
101	高凯伦	绿色生态，低碳出行	内蒙古呼和浩特市昭君博物院	内蒙古社科联

最佳人气奖（视频制作团队奖）

排名	姓名	参赛题目	视频制作团队	所在社科普及基地	选送单位
1	李若楠	增绿护蓝 只此海南	李若楠、林旭飞、王智	海南农垦博物馆	海南省社科联
2	沈慧颖	江苏如东洋口港：向绿而行 答好生态"四问"	唐玲、王勇、陈海苏、孙俊林、刘茶歌	江苏省洋口港规划展示馆	江苏省社科联
3	高雅慈	领悟生态思想 打造美丽天津——推进新时代生态文明建设宣传展	李青、孙傲、郭覃钰、杨蒙萌、揣钰洋、杨晓彤、金明昊、周晨、杨娜、姜沂池、兰泽龙	天津师范大学马克思主义经典著作科普基地	天津市社科联
4	于洋	我的幸福感	天津滨海科技馆	天津滨海科技馆	天津市社科联
5	黄彩莎	绿满娄底山川秀	刘朝阳、梁俊斌	蔡和森纪念馆	湖南省社科联
6	郜盼	"长治"久清	长治日报全媒体 崔涛 赵靓靓	漳泽湖国家城市湿地公园	山西省社科联
7	王瑾	山青水碧春常至 命运与共护家园	薛莲、程薇薇、贾放、王瑾	南京抗日航空烈士纪念馆	江苏省社科联

续表

排名	姓名	参赛题目	视频制作团队	所在社科普及基地	选送单位
8	陈妍	追梦千家峒	方卫兵、吴学明、朱彤、廖梦玲	湖北科技学院音乐学院	湖北省社科联
9	陈囿亦	共饮一江水	陈囿亦、蔺坤、龚强帮、龚福明	德宏职业学院民族健康教育与生物多样性展教实践基地	云南省社科联
10	蒙文璐	把绿色种进大漠	高诺瑶、韩晓彤	内蒙古自治区敕勒川博物馆	内蒙古社科联

(三) 2022年云南省社科普及创新项目推介

1. 石林石得利地质博物馆"地球与人类"系列专题教育教学活动

以博物馆收藏展示的与人类生产生活、文明发展相关的上万件地质类展陈资源为依托，普及地球科学的同时，融入社会科学和文化领域的相关内容，设置了"地球与生活""地球与文化""地球与生命""地球与科学"四大板块。前两大板块侧重社会科学及人文文化，后两大板块侧重自然科学及环境教育，并根据板块，分别从人类与地球环境、生物多样性、地球资源的合理开发利用以及地质美学与文化的角度，面向全社会开展多种形式的常态化自然科学及社会科学普及教育活动，以及原创开发设计的研学实践活动、科普剧、主题体验活动、趣味科学实验、专题讲座等创新性活动，让学生不仅学习科学知识，还能参与社会实践。

2. 巧家县社科联、巧家县蒙姑镇人民政府"用好党史基地 深化党史教育——讲好红军过巧家、云南第一个共产党员李国柱等的故事"活动

昭通市巧家县蒙姑镇红色文化资源丰富，这里有1935年红九军团长征巧渡金沙江的渡口遗址、有1937年地下党员任灿光到巧家开展抗敌后援会的革命活动遗址，还有在解放战争时期多名地下党员、两支地下游击队开展革命活动和武装斗争的遗址。这些党史文化遗存，是资政育人的宝贵财富。

3. 曲靖市博物馆"书画修复研学营"

书画装裱修复技术是我国文化遗产的重要组成部分，这项技术的发展依托于无数手工艺人的传承。曲靖市博物馆组织的"书画修复研学营"，本着"亦研学、亦传承、亦守护"的精神，由多位资深专家及曲靖市博物馆的文物修复师亲授技艺，薪火传承，发扬锲而不舍的文物修复工匠精神。通过"自己画、自己裱、自己修复"，让参与者体验中国绘画和书法的艺术美，同时体验书画装裱修复的全过程，在实践中感受文物修复师锲而不舍的精神，理解文物修复工作者的不平凡，领悟文物修复所带来的贡献与乐趣。

4. 元江县澧江街道宣传文化服务中心"优秀民族文化进校园润童心"文化涵育项目

云南省新时代文明实践社科普及志愿服务玉溪元江分队是一支富有文化特色的志愿服务队，队员各具专业特长，多名成员是非遗代表性传承人，为群众普及非遗知识。服务队每周定期在元江县第二小学开展优秀民族文化进校园活动，开设傣族舞狮、彝族歌舞、四弦弹奏、彝文学习等特色班，共开课610节，辅导学生3420人次，让优秀民族文化在孩子心里生根发芽。

5. 杨善洲干部学院"生态文明实践+生物多样性保护+党性教育"体验式教学项目

加大对杨善洲精神的深度挖掘，通过"体验、感悟、成长、创新"体验式教学，弘扬传承杨善洲精神，突出课程内容、教学方式上的与时俱进，不断夯实学院核心竞争力，不断增强培训的针对性、实效性。学员们在劳动体验中亲身感受当年杨善洲老书记上山植树造林的艰辛，自

觉践行自力更生、艰苦奋斗的创业精神。

6. 元谋县委宣传部"农民理论家"理论宣讲进万家活动

元谋县是享誉全国的"中国冬早蔬菜之乡",经过40多年的探索发展,蔬菜种植已成为元谋富民支柱产业,农村常住居民人均可支配收入连续19年位居全州第一。农村经济的快速发展带来了农民的思想观念、精神面貌和生活方式的转变,急需一支能够引导示范带动群众的队伍。通过深入研究分析和探索实践,元谋县2012年开始实施"农民理论家培养工程","农民理论家"们用鲜活的身边人和身边事,以百姓的视角,用朴实无华的"家常话""大白话"为农民群众宣传党的理论政策、解答生产中遇到的各种问题和生活中碰到的思想困惑。经过10年的发展,"农民理论家"已经发展成为拥有"7+N"宣讲模式的"农民理论家"宣讲综合体,宣讲广泛深入元谋县的村村寨寨,深受农民群众的欢迎,产生了良好的社会效应,逐渐成为新时期加强和改进农村政治思想工作的新常态。

7. 开远市图书馆"七巧板"儿童社科普及阅读推广项目

"七巧板"儿童社科普及阅读推广服务项目是受到"七巧板"对形状概念、视觉分辨、认知技巧、视觉记忆、手眼协调、扩散思考、创作机会的启发,以"阅读+绘画、阅读+语感声乐、阅读+黏土手工、阅读+传统文化、阅读+国学、阅读+双语、阅读+游戏"7种方式,对应推出"边读边绘""绘声绘色""巧手捏世界""最美节日""润物无声 最美诵读""万物生长""读绘乐"7个主题阅读活动,通过"七巧板"儿童社科普及阅读推广项目实施,使儿童在阅、读、知、行、思、绘、说等7方面能力得到显著提升。项目已成为开远市未成年人思想道德建设及儿童科普阅读的主流力量,成为未成年人掌握科学方法、树立科学思想、崇尚科学精神的重要推动力量。

8. 砚山县彩云计划公益志愿服务中心"彩云计划"

以"让艺术赋能乡村"为核心,不断彰显文化在乡村振兴中的促进作用,以文艺力量助推乡村振兴。中心深入研究云南少数民族文化的发展规律,创建文化艺术帮扶机制,引导和帮助33个村的89个大山里的少数民族孩子到云南艺术院校就读,通过文化艺术走出大山,改变命运。通过长期的田野采风发现了大量珍贵的非遗瑰宝,创建红土高原经典艺术大讲堂,邀请名家为孩子们进行艺术启蒙。创办"彩艺学校",引导孩子学成归来反哺家乡成为专业舞蹈老师,带动砚山文化艺术的发展。推出原创舞蹈《顶灯跳弦》《孔雀飞来》等,产生了良好的社会影响。

9. 普洱市社科联"普洱市新时代社科讲堂"

近年来,普洱市社科联坚持锚定基层,突出实效,打造品牌,扩大影响,不断创新社科普及宣传方式,围绕"普洱市新时代社科讲堂"品牌打造,建立了市—县—乡—村(社区)组织宣讲体系,充分运用新时代文明实践中心(站、所)、新时代农民讲习所、火塘夜校等平台,紧贴群众需求,突出各个时期党委、政府中心工作开展社科宣传普及活动,累计开展活动300余场,取得了明显成效,得到了群众的好评和领导的肯定。

10. 西双版纳傣族园有限公司"非物质文化遗产"社科普及实践展览

通过在景区内开展傣民族非物质文化遗产展示,通过"章哈"传唱生态文明,动手体验傣家手工造纸,践行对自然的尊重和对文化延续的传承,科普宣传贝叶经文、象脚鼓等傣民族非物质文化遗产和傣民族生态文明相关知识。景区通过开展傣民族文化研学班,传承弘扬民族文化,实现了景区村民产业结构调整升级,带领村民依托民族文化旅游发展致富,促进了民族团结提升和乡村振兴,得到了社会各界和游客的好评。

11. 大理州社科联"大理州生态文明建设社科普及项目"

大理州在云南省全省社会科学普及宣传周活动中,高位谋划,精心组织,实现省、州、县、镇、村五级联动,深入开展洱海保护成果巡展,扎实开展社科专家百村宣讲,广泛开展生态教育志愿服务活动,在"学习强国"平台、大理广播电视台、大理发布等媒体上设置专题，开展线上科普，社会反响强烈，成效明显。

12. 德宏职业学院实施的国家非遗傣族剪纸记忆南洋华侨机工红色爱国故事"展""讲"爱国主义教育实践

德宏职业学院以陈嘉庚为代表的3200多名南洋华侨机工，深怀赤子爱国之心回国服务，在1146公里的滇缅公路上运送战略物资、抛洒青春、浴血奋战的感人爱国事迹为创作背景，通过线描、傣族剪纸和动画+双语字幕进行短视频成果展示，创新性地讲好南侨机工赤子报国故事。通过线上线下展览，项目成果受众人数突破200万人次，在国内外产生了良好的社会影响。

13. 德钦县图书馆实施的"德钦藏族民间谚语收集、整理、推广项目"

生活在青藏高原南缘的横断山脉褶皱中的藏族人民在长期的生产生活中创造出了独特、灿烂的具有地方特色的民族文化，谚语就是其中一株闪耀着光芒的结晶。德钦县图书馆通过组织藏语专家，在澜沧江、金沙江流域收集藏族民间谚语，通过专业人员的整理翻译，出版《藏族民间谚语集（德钦）》，同时通过开设藏文课、藏文兴趣小组，面向中小学生进行推广。

14. 凤庆县社科联实施的《凤庆社科有声》科普专栏

凤庆县社科联以"聚焦社科解读，突出融媒化；聚焦社科普及，突出大众化；聚焦立根铸魂，突出特色化"为重点，创造性推出《凤庆社科有声》科普专栏，以短视频和现场教学的方式宣传解读党的思想、创新理论、传统文化和精神文明。已完成发布《解读党的十九届六中全会精神（答卷·赶考）》《选择凤庆》等共计7集视频作品，并通过凤庆视点、抖音、快手等新媒体平台向社会大众推送，不断推动社科解读工作多元化、立体化、品牌化协同发展。

15. 云南师范大学美术学院实施的"从历史到未来：云南特色民族建筑文化的数字演绎和传播项目"

云南师范大学美术学院以照片图片、数字动画及数字视频、全景展示、虚拟现实展示、游戏体验及专题文本的形式，对云南建筑艺术及历史文化进行展示，从建筑艺术视角对云南历史文化进行深入剖析和呈现，借助艺术与科技相结合，赋予云南特色建筑"艺术+新媒体+互动传播"崭新表现范式，为云南建筑文化提供了永久的数字化保存空间及更广阔的宣传平台，更好地把云南民族文化推向世界。

16. 西南林业大学亚太森林中心、文法学院实施的"生态文明建设中的绿色发展教育普及创新项目"

作为亚太森林组织普洱森林可持续经营示范暨培训基地建设、运行和管理的技术支撑单位，西南林业大学将普洱万掌山丰富的动植物资源与学校生态文明建设教学科研优势相结合，制定了《普洱万掌山森林体验与自然教育规划》和《森林体验与自然教育实践手册》，依托云南，面向全国，开展自然教育教师培训、生态文明成果展示、森林与自然接触认知、动植物知识培训、野外生存拓展训练、茶文化体验、户外运行与休闲等形式多样、丰富多彩的绿色教育活动，在展示云南生态文明建设成果的同时，培养公众生态环保意识，提升生态文明素养。

17. 云南警官学院禁毒学院实施的提升全民禁毒防艾素质——"三结合、三融入"社科普及创新实践系列活动

2021年以来，云南警官学院"云南禁毒防艾科普基地"通过"三结合"的方式，即渠道上"走出去"与"请进来"相结合、内容上"知识普及"与"爱国主义教育"相结合、技术上"线上"与"线下"相结合，拍摄禁毒防艾视频十余部，举办禁毒防艾作品大赛，联合社区开展禁毒防艾知识宣传活动，把科普融入育人、服务、业务工作中，提升了广大群众识毒、防毒、拒毒能力，取得了良好的社会效益。

18. 云南工商学院教育学院实施的"农村儿童家庭教育科普及指导项目"

2019年起，云南工商学院教育学院与曲靖市会泽县人民政府、会泽县教育体育局开展全

面的校地合作教育共建工作，先后多批次开展送教下乡、大学生支教基地建设、"一村一幼同心圆"工程、"带教评教"活动、乡村教师培训等项目。已有超过400名大学生到会泽县近30所学校开展家庭教育指导活动，惠及超过4200名中小学及幼儿园学生，积极发挥了云南工商学院社会服务功能。

四、云南省新时代文明实践社科普及志愿服务行动立项项目

表4　　云南省新时代文明实践社科普及志愿服务行动立项项目

序号	所属单位	项目批准号	志愿服务队名称	项目名称	项目负责人	项目类别	项目实施地
1	昆明市社科联	KPZYFW202201	昆明市东川区社科普及志愿服务队	理论宣讲进基层	韩春玲	理论宣讲志愿服务项目	东川区新时代文明实践中心、实践所、实践站
2		KPZYFW202202	昆明市青年志愿者社科普及志愿服务队	逐梦新时代，文明我践行	王林璠	扶弱助困志愿服务项目	昆明市呈贡区
3		KPZYFW202203	昆明中药厂有限公司"补脾新时代"社科普及志愿服务队	国家级非遗"昆中药传统中药制剂"文化讲解与演示	杨祝庆	文化涵育志愿服务项目	昆明高新区
4	昭通市社科联	KPZYFW202204	彝良县罗炳辉将军纪念馆社科普及志愿服务队	传承红色基因 爱国主义宣传教育活动	王科星	文化涵育志愿服务项目	彝良县
5		KPZYFW202205	巧家县社科普及志愿服务队	宣讲二十大 奋进新征程	郑吉喜	理论宣讲志愿服务项目	巧家县17个乡镇（街道）192个村（社区）
6		KPZYFW202206	永善县社科普及志愿服务队	"金江课堂·喜迎党的二十大"主题宣讲	赛静	理论宣讲志愿服务项目	永善县
7		KPZYFW202207	昭阳区社科普及志愿服务队	衣旧情深、爱心传递绿美昭阳情	曹玉彦	扶弱助困志愿服务项目	昭阳区
8	曲靖市社科联	KPZYFW202208	罗平县社科普及志愿服务队	"新时代新征程"罗平党校宣讲	王长武	理论宣讲志愿服务项目	罗平县
9		KPZYFW202209	马龙区社科普及志愿服务队	"信仰面对面"志愿服务	戴愚忱	文化涵育志愿服务项目	马龙区
10		KPZYFW202210	宣威市社科普及志愿服务队	"幸福宣威"理论宣讲	刘兴毅	理论宣讲志愿服务项目	宣威市
11		KPZYFW202211	师宗县社科普及志愿服务队	宣讲党的十九届六中全会和二十大精神	殷文昌	理论宣讲志愿服务项目	师宗县
12		KPZYFW202212	陆良县社科普及志愿服务队	弘扬优秀传统文化	程江然	理论宣讲志愿服务项目	陆良县

续表

序号	所属单位	项目批准号	志愿服务队名称	项目名称	项目负责人	项目类别	项目实施地
13	玉溪市社科联	KPZYFW202213	澄江市社科普及志愿服务队	"社科专家下基层三进六讲一收集"品牌志愿服务活动	徐万林	理论宣讲志愿服务项目	澄江市
14		KPZYFW202214	红塔区社科普及志愿服务队	扶助社会边缘者	桂茜	扶弱助困志愿服务项目	红塔区
15		KPZYFW202215	峨山青服中心社科普及志愿服务队	"札咚啊楚"关爱青少年心理健康	白红梅	扶弱助困志愿服务项目	峨山县
16		KPZYFW202216	元江县社科普及志愿服务队	传承民族传统文化让"非遗"不遗	唐明华	文化涵育志愿服务项目	元江县澧江街道
17		KPZYFW202217	"兰英小讲解"社科普及志愿服务队	孙兰英爱国主义教育基地志愿服务	巢艳仙	文化涵育志愿服务项目	易门县
18		KPZYFW202218	通海青中心社工社科普及志愿服务队	为社区居家老年人提供志愿服务	潘瑾	扶弱助困志愿服务项目	通海县
19	保山市社科联	KPZYFW202219	保山市社科普及志愿服务队	杨善洲精神宣讲	陈文硕	文化涵育志愿服务项目	隆阳区、施甸县、龙陵县
20		KPZYFW202220	腾冲市社科普及志愿服务队	"干群齐心守边关"疫情防控志愿服务	马继虹	强边固防志愿服务项目	腾冲市滇滩镇4个村
21		KPZYFW202221	隆阳区社科普及志愿服务队	宣传普及新思想培根铸魂智润心	苏启华	理论宣讲志愿服务项目	隆阳区
22	楚雄州社科联	KPZYFW202222	元谋县社科普及志愿服务队	理论宣讲进万家	李东炎	理论宣讲志愿服务项目	元谋县
23		KPZYFW202223	楚雄市北城小学社科普及志愿服务队	"成长路上不孤单"关爱儿童活动	李兴华	扶弱助困志愿服务项目	楚雄市栗子园校区,北城小学,楚雄州儿童福利院
24		KPZYFW202224	元谋县社科普及志愿服务队	文艺志愿者助力乡村振兴志愿服务活动	李雁	乡村振兴志愿服务项目	元谋县
25		KPZYFW202225	楚雄市子午镇"红扇子·小挎包"社科普及志愿服务队	红扇子·小挎包"为民帮千户、文化进万家"	徐金顺	文化涵育志愿服务项目	楚雄市子午镇
26		KPZYFW202226	姚安县社科普及志愿服务队	"梅葛宣讲"——铸牢中华民族共同体意识	陈振发	文化涵育志愿服务项目	姚安县全县
27		KPZYFW202227	双柏县恐龙河保护区绿孔雀保护社科普及志愿服务队	"守护绿色精灵"绿孔雀保护	郭汝平	生态教育志愿服务项目	双柏县恐龙河保护区及其周边

续表

序号	所属单位	项目批准号	志愿服务队名称	项目名称	项目负责人	项目类别	项目实施地
28	楚雄州社科联	KPZYFW202228	大姚县社科普及志愿服务队	理响蜻蛉·党的创新理论进万家	白焘	理论宣讲志愿服务项目	大姚县全县
29		KPZYFW202229	禄丰市璞园青少年事务社会工作服务中心社科普及志愿服务队	儿童成长陪伴计划	尹志强	扶弱助困志愿服务项目	禄丰市思源小区
30		KPZYFW202230	南华县中医医院社科普及志愿服务队	中医为民送健康	徐加平	扶弱助困志愿服务项目	南华县128个村
31	红河州社科联	KPZYFW202231	开远市社科普及志愿服务队	"禾苗成长"性启蒙科普教育	宋佳佳	文化涵育志愿服务项目	开远市
32		KPZYFW202232	河口县青少年社科普及志愿服务队	"国家安全进校园 家国情怀护国门"志愿服务活动	唐勇	强边固防志愿服务项目	河口县
33		KPZYFW202233	红河州图书馆社科普及志愿服务队	悦读红河志愿服务	赵正良	文化涵育志愿服务项目	蒙自市
34		KPZYFW202234	建水县社科普及志愿服务队	传承文化基因争做时代奋发之人	梁鑫伟	文化涵育志愿服务项目	建水县
35		KPZYFW202235	石屏县妇联"海菜花"护湖社科普及志愿服务队	"海菜花"护湖活动	杨婷	生态教育志愿服务项目	石屏县34个异龙湖沿湖村庄
36		KPZYFW202236	红河州社科普及志愿服务队	"我们是新思想的传播者"理论创新宣讲	毛杰	理论宣讲志愿服务项目	红河州13县市
37		KPZYFW202237	蒙自市社科普及志愿服务队	习近平新时代中国特色社会主义思想理论宣讲	王兴科	理论宣讲志愿服务项目	蒙自市
38		KPZYFW202238	弥勒市社科普及志愿服务队	"自媒体助力农特产品宣传 助推乡村振兴志愿服务"	李泉兵	扶弱助困志愿服务项目	弥勒市13个乡镇（街道、社区管理委员会）
39		KPZYFW202239	个旧市社科普及志愿服务队	"温暖星期六"志愿服务活动	王映云	扶弱助困志愿服务项目	个旧市
40		KPZYFW202240	蒙自市历史文化景区管理中心社科普及志愿服务队	红色旅游讲解活动	罗坤	文化涵育志愿服务项目	蒙自市历史文化景区管理中心

续表

序号	所属单位	项目批准号	志愿服务队名称	项目名称	项目负责人	项目类别	项目实施地
41	文山州社科联	KPZYFW202241	马关县委宣传部社科普及志愿服务队	马关县社科知识宣讲	沈珏宏	文化涵育志愿服务项目	马关县新时代文明实践中心
42		KPZYFW202242	文山市社科普及志愿服务队	"全民阅读暨社科普及宣传示范点"活动	王艺蓉	文化涵育志愿服务项目	文山市华龙湖广场
43		KPZYFW202243	西畴县委党校社科普及志愿服务队	党的创新理论在基层	沈恒占	理论宣讲志愿服务项目	文山州
44		KPZYFW202244	文山市社科普及志愿服务队	"七点钟课堂"志愿服务活动	高铭	理论宣讲志愿服务项目	文山市17个乡镇（街道）151个村（社区）
45		KPZYFW202245	砚山县微光公益社会事务服务中心社科普及志愿服务队	齐关爱 共参与关爱残疾人志愿服务	陆永华	扶弱助困志愿服务项目	江那镇同心社区残疾人托养中心
46	普洱市社科联	KPZYFW202246	镇沅县社科普及志愿服务队	社科普及"大篷车"助力乡村振兴	田正永	乡村振兴志愿服务项目	城区及9个乡镇，部分学校
47		KPZYFW202247	思茅区社科普及志愿服务队	新时代社科讲堂	纪梅	理论宣讲志愿服务项目	思茅区
48		KPZYFW202248	景谷县社科普及志愿服务队	"讲好生态文明故事·共建和谐美好家园"志愿服务活动	吕高茵	生态教育志愿服务项目	景谷县全县
49		KPZYFW202249	江城县社科普及志愿服务队	全民共筑疫情防线 共建共享健康家园	刘卫宁	强边固防志愿服务项目	江城县城区、勐康口岸（界碑村）
50		KPZYFW202250	澜沧县社科普及志愿服务队	"法治宣传固边防法治春风拂边寨"志愿服务活动	田芳	强边固防志愿服务项目	澜沧县雪林乡、糯福乡新时代文明实践中心（站）
51		KPZYFW202251	墨江县社科普及志愿服务队	疫情下的心理健康团辅	周丽	扶弱助困志愿服务项目	墨江县部分单位部门、学校、乡村
52	西双版纳州社科联	KPZYFW202252	西双版纳州傣族园社科普及志愿服务队	科普宣传傣民族非物质文化活动	欧成林	文化涵育志愿服务项目	景洪市勐罕镇傣族园景区

续表

序号	所属单位	项目批准号	志愿服务队名称	项目名称	项目负责人	项目类别	项目实施地
53	西双版纳州社科联	KPZYFW202253	西双版纳民族博物馆社科普及志愿服务队	流动博物馆进校园活动	陈亚丹	生态教育志愿服务项目	景洪市5所学校
54		KPZYFW202254	勐海县社科普及志愿服务队	边境疫情防控志愿服务活动	冯润安	强边固防志愿服务项目	勐海县
55	大理州社科联	KPZYFW202255	王复生、王德三烈士纪念馆社科普及志愿服务队	"赓续红色血脉，凝聚中华力量"系列宣传活动	王艳霞	文化涵育志愿服务项目	祥云县
56		KPZYFW202256	大理州社科普及志愿服务队	"喜迎二十大"社科志愿服务进乡村	罗俊	乡村振兴志愿服务项目	12县市
57		KPZYFW202257	苍山西镇文化广播培训管理站社科普及志愿服务队	光明村乡村振兴社科普及志愿服务行动	杨雪明	乡村振兴志愿服务项目	漾濞县苍山西镇光明村新时代文明实践站
58		KPZYFW202258	大理州博物馆社科普及志愿服务队	大理历史文化和白族文化涵育	王玉	文化涵育志愿服务项目	大理州
59		KPZYFW202259	巍山县南诏博物馆社科普及志愿服务队	巍山历史文化宣传活动	字兴	文化涵育志愿服务项目	巍山县南诏博物馆
60		KPZYFW202260	永平县社科普及志愿服务队	永平历史文化助推乡村振兴	张继强	文化涵育志愿服务项目	永平县辖区内
61		KPZYFW202261	大理市大学生社科普及志愿服务队	青言青语讲理论青春献礼二十大	张卓梅	理论宣讲志愿服务项目	大理市
62		KPZYFW202262	大理市社科普及志愿服务队	习近平新时代中国特色社会主义思想宣讲	罗宗雄	理论宣讲志愿服务项目	大理市
63		KPZYFW202263	大理市古生村社科普及志愿服务队	洱海保护——习近平生态文明思想的大理实践宣讲	李继能	理论宣讲志愿服务项目	大理市湾桥镇古生村
64		KPZYFW202264	鹤庆县云鹤镇社科普及志愿服务队	云鹤老年宣讲	孔建翠	理论宣讲志愿服务项目	鹤庆县云鹤镇新时代文明实践所
65		KPZYFW202265	巍山县社科普及志愿服务队	党的二十大精神理论宣讲	陈建华	理论宣讲志愿服务项目	巍山县南诏镇北街社区新时代文明实践站

续表

序号	所属单位	项目批准号	志愿服务队名称	项目名称	项目负责人	项目类别	项目实施地
66	德宏州社科联	KPZYFW202266	瑞丽市兴安社区社科普及志愿服务队	芒岗强边固防活动	周全国	强边固防志愿服务项目	瑞丽市兴安社区
67	德宏州社科联	KPZYFW202267	盈江县社科普及志愿服务队	观鸟进校园	杨晓东	生态教育志愿服务项目	盈江县
68	德宏州社科联	KPZYFW202268	芒市江东乡山歌传唱社科普及志愿服务队	江东山歌唱响新时代	保岩华	理论宣讲志愿服务项目	芒市江东乡
69	德宏州社科联	KPZYFW202269	芒市理论宣讲志愿者社科普及志愿服务队	"理响芒市"青年宣讲	李天义	理论宣讲志愿服务项目	芒市
70	丽江州社科联	KPZYFW202270	永胜县社科普及志愿服务队	扶弱助困暖人心	李丽芳	扶弱助困志愿服务项目	永胜县三个村委会
71	怒江州社科联	KPZYFW202271	怒江州社科普及志愿服务队	"百姓线上课堂"	熊勇	乡村振兴志愿服务项目	城乡社区、易地搬迁安置点
72	怒江州社科联	KPZYFW202272	泸水市高黎贡山姚家坪管护站社科普及志愿服务队	志愿服务队员技能提升及社区科普活动	王斌	理论宣讲志愿服务项目	泸水市
73	怒江州社科联	KPZYFW202273	怒江州贡山县社科普及志愿服务队	移风易俗专题服务活动	余泉香	理论宣讲志愿服务项目	全县易地搬迁安置点
74	怒江州社科联	KPZYFW202274	兰坪县委党校社科普及志愿服务队	"阳光进家门"扶助困境老年人活动	李智芳	扶弱助困志愿服务项目	兰坪县
75	怒江州社科联	KPZYFW202275	怒江州新时代文明实践中心社科普及志愿服务队	"理论轻骑兵"理论宣讲志愿服务	左建林	理论宣讲志愿服务项目	怒江州乡镇、街道（个别）
76	怒江州社科联	KPZYFW202276	兰坪县委党校社科普及志愿服务队	党的理论政策宣讲	余晓飞	理论宣讲志愿服务项目	兰坪县新时代文明实践理论宣讲分中心
77	迪庆州社科联	KPZYFW202277	德钦县梅里讲坛社科普及志愿服务队	习近平新时代中国特色社会主义思想宣讲活动	格玛曲登	理论宣讲志愿服务项目	德钦县49个村（社区）
78	迪庆州社科联	KPZYFW202278	香格里拉市委党校社科普及志愿服务队	牧区流动党校理论宣讲活动	卓玛	理论宣讲志愿服务项目	香格里拉市各乡（镇）、村、牧区

续表

序号	所属单位	项目批准号	志愿服务队名称	项目名称	项目负责人	项目类别	项目实施地
79	迪庆州社科联	KPZYFW202279	乡村振兴社科普及志愿服务队	文曲巷乡村振兴志愿服务活动	李永金	乡村振兴志愿服务项目	香格里拉市独克宗古城
80		KPZYFW202280	德钦县图书馆社科普及志愿服务队	地方历史文化（古籍、石刻拓片）收集展示	培初	文化涵育志愿服务项目	德钦县图书馆
81		KPZYFW202281	维西县委党校理论宣讲社科普及志愿服务队	"红色基因传承计划"理论宣讲志愿服务	徐永平	理论宣讲志愿服务项目	维西县
82		KPZYFW202282	维西县计生协会社科普及志愿服务队	计生困难家庭帮扶	杨丽仙	扶弱助困志愿服务项目	维西县
83	临沧市社科联	KPZYFW202283	临沧市社科普及志愿服务队	民族文化宣传活动	魏子皓	文化涵育志愿服务项目	临沧市8县区
84		KPZYFW202284	临翔区社科普及志愿服务队	"'影'响生态"社科志愿服务	李家贵	生态教育志愿服务项目	临翔区
85		KPZYFW202285	永德县德党镇社科普及志愿服务队	全民阅读理论宣讲志愿活动	段劲勇	理论宣讲志愿服务项目	永德县
86		KPZYFW202286	临沧市理论宣讲社科普及志愿服务队	社科知识宣讲	刘军	理论宣讲志愿服务项目	临沧市8县区
87		KPZYFW202287	共青团镇康县委社科普及志愿服务队	微心愿——"关爱农村留守儿童"	查春海	扶弱助困志愿服务项目	镇康县
88	云南大学	KPZYFW202288	云南大学乡村振兴社科普及志愿服务队	赋能乡村振兴志愿服务活动	彭雷	乡村振兴志愿服务项目	临沧市临翔区博尚镇
89		KPZYFW202289	"手拉手"社科普及志愿服务队	助力偏远乡村妇女儿童自尊自信自立自强	何丹娜	扶弱助困志愿服务项目	临沧市凤庆县
90		KPZYFW202290	云南大学汉语国际教育学院社科普及志愿服务团队	进城务工人员综合技能提升	邹晓晓	扶弱助困志愿服务项目	昆明市五华区护国街道
91	昆明理工大学	KPZYFW202291	昆明理工大学博硕宣讲团社科普及志愿服务队	微光成炬，传播党的最强音	赵佳	理论宣讲志愿服务项目	昆明市呈贡区、宣威市羊场镇等

续表

序号	所属单位	项目批准号	志愿服务队名称	项目名称	项目负责人	项目类别	项目实施地
92	昆明理工大学	KPZYFW202292	昆明理工大学马克思主义学院社科普及志愿服务队	涵育工匠精神宣讲服务志愿活动	刘莹莎	文化涵育志愿服务项目	昆明市部分企业、高校
93		KPZYFW202293	昆明理工大学学生环保协会社科普及志愿服务队	习近平生态文明思想宣传及生态环保科普进乡村实践活动	聂蕊	生态教育志愿服务项目	大理市大理镇、喜洲镇、银桥镇、湾桥镇
94	云南师范大学	KPZYFW202294	青年学人与学院社区社科普及志愿服务队	帮扶连心教育服务	张睦楚	文化涵育志愿服务项目	昆明市五华区、呈贡区
95		KPZYFW202295	华文学院滇缅边境防疫社科普及志愿服务队	"语言助防，应急有我"滇缅边境防疫	王丽凤	强边固防志愿服务项目	瑞丽市
96		KPZYFW202296	云南师范大学社科普及志愿服务队	云岭星光·乡村妇女儿童权益维护及支持	杜爱萍	扶弱助困志愿服务项目	梁河县8个乡镇
97	昆明医科大学	KPZYFW202297	昆明医科大学生态文明与健康促进社科普及志愿服务队	生态文明与健康促进社科普及志愿服务	吴林雄	生态教育志愿服务项目	云南省16个州市城市、农村
98	云南农业大学	KPZYFW202298	云南农业大学马克思主义学院社科普及志愿服务队	习近平新时代中国特色社会主义思想专题宣讲	林娜娜	理论宣讲志愿服务项目	昆明市
99	云南中医药大学	KPZYFW202299	云南中医药大学远志社科普及志愿服务队	中药材产业发展助推乡村振兴	杨盼	乡村振兴志愿服务项目	大理州
100		KPZYFW202300	宣传部与灵素学生创业实践社科普及志愿服务队	《滇南本草》食补类药材开发利用与养生膳食大众化普及	侯宾	文化涵育志愿服务项目	昆明呈贡区及部分地州
101		KPZYFW202301	云南中医药大学统战部与马院社科普及志愿服务队	"铸牢中华民族共同体意识"政策理论宣讲志愿服务活动	白璐	理论宣讲志愿服务项目	昆明市呈贡区雨花街道
102		KPZYFW202302	云南中医药大学附一院蒲公英社科普及志愿服务队	"喜迎二十大 守护健康我先行"	李亚萍	扶弱助困志愿服务项目	昆明市

续表

序号	所属单位	项目批准号	志愿服务队名称	项目名称	项目负责人	项目类别	项目实施地
103	云南民族大学	KPZYFW202303	云南民族大学大学生理论宣讲团社科普及志愿服务队	"典"亮美好生活——大学生民汉"双语"普法推普	李春亭	文化涵育志愿服务项目	普洱市
104	西南林业大学	KPZYFW202304	西南林业大学校史馆社科普及志愿服务队	知史鉴今向未来	苏文杰	文化涵育志愿服务项目	昆明市盘龙区白龙寺村
105		KPZYFW202305	西南林业大学标本馆社科普及志愿服务队	讲生态保护知识传生态文明思想	姚顺忠	生态教育志愿服务项目	昆明市盘龙区白龙寺村
106	云南艺术学院	KPZYFW202306	云南艺术美育普及示范基地社科普及志愿服务队	润物有声·以美化人	师向宁	文化涵育志愿服务项目	昆明市
107		KPZYFW202307	"美丽心灵"大学生艺术公益支教社科普及志愿服务队	"美丽心灵 礼遇乡村"公益支教	熊焰	扶弱助困志愿服务项目	云南省内
108	云南开放大学	KPZYFW202308	云南开放大学青年志愿者社科普及志愿服务队	"强国有我'核'你一起"志愿宣讲	宋一鸣	生态教育志愿服务项目	昆明市呈贡区雨花街道
109		KPZYFW202309	云南开放大学党的创新理论宣讲社科普及志愿服务队	"喜迎二十大 奋进新征程"党的创新理论宣讲	刘保香	理论宣讲志愿服务项目	昆明市呈贡区雨花街道
110	昆明学院	KPZYFW202310	昆明学院滇池流域生态文化博物馆社科普及志愿服务队	校园生物安全教育与实践	钱春萍	生态教育志愿服务项目	昆明学院
111		KPZYFW202311	昆明学院心理健康教育与咨询中心社科普及志愿服务队	"心服务 心健康"中小学生社会支持系统培训与辅导	王荔	扶弱助困志愿服务项目	昆明市官渡区中小学校
112	大理大学	KPZYFW202312	"红鹰向党"社科普及志愿服务队	百年大党 强国有我——喜迎党的二十大主题系列活动	袁芝琼	文化涵育志愿服务项目	大理州部分学校、社区、乡镇
113	玉溪师范学院	KPZYFW202313	"四只耳朵"玉溪青年社科普及志愿服务队	讲好聂耳和国歌的故事	连芳	文化涵育志愿服务项目	玉溪市2区7县

续表

序号	所属单位	项目批准号	志愿服务队名称	项目名称	项目负责人	项目类别	项目实施地
114	玉溪师范学院	KPZYFW202314	玉溪师范学院网络安全社科普及志愿服务队	"执守安固、护佑周全"网络安全科普志愿服务	普通	强边固防志愿服务项目	青少年网络安全教育科普基地、云南25个边境县中小学、各大网络平台
115	曲靖师范学院	KPZYFW202315	曲靖师范学院外国语学院社科普及志愿服务队	爱心助"学"，爱心助"语"	何艳	文化涵育志愿服务项目	曲靖市麒麟区、经济技术开发区
116	红河学院	KPZYFW202316	红河学院益茶行社科普及志愿服务队	帮困助学，益茶同行	丁雪梅	扶弱助困志愿服务项目	蒙自市、建水县、石屏县
117	红河学院	KPZYFW202317	"星火之梦"社科普及志愿服务队	"宣扬民族文化，传承民族精神"系列志愿服务活动	王芸娇	文化涵育志愿服务项目	蒙自市
118	保山高校	KPZYFW202318	滇西应用技术大学珠宝学院青年志愿者社科普及志愿服务队	涵育民族文化，传承红色基因	甘洪景	文化涵育志愿服务项目	腾冲市
119	保山高校	KPZYFW202319	保山学院生态保护社科普及志愿服务队	美丽高黎贡，志愿你我他	周俊妤	生态教育志愿服务项目	隆阳区
120	滇西科技师范学院	KPZYFW202320	滇西科技师范学院社科普及志愿服务队	中缅边境地区爱国守边宣讲	杨明艳	理论宣讲志愿服务项目	临沧市沧源县、耿马县、镇康县3个村
121	昆明冶金高等专科学校	KPZYFW202321	云南红色文化社科普及志愿服务队	云南红色文化宣讲	朱玉芹	理论宣讲志愿服务项目	安宁市
122	曲靖医学高等专科学校	KPZYFW202322	曲靖医专社科普及志愿服务队	"砥砺奋进新征程 喜迎党的二十大"党的创新理论宣讲	张磊	理论宣讲志愿服务项目	曲靖市罗平县九龙街道
123	德宏师范高等专科学校	KPZYFW202323	德宏师专铸牢中华民族共同体意识社科普及志愿服务队	边疆地区铸牢中华民族共同体意识志愿服务	李红梅	文化涵育志愿服务项目	德宏州

续表

序号	所属单位	项目批准号	志愿服务队名称	项目名称	项目负责人	项目类别	项目实施地
124	德宏师范高等专科学校	KPZYFW202324	德宏师范高等专科学校社科普及志愿服务队	习近平新时代中国特色社会主义思想在边疆实践宣讲服务	韩德燕	理论宣讲志愿服务项目	德宏州、腾冲、龙陵
125	丽江师范高等专科学校	KPZYFW202325	丽江师范高等专科学校文学与传媒学院社科普及志愿服务队	民族社区家庭教育援助	韩敬源	扶弱助困志愿服务项目	丽江市古城区金山街道
126		KPZYFW202326	丽江师范高等专科学校社科普及志愿服务队	"以体育人 助力强国"——乡村青少年课外体育公益培训	季文	扶弱助困志愿服务项目	丽江市古城区金山乡
127	云南旅游职业学院旅游管理学院	KPZYFW202327	生态旅游社科普及志愿服务队	生态旅游科普活动	王敏	生态教育志愿服务项目	昆明市五华区云南旅游职业学院
128	云南交通职业技术学院	KPZYFW202328	马克思主义学院绿色生活方式社科普及志愿服务队	绿色生活方式推广志愿服务	李雪莲	生态教育志愿服务项目	先锋小学、师大附中（呈贡）、毓和社区、万溪冲社区
129	云南能源职业技术学院	KPZYFW202329	云南能源职业技术学院社科普及志愿服务队	校地共建"2+X"红色文化铸魂育人志愿服务	史祝云	文化涵育志愿服务项目	曲靖市沾益区5所中小学
130	云南省博物馆	KPZYFW202330	云南省博物馆社科普及志愿服务队	文化春风润云岭——省博物馆志愿者革命文化/时代楷模宣讲行动	韦坚	文化涵育志愿服务项目	昆明市、丽江市永胜县
131	云南省图书馆	KPZYFW202331	云南省图书馆社科普及志愿服务队	"小小图书馆管理员"	马云川	文化涵育志愿服务项目	昆明
132	云南省青少年思想道德教育研究会	KPZYFW202332	云南省青少年思想道德教育研究会社科普及志愿服务队	生态环保科普演出到校园	李晓	生态教育志愿服务项目	50所中小学

续表

序号	所属单位	项目批准号	志愿服务队名称	项目名称	项目负责人	项目类别	项目实施地
133	云南亘元教师心灵成长研究院	KPZYFW202333	云南亘元教师心灵成长研究院社科普及志愿服务队	革命文化、中华优秀传统文化涵育墨江人民	章艺龄	文化涵育志愿服务项目	普洱市墨江县
134	云南省滇越铁路研究会	KPZYFW202334	云南省滇越铁路研究会社科普及志愿服务队	滇越铁路文化遗产红色故事宣讲	罗菁	文化涵育志愿服务项目	昆明市、红河州蒙自市、开远市等
135	云南省高等院校德育研究会	KPZYFW202335	昭通学院社科普及志愿服务队	习近平新时代中国特色社会主义思想大学生宣讲	邓天丽	理论宣讲志愿服务项目	昭通市

云南社会科学年鉴 2023

附 录

一、云南省中国特色社会主义理论体系研究中心"三报一刊"发文

序号	论文题目	发表	作者	作者单位
1	中国共产党成立初期的党史学习教育及其经验启示	《光明日报》2022年1月19日第11版理论	张健 齐付清	云南大学
2	校园安全需要系统化托举	《光明日报》2022年6月15日第2版评论	罗志敏	云南大学
3	"生态扶贫"迈向"生态富民"	《光明日报》2022年7月21日第7版智库	张智勇 文传浩	贵州省社会科学院 云南大学
4	在挖掘中保护 在利用中传承	《光明日报》2022年7月29日第7版光明视野	魏鹏	西南大学
5	百年石碑蕴藏的生态智慧	《光明日报》2022年7月30日第9版生态文明	尹仑 兰剑梅	西南林业大学
6	用好传统生态习惯法 提升生态系统多样性	《光明日报》2022年10月29日第8版生态文明	尹仑	西南林业大学

二、《新华文摘》《中国社会科学文摘》《高等学校文科学术文摘》全文转载云南作者文章

(一)《新华文摘》全文转载

序号	作者	文章题目	转载刊期	原发期刊及刊期	作者单位
1	刘正寅	中国历史上华夏认同的演进与升华	2022年第24期	《历史研究》2022年第3期	云南大学
2	周平	当代中国民族问题治理演进的逻辑分析	2022年第21期	《国家现代化建设研究》2022年第3期	云南大学
3	张桥贵 李雪梅	建构的神灵与地方的知识：剑川白族"己弄吾"信仰探析	2022年第13期	《世界宗教研究》2022年第3期	云南民族大学
4	段红云	加快推进新时代中国特色民族学研究转型	2022年第12期	《思想战线》2022年第2期	云南大学
5	蒋红	理解伟大建党精神的三个重要维度	2022年第12期	《思想战线》2022年第1期	云南大学
6	邹建达 吴剑锋	档案文献中的清代滇缅贸易	2022年第5期	《历史档案》2021年第4期	云南师范大学
7	谢青松	中国传统幸福观的三个精神向度	2022年第3期	《云南师范大学学报(哲学社会科学版)》2021年第5期	云南大学
8	周智生 李庚伦	以"四个共同"为核心：全面推进中华民族共同体意识教育	2022年第1期	《西南民族大学学报(人文社会科学版)》2021年第7期	云南师范大学
9	晏月平 李雅琳	健康老龄化到积极老龄化面临的挑战及策略研究	网络版2022年第24期	《东岳论丛》2022年第7期	云南大学
10	陶亮	印美防务与安全合作的利益基础、机制构建及动向研判	网络版2022年第20期	《南亚研究》2022年第4期	云南大学
11	孙信茹 杨星星 张书艺	数字时代的知识生产和视觉实践——基于文献计量学和深度个案的研究	网络版2022年第17期	《湖南师范大学社会科学学报》2022年第2期	云南大学
12	陈学礼	论民族志电影实地拍摄的基本准则	网络版2022年第14期	《江汉学术》2022年第1期	云南大学

续表

序号	作者	文章题目	转载刊期	原发期刊及刊期	作者单位
13	韩先锋 刘娟 李勃昕	中国"互联网+"水平时空分异及收敛机制	网络版 2022 年第 14 期	《科研管理》2022 年第 4 期	昆明理工大学
14	周平	中华民族的现代构建及其意义	网络版 2022 年第 10 期	《社会科学研究》2021 年第 6 期	云南大学
15	杨朝均 王冬彧 毕克新	制度环境对工业绿色创新的空间效应研究	网络版 2022 年第 5 期	《科研管理》2021 年第 12 期	昆明理工大学
16	庄孔韶	从生态、电影到绘画：人类学跨学科研究和适时中转	网络版 2022 年第 3 期	《西北民族研究》2021 年第 3 期	云南大学

（二）《中国社会科学文摘》全文转载

序号	作者	文章题目	转载刊期	原发期刊及刊期	作者单位
1	卢凌宇 张传基	国际政治大数据预测的限度	2022 年第 1 期	《欧洲研究》2021 年第 4 期	云南大学
2	周平	多民族国家是怎样的一类国家	2022 年第 3 期	《江汉论坛》2021 年第 10 期	云南大学
3	郭台辉	西方政治学转向历史的三个层次及其启示	2022 年第 4 期	《教学与研究》2021 年第 10 期	云南大学
4	杨先明 邵素军	增长韧性、社会能力与长期增长绩效——基于经济学说史的考察	2022 年第 7 期	《经济学动态》2022 年第 1 期	云南大学
5	关凯 李绪阳	国家建设、现代性与民族学知识生产	2022 年第 9 期	《思想战线》2022 年第 2 期	云南大学
6	张林 周艳丽 张景静	国家间贫富分化的形式与中国的实践突破——演化发展经济学的视角	2022 年第 11 期	《经济纵横》2022 年第 6 期	云南大学
7	李东红 魏金济	"图像文本"研究范式的多学科讨论	2022 年第 12 期	《思想战线》2022 年第 4 期	大理大学

（三）《高等学校文科学术文摘》全文转载

序号	作者	文章题目	转载刊期	原发期刊及刊期	作者单位
1	周平	中华民族的现代构建及其意义	2022 年第 1 期	《社会科学研究》2021 年第 6 期	云南大学

续表

序号	作者	文章题目	转载刊期	原发期刊及刊期	作者单位
2	邓崧 巴松竹玛 李晓昀	府际关系视域下我国数字政府建设创新扩散路径——基于"试验—认可—推广"模型的多案例研究	2022年第1期	《电子政务》2021年第11期	云南大学
3	董云川 周宏	显性与隐性的牵引：论教育研究的立场、取向与旨趣	2022年第3期	《大学教育科学》2022年第2期	云南大学
4	蒋红	论恩格斯对唯物史观创立的重要贡献——基于《国民经济学批判大纲》的文本研究	2022年第4期	《马克思主义研究》2022年第3期	云南大学
5	韩博 王丽华	乡村振兴战略下沿边地区基本公共服务绩效评价与提升路径	2022年第4期	《云南师范大学学报（哲学社会科学版）》2022年第3期	云南省社会科学院
6	张瑞才 付子文	政治信仰：中国共产党行稳致远的精神密码	2022年第6期	《云南师范大学学报（哲学社会科学版）》2022年第5期	云南大学
7	黄龙光 杨晖	文化空间视野下特色旅游小镇的民俗文化公共实践	2022年第6期	《民俗研究》2022年第5期	云南师范大学